西夏学文库

第三辑

著作卷

杜建录 史金波 主编

"十三五"国家重点图书出版规划项目

《天盛改旧新定律令》校译补正

和智 著

甘肃文化出版社

图书在版编目（CIP）数据

《天盛改旧新定律令》校译补正 / 和智著. -- 兰州：
甘肃文化出版社，2022.10
（西夏学文库 / 杜建录，史金波主编. 第三辑）
ISBN 978-7-5490-2502-2

Ⅰ. ①天… Ⅱ. ①和… Ⅲ. ①法典－中国－西夏
Ⅳ. ①D929.463

中国版本图书馆CIP数据核字(2022)第054695号

《天盛改旧新定律令》校译补正

和 智 | 著

策　　划 | 郎军涛
项目统筹 | 甄惠娟
责任编辑 | 凯　旋
封面设计 | 苏金虎

出版发行 | 甘肃文化出版社
网　　址 | http://www.gswenhua.cn
投稿邮箱 | press@gswenhua.cn
地　　址 | 兰州市城关区曹家巷1号 | 730030（邮编）

营销中心 | 贾　莉　王　俊
电　　话 | 0931-2131306

印　　刷 | 西安国彩印刷有限公司
开　　本 | 787毫米×1092毫米 1/16
字　　数 | 410千
印　　张 | 30.25
版　　次 | 2022年10月第1版
印　　次 | 2022年10月第1次
书　　号 | ISBN 978-7-5490-2502-2
定　　价 | 128.00元

国家社会科学基金青年项目

『西夏文《天盛改旧新定律令》校勘与研究』

（编号：19CMZ006）阶段性成果

宁夏大学西夏学研究院
中国社会科学院西夏文化研究中心
编

百年风雨　一路走来

——《西夏学文库》总序

一

经过几年的酝酿、规划和编纂，《西夏学文库》（以下简称《文库》）终于和读者见面了。2016年，这一学术出版项目被列入"十三五"国家重点图书出版规划，2017年入选国家出版基金项目，并在"十三五"开局的第二年即开始陆续出书，这是西夏学界和出版社共同努力的硕果。

自1908、1909年黑水城西夏文献发现起，近代意义上的西夏学走过了百年历程，大体经历了两个阶段：

20世纪20年代至80年代为第一阶段，该时期的西夏学有如下特点：

一是苏联学者"近水楼台"，首先对黑水城西夏文献进行整理研究，涌现出伊凤阁、聂历山、龙果夫、克恰诺夫、索弗罗诺夫、克平等一批西夏学名家，出版了大量论著，成为国际西夏学的"老大哥"。

二是中国学者筚路蓝缕，在西夏文文献资料有限的情况下，结合汉文文献和文物考古资料，开展西夏语言文献、社会历史、文物考古研究。20世纪30年代，王静如出版三辑《西夏研究》，内容涉及西夏佛经、历史、语言、国名、官印等。1979年，蔡美彪《中国通史》第六册专列西夏史，和辽金史并列，首次在中国通史中确立了西夏史的地位。

三是日本、欧美的西夏研究也有不俗表现，特别是日本学者在西夏语言文献和党项古代史研究方面有着重要贡献。

四是经过国内外学界的不懈努力，至20世纪80年代，中国西夏学界推出《西夏史稿》《文海研究》《同音研究》《西夏文物研究》《西夏佛教史略》《西夏文物》等一系列标志性成果，发表了一批论文。西夏学从早期的黑水城文献整理与西夏文字释读，拓展成对党项民族及西夏王朝的政治、历史、经济、军事、地理、宗教、考古、文物、文献、语言文字、文化艺术、社会风俗等全方位研究，完整意义上的西夏学已经形成。

20世纪90年代迄今为第二阶段，这一时期的西夏学呈现出三大新特点：

一是《俄藏黑水城文献》《英藏黑水城文献》《日本藏西夏文文献》《法藏敦煌西夏文文献》《斯坦因第三次中亚考古所获汉文文献（非佛经部分）》《党项与西夏资料汇编》《中国藏西夏文献》《中国藏黑水城汉文文献》《中国藏黑水城民族文字文献》《俄藏黑水城艺术品》《西夏文物》（多卷本）等大型文献文物著作相继整理出版，这是西夏学的一大盛事。

二是随着文献文物资料的整理出版，国内外西夏学专家们，无论是俯首耕耘的老一辈学者，还是风华正茂的中青年学者，都积极参与西夏文献文物的诠释和研究，潜心探索，精心培育新的科研成果，特别是在西夏文文献的译释方面，取得了卓越成就，激活了死亡的西夏文字，就连解读难度很大的西夏文草书文献也有了突破性进展，对西夏历史文化深度开掘做出了实质性贡献。举凡西夏社会、政治、经济、军事、文化、法律、宗教、风俗、科技、建筑、医学、语言、文字、文物等，都有新作问世，发表了数以千计的论文，出版了数以百计的著作，宁夏人民出版社、上海古籍出版社、中国社会科学出版社、社科文献出版社、甘肃文化出版社成为这一时期西夏研究成果出版的重镇。宁夏大学西夏学研究院编纂的《西夏研究丛书》《西夏文献研究丛刊》，中国社会科学院西夏文化研究中心联合宁夏大学西夏学研究院等单位编纂的《西夏文献文物研究丛书》是上述成果的重要载体。西夏研究由冷渐热，丰富的西夏文献资料已悄然影响着同时代宋、辽、金史的研究。反之，宋、辽、金史学界对西夏学的关注和研究，也促使西夏研究开阔视野，提高水平。

三是学科建设得到国家的高度重视，宁夏大学西夏学研究中心（后更名西夏学研究院）被教育部批准为高校人文社科重点研究基地，中国社会科学院将西夏学作为"绝学"，予以重点支持，宁夏社会科学院和北方民族大学也将西夏研究列为重点。西夏研究专家遍布全国几十个高校、科研院所和文物考古部门，主持完成和正在开展近百项国家和省部级科研课题，包括国家社科基金特别委托项目"西夏文献文物研究"，重大项目"黑水城西夏文献研究""西夏通志""黑水城出土医药文献整理研究"，教育部重大委托项目"西夏文大词典""西夏多元文化及其历史地位研究"。

研究院按照教育部基地评估专家的意见，计划在文献整理研究的基础上，以国家社科基金重大项目和教育部重大委托项目为抓手，加大西夏历史文化研究力度，推出重大成果，同时系统整理出版百年来的研究成果。中国社会科学院西夏文化研究中心也在继承传统、总结经验的基础上，制订加强西夏学学科建设、深化西夏研究、推出创新成果的计划。这与甘肃文化出版社着力打造西夏研究成果出版平台的设想不谋而合。于是三方达成共同编纂出版《文库》的协议，由史金波、杜建录共同担纲主编，一方面将过去专家们发表的优秀论文结集出版，另一方面重点推出一批新的研究著作，以期反映西夏研究的最新进展，推动西夏学迈上一个新的台阶。

二

作为百年西夏研究成果的集大成者，作为新时期标志性的精品学术工程，《文库》不是涵盖个别单位或部分专家的成果，而是要立足整个西夏学科建设的需求，面向海内外西夏学界征稿，以全方位展现新时期西夏研究的新成果和新气象。《文库》分为著作卷、论集卷和译著卷三大板块。其中，史金波侧重主编论集卷和译著卷，杜建录侧重于主编著作卷。论集卷主要是尚未结集出版的代表性学术论文，因为已公开发表，由编委会审核，不再匿名评审。著作卷由各类研究项目（含自选项目）成果、较大幅度修订的已出著作以及公认的传世名著三部分组成。所有稿件由编委会审核，达到出版水平的予以出版，达不到出版水平的，则提出明确修改意见，退回作者修改补正后再次送审，确保《文库》的学术水准。宁夏大学西夏学研究院设立了专门的基金，用于不同类型著作的评审。

西夏研究是一门新兴的学科，原来人员构成比较单一，学术领域比较狭窄，研究方法和学术水准均有待提高。从学科发展的角度看，加强西夏学与其他学科的学术交流，是提高西夏研究水平的有效途径。我国现有的西夏研究队伍，有的一开始即从事西夏研究，有的原是语言学、历史学、藏传佛教、唐宋文书等领域的专家，后来由于深化或扩充原学术领域而涉足西夏研究，这些不同学术背景的专家们给西夏研究带来了新的学术视角和新的科研气象，为充实西夏研究队伍、提高西夏研究水平、打造西夏学学科集群做出了重要的贡献。在资料搜集、研究方法和学术规范等方面，俄罗斯、日本、美国、英国和法国的西夏研究者值得我们借鉴学习，《文库》尽量把他们的研究成果翻译出版。值得一提的是，我们还特别请作者，特别是老专家在各自的著述中撰写"前言"，深入讲述个人从事西夏研究的历程，使大家深切感受各位专家倾心参与西夏研究的经历、砥砺钻研的刻苦精神，以及个中深刻的体会和所做出的突出成绩。

《文库》既重视老专家的新成果，也青睐青年学者的著作。中青年学者是创新研究的主力，有着巨大的学术潜力，代表着西夏学的未来。也许他们的著作难免会有这样那样的不足，但这是他们为西夏学殿堂增光添彩的新篇章，演奏着西夏研究创新的主旋律。《文库》的编纂出版，既是建设学术品牌、展示研究成果的需要，也是锻造打磨精品、提升作者水平的过程。从这个意义上讲，《文库》是中青年学者凝练观点、自我升华的绝佳平台。

入选《文库》的著作，严格按照学术图书的规范和要求逐一核对修订，务求体例统一，严谨缜密。为此，甘肃文化出版社成立了《文库》项目组，按照国家精品出版项目的要求，精心组织，精编精校，严格规范，统一标准，力争将这套图书打造成内容质量俱佳的精品。

三

西夏是中国历史的重要组成部分，西夏文化是中华民族文化不可或缺的组成部分。西夏王朝活跃于历史舞台，促进了我国西北地区的发展繁荣。源远流长、底蕴厚重的西夏文明，是中华各民族兼容并蓄、互融互补、同脉同源的见证。深入研究西夏有利于完善中国历史发展的链条，对传承优秀民族文化、促进各民族团结繁荣有着重要意义。西夏研究工作者有责任更精准地阐释西夏文明在中华文明中的地位、特色、贡献和影响，把相关研究成果展示出来。《文库》正是针对西夏学这一特殊学科的建设规律，瞄准西夏学学术发展前沿，提高学术原创能力，出版高质量、标志性的西夏研究成果，打造具有时代特色的学术品牌，增强西夏学话语体系建设，对西夏研究起到新的推动作用，对弘扬中国优秀传统文化做出新的贡献。

甘肃是华夏文明的重要发祥地之一，也是中华民族多元文化的资源宝库。在甘肃厚重的地域文明中，西夏文化是仅次于敦煌文化的另一张名片。西夏主体民族党项羌自西南地区北上发展时，最初的落脚点就在现在的甘肃庆阳一带。党项族历经唐、五代、宋初的壮大，直到占领了河西走廊后，才打下了立国称霸的基础。在整个西夏时期，甘肃地区作为西夏的重要一翼，起着压舱石的作用。今甘肃武威市是西夏时期的一流大城市西凉府所在地，张掖市是镇夷郡所在地，酒泉市是番和郡所在地，都是当时闻名遐迩的重镇。今瓜州县锁阳城遗址为西夏瓜州监军所在地。敦煌莫高窟当时被誉为神山。甘肃保存、出土的西夏文物和文献宏富而精彩，凸显了西夏文明的厚重底蕴，为复原西夏社会历史提供了珍贵的历史资料。甘肃是西夏文化的重要根脉，是西夏文明繁盛的一方沃土。

甘肃文化出版社作为甘肃本土出版社，以传承弘扬民族文化为己任，早在 20 多年前就与宁夏大学西夏学研究中心（西夏学研究院前身）合作，编纂出版了《西夏研究丛书》。近年来，该社精耕于此，先后和史金波、杜建录等学者多次沟通，锐意联合编纂出版《文库》，全力申报"十三五"国家图书出版项目和国家出版基金项目，践行着出版人守望、传承优秀传统文化的历史使命。我们衷心希望这方新开辟的西夏学园地，成为西夏学专家们耕耘的沃土，结出丰硕的科研成果。

史金波　杜建录
2017 年 3 月

序

　　和智博士撰著的《〈天盛改旧新定律令〉校译补正》即将付梓出版，值得祝贺。回想起五年以前，他对西夏文还一无所知，经过几年的刻苦学习，潜心研究，现在已经有这样扎实的西夏文献研究成果，令人高兴！

　　所谓"校译补正"，说白了就是挑错。这部挑错的书有两个看点。一是其挑错的对象是《天盛改旧新定律令》译本。《天盛律令》是一部近代在黑水城遗址出土的西夏文法典。此法典有 20 卷，达 20 余万言，在出土的西夏文世俗文献中它体量最大；此书作为西夏王朝的权威法典，全面反映了西夏社会的政治、经济、军事、文化、宗教、习俗等，学术价值很高。对这样一部重要文献译文的校补，其难度可知，其价值可期。二是挑错的译本译者是包括我在内的他的老师辈。这项挑错工作虽然有我的鼓励和支持，但和智敢于承担此特殊任务的勇气也值得嘉许。

　　和智硕士就读于云南大学历史系。云南大学的历史教学和科研享誉学界，20 世纪 80 年代我在何耀华教授的陪同下，分别拜访过云南大学的著名史学家方国瑜教授、江应樑教授，受益良多。后来与他们的学生林超民博士联系较多。当时我先后协助中国民族史学会翁独健、白寿彝两位会长主持学会常务工作，超民教授时任云南大学副校长，是年富力强的民族史学家，被选为学会副会长，于是过从甚密。时移世易，一晃进入了 21 世纪，十年前我已年逾古稀，超民也年近花甲。因为西夏语与彝语支语言为亲属语言，我在招收西夏文博士生时曾考虑能否招收母语是汉藏语系彝语支的学生，与超民教授交流时请他在云南大学留意物色。大概超民教授在授课时提及西夏研究事，引起了听讲的纳西族学生和智的重视。后来和智便开始关注西夏。毕业后已经工作的和智两次报考我招收的西夏文博士生，表明了其执着追求从事西夏研究的决心，终于2015 年被破格录取。

当年 5 月确定和智被录取为我的博士生后，我便与他商量提前学习西夏文。因西夏文学习难度大，他没有西夏文基础，三年的博士生学习时间除后期撰写论文需要一年多时间外，真正学习课程时间仅一年多时间，而且是多门课程并举，真正学习西夏文时间有限。我建议他在未入学的三四个月时间，放弃假期，以我的《西夏文教程》为教材，立即正式投入有计划的学习，以补学习时间的不足。远在云南的和智很愉快地接受了我的安排。我们就这样开始了远程教学。本来可以在未开课前轻松放飞的一段时间，和智却在日以继夜地伏案苦读西夏文。和智根据我的要求，按照《教程》的授课顺序，对每一课反复阅读，练习书写西夏文，次第学习西夏文语音、词汇和语法，体会课文中西夏文文献的翻译方法和技巧，做好课后的练习。他按计划认真学习，我定期检查，答疑解难。待到九月初正式来京入学时，和智已经初步掌握西夏文了，看来百日强化学习颇见成效。开学后西夏文仍然是他的主课，我继续深入引导，并分阶段闭卷笔试，以增强其西夏文掌握能力。

　　学习西夏文是为了很好地翻译西夏文文献。西夏文的掌握绝不仅仅是记认西夏文字，更重要的是领会西夏语语法，这是体现西夏文文献翻译水平的关键。西夏文文献翻译的难点或容易出错之处，往往是语法问题。和智对西夏文语法的学习十分认真，也很有悟性，逐步登堂入室，达到掌握较好的程度。和智在硕士研究生期间撰写过几篇有关历史文献校勘的文章，奠定了校雠的基础。他一面学习，一面撰写了有关西夏文类书《圣立义海》译文的校勘文章。我看到后觉得他在校勘西夏文文献的实践中，能够比较好地运用和发挥其西夏文识认和对语法理解的能力，便提议他校勘我们翻译的《天盛律令》译本作为他的博士学位论文。这对他来说是一次很大的挑战。

　　回想 1988 年著名俄国西夏学专家克恰诺夫教授刊布《天盛改旧新定律令》原文后，鉴于此书的巨大学术价值，我们很快组织了翻译和研究此文献的课题组。课题组除我以外，还有白滨、聂鸿音、黄振华三位，后黄振华先生因忙于他事退出。此工作被列入国家社会科学基金项目。我们在过去译释研究《文海》、《类林》和其他一些西夏文文献的基础上，集多人之力，费五年之时，始完成译稿。当时中国社会科学院法学研究所所长刘海年教授和杨一凡教授正组织编纂《中国珍稀法律典籍集成》，知道我们翻译西夏法典后，极望将此西夏文法典译稿和西夏文图版纳入《集成》中。因是多卷本集体编纂，书稿需赶时间克期完成。后此译稿和图版于 1994 年作为《集成》甲编第五册出版，名为《西夏天盛律令》。尽管我们当时做了力所能及的工作，反复核校，使译文尽量做到准确，为学术界提供一个可资使用的译本。当时为摆脱其他繁杂事务的干扰，我们还在一段时间里集体躲在郊区小宾馆里集中精力校译此书。我们深知此项工作难度很大，水平有限，译文会有错漏之处，因此认为这仅是一个初译本。此译本出版后，以其内容的重要而丰富，受到大家的欢迎。而《集成》一套13册定价颇高，且不拆零出售，读者不便。当我将此书带到银川后，很多西夏学同行争相复印，竟将新书弄得几乎散架。

后来法律出版社要出版一套《中华传世法典》，又看上了这部有特色的西夏法典。历数中国各王朝，所修法典颇多，但能具有系统规模并传至后世的王朝法典却屈指可数。就连与西夏同时、并长期作为西夏宗主国的辽朝、金朝也没有留下各自的法典。西夏王朝法典破土而出，规模宏阔，并有了汉文译本，给中国法典系列填补了一支生力军，法学界为之侧目。《中华传世法典》的策划者是著名法学家、藏书家田涛教授。田涛教授注重法制史，当时也关注了新问世的西夏法典，便与我联系希望将此法典汉译本纳入《中华传世法典》出版。该系列传世法典2000年出版，共6种，包括《唐律疏议》《宋刑统》《天盛改旧新定律令》《大元通制条格》《大明律》《大清律例》。此前我们与俄罗斯科学院圣彼得堡东方学研究所合作出版《俄藏黑水城文献》，在整理文献过程中又发现了部分《天盛律令》的新资料，如《名略》二卷以及卷十四的一些条款，此次出版我们适时翻译补充。此外随着西夏文译释的新进展，改译了其中的一些词语，增加了有关法律术语和专有名词的《译名对照表》。当然，也因系多卷本同时编纂出版，时间有限，未能做更多的修订。我总希望像我们出版的《文海研究》那样，对《天盛律令》也做全文索引，以统一词语译释，提高译文水平，方便读者查找。但此愿望始终因忙于他事而搁浅。

因此次出版的《天盛改旧新定律令》只有译文，不含原件图版，使用方便，价格低廉，流行较广。当年出版社还在北京组织作者签名售书活动，以扩大学术影响。此后学界利用、引注西夏法典多用法律出版社版本。策划此书的田涛先生当时还组织专家为政法大学、北京大学的法学博士生开设中国法制史讲座，我受邀做《西夏法典》的授课。可惜田涛先生竟天不假年，十多年后未至还历之年竟与世长辞，令人唏嘘悲伤！

《天盛律令》原件图版的刊布和汉文译本的问世，为西夏社会研究提供了前所未有的新资料，对推动西夏研究做出了贡献。毋庸讳言，由于我们对西夏语文的理解不足，限于译者水平，译本中存在着不少疏漏和错误。正如克恰诺夫教授所言："这类典籍任何时候也不可能一译而就。需要一代、两代、三代学者对他们二次、三次甚至十次翻译，每次都要仔细推敲原文，才能使译文臻于完善。"作为译者，我们在后来使用《天盛律令》译文时，也在不断校订，在撰写有关论文时，对原译文有关部分提出校改意见。

更可庆幸的是，自译本出版后，20年来得到学界的关爱，不断有专家对译文提出批评指正。值得指出的是首先对《天盛律令》译文指正的是两位青年专家。孙颖新、宋璐璐撰写《西夏〈天盛律令·节亲门〉辨正》一文，纠正了原译文在"节亲门"中翻译的错误。此后又有十多位专家就不同卷次、从不同角度对译文提出补充或指正，拯弊救亡，贡献良多。这在和智的书稿中已一一列举，兹不赘述。各位专家所提补充订正意见，使《天盛律令》译文愈趋准确、完善，对他们认真负责的精神表示感谢，对各位的西夏文译释水平表示赞赏！

随着近些年对西夏语文认识的提高，西夏文献译释能力不断加强，对《天盛律令》的译文进行一次全面的校勘已成为可能。这项艰巨的任务落在了和智身上。一方面是学术的迫切需求，另一方面我想通过此项工作历练和提高他翻译和校勘西夏文文献的能力。这是一项一个人力难胜任的"苦活"，也是一次展示校勘西夏文文献水平、显示西夏文研究成果的"甜活"。和智未负期望。当我看到他对《天盛律令》第一卷的校勘文稿时，感到他具备了这样的能力，鼓励他再接再厉，继续努力。和智就这样一卷接一卷地校勘。因距毕业答辩时间有限，将全部译文校完十分困难，但如果只完成一部分，遗留一部分又感到很遗憾。2017年2月和智做论文开题报告后，商定抓紧时间，争取校勘完《天盛律令》全部译本。和智从此便更加集中精力发力冲击，经过一年多的持续认真的校勘，在2018年的博士论文答辩会前交出了这篇博士论文。答辩委员会的专家们对和智的论文给予较高的评价："论文的重点是在系统学习西夏文，特别是在较好掌握西夏语语法的基础上，对史金波等译注本《天盛改旧新定律令》19卷依次进行校补。论文根据《俄藏黑水城文献》第八、九册图版，主要通过西夏语语法和文献学方法，对史金波等译注本《天盛改旧新定律令》中的误识字、衍字、误译字词、误译词组和句子做了系统校正，补译了其所漏译字、词、句和条款，增补了一些新识字，改正了不少句子和条款。论文新见突出，成果累累，具有创新性，通过校补，显著提高了这部文献译本的使用价值。"认为这是一篇优秀的博士论文。同年，和智的博士论文又幸运地荣获中国社会科学院研究生院2018年优秀博士论文二等奖。

在博士生期间，和智还按学习计划和要求进行了认真的社会实践。主要是通过参加与西夏相关的学术会议，到宁夏、甘肃等西夏故地实地考察，并搜集相关资料。比如我与敦煌研究院院长、《西夏文物·石窟编》樊锦诗先生协商，于2016年11月在敦煌研究院召开第十次《西夏文物》编纂工作会，重点讨论《西夏文物·石窟编》的编纂问题。和智随我参加会议，并负责会务工作。会上和智有幸见识著名敦煌学家樊锦诗、彭金章伉俪，西夏学家陈育宁、汤晓芳伉俪等前辈的学术风采，提高了对西夏学与敦煌学密切关系的认识，同时还与与会代表一起实地考察了莫高窟、榆林窟、东千佛洞大量洞窟和西夏瓜州遗址（锁阳城），增加了有关西夏洞窟的感性知识，会后认真将学习心得写成报告。同时他也圆满地完成了包括会议经费支出管理和报账等繁杂的会务工作。

和智取得博士学位后，当年又幸运地进入首都师范大学的博士后流动站，成为著名宋史学家李华瑞老师指导的博士后。在博士后期间，和智一方面向李老师认真学习宋史知识和史学研究方法，一方面仍深入研究《天盛律令》。李老师也邀我协助他在西夏文方面继续指导和智。和智在博士后期间对《天盛律令》的三种版本做了比较研究，对《名略》做了新的探讨，并继续深化、细化《天盛律令》校勘，顺利完成了博士后的工作，按期出站。同时在此期间将其博士后出站报告申请为国家社会科学基金青年项目，幸运地得到资助。

和智从首都师范大学出站后，得知北京大学历史学系今年有招收博雅博士后的名额，在李华瑞老师和我的推荐下，他与北京大学著名宋史学家邓小南老师联系请益，希望到著名的北京大学中国古代史研究中心向邓小南老师继续学习深造。得邓小南老师大力支持和推荐，不易进入的北京大学博雅博士后又向和智敞开了大门。老一辈著名宋史学家邓广铭先生与我的老师王静如先生过从甚密，他们都曾受教于国学大师陈寅恪先生。记得在20世纪60年代我做王先生研究生时，王先生经常到邓广铭先生家做客叙谈。改革开放后，我几次开会遇到邓先生，并曾向先生扼要汇报西夏研究进展情况。特别是1997年我们在俄罗斯整理西夏文献时发现了大批西夏文社会文书后，返京即向邓先生汇报，得到先生的指点和鼓励，受益匪浅，启发和促进了我对西夏文社会文书的译释和研究。不料翌年邓先生以90高龄辞世，史学界为之痛悼不已。2013年我们组织召开"第三届西夏学国际学术论坛暨王静如先生学术思想研讨会"，我在会前请时任宋史研究会会长的邓小南教授莅临会议并做发言，小南教授欣然接受邀请与会，并热情发言。如今我的博士生和智又做了邓广铭先生之女邓小南老师的博士后学生，三代学人的学术交往真可谓机缘巧合。

现在国家重视史学研究，倡导使古文字"活起来"。和智是个幸运儿，5年多来，他从硕士到博士再到博士后，从小学教师到大学教研人员，又是获奖，又得社科基金，可谓进步很快，幸运连连。但是我知道他 5 年多来坐冷板凳付出的艰苦努力。我曾对学生们讲，要为国家做出有益的学问，一定要不辞辛苦，花大力气，下大功夫，既不能畏难退缩，也不可浅尝辄止，要从心里喜欢自己的专业。和智能用心领悟，身体力行，大概他心中深深地喜爱西夏学这个专业。他能有此书这样的成绩是经过不惧烦难，艰苦跋涉攀登而得，其中甘苦备尝。

目前西夏研究新资料不断推出，西夏文被纳入国家社会科学基金项目的"冷门""绝学"范围，受到重视。一些相关部门将西夏研究列为重点，热情有增无减。当前国内外西夏学专家各展所长，创新成果不断，无虑数千百种，而更新的成果备受期待。

西夏研究，特别是《天盛律令》的研究需要有多方面的知识储备，包括法学、历史学、经济学、军事学、宗教学，以及文献学、语言学等各领域的知识。和智在读博初期，我曾给他开设"语言学概论"课，并布置他参考学习有关语言学的几部著作，冀其补足短板，很好地利用懂得纳西语的长处，促进自己西夏文字文献的研究。

《天盛律令》的翻译和研究还有很多未了工作，如编辑全文索引，重新精准校译文本等。希望和智作为一名初出茅庐的青年西夏研究人员，充分利用当前大好时机，虚心学习他人之长，把这部书当作一个新的起点，以平静之心做平静之事，继续做好西夏法典的译释和研究工作，为锻造升级版《天盛律令》译文做出新贡献。

史金波

2020 年 10 月 29 日

提　要

　　西夏文法典《天盛改旧新定律令》是目前所见数量最大、涉及西夏社会领域最宽、内容最丰富、翻译难度最大的西夏世俗文献，也是研究西夏社会历史最重要的第一手资料。《天盛改旧新定律令》现有三个译本。1987 至 1989 年，Е.И.克恰诺夫出版《天盛改旧新定律令（1149—1169）》(1-4)，首次俄译《天盛改旧新定律令》。1994 年，史金波、聂鸿音、白滨依据俄译本所刊布西夏文原件照片翻译《天盛改旧新定律令》，为学术界提供了一个可用的汉译本。2000 年，史金波、聂鸿音、白滨依据《俄藏黑水城文献》第 8、9 册对《西夏天盛律令》作了修订，增补了部分内容，改译了一些词语，书末增加了"译名对照表"，使译本有了新的提高。

　　史金波等译注本《天盛改旧新定律令》是西夏学研究的重要成果，是西夏文文献汉译的代表作。无论从内容的完整性，还是就原文的总体把握，语法的理解与运用，法律术语的掌握程度来看，它都是《天盛改旧新定律令》的较好译本。该译本解决了很多语法难点和法律术语难点，为翻译繁难而没有汉文对照的西夏文文献作了有益的尝试；法典主要内容通过译文基本反映出来，对西夏社会的深刻了解，起了很大作用。该译本虽已达到很高的水平，但也有一些不足。西夏学界为完善史金波等译注本《天盛改旧新定律令》做了很多工作，有很多成绩，其中以补译成效最大，订正误译也收获不小。然而，在完善史金波等译注本《天盛改旧新定律令》的时候，仍有一些方面比较欠缺。

　　本书主要根据《俄藏黑水城文献》第 8、9 册图版，通过西夏语语法和文献学方法首次对史金波等译注本《天盛改旧新定律令》中的误识字、衍字、误译字、误译词组作了系统校正，补译了其所漏译字、词、句和条款，增补了一些新识字。根据《俄藏黑水城文献》第 8 册所载图版，从克恰诺夫俄译本到史金波、聂鸿音、白滨译注的《天盛改旧新定律令》，均未译卷二《戴铁枷门》、卷五《季校门》、卷九《贪奏无回文门》与《誓言门》、卷十三《执符铁箭显贵言等失门》和卷十七《物离库门》中的十条款文。其中卷二《戴铁枷门》一面，为除枷及知见擅自除枷不告而处罚的规定；卷五《季校门》一面，为《季校门》中对正军、辅主缺官马、披、甲的处罚，反映了有关军事装备的内容；卷九《贪奏无回文门》与《誓言门》两面多，主要为地边有他国投诚者来索信词为誓及对其头归事宜的规定，同时也有无理行文字、寻恩御旨、私语誓和逆盗为誓的内容；卷十三《执符铁箭显贵言等失门》二面，为对刺使、监军司不待兵符而发兵的处罚，包括行监、溜盈能转领符牌告导送的规定；卷十七《物离库门》一面，内容为库人禄食谷物法。

《俄藏黑水城文献》第 8 册中，《天盛改旧新定律令》卷五衍十面图版，卷九衍一面图版，卷十一衍一面图版，卷二十衍四面图版，均为误置，应删掉。此外，《俄藏黑水城文献》第 8 册第 207 页下左，应属于《天盛改旧新定律令》卷九《贪奏无回文门》"文字取回无告不遣人"条与"问口虚"条。根据杜建录等整理本《天盛改旧新定律令》，可补 30 字，使卷九《越司曲断有罪担保门》"以无理担保有罪亡失"条第二小条第三小款款文完整。

目 录

凡　例

1.《天盛改旧新定律令》校译补正以史金波、聂鸿音、白滨译注的《天盛改旧新定律令》(《中华传世法典》之一，法律出版社，2000 年）为基础，主要依据《俄藏黑水城文献》第 8、9 册中的《天盛改旧新定律令》影印件进行校补。

2.《天盛改旧新定律令》校译补正以原书体例，就每卷原译有缺漏、有问题的地方，按原译文、西夏文、对译、新译文、注释、考证的顺序展开。至于校勘《俄藏黑水城文献》而发现的《天盛改旧新定律令》页面重置、误缀等问题，则不循上述格式，而是用尽量简洁的语言加以叙述。

3.《天盛改旧新定律令》译文，对于文意不清、字义不明、佚文、误刻等多有注释说明。文中引用原译文时，一般没有录原来的注释，原注释请参看史金波等译注本《天盛改旧新定律令》。

4.《天盛改旧新定律令》只有意译，没有录出西夏文原文，文中西夏文为笔者所录。为叙述方便，标出西夏文的出处。其中西夏文的出处，如甲 18-1-10，表示《俄藏黑水城文献》第 8 册甲种本第 18 卷、第 1 页、第 10 行；己 14-1-6，表示《俄藏黑水城文献》第 9 册己种本第 14 卷、第 1 页、第 6 行。识别不出而字数可知的用"□"表示；有疑问的字用"?"表示；残缺的拟补字外加"□"，即没有版本依据的，有版本依据但不是同一版本的，有版本依据但所依据版本不清楚的，为同一版本但字形不能确定的均为拟补；污损而字数不可知处用"……"表示。

5.《天盛改旧新定律令》每一条款的第一个字"一"都要提格；为了表示尊敬，在殿（官）字前往往要空一格。录文时，没有提格，且将空格删去。

6. 难以对译的西夏文虚词用"◇"表示。

7. 改译处，在原文下划线并出注说明。

8. 文中西夏文字后圆括号内为该字字义，如蘂（诸），即蘂的字义为

"诸"。

9. 西夏文字后方括号内为该字字音，动词前置助词则用国际音标于方括号内标出字音，至于西夏文的国际音标，基本采用龚煌城先生的拟音。如𗓽〔京 kjij〕，即𗓽的字音为"京"，"kjij"为其拟音。

10. 每行西夏文之间用"/"隔开。

绪　论

　　编修于 12 世纪中叶的西夏文综合性法典《天盛改旧新定律令》（以下简称《天盛律令》），较为全面地记载了西夏的政治、经济、军事、文化，是近代出土西夏古籍中价值极高的文献，对西夏研究有突出价值。《天盛律令》原书 20 卷，外加《名略》2 卷，分 150 门，1461 条，其中 9 卷保存完整，10 卷有不同程度的残缺，1 卷（第 16 卷）全佚，现存约原书 6 分之 5，约 20 余万言。《天盛律令》现主要有三个译本，即克恰诺夫俄译本、史金波等译注本《西夏天盛律令》及史金波等译注本《天盛律令》。史金波等译注本《天盛律令》是西夏学研究的一个重要成果，是西夏文文献汉译的代表作。无论从内容的完整性，还是就原文的总体把握，语法的理解与运用，法律术语的掌握程度来看，它都是《天盛律令》的较好译本。该本《天盛律令》为翻译繁难而没有汉文对照的西夏文文献作了有益的尝试，为西夏文史的进一步深入研究奠定了良好的基础。史金波等译注本《天盛律令》出版已近二十年。回顾该本的翻译，深感译文的大部分内容、诸多方面仍难以逾越。然而，该本《天盛律令》也存在一些错漏，须加以补充订正，方有利于西夏文史的研究。另一方面，虽然学界公认史金波等译注本《天盛律令》较好，但至今没有专门讨论译本的论著，且有对译本持保留态度者[①]；对其译文的校补一直在进行，却没有系统的归纳。故近年来余重新校勘该书，随手作札记，编成《天盛改旧新定律令》校译补正一书。现将《天盛改旧新定律令》校译补正所涉及的《天盛律令》翻译、史金波等译注本《天盛律令》评价、对史金波等译注本《天盛律令》的完善、本书的

---

　　① 对史金波等译注本《天盛律令》持保留意见的，以聂鸿音教授为代表："作为《天盛律令》的译者之一，在此我想诚恳地提醒我国的历史学家们，这个汉译本只是个非常不成熟的实验型作品，说句耸人听闻的话，就书中的关键词语而言，译本中遗留的问题绝对不少于解决的问题，甚至其中还有许多我们至今也搞不明白的表达法，翻译时仅仅是敷衍成句而已。如果把这个连译者也感到汗颜的汉译本当成第一手史料来轻易使用，那实在是太危险了"。聂鸿音：《从绝学到显学：新世纪西夏研究的展望》，《中国史研究》，2008 年第 4 期。

主要内容、撰写心得诸问题略作说明。

一、《天盛律令》的翻译

黑水城，西夏于此设监军司，元于此设亦集乃路总管府。"亦集乃"，为西夏语音，"亦集"即"水"意，"乃"即"黑"意，汉语意为"黑水"。黑水城位于今额济纳旗，"额济纳"为"亦集乃"之异写，其源仍为西夏语音。①1909年，俄国人科兹洛夫（П. К. Коэлов）率领俄国皇家蒙古四川地理考察队在内蒙古额济纳旗的黑水城遗址掘出了大批西夏文献，其中有近九千个编号的西夏文佛经、字典、兵书、类书、法典及夏译汉籍，这些文献现藏于俄罗斯科学院东方研究所圣彼得堡分所写本部，《天盛律令》的刻本和数种写本也在其中。②

黑水城文献运到圣彼得堡后，俄国学者凭借得天独厚的优势，立即着手整理和解读，当年即发现了夏汉双语字典《番汉合时掌中珠》。③二十多年后，聂历山（Н. А. Невский）的《西夏研究小史》一文，首次向学界介绍了西夏法典《天盛律令》有的保存完好，有的残缺，由于页面大小各异，推断《天盛律令》属于不同时期。④聂历山《西夏文字及典藏》一文，指出《天盛律令》阐述了西夏的国家制度和西夏社会各阶层的相互关系，因《天盛律令》编纂者中有将汉文译为西夏文的，从而推测该法典也许是有西夏特点的宋朝法典汇编的译本。⑤1963年，戈尔芭切娃（З. И. Горбачева）与克恰诺夫（Е. И. Кычанов）在伊凤阁（А. И. Иванов）、聂历山、龙果夫（А. А. Драгунов）等整理的基础上合作出版《西夏文写本和刊本》一书，全面、系统著录了俄藏黑水城西夏文写本和刊本目录，第一次使世人明了俄藏黑水城文献有400多种。该书指出《天盛律令》共20卷，有目录，全面规定西夏人民的生活，内有整个西夏国家机关的介绍；书中登录了《天盛律令》的编号，考定部分编号，详细描述每个

---

① 史金波：《前言》，载俄罗斯科学院东方研究所圣彼得堡分所、中国社会科学院民族研究所、上海古籍出版社编：《俄藏黑水城文献》，第 1 册，上海古籍出版社 1996 年版，第 3 页。

② 《前言》，载史金波、聂鸿音、白滨译注：《天盛改旧新定律令》，《中华传世法典》之一，法律出版社，2000 年版，第 2—3 页。按：东方研究所圣彼得堡分所于 2007 年改名为东方文献研究所。

③ [俄] 伊凤阁（А. И. Иванов）：《西夏语简介》，《帝俄科学院院报》第六种，卷三，12—18 号，1909年。

④ [苏] 聂历山（Н. А. Невский）：《西夏研究小史》，《国立北平图书馆刊》第四卷第三号，1932 年；后由聂鸿音译，载孙伯君编：《国外早期西夏学论集》（二），民族出版社，2005 年版，第 153—166 页。原载 Bulletin de l'Académie des Sciences de l'URSS（Class des Sciences Sociales），1931.

⑤ [苏] 聂历山著，马忠建译：《西夏文字及其典藏》，载孙伯君编：《国外早期西夏学论集》（二），第222—246 页。原载 Трубы Инсмцмуа Восмоковебенця, Vol. 17, 1936.

编号的版式、保存情况，指出未考定的编号。①虽然学界已经知道《天盛律令》的重要性和保存情况，但由于由于没有现成的汉译文可资参考，当时释读西夏文字的能力有限，西夏语的重要语法现象还没有被发现，翻译《天盛律令》的时机尚未到来。

要翻译得先识字。虽然自 1909 年伊凤阁发现《番汉合时掌中珠》以来，西夏文的释读率已有较大提高，半数左右的西夏文字被识出，但离翻译《天盛律令》的要求还很远。1969 年，苏联克平（К.Б. Кепинг）、克恰诺夫、克罗科洛夫（В. С. Колоколов）和捷连基耶夫 – 卡坦斯基（А. П. Терентьев-Катанский）四人合作出版《文海》一书，将《文海》原件影印出版，同时将《文海》译成俄文。②《文海》把所有的西夏字（笔者按：刻本上声部分残佚）以声、韵为经纬进行归类，对每一个西夏字的形、音、义都有详备的注释，因此，可以说是一部最全面、最系统的西夏文辞书。③该书几乎囊括了西夏的所有文字，此书的刊布大大提高了西夏文字的释读率。④但是，苏联西夏学家对《文海》原著并未完全理解，因此存在一些错误。尤其是在翻译《文海》的字形分析时，不区分构字成分到底是音译还是意译，在字义和反切翻译方面，俄译本也有一些明显的不妥之处。⑤1983 年，史金波、白滨、黄振华的《文海研究》出版，将《文海》中出现的所有西夏字编成索引，从而可以找出每一个西夏字在书中的所有条目；在反复核对字形的基础上，按照原书格式，提供了字迹清晰，易于辨识的《文海》校勘本；在收录《文海》影印本的同时，将《文海》全部译成汉文；在校勘和翻译的基础上，对西夏文字构造、语音系统和社会生活作了深入研究。⑥《文海》俄印本和汉译本的出版，为《天盛律令》的翻译奠定了坚实的基础。

---

① ［苏］戈尔芭切娃、克恰诺夫编：《西夏文写本和刊本》，东方文献出版社，莫斯科，1963 年。З. И. 戈尔芭切娃、Е. И. 克恰诺夫编，白滨译，黄振华校：《西夏文写本和刊本》，载《民族史译文集》(3)，中国社会科学院民族研究所历史研究室资料组编译，1978 年，第 1—113 页。

② Кепинг. К.Б. Колоколов. В. С. Кычанов. Е. И. Терентьев-Катанский. А. П. Море письмен, Издательство Наука, Москва, 1969.

③ 史金波、白滨、黄振华：《序言》，载《文海研究》，中国社会科学出版社，1983 年版，第 1 页。

④ 史金波：《西夏学的丰碑——克恰诺夫教授西夏研究的重要贡献和影响》，《华西语文学刊》(第六辑)，四川文艺出版社，2012 年版，第 12 页；又见《瘠土耕耘：史金波论文选集》，中国社会科学出版社，2016 年版，第 583—584 页。

⑤ 史金波、白滨、黄振华：《序言》，载《文海研究》，第 6 页；《校勘记》，载《文海研究》，第 357—380 页。

⑥ 史金波、白滨、黄振华：《序言》，载《文海研究》，第 6—7 页；《文海研究》，第 1—558、669—876 页。

　　翻译没有汉文可供对照的西夏文文献，需要掌握西夏语语法。语法分词法和句法两部分：词法包括词的构造、词的变化及分类等内容；句法包括词组的构成、句子的构成和句子类型等内容。西田龙雄的《西夏语の研究》下册[①]和索弗罗诺夫（M. B. Софронов）的《西夏语语法》[②]，对西夏语语法进行了系统研究，尤其对合成词的构成、词类划分、助词有长足进步，但对西夏语的存在动词、人称呼应两种重要语法现象还未曾涉及，对动词前置助词的论述也还不够全面。[③]西夏语存在动词的类别丰富，但有较为严格的区分，不能混用。较早研究西夏语存在动词的是史金波先生。史先生以西夏文韵书《文海》为基础，运用多种西夏文文献，全面、系统论述了存在动词的类别、用法和特点。[④]苏联西夏学家克平在索弗罗诺夫《西夏语语法》发现五个希求式动词前缀的基础上，对西夏语表示动作趋向范畴的动词前置助词作了系统研究。指出西夏语动词前缀分为两类，一类是表示过去式，共七个；一类是表示希求式，共六个。[⑤]在西夏语的句子中，动词后可以带与主语、宾语或宾语的定语人称语音一致的呼应词，这种词可以视为人称呼应词。西夏语的人称呼应现象是由苏联西夏学家克平发现的。[⑥]至此，西夏语的语法现象基本被揭示出来。

　　在西夏语言文字研究不断深入的情况下，翻译《天盛律令》的时机渐渐成熟。完成《西夏文写本和刊本》、俄译《文海》后，克恰诺夫在没有汉文文献参考对照的情况下，对西夏谚语《新集锦合词》作了俄译，并刊布了原书影印件。[⑦]完成难度如此之大的西夏谚语，说明克恰诺夫已具备翻译繁难西夏文文献的能力，表明其西夏文文法已渐入佳境。果不其然，克恰诺夫教授以其卓识

　　①[日]西田龙雄：《西夏语の研究》（二），座右宝刊行会，1966 年版。

　　②[苏]索弗罗诺夫：《西夏语语法》，科学出版社，莫斯科，1968 年版。

　　③黄振华：《评苏联近三十年的西夏学研究》，《社会科学战线》，1978 年第 2 期；史金波：《评介西田龙雄西夏文研究专著四种》，《民族语文》，1985 年第 2 期；李范文主编：《西夏语比较研究》，宁夏人民出版社，1999 年版，第 5、14、15 页；[苏]克平著，顾荫宁译，史金波校：《唐古特语表示动作方向的范畴》，《语言研究》，1984 年第 2 期。

　　④史金波：《西夏语的存在动词》，《语言研究》，1983 年第 2 期。

　　⑤[苏]克平著，顾荫宁译，史金波校：《唐古特语表示动作方向的范畴》，《语言研究》，1984 年第 2 期。

　　⑥ Кепинг. К.Б, Лексические группы глаголов и субъектнообъектное сгласование в тангутском языке, Письменные памятника и продлемы истории культуры народов восточка XI, Москва, Издательство Наука, 1975. с.59-64; Кепинг. К.Б, Тангутский яэык. Морфология, Издательство. Наука, Москва, 1985.

　　⑦ Кычанов. Е. И. Внoь собранные драгоценные парные изречения, Иэдательство Наука, Москва, 1974.

和高超水平，首先对《天盛律令》的刻本作了俄译。[①]1988 年，李仲三将俄译本《天盛律令》中的第 2 册（原卷一至卷七）作了汉译。[②]

在着手翻译《天盛律令》前，史金波先生等也做了许多准备。通过校勘和翻译《文海》，提升了识字能力，加深了对西夏文常用字和虚词的认识。[③]又通过《西夏语的存在动词》一文，系统论述了存在动词的类别、用法和特点，使西夏语的存在动词这一难以理解的语法现象得到合理解释。[④]史金波先生又于70 年代、80 年代两次参加国家图书馆藏西夏文佛经的整理工作，翻译和考释了没有现成译文可资对照的长篇西夏文文献。[⑤]西夏文本《类林》，在语言运用方面，比起一般西夏文翻译的佛经和儒学译文，显得更自然流畅，更多地反映了西夏语语法特点。通过翻译西夏文本《类林》，加深了对格助词、动词前缀、合成词的构成等西夏语语法的认识，同时使尚未被人认识的或被人误解的西夏字、词得到了解读。[⑥]经过五年的努力，史金波先生等依据俄译本所刊布西夏文原件照片翻译《天盛律令》，为学术界提供了一个可供使用的汉译本。[⑦]

[①] Кычанов. Е. И. Изменный и заново утвержденный кодекс девиза царствования небесное（1149—1169）（1—4），Издательство Наука, Москва, 1987–1989.［Е. И. 克恰诺夫：《天盛改旧新定律令（1149—1169）》（1—4），科学出版社，莫斯科，1987–1989 年。］按：《天盛律令》是目前所见数量最大、涉及西夏社会领域最宽、内容最丰富、翻译难度最大的西夏世俗文献，同时也是研究西夏社会历史最重要的第一手资料。按：克恰诺夫教授凭借深厚的西夏文功力和很高的法学知识，以一人之力，完成了 1000 多页繁难的西夏文文献翻译、研究，使西夏研究取得重大突破，推动了西夏法律和社会的研究。史金波：《西夏学的丰碑——克恰诺夫教授西夏研究的重要贡献和影响》，《华西语文学刊》（第六辑），第 13 页；又见《瘠土耕耘：史金波论文选集》，第 584 页。又按：俄译本刊布并翻译了 20 世纪 80 年代以前识别出的《天盛律令》刻本，但没有收《天盛律令》的写本，缺少卷首《名略》、卷七第二十六页右半、卷十七第四十七页右半。参见《前言》，史金波、聂鸿音、白滨译注：《天盛改旧新定律令》，第 5 页。

[②] 克恰诺夫俄译、李仲三汉译、罗矛昆校对：《西夏法典——〈天盛年改旧定新律令〉（第 1—7 章）》，宁夏人民出版社，1988 年版。由于没有将全书译出且转译的缘故，该译本在国内的利用率不高。

[③] 史金波、白滨、黄振华：《文海研究》，中国社会科学出版社，1983 年版。

[④] 史金波：《西夏语的存在动词》，《语言研究》，1983 年第 2 期。

[⑤] 史金波：《西夏文〈过去庄严劫千佛名经〉发愿文译证》，《世界宗教研究》，1981 年第 1 期；《西夏文〈金光明最胜王经〉序跋考》，《世界宗教研究》，1983 年第 3 期。

[⑥] 史金波、黄振华、聂鸿音：《类林研究》，宁夏人民出版社，1993 年版，第 14—30 页。

[⑦] 史金波、聂鸿音、白滨译注：《西夏天盛律令》，《中国珍稀法律典籍集成》甲编第五册，科学出版社，1994 年版。按：汉译本翻译了全书，但由于书中原件照片乃从俄译本翻拍，故缺漏亦如俄译本。又按：虽然《西夏天盛律令》对《天盛律令》的翻译与克恰诺夫俄译本有诸多不同，但至少在前七卷上《西夏天盛律令》参考了克恰诺夫俄译本。"目前我和我的同事们已将第一至第七卷的西夏原文译成汉文并作了初步研究。我们参考了克恰诺夫教授的重要研究成果，但在某些西夏原文的理解上不尽一致，因而在译文上也多有与克恰诺夫教授不同之处。"史金波：《一部有特色的历史法典——西夏〈天盛改旧新定律令〉》，载《法律史研究》编委会编：《中国法律史国际学术讨论会论文集》，陕西人民出版社，1990 年版，第 294 页；又见《瘠土耕耘：史金波论文选集》，第 63 页。又按：《西夏天盛律令》反映了当时国内西夏文文献翻译的最好水平。

二、史金波等译注本《天盛律令》

2000 年，史金波先生等依据《俄藏黑水城文献》第 8、9 册①对《西夏天盛律令》作了修订，增补了部分内容，改译了一些词语，书末增加了"译名对照表"，使译本有了新的提高。②史金波等译注本《天盛律令》无论从内容的完整性，还是就原文的总体把握，语法的理解与运用，法律术语的掌握程度来看，都是《天盛律令》的较好译本。此译本出版以来引用率较高，且以此译本《天盛律令》对西夏各领域进行研究的著述不断出现，有力推动了西夏研究的进展。③

上文已分析内容的完整性，以下就史金波等译注本《天盛律令》的译文略作分析：

（一）对原文的总体把握较好

1.《天盛律令》卷十三《执符铁箭显贵言等失门》："一诸监军司所属印、符牌、兵符等当记之，当置监军司大人中之官大者处。送发兵谕文时当于本司局分大小刺史等众面前开而合符。"④本条款西夏文原文为：

甲 13-45-16 𘓺𗷰𗗝𗄭𗡝𘜶𗰖𗩱𗜈𘜔𗮔𘝊𗝢𗗝𗄭

一诸军监司 <> 有印信牌显合等 <> 记军监

甲 13-45-17 𘜶𗖊𗥃𗜓𗡝𘄒𗖊𘓐𗗟𘓐𗗝𗊱𗅲𗣔𗢭

---

① 俄罗斯科学院东方研究所圣彼得堡分所、中国社会科学院民族研究所、上海古籍出版社编：《俄藏黑水城文献》，第 8 册，上海古籍出版社，1998 年版；第 9 册，上海古籍出版社，1999 年版，第 1—52 页、第 340 页上。按：《俄藏黑水城文献》所刊布照片均直接从俄藏原件拍摄。在整理《俄藏黑水城文献》的过程中，发现了《天盛律令》的几种写本，补佚译本所没有收的《天盛律令》写本照片百余页、新识别出的刻本零页及卷首《名略》两卷。新发现的写本及新识别出的《天盛律令》页面刊于《俄藏黑水城文献》第 8、9 册，使后者成为目前《天盛律令》的最完整本。参见《前言》，史金波、聂鸿音、白滨译注：《天盛改旧新定律令》，第 4—6 页。

② 按：史金波等译注本《天盛律令》依据《俄藏黑水城文献》第 8、9 册，补译了卷首《名略》两卷、卷十四"误伤杀与斗殴门"中新识别出的二十三条、少量刻本零页和据写本新校补的残字。该本还改译了一些词语，调整了一些句子的语序和标点，在反复琢磨的基础上就原文出现较多的法律术语和专有名词编写"译名对照表"。参见《前言》，史金波、聂鸿音、白滨译注：《天盛改旧新定律令》，第 6—7 页。又按：史金波等译注本《天盛律令》卷十四"误伤杀与斗殴门"中新识别出的二十三条是由聂鸿音教授补充的。他通过对校，发现俄藏黑水城文献 6965 号西夏文残卷为刻本《天盛律令》卷十四"误伤杀及斗殴门"的另一种写本，该写本虽存在拼接有误的情况，但其中有二十三条是 1994 年版汉译本所缺，故在史金波等译注本中作了缀补。聂鸿音：《俄藏 6965 号〈天盛律令〉残卷考》，《宁夏大学学报》（哲学社会科学版），1998 年第 3 期。

③ 孙校武、杨蕤：《近二十年来〈天盛律令〉研究综述》，《西夏研究》，2016 年第 4 期。

④ 史金波、聂鸿音、白滨译注：《天盛改旧新定律令》，第 474 页。

　　　　　　　司大人中何 <> 官大处 <> 置军起谕节送
甲 13-45-18 𗾋𗩾𗭩𗥃𘝸𗰗𗱾𗣼𗹛𘊟𗧊𘏞𗢲𗩉𗉩
　　　　　　　时司体内职管小大 [此使] 等共眼前 <>
甲 13-46-1 𘈩𘊟𗕥
　　　　　　　开 <> 合

　　本条款包含三句。第一句中，𗈪𗱾𘞩𗾋（诸监军司）为主语，𘝸[𘀛 kji]
为动词前置助词，𗰗（所属）为存在动词做谓语，表明宾语𗥃𘏞𗱾𗤓𗱾（印、
符牌、兵符等）属于主语监军司，𘊟[京 kjij]为动词前缀，𗣼（记）为第二
谓语。第二句中，印、符牌、兵符等为主语，𗈪𗱾𘞩𗤓𗤢（监军司大人中）为
状语，𗰚𘝸𗉩𗤓𗹢（官大处）为状语，𗢲[宁 djij]为动词前置助词，𘊟（置）
为谓语。第三句中，监军司大人为主语，𗈪𘋩𘃎𘃉𗪉𘝸（送发兵谕文时）为
状语，𗾋𗩾𗭩𗥃𘝸𗰗𗱾𗣼𗹛𘊟𗧊𘏞𗢲𗩉（于本司局分、大小刺史等众眼前）为状
语，𗩉[永 wjij]、𘊟[京 kjij]为动词前缀，𘈩（开）、𘊟（合）为谓语，兵符
为宾语。原译者对句子的层次和字词等细节把握准确。

　　2.《天盛律令》卷三《盗毁佛神地墓门》："一诸人损毁地墓、丘坟、陵等
时，当准许他人举告。"①本条款西夏文原文为：

甲 3-38-9 𗏁𗤒𗅋𗧹𘟙𗤓𗱾𗈪𗥃𘓠𗫂𘈩𗥃𘊟𘍦𗢲
　　　　　　一地墓墓丘陵等诸人损毁时他人告举 <>
甲 3-38-10 𗩱𗰗
　　　　　　允有

　　本句中，𗤒𗧹𗤒𗩴𗥃𗈪𗥃𘓠𗫂（对译：地墓丘墓陵等诸人损毁）为状
语，状语又是一个完整的句子。状语中，𗤒𗧹𗤒𗩴𗥃（地墓、丘坟、陵等）
为名词，𗈪𗥃（诸人）为名词，𘓠𗫂（损毁）为动词，两个名词之间不是并列
关系。按照西夏语的语法，动词前有两个名词，两个名词间不是并列关系，则
要么前者为主语，后者为宾语，要么前者为后者的定语。②然而，联系上下文，
𗤒𗧹𗤒𗩴𗥃（地墓、丘坟、陵等）既不是主语，也不是𗈪𗥃（诸人）的定

---

　　① 史金波、聂鸿音、白滨译注：《天盛改旧新定律令》，第 186 页。
　　② 史金波：《西夏文教程》，社会科学文献出版社，2013 年版，第 210 页。

语。看来本句的原文似乎为▨▨▨▨▨▨▨▨▨▨（对译：一诸人地墓丘墓陵等损毁）方符合西夏语的语法，方可译为"一诸人损毁地墓、丘坟、陵等"。其实，这是西夏语中的宾语前提现象，原译者灵活运用语法，顺畅而不失原意的将原文翻译出来。

（二）对基本词语、语序、格助词、动词前置助词、存在动词、人称呼呀等语法的把握较好

1. 对基本词语的把握较为到位。

（1）▨▨（对译：护法）一词，从字面来看意为"护法"或"救法"，《圣立义海》五次提到该词，《圣立义海研究》将其译为"拯法"、"济法"。[1]史金波先生通过细致对比《天盛律令》中的相关内容，认为该词可译为"道士"或"道教"，并首次将《天盛律令》第十"司序行文门"中的▨▨▨▨▨（对译：护法德功司）译为"道士功德司"。[2]因此，史金波等译注本《天盛律令》没有再出现"济法"和"护法功德司"。

（2）《天盛律令》卷十五《纳领谷派遣计量小监门》："一各租户家主由管事者以就近结合，十户遣一小甲，五小甲遣一小监等胜任人，二小监遣一农迁溜，当于附近下臣、官吏、独诱、正军、辅主之胜任、空闲者中遣之。"[3]本条款西夏文原文为：

甲 15-38-1 ▨▨▨▨▨▨▨▨▨▨▨▨▨▨▨ [4]
　　　　　　一租户家主数职［管］者人近［便］顺 <> 结合
甲 15-38-2 ▨▨▨▨▨▨▨▨▨▨▨▨▨▨
　　　　　　十户上一［甲］小五［甲］小上头监等职
甲 15-38-3 ▨▨▨▨▨▨▨▨▨▨▨▨▨▨

---

① 分别见克恰诺夫、李范文、罗矛昆：《圣立义海研究》，宁夏人民出版社，1995 年版，第 47、49、65 页。原文分别见俄罗斯科学院东方研究所圣彼得堡分所、中国社会科学院民族研究所、上海古籍出版社编：《俄藏黑水城文献》，第 10 册，上海古籍出版社，1999 年版，第 243 页下右第 1 行第 3—4 字、第 244 页下右第 3 行第 10—13 字、第 252 页下左第 3 行第 1—2 字与 7—8 字。

② 史金波：《重版序》，《西夏佛教史略》，商务印书馆（台北），1993 年版，第 4—5 页；《西夏的职官制度》，《历史研究》，1994 年第 2 期。按：1990 年，史金波先生就已将《天盛律令》中的▨▨（护法）一词译为"道士"。氏著：《一部有特色的历史法典——西夏〈天盛改旧新定律令〉》，载《法律史研究》编委会编：《中国法律史国际学术讨论会论文集》，第 299 页；又见《瘠土耕耘：史金波论文选集》，第 66 页。

③ 史金波、聂鸿音、白滨译注：《天盛改旧新定律令》，第 514 页。

④ 按：此字，Е.И.克恰诺夫《天盛改旧新定律令（1149–1169）》第 4 册、《俄藏黑水城文献》第 8 册所载图版均缺，据上下文与常用词▨▨（结合）拟补。

做人及二头监上一农迁条近［边］下臣
甲 15-38-4 𗀨𗀨𗣊𗤶𗣊𗩾𗤅𗑌𗢸𗟲𗣊𗗧𗇋𗤙𗤆𗢸
臣官独诱军正辅主职做［空］闲等中 <> 遣

　　本条款为西夏基层社区组织农迁溜的构成。一农迁溜由二小监、十小甲、一百户构成，其管理人员于附近下臣、官吏、独诱、正军、辅主中遣。农迁溜相当于里，其上为乡，其管理人员从民间遴选，其负责人为首领，西夏的基层社区组织农迁溜和户籍制度是参照中原的乡里组织和北宋的保甲法变通而来的。[①]𗏹𗤶（小甲）和𗟲𗤙（小监）为𗑌𗤆𗣊（农迁溜）的构成单位；𗀨𗀨（对译：臣官）意为"臣宰、官吏"；𗣊𗤶（独诱）为西夏的职官名；[②]𗤶𗤙（正军）是西夏军队的基础，地位比辅主高；𗣊𗩾（辅主）是正军的辅助，可为权正军[③]。原译对𗏹𗤶（小甲）、𗟲𗤙（小监）、𗑌𗤆𗣊（农迁溜）等对上述常用词的把握是准确的。

　　2. 对语序、格助词、动词前置助词、存在动词等语法的把握较好。

　　《天盛律令》卷一《恶毒门》："一自穿三个月丧服至穿九个月丧服，节下人依次杀节上中一人时，不论主从，以剑斩。杀二人时，主谋之妻子及同居子女等当连坐，入牧农主中。与同谋者，一齐以剑斩。三人以上，不论正副一样，以剑斩，自己妻子，同居子女等人当连坐。若已行动未死，则已着未着、已伤未伤一样，造意绞杀，从犯徒十二年。虽起杀意，未暇行动，则造意无期徒刑，从犯徒十年，其故意杀者中妇人有子女者勿连坐。"[④] 本条款西夏文原文为：

甲 1-13-4 𗤅𗤅𗤶𗢸𗗗𗤆𗣊𗑌𗤆𗤶𗢸𗗗𗤆𗣊𗑌𗀨𗤶𗤅𗤆
一三月个污穿穿起九月个污穿穿至节下人
甲 1-13-5 𗟲𗤙𗀨𗤆𗤙𗤅𗤆𗣊𗩾𗤆𗤅𗣊𗤶𗣊𗤆
次依节上中一人杀时正副所无剑以 <>
甲 1-13-6 𗣊𗤶𗤆𗣊𗩾𗤅𗤆𗑌𗤆𗤅𗗧𗤆𗤆𗣊𗤆
杀二人杀时心起 <> 妻妻及帐共女子等

---

　　① 史金波：《西夏社会》(上)，上海人民出版社，2007 年版，第 230—231 页。
　　② 史金波、聂鸿音、白滨译注：《天盛改旧新定律令》，第 624 页。按：𗣊𗤶（独诱）的具体含义，与中原何职官对应尚未知。
　　③ 史金波、聂鸿音、白滨译注：《天盛改旧新定律令》，第 261 页。
　　④ 史金波、聂鸿音、白滨译注：《天盛改旧新定律令》，第 117—118 页。

甲 1-13-7 𗾔𗾔𗥃𗮔𗗟𗤒𗾔𗾗𗥄𗄈𗟲𗳌𗾁𗗆𗤒𗫼

<> 连牧农主中 <> 入议相与一顺剑以 <>

甲 1-13-8 𗫼𗼌𗗠𗼕𗤸𗢸𗗨𗾁�æ𗄈𗟲𗤒𗫼𗬢

杀三起上高正副不算一礼剑以 <> 杀自

甲 1-13-9 𗬢𗾗𗺩𗴧𗬦𗙭𗤒𗅋𗾔𗾔𗸜𗫼𗤑𗾗𗁀𗩾

己妻妻帐共女子等 <> 连若 <> 行未死则

甲 1-13-10 𗾔𗑲𗾔𗑲𗫼𗷙𗾔𗷙�1𗬀𗳆𗁀𗫼𗉛𗗛𗸜

<> 著未著 <> 伤未伤一礼心起项缚为副

甲 1-13-11 �1𗘂𗤑𗫼𗤶�1𗁀𗤑𗾔𗟳𗳆𗤶𗁀𗫼𗅺𗸜�w

十二年杀心 <> 起行未瑕则心起备取副

甲 1-13-12 �1𗤑𗊱𗰜𗫼𗏵𗤒𗤜𗴂𗥈𗁀𗃆𗏵𗐯𗑲�1

十年其随意杀者中妇人有女子有 <> 莫连

动词前置助词分过去式和未然式两类，《天盛律令》中两类动词前置助词都有，但由于《天盛律令》主要是对未来不法行为的处罚规定，故以未然式为主。本条款中未然式动词前缀出现六次，向主体的𗫼［宁 djij］三次出现于动词𗫼（杀）前，表示杀的动作趋向行为主体的主从犯、同谋者，又是未然动作；向近处的𗾔［京 kjij］三次出现于动词𗥃（连）、𗮔（入）前，表示妻子、同居子女等连坐或趋向而入牧农主中，也是未然动作。原译中将未然式动词前缀译为"当"或不翻译，处理得当。本条款中过去式动词前缀出现四次，离主体的𗙭［答 dja］出现于动词𗁀（行）前，表示主体节下人的行动，又是过去已发生的事情；离主体的𗙭［答 dja］出现于表示消极动作的动词𗷙（伤）前，也是过去已发生的事情；向近处、向里的𗾔［圪 kji］出现于动词𗷙（著）前，表示向里打中，也是过去已发生的事情；向上、开始、兴起的𗗟［阿 -ja］用于动词𗤑（起）前，句中又叙述过去事。原译中将过去式动词前缀译为"已"或不翻译，处理亦得当。

本条款中出现了两个格助词，其一为𗤸［耶］，𗤸［耶］可以做属格助词或宾格助词，在句中做属格助词，表示𗺩𗴧𗬦𗴧𗬦𗤑𗗛（妻子及同居子女）为𗅺𗁀（造意、主谋）所属；其一为主格助词𗐯［达］，表示𗊱𗰜�<𗏵𗤒𗤜𗴂𗥈𗁀𗃆𗏵�tyles𗑲�1（对译：其随意杀者中妇人有女子有 <> 莫连）一句中，𗏵𗤒𗤜𗴂𗥈𗁀�（妇人有子女）为主语。又𗊱𗰜�<𗏵𗤒𗤜𗴂𗥈𗁀�æ𗏵�tyles𗑲�1（对译：其随意杀者中妇人有女子有 <> 莫连）一句中，𗊱𗰜�<𗏵�](其故意杀者中）为

状语，用并列存在的翻（有），表示（妇人）为䌷藘㢟（故意杀者）中之一，故疆㲸（妇人）为宾语，翻（有）为谓语；后用珍贵存在的纊（有），表示对羸骇（子女）的珍视，宾动词组羸骇纊（有子女）做宾语疆㲸（妇人）的定语，即"有有子女之妇人"，可译为"妇人有子女"；疑（莫）为否定副词修饰谓语骹（连坐）。从上下文来看，"一子女自己杀亲曾祖及祖父母、父母、庶母等，及媳杀此数等者，不论主从，以剑斩。其中妇人之子女勿连坐，而每人自己妻子、子女当连坐，应迁居异地，应入牧农主中"，即男女杀亲曾祖及祖父母、父母、庶母等时对其家属的处罚有别，妇人之子女不连坐，男子之妻子、子女当连坐。[1]孙子、在家孙女对亲曾祖应服九个月丧，孙子、孙女对亲祖父母应服一年丧，出嫁亲女对父母应服一年丧，子、未出嫁在家亲女对父母应服三年丧，子对庶母应服三年丧，妇人丧服法与丈夫同。[2]由此可知，穿九个月丧服至穿三年丧服的孙子、在孙女、子女等节下人杀亲曾祖、亲祖父母、父母、庶母等节上时，杀者是妇人，则其子女不连坐。本条款是西夏法典对穿三个月至穿九个月丧服的节下人故意杀节上人时的规定，那么，妇人杀穿三个月至穿九个月丧服的节上人时，其子女亦不连坐。原译将属格助词㢟［耶］、主格助词㲸［达］、存在动词纊和翻、词组和语序都很好地翻译了出来。

3. 对人称呼应的把握大体合理。

卷三《当铺门》："一典当时，物属者及开当铺者二厢情愿，因物多钱甚少，说本利相等亦勿卖出，有知证，及因物少钱多，典当规定日期，说过日不来赎时汝卖之等，可据二者所议实行"。[3]本条款西夏文原文为：

甲 3-39-7 㪟藘㲘纊㲃㠿疹敼藘麓䨲疹靱㮆㺿㲍
　　　　 一典置 <> 物有者及典库持者等二乐语
甲 3-39-8 疑㲃㳚㢏纊䎃㳅㲃藘㲍㮆䚿疑㸱疑
　　　　 分物多众钱少少因典为本利相等亦不
甲 3-39-9 㪟㲍㲈㺿㳚䤽蘦敼㲃㲈㳽㳚㲅藘㲍
　　　　 卖为 <> 谓知证有及物少钱多因典为
甲 3-39-10 䑀㲘㲊㲄㲍䑀䎃㳚㺃㲃慭㺧䖴藘鞍㸨㺿
　　　　 日限入柄为日过不拉来时 <> 买 <> 谓

---

[1] 史金波、聂鸿音、白滨译注：《天盛改旧新定律令》，第 117 页。
[2] 史金波、聂鸿音、白滨译注：《天盛改旧新定律令》，第 134—138 页。
[3] 史金波、聂鸿音、白滨译注：《天盛改旧新定律令》，第 186 页。

甲 3-39-11 𗗟𗆢𗾑𗫂𗫨𗥃𗤁𗖻𗤽

等二乐何 <> 语依顺行

新译文：

一典当时，物属者及开当铺者二厢情愿，因物多钱甚少，说本利相等，我亦不卖[1]，有知证，及因物少钱多，典当立期限文书[2]，说过日不来赎时汝卖之等，可据二者所议实行。

注释：

[1] 说本利相等，我亦不卖：原译为"说本利相等亦勿卖出"。

[2] 典当立期限文书：即西夏文𗫨𗥃𗫂𗽓𗤁𗥃（对译：典为日限入柄为），原译为"典当规定日期"，漏译𗽓𗤁（文书、契约）一词。

𗖻𗎆𗆢𗪿𗆢𗏹𗥃𗤽𗆢（对译：本利相等亦不卖为 <> 谓）和𗫂𗭽𗰒𗟻𗖃𗆠𗩾𗗟𗖸𗆢（对译：日过不拉来时 <> 卖 <> 谓）一样，都是人称呼应句，①后一句已将人称主语补译回来；由引述词𗆢（谓），知两句都是物属者对开当铺者所说的话。𗖻𗎆𗆢𗪿𗆢𗏹𗥃𗤽𗆢（对译：本利相等亦不卖为 <> 谓）中，由句末人称呼应词𗥃（我），知句子的主语为𗥃（我），而不是"汝"，但被省略了。因人称呼应词的出现，明确了句子的主语，故主语应补译出来。故句子应译为"说本利相等，我亦不卖"。改译后，知本句是物属者对开当铺者主动说明"我不卖"，而不是对开当铺者要求"你不要卖出"。

（三）对法律术语的把握较为到位

1.上述《天盛律令》卷一《恶毒门》中，𗉌𗤁（对译：心起）为主谓式合成词，意为"主谋、造意"；𗗟𗥃（对译：议相）为动词𗗟（议）后加后缀𗥃（相、互）构成的新动词，意为"同谋"；②𗤽𗤁（对译：备取）为联合式合成词，动词𗤽（备）与𗤁（取）联合后，意为"无期"，系一名词；𗎆𗩾（对译：正副）为形容词𗎆（正）和形容词𗩾（副）联合而构成的合成词，意为"主

---

① 𗖻𗎆𗆢𗪿𗆢𗏹𗥃𗤽𗆢（对译：本利相等亦不卖为〈〉谓）和𗫂𗭽𗰒𗟻𗖃𗆠𗩾𗗟𗖸𗆢（对译：日过不拉来时〈〉买〈〉谓）一样，都是人称呼应句。于光建博士对本条款做了重新的翻译，但仍将前一句译为"说本利相等亦勿买出"，将后一句改译为"说过日不来赎时使买之"。分别参见于光建：《〈天盛改旧新定律令〉典贷借债条文整理研究》，宁夏大学博士学位论文，2014年，第22、29页。

② 分别见史金波：《西夏文教程》，第139、141—142页。

从"，系名词。

2. 卷十二《内宫待命等头项门》："一待命当值者中，父母、子、兄弟、妻眷等死，嫁女娶妇，所有丧葬，其余与之相似不可不为等，有所告时，当告管事前内侍、内宿司等，是实言，则当令寻担保只关者。又有染疾病，亦由医人视之，实染疾者，医人当只关，一起奏报给限期。"[①]本条款西夏文原文为：

甲 12-38-14　𗴺𗅲𗏹𗤁𘄒𗡞𗐴𗢳𗄼𗴺𗤁𗤁𗈪𗸕
　　　　　一旨待住续为者中父母子兄弟妻妻等死

甲 12-38-15　𘜶𗄃𗰔𗗙𘃡𗢺�589𗹭𘘥𗜓𘇂�
　　　　　女送媳索死失所有他别其与顺似不

甲 12-38-16　�649𘇂𘄒𗈪𗿷𗏹𗗙𘘥𗿷𗗙𗤑𗅢𘓐𗧉
　　　　　为不只能等语有谓时事［管］前内侍内

甲 12-38-17　𗨁𘇂𘄒𗗙𘊟𗈪𗤒𗈪𘄒𘓐𗿷𗥑𗍫𗄼
　　　　　宿司等 <> 告语实是则［保］担［只关］者 <>

甲 12-38-18　𗄹𗫸𘇂𘓐𘈩𗿷𘒏𗤁𘄒𗗙𗫸𘓐𗤒𘈩
　　　　　寻令又疾病染有亦人医 <> 看疾病实

甲 12-39-1　𘈩𗤁𘄒𘄒𗥑𗤒𗤑𗴺𘄒𗄹𗴺𗈪𗃽
　　　　　<> 人医 <>［只关］一顺 <> 至 <> 松限

本条款是对待命当值者请假的规定。𗿷𘓐（对译：［保］担）为半借词，𗿷［保］借自汉语，𘓐（担）［斡］为西夏语，意为"担保"[②]。𗥑𗤒（对译：［只关］）为借词，意为"只关"。[③]待命当值者要请假，虽情况属实，亦须有"担保"、"只关"。原译对这两个词的把握准确。

总的来看，史金波等译注译本《天盛改旧新定律令》解决了很多语法难点和

① 史金波、聂鸿音、白滨译注：《天盛改旧新定律令》，第 442 页。

② 史金波：《西夏文教程》，第 164 页。

③ 𗥑𗤒𗤑𗴺（对译：状取［只关］），意为"接状只关"。《番汉合时掌中珠》第 30 页中栏，分别见（西夏）骨勒茂才著，黄振华、聂鸿音、史金波整理：《番汉合时掌中珠》，宁夏人民出版社，1989 年版，第 61、133 页。按：戴羽博士认为，《天盛律令》中的"只关"一词并非学界认为的"证实"、"机关"之意，而是司法制度中的"关留知在"程序，其渊源是中原法律的知在制度。西夏"只关"有单独适用及与担保连用两种情况，单用时是诉讼案件起始阶段的一项"关留知在"程序，适用于普通上诉、越诉、重诉以及投匦直诉的案件，收管对象为举告人，其目的是保证案件正常审理，减少诬告、滥告现象；与担保连用时则接近宋代"责保知在"制度，具有留住保证、连带责任保证以及信用保证的功能，是一种强化的担保措施。戴羽：《西夏"只关"考述》，《宁夏社会科学》，2019 年第 3 期。

法律术语难点，为翻译繁难而没有汉文对照的西夏文文献作了有益的尝试①；法典主要内容通过译文基本反映出来，为西夏社会的的深入研究奠定良好基础。这些年我们对西夏社会大幅度的深刻了解，这部法律的译文起了很大作用。②译本中的内容很多与已出土的西夏社会文书相印证，解决了西夏社会中很多过去不了解的重要问题，贡献很大。③

三、对史金波等译注本《天盛律令》的完善

由于没有现成的译文可资参考，今人对西夏社会比较陌生，原书又残佚污损较多，翻译《天盛律令》难度很大。史金波等译注本《天盛律令》虽已达到很高的水平，但也有一些不足。该本的不足主要有：多人翻译，水平不一，最后虽由史金波先生统稿，但译文仍有前后不统一的；由于学界期盼已久，有些仓促，有一些词语未获解读，④没有给全书作一个词条索引，也没有给出一个校勘本；存在漏译，没有完全将《俄藏黑水城文献》中新发现的《天盛律令》及时补译；存在误译。故史金波等译注本《天盛律令》出版以来，原译者和其他学者在不断完善文本。

一方面是原译者对译文的完善。原译者通过语法、西夏文文书、中原相关制度、音韵学方法及中原典籍以订正译文。𗵐𗭲𗴢𘂧𘃚𗋽𘄄𗉜𘕿𗿷𘟣𗵐𘄄 𗉜𘝞𘃚 / 𗽃𘃚𘕳𘄄𗹦𘝠�459𘜶𗉜𘟣（对译：一诸人伯及兄弟等行为父母杀害心 <> 起时兄弟 / 侄等知觉告举则罪莫连）一句，原译为"一诸人伯叔及兄弟等被父母杀，已起意时兄弟、侄等知觉，举告，则罪不连坐"。⑤史先生指出，𗵐𗭲𗴢

---

① 按：《天盛律令》的篇幅、内容、复杂程度远远超过此前没有汉文对照的西夏文世俗文献。

② 史金波：《一部有特色的历史法典——西夏〈天盛改旧新定律令〉》，载《法律史研究》编委会编：《中国法律史国际学术讨论会论文集》，第292—305页；《西夏天盛律令及其法律文献价值》，载韩延龙主编：《法律史论集》（第1卷），法律出版社，1998年版，第469—495页；《西夏的职官制度》，《历史研究》，1994年第2期；王天顺：《〈天盛律令〉与西夏社会形态》，《中国史研究》，1999年第4期；杜建录：《西夏〈天盛律令〉的历史文献价值》，《西北民族研究》，2005年第1期。

③ 较有代表性的是：史金波：《西夏户籍初探——4件西夏文草书户籍文书译释研究》，《民族研究》，2004年第5期；《西夏农业租税考——西夏文农业租税文书译释》，《历史研究》，2005年第1期；《黑水城出土西夏文买地契研究》，《历史研究》，2012年第2期；《黑水城出土西夏文雇工契约》，《中国经济史研究》，2016年第4期；《西夏文社会文书对中国史学的贡献》，《民族研究》，2017年第5期；《西夏经济文书研究》，社会科学文献出版社，2017年版。

④ 聂鸿音教授说："按理说在大量关键词语未获解读的情况下就动手翻译全书，这似乎过于冒险，但考虑到历史学界的渴求，这柄'双刃剑'的问世也就在所难免"。聂鸿音：《从绝学到显学：新世纪西夏研究的展望》，《中国史研究》，2008年第4期。

⑤ 史金波、聂鸿音、白滨译注：《天盛改旧新定律令》，第118页。原文参见俄罗斯科学院东方研究所圣彼得堡分所、中国社会科学院民族研究所、上海古籍出版社编：《俄藏黑水城文献》，第8册，第53页下右第7—8行。

貜緷靫（诸人伯叔及兄弟等）在句中为主语，行为主体格助词魏髿（行为）一词强调其前的虉粀緷貜緷靫（诸人伯叔及兄弟等）为行为主体，即动作、行为的施动者；虃薳（父母）为行为的承受着，做宾语；薕藗（杀害）为谓语。故句子前半部分应译为"诸人伯叔及兄弟等杀害父母"。①本句后有与之相呼应的"若兄弟及伯叔等对父母已起杀心，未动手以及打斗等，亲兄弟、侄有知觉，则依法当告举"。②故，从上下文来看，改译是合理的。虉勶靫緷貏牧薕貜緷靫貏牧薕貜緷靫貑靫緷貜毢薢糿 / 賷龀緷靫緤藌薗緷靫靫犵毢薗貑靫 / 薕恛芲緷貇縤勶靫 牜爮緷靫罀薱勶緥 / 薕薐勶薱（对译：诸税户家主 <> 指命自处 <> 有税种种地 / 簿上顷亩斗升草等何有数名 <> 接为运 / 治司人有者 <> 入柄 <> 给家主其上 <> 看 / 数依 <> 纳）一句，原译为"诸租户家主当指挥，使各自所属种种租，于地册上登录顷亩、升斗、草之数。转运司人当予属者凭据，家主当视其上依数纳之"。③史先生认为，这里的"税"指国家收取的耕地税，不同于农户转包土地所收的"租"（西夏文原意为"地毛"），"税户"指缴纳耕地税的农户，不同于包租他人土地的佃户，"税户家主"指有耕地的纳税农民，又根据西夏语语法将本句改译为"当指挥诸税户家主，使各自所属种种税，于地册上登录顷亩、升斗、草之数。转运司人当予属者凭据，家主当视其上依数纳之。"④动词前有一个名词时，是宾动式，还是主谓式，有时难以区分，因及物动词能带宾语，如果能够确定动词不是及物动词，则可以肯定是主谓式；若动词是及物动词，则可从词义是否搭配来区分。⑤虽然这是就词的构成而言，但词组的构成亦与此相同。薕貜（指挥）为及物动词，虉勶靫緷貏牧薕貜（对译：诸税户家主 <> 指命），可以理解为主谓结构的"诸税户家主当指挥"，也可以理解为宾动结构的"指挥诸税户家主"。词义搭配亦不能识别，但因词组出现在句子中，可结合文意来分析。按照原译，"诸租户家主当指挥"，知虉勶靫緷貏（诸租户家主）在句中做主语，但如此翻译，则与上下文不符。从上下文来看，本条款前有催促地租者乘马于各自转运司白册盖印，当取收据数登记于白册的是家主；后有各租户家主各自地何时种、耕牛数、租种数、斛、斗、升、合、条草

———

① 史金波：《西夏文教程》，第 230—233、250 页。

② 史金波、聂鸿音、白滨译注：《天盛改旧新定律令》，第 119 页。

③ 史金波、聂鸿音、白滨译注：《天盛改旧新定律令》，第 508 页。原文参见俄罗斯科学院东方研究所圣彼得堡分所、中国社会科学院民族研究所、上海古籍出版社编：《俄藏黑水城文献》，第 8 册，第 314 页下右第 6—9 行。

④ 史金波：《黑水城出土西夏文买地契研究》，《历史研究》，2012 年第 2 期。

⑤ 史金波：《西夏文教程》，第 140 页。

当明之，当使书一木牌上。①可见，税户家主应当被指挥登记。故□□□□□□□□□（对译：诸税户家主 <> 指命）中，□□□□□（诸税户家主）为宾语，□［永 wjij］为表示向远、向外的未然式动词前缀，□□（指挥）为谓语。

传统文献中对西夏征收水税没有任何记载，《天盛律令》卷九《事过问典迟门》中，有□□（对译：水税）二字，但原译却没有将该词中的第二字识读出来，史先生通过黑水城出土的两件耕地水税帐和土地买卖契约的研究，将该词补译了出来，使西夏征收水税的谜团得以揭开。②一般来说，西夏最基层军事组织抄，由两人或多人构成，其中一人为正军，两人或更多人为辅主或负担。③辅主和负担虽都是抄的组成部分，但是二者是不同的。根据《天盛律令》卷五《军持兵器供给门》，知帐门后宿属、内宿后卫等属、神策内外侍等属的正军比正辅主、负担的兵器配备多，正辅主的兵器配备比正军少但比负担多。④兵器配备的多少，反映了地位的不同。由此可知，军抄中正军的地位最高，其次是辅主，而负担是最低的。白滨先生认为辅军即辅主大概指《宋史·夏国传》中的"负赡"。⑤彭向前认为近年发现的西夏文军事文书中只有"正军"和□□（对译：辅主），不见□□（［副担］）一词，西夏文兵书《贞观玉镜将》中亦无□□（［副担］）一词，故□□（［副担］）译为"负担"是一个误会，□□（对译：辅主）应译为"负赡"。⑥史金波先生指出不仅《天盛律令》对军抄的记载分正军、辅主、负担为主，在出土的有关军抄文书中多数情况亦只分正军和辅主两种。但俄 Инв.No.2206-3、俄 Инв.No.2206-5、俄 Инв.No.2206-8 等军抄文书中将辅主分为正辅主和负担，知辅主有正副，负担为副辅主。⑦

□□二字，第1字音"前"、"清"、"净"、"经"等，第2字音"判"、"盘"等。原译将两字译为"经判"或"习判"。宋代各州、府选派京官充当判官时称签书判官厅公事，简称"签判"，掌诸案文移事务。西夏的签判之职可能和其他很多职官一样，借鉴自官制很完备的中原王朝。西夏的签判在次等司也即第二等司的西凉府中，地位较高，次于西凉府的大人和副职，有向皇帝、

---

① 分别见史金波、聂鸿音、白滨译注：《天盛改旧新定律令》，第 507、514 页。
② 史金波：《西夏文社会文书对中国史学的贡献》，《民族研究》，2017 年第 5 期。
③ 史金波、聂鸿音、白滨译注：《天盛改旧新定律令》，第 259—264 页。
④ 史金波、聂鸿音、白滨译注：《天盛改旧新定律令》，第 227—228 页。
⑤ 白滨：《〈文海〉所反映的西夏社会》，史金波、白滨、黄振华：《文海研究》，第 41 页。
⑥ 彭向前：《释"负赡"》，《东北史地》，2011 年第 2 期。
⑦ 史金波：《西夏军抄的组成、分合及除减续补》，姜锡东主编：《宋史研究论丛》第 15 辑，河北大学出版社，2014 年，第 556—563 页；又见《瘠土耕耘：史金波论文选集》，第 416—421 页。

宰相以及经略上书的资格。故𗰖𘝞二字应改译为"签判"。[1]〔西夏文〕（对译：一诸人屋舍田地钱因典为异异 <> 使传 / 二二上自处地苗舍屋〔谷宜〕利等算名 / 不有人柄文字有何时钱送时 <> 给为 / 不有其中钱上利有屋舍地田亦重有 / 者〔包雇〕为令利纳名有 <> 钱上利舍屋地 / 田上苗果〔谷宜〕等自处 <> 算重本利钱 / 与 <> 等以后利算允无若律过本利送 / 地田舍屋有者 <> 不给为时官有罚马 / 一庶人十三杖）一条，原译为"一诸人居舍、土地因钱典当时，分别以中间人双方各自地苗、房舍、谷宜利计算，不有名规定，有文字，何时送钱时当还给。此外，其中钱上有利，房舍、地亩亦重令归为属有者谷宜，交利有名者，钱上利、房舍、地上上苗、果、谷宜等当各自重算，不允与本利钱相等以后再算利。若违律本利送，地上、房舍不归属者时，有官罚马一，庶人十三杖。"[2]原译者指出，"谷宜"为音译，其意不详，"不有名规定"文意不明。[3]史先生根据上下文、语法和音译，将本条款改译为"一诸人居舍、土地因钱典当时，已无分歧参差，双方各自地苗、房舍估价利计算，有不记名文书文字，何时钱到时当给付。此外，其中钱上有利，房舍、地畴亦重令归属者包雇，交利具名者，钱上利、房舍、地畴上苗、果估价等当各自重算，不允与本与利钱相等以外再算利。若违律送本利，地畴、房舍不归属者时，有官罚马一，庶人十三杖。"[4]《天盛律令》卷十七《物离库门》中有232味中药名称，这些药名大多是宋代汉语西北方言的西夏音译，其中有一些药名没有得到解决。史先生根据宁夏杨新才先生的意见，在对音的基础上首先校正了其中三十多种中药名称。[5]聂鸿音《西夏〈天盛律令〉里的中药名》一文，指出《天盛律令》卷十七中的232味中药名称大多是宋代汉语西北方言的西夏音译，认为这些药名直接从北

① 史金波：《西夏文社会文书对中国史学的贡献》，《民族研究》，2017 年第 5 期；《俄藏 No.6990a 西夏书仪考》，《中华文史论丛》，2018 年第 1 期。又《天盛改旧新定律令》中职官𗰖𘝞（对译：〔通盘〕），有时译为"同判"，皆应改为"通判"。史金波：《俄藏 No.6990a 西夏书仪考》，《中华文史论丛》，2018 年第 1 期。

② 史金波、聂鸿音、白滨译注：《天盛改旧新定律令》，第 187 页。原文参见俄罗斯科学院东方研究所圣彼得堡分所、中国社会科学院民族研究所、上海古籍出版社编：《俄藏黑水城文献》，第 8 册，第 96 页下左第 9—97 页上左第 8 行。

③ 史金波、聂鸿音、白滨译注：《天盛改旧新定律令》，第 192 页。

④ 史金波：《西夏经济文书研究》，第 43 页。

⑤ 史金波：《西夏社会》（下），上海人民出版社，2007 年版，第 781—782 页。

宋《嘉祐本草》续增本摘录而来，根据存世《政和证类本草》纠正了史金波等译注本中的 70 余条误译。[①]

　　另一方面，其他学者对译文的完善，主要有以下几种：其一，是补译。一种是以俄藏西夏文文献补译文。佐藤贵宝《未刊俄藏西夏文〈天盛律令〉印本残片》一文，指出 Инв.No.2586 号残片为未刊于《俄藏黑水城文献》而著录于《西夏文写本和刊本》者，该残片为《天盛律令》卷十九《减牧杂事门》"箭杆草等纳法"条后半部分、"无职诸司对牧场摊派"条与《死减门》门目，可补史金波等译注本。[②] Инв.No.2585 号残片同样为未刊于《俄藏黑水城文献》而著录于《西夏文写本和刊本》者，该残片为《天盛律令》卷十九《校畜磨勘门》"验畜日限及造册法"条后半部分、"验畜毕时磨勘导送法"条前半部分的内容，可补史金波等译注本；《东洋文库》的微缩胶卷中有 Инв.No.2569，内容包括《天盛律令》卷九《事过问典迟门》"御旨懈怠"条，可补此前所缺𗾔𗾔𘟩（对译：速 <> 顺）、𗥹𗥹𗾔𗾔（对译：语除后一）、𗥹𗥹𗾔（对译：御旨谕）、𗾔𗾔𘟩（对译：应不往）、𗾔𗾔𗥹𗥹𗾔𘟩𗾔（对译：不有析列境道无）20 字，从而使条款内容完整。[③] 潘洁根据《俄藏黑水城文献》，缀补了史金波等译注本《天盛律令》卷十五《催缴租门》错置于《春开渠事门》并漏译的一段关于土地税额和交纳时间的内容，共 9 行，109 字；同时，补译了之前没有翻译的 2 行，27 字。[④] 韩小忙、王长明《俄 Инв.No.353 号〈天盛律令〉残片考》，发现 353 号残片为俄藏《天盛律令》卷十一《矫误门》、《出典工门》中的 2 条，内容虽已见史金波等译注本，但仍可补数字。[⑤] 骆艳的硕士论文《俄藏未刊布西夏文献〈天盛律令〉残卷整理研究》，指出与《西夏文写本和刊本》比较，《俄藏黑水城文献》至少尚有《天盛律令》的 81 个编号未刊布，并就其收集到未刊的 174、3810、4432、6741、785 五个编号作了译释，补了史金波等译注

　　① 聂鸿音：《西夏〈天盛律令〉里的中药名》，《中华文史论丛》，2009 年第 4 期。

　　②（日）佐藤贵宝：《未刊俄藏西夏文〈天盛律令〉印本残片》，原载新潟大学主编：《西北出土文献研究》第 6 期，新潟西北出土文献研究会，2008 年版，第 55—62 页；后由刘宏梅译，载《西夏研究》，2011 年第 3 期。

　　③ 佐藤贵宝（SATO Takayasu）：《在考察原件基础上的西夏法典研究》（Study of the Tangut（Xixia）Code Based on Inspection of Actual Texts），载聂鸿音、孙伯君主编：《中国多文字时代的历史文献研究》，社会科学出版社，2010 年版，第 280—292 页。

　　④ 潘洁：《〈天盛改旧新定律令〉农业卷研究》，宁夏大学博士学位论文，2010 年，第 103 页；《〈天盛改旧新定律令·催缴租门〉一段西夏文缀合》，《宁夏社会科学》，2012 年第 6 期。

　　⑤ 韩小忙、王长明：《俄 Инв.No.353 号〈天盛律令〉残片考》，载四川大学历史文化学院编：《吴天墀教授百年诞辰纪念文集》，四川人民出版社，2013 年版，129—131 页。

本《天盛律令》卷一、八、九、十、十一、十三等的部分条文和残缺字词。[1]尤桦《〈季校门〉校勘考释》一文，已指出克恰诺夫俄译本缺卷五《季校门》1面（即《俄藏黑水城文献》第8册第132页上右），并将俄译本所漏译出。史金波等译注本《天盛律令》依据《俄藏黑水城文献》第8、9册做了增补，其中即包括新识别出的少量刻本零页，因而比克恰诺夫俄译本更完整。然而，尤桦并未指出史金波等译注本《天盛律令》亦漏译《季校门》1面（即《俄藏黑水城文献》第8册第132页上右）的内容。[2]张笑峰《西夏〈天盛律令〉中的头子考》一文，指出史金波等译注本《天盛律令》第345页误将卷九《贪奏无回文门》"因私语不告引导行头子"条[3]后半部分归入"独自奏"条，将"催促文字者过处来"条对应"因私语不告引导行头子"条条目，将"文字取回无告不遣人"条归为"催促文书者过处来"条；同时据《俄藏黑水城文献》第8册第207页下左补译了"文字取回无告不遣人"条。[4]杜建录教授《西夏〈天盛律令〉研究的几个问题》一文，指出了史金波等译注本《天盛律令》漏译卷十三《执符铁箭显贵言等失门》中的11行西夏字（即《俄藏黑水城文献》第8册第296页下左、297页上右），但并未将西夏文释读出来。[5]许鹏《俄藏Инв.No.8084ё和8084ж号〈天盛律令〉残片考释》一文，指出俄藏未刊Инв.No.8084ж号和8084ё《天盛律令》残片前后相接，可补卷四《敌军寇门》所缺"令逃盗穿不追斗及斗入手等罪较"、"因逃盗派追者应及力堪不败之"、"投诚迁类地界中不往逃"三条律法。[6]孔祥辉《俄藏Инв.No.6239号〈天盛律令〉残片考补》一文，通过新发现的俄藏Инв.No.6239号残片，补译了《天盛律令》卷四《敌军寇门》所佚"无御旨敌中盗入"、"敌中盗未管口问持者知觉及目缺先"、"自意盗寇他人敌人处举"、"畜人入敌手追取为功赏"四条律文。[7]许鹏《俄藏6239

[1] 骆艳：《俄藏未刊布西夏文献〈天盛律令〉残卷整理研究》，宁夏大学硕士学位论文，2014年。

[2] 尤桦：《〈季校门〉校勘考释》，载杜建录、波波娃主编：《〈天盛律令〉研究》，上海古籍出版社，2014年版，第32—125页。

[3] 史金波等译注本《天盛律令》第47页将本条目译为"因私语不告引导行文"，衍"文"，未译出 㕚 㕚（头子），张笑峰亦未改译。

[4] 张笑峰：《西夏〈天盛律令〉中的头子考》，《宁夏师范学院学报》，2016年第1期。按：此外张笑峰在文中依据《番汉合时掌中珠》中的"出与头子"和西南榷场使文书中的"安排官头子"，将《天盛律令》原译为 㕚 㕚"头字"一词改译为"头子"。

[5] 杜建录：《西夏〈天盛律令〉研究的几个问题》，载杜建录主编：《西夏学》（第十三辑），甘肃文化出版社，2016年版，第125—133页。

[6] 许鹏：《俄藏Инв.No.8084ё和8084ж号〈天盛律令〉残片考释》，《宁夏社会科学》，2016年第6期。

[7] 孔祥辉：《俄藏Инв.No.6239号〈天盛律令〉残片考释》，杜建录主编：《西夏学》（第十七辑），甘肃文化出版社，2019年，第214—222页。

号〈天盛律令〉中的两则残叶考释》一文，在孔祥辉的基础上进一步补充了《天盛律令》卷四《敌军寇门》"畜人入敌手追取为功赏"条和"官畜入敌手"条以及《边主期限门》"城主等超期限"条与"小首领军卒等超期限"条。①孔祥辉《两则未刊俄藏〈天盛律令〉残片考释》一文，通过新发现的两面《天盛律令》残片，补译了《天盛律令》卷十《得续官军救门》"医人等得官法"条中的一句、"边等官获末品"条、"学士选拔官赏"条数字，增补了卷十四《误打争斗门》"杀节亲私和"条和"大小相殴告日限"条数字。②潘洁《两件〈天盛律令〉未刊残页考释》一文，在孔祥辉发现 Tang_55_69_0001 的基础上，又发现 Tang_55_69_0002，指出两面残片为相连，先是 Tang_55_69_0002 然后是 Tang_55_69_0001，分别可补《天盛律令》卷十四 "相伤为凭据"条数字、"杀节亲私和"条全部和"大小相殴告日限"条数字。③王玫《〈天盛律令〉卷九补缀数则》一文，通过未刊布的 Танг.55.Инв.No.6740、俄藏 56 两个残片，校补了《俄藏黑水城文献》第 8 册《天盛律令》卷九《越司曲断有罪担保门》、《贪奏无回文门》和《誓言门》中的数字。然而未指出《贪奏无回文门》和《誓言门》中的二条款为史金波等译注本所未译出，也没有将这二条款意译出来，而且据《俄藏黑水城文献》第 8 册知《贪奏无回文门》后共有九条款为史金波等译注本所未译，但未对其他七条款进行译释与研究。④另一种是通过其他地方所藏西夏文文献残卷补译文。英藏黑水城文献 OR12380/1959 号西夏文残卷为俄藏《天盛律令》卷十八"舟船门"最后一条"造船及运行牢固等赏"所遗失的部分，可补史金波等译注本之缺。⑤韩小忙在英藏黑水城文献中发现了 113 枚《天盛律令》残片，其中大多数残片可以在俄藏中见到其完整的页面，有的残片可补俄藏《天盛律令》甲种本中的缺字，有 20 余枚只知卷数而不知具体位置的残片，其内容则不见于俄藏《天盛律令》各版本。⑥在史金

① 许鹏：《俄藏 6239 号〈天盛律令〉中的两则残叶考释》，《西北民族论丛》第 18 辑，社会科学文献出版社，2018 年，第 8—20 页。

② 孔祥辉：《两则未刊俄藏〈天盛律令〉残片考释》，杜建录主编：《西夏学》（第十六辑），甘肃文化出版社，2018 年，第 310—315 页。

③ 潘洁：《两件〈天盛律令〉未刊残页考释》，杜建录主编：《西夏学》（第十七辑），第 207—213 页。

④ 王玫：《〈天盛律令〉卷九补缀数则》，宁夏大学西夏学研究院：《第五届西夏学国际学术论坛暨黑水城历史文化研讨会论文集》（下），阿拉善，2017 年 8 月，第 347—352 页。

⑤ 高仁：《一件英藏〈天盛律令〉印本残页译考》，载杜建录主编：《西夏学》（第十一辑），上海古籍出版社，2015 年版，第 109—114 页；许生根：《英藏〈天盛律令〉残卷西夏制船条款考》，《宁夏社会科学》，2016 年第 2 期。

⑥ 韩小忙、孔祥辉：《英藏〈天盛律令〉残片的整理》，《西夏研究》，2016 年第 4 期，第 42—46 页。

波先生指出英藏 3354 与误定为佛经的英藏 3672b、3672bv、3672c、3672cv、3672d 为《天盛律令》卷十《得续官军敕门》和《英藏黑水城文献》第 5 册将 3672a 改为 3762.01、3672b 改为 3762.02、3672bv 改为 3762.02v、3672c 改为 3762.03、3672cv 改为 3762.03v 的基础上，① 孔祥辉据《英藏黑水城文献》第 4 册 Or.12380-3354 号校补了卷十《得续官军敕门》"学士选拔官赏"条中间，据《英藏黑水城文献》第 5 册 Or. 12380-3762 号中的 3762.07、3762.08、3762.09、3762.10、3672.10v、3762.09v 共 6 个残片校补了卷十《得续官军敕门》为 "执敕及伞等得官法"条中间、"医人等得官法"条中间、"学士选拔官赏"条中间、"官品超变处请赏"中间，此外指出 Or. 12380-3762.08v 与前揭俄藏未刊残片同属卷十《得续官军敕门》"医人等得官法"条最后一句、"边等官获末品"条、"学士选拔官赏"条开头数字，但俄藏未刊残片内容更完整。《英藏黑水城文献》第 4 册第 314 页下 3672d 号残片与 3354 号内容极其相似，都有 "敬诗官及赏"、"黑靴"、"黑锦腰带"等内容，同属卷十《得续官军敕门》"学士选拔官赏"条中间而不相重复，但《英藏黑水城文献》第 5 册没有改题后重收 3672d，《英藏〈天盛律令〉残片的整理》第 44 页误将其与《英藏黑水城文献》第 5 册中的 Or. 12380-3762.09v 混淆，认为其位置不可考，孔祥辉也没有注意到该残片，因此该残片至今没有被用来校补《天盛律令》。②

其二，是通过找出《天盛律令》所承接、对应的中原典籍以订正译文。孙颖新、宋璐璐的《西夏〈天盛律令·节亲门〉辨正》一文，认为《天盛律令》中的《十恶》《八议》诸门是中原《唐律疏议》相关章节的翻版，故《节亲门》也是从中原法律的相关条文转译而来；根据与《节亲门》内容相应、有共同来源的中原典籍《仪礼·丧服》、《元典章·礼部三》、《三才图会·仪制七》等中的中原丧服制度，订正了《西夏天盛律令》的 24 处错误，并对该部分西夏文作了重译。③

其三，是通过语法以补正译文。《天盛律令》卷十一《为僧道修寺庙门》中有𗾟𗥦𗊉𘂏𗠝𗧣𘄡𗄅𗏵𗏵𗆫𘃸𘄿𗌫𗺉 /𗙟𗄜𗧟𗃛𗥩𗏵𗣼𘝼𗉛𗱽𗻪𗾟𗉛𗥩𗏵 /𗉛𗾟𗾔（对译：一国圈内 [寺] 有中圣 [荣] 一处 <> 常住禁制 /者正副二人 [地举] <> 遣其后 [寺] 数 [地举] / 遣允无），即 "一国境内有寺院中圣容一

① 史金波：《〈英藏黑水城文献〉定名刍议及补正》，杜建录主编：《西夏学》(第五辑)，上海古籍出版社，2010 年，第 5、14、15 页。西北第二民族学院、上海古籍出版社、英国国家图书馆编：《英藏黑水城文献》，第 4 册，上海古籍出版社，2005 年，第 312 页上—314 页上；北方民族大学、上海古籍出版社、英国国家图书馆编：《英藏黑水城文献》，第 5 册，上海古籍出版社，2010 年，第 55 页下—57 页下。

② 孔祥辉：《英藏〈天盛律令〉Or.12380-3762 残片考补》，《西夏研究》，2018 年第 4 期。

③ 孙颖新、宋璐璐：《西夏〈天盛律令·节亲门〉辨正》，《民族语文》，1999 年第 5 期。

种者，当遣常住镇守者正副二提举，此外不许寺中多遣提举"。①彭向前研究员指出，羧（数）为词缀，可以放在表示计量的名词词根后，构成复数形式，因此絯羧（对译：［寺］数）应译为"诸寺"，故句子应改译为"一国境内有寺院中圣容一种者，当遣常住镇守者正副二提举，此外诸寺不许多遣提举"。②彭向前研究员又指出，羧绫（对译：不然），旧译"然则"，意为转折连词，误。该词与藏语中的对比连词 ma gtogs 相当，义略相当于"只……"、"仅……"、"唯……"，用于前一分句之后，连接肯定或否定的分句，构成对比复句，表示对比关系。并就史金波等译注本《天盛律令》中误译羧绫（对译：不然）的句子举例做了分析。③彭向前《〈天盛律令〉译文勘误数则》一文，主要从语法的角度，就史金波等译注本《天盛律令》翻译中存在问题的五条款做了校补，而且指出欲对史金波等译注本《天盛律令》进行大规模的订正，时机尚不成熟。④

其四，是主要通过音韵学的方法，对勘译文。李丹《〈天盛律令·物离库门〉药名译考》一文，在聂鸿音《西夏〈天盛律令〉里的中药名》一文的基础上，正确改译"葛贼"为"干漆"、"红笼"为"红蓝"、"马连子"为"马楝子"、"鸣虫"为"蚯虫"，却误将"蛙经子"译为"黄荆子"。⑤惠宏《西夏〈天盛律令〉之中药名"蔓荆子"考释》一文，通过对音，指出可以用𤄷的对音汉字"万"、"蔓"等字来转译𧕽，于是《天盛律令》卷十七《物离库门》中的一味中药𧕽𥱼𥯮（原译为"蛙经子"）便可音译为"蔓荆子"。⑥

其五，是重新校注，以补正译文。目前重新校注过的有：卷一⑦，卷二《节亲门》⑧，卷三《当铺门》、《催索债利门》和卷十一《出典工门》⑨，卷五⑩，

① 史金波、聂鸿音、白滨译注：《天盛改旧新定律令》，第 403 页；原文参见俄罗斯科学院东方研究所圣彼得堡分所、中国社会科学院民族研究所、上海古籍出版社编：《俄藏黑水城文献》，第 8 册，第 244 页下左第 4—6 行。

② 彭向前：《西夏圣容寺初探》，《民族研究》，2005 年第 5 期。

③ 彭向前：《西夏语中的对比连词 mji¹ djij²》，载杜建录主编：《西夏学》（第十二辑），甘肃文化出版社，2016 年版，第 320—327 页。

④ 彭向前：《〈天盛律令〉译文勘误数则》，未刊稿。

⑤ 李丹：《〈天盛律令·物离库门〉药名译考》，宁夏大学硕士学位论文，2011 年。

⑥ 惠宏：《西夏〈天盛律令〉之中药名"蔓荆子"考释》，《宁夏社会科学》，2017 年第 4 期。

⑦ 文智勇：《〈天盛律令〉卷一及西夏法律中的十恶罪》，《宁夏师范学院学报》，2010 年第 5 期。

⑧ 许伟伟：《〈天盛律令·节亲门〉对译与考释》，载杜建录主编：《西夏学》（第四辑），宁夏人民出版社，2009 年版，第 78—83 页。

⑨ 于光建：《〈天盛改旧新定律令〉典当借贷条文整理研究》，宁夏大学博士学位论文，2014 年；《〈当铺门〉校勘考释》，载杜建录、波波娃主编：《〈天盛律令〉研究》，第 2—35 页。

⑩ 尤桦：《〈季校门〉校勘考释》，载杜建录、波波娃主编：《〈天盛律令〉研究》，第 36—125 页；《〈天盛改旧新定律令〉武器装备条文整理研究》，宁夏大学博士学位论文，2015 年。

卷八《为婚门》①，卷九《行狱杖门》②，卷十③，卷十一《使来往门》④，卷十二《内宫待命等头项门》⑤，卷十三《执符铁箭显贵言等失门》⑥，卷十五⑦，卷十九《畜利限门》⑧。重新校注过的条款，主要是从文献学的角度补译了原译所漏译的字，改译了部分原译中误译的地方，并对原文做了注释。

从上可以看出，西夏学界为完善史金波等译注本《天盛律令》做了很多工作，有很多成绩，其中以补译成效最大，订正误译也收获不小。然而，在完善史金波等译注本《天盛律令》的时候，仍有一些方面比较欠缺。如重新校勘过的卷数不足半数；从西夏语语法方面对原文重新考察的文章很少；存在补译不彻底的情况，有的补译并未将西夏文释读出来，有的补译没有补史金波等译注本《天盛律令》所缺，有的补译没有意译出来，有的补译补的不完整。这就为进一步补正译文留下了空间。

四、《天盛改旧新定律令》校译补正的主要内容

史金波等译注本《天盛律令》存在漏译、误译的情况。本书主要根据《俄藏黑水城文献》第8、9册图版，通过西夏语语法和文献学方法对史金波等译注本《天盛律令》中的误识字、衍字、误译字、误译词组做了校正，补译了其所漏译字、词、句和条款，补充了一些新识字。现举例如下：

（一）校正误译例

1. 校正误识字。

《天盛律令》卷八《烧伤杀门》："一诸人上吊、断喉、自投水火中，或避自身有罪，或与他人妻淫乱已分离欲分离，心存死意而未鲜洁，以及待命中有执职位等当革，官职革去有苦役，则不须依待命减，可以官当。"⑨本条款西夏

---

① 梁君：《天盛律令〈为婚门〉考释》，宁夏大学硕士学位论文，2015 年。

② 李炜忠：《〈天盛律令·行狱杖门〉研究》，宁夏大学硕士学位论文，2015 年。

③ 翟丽萍：《西夏职官制度研究——以〈天盛革故鼎新律令〉卷十为中心》，陕西师范大学博士学位论文，2013 年；《〈司序行文门〉校勘考释》，载杜建录、波波娃主编：《〈天盛律令〉研究》，第 126—227 页。

④ 魏淑霞：《〈天盛改旧新定律令〉卷一一"使来往门"译证》，《中华文史论丛》，2018 年第 1 期。

⑤ 许伟伟：《〈天盛改旧新定律令·内宫待命等头项〉研究》，宁夏大学博士学位论文，2013 年；《〈内宫待命等头项门〉校勘考释》，载杜建录、波波娃主编：《〈天盛律令〉研究》，第 228—331 页。

⑥ 张笑峰：《〈天盛改旧新定律令·执符铁箭显贵言等失门〉整理研究》，宁夏大学博士学位论文，2015 年。

⑦ 潘洁：《〈催纳租门〉校勘考释》，载杜建录、波波娃主编：《〈天盛律令〉研究》，第 332—374 页；《〈天盛律令〉农业门整理研究》，上海古籍出版社，2016 年版。

⑧ 按：邹仁迪对《畜利限门》做了录释，但并未校补、改译原文。氏著：《〈天盛律令〉畜利限门考释》，宁夏大学硕士学位论文，2013 年。

⑨ 史金波、聂鸿音、白滨译注：《天盛改旧新定律令》，第 295 页。

文原文为：

甲 8-4-18 𗫠𗫠𗫠𗫠𗫠𗫠𗫠𗫠𗫠𗫠𗫠𗫠𗫠𗫠𗫠𗫠
　　　　一诸人项缚喉穿火水中自投中或自人处
甲 8-5-1 𗫠𗫠𗫠𗫠𗫠𗫠𗫠𗫠𗫠𗫠𗫠𗫠𗫠𗫠①
　　　　罪有避为或他妻与行语为 <> 分离
甲 8-5-2 𗫠𗫠𗫠𗫠𗫠𗫠𗫠□𗫠𗫠𗫠𗫠𗫠②
　　　　离欲死亡心 <> 趋□不净洁 <> 为及
甲 8-5-3 𗫠𗫠𗫠𗫠𗫠𗫠𗫠𗫠𗫠𗫠𗫠𗫠𗫠
　　　　旨待中有以职位持有等 <> 失官莫
甲 8-5-4 𗫠𗫠𗫠𗫠𗫠𗫠𗫠𗫠𗫠𗫠𗫠𗫠𗫠
　　　　夺而劳役有则旨待依减为不用官
甲 8-5-5 𗫠𗫠𗫠𗫠
　　　　与 <> 敌为

新译文：

　　一诸人上吊、断喉、自投水火中，或避自身有罪，或与他人妻淫乱已分离欲分离，心存死意而未鲜洁，以及待命中有执职位等当革，官不革而有苦役[1]，则不须依待命减，可以官当。

注释：

　　[1]官不革而有苦役：原译为"官职革去有苦役"，将𗫠（莫）识为𗫠（职）。

　　按照原译，则前后文矛盾。下文为"不须依待命减，可以官当"，即官尚未革；原译为"官职革去有苦役"，即已革官职，则不能再"以官当"。

　　2.校正衍字。

　　《天盛律令》卷四《敌军寇门》："我方畜、人已入、未入他人之手，对敌军入寇者力能胜则当打败，力不堪胜，则视其军情，各家当转移，监视军

---

① 𗫠𗫠（对译：分离）二字残缺，据上下文意补。
② 𗫠𗫠（对译：为及）二字残缺，据上下文意补。

情。"①本条款西夏文原文为：

甲 4-25-14 𗼩𗿦𗼻𗤁𗈪𗋽𗯿𗯿𗧓𗤗𗪘𗤛𘜶
　　　　　我我畜人他手 <> 勿入兽军入寇者
甲 4-25-15 𗿦𗼌𗼻𗼻𗾈𗥑𗧤𘈩𗼌𗯿𗼻𗾈𗪘𗊰𘓐𗷅
　　　　　与力任任则 <> 破为力不任则军头视处
甲 4-25-16 𗲍𗥰𗤁𗽀𗪘𗊰𗰖𗼌𗨁
　　　　　家迁 <> 畏军头 <> 监为

新译文：

我方畜、人未入他人之手[1]，对敌军入寇者力能胜则当打败，力不堪胜，则视其军情，各家当转移，监视军情。

注释：

[1] 我方畜、人未入他人之手：原译为"我方畜、人已入、未入他人之手"，衍𗈪（入）。

𗼩𗿦𗼻𗤁𗈪𗋽𗯿𗯿𗧓（对译：我我畜人他手 <> 勿入）一句中，𗼩𗿦𗼻𗤁（我方畜人）为主语，𗈪𗋽（他人手）为宾语，𗯿［圪 kji］为表示向近处、向里的动词前置助词，𗯿（勿）为副词修饰谓语动词𗧓（入）。本条款在《西夏社会》中被引用，用来说明《天盛律令》中西夏的军事法与唐、宋法典有关军事条款的不同，即很多条目先列出官方的规定，然后才列出对违反规定的处罚。但对条款译文中存在的上述问题没有作修改。②

3. 校正误译字。

《天盛律令》卷十一《矫误门》："一矫文书由不任职人执于上司为手记时，执印者为印，知觉而仍用印时，以有罪人之从犯判断，当令改手记。"③本条款西夏文原文为：

甲 11-2-5 𗧓𗤙𗹙𗵉𗉑𗯿𗼻𗤻𘓱𗊰𗤗𗵉𗧓𗤪𘜶𗤁？

---

① 史金波、聂鸿音、白滨译注：《天盛改旧新定律令》，第 212 页。
② 史金波：《西夏社会》（上），第 281 页。
③ 史金波、聂鸿音、白滨译注：《天盛改旧新定律令》，第 382 页。

一矫文字不职人持大人处手记为中入及？

甲 11-2-6 𗰜𗴧𗱠𗈁𗖵𘇬𗆧𘃡𗞞𗞩𘃡𗈁𗹙𗞳𗷦

印持者印为知觉不释为等罪有人

甲 11-2-7 𗞞𘒂𗇖𗤋𗾞𘋩𘓺𗉅𗈁𗖵𘃡𗾞

<> 副礼依断判手记变为令

新译文：

一矫文书由不任职人执于大人[1]为手记时，执印者为印，知觉而仍用印时，以有罪人之从犯判断，当令改手记。

注释：

[1] 大人：原译为"上司"。

原译将"大人"和"上司"混淆。① 上司是个笼统的概念，其中可以包括 𗰜（大人）、𗵒𘘥（承旨）、𗝔𗊬𗵆（提点）、𘒂𗉅（习判）、𘋩𗰜（头监、小监）等等。②

4. 校正误译词组。

《天盛律令》卷四《边地巡检门》："一边境地迁家，牲畜主当在各自所定地界中牧耕、住家，不许超过。若违律往地界之外住家、牧耕，敌人入寇者来，入他人之手者，迁溜、检校、边管依前述法判断。在地段中之家，敌人入寇者来，因入他人之手，迁溜、检校、边管勿治罪。"③ 本条款西夏文原文为：

甲 4-23-13 𗼮𗫸𗤇𘜶𘃡𗡅𘄑𗰛𗦲𗤇𘋩𘒅𗫸𘄡𗍵𘔼𘈩𗢸

一地边家迁畜牲主自处 <> 定地图内面 <> 牧

甲 4-23-14 𘋩𗵒𘔼𘖑𗆜𘃡𗞩𗣼𗫅𘄑𗆜𗫸𘄡𘇬𘔼𘖑𘄡

耕 <> 家住过过允无若律过地图后面家住

甲 4-23-15 𗢸𘋩𘔼𗣼𘄟𘓄𗵒𗆧𗾞𘇬𗉅𗹙𘜶𘔨𘅣𘟙

① 史金波等译注本《天盛律令》第 383 页，亦将 𗰜（大人）译为"上司"，应改。原文参见俄罗斯科学院东方研究所圣彼得堡分所、中国社会科学院民族研究所、上海古籍出版社编：《俄藏黑水城文献》，第 8 册，第 229 页下右第 3 行。

② 史金波：《西夏文教程》，第 359 页；史金波、聂鸿音、白滨译注：《天盛改旧新定律令》，第 366—377 页。

③ 史金波、聂鸿音、白滨译注：《天盛改旧新定律令》，第 210—211 页。

牧耕往敌敌入寇者来他手入 <> 迁条口使

甲 4-23-16 [西夏文]

［边管］前有礼依断判地图内面家敌敌入寇

甲 4-23-17 [西夏文]

者来别手入因迁条口使边［管］罪莫连

新译文：

一边境地迁家，牲畜主当在各自所定地界中牧耕、住家，不许超过。若违律往地界之外住家、牧耕，敌人入寇者来，入他人之手者，迁溜检校、边管[1]依前述法判断。在地段中之家，敌人入寇者来，因入他人之手，迁溜检校、边管[2]勿治罪。

注释：

［1］［2］迁溜检校、边管：原译为"迁溜、检校、边管"，断句有误。

[西夏文]（迁溜）为西夏基层社会组织，相当于中原的"里"。①上文有边管、检校因在家主、牲畜主迁居时未禁止单独行，导致其离开迁溜与敌寇遇而损失畜、人时，当受罚的规定。②卷七《番人叛逃门》规定有边地家主越过地界逃跑时，迁溜检校、边管当受罚。③说明边管、检校是迁溜的管理者。

5. 从语法校正原译。

（1）《天盛律令》卷十五《取闲地门》："一……弃之，租佣草属者自未纳之，住滞，又未逾三年，不许诸人占据。若违律时，有官罚马一，庶人十三杖。"④本条款西夏文原文为：

甲 15-8-1 [西夏文]

掷然租职草有者自为纳不其住滞又

甲 15-8-2 [西夏文]

---

① 史金波、聂鸿音、白滨译注：《天盛改旧新定律令》，第 514 页。史金波：《西夏户籍初探——4 件西夏文草书户籍文书译释研究》，《民族研究》，2004 年第 5 期。

② 史金波、聂鸿音、白滨译注：《天盛改旧新定律令》，第 210 页。

③ 史金波、聂鸿音、白滨译注：《天盛改旧新定律令》，第 276 页。按：对译文有所改译，参见卷七的校译补正。

④ 史金波、聂鸿音、白滨译注：《天盛改旧新定律令》，第 492 页。

三年未过诸人实捕等允无若律过时

甲15-8-3 □□□□□□□□□□

官有罚马一庶人十三杖

新译文：

一……弃之，然租役草属者自纳之[1]，未住滞[2]，又未逾三年，不许诸人占据。若违律时，有官罚马一，庶人十三杖。

注释：

[1] 然租役草属者自纳之：原译为"租佣草属者自未纳之"，"佣"潘洁已改为"役"。

[2] 未住滞：原译为"住滞"。

原译断句不正确，逻辑不通顺。从语法来看，否定副词□（不、无、未）主要否定心理活动的动词，一般不使用在动作动词后，在一定情况下可以否定动词；连词□（其、彼、尔）使用频率较高，能与多种虚词结合；二者结合构成转折连词□□（对译：不其），表示"虽已……尚未……"，可译为"都未、尚未"等。①□□（尚未）也和否定副词□（不、无、未）一样，可以置于动词前否定动词。如《类林》卷三《忠谏篇·费仲》就有，□□□/□□□□□□□□□□□□□/□□□□（对译：西方王/小 <> 自子肉 <> 食不其觉中后彼 <> 圣/所何有谓）即"西伯食其子肉而不觉，彼之圣何有？"②如果译为"一……弃之，租佣草属者自未纳之，住滞"，□□（尚未）在动词之后，而且没有转折，不符合□□（尚未）的用法。将转折连词□□（尚未）置于□□（住滞）前，译为"一……弃之，租役草属者自纳之，未住滞"，方才符合其用法。从上下文来看，如果译为"一……弃之，租役草属者自未纳之，住滞"，则其后应为转折的然"未逾三年，不许诸人占据"，而不是副词□（又、更）。改译后，知本条款是对诸人无力租地而弃之，然属者自纳租役草而未住滞，又未逾三年之地的保护，条款的目的是为了原属者的土地不被他人随意占有，即维护地主的利益。

---

① 分别见史金波：《西夏文教程》，第189、195、194页。

② 史金波、黄振华、聂鸿音：《类林研究》，第48页。

（2）卷三《搜盗踪迹门》："一诸人已为盗诈，畜物主人至于他人家近边十步远，围有踪迹者，当出踪迹去向。若说未知去向而搜，物主人说不搜，则找寻担保者，若不令担保，胡乱翻扰家主时，有官罚马一，庶人十三杖。识信三人担保，则畜物主人当另寻举告。"①本条款西夏文原文为：

甲 3-31-8　𗾞𗿳𗇅𘈷𗆐�locale𗙫𗹬𗂧𘋪𗩤𗫜𗊟𗙏𗅋
　　　　　一诸人盗骗 <> 入畜物丈妻他家边上十

甲 3-31-9　𘂤𗁅𗧪𗆐𗁅𗺍𗆐𘈷𘜶𗆐𗁅𘍞𘟀
　　　　　步 <> 至而痕迹 <> 围为 <> 痕迹境道

甲 3-31-10　𗾞𘎑𗞞𘟀𗁅𘈷𗆐𗦴𗤻𘈷𗊟𗙫
　　　　　<> 释为若境道不做 <> 搜 <> 谓物丈

甲 3-31-11　𘈷𗂘𘘚𗧪𘜶𗷓𘈮𗫴𘈮𗧪𘘚𗷓𘈞𗫦𗫦
　　　　　妻不搜［保］担者找 <> 谓不［保］担令乱乱

甲 3-31-12　𗧪𗱼𘓓𘎳𘟀𗥃𘚢𗏁𗤁𘟀𗅋𗾞𗾞
　　　　　家主劳扰时官有罚马一庶人十三杖

甲 3-31-13　𘝵𘐏𘓓𗱼𗧪𘘚𘌨𘈷𗊟𗙫𘋪𘅝𘐏𗒘
　　　　　识信三人［保］担则畜物丈妻别告举 <>

甲 3-31-14　𘓓
　　　　　寻

新译文：

一诸人已为盗诈，畜物主人至于他人家近边十步远，围有踪迹者，当出踪迹去向。家主若说"我不知去向，汝可搜。"[1] 物主人说不搜，则找担保者。若不令担保，胡乱翻扰家主时，有官罚马一，庶人十三杖。识信三人担保，则畜物主人当另寻举告。

注释：

［1］家主若说"我不知去向，汝可搜"：原译为"若说未知去向而搜"。

𗞞𘟀𗁅𘈷𗆐𗦴𗤻𘈷（对译：若境道不得 <> 搜 <> 谓），应是畜物主人围

① 史金波、聂鸿音、白滨译注：《天盛改旧新定律令》，第181页。

有踪迹者即家主时家主说的话，句中的𗡜（汝）为人称呼应词。𗰖𗡜𗡞𗫴𗫻𗤁𗡜𗴿中，𗡞𗫴𗤁𗴿（不知去向）的主语是"家主"即"我"，由句末第二人称呼应词𗡜（汝），知𗫻𗱠（可搜）的主语是"汝"，但两个主语都被省略了，应补译出来。故应译为"家主若说'我不知去向，汝可搜。'"。

（二）补漏译例

1．补漏译字。

《天盛律令》卷六《发兵集校门》："一驻军续守时，军首领、权检校等整期不往者，庶人徒一年。军卒整期不往者，正军徒六个月，辅主徒三个月。又续守时日限未满逃跑者，依所遗缺时日计算：首领等遗一至十日者，有官罚马一，庶人十三杖；十一日至二十日者，徒六个月；二十日以上者，悉与整期不往罪判断。军卒遗一至十日者，正军十三杖，辅主十杖；十五日至一个月者，正军徒三个月，辅主十三杖；一个月以上者一律与整期不至同罪。"[1]本条款西夏文原文为：

甲 6-5-14 𗥦𗰖𗫷𗳡𗬩𗴴𗫷𗫂𗤁𗠝𗲠𗧁𗵒𗼋𗰗𗹬

一军驻续为中军头领权口使等正未往

甲 6-5-15 𗫷𗬩𗱠𗋽𗺉𗥦𗬩𗵒𗹬𗫷𗥦𗵒𗮱𗬩

<> 庶人一年军卒正未往 <> 军正六月

甲 6-5-16 𗥧𗥦𗤁𗥦𗬩𗥧𗠼𗥦𗳡𗬩𗷉𗠼𗵒𗫁𗬩

个辅主三月个又续为中日不毕野入

甲 6-5-17 𗫷𗫻𗫥𗷉𗷉𗠞𗬩𗤁𗲠𗁅𗷉𗊱𗩉𗷉𗫷

<><> 遗日上算头领等一日起十日至

甲 6-5-18 𗵒𗫷𗣁𗫕𗫐𗷉𗯳𗺉𗱠𗤁𗧁𗨳𗁅𗷉

往 <> 官有罚马一庶人十三杖十一日

甲 6-6-1 𗊱𗕦𗤁𗷉𗫷𗮱𗬩𗥦𗕦𗤁𗷉𗸪𗋽𗥦𗻭

起二十日至六月个二十日上高一礼

甲 6-6-2 𗵒𗹬𗹬𗫴𗫂𗤙𗹮𗷉𗥦𗮱𗬩𗁅𗷉𗊱𗩉

正未往与罪同断判军卒 <> 一日起十

甲 6-6-3 𗠼𗷉𗫕𗡯𗶷𗥦𗵒𗤁𗥦𗨳𗰖𗤁𗥦𗨳𗩉

五日至往 <> 军正十三杖辅主十杖十

---

[1] 史金波、聂鸿音、白滨译注：《天盛改旧新定律令》，第247页。

甲 6-6-4 𗧇𗀖𗥃𗾦𗍫𗦳𗄻𗉰𘎑𗣼𗆧𗦳𗍫

　　　　　五日上高一月个至往时军正三月个

甲 6-6-5 𗾍𗜓𗩱𗾫𗍫𗦳𗍫𗥃𗾦𗧇𗄻𗌮𗣼

　　　　　辅主十三杖一月个上高一礼正未至

甲 6-6-6 𗄻𗤟𗫸𗅢𗤁

　　　　　与罪同断判

新译文：

　　一驻军续守时，军首领、权检校等整期不往者，庶人徒一年。军卒整期不往者，正军徒六个月，辅主徒三个月。又续守时日限未满逃跑者，依所遗缺时日计算：首领等遗一至十日者，有官罚马一，庶人十三杖；十一日至二十日者，徒六个月；二十日以上者，悉与整期不往罪相同判断[1]。军卒遗一至十五日者[2]，正军十三杖，辅主十杖；十五日以上至一个月者[3]，正军徒三个月，辅主十三杖；一个月以上者一律与整期不至同罪。

注释：

　　[1] 悉与整期不往罪相同判断：原译为“悉与整期不往罪判断”，漏译𗴺（同、等）。

　　[2] 军卒遗一至十五日者：原译为“军卒遗一至十日者”，漏译𗋃（五）。

　　[3] 十五日以上至一个月者：原译为“十五日至一个月者”，漏译𗥃𗾦（以上）。

　　如果按照原译，首领等遗二十日以上，“悉与整期不往罪判断”，句意不明朗；“军卒遗一至十日者，正军十三杖，辅主十杖；十五日至一个月者，正军徒三个月，辅主十三杖”，那么，军卒遗十一、十二、十三、十四如何处罚，不得而知；军卒遗“十五日至一个月者，正军徒三个月，辅主十三杖”，但其实军卒遗十五日时，应“正军十三杖，辅主十杖”。①

---

　　① 按：俄译本将此三处分别译为“与不到者获同罪”；“提前一至十五天离队之军卒”；“提前离队过十五天至一个月者”。克恰诺夫俄译、李仲三汉译、罗矛昆校对：《西夏法典——〈天盛年改旧定新律令〉（第1—7章）》，第154页。

2. 补漏译词。

《天盛律令》卷四《弃守营垒城堡溜等门》："一守营垒堡城者军将等中，大小首领、舍监、末驱等，擅自弃不往营堡城军溜者，一律一日至十日十三杖，十日以上至二十日徒三个月，二十日至一个月徒六个月，一个月以上一律徒一年，勿革军职。"①本条款西夏文原文为：

甲4-3-3 𗙤𗗾𗾦𗣼𗿩𗓽𗇊𘜶𗋽𗗿𗃛𗯟𗲲𗣍𗗉𗾔𗧒𗠟

　　　　一［营］垒堡城守者军溜等中首领小大舍监末

甲4-3-4 𗳣𗋽𗎉𗊴𗙤𗾦𗣼𗿩𘜶𗋽𗗿𗩴𗅋𗬬𗮔𗾦

　　　　驱等自谋［营］垒堡城军溜等弃不往 <> 一

甲4-3-5 𗰖𗏹𗋽𗼇𘟀𗋽𗮔𗉞𗣓𘟀𗋽𘅤𗰱𗱜𗉞

　　　　律一日起十日至十三杖十日以上二十

甲4-3-6 𗋽𗮔𗉞𗵒𗲲𗱜𗉞𗋽𘅤𗰱𗚀𗲲𗵒𗮔𗱕𗵒

　　　　日至三月个二十日以上一月个至六月

甲4-3-7 𗵒𗚀𗵒𗲲𘅤𗰱𗚀𗰖𗚀𗧒

　　　　个一月个以上一律一年

新译文：

　　一守营垒堡城者军溜[1]等中，大小首领、舍监、末驱等，擅自弃不往营堡城军溜者，一律一日至十日十三杖，十日以上至二十日徒三个月，二十日以上[2]至一个月徒六个月，一个月以上一律徒一年，勿革军职。

注释：

　　[1]军溜：原译为"军将"。

　　[2]二十日以上：原译为"二十日"，漏译"以上（𗰱𗚀）"一词。

𘜶𗋽（军溜），是西夏特有军事组织，与"军将"不同。

　　改译后，明确知道守营垒堡城者军溜等中，大小首领、舍监、末驱等，擅自弃不往营堡城军溜二十日，该徒三个月，从而体现了《天盛律令》军事条款的缜密。而且西夏文一律A至B……，B以上至C……，C以上至D……，D以上一

律……这种严整的行文风格也得以体现出来。本条款在《西夏社会》中被引用，用来说明《天盛律令》中西夏的军事法，但对条款译文中存在的上述问题没有作修改，从而不能更好地体现《天盛律令》关于军事作战条款细致、缜密的特点。[①]

3. 补漏译句。

《天盛律令》卷六《抄分合除籍门》："若大小局分人等应告改而不告改，或不应告改派遣而告改派遣，则局分人徒二年，共事案头徒一年，都案徒六个月，诸大人罚马一。"[②]本条款西夏文原文为：

甲 6-32-13 𗱕𗥼𗤁𗅋𗙏𘂉𘃡
　　　　　若事管小大告易应
甲 6-32-14 𗆟𘂉𘃡𗥃𘂉𘃡𗆟𗥼𗥃𘂉𘃡�</
　　　　　不告易遣告易不应遣告易为时事管
甲 6-32-15 𗤁𗷻�¬𗥼𘉍�惟𘝿𘄩𘝿𘀄𘒏𗙏𘌩
　　　　　人二年事共相汇头一年一总六月个
甲 6-32-16 𗥼𘄄𘝿𘈷𘀄𘌩𘉍𘝿𘍦𘃤𗥒
　　　　　旨承 <> 三月个大人 <> 罚马一

新译文：

若大小局分人等应告改而不告改，或不应告改派遣而告改派遣，则局分人徒二年，共事案头徒一年，都案徒六个月，承旨徒三月个[1]，诸大人罚马一。

注释：

[1] 承旨徒三个月：原译漏译。

改译后，方知大小局分人等应告改而不告改，或不应告改派遣而告改派遣时承旨徒三个月，而不是和其他大人一样罚一马。[③]

---

① 史金波：《西夏社会》（上），第 281—282 页。

② 史金波、聂鸿音、白滨译注：《天盛改旧新定律令》，第 266 页。

③ 按：俄译本所载图版与此相同。Е.И. 克恰诺夫：《天盛改旧新定律令（1149—1169）》（2），苏联科学出版社，莫斯科，1987 年版，第 635 页第 4—7 行。又按：俄译本亦漏译𗥼𘄄𘝿𘈷𘀄𘌩（对译：旨承〈〉三月个）。克恰诺夫俄译、李仲三汉译、罗矛昆校对：《西夏法典——〈天盛年改旧定新律令〉（第1—7章）》，第 180 页。

4. 补漏译条款。

《俄藏黑水城文献》第 8 册第 62 页至第 77 页是《天盛律令》卷二的影印件，编号为俄 Инв.No.152、8084a，共 31 页。① 根据目录，知本卷包括《八议门》《亲节门》《罪情与官品当门》《贪状罪法门》《老幼重病减门》《不奏判断门》《黥法门》《杀牛骆驼马门》和《戴铁枷门》，共九门。《戴铁枷门》是《天盛律令》卷二的最后一门，史金波等译注本中该门有七条款，内容包括何时戴铁枷、戴铁枷的重量、诸司引送属者簿籍、日期未满除铁枷所受处罚、举告私自去铁枷赏等。根据《俄藏黑水城文献》第 8 册所载图版，史金波等译注本《天盛律令》卷二《戴铁枷门》漏译最后 1 面（第 77 页上左）。与其他页面比较此面字迹模糊，计 6 行，89 字。现将所识别出的录文、对译、意译如下：

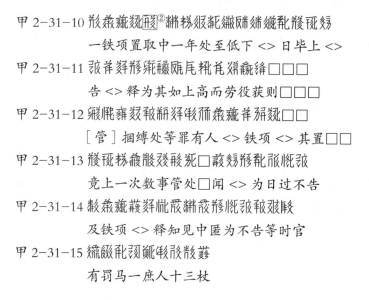

甲 2-31-10 [西夏文]②[西夏文]
　　　　　一铁项置取中一年处至低下 <> 日毕上 <>

甲 2-31-11 [西夏文]□□□
　　　　　告 <> 释为其如上高而劳役获则□□□

甲 2-31-12 [西夏文]□□
　　　　　[管] 捆缚处等罪有人 <> 铁项 <> 其置□□

甲 2-31-13 [西夏文]□[西夏文]
　　　　　竟上一次数事管处□闻 <> 为日过不告

甲 2-31-14 [西夏文]
　　　　　及铁项 <> 释知见中匿为不告等时官

甲 2-31-15 [西夏文]
　　　　　有罚马一庶人十三杖

意译：

　　一除戴铁枷时，一年及以下者，日满当告而除枷。如其以上而获劳役，则□□□管捆缚处等，有罪人其戴铁枷，□□毕当为局分处□闻一次。过期不告，及铁枷已除，知见隐匿不告时，有官罚马一，庶人十三杖。

————————

① 俄罗斯科学院东方研究所圣彼得堡分所、中国社会科学院民族研究所、上海古籍出版社编：《俄藏黑水城文献》，第 8 册，上海古籍出版社，1998 年版。

② 此字模糊且残缺右下部，据其所存部分，拟补为[西夏文]，意为"取"。

　　本条款为《戴铁枷门》"当置中间告法"条。①本条款因字迹模糊，尚有数个未识之字，但从已有内容看，主要是涉及如何除枷及知见擅自除枷而不告的处罚，可知西夏法律对除枷和知见擅自除枷而不告有严格的规定。这些内容不仅在史金波等译注本《天盛律令》中所无，而且在其他文献中也没有出现过。

　　（三）补译新识字例

　　《天盛律令》卷二十《罪则不同门》："一诸人敌□□□不许，若其如人□□□有时□□□□□□正□等□□□□处□□□□当寻，应买则当买，管事□□不寻谕文而□□买时，徒二年。"②本条款西夏文原文为：

甲 20-8-17　〔西夏文〕
　　　　　一诸人兽 <> 人买为允无若其如人卖者
甲 20-8-18　〔西夏文〕
　　　　　有时军监司边口使统正副等何事〔管〕
甲 20-9-1　〔西夏文〕
　　　　　处 <> 告谕节 <> 寻买应则 <> 买事〔管〕□□
甲 20-9-2　〔西夏文〕
　　　　　谕节不寻□□买时二年

新译文：

　　一诸人不许买敌人[1]，若其如有卖人者[2]时，监军司、边检校、正副统等当告管事处而寻谕文[3]，应买则当买，管事□□不寻谕文而□□买时，徒二年。

注释：

　　[1]不许买敌人：原译为"敌□□□不许"，未识出〔西夏文〕（对译：<> 人买）三个字。

　　[2]有卖人者：原译为"人□□□有"，未识出〔西夏文〕（卖者）一词组。

　　[3]监军司、边检校、正副统等当告管事处而寻谕文：原译为

──────────

　　①条目原文应为〔西夏文〕（对译：〔宁〕其置中间告顺）。〔西夏文〕（对译：其置），〔西夏文〕（其）原意为〔西夏文〕（持、拿）；〔西夏文〕（置），条目原文为〔西夏文〕（处），但条款原文为〔西夏文〕（置），因其前为〔西夏文〕（〔宁〕其），据语法和上下文应为〔西夏文〕（置）。〔西夏文〕（〔宁〕其置），史金波等译注本《天盛改旧新定律令》第8页译为"当持处"。条目原文见《俄藏黑水城文献》第8册第3页右面第10行。

　　②史金波、聂鸿音、白滨译注：《天盛改旧新定律令》，第606页。

"□□□□□□正□等□□□□处□□□□当寻"，未识出□□□□□□□□□□（监军司、边检校、正副统）、□□□（对译：何事［管］）、□□□（对译：告谕节）。

所补的字，除□□□（对译：告谕节）三字外，均较为清晰。□□（谕节）二字较为模糊，但根据上下文，下文刚好有"不寻谕文而□□买时，徒二年"，知此处要"寻"的就是□□（谕节）。□（告）字基本看不见，但本条款的后半部分有"我方人逃亡，已穿敌界，敌人□为，卖我方人者，已告诸司，则勿治罪，依逃人罪法判断"。[1]其中的□□□□（已告诸司）[2]为宾动词组，□（告）之前为动词前置助词□［吃 kji］，动词前置助词□之前为名词□□（诸司），与所补宾动词组□□□□□□（当告管事处）的构词方式相同，而且在动词□（告）和宾语之间都有动词前缀。由此可知，□□□□（管事处）之后，□□（谕节）之前的字应为□（告）。补译后，知本条款是对诸人买敌人的规定，即只有在监军司、边检校、正副统等告管事处而寻谕文时，应买才能买。

五、《天盛改旧新定律令》校译补正的几点心得

通过对《天盛律令》的校补，我有以下心得：

第一，完善《天盛律令》译文需要掌握西夏语语法。《天盛律令》是西夏人用西夏文撰写的国家大法，而且目前为止还没有发现编纂《天盛律令》时的汉文本[3]。虽然现在大多数西夏文已经被破译，但西夏文是死文字，又没有活的

---

① 史金波、聂鸿音、白滨译注：《天盛改旧新定律令》，第 606 页。

② 原文参见俄罗斯科学院东方研究所圣彼得堡分所、中国社会科学院民族研究所、上海古籍出版社编：《俄藏黑水城文献》，第 8 册，第 371 页下右第 4 行第 1—4 字。

③ 按：聂历山（Н. А. Невский）认为，因《天盛律令》编纂者中有将汉文译为西夏文的，从而推测该法典也许是有西夏特点的宋朝法典汇编的译本。（[苏] 聂历山著，马忠建译：《西夏文字及其典藏》，载孙伯君编：《国外早期西夏学论集》（二），第 239—240 页。原载 Трубы Инсмцмуа Восмоковебенця, Vol. 17, 1936.）史金波先生认为《颁律表》最后四人是有"博士"或"学士"头衔的"合汉文者"或"译汉文者"，表明《天盛律令》还另有汉文本。（氏著：《一部有特色的历史法典——西夏〈天盛改旧新定律令〉》，载《法律史研究》编委会编：《中国法律史国际学术讨论会论文集》，第 295 页；《西夏天盛律令及其法律文献价值》，载韩延龙主编：《法律史论集》（第 1 卷），第 476 页。）按：《天盛律令》的《颁律表》中确有"合汉文者奏副中兴府正汉大学院博士杨时中，译汉文者西京尹汉学士讹名□□，译汉文纂定律令者汉学士大都督府通判芭里居地，译汉文者番大学院博士磨勘司承旨学士苏悟力"四位纂定者。（史金波、聂鸿音、白滨译注：《天盛改旧新定律令》，第 108 页。）彭向前则认为"合汉文者"、"译汉文者"只是说明编纂《天盛律令》时有部分内容从中原典籍翻译而来，如"八议"、"十恶"等，并不代表有汉文本《天盛律令》。（彭向前：《〈天盛律令〉译文勘误数则》，未刊稿。）从聂鸿音《西夏〈天盛律令〉里的中药名》（《中华文史论丛》，2009 年第 4 期）和孙颖新、宋璐璐《西夏〈天盛律令·节亲门〉辨正》（《民族语文》，1999 年第 5 期）可以看出，《天盛律令》里的中药名和《节亲门》同样从中原典籍中翻译而来。

语言材料，即使我们知道了每个西夏文的意思，但要把西夏字串联起来，变成清晰的句子，难度还是很大。掌握语法就成了翻译《天盛律令》必须具备的条件。俄译本和汉文本《天盛律令》的译者，都有很高的西夏语语法造诣，因而才能把《天盛律令》翻译出来，为大家认可。自史金波等译注本《天盛律令》出版的 10 多年来，对西夏语言的研究，特别是对西夏语法的研究有了长足的进步①，对西夏文文献的翻译起到了新的推动作用。利用已掌握的西夏语语法知识，重新审视、校勘《天盛律令》可能对译文得出一些新的认识。

　　第二，完善《天盛律令》译文需要文献学方法。现在刊布《天盛律令》原件的，主要有《天盛律令》俄译本②、《俄藏黑水城文献》第 8、9 册和杜建录等整理本③，《英藏黑水城文献》中亦有《天盛律令》残片④。不同版本之间的校勘，是增补《天盛律令》的不二法门。本文通过俄译本和《俄藏黑水城文献》刊布的《天盛律令》原件照片之间的对比，得出以下新认识：根据《俄藏黑水城文献》第 8 册所载图版，从克恰诺夫俄译本到史金波、聂鸿音、白滨译注的《天盛改旧新定律令》，均未译卷二《戴铁枷门》、卷五《季校门》、卷九《贪奏无回文门》与《誓言门》、卷十三《执符铁箭显贵言等失门》和卷十七《物离库门》中的十条款文。其中卷二《戴铁枷门》一面，为除枷及知见擅自除枷不告而处罚的规定；卷五《季校门》一面，为《季校门》中对正军、辅主缺官马、披、甲的处罚，反映了有关军事装备的内容；卷九《贪奏无回文门》与《誓言门》两面多，主要为地边有他国投诚者来索信词为誓及对其头归事宜的规定，同时也有无理行文字、寻恩御旨、私语誓和逆盗为誓的内容；卷十三《执符铁箭显贵言等失门》二面，为对刺使、监军司不待兵符而发兵的处罚，包括行监、溜盈能转领符牌告导送的规定；卷十七《物离库门》一面，内容为库人禄食谷物法。《俄藏黑水城文献》第 8 册中，《天盛改旧新定律令》卷五衍十面图版，卷九衍一面图版，卷十一衍一面图版，卷二十衍四面图版，均为整理时的误置，应删掉。此外，《俄藏黑水城文献》第 8 册第 207 页下左，应属

---

① 孙宏开先生认为，《西夏文教程》通过词类、词组和词序、句子、格和格助词、存在动词、动词前置助词、人称呼应和动词的语音转换七个方面的论述，为"西夏语的语法初步建立了一个体系"。（孙宏开：《从"绝学"到"显学"——读史金波先生〈西夏文教程〉有感》，《宁夏社会科学》，2014 年第 4 期）

② 史金波、聂鸿音、白滨译注的《西夏天盛律令》亦刊布了原件，但由于从俄译本翻拍，故原件同俄译本。

③ 杜建录、[俄] 波波娃、潘洁、于光建整理：《天盛改旧新定律令》，甘肃文化出版社，2018 年版。

④ 西北第二民族学院、上海古籍出版社、英国国家图书馆编：《英藏黑水城文献》，第 1—4 册，上海古籍出版社，2005 年；北方民族大学、上海古籍出版社、英国国家图书馆编：《英藏黑水城文献》，第 5 册，上海古籍出版社，2010 年。

于《天盛律令》卷九《贪奏无回文门》“文字取回无告不遣人”条与“问口虚”条。[①]《天盛律令》卷九《越司曲断有罪担保门》“以无理担保有罪亡失”条第二小条第三小款残佚过半。无论是克恰诺夫俄译本，还是《俄藏黑水城文献》，均不能补其缺。杜建录等整理本《天盛律令》，可补30字，使卷九《越司曲断有罪担保门》“以无理担保有罪亡失”条第二小条第三小款款文完整。

第三，完善《天盛律令》译文需做全书的词条索引。以下是对《天盛律令》中[illegible]（对译：备减）、[illegible]（对：备取）二词的初步整理。

（1）《天盛律令》卷十《官军敕门》：“一前内侍、閤门等有袭抄者时，当与管事人上奏呈状。人实可遣，当依文武次第来中书、枢密管事处，宰相面视其知文字、晓张射法、貌善、人根清洁、明巧可用，是应袭抄，则当令寻知情只关担保者，度其行而奏报袭抄。若不晓文字、张射法等，愚闇少计，非人根清洁，貌亦丑陋，则按分抄时顺序依法而入，当注册。”[②]本条款西夏文原文为：

甲 10-11-16 [illegible]

一前内侍礼列等抄袭者有时职［管］者人

甲 10-11-17 [illegible]

告变状与 <> 接人实 <> 遣文武顺依中

甲 10-11-18 [illegible]

净谋密职［管］处 <> 来议判人目前文字

甲 10-12-1 [illegible][③]

识张射礼行晓相善人根洁清明巧人

甲 10-12-2 [illegible]

堪抄袭义是则知识信［只关保］担者 <>

甲 10-12-3 [illegible]

寻令行 <> 量为 <> 至抄 <> 袭若文字张

甲 10-12-4 [illegible]

射礼行等不晓愚昧计巧人根洁清等

甲 10-12-5 [illegible]

---

① 和智：《〈天盛改旧新定律令〉补考五则》，《中华文史论丛》，2018年第1期；《〈天盛改旧新定律令〉补考一则》，《文献》，2020年第5期。

② 史金波、聂鸿音、白滨译注：《天盛改旧新定律令》，第355—356页。

③ [illegible]（人），残缺右部，据残存字迹与上下文拟补。

非相亦陋丑等是则抄解时入顺显礼

甲 10-12-6 𗗙𗣼𗤉𗋽𗢳𘜶

依 <> 入 <> 备减

新译文：

　　一前内侍、阁门等有袭抄者时，当与管事人上奏呈状。人实可遣，当依文武次第来中书、枢密管事处，宰相面视其知文字、晓张射法、貌善、人根清洁、明巧可用，是应袭抄，则当令寻知情只关担保者，度其行而奏报袭抄。若不晓文字、张射法等，愚闇少计，非人根清洁，貌亦丑陋，则按分抄时顺序依法而入，当注销[1]。

注释：

　　[1] 注销：原译为"注册"。

　　其一，𗢳𘜶（对译：备减）意为"注销"。① 𗢳𗤑（对：备取）有三个含义，一为"无期"或"终身"②，一为"注册"③，一为"收入"④。其二，从上下文来看，要袭前内侍、阁门的抄者，应与管事人上奏呈状，人若可遣，依文武次第来中书、枢密管事处，宰相考察其文字、射法、相貌、人根合格后，应袭抄者当寻知情担保者，奏报袭抄；若考察其文字、射法、相貌、人根不合格，则当注销，不准袭抄。改译后，上下文意朗明。

　　（2）《天盛律令》卷十七《物离库门》："一诸种种掌库小监、出纳犯持取官物罪时，罪门人处共事者当推寻供给支出凭据，取而判断。"⑤ 本条款西夏文原文为：

甲 17-45-8 𗵐𗙼𗣼𗤉𗵃𗗙𗽻𗏹𘝞𗢳𘜶𗥃𗬜𗢳𘘄𗍳𗣼𗄈

一诸库持诸种头监备减官物中手有罪为

甲 17-45-9 𗵃𗄈𗈪𘗽𘋨𗳉𗌗𗵐𗢳𗤑𗄴𗥃𗗙𘜶𗣼𗌗

---

① 史金波、聂鸿音、白滨译注：《天盛改旧新定律令》，第 648 页。

② 史金波、聂鸿音、白滨译注：《天盛改旧新定律令》，第 641、647 页。

③《天盛律令》中将𗢳𗤑（对译：备取）译为"注册"的就卷十一有 12 处，详见卷十之校补。

④《天盛律令》中将𗢳𗤑（对译：备取）译为"收入"的就卷十七有 6 处，详见卷十之校补。

⑤ 史金波、聂鸿音、白滨译注：《天盛改旧新定律令》，第 556 页。

时罪门人处职共相备取割减纳柄 <> 寻
甲 17-45-10 □□□□□□□
找 <> 取 <> 断判

新译文：

　　一诸种种掌库小监、出纳犯持取官物罪时，罪门人处共事者当推寻收入[1]支出凭据，取而判断。

注释：

　　[1]收入：原译为"供给"。

　　按照原译，掌库小监、出纳犯持取官物时，若共事者推寻供给、支出凭据，而不看收入凭据，似难以判罪。原译将□□（对译：备备）和□□（对译：备取）混淆。□□（对译：备备）意为"准备、供给"。①前揭□□（对译：备取）有三个含义，一为"无期、终生"，一为"注册"，一为"收入"；□□（对译：备取）为"收入、注册"意时，多和□□（支出、注销）搭配使用。本条款中□□（对译：备取）取"支出"意。即诸种种掌库小监、出纳犯持取官物罪时，其处共事者当推寻收入、支出凭据，而后判断。

　　第四，完善《天盛律令》译文需提供《天盛律令》校勘本。不论是俄译本，还是汉译本，虽然都刊布了影印件，但都没有提供《天盛律令》校勘本。如果没有校勘本，译文的准确性会受到影响，而且不利于原文的完善。《俄藏黑水城文献》第8、9册是目前《天盛律令》的最完整本，其中又以甲种本最完整，故应以《俄藏黑水城文献》所载《天盛律令》甲种本为底本，参校《俄藏黑水城文献》中《天盛律令》的其他版本、《天盛律令》俄译本、杜建录等整理本《天盛律令》②、《英藏黑水城文献》中的《天盛律令》残片、新公布的俄藏《天盛律令》残片，整理《天盛律令》校勘本。

　　第五，完善《天盛律令》译文需对比唐宋律令。《天盛律令》吸纳了唐宋律令以忠、孝为核心维护封建专制统治的思想，有些条款从唐宋律条移译而来

---

① 《番汉合时掌中珠》33·1、34·1，（西夏）骨勒茂才著，黄振华、聂鸿音、史金波整理：《番汉合时掌中珠》，第67页第1行、69页第1行、139页第1行、141页第1行；史金波：《西夏文教程》，第183、185页。

② 杜建录、［俄］波波娃、潘洁、于光建整理：《天盛改旧新定律令》，甘肃文化出版社，2018年。

的，如"十恶"、"八议"；有些规定和处罚与唐宋律大同小异，如"五刑"、以官当罪、以钱赎罪。[①]无论从内容还是形式来看，《天盛律令》与代表宋代《编敕》、《敕令格式》、《条法事类》等法典而仅存的《庆元条法事类》相比，相同大于相异。[②]

六、《天盛改旧新定律令》校译补正只是一个尝试

史金波等译注本《天盛律令》是西夏学研究的一个重要成果。无论从内容的完整性，还是就原文的总体把握，语法的理解与运用，法律术语的掌握程度来看，它都是《天盛律令》的较好译本。该译本解决了很多语法难点和法律术语难点，为翻译繁难而没有汉文对照的西夏文文献做了有益的尝试；法典主要内容通过译文基本反映出来，对西夏社会大幅度的深刻了解，起了很大作用。译本中的内容很多与已出土的西夏社会文书相印证，解决了西夏社会中很多过去不了解的重要问题，贡献很大。

由于没有现成的译文可资参考，今人对西夏社会比较陌生，原书又残佚污损较多，翻译《天盛律令》难度很大。史金波等译注本《天盛律令》虽已达到很高的水平，但也有一些不足。此译本虽然花了很多时间，不过还是时间不够，第一次赶《中国珍稀法律典籍集成》出版，第二次赶《中国传世法典》出版，没有来得及做全书索引，没有校勘全书；存在不少问题，如误译、漏译，有一些词语未获解读，译文前后不一致等。

有的西夏学专家说，如果现在不看史金波先生等的译注本，自己动手翻译，仍发现《天盛律令》很难翻译，即使翻译了，其水平也很难达到史金波先生等译注本。确实，史金波先生等译注本《天盛律令》虽存在缺漏、错误和没有解决的问题，但译文的大部分内容、诸多方面至今仍难以逾越。况且使用者在引用时，多会引用那些语义完整，内容通顺的条文，对不完整、语义不清者，多不引用，故其正确使用率较高。特别是懂得西夏文的专家，往往还要自己核对，更增加了准确率。

此译本虽然有一些问题，但需要强调的是，有了这个译本，就有了一个基

---

① 史金波：《一部有特色的历史法典——西夏〈天盛改旧新定律令〉》，《法律史研究》编委会编：《中国法律史国际学术讨论会论文集》，第296—305页；史金波：《西夏〈天盛律令〉略论》，《宁夏社会科学》1993年第1期；史金波、聂鸿音、白滨译注：《天盛改旧新定律令》，《前言》，第7—9页。

② 李华瑞：《〈天盛律令〉修纂新探——〈天盛律令〉与〈庆元条法事类〉比较研究之一》，载杜建录主编：《西夏学》(第九辑)，上海古籍出版社，2014年版，第22—32页。

础，后来的专家们可以在这个基础上继续改进。如果没有这个基础，可能现在还不会有这样多的新进展。二十年后的现在，虽有很大进步，可以改补原来的不少错漏，但也不能说所有问题都已解决，没有错漏。可以想见，今后还会再改补。

《天盛律令·前言》说："我们虽然尽了最大努力来翻译这部空前艰深的著作，但其中遗留下来不少未能解决的问题，这也是有目共睹的。正如克恰诺夫教授在为宁夏人民出版社写的西夏法典序言中所说：'这类典籍任何时候也不可能一译而就。需要一代、两代、三代学者，对它们二次、三次甚至十次翻译，每次都要仔细推敲原文，才能使译文臻于完善。'"[1]正因如此，笔者尝试着对西夏学大方之家史金波、聂鸿音、白滨译注的《天盛改旧新定律令》作一个粗浅的校补。由于学识有限，所成之稿有许多重要问题没有接触到，有许多问题还没有完全弄清，只能提供一种意见。不当之处在所难免，恳请方家赐教垂训。

---

[1]《前言》，载史金波、聂鸿音、白滨译注：《天盛改旧新定律令》，第 9 页。

原书校译补正

卷一校译补正

1.《天盛律令》卷一①《谋逆门》："若养者依父母原计来处父母姓，以及节亲原应连坐，则养者父母当连坐，原来父母节亲应按连坐法实行。"②本条款西夏文原文为：

甲 1-6-9　𘗽𗜈𗣼𗷂𗊱𗏇𗣼𗤒𗷂𗏇
　　　　　若养者父母处量夺处父母
甲 1-6-10　𗊱𗯨𘃪𗉛𗤒𗣮𘃩𗤒𗍊𗊱𘗽𗜈
　　　　　等姓依节亲及前昔连应是则索者
甲 1-6-11　𗷂𗏇𘑨𗤒𗤒𗷂𗏇𗉛𗤒𗣮𗦇𘃩
　　　　　父母 <> 连夺处父母节亲连应礼依
甲 1-6-12　𗊖𘊪
　　　　　顺行

新译文：

　　若养者父母依原计来处父母姓[1]，且为节亲[2]，原应连坐，则养者父母当连坐，原来父母、节亲[3]应按连坐法实行。

---

① 原文参见俄罗斯科学院东方研究所圣彼得堡分所、中国社会科学院民族研究所、上海古籍出版社编：《俄藏黑水城文献》，第 8 册，第 47 上左—61 页下。文智勇《〈天盛律令〉卷一译释及西夏法律中的"十恶罪"》（《宁夏师范学院学报》，2010 年第 5 期）一文，改译了本卷。本卷的补正即是在其基础上的一点尝试。

② 史金波、聂鸿音、白滨注：《天盛改旧新定律令》，第 112 页。

注释：

[1]若养者父母依原计来处父母姓：原译为"若养者依父母原计来处父母姓"。

[2]且为节亲：原译为"以及节亲"。

[3]原来父母、节亲：原译为"原来父母节亲"。

"若养者依父母原计来处父母姓"，原译者指出文意未清。① 从语法来看，𗁅𗤁𗏁𗦻𗆧（对译：索者父母处）中的𗁅𗤁𗏁𗦻（养者父母）与𗁅𗤁𗏁𗦻𗤶𗆊（对译：养者父母 <> 连）中的𗁅𗤁𗏁𗦻（养者父母）一样，"养者"之"父母"即"养父母"，不能断开。𗅋（及）为"到、至"之意，不是并列连词。𗋽𗖌𗏁𗦻𗦳𗑠（对译：夺处父母节亲）在本条款的后半部分被译为"原处父母、节亲"，即𗏁𗦻（父母）与𗦳𗑠（节亲）是并列关系，此处也亦译如此。从上下文来看，本条款分为三种情况：养子谋逆，在养处袭抄、官、军，着于养处籍，则养父母连坐，养父母节亲与原来父母、节亲不连坐；若养子不改姓，养父母与原父母为节亲，则养父母连坐，原来父母、节亲连坐；若养子未袭养父母抄，仍着籍于原父母处，则原来父母、节亲连坐，养父母不连坐。② 本条款规定，父母谋逆，养子依在何姓籍而连坐；养子谋逆，父母依养子在何姓籍而连坐。③ 改译后，与养子谋逆，父母依养子在何姓籍而连坐的标准相符。文智勇误将本条款译为"若养父母仍依养子原生父母之姓氏、节亲及原应连坐者，则养父母连坐，原生父母、节亲应连坐，依法实行"。④

2.《天盛律令》卷一《谋逆门》："一谋逆语耳已听时，确已发不乐语，说此事不应为也，已劝不助，举告他人未听者已发生，有可信见虽是实，而按告处司与告者之间地程近远，依日期时节计量，告举明显未稽缓，其内中他人出举者，罪勿连。告举稽误时，不告举，则谋逆行为已行，判无期徒刑；尚未行，徒十二年。"⑤ 本条款西夏文原文为：

---

① 史金波、聂鸿音、白滨译注：《天盛改旧新定律令》，第 130 页。

② 史金波、聂鸿音、白滨译注：《天盛改旧新定律令》，第 112 页。

③ 史金波、聂鸿音、白滨译注：《天盛改旧新定律令》，第 112—113 页。

④ 文智勇：《〈天盛律令〉卷一译释及西夏法律中的"十恶罪"》，《宁夏师范学院学报》，2010 年第 5 期。

⑤ 史金波、聂鸿音、白滨译注：《天盛改旧新定律令》，第 114 页。

甲 1-8-14 𗼋𗼒𗤒𗼆𗾔𘄠𗼆𗑠𗈁𗆧𗤚𗼆𘊄𘏨𗿒𘈩𘈩

      一逆行语耳 <> 告为时实不乐语实 <> 染此事

甲 1-8-15 𗼆𗾺𗆧𗼆𗈁𗶰𗃪𗆧𗤚𘍦𘈎𗼆𘇈𘕿

      为行不应也谓 <> 劝不祐助他未听为 <> 告

甲 1-8-16 <u>𘏲𘊄𗤷𗤒𘐑𘈎𗆥𗑠𗄻𘄠𘋩𘕿𘊄𗏨𘕿</u>

      举 <> 起行信见用有实及是然告处司告

甲 1-8-17 𗼆𘊩𘄠𘈽𗏨𗉷𗌟𗶰𗒔𘐃𘕌𘊩𗶰𗶺𘕿

      者等间地境近远顺日日时节等 <> 量告

甲 1-8-18 𘏲𘄠𘙎𗬦𗉴𗼋𘕌𗵒𗂪𗹦𘏲𗪱𗶺𗘍𘄠

      举不缓及明显是其圈内别举出 <> 罪莫

甲 1-9-1 𗼎𘕿𘏲𘙎𗬦𘄚𘈎𘕿𘏲𗄻𘊄𗤒𗼆𗾔𗔴𗔴

      连告举缓及中不告举则逆行为行做 <>

甲 1-9-2 𘈏𗼒𗼆𗾔𘄠𗔴𗔴𗾔𘈫𘈎

      备取为行不做 <> 十二年

新译文:

    一谋逆语耳已听时,确已发不乐语,说此事不应为也,已劝无用,他人未听,已行举告[1],有可信见虽是实,而按告处司与告者之间地程近远,依日期时节计量,告举明显未稽缓,其内中他人出举者,罪勿连。告举稽误及不告举[2],则谋逆行为已行,判无期徒刑;尚未行,徒十二年。

注释:

    [1]已劝无用,他人未听,已行举告:原译为"已劝不助,举告他人未听者已发生"。

    [2]告举稽误及不告举:原译为"告举稽误时,不告举"。

本条款是对劝后举告迟缓的处罚。①按照原译"已劝不助,举告他人未听者已发生",句意不好理解。从语法来看,𘕿𘏲𘊄𗤷(对译:告举 <> 起行)中,劝者为主语,𘏲𘊄(举告)是谓语,𘄠[阿-ja]为表示向上趋向的过去式动词前缀,𗤷(发生)为补语。从上下文来看,上文为听谋逆语已劝阻而无

---

① 史金波、聂鸿音、白滨译注:《天盛改旧新定律令》,第 1 页。

用，下文为举告不稽缓而期间有举告者亦不治罪，中间为"他人未听，已行举告"则与上下文相呼应。

从上下文来看，前文已说告举未稽缓而他人出举则不连坐，则下文应是对告举稽缓与不告举的处罚规定。从语法来看，𘝰𘝰𘝰𘝰𘝰𘝰（对译：告举徐如中不告举）中，𘝰𘝰𘝰𘝰（告举缓慢）与𘝰𘝰𘝰（不告举）是并列关系，二者是两种不同的情况。故句子应译为"告举稽缓及不告举。"①

3. 卷一《背叛门》："一诸人议逃，已行者造意以剑斩杀，各同谋者发往不同地守边城无期徒刑，做十三年苦役。"②本条款西夏文原文为：

甲 1-10-3 𘝰𘝰𘝰𘝰𘝰𘝰𘝰𘝰𘝰𘝰𘝰𘝰𘝰𘝰��
　　　一诸人逃议脚 <> 行 <> 心起剑以 <> 杀议相数
甲 1-10-4 𘝰��������������
　　　寇敌不同处地边城守中 <> 备取十三年
甲 1-10-5 ����
　　　而役 <> 为

新译文：

一诸人议逃，已行者造意以剑斩杀，各同谋者发往不同敌人处守地边城[1]无期徒刑，做十三年苦役。

注释：

[1] 不同敌人处守地边城：原译为"不同地守边城"，将��（对译：地边）一词拆开，漏译���（敌人处）。

首先，��（敌寇、敌人）一词虽稍残缺，但基本可识。其次，��（地

边）是一固定词组，与藐毓（京师）、絘辤（地中）相对。第三，絘兆恍薜（对译：地边城守）中，薜（持、执）为谓语，恍（城）为宾语，絘兆（地边）为定语，主语为"各同谋者"。故应译为"各同谋者发往不同敌人处守地边城"。①

4.《天盛律令》卷一《背叛门》："除无期徒刑外，苦役日长者，日满依旧当还给原属者。"②本条款西夏文原文为：

甲 1-11-17 藏骸恍勮毦毡糈钆緃緂钆糦彶簏
　　　　　备取不有而劳役日显 <> 日毕旧依
甲 1-11-18 緂疹猵钺箓骹
　　　　　有者 <><> 还为

新译文：

除无期徒刑外，短期劳役^[1]者，日满依旧当还给原属者。

注释：

[1] 短期劳役：原译为"苦役日长"。

本条款是对使军、妇人叛逃的处罚。钆緃（对译：日显），为主谓式合成词，意为"短期徒刑"。③"劳役"与"苦役"不同。文智勇误将本条款译为"未判无期徒刑，且劳役期明确者，服刑期满后依旧可返回原属有者处"。④

5.《天盛律令》卷一《恶毒门》："已起杀意，虽未暇进行，然已打斗及以

—

① 文智勇将本句改译为"同谋数□□不同处各边地终生守城"。（《〈天盛律令〉卷一译释及西夏法律中的"十恶罪"》，《宁夏师范学院学报》，2010 年第 5 期。）其一，有的动词词根后加緂（相），可组成新的动词，薿緂（对译：议相）意为"同谋"。一部分名词词根后加骹（数），可组成名词，表示多数，如絆（佛）加骹（数）组成絆骹（对译：佛数），意为"诸佛"。（史金波：《西夏文教程》，第 141—143 页。）"同谋"在原文中，加后缀骹（数）已被名物化。故薿緂骹（对译：议相数）应译为"各同谋者"。其二，未识出絘辤（敌人）。其三，语序不对，衍"各"。
② 史金波、聂鸿音、白滨译注：《天盛改旧新定律令》，第 116 页。
③ 史金波：《西夏文教程》，第 139—140 页；史金波、聂鸿音、白滨译注：《天盛改旧新定律令》，第 624 页。
④ 文智勇：《〈天盛律令〉卷一译释及西夏法律中的"十恶罪"》，《宁夏师范学院学报》，2010 年第 5 期。

强力 □□□ 等，造意以剑斩，家门勿连坐，从犯绞杀。"①本条款西夏文原文为：

> 甲 1-12-12 蘬綷撁嗮甊
>
> 　　　　　杀心 <> 起行
>
> 甲 1-12-13 菼猭赦甉蕥綊鞹㣼㦲赦㪍㿌瓴甊綷嗮
>
> 　　　　　未瑕及其顺打斗及刚以杀抽有等心起
>
> 甲 1-12-14 蘪赦荓蘬甊甋甐綩肬蘿甕獇赦荓蘬
>
> 　　　　　剑以 <> 杀门户莫连副项缚为以 <> 杀

新译文：

已起杀意，虽未暇进行，然已打斗及以强力抽杀[1]等，造意以剑斩，家门勿连坐，从犯绞杀。

注释：

[1] 抽杀：原译未识出。

文智勇误将补译处译为"已起杀心而未及行，然已打斗，并以强力胁迫、摧残（他人）等"。②

6. 卷一《为不道门》："一除谋逆、失孝德礼、背叛等三种语允许举告，此外不许举告，若举告时绞杀。有接子孙状者则徒十二年，不许审问父母等之罪。其中父母与他人同谋犯罪，举告者自他人处闻知以外，亦说于犯罪者之子孙口中听到原话，则应审问，他人当依法承罪。父母等之罪因已由子孙讲说当解脱，举告人未从他人处闻觉，说直接从子孙中一人口中听到，则不许接状审问。"③本条款西夏文原文为：

> 甲 1-27-9 菼菼甊綕㣼㦾㿌綀収甊菼菼彭嗮嗮
>
> 　　　　　一逆行孝德礼失逃背等三种语举为

———————————

① 史金波、聂鸿音、白滨译注：《天盛改旧新定律令》，第 117 页。

② 文智勇：《〈天盛律令〉卷一译释及西夏法律中的"十恶罪"》，《宁夏师范学院学报》，2010 年第 5 期。

③ 史金波、聂鸿音、白滨译注：《天盛改旧新定律令》，第 128 页。

甲 1-27-10 𗣑𗤁𗢬𗫂𗣑𗥃𗤴𗪽𗫂𗤵𗣐𗧀

　　　　允有其后举允无若举告时项缚

甲 1-27-11 𗣑𗤴𗫨𗤣𗫂𗥃𗣑𗫨𗪽𗩤𗫽𗩱

　　　　为子孙中状接相有则十二年父

甲 1-27-12 𗤁𗪽𗥃𗣑𗤴𗣑𗥃𗤁𗫨𗪽𗤁𗫂𗩱

　　　　母等 <> 罪寻问允无其中父母他

甲 1-27-13 𗪽𗤁𗥃𗤴𗣑𗤴𗣐𗫂𗤁𗫽𗪽𗩱

　　　　人与议罪为举者他人处 <> 闻觉

甲 1-27-14 𗢬𗤁𗥃𗣑𗣐𗤴𗤣𗫽𗩤𗫽𗣑𗧀

　　　　不有罪为者 <> 子孙口内亦语根

甲 1-27-15 <u>𗩤𗫽𗤵𗫽𗤣𗫽𗤴𗤁𗫨𗪽𗫂𗤴��𗢬</u>

　　　　显明闻 <> 谓则 <> 寻问他人罪礼

甲 1-27-16 𗤁𗫽𗤵𗤵𗤁𗪽𗥃𗣑𗤵��𗤣��𗪽

　　　　依 <> 承父母等 <> 罪 <> 子孙宣说

甲 1-27-17 𗣑𗤣𗤁𗤀𗤵𗥃𗣑𗤴𗤁𗪽𗤁��𗩱

　　　　中 <> 有因 <> 解举人他人处闻觉

甲 1-27-18 𗤁𗥃𗣐𗢬𗤵��𗣑��𗤁𗩤��𗤵��

　　　　处无直直子孙中一人口内听 <>

甲 1-28-1 𗤁��𗫨𗣐𗤴𗤣��𗣑𗥃

　　　　谓则状取寻问允无

新译文：

　　一除谋逆、失孝德礼、背叛等三种语允许举告，此外不许举告，若举告时绞杀。有接子孙状者则徒十二年，不许审问父母等之罪。其中父母与他人同谋犯罪，举告者自从他人处闻知以外，亦说于犯罪者之子孙口中明白听到原话[1]，则应审问，他人当依法承罪。父母等之罪因已由子孙讲说当解脱，举告人未从他人处闻觉，说直接从子孙中一人口中听到，则不许接状审问。

注释：

　　[1] 明白听到原话：原译为"听到原话"，漏译𗩤𗫽（对译：显明）。

燴绥（对译：显明），意为分白、明确、分明、明显。①

7.《天盛律令》卷一《大不恭门》："一盗毁护神、天神，传御旨时不行臣礼，起轻亲心，及御前、制、御旨直接唤人往，无故不来等，一律造意以剑斩，从犯无期徒刑。"②本条款西夏文原文为：

甲 1-12-12 㸰㺘㿀㿁㺘㿂㿃㿄㿅㿆㿇㿈㿉㿊㿋㿌㿍㿎
　　　　一守护者神天神盗毁御旨传时臣礼不行不敬畏心
甲 1-12-13 㿏㿐㿑㿒㿓㿔㿕㿖㿗㿘㿙㿚㿛㿜㿝
　　　　起及前前制御旨直直人唤往分析无
甲 1-12-14 㿞㿟㿠㿡㿢㿣㿤㿥㿦㿧㿨㿩
　　　　不来等一礼心起剑以 <> 杀副备取

①《番汉合时掌中珠》第30页第3行中㿪㿫燴绥（对译：知证显明）意为"知证分白"。（西夏）骨勒茂才著，黄振华、聂鸿音、史金波整理：《番汉合时掌中珠》，第61、133页。按：文智勇将本条款改译为"一（犯）谋反、失孝德礼、谋叛等三种罪许（其子孙）举告，其他罪不许告，若举告时，处以绞斩。子孙中有为（父母）谋划（犯罪）者，则处十二年，父母等之罪不许问讯。其中父母与他人相议谋犯罪，举告者不仅于他人处已闻知，（而且也听闻于）犯罪者之子孙口中（听其自述），情节分明，则应问讯，应因他人犯罪法承罪。父母犯罪，其子孙宣说，因其已宣说之故，（连坐之罪）当解脱。（若）举告人（自非）他人处闻知，（自谓）直接（从犯罪者）子孙中（之）一人口中听闻，则不许取（状）讯问"。（《〈天盛律令〉卷一译释及西夏法律中的"十恶罪"》，《宁夏师范学院学报》，2010年第5期。）其与原译不同之处主要是：其一，㿬㿭㿮㿯㿰㿱㿲（对译：子孙中状接相有）一句，原译为"有接子孙状者"，文志勇谓"原文中没有接状者"，将句子改译为"子孙中有为（父母）谋划（犯罪）者"。从语法来看，该句中，㿬㿭㿮（子孙中）为状语，修饰宾语㿯（状），㿰㿱㿲（有相接）为谓语。从上下文来看，本条款是对子女举告父母的规定，与子孙为父母谋划犯罪无关。故原译没有问题。其二，将原译的"举告者自他人处闻知以外，亦说于犯罪者之子孙口中听到原话"改译为"举告者不仅于他人处已闻知，（而且也听闻于）犯罪者之子孙口中（听其自述），情节分明"。"以外"和"不仅"意思相近，补译"情节分明"则是正确的。其三，将原译的"他人当依法承罪"改译为"父母"应因他人犯罪法承罪"；将原译的"父母等之罪因已由子孙讲说当解脱"改译为"父母犯罪，其子孙宣说，因其已宣说之故，（连坐之罪）当解脱"。从上下文来说，《天盛律令》卷十三《许举不许举门》规定，诸人犯罪时，除所示谋逆、失孝德礼、叛逃等可举罪以外，犯其余种种罪时，节上下允许相互隐罪，不许举告。违律举告时，处罚如下：子孙不许举告祖父母及父母等，举告时不许推问。若有告父母与他人共犯罪，则当推问。父母之罪，因准子举而勿治，他人当依法承罪，子孙之罪依不许举告父母法断判，他人依法得举赏。父母等告举子孙，亦不许取状，子孙与他人共有罪，则推问次第依前述法实行，子孙罪及父母举罪等勿治。（史金波、聂鸿音、白滨译注：《天盛改旧新定律令》，第444—446页。按：原译"子因准举"应改译为"因子准举"，具体论证参看卷十三的校译补正。）上述卷十三《许举不许举门》中的规定，与本条款相呼应。由此可知，除三种罪等允许举外，其余不许举告。若举告父母与他人共犯罪，父母因子准举而勿治罪，他人当承罪，子孙依不许举告父母法断判，即当绞杀，举告之他人得告赏。从语法来看，㿳㿴㿵㿶㿷㿸㿹㿺㿻㿼㿽㿾㿿䀀䀁䀂䀃䀄䀅䀆䀇（对译：他人罪礼依〈 〉承父母等〈 〉罪〈 〉子孙宣说中〈 〉有因〈 〉解）一句中包括两小句，第一小句中㿳㿴（他人）为主语，㿵（罪）为宾语，㿶㿷（依法）为状语修饰谓语㿸（承），㿹［永 wjij］为趋向远处之未然式动词前缀，表示罪加于远处他人身上；第二句中，䀈［达］为主格助词，表明其前䀉䀊䀋䀌（父母等之罪）为主语，䀍䀎䀏䀐䀑䀒（因子孙已宣说）为状语修饰谓语䀓（解），䀔［宁 djij］为趋向主体的未然式动词前缀，表示解除这一行为是趋向父母等之罪。故原译没有问题，文智勇的改译是不正确的。

②史金波、聂鸿音、白滨译注：《天盛改旧新定律令》，第127页。

新译文：

一盗毁护神、天神，传御旨时不行臣礼，起轻视心[1]，及御前、制、御旨直接唤人往，无故不来等，一律造意以剑斩，从犯无期徒刑。

注释：

［1］轻视心：原译为“轻亲心”。

本条款改译处，文智勇已补。但他误将[illegible]（制、许、谓）识为[illegible]（答），将“御前、制、御旨直接唤人往”改译为“御前应答，圣旨直接传往人家时”。①

卷二校译补正

1.《天盛律令》卷二②《节亲门》：“应服五个月丧：族亲：对曾祖父母，二节伯叔姨、姑，从祖父、姐妹及妻子，兄弟之孙”。③本条款西夏文原文为：

甲 2-6-3 [illegible]
五月月污穿应

甲 2-6-4 [illegible]
姓亲

甲 2-6-5 [illegible]
祖父母二节伯姨姑

甲 2-6-6 [illegible]
祖父 <> 兄弟姐妹及妻妻兄弟 <> 孙

新译文：

应服五个月丧：族亲：对曾祖父母，二节伯叔、姨、姑[1]，祖父之兄弟、姐妹及妻子[2]，兄弟之孙。

① 文智勇：《〈天盛律令〉卷一译释及西夏法律中的“十恶罪”》，《宁夏师范学院学报》，2010 年第 5 期。

② 原文参见俄罗斯科学院东方研究所圣彼得堡分所、中国社会科学院民族研究所、上海古籍出版社编：《俄藏黑水城文献》，第 8 册，第 62 页上右—77 页上左。

③ 史金波、聂鸿音、白滨译注：《天盛改旧新定律令》，第 136 页。

注释：

[1] 二节伯叔、姨、姑：原译为"二节伯叔姨、姑"，断句不当。

[2] 祖父之兄弟、姐妹及妻子：原译为"从祖父、姐妹及妻子"，𗷻（兄弟）、𗠣（姐妹）与𗣈𗤀（妻子）是并列关系，都是𗊠𗹦（祖父）所属。

　　𗷓𗅪𗷻𗠣𗤀（对译：二节伯姨姑）中，𗷻（伯、叔）、𗠣（姨）、𗤀（姑）之间是并列关系。又原译有漏译。𗤁[耶]有两种用法，一为宾格助词，一为属格助词；作属格助词时，其义类似汉语的"之"、"的"，其前多为名词或代词，其后为名词，用𗤁[耶]表示后者为前者所属。[1]𗊠𗹦𗤁𗷻𗠣𗤀𗣈𗤀（对译：祖父<>兄弟姐妹及妻子）中，𗤁[耶]为属格助词，表示𗷻𗠣𗤀𗣈𗤀（兄弟、姐妹及妻子）为𗊠𗹦（祖父）所属。故应译为"祖父之兄弟、姐妹及妻子"。[2]祖父之兄弟为从祖父，祖父之姐妹为从祖姑，祖父之妻子为从祖母，故亦可译为"从祖父母、从祖姑"。

2.《天盛律令》卷二《罪情与官品当门》："庶人、有杂官等获杖罪时，及品暗监官以上至拒邪官，一律七八杖交二缗钱，十杖交五缗钱，十三杖交七缗钱。"[3]本条款西夏文原文为：

甲 2-8-13　𗷻𗅪𗷻𗷻𗤀𗅪𗽴𗅪𗽴𗷻𗽴𗷻𗷻𗷻
　　　　　　庶人杂官有等杖吃时品及间监起上
甲 2-8-14　𗷻𗷻𗷻𗤀𗽴𗤀𗷻𗤀𗷻𗷻𗷻
　　　　　　高拒邪至一礼七八杖 <> 三缗十
甲 2-8-15　𗷻𗷻𗷻𗷻𗷻𗷻𗷻𗷻𗷻𗷻𗷻
　　　　　　杖 <> 五缗十三杖 <> 七缗等 <> 纳

新译文：

庶人、有杂官等获杖罪时，及品暗监官以上至拒邪官，一律七八杖交三缗钱[1]，十杖交五缗钱，十三杖交七缗钱。

---

① 史金波：《西夏文教程》，第 242—247 页。
② 按：《西夏天盛律令》译文与此同。史金波、聂鸿音、白滨译：《西夏天盛律令》，第 43 页。
③ 史金波、聂鸿音、白滨译注：《天盛改旧新定律令》，第 139 页。

注释：

[1] 三缗钱：原译为"二缗钱"，将骰（三）译为"二"。

从上下文来看，本条规定及品"暗监"官以上至"拒邪"官获杖时，十杖交五缗钱，十三杖交七缗钱，即两杖交一缗钱。那么，七八杖不可能只交两缗钱。故应译为"七八杖交三缗钱"。

3.《天盛律令》卷二《罪情与官品当门》："庶人获二十杖，徒八年长期时：十乘官至胜监官，官、职、军皆革除，徒三年，日满依旧往。暗监官至戏监官，官、职、军皆革除，徒二年，日满依旧往。头主官至柱趣官，官、职、军皆革除，徒一年，日满依旧往。语抵官至真舍官，革职，勿革军，降十五官，罚马七。调伏官至拒邪官，勿革军，降十官，罚马五。"①本条款西夏文原文为：

甲 2-11-15 𘜈𘓻𗒔𗌦𗊬𗤋𗣼𗅁𘐏𘟩𗷨
        庶人二十杖八年自代获时
甲 2-11-16 𗢸𗤋𗣼𗤋𘃞𗣼𗤋𗱠𗤋𗄻𗷨𗊬
        十乘起胜监至官职军皆夺失三
甲 2-11-17 𗤋𗣼𗢸𗣼𗯨𗤋
        年日满旧依往
甲 2-11-18 𗣼𘃞𗤋𗱠𘃞𗤋𘃞𗣼𗤋𗱠𗤋𗄻𗷨𗌦
        间监起戏监至官职军皆夺失二
甲 2-12-1 𗤋𗣼𗢸𗣼𗯨𗤋
        年日足旧依往
甲 2-12-2 𘃞𗤋𗣼𗄻𘃞𗤋𗱠𗤋𗄻𗷨𗣼𗌦
        帽主起柱灵至官职军皆夺失一
甲 2-12-3 𗤋𗣼𗢸𗣼𗯨𗤋
        年日满旧依往
甲 2-12-4 𘃞𗤋𗣼𗤉𘃞𗱠𘃞𗣼𗤋𗱠𗣼𗤋𗣼𗈪
        语 [抵] 起真 [舍] 至职失军莫失十五
甲 2-12-5 𗄻𗤉𘚢𗷨𗣼

———————————

① 史金波、聂鸿音、白滨译注：《天盛改旧新定律令》，第142—143页。

　　　　　官夺七罚马

甲 2-12-6 ▢▢▢▢▢▢▢▢▢▢▢

　　　　　调伏起拒邪至职军莫失十官夺

甲 2-12-7 ▢▢▢

　　　　　五罚马

新译文：

　　庶人获二十杖，徒八年长期时：十乘官至胜监官，官、职、军皆革除，徒三年，日满依旧往。暗监官至戏监官，官、职、军皆革除，徒二年，日满依　旧往。头主官至柱趣官，官、职、军皆革除，徒一年，日满依旧往。语抵官至真舍官，革职，勿革军，降十五官，罚马七。调伏官至拒邪官，勿革职、军[1]，降十官，罚马五。

注释：

　　[1]勿革职、军：原译为"勿革军"，漏译▢（职）。

　　本条是庶人获二十杖，徒八年长期徒刑时对"十乘"官至"拒邪"官的处罚规定。从语法来看，▢▢▢▢（对译：职军莫失）中，主语为调伏官至拒邪官，▢▢（职、军）为并列关系做宾语，▢（莫）为副词修饰谓语▢（失）。从上下文来看，庶人获二十杖，徒十年时，对"调伏"官至"拒邪"官的处罚为："勿革职、军，降十三官，罚马五"。①那么，庶人获二十杖，徒八年时，"调伏"官至"拒邪"官亦不可能革职。故应译为"勿革职、军"。

　　4.《天盛律令》卷二《罪情与官品当门》："一等僧人、道士中赐黄、黑、绯、紫者犯罪时，比庶人罪当减一等。除此以外，获徒一年罪时，赐绯、紫当革职，取消绯、紫，其中▢依法按有位高低、律令、官品，革不革职以外，若为重罪以减轻，若革职位等后，赐黄、黑徒五年，赐绯、紫及与赐绯紫职位相等徒六年者，当除僧人、道士，所遗劳役有官与官品当，无官，则依法服劳役。日毕后，入原属庙中为行童。"②本条款西夏文原文为：

---

① 史金波、聂鸿音、白滨译注：《天盛改旧新定律令》，第 143 页。
② 史金波、聂鸿音、白滨译注：《天盛改旧新定律令》，第 145—146 页。

甲 2-15-4 𘟷𘟷𘟷𘟷𘟷𘟷𘟷𘟷𘟷𘟷𘟷𘟷𘟷𘟷𘟷
　　　　　一等和众救法黄黑红紫穿罪为时庶人

甲 2-15-5 𘟷𘟷𘟷𘟷𘟷𘟷𘟷𘟷𘟷𘟷𘟷𘟷
　　　　　罪比一等 <> 退为此 <> 除后一年获

甲 2-15-6 𘟷𘟷𘟷𘟷𘟷𘟷𘟷𘟷𘟷𘟷𘟷𘟷
　　　　　上红紫穿职红紫等 <> 失其中司礼

甲 2-15-7 𘟷𘟷𘟷𘟷𘟷𘟷𘟷𘟷𘟷𘟷𘟷𘟷
　　　　　依位下高有律习官等依职失不应

甲 2-15-8 𘟷𘟷𘟷𘟷𘟷𘟷𘟷𘟷𘟷𘟷𘟷𘟷
　　　　　<> 不有若罪重是 <> 减为若职位失

甲 2-15-9 𘟷𘟷𘟷𘟷𘟷𘟷𘟷𘟷𘟷𘟷𘟷𘟷
　　　　　等后方黄黑穿五年上及红紫穿及

甲 2-15-10 𘟷𘟷𘟷𘟷𘟷𘟷𘟷𘟷𘟷𘟷𘟷𘟷
　　　　　红紫穿与职等等六年上等和众救

甲 2-15-11 𘟷𘟷𘟷𘟷𘟷𘟷𘟷𘟷𘟷𘟷𘟷𘟷
　　　　　法 <> 失 <> 遗而劳役官有官等与 <>

甲 2-15-12 𘟷𘟷𘟷𘟷𘟷𘟷𘟷𘟷𘟷𘟷𘟷𘟷
　　　　　敌为官不有则礼依劳役 <> 为日毕

甲 2-15-13 𘟷𘟷𘟷𘟷𘟷𘟷𘟷𘟷𘟷𘟷
　　　　　先缚属众宫内童童中 <> 入

新译文：

　　一等僧人、道士中赐黄、黑、绯、紫者犯罪时，比庶人罪当减一等。除此以外，获徒一年罪时，赐绯、紫当革职，取消绯、紫。其中司依法[1]按有位高低、律令、官品，不应革职以外[2]，若为重罪以减轻，若革职位等后，赐黄、黑徒五年，赐绯、紫及与赐绯紫职位相等徒六年者，当除僧人、道士，所遗劳役有官与官品当，无官，则依法服劳役。日毕后，入原属庙中为行童。

注释：

　　[1] 司依法：原译为"□依法"，未识出𘟷（司）。
　　[2] 不应革职以外：原译为"革不革职以外"。

本条是僧人、道士中赐黄、黑、绯、紫者犯罪，除十恶与杂罪中不论官者以外，犯杂罪时的处罚规定。穆（应）字残缺右下，原译误译为"革"。从上下文来看，"不应革职以外"与下文"若革职等后"的处罚情况相呼应。按照原译，上下文相抵触。从字迹来看，𘝣�124 □ �124𗢏（对译：职失不 □ <> 不有）中的残字也应为穆（应）。

5.《天盛律令》卷二《贪状罪法门》："一因诸事局分另外人等受贿时，其中曲枉勤事，已决断及未决断，亦在文书判凭上或重者轻判，轻者重判，故意曲枉，实明显有可见，及行贿时说'请枉断勤事'，受贿者亦说'当为汝枉断'，话知证分白，当按枉法贪污论。"[1]本条款西夏文原文为：

甲 2–16–16 �124�124�124�124�124�124�124�124�124�124�124�124�124�124
　　　　一诸事因职管别人等贪取时其中勤事 <>

甲 2–16–17 �124�124�124�124�124�124�124�124�124�124�124�124
　　　　弯 <> 断判及未断判亦典判写上或

甲 2–16–18 �124�124�124�124�124�124�124�124�124�124�124�124�124
　　　　重 <> 轻上头 <> 趋为轻 <> 重上 <> 随意

甲 2–17–1 �124�124�124�124�124�124�124�124�124�124�124�124
　　　　弯顺实显明见做有及贪给时勤事

甲 2–17–2 �124�124�124�124�124�124�124�124�124�124�124�124
　　　　<> 弯为 <> 谓词 <> 置贪取者亦弯为

甲 2–17–3 �124�124�124�124�124�124�124�124�124�124�124�124
　　　　<> 谓语 <> 取知证显明有等律弯贪

甲 2–17–4 �124�124
　　　　<> 算

新译文：

一因诸事局分另外人等受贿时，其中曲枉勤事，已决断及未决断，亦在文书判凭上或重者轻判，轻者重判，故意曲枉，实明显有可见，及行贿时说"请为我枉断公事[1]"，已说项[2]，受贿者亦说"当为汝枉断"，话知证分白，当按枉法贪污论。

----

① 史金波、聂鸿音、白滨译注：《天盛改旧新定律令》，第 147 页。

注释：

［1］请为我枉断公事：原译为“请枉断勤事”，未译出“我”。

［2］已说项：原译漏译。

本条款包括两个人称呼应句，后一句“当为汝枉断”已将宾语的定语翻译出来，前一句“请枉断公事”亦须将宾语的定语翻译出来，方能句意明了。又《天盛律令》中，一般将[illegible]（对译：勤事）译为“公事”。西夏法律对行贿者、说项者、受贿者的处罚不同。[1]故[illegible]（对译：词 <> 置）不应漏译。

6.《天盛律令》卷二《贪状罪法门》：“一枉法属一种者，及他人等何时告状一样皆当审问以外，不枉法受贿者，三年以内物属者追告，则当依法审问。”[2]本条款西夏文原文为：

甲 2-17-1 [illegible]
一律弯贪一种有者及他人等何时状告一［样］

甲 2-17-2 [illegible]
<> 寻问不有律不弯贪 <> 三年圈内物有

甲 2-17-3 [illegible]
者自追告则礼依 <> 问

新译文：

一枉法贪赃一种，属者[1]，及他人等何时告状一样皆当审问以外，不枉法受贿者，三年以内物属者追告，则当依法审问。

注释：

［1］枉法贪赃一种，属者：原译为“枉法属一种者”，漏译[illegible]（贪），误将“属者”断开。

本条款是对因贪追告期限的规定。[3]改译后，知枉法贪赃则属者及他人不论何时告状皆当审问。不枉法受贿则属者三年内追告当审问；属者自己未告而

① 史金波、聂鸿音、白滨译注：《天盛改旧新定律令》，第 148 页。
② 史金波、聂鸿音、白滨译注：《天盛改旧新定律令》，第 149 页。
③ 史金波、聂鸿音、白滨译注：《天盛改旧新定律令》，第 5 页。

他人举告及属者三年过后重追究，则告者、接状者当受罚。说明枉法贪赃无追告期限而不枉法受贿则有追告期限。[1]

7.《天盛律令》卷二《不奏判断门》："一军马政事，官畜、谷、物等，应奏不奏时，罪情一一分白以外，因旁人有异语而应奏不奏时，徒一年。"[2]本条款西夏文原文为：

甲 2-24-10 𗧊𗼷𗵆𗋽𗑗𗏁𗾔𗤛𗧤𗏇𗐯𗙏𗡅𗣿𗏎
一军马勤事官畜谷物等头项至应不至
甲 2-24-11 𗏇𗾔𗏂𗧊𗧊𗨴𗧤𗏎𗐯𗧤𗰖𗏎𗏁𗑗𗏎𗡅𗣿
时罪节一一显明不有他别语少因至应
甲 2-24-12 𗏎𗏇𗏁𗴿𗧤
不奏时一年

新译文：

一军马政事，官畜、谷、物等头项[1]，应奏不奏时，罪情一一分白以外，因旁人有异语而应奏不奏时，徒一年。

注释：

[1]头项：原译未译出。

本条款是对旁人有异语应奏不奏的处罚。本条款中，头项意为"事项、项目"。

8.《天盛律令》卷二《黥法门》："一诸人犯罪黥法：徒一年至三、四年，手背黥四字。徒五、六年耳后黥六字。徒八年、十年等面上黥八字。徒十二年、无期徒刑等当黥十字。手背明显处，再后字于末及项上、头发显处，得长期徒刑者一律由面上、目下至头颜骨上、颊骨上，各种当刺黥样依以下分别而为。"[3]本条款西夏文原文为：

甲 2-24-18 𗧊𗼷𗏂𗴿𗋽𗑗𗏁𗾔𗤛𗧤𗏇𗐯𗙏𗡅𗣿𗏎𗏁𗑗

---

① 史金波、聂鸿音、白滨译注：《天盛改旧新定律令》，第149页。
② 史金波、聂鸿音、白滨译注：《天盛改旧新定律令》，第152页。
③ 史金波、聂鸿音、白滨译注：《天盛改旧新定律令》，第152—153页。

一诸人罪为黥礼 <> 一年起三四年上至 <> 手背

甲 2-24-1 􏰀􏰀􏰀􏰀􏰀􏰀􏰀􏰀􏰀􏰀􏰀􏰀􏰀

　　　　四字五六年 <> 耳后六字八年十年等 <>

甲 2-24-2 􏰀􏰀􏰀􏰀􏰀􏰀􏰀􏰀􏰀􏰀􏰀􏰀

　　　　面上八字十二年备取等 <> 十字数等 <>

甲 2-24-3 􏰀􏰀􏰀􏰀􏰀􏰀􏰀􏰀􏰀􏰀􏰀􏰀􏰀

　　　　为手背显而及耳后字 <> 项上头发不及

甲 2-24-4 􏰀􏰀􏰀􏰀􏰀􏰀􏰀􏰀􏰀􏰀􏰀􏰀􏰀

　　　　显而以及自代获 <> 一礼面上目下起脸

甲 2-24-5 􏰀􏰀􏰀􏰀􏰀􏰀􏰀􏰀􏰀􏰀􏰀􏰀􏰀

　　　　骨上频频上至自处 <> 打为黥样除下别

甲 2-24-6 􏰀􏰀􏰀􏰀

　　　　显依 <> 为

新译文:

　　一诸人犯罪黥法:徒一年至三、四年,手背黥四字。徒五、六年耳后黥六字。徒八年、十年等面上黥八字。徒十二年、无期徒刑等当黥十字。字手背明显处及耳后、项上头发不及而明显处,以及[1]得长期徒刑者一律由面上、目下至头颜骨上、颊骨上,各种当刺黥样依以下分别而为。

注释:

　　[1]字手背明显处及耳后、项上头发不及而明显处,以及:原译为"手背明显处,再后字于未及项上、头发显处",漏译􏰀􏰀(对译:耳后)、􏰀􏰀(对译:以及)。

　　卷二《黥法门》规定犯十恶等重罪而黥字时,依罪行由轻到重,分别黥字于手背、耳后及面上三处。其前为手背明显处,其后为面上(即"面上、目下至头颜骨上、颊骨上"),那么,剩下应指耳后。然而,按照原译"字于未及项上、头发显处",不知是何处。从语法来看,􏰀􏰀􏰀􏰀􏰀􏰀􏰀􏰀􏰀􏰀􏰀􏰀􏰀􏰀􏰀􏰀(对译:手背显而及耳后字者项上头发不及显而以及)中,􏰀(及)为表示并列的联合连词,表明􏰀􏰀􏰀􏰀(手背明显处)和􏰀􏰀(耳后)为并列成分,谓语􏰀(字)管到二者;􏰀[达]为主格助词,表明定语􏰀􏰀

〔Tangut〕（项上头发不及而明显处）修饰中心词〔Tangut〕（耳后）。故应译为"字手背明显处及耳后、项上头发不及而明显处，以及"。

9.《天盛律令》卷二《黥法门》："一不依服劳役高下应黥明确字数黥刺而减半时，面上减半，当服三年劳役；耳后减半，当服二年劳役；手背减半，当服六个月劳役。"[1]本条款西夏文原文为：

甲 2-25-16 〔Tangut〕
　　　　　一而劳役下高依黥数著顺自处显依不打为
甲 2-25-17 〔Tangut〕
　　　　　半减时面上半减为 <> 三年耳后半减二
甲 2-25-18 〔Tangut〕
　　　　　年手背半减六月月劳役等 <> 为

新译文：

一依劳役高低，各处应黥字数明确，而不黥刺减半时[1]，面上减半，当服三年劳役；耳后减半，当服二年劳役；手背减半，当服六个月劳役。

注释：

[1] 依劳役高低，各处应黥字数明确，而不黥刺减半时：原译为"不依服劳役高下应黥明确字数黥刺而减半时"，原译存在逻辑和漏译的问题。

首先，原译的逻辑有问题。从逻辑上来看，不依劳役高下，应黥字数如何明确？〔Tangut〕（对译：而劳役下高依黥数著顺自处显依不打为半减时）中，〔Tangut〕（对译：打为）是动词，副词〔Tangut〕（不）是用来修饰〔Tangut〕（打为）的[2]，即〔Tangut〕（不打为）应放在一起。原译却将〔Tangut〕（不打为）拆开，把"不"放在句首，译为"不依服劳役高下"。其次，原译有漏译。从上下文来看，由本条后面对面上、耳后、手背黥刺而擅自减半的处罚可知，法律对各处应黥字数有明确规定。前文"一诸人犯罪黥法：

---

① 史金波、聂鸿音、白滨译注：《天盛改旧新定律令》，第 153 页。
② 西夏语中，否定副词〔Tangut〕（不）一般置于被否定成分之前，用来否定动词、形容词，特殊情况下用来否定名词、数词。史金波：《西夏文教程》，第 188 页。

徒一年至三、四年，手背黥四字。徒五、六年耳后黥六字。徒八年、十年等面上黥八字。徒十二年、无期徒刑等当黥十字"和"一诸人因罪获死减罪，应受黥、杖，以及无期徒刑、三种长期徒刑等，应于面上黥刺"[1]即是对各处应黥字数的明确规定。但原译却没有将羕宛（各处）应黥这一层意思翻译出来。故应译为"一依劳役高低，各处应黥字数明确，而不黥刺减半时"。

10.《天盛律令》卷二《盗杀牛骆驼马门》："一前述三种畜中堕谷内、患病死等，当告附近司中，距司远则当告巡检、迁溜、检校、边、管等处。是实话，则勿治罪。若不告擅自杀时，有官罚马一，庶人十三杖。其中暗地推谷内，则依杀罪判断。行军及其他行路道中，牛、骆驼、马因过失而杀，及所作负载畜而有不堪任者，知而令住，是实话，则杀时勿治罪。若其假冒而杀，则依法判断。"[2]本条款西夏文原文为：

甲 2-27-12　（西夏文）
　　　　　一前有三种畜中谷内堕疾病死等边近司
甲 2-27-13　（西夏文）
　　　　　内 <> 告司边远则检行迁条口使结［管］
甲 2-27-14　（西夏文）
　　　　　等处 <> 经语实是则罪莫连若不告自
甲 2-27-15　（西夏文）
　　　　　意杀时官有罚马一庶人十三杖其中
甲 2-27-16　（西夏文）
　　　　　佯装以谷内赶则杀礼断判军行及他别
甲 2-27-17　（西夏文）
　　　　　行行往等道中牛骆驼马不比不牢杀及
甲 2-27-18　（西夏文）
　　　　　其顺伤负载畜为所不堪有等 <> 知 <> 住
甲 2-28-1　（西夏文）
　　　　　令语实是则杀时罪莫连若其处欺骗杀
甲 2-28-2　（西夏文）

---

① 分别见史金波、聂鸿音、白滨译注：《天盛改旧新定律令》，第 152、153 页。
② 史金波、聂鸿音、白滨译注：《天盛改旧新定律令》，第 155 页。

则礼依断判

新译文：

一前述三种畜中堕谷内、患病死等，当告附近司中，距司远则当告巡检、迁溜检校、边管[1]等处。是实话，则勿治罪。若不告擅自杀时，有官罚马一，庶人十三杖。其中暗地推谷内，则依杀罪判断。行军及其他行路道中，牛、骆驼、马因过失而杀，及因自然伤而所作负载畜有不堪任者[2]，知而令住，是实话，则杀时勿治罪。若其假冒而杀，则依法判断。

注释：

[1]巡检、迁溜检校、边管：原译为"巡检、迁溜、检校、边、管"，断句有误。

[2]因自然伤而所作负载畜有不堪任者：原译"所作负载畜而有不堪任者"，漏译 ◻◻◻（对译：其顺伤）。

◻◻◻◻◻◻◻（对译：检行迁条口使结［管］）中，◻◻（迁溜）为西夏基层社会组织，相当于中原的"里"，一农迁溜包括二小监、十小甲、一百户；[1]◻◻（巡检）为西夏官名，主要任务是巡行地方，抓捕强盗、偷盗、恶盗；[2]◻◻（检校）、◻◻（边管）是西夏基层组织◻◻（迁溜）的管理官员[3]。故应断为巡检、迁溜检校、边管。

◻（其、彼）为指示代词，◻（顺）的实在意义为"……的方式"[4]，状态副词◻◻（对译：其顺）意为"自然"[5]。故应译为"因自然伤而所作负载畜有不堪任者"。

11.《俄藏黑水城文献》第8册第62页上至第77页上是《天盛律令》卷二的影印件，编号为俄 Инв.No.152、8084a，共31页。[6]根据目录，知本卷包括

① 史金波、聂鸿音、白滨译注：《天盛改旧新定律令》，第514页。史金波：《西夏户籍初探——4件西夏文草书户籍文书译释研究》，《民族研究》，2004年第5期。

② 史金波、聂鸿音、白滨译注：《天盛改旧新定律令》，第456—460页。

③ 分别见史金波、聂鸿音、白滨译注：《天盛改旧新定律令》，第210—211页。

④ 聂鸿音：《西夏文〈新集慈孝传〉研究》，宁夏人民出版社，2009年版，第112页。

⑤ 史金波：《西夏文教程》，第187—188页。

⑥ 俄罗斯科学院东方研究所圣彼得堡分所、中国社会科学院民族研究所、上海古籍出版社编：《俄藏黑水城文献》，第8册。

《八议门》、《亲节门》、《罪情与官品当门》、《贪状罪法门》、《老幼重病减门》、《不奏判断门》、《黥法门》、《杀牛骆驼马门》和《戴铁枷门》，共九门。《戴铁枷门》是《天盛律令》卷二的最后一门，史金波等译注本中该门有七条款，内容包括何时戴铁枷、戴铁枷的重量、诸司引送属者簿籍、日期未满除铁枷所受处罚、举告私自去铁枷赏等。

根据《俄藏黑水城文献》第 8 册所载图版，史金波等译注本《天盛律令》卷二《戴铁枷门》漏译最后 1 面（第 77 页上左）。与其他页面比较此面字迹模糊，计 6 行，89 字。现将所识别出的录文、对译、意译如下：

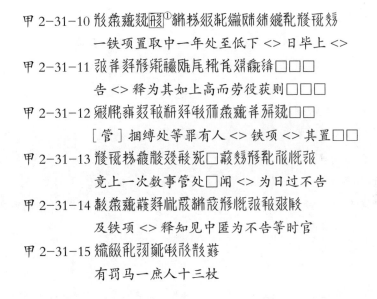

甲 2–31–10 形藏蒹㲀㲀[㲀]① 巯㲀㲀㲀㲀㲀㲀㲀㲀㲀㲀㲀㲀
　　　　　一铁项置取中一年处至低下 <> 日毕上 <>
甲 2–31–11 㲀㲀㲀㲀㲀㲀㲀㲀㲀㲀㲀㲀㲀□□□
　　　　　告 <> 释为其如上高而劳役获则□□□
甲 2–31–12 㲀㲀㲀㲀㲀㲀㲀㲀㲀㲀㲀㲀㲀□□
　　　　　［管］捆缚处等罪有人 <> 铁项 <> 其置□□
甲 2–31–13 㲀㲀㲀㲀㲀㲀㲀□㲀㲀㲀㲀㲀㲀㲀
　　　　　竟上一次数事管处□闻 <> 为日过不告
甲 2–31–14 㲀㲀㲀㲀㲀㲀㲀㲀㲀㲀㲀㲀㲀㲀
　　　　　及铁项 <> 释知见中匿为不告等时官
甲 2–31–15 㲀㲀㲀㲀㲀㲀㲀㲀㲀
　　　　　有罚马一庶人十三杖

意译：

一除戴铁枷时，一年及以下者，日满当告而除枷。如其以上而获劳役，则□□□管捆缚处等，有罪人其戴铁枷，□□毕当为局分处□闻一次。过期不告，及铁枷已除，知见隐匿不告时，有官罚马一，庶人十三杖。

本条款为《戴铁枷门》"当置中间告法"条。②本条款因字迹模糊，尚有数

---

① 此字模糊且残缺右下部，据其所存部分，拟补为㲀，取意。
② 条目原文应为㲀㲀㲀㲀㲀㲀㲀（对译：［宁］其置中间告顺）。㲀㲀（对译：其置），㲀（其）原识为㲀（持、拿）；㲀（置），条目原文为㲀（处），但条款原文为㲀（置），因其前为㲀㲀（［宁］其），据语法和上下文应为㲀（置）。㲀㲀㲀（［宁］其置），史金波等译注本《天盛改旧新定律令》第 8 页译为"当持处"。条目原文见《俄藏黑水城文献》第 8 册第 3 页右面第 10 行。

个未识字，但从已有内容看，主要是涉及如何除枷及知见擅自除枷而不告的处罚，可知西夏法律对除枷和知见擅自除枷而不告有严格的规定。这些内容不仅在史金波等译注本《天盛律令》中所无，而且在其他文献中也没有出现过。

卷三校译补正

1.《天盛律令》卷三①《盗亲门》："一诸人节亲亲戚相盗窃时，有与他人同谋时，盗亲罪状已明以外，他人之罪，依有亲节法判断。"②本条款西夏文原文为：

甲 3-3-16　𗹦𗫂𗵜𗗚𗗟𗗟𗅉𗷅𗪊𗰷𗈁𗊱𗗚𘄄𗗩𗷻
　　　　　一诸人节亲亲戚相 <> 盗为中他人与议有

甲 3-3-17　𗷷𗗟𗫨𗋽𗙻𘜶𗫡𗇃𗪊𗷅𗫂𗋽𗅢𗗟
　　　　　时亲盗罪阶别显不有他人 <> 罪 <> 亲

甲 3-3-18　𗥃𗰩𗉋𘋩𗥦𗨙
　　　　　不有礼依断判

新译文：

一诸人节亲亲戚相盗窃时，有与他人同谋时，盗亲罪状已明以外，他人之罪，依不有亲法[1]判断。

注释：

[1]不有亲法：原译为"有亲节法"，将𗥃（不）识为𗵜（节）。

本条款是对盗亲时有他人的处罚规定。𗥃（不），原文该字稍模糊，史金波等译注本《天盛改旧新定律令》第161页误译为𗵜（节）。从上下文来看，本门规定节亲相盗比盗窃他人罪轻。而且，不属于五种丧服及姻亲中相盗窃减罪范围之节远亲相盗，按盗窃他人法判断。③知他人与节亲人同谋时，他人不能按节亲法判断。故该字应为𗥃（不）。

---

① 原文参见俄罗斯科学院东方研究所圣彼得堡分所、中国社会科学院民族研究所、上海古籍出版社编：《俄藏黑水城文献》，第 8 册，第 77 页下左—第 100 页上右。
② 史金波、聂鸿音、白滨译注：《天盛改旧新定律令》，第 161 页。
③ 史金波、聂鸿音、白滨译注：《天盛改旧新定律令》，第 160—161 页。

2.《天盛律令》卷三《杂盗门》:"一诸人盗窃官私之物时,对和物属者及监护者等,若杀伤主、护人时,当以强盗论。持不持武器二种罪情,反复偷盗之罪状等,依以下所明示实行。"①本条款西夏文原文为:

甲3-4-5 𗾔𗿒𗥝𗗦𗰖𗆠𘝙𗤶𗤲𗾔𘑘𗤲𗏁𗦬𗈶𗆠
　　　　　一诸人官私 <> 畜物盗为中物有者及监

甲3-4-6 𗤶𗥓𗤙𗆠𗤶𗤲𗟀𗤶𗾔𗧓𗾔
　　　　　护者等 <> 若其主护人伤人

甲3-4-7 𘙟𗤙𘉎𗲣𗈶𘝙𗧒𗣼𗥩𗈜
　　　　　杀等时强以盗 <> 算兵戈持

甲3-4-8 𗥩𗈜𗊱𘉎𗰔𗰗𗈶𗥩𗸣𗳈𘝙
　　　　　不持二等罪节及及悄悄盗

甲3-4-9 𗆠𗰗𘝙𗤙𗤲𗦇𗆬𗳈𗏵𘋩𗥝
　　　　　<> 罪阶等除下 <> 显令依 <>

甲3-4-10 𗔭𗏭
　　　　　顺行

新译文:

　　一诸人盗窃官私之畜物[1]时,对和物属者及监护者等,若杀伤主、护人时,当以强盗论。持不持武器二种罪情,以及[2]偷盗之罪状等,依以下所明示实行。

注释:
　　[1]畜物:原译为"物",漏译𗏵(畜)。
　　[2]以及:原译为"反复"。

𗸣𗳈𘝙(对译:悄悄盗),与𗣼𗈶𘝙(强盗)相对,意为"偷盗"。𗰗(及、和)为并列连词。𗥩原为名词,意为"后";也可以做副词,意为"又、更";还可以做连词,意为"及、并"。②𗥩在条款中为并列连词。从上下文来

---

①史金波、聂鸿音、白滨译注:《天盛改旧新定律令》,第161页。
②史金波:《西夏文教程》,第193页。

看，本大条款之后的三小条款分别对强盗持武器、不持武器及偷盗的处罚做了规定。①可见，持不持武器罪情与偷盗罪状之间是并列关系。

3.《天盛律令》卷三《杂盗门》："一他国为使者已出，若盗窃其持载所买卖物时，当比偷、强盗伤人物量罪状所示加一等，所加勿及于死。"②本条款西夏文原文为：

甲3-7-17 ◻◻◻◻◻◻◻◻◻◻◻◻◻◻◻◻
　　　　一他国使为者 <> 出若买卖所物持等中盗为
甲3-7-18 ◻◻◻◻◻◻◻◻◻◻◻◻
　　　　时柔刚盗 <> 人伤不伤物量罪阶显
甲3-8-1 ◻◻◻◻◻◻◻◻◻◻◻◻
　　　　比一等数 <> 升为升为以死 <> 不得

新译文：

一他国为使者已出，若盗窃其持载所买卖物时，当比偷盗、强盗之伤不伤人[1]物量罪状所示加一等，所加勿及于死。

注释：

[1] 偷盗、强盗之伤不伤人：原译为"偷、强盗伤人"，漏译◻◻（不伤）。

按照原译，不论偷盗、强盗都伤人，这与上文不符。从上下文来看，本条款属"杂盗门"，该门第一条款分强盗和偷盗两种情况规定相应的处罚，强调盗窃而伤杀主、护人时以强盗论。这说明强盗伤人、偷盗不伤人，刚好与本条相对应。从语法来看，◻◻◻◻◻◻（对译：柔刚盗 <> 人伤不伤）中，◻◻◻（偷盗、强盗）为并列词组，◻［耶］为属格助词，说明宾动词组◻◻◻◻（伤不伤人）属偷盗、强盗所致。即偷盗不伤人，强盗伤人。故应译为"偷盗、强盗之伤不伤人"。

4.《天盛律令》卷三《杂盗门》："一盗窃时被强力驱迫，随从于所盗窃处

---

① 史金波、聂鸿音、白滨译注：《天盛改旧新定律令》，第162—163页。
② 史金波、聂鸿音、白滨译注：《天盛改旧新定律令》，第164页。

出力助盗□时，但为他人动手，紧紧驱迫，报告处来不及者，当赦盗窃罪。报告来不及则当告近处有司巡检、迁溜、检校、边、管等处。若有时间，未及时报告，已往盗时，分取财物，得利不报告，则依盗窃从犯判断。"①本条款西夏文原文为：

甲3-11-6 𗤁𗤋𗤋𗤋𗤋𗤋𗤋𗤋𗤋𗤋𗤋𗤋𗤋𗤋𗤋𗤋
　　　　一盗中刚以人伴逼 <> 盗处力助盗拉中及

甲3-11-7 𗤋𗤋𗤋𗤋𗤋𗤋𗤋𗤋𗤋𗤋𗤋𗤋𗤋
　　　　有然他手有窄窄赶摄告举不缓及 <> 盗

甲3-11-8 𗤋𗤋𗤋𗤋𗤋𗤋𗤋𗤋𗤋𗤋𗤋
　　　　罪 <> 解告举缓及则 <> 近司有检行迁

甲3-11-9 𗤋𗤋𗤋𗤋𗤋𗤋𗤋𗤋𗤋𗤋𗤋𗤋
　　　　条口使结 [管] 等处 <> 告若宽窄在告举缓

甲3-11-10 𗤋𗤋𗤋𗤋𗤋𗤋𗤋𗤋𗤋𗤋𗤋
　　　　及盗中 <> 往物分中有贪有不告举则

甲3-11-11 𗤋𗤋𗤋𗤋𗤋
　　　　盗副礼依断判

新译文：

　　一盗窃时被强力驱迫，随从于所盗窃处出力助盗取[1]时，但为他人动手，紧紧驱迫，告举未稽缓[2]者，当赦盗窃罪。报告来不及则当告近处有司巡检、迁溜检校、边管[3]等处。若有时间，未及时报告，已往盗时，分取财物，得利不报告，则依盗窃从犯判断。

注释：

　　[1] 取：原译未识出。

　　[2] 告举未稽缓：原译为"报告处来不及"。

　　[3] 巡检、迁溜检校、边管：原译为"巡检、迁溜、检校、边、管"，断句不对，参见上文。

---

① 史金波、聂鸿音、白滨译注：《天盛改旧新定律令》，第166页。

按照原译，上下文相矛盾：即报告来不及，当赦盗窃罪。从本条款来看，𘕕𗄊𘝋𗥃𗣿（对译：告举不缓及）和𘕕𗄊𗥃𗣿（对译：告举缓及）是两种相反的情况，前者"当赦盗窃罪"，后者当告附近有司。从上下文来看，《天盛律令》第114页，将𘕕𗄊𘝋𗥃𗣿（对译：告举不徐如）译为"举告未稽缓"或"告举未稽缓"。[1]故𘕕𗄊𘝋𗥃𗣿（对译：告举不缓及）应译为"告举未稽缓"。

5.《天盛律令》卷三《杂盗门》："一使军，奴仆盗抢自己头监之畜、谷、物时，头监、旁人当告所管司中问之。无盗窃他人语，则盗物本人交还属者，勿承罪。属者诉讼说'我要重告，□□□'，则依盗法判断。旁人举告时得告赏，对盗窃之告赏，当得三分之一，由犯罪者出，若无能力，则物属者当出资给予。"[2]本条款西夏文原文为：

甲 3-11-15 𗧓𗼻𗤗𘎪𗴭𗫂𗫻𗥃𘈩�羕𗎅𘆖𗼪𗴷
　　　　　一使军仆奴自头监 <> 畜谷物盗持为时头
甲 3-11-16 𗫻𗉛𗨳𗰖𘕕𗨁𗇇𘒏𗪚𘕕𗸐𗉛𗪚𗫂
　　　　　监别人等有顺司内 <> 告 <> 问别人 <>
甲 3-11-17 𗧟𗥃𘑨𗫳𘒏𗥤𗫷𗤗𗪚𘈖𗫂𗫂𗥱
　　　　　盗语不有则盗物人实等有者 <><> 还
甲 3-11-18 𗡘𗵽𗥃𘟣𘒏𗥤𗠝𗴈𗫮𘕕𗨜𗮟𗰖𘝊
　　　　　为罪莫承有者口缚重告断判求 <> 谓
甲 3-12-1 𘒏𗥤𗦺𗨜𗬡𗨳𘕕𘑨𘕕𘝥𗥤𗫂𘕕𘝥
　　　　　则盗礼断判他人举时举赏盗 <> 举赏
甲 3-12-2 𗧓𗰗𗷠𗨫𗰗𗫂𗡘𗨬𗥤𗫂𘔼𗫻𗨫𗱅𗫲
　　　　　三分中一分 <> 获罪为者处 <> 夺若不
甲 3-12-3 𗖵𗭍𗰖𗥤𗫻𗄊𗫂𘕣
　　　　　能物有者 <> 释 <> 给

新译文：

一使军，奴仆盗抢自己头监之畜、谷、物时，头监、旁人当告所管司中问之。无盗窃他人语，则盗物本人交还属者，勿承罪。属者诉讼说"我

---

[1] 原文分别参见俄罗斯科学院东方研究所圣彼得堡分所、中国社会科学院民族研究所、上海古籍出版社编：《俄藏黑水城文献》，第8册，第50页下左第2行、第4行、第8—9行。
[2] 史金波、聂鸿音、白滨译注：《天盛改旧新定律令》，第166—167页。

要重告，求断判[1]"，则依盗法判断。旁人举告时得告赏，对盗窃之告赏，当得三分之一，由犯罪者出，若无能力，则物属者当出资给予。

注释：

[1] 求断判：原译未识出。

𘀄𗫉𗟲𗤁𗧓𗶷𗟩（对译：重告断判求 <> 谓）一句，为人称呼应句。由动词𗟲𗤁𗧓（求断判）后的人称呼应词𗶷（我），知句子的主语为"我"。故应译为"我要重告，求判断"。

6.《天盛律令》卷三《杂盗门》："一使军、奴仆、典人等盗自抵押文券、他人典当、买入文字等时，原本已买、典当，□债□取时，无知证，则视文券上有何物数量，依偷盗法断判。若有知证，则依盗窃法从犯断判。"① 本条款西夏文原文为：

甲3-12-9　𗢋𗴂𗿒𘜶𗤖𘟀𗧓𗠩𗴂𗿒𘟀𗫉𘜶𗫐𘓺
　　　　　　一使军仆奴典人等自入柄及他人债典置
甲3-12-10　𗇋𘄒𘝞𗧓𘊝𘉋𗧖𘓺𗇋𘜶𘓺𗫐𘀄□
　　　　　　买文字等盗时本上 <> 买典 <> 置住□
甲3-12-11　𗫐𗤙𗳦𗼨𗤗𘄴𘉋𘟀𗧐𘓺𗱪𗐉𘊲𗴧
　　　　　　债 <> 取时知证无则入柄上物何有数
甲3-12-12　𘎑𗼲𗤙𗤙𗼨𗤇𘄴𗱷𗼨𗤗𗌭𗫉𗼨𘍵𗤇
　　　　　　<> 量悄悄盗礼敌若知证有则物副礼
甲3-12-13　𘓺𘄴𗟲𗤁
　　　　　　依等断判

新译文：

一使军、奴仆、典人等盗自抵押文券、他人典当、买入文字等时，原本已买、典当，已取住□债[1]时，无知证，则视文券上有何物数量，依偷盗法断判。若有知证，则依盗窃从犯法[2]断判。

---

① 史金波、聂鸿音、白滨译注：《天盛改旧新定律令》，第 167 页。

注释：

　　［1］已取住□债：原译为"□债□取"，未识出ꡋ（住）。

　　［2］依盗窃从犯法：原译为"依盗窃法从犯"。

　　本条款是对盗买文券、典当文书的处罚规定。ꡋꡋꡋ（对译：债典置）、ꡋ（住）、ꡋ（数）、ꡋ（敌）稍模糊，分别与克恰诺夫俄译本《天盛改旧新定律令》第二册第384、385页对照识出。ꡋꡋꡋꡋ（对译：盗副礼依）为宾介词组，ꡋꡋ（盗窃从犯）为定语，ꡋ（礼）为宾语，ꡋ（依）为介词，意为"依盗窃从犯法"。

　　7.《天盛律令》卷三《杂盗门》："一犯盗窃罪及其余罪种种等，不得半数□，先昔若入手人、造意实伏罪，当依法判断。未得人当令寻主，若说'我现在寻□□'，所说实话，实是从犯罪，只关为现罪。令待敕语，三个月不获，然后按自己所伏罪判断。已除处亦□上缚属死罪，偷偷等语重者，每夜当置坑中，比其罪轻则令可靠人担保，无担保者则每夜当使入监狱中。相动手时，与先述罪同，则当依法办，按强制□顺增加者当减少。"①本条款西夏文原文为：

甲3-13-9　ꡋꡋꡋꡋꡋꡋꡋꡋꡋꡋ[ꡋꡋꡋꡋ]□ꡋ②
　　　　　一前有盗及他罪诸种犯等半寻不得□先

甲3-13-10　ꡋꡋꡋꡋꡋꡋꡋꡋꡋ[ꡋ]③ꡋꡋꡋꡋ[ꡋ]④ꡋ
　　　　　前手入人心起罪伏则礼依 <> 断判未得

甲3-13-11　ꡋꡋꡋꡋꡋꡋꡋꡋꡋꡋꡋꡋꡋꡋ
　　　　　人后主 <> 寻令若实在人副是 <> 谓实

甲3-13-12　ꡋꡋꡋꡋꡋꡋꡋꡋꡋꡋꡋꡋꡋꡋ
　　　　　语义 <> 说为副罪真实是谓［只关］实罪为

甲3-13-13　ꡋꡋꡋꡋꡋꡋꡋꡋꡋꡋꡋꡋꡋꡋ
　　　　　谕律待令三月个过不得而后自 <> 伏

甲3-13-14　ꡋꡋꡋꡋꡋꡋꡋꡋꡋꡋꡋꡋꡋꡋ
　　　　　罪 <> 断判为 <> 遣处亦逆上缚而死罪

① 史金波、聂鸿音、白滨译注：《天盛改旧新定律令》，第168页。
② 此字残缺，与克恰诺夫俄译本《天盛改旧新定律令》第二册第386页对照，拟补为ꡋ（先）。
③ 此字不清，据上下文与克恰诺夫俄译本《天盛改旧新定律令》第二册第387页，知为ꡋ（依）。
④ 此字残缺，据上下文与残存字迹拟补为ꡋ（未）。

甲 3-13-15 𗣱𗣱𘃨𘓠𘏽𗈊𗴂𗤉𗿒𗢳𗀔𘃽𗈢𗑾

    [屡屡] 等语重 <> 夜数坑内 <> 有其比罪

甲 3-13-16 𘃯①𗤉𗎮𘃨𗿒𗨁𗧓𗂅𗨁𗧓𗢳𗍈𗤉𗿒𗢳

    轻则识信人 [保] 担令 [保] 担者无则夜数

甲 3-13-17 𗠃𗪯𗈊𗿢𘜶𗢳𗴺𗥛𘕰𘌩𘃶𗤻𗤉𘃶

    监狱内 <> 入罪为相手入时前有罪与

甲 3-13-18 𗤯②𗤉𗈊𘎟𘌓𗤈𘄢𘃾𗈎𗸱𗥒𗥘𗥒𘃶

    同则其礼依 <> 为禁制顺 <> 增为 <>

甲 3-14-1 𗥘𗤺𗥒

    <> 减为

新译文：

    一犯前述盗窃罪[1] 及其余罪种种等，半寻不得[2]□，先昔若入手人、造意伏罪，则[3] 当依法判断。未得人当令寻主，若说"我现在人，是从犯[4]"，所说实话，实是从犯罪，只关为现罪。令待敕语，三个月不获，然后按自己所伏罪判断。已除处亦逆[5] 上缚属死罪，屡屡[6] 等语重者，每夜当置坑中，比其罪轻则令可靠人担保，无担保者则每夜当使入监狱中。犯罪相入手[7] 时，与先述罪同，则当依法办，按强制顺增加者当减少。

注释：

    [1] 犯前述盗窃罪：原译为"犯盗窃罪"，漏译𘗽𘏝（对译：前有）。

    [2] 半寻不得：原译为"不得半数"，将𗣎（寻）误识为𗣱（数）。此四字不清，与《天盛律令名略》第 3 页、克恰诺夫俄译本《天盛改旧新定律令》第二册第 386 页对照知为𗥤𗣎𘈩𗲱（对译：半寻不得）。

    [3] 则：原译为"实"，将𗤉（则）识为𗤻（现），并与上属𗣜𘄢（伏罪）。

    [4] 我现在人，是从犯：原译为"我现在寻□□"，未识出𗓼𗴺（对译：副是），将𗈊（人）译为"寻、索"。

---

① 此字残缺，与克恰诺夫俄译本《天盛改旧新定律令》第二册第 387 页对照，知为𘃯（轻）。

② 此字左部残缺，与克恰诺夫俄译本《天盛改旧新定律令》第二册第 387 页对照，知为𗤯（同）。

［5］递：原译未识出。

［6］屡屡：原译为"偷偷"。

［7］犯罪相入手：原译为"相动手"，漏译 𗼇𗤋（对译：罪为），将 𗦳𗏰（对译：入手）译为"动手"（𗦳𗤽）。

　　本条款是对犯盗窃罪及其余种种罪半寻不得与寻得的处罚规定。𗤋𗤽𗼇𗦳𗦸𗤋𗖅（对译：实在人从犯是 <> 谓）为人称呼应句，但句子的主语被省略，由人称呼应词 𗤋（我），知句子的主语应为"我"。前文有偷盗及其他罪半寻不得，伏罪后三个月不得主，按所伏罪判断。后文规定一种情况是有知证，可见信，则当断判；另一种情况是获人当重审口供而判断。① 知 𗼇𗤽𗦸𗦳𗏰（对译：罪为相手人），应译为"犯罪相入手"，即得犯罪者。

　　8.《天盛律令》卷三《妄劫他人驮骑门》："一因 □□ 驮骑他人牲畜，对旁人处说，知留住时，其中与有畜者相识，五日之内虽放出，驮骑时捉捕等有官罚马一，庶人十三杖。"② 本条款西夏文原文为：

甲 3-17-10　𗗘𗤋𗦱𗭂𗘈𗘈𗦸𗆧𗤧𗦸𗏇𗗙𗦲𗤋𗘋𗧾𗭴
　　　　　　一匿掩他畜负骑为他人处词寄知住令等时
甲 3-17-11　𗥤𗧇𗘈𗇋𗈦𗤧𗦸𗖊𗏇𗘈𗆧𗕿𗖅𗦸𗘈
　　　　　　其中畜有者与知识五日圈内放为及负
甲 3-17-12　𗦸𗪽𗤧𗤾𗦱𗟲𗥤𗘈𗍱𗒀𗦸𗤧𗦱𗘎
　　　　　　骑上补等官有罚马一庶人十三杖

新译文：

　　一掩藏他人畜为驮骑[1]，对旁人处说，知留住时，其中与有畜者相识，五日之内虽放出，驮骑时捉捕等有官罚马一，庶人十三杖。

注释：

　　［1］掩藏他人畜为驮骑：原译为"因 □□ 驮骑他人牲畜"，未识出 𗦱𗭂（掩藏）。

---

① 史金波、聂鸿音、白滨译注：《天盛改旧新定律令》，第 168 页。
② 史金波、聂鸿音、白滨译注：《天盛改旧新定律令》，第 171 页。

本条款是对掩藏他人畜而留住的处罚。

9.《天盛律令》卷三《妄劫他人驮骑门》："一前述未识而骑他人畜时，畜未得到以前，追告及他人举报等，依法实行。畜主人畜已失后，属者在一个月中告则当问，超过日期及旁人举报，不允许接状审问。"①本条款西夏文原文为：

甲 3-17-17 𗥼𗥼𗥼𗥼𗥼𗥼𗥼𗥼𗥼𗥼𗥼𗥼𗥼𗥼𗥼
　　　　　一前有未议他畜骑时畜未得比前前 <> 追告及
甲 3-17-18 𗥼𗥼𗥼𗥼𗥼𗥼𗥼𗥼𗥼𗥼𗥼
　　　　　他人举等礼依顺行畜丈妻畜手 <> 入
甲 3-18-1 𗥼𗥼𗥼𗥼𗥼𗥼𗥼𗥼𗥼𗥼𗥼𗥼
　　　　　后 <> 有者一月月圈内告则 <> 问日过及
甲 3-18-2 𗥼𗥼𗥼𗥼𗥼𗥼𗥼𗥼
　　　　　他人告举状取问等允无

新译文：

一前述未议[1]而骑他人畜时，畜未得到以前，追告及他人举报等，依法实行。畜主人畜已得[2]后，属者在一个月中告则当问，超过日期及旁人举报，不允许接状审问。

注释：

[1]议：原译为"识"，将𗥼（议）识为𗥼（识）。
[2]畜已得：原译为"畜已失"。

本条款是对失驮骑告及得驮骑后告期限的规定。从上下文来看，本门第一条款是对未说知而妄劫他人畜留住的处罚。"前述未议而骑他人畜"，即指本门第一条款中"因未问属者之意而驮骑"相呼应。𗥼𗥼𗥼𗥼𗥼𗥼（对译：畜丈妻畜手 <> 入）中，𗥼𗥼𗥼（畜主人）为主语，𗥼（畜）为宾语，𗥼𗥼𗥼（已得）为谓语。

10.《天盛律令》卷三《妄劫他人畜驮骑门》："一诸人酒醉任意相□持拿禽

①史金波、聂鸿音、白滨译注：《天盛改旧新定律令》，第171页。

畜、物，酒醒后还回，及知持拿，自取时酒醉，因持物往行，□□酒醒时，当经附近巡检、迁溜、诸司等，向属者只关，不允旁人告举、接状。"①本条款西夏文原文为：

甲3-18-5 [西夏文]
　　　　一诸人酒醉宽窄相□畜物持为酒 <> 醒还为
甲3-18-6 [西夏文]
　　　　及持为知自取时酒醉物持行驿往地
甲3-18-7 [西夏文]
　　　　间远亦酒醒时边近检行迁溜诸司等
甲3-18-8 [西夏文]
　　　　<> 经有者 <><> 委托为他人告举状取
甲3-18-9 [西夏文]
　　　　允无

新译文：

一诸人酒醉任意相□持拿禽畜、物，酒醒后还回，及知持拿，自取时酒醉，因持物往行，远地间酒醒[1]时，当经附近巡检、迁溜、诸司等，付嘱属者[2]，不允旁人告举、接状。

注释：

[1]远地间酒醒：原译为"□□酒醒"，未识出[西夏文]（对译：地间远）。

[2]付嘱属者：原译为"向属者只关"，将[西夏文]（对译：委托）译为[西夏文]（[只关]）。

按照原译，"向属者只关"，句意不明朗。[西夏文]（对译：[只关]）意为只关。②据书后的《译名对照表》，知[西夏文]（对译：委托）意为付嘱③。故应译为

---

① 史金波、聂鸿音、白滨译注：《天盛改旧新定律令》，第171页。

② [西夏文]（对译：状取 [只关]），意为"接状只关"。《番汉合时掌中珠》第30页中栏，分别见（西夏）骨勒茂才著，黄振华、聂鸿音、史金波整理：《番汉合时掌中珠》，第61、133页。

③ 史金波、聂鸿音、白滨译注：《天盛改旧新定律令》，第625页。

"付嘱属者"。

　　11.《天盛律令》卷三《盗赔偿返还门》："一使军、奴仆对头监行窃，将畜物卖掉、使用、典当等时，物现属有者当还回。买主、使典当者知其畜物非私人自有，是头监之物，则与知他人盗而典当罪相同。未知勿治罪。价钱者，使军自己有畜物，能赔偿，则当回归还，不能则当罚使典当者，若物现已无，不能偿还，则当与前述盗窃他人不能偿还，由买者等偿还法相同。"①本条款西夏文原文为：

甲3-21-16　〔西夏文〕
　　　　　　一使军仆奴头监 <> 盗为畜物卖用分典置
甲3-21-17　〔西夏文〕
　　　　　　等时物实有者 <><> 还为买典置令者
甲3-21-18　〔西夏文〕
　　　　　　其畜物私人自有非头监 <> 是知则他
甲3-22-1　〔西夏文〕
　　　　　　人盗觉典置罪与等令不知罪不连价
甲3-22-2　〔西夏文〕
　　　　　　钱 <> 使军自私私畜物有偿为能则
甲3-22-3　〔西夏文〕
　　　　　　<> 还为不能则买典置令者 <> 罚若物
甲3-22-4　〔西夏文〕
　　　　　　实 <> 无偿不能则前依他人盗偿不能
甲3-22-5　〔西夏文〕
　　　　　　买者等偿为顺相与 <> 同

新译文：

　　一使军、奴仆对头监行窃，将畜物卖掉、分用[1]、典当等时，物现属有者当还回。买主、使典当者知其畜物非私人自有，是头监之物，则与知他人盗而典当罪相同。未知勿治罪。价钱者，使军自己有畜物，能赔偿，则当回归还，不能则当罚买者、使典当者[2]，若物现已无，不能偿还，则

───────────
①史金波、聂鸿音、白滨译注：《天盛改旧新定律令》，第174页。

当与前述盗窃他人不能偿还，由买者等偿还法相同。

注释：

［1］分用：原译为"使用"，漏译 𘜶（分）。

［2］当罚买者、使典当者：原译为"当罚使典当者"，漏译 𗥤𗤁（对译：买者）。

从语法来看，𗥤𘝞𗋽𗤧𗤁（买者、使典当者）是并列词组，𗤁（者）不仅是𗥤（买）的后缀，也是𘝞𗋽𗤧（使典当）的后缀。从上下文来看，本条款的上文有𗥤𘝞𗋽𗤧𗤁𗂧𗈜𗡪𘄴𗏴𗣫𘜶𘃽（对译：买典置使者其畜物私人自有非），即"买主、使典当者知其畜物非私人自有"。故应译为"当罚买者、使典当者"。

12.《天盛律令》卷三《盗赔偿返还门》："一前述因偿还盗价、付告偿，为官私人出工所示办法：年七十以上及十岁以下等，依老幼当减出工。十岁以上，七十以下者，当物主人处不需出工，亦应令于其他需用处出工。价格：大男人七十缗，一日出价七十钱；小男及大妇等五十缗，一日五十钱；小妇三十缗，一日三十钱算偿还。钱少，则与工价相等时，可去。若很多，亦令所量人价，钱数当完毕，则当依旧只关，盗人之节亲亲戚中有赎取者，亦当依工力价格赎取。"[1]本条款西夏文原文为：

甲 3-22-6 𗾅𗢳[2] 𗤋𗤁𘄱 𘏨 𘝞𗣫 𗈜𗡪𘄴𗏴𗢳𘏨 <> 𘈩
　　　　一前有盗偿举赏因官私人力趋顺 <> 示
甲 3-22-7 𗯨𘂆𘝞𗸐𗈼𗡸𘞌𗸐𗢳𘏩𗤁𗈼𗨁𘂝𗈼
　　　　中年七十起上高及十年低下为等老小
甲 3-22-8 𗆻𘏩𗦤𗾅𗯨𘕿𘏨𗸐𗢳𗈼𗡸𘝞𗸐𘏩𗤁𗈼
　　　　是依力趋中 <> 减十年上高七十低下为
甲 3-22-9 𗈼𗈜𘉋𗷶𗋽𗖻𗆧𗹙𘏡𘒏𘈩𗢤𘊴𘝉𗦻𗹙
　　　　等物丈妻处力 <> 趋不欲亦别需 <> 处力
甲 3-22-10 𘍦𗹙𗋽𘊴𘍦𗹙𘒏𘃽𗢳𗈼𘆨𘂈𘏩𘝞𗹙

---

① 史金波、聂鸿音、白滨译注：《天盛改旧新定律令》，第 174—175 页。

② 此二字字迹不清，据克恰诺夫俄译本《天盛改旧新定律令》第二册第 404 页，知为 𗾅𗢳（对译：一前）。

　　　　<> 趋令价量人男大 <> 七十缗一日力趋

甲 3-22-11 𗋡𗋡𗋡𗋡𗋡𗋡𗋡𗋡𗋡𗋡𗋡𗋡𗋡𗋡

　　　　施七十钱男小及妇大等五十缗一日

甲 3-22-12 𗋡𗋡𗋡𗋡𗋡𗋡𗋡𗋡𗋡𗋡𗋡𗋡𗋡𗋡

　　　　五十钱妇小 <> 三十缗一日三十钱数等

甲 3-22-13 𗋡𗋡𗋡𗋡𗋡𗋡𗋡𗋡𗋡𗋡𗋡𗋡

　　　　<> 算偿钱少则力价与数等为时 <> 往

甲 3-22-14 𗋡𗋡𗋡𗋡𗋡𗋡𗋡𗋡𗋡𗋡𗋡𗋡𗋡

　　　　若多多 <> 是亦人价 <> 量钱数 <> 毕令

甲 3-22-15 𗋡𗋡𗋡𗋡𗋡𗋡𗋡𗋡𗋡𗋡𗋡𗋡𗋡𗋡

　　　　则旧依 <> 委托为盗人 <> 节亲亲戚中

甲 3-22-16 𗋡𗋡𗋡𗋡𗋡𗋡𗋡𗋡𗋡𗋡𗋡𗋡𗋡

　　　　释赎者有亦力量价阶相依 <> 释赎

新译文：

　　一前述因偿还盗价、付告赏[1]，为官私人出工所示办法：年七十以上及十岁以下等，依老幼当减出工。十岁以上，七十以下者，当物主人处不需出工，亦应令其他需用处出工。价格：大男人七十缗，一日出价七十钱；小男及大妇等五十缗，一日五十钱；小妇三十缗，一日三十钱算偿还。钱少，则与工价相等时，可去。若很多，亦令所量人价，钱数当完毕，则当依旧付嘱[2]，盗人之节亲亲戚中有赎取者，亦当依工力价格赎取。

注释：

　　[1] 付告赏：原译为"付告偿"，将𗋡（赏）译为"偿"。繁体的"赏"、"偿"很接近，故很可能是输入时的失误。

　　[2] 当依旧付嘱：原译为"当依旧只关"，将𗋡𗋡（对译：委托）译为𗋡𗋡（[只关]）。

𗋡𗋡（对译：委托）和𗋡𗋡（[只关]）不同。本条款规定偿还盗价、付告赏后，钱多依旧当委托，方可赎回。

13.《天盛律令》卷三《自告偿还解罪减半议和门》："一盗窃中自共出首以

外，盗窃以后一个月之内，各盗人心悔送状，自首求解罪时，其中杀伤人及侵凌物主家中妇人者，致死者，依命断毁坏家宅而不肯偿修罪分别判断，而后依偷盗、强盗等偿还物，盗人自己所拿多少数减罪。若告诸司，议合若全还给物主，及半送还半未能回送，催促同盗人全还者，罪当全解。"①本条款西夏文原文为：

甲 3-22-18 𗼻𗤁𗌭𗥤𗾋𗈁𗾔𗉞𘜶𗼺𗤻𗥑𗸦𗥔𗥖𗸟
　　　　　　一盗中自共举出不有 <> 盗后方一月个圈

甲 3-23-1 𗢻𗤁𗈪𗼻𗣼𗆬𗹙𗤁𗴜𗤛𗴂
　　　　　　内盗人数心退状送自人告罪

甲 3-23-2 𗥻𗨁𗴜𗣓𗾙𗤁𗌭𗈪𗿷𗈪𗥤𗯨
　　　　　　解求人谓时其中人杀伤及物

甲 3-23-3 𗉞𗴘𗤦𗒀𗼧𗈪𗉞𗤐𗉞𗤦𘝞𗥔
　　　　　　有者门下妇人侵凌为等 <> 命

甲 3-23-4 𗉞𘗽𗤦𗜓𗊟𗑱𗸦𗤦𘜶𗼧𘃁
　　　　　　断家门礼毁偿修为不肯也依

甲 3-23-5 𗴂𘗽𗉞𘃁𗤮𗤱𗽹𗾋𗼧𘜶𗉞𗤁
　　　　　　罪别相依断判其后柔刚群盗

甲 3-23-6 𗤐𘝙𗤹𗤁𗈪𗼻𗤛𗤛𗤦𘙳𗤻
　　　　　　等偿物盗人人自己何持数

甲 3-23-7 𗴂𗾙𘞌𗼧𗾙𘞌𗉞𗴘𗸟𗿷𘜶
　　　　　　罪退若诸司告若有者 <> 全给

甲 3-23-8 𗉞𘝞𗉉𗤡𗙣𗤡𘜶𘝙𗼻𗤥②
　　　　　　为合和及半送半不能盗相处

甲 3-23-9 𘜶𗫗𗉬𘞌𗾳𗤮𗤐𗉞�妒𘞌𗾪𗤥
　　　　　　<> 逼迫全 <> 偿等 <> 罪全 <> 解

甲 3-23-10 𗙣𗾵𗙣𗹑𗼻𗤛𗤛𗤐𘜶𗸟𗤭𗦮
　　　　　　半有半无则自己何 <> 足分阶

甲 3-23-11 𗼧𗴂𗿷𗤦𗼻𗤻�°𘜶𗼦𗼧𗤛𘏞

---

① 史金波、聂鸿音、白滨译注：《天盛改旧新定律令》，第 175 页。
② 此字，与克恰诺夫俄译本《天盛改旧新定律令》第二册第 406 页对照，知为𗤥（处）。

依罪减为顺除下 <> 定依 <> 为

新译文：

　　一盗窃中自共出首以外，盗窃以后一个月之内，各盗人心悔送状，自首求解罪时，其中杀伤人及侵凌物主家中妇人者[1]，依命断毁坏家宅而不肯偿修罪分别判断，而后依偷盗、强盗、群盗[2]等偿还物，盗人自己所拿多少数减罪。若告诸司，若全还给物主而议和[3]，及半送还半未能回送，催促同盗人全还者，罪当全解。半有半无，则依自己已足[4]部分分等减罪，其法按以下所定而行。

注释：

　　[1] 其中杀伤人及侵凌物主家中妇人者：原译为"其中杀伤人及侵凌物主家中妇人者，致死者"，衍"致死者"。

　　[2] 偷盗、强盗、群盗：原译为"偷盗、强盗"，漏译▢▢（对译：群盗）。

　　[3] 若全还给物主而议和：原译为"议合若全还给物主"。

　　[4] 已足：原译为"未足"，将▢（<>）误识为▢（不）。

　　首先，▢▢▢▢（对译：柔刚群盗）这一偏正式合成词中，▢▢▢三者是并列关系，▢▢▢（对译：柔刚群）三者都是用来修饰▢（盗）的，做▢（盗）的定语。

　　其次，原译将▢▢▢▢▢▢▢▢▢▢▢▢（对译：若诸司告若有者 <> 全给为合和）译为"若告诸司，议合若全还给物主"。第一，这样翻译，逻辑不清，上下文衔接不顺畅。此处是说，若在盗窃后一个月以内告诸司，并全将盗物全还给物主而议和者，罪当全解。▢▢▢▢▢▢▢▢（对译：有者 <> 全给为合和）中，▢▢（属者）为宾语，▢[耶]为宾格助词，▢（全）为状语修饰谓语▢▢（还给），▢▢（议和）为第二谓语。根据原文的意思，应是先还给物主，而后再议和。第二，本条最后有"若在日期内将所盗物如数送交物主而议合者，不允诸人告举"，①便是与上述论述的呼应。

――――――――

① 史金波、聂鸿音、白滨译注：《天盛改旧新定律令》，第 175 页。原文参见俄罗斯科学院东方研究所圣彼得堡分所、中国社会科学院民族研究所、上海古籍出版社编：《俄藏黑水城文献》，第 8 册，第 88 页下左第 4—5 行。

最后，从本条款下属的两小款亦知，盗窃后一个月以内自首求解罪偿还半有半无时，依已偿部分分等减罪。

14.《天盛律令》卷三《自告偿还解罪减半议和门》："一盗物现有及已使用而能赔偿修整以外，说寄放诸人处、已卖、已典当、已借贷、计量已给等，所指诸处数目属实，当催促，若甚少而诬说我有很多时，有短期徒刑者，当在前罪上加一等，所加勿及死罪。"①本条款西夏文原文为：

> 甲3-25-5 𗾟𗵒𗋽𗊢𗗙𗴭𗫶𗷀𗊬𗰜𗫻𗘟𗬩𗯨
>   一盗物实有及 <> 用分偿修能等不有
> 甲3-25-6 𗏁𗱤𗦻𗱠𗱟𗒛𗫻𗋒𗊬𗰱𗫡𗬼𗒽𗥤
>   诸人处 <> 置寄 <> 卖 <> 典为 <> 贷借
> 甲3-25-7 <u>𗼩𗦫𗫻𗲖</u>𗊬𗏁𗏁𗄻𗢳𗊬𘃧𗊬𗗾𗊬𗙈
>   债价 <> 给谓诸诸示 <> 数实 <> 有 <> 逼
> 甲3-25-8 𗾟𗼊𗜅𗟻𗵆𗴷𗰯𗰢𗴭𗺉𗊬𘃜𗰜𗒹𗱿
>   驱若少少是中多多有我谓诬为时日
> 甲3-25-9 𗺓𗫬𗻉𗟰𗙈𗸕𗋒𗰢𗰭𘃦𗰱𘃦𗰱𗊬𗱥
>   显 <> 前罪有上一等 <> 升为升为以死
> 甲3-25-10 𗊬𗊬𗹝
>   <> 莫获

新译文：

一盗物现有及已使用而能赔偿修整以外，说寄放诸人处、已卖、已典当、已借贷、已还债[1]等，所指诸处数目属实，当催促，若甚少而诬说我有很多时，有短期徒刑者，当在前罪上加一等，所加勿及死罪。

注释：

[1] 已还债：原译为"计量已给"，没有将𗼩（债）译出。

按照原译，说"计量已给"，其意难以理解。𗼩𗦫𗫻𗲖（对译：债价 <> 给）中，𗼩𗦫（债价）为宾语，𗫻[答dja]为过去式、表示离开主体的动词前

①史金波、聂鸿音、白滨译注：《天盛改旧新定律令》，第176页。

置助词，豮（给）为谓语，该词组为宾动词组。故应译为"已还债"。

15.《天盛律令》卷三《自告偿还解罪减半议和门》："一盗人自首求解罪者，不允逃避偿还。将盗物以及自有畜、人、物寄置他人处隐藏，确未能还，则当寻担保者三人。"[1]本条款西夏文原文为：

甲 3-25-11　𗗕𗷘𗘉𗴩𘉍𗌽𗗟𘏨𗢳𗤢𗛛𗟲𗷘𗫭𘄴
　　　　　　一盗人自告罪解求者中偿避为盗物及
甲 3-25-12　𗴩𗯼𗊤𗷘𗫭𘃨𗤢𗠁𘟍𗛔𘃽𘅩𗢳𗯟
　　　　　　自有畜人物他中寄置隐过等允无
甲 3-25-13　𘄴𘊃𗄹𗤇𗴱𗲟𗷘𗤻𗟷𗢳𗤞𘄴
　　　　　　能实则三数人［保］担者 <> 寻

新译文：

一盗人自首求解罪者，不允逃避偿还，不允将盗物以及自有畜、人、物寄置他人处隐藏[1]。确未能还，则当寻担保者三人。

注释：

[1] 不允将盗物以及自有畜、人、物寄置他人处隐藏：原译为"将盗物以及自有畜、人、物寄置他人处隐藏"，没有将𗢳𗯟（对译：允无）译出。

按照原译，前文"盗人自首求解罪者，不允逃避偿还"与后文"将盗物以及自有畜、人、物寄置他人处隐藏，确未能还，则当寻担保者三人"相矛盾。从语法上来说，𘏨𗢳𗤢𗛛𗟲𗷘𗫭𘄴𗴩𗯼𗊤𗷘𗫭𘃨𗤢�1𘟍𗛔𘃽𘅩𗢳𗯟（对译：偿避为盗物及自有畜人物他中寄置藏过等允无）一句中，补语𗢳𗯟（不允）不仅管到𗛛𗟲𗷘𗫭（逃避偿还），还管到𘄴𗟲𗫭𘄴𗴩𗯼𗊤𗷘𗫭𘃨𗤢�1𘟍𗛔𘃽𘅩（将盗物以及自有畜、人、物寄置他人处隐藏等），即补语𗢳𗯟（不允）管到整个句子。从上下文来说，有两个不允，才有不能则寻担保者三人，才进一步有对能偿还而违律隐瞒，对担保者知有物而替盗人隐及对放置其物而助隐者的处罚。[2]故应

---

① 史金波、聂鸿音、白滨译注：《天盛改旧新定律令》，第 176 页。
② 史金波、聂鸿音、白滨译注：《天盛改旧新定律令》，第 176—177 页。

译为"不允将盗物以及自有畜、人、物寄置他人处隐藏"。

16.《天盛律令》卷三《自告偿还解罪减半议和门》:"若盗人亦盗他人畜物事已发,而议和者及说和者等与知盗分物之罪相等,畜物属者、说和者所得物皆当罚没交官,所偿还畜物主当取走。"①本条款西夏文原文为:

甲 3-26-11 𗾖𗏡𗵆𗥤𘃪𗥃𗾫𗤢𘏨𗧾𘝵𗽡𗳻𗸯
         若盗人他 <> 亦畜物 <> 盗为 <> 出中有

甲 3-26-12 <u>𗾓𗭪𗷰𘞣𗔪𗧓𗡮𗲠𗧟𗤢𗏡𗭪𗧓</u>
         <> 觉则和合者及语为者等盗觉物

甲 3-26-13 𗾓𗳻𗸯𗤋𗾓𗦳𘘚𗗛𗥃𘙴𗧟𗲠𗧟𗧓
         分中有罪与 <> 同畜物有者语为者

甲 3-26-14 𗤢𘊲𘟣𗥃𗤢𗰖𗖵𘔚𘙴𘄒𘄪𗦻𗪒𘊲
         等处贪物等皆 <> 罚官依 <> 纳偿畜

甲 3-26-15 𗥃𘙴𗧓𗖵𘜶
         物有者 <> 持

新译文:

    若已知[1]盗人亦盗他人畜物事已发,则[2]议和者及说和者等与知盗分物之罪相等,畜物属者、说和者所得物皆当罚没交官,所偿还畜物主当取走。

注释:

    [1] 已知:原译漏译。
    [2] 则:原译为"而"。

本条款是盗诈已出,畜物主、他人已追捕,已出举时对畜物主、说和者议和而隐瞒不告局分处的处罚规定。从上下文来看,已知盗人盗他人畜物事已发的主语是议和者、说和者与畜物主人,与下文"议和者及说和者等与知盗分物之罪相等"之间是递进关系,而不是转折。

17.《天盛律令》卷三《追赶捕举告盗赏门》:"若盗人自还给,请捕,已入

---

① 史金波、聂鸿音、白滨译注:《天盛改旧新定律令》,第 177 页。

手后，贪人畜物，若以错置无理而杀时，使与第七卷上逃人自还来唤处时，喊捕者被他人杀毁罪状相等判断。所杀盗窃犯应得短期徒刑者，当与杀人从犯罪相同。其中盗人已捕一部分而一部分未入手，被他人自进时，追赶者□失，使强力而杀伤盗人，当比前有罪状上减一等。"①本句西夏文原文为：

甲3-29-1 若盗人自给 <> 捕手 <> 入后人畜物②

甲3-29-2 贪若错置等以不义杀时七第上逃人

甲3-29-3 唤处来自给中唤捕者他人等行为杀

甲3-29-4 毁罪节显与同令断判盗中日限获应

甲3-29-5 杀 <> 逃副杀罪与 <> 同其中盗人半 <>

甲3-29-6 捕半手未入人人行为其上自进时追

甲3-29-7 者人恐失为思盗人刚上置伤杀时

甲3-29-8 前有罪阶显比一等数 <> 退为

新译文：

若盗人自还给，请捕，已入手后，贪人畜物，或以有隙[1]无理而杀时，使与第七卷上逃人自还来唤处时，被喊捕者及他人杀毁[2]罪状相等判断。所杀盗窃犯应得短期徒刑者，当与杀逃跑[3]从犯罪相同。其中盗人已捕一部分而一部分未入手，被他人自进时，追赶者恐失[4]，使强力而杀伤盗人，当比前有罪状上减一等。

① 史金波、聂鸿音、白滨译注：《天盛改旧新定律令》，第179页。
② 此字字迹模糊，与克恰诺夫俄译本《天盛改旧新定律令》第二册第418页对照，拟补为毳（物）。

注释：

[1] 或以有隙：原译为"若以错置"。

[2] 被喊捕者及他人杀毁：原译为"喊捕者被他人杀毁"。

[3] 逃跑：原译为"人"，未译繈（逃）。

[4] 追赶者恐失：原译为"追赶者□失"，未识别出副词繏（恐、应、而）。

本条款是对追者伤杀盗人的规定：盗人逃跑而杀伤时，追者不治罪；逃人自还请捕，已入手后贪人畜物，或有隙而杀盗人时，当处罚；尚未完全捕住盗人，而被别人进攻，追赶者恐失而以强力杀伤盗人时亦当处罚。本条款所提及的卷七《番人叛逃门》中条款对本条款的理解有重要意义："一诸局分处派追捕逃人者，逃人说自己回到召唤处来时，捕者及他人等若贪求畜物，或因有隙而无理杀害而乱取畜物等之罪，按以下所定实行。若有官则以官当。一对逃跑造意追捕者，他人若有隙，或贪求畜物等而杀害时，当绞杀。一对逃跑从犯追捕者，他人等若有隙或因贪求畜物等而杀伤时，当斩。"①知，赦姦彥骸姣靫魏移虆糵（对译：唤捕者他人等行为杀毁）的受动者是逃人，赦姦彥（唤捕者）与骸姣靫（他人等）为行为主体，即施动者；逃人自还捕，贪人畜物，或有隙而杀逃跑从犯当斩。姦魏（对译：差置）意为"有隙"。②

18.《天盛律令》卷三《追赶捕举告盗赏门》："一家主中持拿盗窃者时，邻近家主当立即协助救护。若协助救护不及，不往报告时，城内城外一律所属大人、承旨、行巡、检视等徒一年，迁溜、检校、边管、盈能、溜首领、行监知觉，有位人等徒六个月，此外家主徒三个月。又已与盗相遇，赶及不往报告时，有官罚马一，庶人十三杖。"③本条款西夏文原文为：

甲 3-29-14 姦繈骸鞴頿彥纓犇移燹羽胼繈骸縶乢
　　　　　一家主中盗者执持为时边近家主迅速
甲 3-29-15 茲牧羽疏蘵羽疏燦姦繈醊颣骸烒羆
　　　　　相 <> 护助若护助追捕缓及告觉不往

———————————

① 史金波、聂鸿音、白滨译注：《天盛改旧新定律令》，第277页。
② 史金波、聂鸿音、白滨译注：《天盛改旧新定律令》，第645页。
③ 史金波、聂鸿音、白滨译注：《天盛改旧新定律令》，第179—180页。

甲 3-29-16 𗼲𗼲𗄊𗄊𗄊𗄊𗄊𗄊𗄊𗄊𗄊𗄊𗄊𗄊𗄊𗄊
　　　　时城内城外一礼 <> 有大人旨承行行察
甲 3-29-17 𗄊𗄊𗄊𗄊𗄊𗄊𗄊𗄊𗄊𗄊𗄊𗄊𗄊
　　　　检等一年迁条口使［边管盈能］溜头领
甲 3-29-18 𗄊𗄊𗄊𗄊𗄊𗄊𗄊𗄊𗄊𗄊𗄊𗄊𗄊
　　　　行监觉位有人等六月个其后家主三
甲 3-30-1 𗄊𗄊𗄊𗄊𗄊𗄊𗄊𗄊𗄊𗄊𗄊𗄊
　　　　月个又盗与 <> 遇追及 <> 告不往时
甲 3-30-2 𗄊𗄊𗄊𗄊𗄊𗄊𗄊𗄊𗄊
　　　　官有罚马一庶人十三杖

新译文：

　　一家主中持拿盗窃者时，邻近家主当立即协助救护。若护助追捕缓慢[1]，不往报告时，城内城外一律所属大人、承旨、行巡、检视等徒一年，迁溜检校、边管、盈能、溜首领、行监[2]知觉，有位人等徒六个月，此外家主徒三个月。又已与盗相遇，赶及不往报告时，有官罚马一，庶人十三杖。

注释：

　　［1］护助追捕缓慢：原译为"协助救护不及"，没有译出𗄊𗄊（对译：追捕），将𗄊𗄊（对译：缓及）译为"不及"。
　　［2］迁溜检校、边管、盈能、溜首领、行监：原译为"迁溜、检校、边管、盈能、溜首领、行监"，断句有误。

　　首先，𗄊𗄊𗄊𗄊（护助追捕）与"协助救护"不同，前者不仅包括后者，还包括追捕。其次，缓慢，不同于"不及"。本条规定，家主持拿盗时，邻近家主当𗄊𗄊𗄊𗄊（迅速协助救护），如果𗄊𗄊𗄊𗄊（护助追捕）𗄊𗄊（缓慢），不报告则当受罚。可见，𗄊𗄊（缓慢）与𗄊𗄊（迅速）是相对立的两种情况。第三，𗄊𗄊𗄊𗄊𗄊𗄊𗄊𗄊𗄊𗄊𗄊（对译：迁条口使结［管盈能］溜头领行监）中，前已指出𗄊𗄊（迁溜）为西夏基层社会组织，相当于中原的"里"；𗄊𗄊（边管）、𗄊𗄊（检校）、𗄊𗄊（盈能）、𗄊𗄊（溜首领）和𗄊𗄊

（行监）都是官名；[1]卷四《边地巡检门》有边管、检校因在家主、牲畜主迁居时未禁止单独行，导致其离开迁溜与敌寇遇而损失畜、人时，当受罚的规定。[2]故应断为迁溜检校、边管、盈能、溜首领、行监。

19.《天盛律令》卷三《搜盗踪迹门》："一诸人已盗，畜物主人已握踪迹，到他人家处寄放已搜取，畜物突出，则可捕捉盗人，与畜物一起当于局分处告发。"[3]本条款西夏文原文为：

甲 3-30-4 𗾔𗤬𘄷𗢦𗟲𗭪𘂊𗊎𗮔𗠁𗐔𗬩𗉮𘟏𗅋𗢦𗤁
　　　　一诸人 <> 盗畜物丈妻痕迹 <> 持他家处 <>
甲 3-30-5 �[4]𗾔𗢦𗜓𗟲𗭪𘍦𗫂𘍦𗭪𘄷𗞞�妻𗟲
　　　　置为 <> 搜畜物实出则盗人 <> 捕畜
甲 3-30-6 𗟲𗚕𗋒𘃡�故𗞞𗄻𗽴𗈁𗖰
　　　　物与一顺职管处 <> 告经

新译文：

　　一诸人已盗，畜物主人已握踪迹，到他人家处寄放已搜取，畜物实出[1]，则可捕捉盗人，与畜物一起当于局分处告发。

注释：

　　[1]畜物实出：原译为"畜物突出"，将𗫂（真、实）印为"突"。

此估计是校印失误。

20.《天盛律令》卷三《搜盗踪迹门》："一诸人已行盗诈，属者已握有踪迹，已包围其家门，不知路数，已搜，实物未出，则搜处人不许与搜者争斗恼

---

① 分别见史金波、聂鸿音、白滨译注：《天盛改旧新定律令》，第 210、211、213—215、265—266 页。
② 史金波、聂鸿音、白滨译注：《天盛改旧新定律令》，第 210 页。
③ 史金波、聂鸿音、白滨译注：《天盛改旧新定律令》，第 180 页。
④ 按：此字原刻为𘝙（处）。其前是表向里、向近处的过去式动词前置助词𘄷［𘝞 kji］，其后为动词𗦊（为），该字应为谓词，知该字应为动词，原文刻印有误，故此字应为�（置）。又《天盛律令》第 180 页，有"已到他人家处放置"，其西夏文为𘝙/𘟏𗾔𗤁𗦊�（对译：他/家处〈〉处为），其中�（处）的前后字与本条款相同，知亦为�（置）之误刻。（原文参见俄罗斯科学院东方研究所圣彼得堡分所、中国社会科学院民族研究所、上海古籍出版社编：《俄藏黑水城文献》，第 8 册，第 92 页下右第 1—2 行。）

怒，畜物主人当别寻举告。"①本条款西夏文原文为：

甲 3-30-14 𗾉𗰖𗣼𘓨𗝿𘜶𘄒𗫂𗞞𗔀𗏵𗾫𘓐𗡞𘉥𘄑𗨙
　　　　一诸人盗骗 <> 入有者踪迹 <> 持他门上 <>
甲 3-30-15 𗵘𗤋𗤹𘜶𗭴𘎵𗊬𗵆𗴂𗡞𗖠𗵆𗖠𗴂
　　　　围为境道不做 <> 搜物实未出则搜
甲 3-30-16 𘄲𘓨𗴂𘎵𗊬𗁦𘜶𘊴𘊵𗾉𘍋𗱈𗡷𘜶
　　　　处人搜者与斗斗烦恼染尢无畜物
甲 3-30-17 𗢛𘏞𗫉𘈽𗸍𗕑𘊡
　　　　夫妻别告举 <> 寻

新译文：

　　一诸人已行盗诈，属者已握有踪迹，已包围其家门，不知去向[1]，已搜，实物未出，则搜处人不许与搜者争斗恼怒，畜物主人当别寻举告。

注释：

　　[1] 不知去向：原译为"不知路数"。

　　按照原译，句意不清楚。𗵘𘜶（对译：境道）一词，本门中译为"去向"；②根据《译名对照表》，亦知意为"去向"。③

　　21.《天盛律令》卷三《搜盗踪迹门》："一诸人已为盗诈，畜物主人至于他人家近边十步远，围有踪迹者，当出踪迹去向。若说未知去向而搜，物主人说不搜，则找寻担保者，若不令担保，胡乱翻扰家主时，有官罚马一，庶人十三杖。识信三人担保，则畜物主人当另寻举告。其担保人中，盗物出时，盗者依法判断。担保者先知盗窃，贪赃，一律按从犯法判断，未知觉则因先担保，有

　　① 史金波、聂鸿音、白滨译注：《天盛改旧新定律令》，第 180 页。
　　② 史金波、聂鸿音、白滨译注：《天盛改旧新定律令》，第 181 页。原文参见俄罗斯科学院东方研究所圣彼得堡分所、中国社会科学院民族研究所、上海古籍出版社编：《俄藏黑水城文献》，第 8 册，第 92 页下右倒数第 1 行、下左第 1 行。
　　③ 史金波、聂鸿音、白滨译注：《天盛改旧新定律令》，第 635 页。按：《天盛律令》第 180 页，相邻的下一条款亦将𗵘𗤹（对译：境道不能）译为"不知路数"者，应改为"不知去向"。原文参见俄罗斯科学院东方研究所圣彼得堡分所、中国社会科学院民族研究所、上海古籍出版社编：《俄藏黑水城文献》，第 8 册，第 92 页下右第 2 行。

官罚马一，庶人十三杖。"①本条款西夏文原文为：

甲 3-31-8 𗫔𗀾𘃨𗄛𗭾𗅔𗟻𗭸𗭫𘜶𗴈𗩙𗀕𗵈𗖻𗏹
　　　　　一诸人盗骗 <> 入畜物丈妻他家边上十

甲 3-31-9 𗫔𗫮𗸐𗡞𗆐𗫘𗫮𗴺𗓆𘜶𗡞𗆐𗅔𗤜
　　　　　步 <> 至而痕迹 <> 围为 <> 痕迹境道

甲 3-31-10 𗫔𗀣𗏹𘍞𗅔𗤜𗸐𗎼𗫮𘎑𘄴𗵘𗟻𗭸
　　　　　<> 释为若境道不做 <> 搜 <> 谓物丈

甲 3-31-11 𘜶𗟱𘎑𗸷𗫧𗾞𗖈𗵘𗟱𗸷𗫧𗖻𗅷𗅷
　　　　　妻不搜 [保] 担者寻 <> 谓不 [保] 但使乱乱

甲 3-31-12 𗸷𘜲𘒣𗠁𗠇𗛤𘝿𗅔𘅡𘃩𘅄𗀏𗵈𘓄
　　　　　家主劳扰时官有罚马一庶人十三杖

甲 3-31-13 𘓢𘜲𘅄𘍞𗸷𗫧𘈖𗟻𗭸𘜶𘒚𗪛𗪗𗪟
　　　　　识信三人 [保] 担则畜物丈妻别告举 <>

甲 3-31-14 𗫔𗵘𘈝𗸷𗫧𘍞𘍺𗄛𗸷𗴛𘈝𗄛𘜲𘜿
　　　　　寻其 <> [保] 担人中盗 <> 出时盗 <> 礼

甲 3-31-15 𘀄𗧘𘃩𗸷𗫧𗾞𗗼𗄛𘍞𗴺𗫍𘍺𗴺𘜿
　　　　　依断判 [保] 担者先盗觉贪有等一礼

甲 3-31-16 𗄛𗧾𘜿𘀄𗧘𘃩𗄛𘈷𘍞𘒚𗫮𗸷𗫧
　　　　　盗副礼依断判盗未知觉则先 [保] 担

甲 3-31-17 𘈗𘍺�009𘝿𗅔𘅡𘃩𘅄𗀏𗵈𘓄
　　　　　因官有罚马一庶人十三杖

新译文：

一诸人已为盗诈，畜物主人至于他人家近边十步远，围有踪迹者，当
出踪迹去向。家主若说"我不知去向，汝可搜"[1]。物主人说不搜，则找
担保者。若不令担保，胡乱翻扰家主时，有官罚马一，庶人十三杖。识信
三人担保，则畜物主人当另寻举告。其担保人中，盗物出时，盗者依法判
断。担保者先知盗窃，贪赃，一律按盗窃从犯[2]法判断，未知觉则因先担
保，有官罚马一，庶人十三杖。

---

① 史金波、聂鸿音、白滨译注：《天盛改旧新定律令》，第 181 页。

注释：

[1] 家主若说"我不知去向，汝可搜"：原译为"若说未知去向而搜"，没有将人称呼应翻译出来。

[2] 盗窃从犯：原译为"从犯"，漏译𗹲𗱲（盗、窃）。

按照原译，"若说未知去向而搜"的主语不明确，句意不清晰。𗹲𗱲𗫂𗴺𗴺𗹟𗹟𗟨（对译：若境道不得 <> 搜 <> 谓），应是畜物主人围有踪迹者时家主说的话，句中的𗹟（汝）为人称呼应词。𗹲𗱲𗫂𗴺𗴺𗹟𗹟𗟨中，𗱲𗫂𗴺𗴺（不知去向）的主语是"家主"即"我"，由句末第二人称呼应词𗹟（汝），知𗴺𗹟（可搜）的主语是"汝"，但两个主语都被省略了，应补译出来。故应译为"家主若说'我不知去向，汝可搜'"。

22.《天盛律令》卷三《问盗门》："一诸人已为盗诈，畜物主人已告诸司，且盗物已出□时，畜物所失数当以实告，不准增加。"[1]本条款西夏文原文为：

甲 3-32-9 𗆧𗊢𗊢𗊢𗆧𗊢𗆧𗆧𗆧𗆧𗆧𗆧𗆧𗆧𗆧𗆧

一诸人盗诈 <> 入畜物丈妻诸司告及盗 <>

甲 3-32-10 𗆧𗆧𗆧𗆧𗆧𗆧𗆧𗆧𗆧𗆧𗆧𗆧𗆧𗆧

出状为等上畜物何 <> 失数实 <> 有增

甲 3-32-11 𗆧𗆧𗆧

补允无

新译文：

一诸人已为盗诈，畜物主人已告诸司，且盗物已出，入状[1]时，畜物所失数当以实告，不准增加。

注释：

[1] 入状：原译未译。

本条款是对盗诈已出，畜物主人已告，盗物出而入状时不准增加所失畜物

---

① 史金波、聂鸿音、白滨译注：《天盛改旧新定律令》，第181页。

数的规定。

23.《天盛律令》卷三《问盗门》："一诸人畜物未失说已失，以及虽实已失，但误认谁为拿持人，谋智清人，虚时，已只关，语至人已行枷制则令相同，未行枷制自承认，则当比先罪减五等。已告未敢只关者，有官罚马一，庶人十三杖。其中实为已失，谁拿持未误认，说盗持他人，只关虚时，比先有未失说已失谋智清人之罪状，当依次减少一等。"①本条款西夏文原文为：

甲 3-33-13 [illegible]
一诸人畜物未失 <> 失谓及又 <> 失实及

甲 3-33-14 [illegible]
是然谁持谬误中差置清人谋案虚时

甲 3-33-15 [illegible]
<> ［只关］语至人枷制下 <> 入则等令枷

甲 3-33-16 [illegible]
制下未入自口割则先罪比五等 <> 退

甲 3-33-17 [illegible]
为 <> 告［只关］不敢 <> 官有罚马一庶人

甲 3-33-18 [illegible]
十三杖其中 <> 失实是谁持谬误差不

甲 3-34-1 [illegible]
置他人 <> 盗持为 <> 谓［只关］虚时先有

甲 3-34-2 [illegible]
未失 <> 失 <> 我谓清人谋为 <> 一一罪阶

甲 3-24-3 [illegible]
显比次依一等数 <> 退为

新译文：

一诸人畜物未失说已失，以及虽实已失，但误认谁为拿持人，有隙[1]谋智清人，虚时，已只关，当事人[2]已行枷制则令相同，未行枷制自承认，则当比先罪减五等。已告未敢只关者，有官罚马一，庶人十三杖。其

① 史金波、聂鸿音、白滨译注：《天盛改旧新定律令》，第 182 页。

中实为已失，误认谁拿持，无隙[3]，说盗持他人，只关虚时，比先有未失
说已失谋智清人之罪状，当依次减少一等。

注释：

[1] 有隙：原译漏译。

[2] 当事人：原译为"语至人"。

[3] 误认谁拿持，无隙：原译为"谁拿持未误认"，漏译㼚㿟（有
隙），将"不"上属。

本条款是对畜物未失说已失及已失而误认拿持人的处罚规定。㼚㿟㿟（当
于：语至人），即"当事人"。按照原译，畜物已失未误认持拿者，如何说"只
关虚"？这显然是原译未将㼚㿟（有隙）译出而造成的抵牾。

24.《天盛律令》卷三《买盗畜人检得门》："一等诸人检得畜物，超期不报
告诸司而隐瞒，及若已告，虽置入案但与局分人支持隐写判案，分用畜物使无
而不交时，按偷盗法判断。当还畜物，应归给官私处。若非与有案局分人支持
隐案，而超限不交，则当比先有偷盗罪减二等判断。"①本条款西夏文原文为：

甲 3-34-17 㿟㿟㿟㿟㿟㿟㿟㿟㿟㿟㿟㿟㿟㿟

一等诸人畜物检得日过诸司不告经

甲 3-34-18 㿟㿟㿟㿟㿟㿟㿟㿟㿟㿟㿟㿟

隐及若 <> 告典及置然职管人与 [知]

甲 3-35-1 㿟㿟㿟㿟㿟㿟㿟㿟㿟㿟㿟㿟㿟

[知] 典判写隐畜物用分无令不纳等

甲 3-35-2 㿟㿟㿟㿟㿟㿟㿟㿟㿟㿟㿟

时悄悄盗礼断判畜物 <> 偿官私

甲 3-35-3 㿟㿟㿟㿟㿟㿟㿟㿟㿟㿟㿟㿟㿟

何为应处 <> 为若典有职管人与 [知]

甲 3-35-4 㿟㿟㿟㿟㿟㿟㿟㿟㿟㿟㿟㿟㿟

[知] 典隐非日过不纳则前有悄悄盗

甲 3-35-5 㿟㿟㿟㿟㿟㿟㿟㿟㿟

① 史金波、聂鸿音、白滨译注：《天盛改旧新定律令》，第 183 页。

罪比二等 <> 退为断判

新译文：

一等诸人检得畜物，超期不报告诸司而隐瞒，及若已告，虽置入案但与局分人知会[1]隐写判案，分用畜物使无而不交时，按偷盗法判断。当还畜物，应归官私何处当归何处[2]。若非与有案局分人知会[3]隐案，而超限不交，则当比先有偷盗罪减二等判断。

注释：

[1][3]知会：原译为"支持"。

[2]应归官私何处当归何处：原译为"应归给官私处"，漏译不定代词莀（何）和𦍌𦄖（对译：<>为）。

按照原译，诸人检得畜物，告诸司而置入案，却与局分人支持隐案；诸人检得畜物，非与有案局分人支持隐案则上下文不顺畅。西夏语中，词根重复可产生新词。动词词根的重复，表示周全、互动或强调。[①]𦄖𦄖（对译：[知知]），结合上下文，可译为"知会"。

从语法与语意上来说，"归官私处"与"归官私何处"是不同的，前者为肯定，后者为不确定。上文规定，诸人检得畜牲、飞禽、物、财产等，当于一个月内向附近有司处报告；丢失的是官畜财则三个月，是私畜财则一年内向有司处认领，超期无人认领则归官。[②]知畜物等有的归官，有的归私人，其归属由原属者及认领时间不同而不同。可见，"官私处"不同于有司处，它不是一个机构。故应译为"应归官私何处当归何处"。

25.《天盛律令》卷三《买盗畜人检得门》："一等前述检畜物，逾期应归官时，系马匹者先已告殿前司及监军司，施送立案处，无印则当施印，当使无马之军士领而永远养。此外依牲畜所近，当嘱托牧场，官马中永当使用。其余别种种小数物品，师俭当令明，应强交于职管处。"[③]本条款西夏文原文为：

甲 3-35-13 𦉰𦈀𦄖𦆷𦄪𦆄𦇚𦇏𦉏𦇷𦈙𦄖𦆮𦄢

---

① 史金波：《西夏文教程》，第145—146页。
② 史金波、聂鸿音、白滨译注：《天盛改旧新定律令》，第183页。
③ 史金波、聂鸿音、白滨译注：《天盛改旧新定律令》，第184页。

一等前有畜物检日过官 <> 为应中

甲 3-35-14 〔西夏文〕

马畜 <> 殿前司及军监司等先 <> 告

甲 3-35-15 〔西夏文〕

典置处 <> 纳印无则 <> 印军卒马不

甲 3-35-16 〔西夏文〕

有人 <> 请令备取 <> 索其后畜牲 <>

甲 3-35-17 〔西夏文〕

近顺依牧圈 <> 委托为官畜中 <>

甲 3-35-18 〔西夏文〕

备取他别物诸种多数［使俭］<> 显

甲 3-36-1 〔西夏文〕

令职管处 <> 遣 <> 纳

新译文：

　　一等前述检畜物，逾期应归官时，系马匹者先已告殿前司及监军司，施送立案处，无印则当施印，当使无马之军士领而注册[1]养。此外依牲畜所近，当嘱托牧场，当注册官畜中[2]。其余种种物品，使检而令明总数[3]，应送交[4]职管处。

注释：

　　［1］注册：原译为"永远"，将〔西夏文〕（对译：备取）译为"永远"。

　　［2］当注册官畜中：原译为"官马中永当使用"，将〔西夏文〕（畜）译为"马"，〔西夏文〕（对译：备取）译为"永当使用"。

　　［3］其余种种物品，使检而令明总数：原译为"其余别种种小数物品，师俭当令明"，衍"别"，将〔西夏文〕（对译：多数）译为"小数"，将〔西夏文〕（对译：［使俭］）译为文意不明的"师俭"。

　　［4］送交：原译为"强交"，将〔西夏文〕（遣、送）译为"强"。

　　〔西夏文〕（对：备取）有三个含义，一为"无期"或"终身"①，一为"注

①史金波、聂鸿音、白滨译注：《天盛改旧新定律令》，第641、647页。

册"，一为"收入"。①这里取"注册"义。从上下文来看，上文规定检得畜物逾期无人认领归官，是马匹已告殿前司与监军司，送立案处，无印施印；下文规定此外其他牲畜，依所近而委托牧场，注册官畜中。那么，马匹这样重要之物，也应该使无马军士领而注册。故中间的 𘓍𗦇𘋦𗅆（对译：备取 <> 寻），当译为"注册"养。

按照原译，前文刚说马以外牲畜依所近当嘱托牧场，后文就有"官马中永当使用"，上下文不衔接，文意不顺畅。𘎳𘓍𘒏𗦇𘓍𗅆（对译：官畜中 <> 备取中），𘎳𘓍𘒏（官畜中）为状语，𗦇 [盈 jij] 为表示向上的未然式动词前缀，𘓍𗅆（注册）为谓语，主语为马以外牲畜。

𗦇𘕿𗤟𘎳𘒏𘔵𗅆𗨙𘟳𘊲𘅝𗰣（对译：他别物诸种多数 [使俭] <> 显令）一句中，𗦇𘕿（其余）为定语，𗤟（物）为主语，𘎳𘒏（种种）为状语，𘔵𗅆（总数）为宾语；𗨙 [使] 为汉语借词，其功能与𗰣（使）相当，𘟳 [俭]（危险）乃借其音，𘊲 [宁 djij] 为趋向主体的未然式动词前缀，𘅝（显）为动词，𗰣（令、使）为助动词，构成连动词组𘟳𘊲𘅝𗰣（使检而令明）做谓语。

26.《天盛律令》卷三《买盗畜人检得门》："一诸人检得畜者，于日期之内在得者处患疾病时，当告于管事处使检验，实是疾病死亡，有案则勿偿还。皮有疤及患病时先未告，及丢失，驮骑赢瘦而死等，得者应偿还，归官私处当归之。"②本条款西夏文原文为：

甲 3-36-2 𗡺𘑇𘍝𘓍𗄻𗭧𘒏𘌞𗦭𘌊𘙲𘒏𗤲𗪚𘚦𘒏𗁬
一诸人畜检得 <> 日限圈内得者处疾病染

甲 3-36-3 𘓍𘋦𘒏𘏑𗝔𗰊𘚽𘅆𗯴𘓟𘍈𗤦𘚦𗪚𘒪𘚦
有时病遇时前事 [管] 处 <> 告 <> 验为疾病

甲 3-36-4 𘓍𗅆𘞠𗅆𘔍𘓍𘓟𘚽𗤲𘍈𘙲𘒪𘒏𘚦
<> 死实是典有则莫偿皮疤及若病遇

甲 3-36-5 𗤦𗝔𘑇𗯱𗭧𘕿𘚥𘍝𗅆𗢯𗨙𗭧𗄻𘒦𗭧
时昔未告及失无负骑弱瘦等以死等

甲 3-36-6 𘒏𗭧𘚽𘍈𘓍𘒏𘙲𗅇𗨙𗅆𘉷𘟳𗤲𘉷
<> 得者 <> 偿官私何为应处 <> 为

---

① 参见卷十的校译补正。
② 史金波、聂鸿音、白滨译注：《天盛改旧新定律令》，第 184 页。

新译文：

一诸人检得畜者，于日期之内在得者处患疾病时，当先告于管事处使检验[1]，实是疾病死亡，有案则勿偿还。皮有疤及患病时先未告，及丢失，驮骑羸瘦而死等，得者应偿还，应归官私何处当归何处[2]。

注释：

[1] 当先告于管事处使检验：原译为"当告于管事处使检验"，漏译𗭜（昔、前）。

[2] 应归官私何处当归何处：原译为"归官私处当归之"，漏译𗪙（义）、不定代词𗵽（何）。

按照原译，偿还时归属不明。前文已从语法、句意论述，𗫂𗗝𗵽𗫣𗪙𗣼𗧯𗫂（对译：官私何为义处 <> 为）应译为"应归官私何处当归何处"。

27.《天盛律令》卷三《盗毁神佛地墓门》："一诸人佛像、神帐、道教像、天尊、夫子庙等不准盗损减毁。若违律时，造意徒六年，从犯徒三年。其中僧人、道士及军所属管事者损毁时，当比他人罪状增加一等。"①本条款西夏文原文为：

甲 3-36-8 𗣼𗬩𗧯�½𗀔𗫈𗣗𗨙�½𗓦𗾑𗏹𗵒𗗚𗒹
　　　　　一诸人佛像神帐护法像天尊夫子庙殿
甲 3-36-9 �̄𗰗𗰱𗤇𗫹𗫿𗫈𗘂𗏹𗖎𗔆𗗚𗫹𗓰𗤏𗨙
　　　　　等盗损为减毁等允无若律过时心起
甲 3-36-10 𗫤𗖨𗣷𗣼𗖨𗑰𗠋𗗚𗰗�½𗨙𗭪𗹙𗾑𗤏
　　　　　六年副三年其中和众救法及有顺侍奉
甲 3-36-11 𗵒�̄𗰗𗤇𗦎𗣷𗧯𗖀𗒶𗄈𗒅𗤜𗦎𗪛𗣓𗣾
　　　　　者等损毁时他人罪阶显比一等数 <> 升
甲 3-36-12 𗦎
　　　　　为

新译文：

一诸人不准盗损减毁佛像、神帐、道教像、天尊、夫子庙等[1]。若违

---

① 史金波、聂鸿音、白滨译注：《天盛改旧新定律令》，第 184 页。

律时，造意徒六年，从犯徒三年。其中僧人、道士及所属侍奉者^[2]损毁时，当比他人罪状增加一等。

注释：

[1]诸人不准盗损减毁佛像、神帐、道教像、天尊、夫子庙等：原译为"诸人佛像、神帐、道教像、天尊、夫子庙等不准盗损减毁"，语序有问题。

[2]所属侍奉者：原译为"军所属管事者"，衍"军"。

本条款规定不准盗毁神佛、夫子庙等，违律当受罚。𘜋𗾈𘓶𗾈𗙴𗤮𗥔𗟶𘜶𗤓𗥠𗿷𗤋𗟻𗤼𗥡𘟱𗤋𗧾𗫚（对译：诸人佛像神帐护法像天尊夫子庙殿等盗损为减毁等允无）一句中，𘜋𗾈（诸人）为主语，𗟻𗤼𗥡𘟱𗤋（盗损减毁）为谓语，𗧾𗫚（不准）为补语，𘓶𗾈𗾈𗙴𗤮𗥔𗟶𘜶𗤓𗥠𗿷𗤋（佛像、神帐、道教像、天尊、夫子庙等）为宾语。

28.《天盛律令》卷三《盗毁神佛地墓门》："一不准诸损毁地墓、陵、立石、碑记文等。"①本条款西夏文原文为：

甲3-36-16 𗧾𘜋𗟻𘕿𘝶𗟺𗙏𗤼𘝵𗥔𗤋𗥡𘟱𗧾𗫚
一诸人地墓陵立石区分碑文等损毁允无

新译文：
一诸人不准损毁地墓、陵、立石、碑记文等。^[1]

注释：

[1]诸人不准损毁地墓、陵、立石、碑记文等：原译为"不准诸损毁地墓、陵、立石、碑记文等"，语序有问题，漏译𗟻（人）。

本条款规定不准损毁地墓、陵、立石、碑记等，违律当受罚。𘜋𗟻𗟻𘕿𘝶𗟺𗙏𗥔𘝵𘕿𗤋𗥡𘟱𗧾𗫚（对译：诸人地墓陵立石区分碑文等损毁允无）一句中，𘜋𗟻（诸人）为主语，𗥡𘟱（损毁）为谓语，𗧾𗫚（不准）为补语，𗟻𘕿

𘔤𗋽𗐾𗄈𗖻𗓦𘈈（地墓、陵、立石、碑记文等）为宾语。

29.《天盛律令》卷三《当铺门》："一典当时，物属者及开当铺者二厢情愿，因物多钱甚少，说本利相等亦勿卖出，有知证，及因物少钱多，典当规定日期，说过日不来赎时汝卖之等，可据二者所议实行。此外典当各种物品，所议日限未令明者，本利头已相等，物属者不来赎时，开当铺者可随意卖。"①本条款西夏文原文为：

甲 3-39-7 𗾈𘜶𗤁𗫿𘕿𘄗𗤋𘜶𗠚𗣼𗤋𘈈𗐯𘔼𗤋
　　　　 一典置 <> 物有者及典库持者等二乐语

甲 3-39-8 𗤁𗫿𗤋𗫿𗫿𘃽𗣼𗣼𗤋𘜶𗃀𗞞𘝯𗓁
　　　　 分物多多钱稀少因典为本利等亦莫

甲 3-39-9 𗣼𗐯𗤁𘝯𗤙𗬩𗄗𗫿𗣼𗫿𗤋𗫿𘜶𗐯
　　　　 卖为 <> 为知证有及物少钱多因典为

甲 3-39-10 𗿷𗫿𗬰𘀊𗐯𗿷𘔞𘃽𘝵𘕿𗤛𘜶𗱽𘝯
　　　　 日限入柄为日过不拉来时 <> 卖 <> 为

甲 3-39-11 𗤋𗐯𘝯𗤛𘜶𗫸𘃽𘀨𗿷𘝵𘔣𘜶𘄗𗕪
　　　　 等二乐何 <> 语依顺行不有其后物诸

甲 3-39-12 𗫲𘜶𗐯𗿷𗫿𗐯𗣼𗤙𘝯𗪛𗫿𘕿𘝵𗱽𘕿𘝯
　　　　 种典为日限语阶未显令 <> 本利头 <>

甲 3-39-13 𗫿𗫿𗫿𗐯𘔞𘝵𗿷𘃽𘜶𗠚𗤋𗐯𘎳𗖻
　　　　 等物有者不拉来时典库持者乐处 <>

甲 3-39-14 𗣼
　　　　 卖

新译文：

　　一典当时，物属者及开当铺者二厢情愿，因物多钱甚少，说本利相等，我亦不卖[1]，有知证，及因物少钱多，典当立期限文书[2]，说过日不来赎时汝卖之等，可据二者所议实行。此外典当各种物品，所议日限未令明者，本利头已相等，物属者不来赎时，开当铺者可随意卖。

---

① 史金波、聂鸿音、白滨译注：《天盛改旧新定律令》，第186页。

注释：

[1] 说本利相等，我亦不卖：原译为"说本利相等亦勿卖出"。

[2] 典当立期限文书：原译为"典当规定日期"，漏译𗑱𗆤（文书、契约）一词。

从上下文来看，本条款为典当时物属者与开当铺者之间的三种协定，一种是物多钱少不卖，一种是物少钱多到日期不来赎则可卖，还有一种是不规定日期而本利相等不来赎则可卖。𗑱𗫷𗥤𗧻𗥤𗊪𗣼𗤓𗣼（对译：本利相等亦不卖为 <> 谓）和𗍫𗱕𗆐𗴻𗡮𗥤𗴢𗧻𗐬𗣼（对译：日过不拉来时 <> 卖 <> 谓）一样，都是人称呼应句，后一句已将人称主语补译回来；由引述词𗣼（谓），知两句都是物属者对开当铺者所说的话。𗑱𗫷𗥤𗧻𗥤𗊪𗣼𗤓𗣼（对译：本利相等亦不卖为 <> 谓）中，由句末人称呼应词𗥤（我），知句子的主语为𗥤（我），而不是"汝"，但被省略了。因人称呼应词的出现，明确了句子的主语，故主语应补译出来。故句子应译为"说本利相等，我亦不卖"。改译后，知本句是物属者对开当铺者主动说明"我不卖"，而不是对开当铺者要求"你不要卖出"。①

30.《天盛律令》卷三《当铺门》："一诸人房舍、土地因钱典当时，分别以中间人双方各自地苗、舍屋、谷宜利计算，不有名规定，有文字，何时送钱时当还给。此外，其中钱上有利，舍屋、地面亦重令归为属有者谷宜，交利有名者，钱上利、舍屋、地土上苗、果、谷宜等当各自重算，不允与本利钱相等以后再算利。若违律本利送，地土、房舍不归属者时，有官罚马一，庶人十三杖。"②本条款西夏文原文为：

甲 3-39-18 𗦧𗪊𗆐𗩱𗨁𗧃𗤟𗌗𗲲𗴘𗎡𗫷𗫷𗴢𗰖𗥬

       一诸人舍屋地田钱因典为异异 <> 使传

甲 3-40-1 𗫅𗫅𗍁𗣫𗴙𗆐𗣼𗩱𗨁𗷆𗐬𗂧𗴢𗠈𗧁

       二二处自处地苗舍屋［估］施利等算名

---

① 于光建博士对典当、借债有关的《当铺门》、《催索债利门》和《出典工门》做了重新译释，补译了原译所未识别、漏译的一些字词，改译了部分字词。于光建已指出𗑱𗆤（对译：入柄）应译为"文据、文契"，然而意外的是没有在译文中予以补正；仍将前一句译为"说本利相等亦勿买出"，又把后一人称呼应句"说过日不来赎时汝卖之等"改译为"说过日不来赎时使卖之等"。参见于光建：《〈天盛改旧新定律令〉典当借贷条文整理研究》，宁夏大学博士学位论文，2014 年，第 16—29 页。

② 史金波、聂鸿音、白滨译注：《天盛改旧新定律令》，第 187 页。

甲 3-40-2 𘟪𘟜𘉑𘟓𘟨𘟥𘈷𘈦𘉜𘟵𘈭𘟳𘟄𘟷𘟶

　　　　不有入柄文字何时钱送时 <> 给为

甲 3-40-3 𘟪𘟠𘈢𘟅𘟵𘈩𘟰𘉑𘈹𘟄𘈦𘟴𘟷𘈡

　　　　不有其中钱上利有舍屋地田亦重属

甲 3-40-4 𘟥𘟾𘟑𘟶𘟨𘟄𘟖𘊀𘉑𘈱𘉜𘈩𘟰𘉑𘈹

　　　　者［包雇］为令利纳名有 <> 钱上利舍屋地

甲 3-40-5 𘟷𘈩𘟜𘟸𘟑𘟶𘟆𘉁𘈭𘈖𘟪𘊀𘟴𘟄𘈩

　　　　田上苗果［估］施等自处 <> 算重本利钱

甲 3-40-6 𘉃𘟝𘟜𘈬𘟪𘟄𘟨𘟶𘈺𘉗𘟸𘈭𘟳𘟄𘈷

　　　　与 <> 等除后利算允无若律过本利送

甲 3-40-7 𘊀𘟷𘉑𘊀𘟸𘟥𘈳𘟪𘈦𘟶𘟄𘟳𘈷𘟸𘈡

　　　　地田舍屋有者 <> 不给为时官有罚马

甲 3-40-8 𘟎𘈡𘈖𘟨𘈷𘈥𘞢

　　　　一庶人十三杖

新译文：

　　一诸人房舍、土地因钱典当时，分歧已传达[1]，双方各自计算地苗、舍屋之估价、利[2]，有不有名文书文字[3]，何时送钱时当还给。此外，其中钱上有利，舍屋、地亩亦重令属者包雇[4]，交利有名者，各自当重算钱上利与舍屋、地土上苗果等估价[5]，不允与本利钱相等以后再算利。若违律本利送，地土、房舍不归属者时，有官罚马一，庶人十三杖。

注释：

　　［1］分歧已传达：原译为"分别以中间人"，史金波先生改译为"已无分歧参差"。

　　［2］双方各自计算地苗、舍屋之估价、利：原译为"双方各自地苗、舍屋谷宜利计算"，史金波先生改译为"双方各自地苗、房舍估价利计算"。

　　［3］有不有名文书文字：原译为"不有名规定，有文字"，断句误，将𘟵𘈦（文书、契约）译为"规定"。史金波先生改译为"有不记名文书文字"。

　　［4］属者包雇：原译为"归为属有者谷宜"，衍"归为"，将𘟾𘟑（对

译：［包雇］）误识为贡骩（对译：［谷宜］）。史金波先生已改。

　　［5］各自当重算钱上利与舍屋、地土上苗果等估价：原译为"钱上利、舍屋、地土上苗、果谷宜等当各自重算"，史金波先生改译为"钱上利、房舍、地畴上苗、果估价等当各自重算"。

　　本条款规定，典当房舍、土地，双方各自计算地苗、舍屋之估价、利，交流分歧，送钱后签署契约文书。若所给的钱有利息，舍屋、田地重令属者包雇，则利息当给当铺，各自当重算钱上利息及舍屋、田地上苗、果估价，不允许利息与所给的本钱相等后再算利息。若违律本利钱皆给，土地、舍屋不归属者时当受罚。[1]𗖢𗖢𗋽𗏇𗫡（对译：异异 <> 使传）中，𗖢𗖢（分歧）为主语，𗋽［答 dja］为表示离开主体的过去式动词前缀，𗏇𗫡（传达）为谓语。[2]典当时，双方当对典物估价，后商量本金、利息与还款期限立契约。贡骩［估宜］为音译合成词，即由第一个字的音"估、谷、固"与第二个字的意"赏、施、奉"构成，用于典当时，意为"估价"。本条款中，贡骩［估宜］一词出现两次：第一次是𗦤𗦤𗋽𗝔𗍳𗆀𗯨𗫓𗬥贡骩𗱕𗹙𗾔（对译：二二处自处地苗舍屋［估］施利等算）中，𗦤𗦤𗋽𗝔𗍳（双方各自）为主语，𗆀𗯨𗫓𗬥（地苗、舍屋）为定语，𗾔（算）为谓语，贡骩𗱕𗹙（谷宜、利）为宾语。其中贡骩（谷宜）与𗱕（利）为并列关系，"利"即地苗、舍屋典当之利息，则贡骩（谷宜）应指估地苗、舍屋之价。第二次是𗊟𗋽𗱕𗆀𗯨𗫓𗦫𗋽𗬥𗾔贡骩𗹙𗝔𗍳𗬥𗾔𗾔（对译：钱上利舍屋地田上苗果［估］施等自处 <> 算重）中，𗊟𗋽𗱕（钱上利）与𗆀𗯨𗫓𗦫𗋽𗬥𗾔贡骩𗹙（舍屋、田地上苗果估价等）为并列宾语，𗝔𗍳（各自）为主语，𗬥［永 wjij］为表示向远、向外的未然式动词前缀，𗾔𗾔（重算）为谓语。其中𗊟𗋽𗱕（钱上利）与𗆀𗯨𗫓𗦫𗋽𗬥𗾔贡骩𗹙（舍屋、田地上苗果估价等）为并列关系，前者指钱上利息，则后者应指舍屋及田地上苗果等估价。[3]又𗪺𗍳𗯨𗶠𗩾𗫻𗆀（对译：名不有入柄文字有）中，𗪺𗍳𗯨（不有

---

　　[1] 史金波先生对本条款作了修订，笔者大体赞同其意见，只是史先生没有说明改译缘由，故笔者对改译处略作说明。参见史金波：《西夏经济文书研究》，社会科学文献出版社，2017年版，第43页。

　　[2] 于光建不顾动词前缀𗋽［答 dja］，将𗏇𗫡（对译：使传）译为"中间人"，仍将本句误译为"分别以中间人"。参见氏著：《〈天盛律令〉典当借贷条文整理研究》，第23、28、29页。

　　[3] 按：于光建依据卷三《催索债利门》中，𗆀𗯨𗫓𗦫贡骩（房舍、田地之谷宜）、𗆀𗀔（地租）与𗊟𗋽𗫾𗹙𗬥（畜上工价等）为并列关系，将贡骩［估宜］译为"收益"。参见氏著：《〈天盛律令〉典当借贷条文整理研究》，第31页。又按：贡骩（对译：［谷宜］）有二义，用于典当时意为"估价"，用于取债时意为"收益"。

名）为宾语㦬燉荄飒（文书文字）的定语，菰（有）为谓语。①

31.《天盛律令》卷三《当铺门》："一官私所属畜物、房舍等到他处典当，失语而着火、被盗诈时，所无数依现卖法次等估价，当以物色相同所计钱还给，本利钱依法算取。若物现有□殊益，现有中已得益而说无有，所隐价量偿还者，已寻何殊益，当比偷盗减二等。及若物属者说我物好□时，当比偷盗罪减三等。"②本条款西夏文原文为：

甲 3-40-9 （西夏文）
　　　　　一官私有畜物舍屋等他处典置不比不

甲 3-40-10 （西夏文）
　　　　　牢烧起盗诈入等时何 <> 无数现卖礼

甲 3-40-11 （西夏文）
　　　　　依次等上价 <> 量物色同以量钱等

甲 3-40-12 （西夏文）
　　　　　<> 给为本利钱礼依 <> 算 <> 取若物现

甲 3-40-13 （西夏文）
　　　　　实殊有现有中益 <> 贪以 <> 无谓隐价

甲 3-40-14 （西夏文）
　　　　　量□上偿为 <> 殊益何 <> 寻悄悄盗

甲 3-40-15 （西夏文）
　　　　　罪比二等及若物有者物好 <> 谓升时

甲 3-40-16 （西夏文）
　　　　　悄悄盗罪比三等等 <> 退为

新译文：

　　一官私所属畜物、房舍等到他处典当，无心失误[1]而着火、被盗诈时，所无数依现卖法次等估价，当以物色相同所计钱还给，本利钱依法算

---

① 于光建将上一句的动词"算"放入本句，误将本句改译为"算或不算，应有文字规定"。又"属者包雇"一句，于光建误将飯贡（对译：［包雇］）一词中的第一字识为菻（还、回），并在第二字后加鮉（赏［宜］），将句子误译为"归为属有者谷宜"。参见氏著：《〈天盛律令〉典当借贷条文整理研究》，第29—33页。

② 史金波、聂鸿音、白滨译注：《天盛改旧新定律令》，第187页。

取。若物现实有殊益[2]，现有中已得益而说无有，所隐价量偿还者，已寻何殊益，当比偷盗减二等。及若物属者说我物好而增价[3]时，当比偷盗罪减三等。

注释：

[1] 无心失误：原译为"失语"。

[2] 若物现实有殊益：原译为"若物现有□殊益"，原译未识出蚤（实）。

[3] 增价：原译未识出。

本条款是对到他处典当畜物、房舍，遇无心失误而失火、盗诈时的赔偿规定。𘓨𗅲𘓨𗗿（对译：不比不牢），《天盛律令》中多次出现，意为"无心失误"。①

32.《天盛律令》卷三《当铺门》："一诸人买活死畜物者，当找知识人而买，当做规定。若所置物为现寻捕盗畜物时，先买处明，有中间知人，实有规定，则畜物当归还现属者，价钱当由买处取，盗人罪依法判断。若畜物买处不明，无卖中间知人，无有规定，未得盗，则罚价承罪法当与前盗物典当之罪状同。"②本条款西夏文原文为：

甲 3-40-17 𗤁𗟲𘕚𘏄𗤊𘜶𘊟𘄴𗦖𗗙𗼃𗣼𘝵𗿒𘄴𘏚
       一诸人畜物活尸买 <> 知识 <> 寻 <> 买入

甲 3-40-18 𗼃𗘜𗫴𘋦𘄴𘏄𗦖𘋨𗤁𘕚𘏄𗦩𘏚$\boxed{𗾖}$③
       柄 <> 为若 <> 买物实捕盗畜物是谓时

甲 3-41-1 𘆡𘄴𘓨𘕎𗖵𘅃𘜶𘕚𘏚𗼃𘏮𘎳𘏄𘕚𘏮
       先买处显卖掮知有入柄实有则畜物实

甲 3-41-2 𘏮𘖷𗷅𗖵𘊝𘏪𗖵𘈔𘄴𗸰𗣼�㦩𗫴𘄴𘈧
       有者 <><> 还为价何买处 <> 取盗人罪礼

---

① 于光建将该词组识为𘓨𗅲𘓨□（对译：语比不□），仍误译为"失语"；蚤（实），于氏已识出，却没有在译文中补译；𘏚（升），于氏已识出，并补译为"价高"。参见氏著：《〈天盛律令〉典当借贷条文整理研究》，第30、33—36页。

② 史金波、聂鸿音、白滨译注：《天盛改旧新定律令》，第187页。

③ 𘏚（时）字残缺，与克恰诺夫俄译本《天盛改旧新定律令》第二册第441页对照而补。

甲 3-41-3 𘟿𘎧𘂈𘗒𘜔𘊆𘓷𘝛�𘔒𘅲𘊈𘞅<u>𘟷𘎆</u>

　　　依断判若畜物买处不显卖搄知无入柄

甲 3-41-4 <u>𘜕𘈒𘝲𘜕𘂈𘗒𘓷𘜰𘟺𘟸𘈌𘟼𘊈𘘒𘝲𘝛</u>

　　　不有盗不得则价罚罪承顺前有盗物

甲 3-41-5 𘟿𘕻𘖫𘟺𘜙𘗒𘊆𘞥𘊈

　　　典为 <> 罪阶显与 <> 同

新译文：

　　一诸人买活死畜物者，当找知识人而买，当立文书（或契约）[1]。若所买物实是捕盗畜物[2]时，先买处明，有中间知人，实有文书（或契约）[3]，则畜物当归还实属者[4]，价钱当由买处取，盗人罪依法判断。若畜物买处不明，无卖中间知人，无文书（或契约）[5]，未得盗，则罚价承罪法当与前盗物典当之罪状同。

注释：

　　[1] 当立文书（或契约）：原译为"当做规定"，将𘟷𘎆（对译：入柄）译为"规定"。

　　[2] 所买物实是捕盗畜物：原译为"所置物为现寻捕盗畜物"，将𘗒（买）译为"置"，衍"寻"。

　　[3] 文书（或契约）：原译为"规定"。

　　[4] 实属者：原译为"现属者"。

　　[5] 无文书（或契约）：原译为"无有规定"，将𘟷𘎆（对译：入柄）译为"规定"。

　　本条款规定诸人买活死畜物当找知识人，当立契约文书，若买盗畜物当受罚。𘟷𘎆（对译：入柄）意为"契约、文书"。状语𘜔𘗒𘝲𘕻𘊆𘝲𘝛𘕻（对译：<> 买物实捕盗畜物是）中包含一个完整句子，𘜔𘗒𘝲（所买物）为主语，𘕻（实）为状语，𘊆𘝲𘝛（捕盗畜物）为表语，𘕻（是）为系词。𘝲𘝛𘕻𘖫𘘊𘕻𘖻（对译：畜物实有者 <><> 还为）中，𘝲𘝛（畜物）是𘕻𘖻（还）表向远、向外的𘕻𘘊𘖫（对译：实有者），知𘕻𘘊𘖫（对译：实有者）应译为"实属者"，而不是现属者即买者，否则不符合表示向远、向外的未然式动词前置助词牧［永 wjij］的用法。①

33.《天盛律令》卷三《催索债利门》："执主者不能时，其持主人有借分食前借债时，则其家中人当出力，未分食取债人时，则勿令家门入。若皆未能，则借债者当出工力，本利相等后，不允在应算利钱、谷物中收取债偿。若违律时，有官罚马一，庶人十三杖，所收债当归还。同去借者所管主人者，他人债分担数，借债者自己能办时，当还给。"②本条款西夏文原文为：

甲 3-42-16 𘝞𗏁𗣼𘝞𗏁𗣼 𘝞�𘟣𘝞 𗏁𗣼
　　　　　持主者不能时其持主者人前债取分

甲 3-42-17 𘟣𗏁� 𗏁� 𘝞 𗏁�� 𘟣��𗏁
　　　　　食中有则门户力 <> 施债取分食中不其有

甲 3-42-18 𗏁� 𘝞𗏁�� �𘝞𗏁�𗏁
　　　　　则门户典住令中 <> 莫入若皆不能实则债取者

甲 3-43-1 𘟣𗏁� 𗏁� 𘝞 �𗏁𘝞𗏁�
　　　　　力 <> 施本利 <> 等后 <> 利算钱黍谷中债

甲 3-43-2 𗏁𘝞𗏁�𗏁�𘟣𘝞𗏁�
　　　　　赏拉为允无若律过时官有罚马一庶人

甲 3-43-3 𗏁�𘝞𗏁�𗏁𘟣𘝞𗏁�𘟣
　　　　　十三杖债赏 <> 还为取相持主者等他债

甲 3-43-4 𗏁�𘝞𗏁�𘝞𗏁�𘟣𗏁�
　　　　　<> 离分数债取者人自 <> 能时 <> 给为

新译文：

执主者不能时，其持主人属前借债分食中，则家门当出力；不属借债分食中，则不令家门入出力典当中[1]。若皆未能，则借债者当出工力，本利相等后，不允在应算利钱、谷物中收取债偿。若违律时，有官罚马一，庶人十三杖，所收债当归还。同去借者、持主者等已分担他人债数[2]，借债者自己能办时，当还给。

① 于光建没有改译上述问题。参见于光建：《〈天盛改旧新定律令〉典当借贷条文整理研究》，第34—40页。

② 史金波、聂鸿音、白滨译注：《天盛改旧新定律令》，第189页。

注释：

[1] 其持主人属前借债分食中，则家门当出力；不属借债分食中，则不令家门入出力典当中：原译为"其持主人有借分食前借债时，则其家中人当出力，未分食取债人时，则勿令家门入"。

[2] 同去借者、持主者等已分担他人债数：原译为"同去借者所管主人者，他人债分担数"，标点和语序有问题，将䪍䖺䗫（对译：持主者）译为"所管主人者"。

本条款前文规定，诸人借官私钱、粮食，本利相等仍不还，则应告有司而催促使还。借债者、同去借者不能还，及其妻子、媳、未嫁女等典钱少、无有可出典者，则持主者当还债。①䪍䪍䖺䗫䗎䗫䪍䗫䗫䗫䗫䗫䗫䗫䗫䗫䗫䗫䗫䗫䗫䗫䗫䗫䗫䗫䗫䗫䗫（对译：其持主者人前债取分食中有则门户力 <> 施债取分食中不其有则门户债住令中 <> 不入）一句，可分为䪍䪍䖺䗫䗎䗫䪍䗫䗫䗫䗫（对译：其持主者人前债取分食中有）和䪍䗫䗫䗫䗫䗫䗫䗫（对译：债取分食中不其有）两个分句，其中䪍䖺䗫䗎（持主人）为主语，䗫䪍䗫䗫䗫䗫（前借债分食中）与䪍䗫䗫䗫䗫（借债分食中）同为分句的状语，䗫（有）和䗫䗫䗫（不有）同为分句的谓语。故应译为"其持主人属前借债分食中，则家门当出力；不属借债分食中，则不令家门入出力典当中"。②

持主者或执主者应指证人。《催索债利门》"私人之债不还"条规定："一诸人所属私人于他人处借债者，还债主人债时，当令好好寻执主者等。私人自能还债则当还债，自不能还债则执主者当还。执主者无，则当罚债主。"③知借钱、粮等时，需有放债人（债主）、借债人、同去借者（担保人）和执主者（证人）。④从语法来看，䗫䗫䪍䖺䗫䗫䗫䗫䗫䗫䗫（对译：取相持主者等他债 <> 离离数）中，䗫䗫（同去借者）和䪍䖺䗫（持主者）为并列成分作主语，䗫䪍（他人债）为宾语，䗫䗫（分担）为谓语，䗫（数）为定语，䗫［勿 wji］为表

---

① 史金波、聂鸿音、白滨译注：《天盛改旧新定律令》，第 189 页。

② 于光建博士将本句改译为"其持主人先前有分享借债时，则其家中人当出力，未有分享所借债时，则勿令家门入"，却未说明缘由。于光建：《〈天盛改旧新定律令〉典当借贷条文整理研究》，第 53 页。

③ 史金波、聂鸿音、白滨译注：《天盛改旧新定律令》，第 190 页。按：对译文有所改译，如原译将"执主者无"译为"执主者无力"。

④ 同去借者指担保人是于光建提出的，执主者指证人是由梁继红提出的。分别参见于光建：《〈天盛改旧新定律令〉典当借贷条文整理研究》，第 51 页；梁继红：《武威出土民间契约所反映的西夏法律》，《凉州与西夏》，甘肃文化出版社，2018 年，第 124—126 页。

示向远、向外的过去式动词前置助词，句中用来表示[illegible]（同去借者、持主者）使[illegible]（他人债）远去。故似可译为“同去借者、持主者等已分担他人数债”。①

34.《天盛律令》卷三《催索债利门》：“一诸人肉、酒价及买卖种种物价，有典贷借债等者，应依数索还。若不还及说还汝而实际不往取等，相打争斗时，与别人相打争斗时伤、不伤第十四卷之罪状相同判断。”②本条款西夏文原文为：

甲 3-44-18 [illegible]

一诸人肉酒价及买卖物诸种价典贷借

甲 3-45-1 [illegible]

债等有 <> 数依 <> 索 <> 给为若不

甲 3-45-2 [illegible]

给为及给为 <> 谓正得不取往等打打

甲 3-45-3 [illegible]

斗争时他人打打斗争相伤不伤 <> 十

甲 3-45-4 [illegible]

四卷上罪阶显与等令断判

新译文：

一诸人肉、酒价及买卖种种物价，有典贷借债等者，应依数索还。若不还及说还汝而实际不往取等，殴打争斗时，殴打争斗他人，伤、不伤令与第十四卷所显示罪状相同判断[1]。

注释：

[1] 殴打争斗时，殴打争斗他人，伤、不伤令与第十四卷所显示罪状相同判断：原译为“相打争斗时，与别人相打争斗时伤、不伤第十四卷之罪状相同判断”，[illegible]（与）的位置不对，漏译[illegible]（使、令）、[illegible]（显）。

① 于光建没有改译本句。参见于光建：《〈天盛改旧新定律令〉典当借贷条文整理研究》，第 56 页。

② 史金波、聂鸿音、白滨译注：《天盛改旧新定律令》，第 190 页。

本条款规定，索取典贷借债时，不得殴打他人，否则要受罚。按照原译的
"相打争斗时，与别人相打争斗时伤、不伤第十四卷之罪状相同判断"，"与别
人相打争斗时伤、不伤"和"第十四卷之罪状"之间缺少关联词。𗾔𗾔𗾔𗾔𗾔
𗾔𗾔𗾔𗾔𗾔𗾔𗾔𗾔𗾔𗾔𗾔𗾔𗾔𗾔𗾔𗾔𗾔𗾔𗾔𗾔𗾔𗾔�����（对译：打打争斗时别人
打打争斗相伤不伤 <> 十四第上罪阶显与等令断判）中，索典债者为主语，𗾔
�����（殴打争斗时）为状语，��（他人）为兼语，既是第一谓语���
�（殴打争斗）的宾语，又是动词�����（伤不伤）的主语，��（相
<>）为一惯用结构，被����（伤不伤）断开，�（与）为介词，����
�����（与第十四卷所显示罪状）亦为状语，������（使相同断判）为索
典债者的第二谓语。故应译为"殴打争斗时，殴打争斗他人，伤、不伤令与第
十四卷所显示罪状相同判断"。[1]

35.《天盛律令》卷三《催索债利门》："一诸人欠他人债，索还不取□，工
价量□□，不允以强力将他人畜物、帐舍、地畴取来相抵。违律时徒一年，房
舍、地畴、畜物取多少当还属者，债当另取。"[2]本条款西夏文原文为：

甲 3-46-2 𗾔�����������������
　　　　一诸人他处债负债现给为不取势力特特捆
甲 3-46-3 ���������������
　　　　制刚以别畜物帐舍地田现捕价取为允
甲 3-46-4 ��������������
　　　　无律过时一年舍屋地田畜物何 <> 取为
甲 3-46-5 �����������
　　　　数有者 <><> 还为债别 <> 取

新译文：
　　一诸人欠他人债，还债不取[1]，不允依恃势力以强力缚制[2]将他人
畜物、帐舍、地畴取来相抵。违律时徒一年，房舍、地畴、畜物取多少当
还属者，债当另取。

---

① 于光建没有改译本句。参见于光建：《〈天盛改旧新定律令〉典当借贷条文整理研究》，第70页。
② 史金波、聂鸿音、白滨译注：《天盛改旧新定律令》，第191页。

注释：

[1] 还债不取：原译为"索还不取□"。

[2] 不允依恃势力以强力缚制：原译为"工价量□□，不允以强力将他人"，未识出〔势〕、〔对译：将他恃缚制〕，将〔恃〕误识为〔量、价〕。

本条款是对还债不取，以强力取别畜物的处罚。^①〔还债不取〕，于光建未改；他已识出〔对译：势力恃恃捆制〕，并将句子改译为"依恃威势牵掣"。^②

36.《天盛律令》卷三《催索债利门》："一前述诸人无理所借债而取持时，房舍、地畴之谷宜、地苗、畜上工价等，本利债量□当减算。"^③本条款西夏文原文为：

甲 3-46-6 〔西夏文〕
　　　　一前有诸人不义债 <> 取持为等时舍屋地

甲 3-46-7 〔西夏文〕
　　　　田 <>〔谷〕赏地毛畜上力价等本利债价

甲 3-46-8 〔西夏文〕
　　　　中 <> 算减为

新译文：

一前述诸人无理取持债[1]时，房舍、地畴之收益[2]、地租[3]、畜上工价等，本利债量中[4]当减算。

注释：

[1] 取持债：原译为"所借债而取持"，语序不当。

① 第一，据《俄藏黑水城文献》第 8 册第 33 页第 1 行，知本条款的条目为〔对译：债给不取刚以别畜物取为〕，即"还债不取以强力取别畜物"。〔取〕，史金波等译注本《天盛改旧新定律令》第 15 页误译为"还"。于光建仍误译为"还"。参见氏著：《〈天盛律令〉典当借贷条文整理研究》，第 43 页。第二，后一条款中的前述诸人无理取持所借债，本利债量当减即是针对本条款"还债不取以强力取别畜物"等而做的进一步的规定。

② 氏著：《〈天盛律令〉典当借贷条文整理研究》，第 76、73 页。

③ 史金波、聂鸿音、白滨译注：《天盛改旧新定律令》，第 191 页。

　　[2]收益：原译为"谷宜"，于光建已改。
　　[3]地租：原译为"地苗"，于光建已改。
　　[4]中：原译未识出。

　　本条款是对上一条款还债不取以强力取别畜物、帐舍、田地，即无理取持债的进一步处罚。据条文知，无理取持所借债时，房舍、田地之收益、地租、畜上工价等当于本利债量中算减。𗪘𗬫𗏹𗲈𗏹（对译：债 <> 取持为）中，前述诸人为主语，无理为状语用来修饰谓语𗏹𗲈𗏹（取持），𗪘（债）为宾语。其中，𗬫［答 dja］为表离开行为主体的过去式动词前缀，句中表示债已离开借债者处，即被债主取走。[1]𗥃𗰖𗾔𗧘𗤀𗏹𗥃𗇋𗭪𗹬𗵒𗤀𗅋𗄈𗪘𗶷𗢳𗤀𗢤𗎺𗏹（对译：舍屋地田 <> ［谷］赏地毛畜上力价等本利债价中 <> 算减为）中，𗥃𗰖𗾔𗧘𗤀𗏹[2]（房舍、田地之收益）、𗥃𗇋（地租）与𗭪𗹬𗵒𗤀𗅋𗄈（畜上工价等）为并列主语，𗶷𗢳𗤀𗢤𗎺（本利债量中）[3]为状语，𗢳［永 wjij］为表向远处、向外的未然式动词前缀，𗎺𗏹（算减）为谓语。

卷四校译补正

　　1.《天盛律令》卷四[4]《弃守营垒城堡溜等门》："一边检校、营垒城堡主管、州主、□监等局分军卒、寨妇等，本人不在而使他处往，收贿者，放一人至二十人，十杖；二十一人至四十人，十三杖；四十一人至六十人，当革职，徒三个月；六十一人至八十人，徒六个月；八十人以上至一百人，徒一年；百人以上，一律徒二年，勿革军职。使他处往罪及量其所贪之枉法贪赃罪，依其重者判断。未贪赃知情者，当比贪赃罪减一等，勿革军职。未贪赃不知情者，一人至三十人勿治罪；三十人以上一律有官罚马一，庶人十三杖。"[5]本条款西夏文原文为：

――――――――――

　　① 于光建误将𗥃𗏹（无理）改译为"不道"，将表离开行为主体的过去式动词前缀𗬫［答 dja］误识为𗬫（合力），故本句改译为"前述诸人非道所借债合取持时"。氏著：《〈天盛律令〉典当借贷条文整理研究》，第73、74、76页。
　　② 𗧘𗏹（对译：［谷宜］），前已指出用于典当时意为"估价"。本条款中，由无理取持所借债时房屋、田地之谷宜与地租、畜上工价等当于本利债量中算减，知"谷宜"应意为"收益"。即𗧘𗏹（对译：［谷宜］）有二义，一为"估价"，一为"收益"。
　　③ 𗎺（中），于光建误识为𗬫（依）。氏著：《〈天盛律令〉典当借贷条文整理研究》，第73、76页。
　　④ 原文参见俄罗斯科学院东方研究所圣彼得堡分所、中国社会科学院民族研究所、上海古籍出版社编：《俄藏黑水城文献》，第8册，第100页下—第119页上右。
　　⑤ 史金波、聂鸿音、白滨译注：《天盛改旧新定律令》，第194页。

甲 4-2-2^① 𗒹𗟎𗤶𗄔𗃬𗗟𗃝𗤀𗀱𗆟𗀱𗏁□𗏁𗇋𗴿𗴿𗟁

　　　　一边口使［营］垒堡城头监城监□监等事管军

甲 4-2-3 𗊬𗄔𗴿𗇋𗀭𗀱𗄻𗖻𗆟𗀱𗁬𗃝𗤀𗄍𗟁𗄻

　　　　卒寨妇等人实不在何住使知贪取 <> 一

甲 4-2-4 𗇋𗤜𗄉𗀱𗤀𗀱𗝊𗄉𗀱𗄍𗤜𗄥𗀱𗤀𗀱𗒹

　　　　人起二十至十杖二十一起四十至十三

甲 4-2-5 𗝊𗄥𗀱𗄍𗤜𗀎𗀱𗤀𗀱𗝎𗤶𗄥𗊖𗈪𗀎𗀱

　　　　杖四十一起六十至职 <> 失三月个六十

甲 4-2-6 𗄍𗤜𗟣𗀱𗤀�±𗈪𗄥𗊖𗟣�±𗔜𗳄𗤀𗔖𗀭

　　　　一起八十至六月个八十以上百至一年

甲 4-2-7 𗀱𗔜𗳄𗔖𗜀𗤜𗀭𗃬𗀱𗝎𗄥𗤀𗖻𗄼�±𗆟𗝣𗃜

　　　　百以上一律二年军不失彼何住使罪及

甲 4-2-8 𗤀𗜿𗄻𗆟𗤀𗝣𗄔𗃝𗓰𗤀𗜀𗏿𗃀𗤀𗤀𗆬𗆟

　　　　贪量律弯贪罪等何 <> 重上判断贪无知

甲 4-2-9 𗒹𗀭𗤀𗗟𗝣𗤅𗳄𗈪𗈴𗄹𗆟𗄑𗤀𗤀𗝎𗤀𗆬

　　　　觉 <> 贪有罪比一等 <> 减为军不失贪无

甲 4-3-1 𗤅𗃝𗀭𗄍𗤜𗄥�±𗤀�±𗤀𗔜𗳄𗜀

　　　　不知 <> 一起三十至罪不连三十以上一律

甲 4-3-2 𗒹𗓰𗃝𗄔𗝥𗊬𗀱�±𗄥𗝊

　　　　官有罚马一庶人十三杖

新译文：

　　一边检校、营垒城堡头监、州主、□监等使局分军卒、寨妇等本人不在而他处往[1]，知情而收贿者[2]，放一人至二十人，十杖；二十一人至四十人，十三杖；四十一人至六十人，当革职，徒三个月；六十一人至八十人，徒六个月；八十人以上至一百人，徒一年；百人以上，一律徒二年，勿革军职。彼使他处往罪及量其所贪之枉法贪赃罪，依其重者判断。未贪赃知情者，当比贪赃罪减一等，勿革军职。未贪赃不知情者，一人至三十人勿治罪；三十人以上一律有官罚马一，庶人十三杖。

---

① 本面残缺，右面图版佚，行数为暂拟。

注释：

［1］边检校、营垒城堡头监、州主、□监等使局分军卒、寨妇等本人不在而他处往：原译为“边检校、营垒城堡主管、州主、□监等局分军卒、寨妇等，本人不在而使他处往”，逻辑不清，断句不对，误将[illegible]（头监、小监）译为“主管”。

［2］知情而收贿者：原译为“收贿者”，漏译“知（[illegible]）”字。

首先，[illegible]（头监、小监）为局分中地位较低的职事官，与“主管”不同。如“计量小监”、“伕役小监”、“夜禁小监”、“匠作小监”等。其次，由《弃守营垒城堡溜等门》“首领人军卒寨妇佚”、“军卒寨妇不往何处弃”、“行贿弃城溜及擅自不往”条，知边检校、营垒城堡头监、州主、城守等有管理、监督军卒、寨妇驻守营垒城堡军溜的责任。①

2.《天盛律令》卷四《弃守营垒城堡溜等门》：“一守营垒堡城者军将等中，大小首领、舍监、末驱等，擅自弃不往营堡城军溜者，一律一日至十日十三杖，十日以上至二十日徒三个月，二十日至一个月徒六个月，一个月以上一律徒一年，勿革军职。”②本条款西夏文原文为：

甲 4-3-3 [illegible]

一［营］垒堡城守者军溜等中首领小大舍监末

甲 4-3-4 [illegible]

驱等自谋［营］垒堡城军溜等弃不往 <> 一

甲 4-3-5 [illegible]

律一日起十日至十三杖十日以上二十

甲 4-3-6 [illegible]

日至三月个二十日以上一月个至六月

甲 4-3-7 [illegible]

个一月个以上一律一年军莫失

① 史金波、聂鸿音、白滨译注：《天盛改旧新定律令》，第 195—196 页。
② 史金波、聂鸿音、白滨译注：《天盛改旧新定律令》，第 194—195 页。

新译文：

　　一守营垒堡城者军溜[1]等中，大小首领、舍监、末驱等，擅自弃不往营堡城军溜者，一律一日至十日十三杖，十日以上至二十日徒三个月，二十日以上[2]至一个月徒六个月，一个月以上一律徒一年，勿革军职。

注释：

　　[1] 军溜：原译为"军将"。
　　[2] 二十日以上：原译为"二十日"，漏译"以上（𗥤𗟲）"一词。

　　𗥤𗥤（军溜），是西夏特有军事组织，与"军将"不同。

　　改译后，明确知道守营垒堡城者军溜等中，大小首领、舍监、末驱等，擅自弃不往营堡城军溜二十日，该徒三个月，从而体现了《天盛律令》军事条款的缜密。而且西夏文一律 A 至 B……，B 以上至 C……，C 以上至 D……，D 以上……这种严整的行文风格也得以体现出来。本条款在《西夏社会》中被引用，用来说明《天盛律令》中西夏的军事法，但对条款译文中存在的上述问题没有做修改，从而不能更好地体现《天盛律令》关于军事作战条款细致、缜密的特点。①

　　3.《天盛律令》卷四《弃守营垒城堡溜等门》："一军首领、辅全营垒、□□□等弃者，大小首领、舍监、末驱等□□□一日至十日徒六个月，十日以上至二十日徒一年，二十日以上至一个月徒二年，勿革军职，一个月以上一律革军职，徒三年。其下正军十三杖，负担、寨妇勿治罪。"②本条款西夏文原文为：

　　甲 4-4-17 𗥦𗥤𗥩𗥤𗥦𗦅𗥤𗥩□□□𗦅𗥣𗥩𗥤𗥤𗥣
　　　　　　一军首领辅全［营］垒□□□等弃 <> 首领小
　　甲 4-4-18 𗥤𗥤𗥣𗥩𗥦𗦅□□𗦅𗥩𗥤𗦅𗥩𗥩𗥣𗥣𗥤
　　　　　　大舍监末驱等□□一日起十日至六月
　　甲 4-5-1 𗥤𗦅𗥩𗟲𗥩𗦅𗥩𗥩𗥦𗥩𗟲𗦅𗥩𗟲
　　　　　　个十日以上二十日至一年二十日以上

_____

① 史金波：《西夏社会》（上），第 281—282 页。
② 史金波、聂鸿音、白滨译注：《天盛改旧新定律令》，第 196 页。

甲 4-5-2 𗥃𗥃𗥃𗥃𗥃𗥃𗥃𗥃𗥃𗥃𗥃𗥃𗥃𗥃𗥃
　　　　一月个至二年军不失一月个以上一律
甲 4-5-3 𗥃𗥃𗥃𗥃𗥃𗥃𗥃𗥃𗥃𗥃𗥃𗥃𗥃𗥃𗥃
　　　　军 <> 失三年圈下军正十三杖辅主寨妇
甲 4-5-4 𗥃𗥃𗥃
　　　　罪不连

新译文：

　　一军首领、辅全营垒、□□□等弃者，大小首领、舍监、末驱等□□一日至十日徒六个月，十日以上至二十日徒一年，二十日以上至一个月徒二年，勿革军职，一个月以上一律革军职，徒三年。其下正军十三杖，辅主[1]、寨妇勿治罪。

注释：

　　[1] 辅主：原译为"负担"（𗥃𗥃）。

　　本条款是对首领、辅全弃城溜的处罚。①一般来说，西夏最基层军事组织抄，由两人或多人构成，其中一人为正军，两人或更多人为辅主或负担。②辅主和负担虽都是抄的组成部分，但是二者是不同的。根据《天盛律令》卷五《军持兵器供给门》，知帐门后宿属、内宿后卫等属、神策内外侍等属的正军比正辅主、负担的兵器配备多，正辅主的兵器配备比正军少但比负担多。③兵器配备的多少，反映了地位的不同。由此可知，军抄中正军的地位最高，其次是辅主，而负担是最低的。白滨先生认为辅军即辅主大概指《宋史·夏国传》中的"负赡"。④彭向前认为近年发现的西夏文军事文书中只有"正军"和𗥃𗥃（对译：辅主），不见𗥃𗥃（[副担]）一词，西夏文兵书《贞观玉镜将》中亦

───────────────

① 本条款条目原译为"首领辅全城溜弃"。据语法与条款内容，条目𗥃𗥃𗥃𗥃𗥃（对译：首领辅全城溜弃）应改译为"首领辅全弃城溜"。条目参见史金波、聂鸿音、白滨译注：《天盛改旧新定律令》，第16页；俄罗斯科学院东方研究所圣彼得堡分所、中国社会科学院民族研究所、上海古籍出版社编：《俄藏黑水城文献》，第8册，第33页右面第10小行。又据语法、条目和上下文，条款中的"军首领、辅全营垒、□□□等弃者"应改译为"军首领、辅全弃营垒、□□□等者"。
② 史金波、聂鸿音、白滨译注：《天盛改旧新定律令》，第259—264页。
③ 史金波、聂鸿音、白滨译注：《天盛改旧新定律令》，第227—228页。
④ 白滨：《〈文海〉所反映的西夏社会》，史金波、白滨、黄振华：《文海研究》，第41页。

无缑羽（［副担］）一词，故缑羽（［副担］）译为"负担"是一个误会，蠡毣（对译：辅主）应译为"负赡"。①史金波先生指出不仅《天盛律令》对军抄的记载分正军、辅主、负担为主，在出土的有关军抄文书中多数情况亦只分正军和辅主两种。但俄 Инв.No.2206-3、俄 Инв.No.2206-5、俄 Инв.No.2206-8 等军抄文书中将辅主分为正辅主和负担，知辅主有正副，负担为副辅主。②

4.《天盛律令》卷四《弃守营垒城堡溜等门》："一守边境营垒军溜等者，当于所定地区聚集而住，退避或变住处时，提出退避之造意者及边检校、营垒主管、正副溜等，一律革军职，徒十二年。其下正首领、舍监、末驱等勿革军职。其中正首领徒四年，舍监、末驱等一律徒二年。"③本条款西夏文原文为：

甲 4-5-5 ＜Tangut＞
　　　　一地边［营］垒军溜等守者 <> 定地图全集 <>
甲 4-5-6 ＜Tangut＞
　　　　住退迁住处变等时退迁人谓心起者及
甲 4-5-7 ＜Tangut＞
　　　　边口使［营］垒头监溜正副等一律职军 <>
甲 4-5-8 ＜Tangut＞
　　　　失十二年以下正头领舍监末驱等军不
甲 4-5-9 ＜Tangut＞
　　　　失其中正头领四年舍监末驱等一律二
甲 4-5-10 ＜Tangut＞
　　　　年

新译文：

一守边境营垒军溜等者，当于所定地区聚集而住，退避或变住处时，提出退避之造意者及边检校、营垒主管、正副溜等，一律革职、军[1]，徒十二年。其下正首领、舍监、末驱等勿革军[2]。其中正首领徒四年，舍监、末驱等一律徒二年。

---

① 彭向前：《释"负赡"》，《东北史地》，2011 年第 2 期。
② 史金波：《西夏军抄的组成、分合及除减续补》，姜锡东主编：《宋史研究论丛》第 15 辑，河北大学出版社，2014 年，第 556—563 页；又见《瘠土耕耘：史金波论文选集》，第 416—421 页。
③ 史金波、聂鸿音、白滨译注：《天盛改旧新定律令》，第 196 页。

注释：

    [1] 一律革职、军：原译为"一律革军职"，漏译𗥦（职）。

    [2] 勿革军：原译为"勿革军职"，下同改，不再出注。

本门中，史金波等译注本七次将𗐽（军）译为"军职"。第194页，两次出现"勿革军职"。[1]第195页，三次出现的"勿革军职"。[2]第196页的"勿革军职"与"革军职"。[3]西夏的职和军虽有重合之处，但却是两个不同的系统，是两种不同的身份。职指的是职事官，军指的是军事官。[4]上述七次"军职"均需改译为"军"。改译后，知西夏的军事法对守边境营垒军溜等退避或变住处时，对提出退避之造意者及边检校、营垒主管、正副溜等，处罚较为严厉，一律革最重要的职和军，而其下正首领、舍监、末驱等则未革军。

5.《天盛律令》卷四《弃守大城门》："一守大城者，当使军士、正军、辅主寨妇等众人依所定聚集而住，城司自己□□当提举。有不聚集时，当催促，应依高低处罪，令其守城。假若官家及监军司等派人当提举，仍不聚集时，州主、城守、通判等一律不知，未贪赃则应在正军、辅主、寨妇等总计十分，缺一二分，不治罪；缺三四分，十三杖，勿革职；缺五分，当革职，十三杖；缺六分，徒三个月；缺七分，徒六个月；缺八分，徒一年；缺九分以上一律当革军职，徒二年，无官徒三年。贪赃十分中缺一二分勿革职，十三杖；缺三四分，当革职，十三杖；缺五分，徒三个月；缺六分，徒六个月；缺七分，徒一年；缺八分，当革军职，徒二年；缺九分以上一律徒三年，无官徒四年。据其贪量，按枉法贪赃罪法，依其重者判断。所贪赃当交官。应革职，军职数当先革去，所遗劳役当以官品当。"[5]本条款西夏文原文为：

甲4-6-16 𗥦𗁲𗏹𗱕𗦲𗊩𗥨𗊩𗧨𗗙𗤛𘓓𗧨𗰜𗀔𗥦𗥤

---

① 按：本条的译文在原译的基础上作了修改，论述见上文。原文分别参俄罗斯科学院东方研究所圣彼得堡分所、中国社会科学院民族研究所、上海古籍出版社编：《俄藏黑水城文献》，第8册，第101页上左第7、9行。

② 原文参见俄罗斯科学院东方研究所圣彼得堡分所、中国社会科学院民族研究所、上海古籍出版社编：《俄藏黑水城文献》，第8册，第101页下右第7行、下左第4、8行。

③ 原文分别参见俄罗斯科学院东方研究所圣彼得堡分所、中国社会科学院民族研究所、上海古籍出版社编：《俄藏黑水城文献》，第8册，第102页下右第2、3行。

④ 史金波、聂鸿音、白滨译注：《天盛改旧新定律令》，第138—146、362—379页；史金波：《西夏文教程》，第355—360页。

⑤ 史金波、聂鸿音、白滨译注：《天盛改旧新定律令》，第198页。

一城大守者军卒军正辅主寨妇等人数 <> 定

甲 4-6-17 𗧾𗫦𗾒𗢭𗫵𗸐𗮀𗣼𗽻𗭴𗭴𗫸𗫅𗾊𗤌𗭾𗫢

依全集 <> 住城司自人间间 <> 察经为不全

甲 4-6-18 𗾒𗣗𗒀𗫸𗟻𗜈𗵸𗫛𗧾𗾙𗪁𗬩𗤌𗜈𗫸𗭪𗉫

集有时 <> 逼迫低高依罪 <> 折为城 <> 守令

甲 4-7-1 𗫋𗔪𗫵𗧾𗥩𗣼𗫦𗮀𗤧𗩽𗤵𗫸𗫅𗾊𗜈

假若官以及军监司等人遣 <> 察经又

甲 4-7-2 𗜈𗫢𗾒𗒀𗭴𗫢𗭴𗮀𗼷𗟻𗏵𗤧𗪩𗜛𗤌𗜈𗤓

不全集时城监城守通判等一律不知贪

甲 4-7-3 𗦀𗔊𗾒𗬩𗣩𗨯𗨁𗥩𗻰𗽻𗤧𗵐𗤴𗤌𗫅𗜈

无则住应军正辅主寨妇等总计十分 <>

甲 4-7-4 𗬩𗴈𗧓𗤧𗦀𗾙𗥻𗨒𗀗𗤧𗦀𗨒𗀜𗥻

为一二分无罪不连三四分无十三杖职

甲 4-7-5 𗥻𗶓𗜈𗤧𗥻𗾓𗴈𗨒𗀜𗀗𗤧𗦀𗨒𗀕

不失五分无职 <> 失十三杖六分无三月

甲 4-7-6 𗨒𗤼𗤧𗦀𗫵𗀜𗨒𗨨𗤧𗥻𗴈𗖵𗤧𗦉𗽺

个七分无六月个八分无一年九分起以

甲 4-7-7 𗵸𗥻𗜈𗨒𗥻𗨒𗧓𗴈𗜈𗻰𗀜𗴈𗖵𗶃𗔪

上一律军 <> 失二年官不有三年贪有则

甲 4-7-8 𗤵𗵀𗤼𗧓𗨒𗤧𗥻𗥻𗨒𗀜𗖵𗀜𗟻𗨒

十分中一二分无职不失十三杖三四分

甲 4-7-9 𗫵𗥻𗨒𗨒𗀜𗖵�其𗧓𗤧𗫵𗨒[𗨨𗨨]① 𗤧𗨒𗤧

无职 <> 失十三杖五分无三月个六分无

甲 4-7-10 𗤧𗭴𗨨𗤼𗤧𗥻𗥻𗨒𗀜𗤧𗥻𗴈𗧓𗨒

六月个七分无一年八分无军 <> 失二年

甲 4-7-11 𗖵𗤧𗦉𗽺𗵸𗤧𗥻𗜈𗨒𗨒𗜈𗻰𗖵𗨒𗽺

九分起以上无一律三年官不有四年贪

甲 4-7-12 𗕰𗫸𗵀𗽺𗾙𗜈𗤧𗤴𗤌𗻀𗜈𗉫𗫻𗽺𗫸

量律弯贪罪礼等何 <> 重上判断贪官

甲 4-7-13 𗧾𗤧𗭪𗥻𗵀𗵝𗭾𗨒𗬴𗬴𗀜𗵀𗥻𗫅𗵸𗵀

---

① 𗨨𗨨（个月），残缺，据上下文补。

以 <> 献职军失应数先前 <> 失 <> 遗劳役

甲 4-7-14 🈳🈳🈳🈳🈳🈳

官品与 <> 敌为

新译文：

　　一守大城者，当使军士、正军、辅主寨妇等众人依所定聚集而住，城司自己间隔当检验[1]。有不聚集时，当催促，应依高低处罪，令其守城。假若官家及监军司等派人检验[2]，仍不聚集时，州主、城守、通判等一律不知，未贪赃则应在正军、辅主、寨妇等总计十分，缺一二分，不治罪；缺三四分，十三杖，勿革职；缺五分，当革职，十三杖；缺六分，徒三个月；缺七分，徒六个月；缺八分，徒一年；缺九分以上一律当革军，徒二年，无官徒三年。贪赃十分中缺一二分勿革职，十三杖；缺三四分，当革职，十三杖；缺五分，徒三个月；缺六分，徒六个月；缺七分，徒一年；缺八分，当革军，徒二年；缺九分以上一律徒三年，无官徒四年。据其贪量，与枉法贪赃罪法比较[3]，依其重者判断。所贪赃当交官。应革职、军数[4]当先革去，所遗劳役当以官品当。

注释：

　　[1] 间隔当检验：原译为"□□当提举"，未识出🈳🈳（对译：间间）一词，将🈳🈳（对译：看经）译为"提举"。

　　[2] 检验：原译为"当提举"，将🈳🈳（对译：看经）译为"提举"。

　　[3] 与枉法贪赃罪法比较：原译为"按枉法贪赃罪法"。

　　[4] 应革职、军数：原译为"应革职，军职数"，标点有问题。

　　《类林》卷八贫达篇第四十"王章"条有🈳🈳🈳🈳🈳🈳🈳🈳🈳🈳（对译：狱头监夜数鼓犯 [王章] <> 看经），即"狱官每夜打鼓检验王章"，其中🈳🈳（对译：看经）对应"检验"。①

　　🈳🈳🈳🈳🈳🈳🈳🈳🈳🈳（对译：贪量律枉贪罪礼等何 <> 重上断判）中，🈳🈳（贪量）为状语，🈳🈳🈳🈳🈳🈳（与枉法贪赃罪）为状语，🈳（何）为疑问代词，🈳 [圪 kji] 为动词前置助词，🈳🈳（从重）为状语，🈳🈳

---

　　① 史金波、黄振华、聂鸿音：《类林研究》，第 202 页。

（断判）为谓语。改译后，知本条强调的是受贿的量，即受贿量当与枉法贪赃罪比较，从重处罚。从上下文来看，《天盛律令》中很多次出现"A 与 B 或 A 与 B、C 比较，从重判断"这样的句子，原译都将"比较"这层意思翻译出来。以下只举两个有问题的句子：第 357 页，将 [西夏文] / [西夏文]（对译：贪有则律枉罪等何 /<> 重上断判），译为"受贿则与枉法贪赃罪比，从其重者判断"。[1]第 477 页，[西夏文]□[西夏文]（对译：贪羞面有□律弯贪罪等何 <> 重上断判），应译为"受贿徇情□与枉法贪赃罪比较，从重者断判"。[2]

前揭西夏的职和军虽有重合处，但却是两种不同的身份。职指的是职事官，军指的是军官。[西夏文]（对译：职军失应数）中，[西夏文]（职）和 [西夏文]（军）为并列宾语，同时受定语 [西夏文]（数）的修饰。改译后，有助于理解本条款：本条是守大城者，在官家及监军司等派人检验而军士、正军、辅主、寨妇等众人不依所定聚集而住时，对州主、城守、通判未贪赃、不知情与知而贪赃即贪赃枉法两种情况的处罚。

6.《天盛律令》卷四《边地巡检门》："放过一至十人，主管徒三个月，检人十三杖；放过十一至三十人，主管徒一年，检人徒三个月；放过三十以上至七十人，检主管徒二年，检人徒六个月；放过七十以上至一百，检主管徒三年，检人徒一年；放过一百以上至三百，检主管徒四年，检人徒二年；放过三百以上至五百，检主管徒五年，检人徒三年；放过五百以上至七百，检主管徒六年，检人徒四年；放过七百以上至八百，检主管徒八年，检人徒五年；放过八百以上至九百，检主管徒十年，检人徒六年；放过九百以上至一千，检主管徒十二年，检人徒八年；放过一千以上，一律检主管当绞杀，检人徒十年。"[3]本条款西夏文原文为：

甲 4-9-11 [西夏文]

---

① 按本句原译有误，因 [西夏文]（受贿）只是与 [西夏文]（枉法罪）比较，故应译为"受贿则与枉法罪比，从其重者判断"。原文参见俄罗斯科学院东方研究所圣彼得堡分所、中国社会科学院民族研究所、上海古籍出版社编：《俄藏黑水城文献》，第 8 册，第 215 页上左第 7—8 行。
② 按：本条款原译为"受贿食□□□以枉法贪赃罪比较，从重者断判"。《天盛律令》中，[西夏文]（对译：贪羞面有），即"受贿徇情"是出现次数较多的连动词组。[西夏文]（徇情）原文中，[西夏文]（羞）字稍缺左下部，[西夏文]（面）字左部缺、中间模糊，[西夏文]（有）字缺左部和中间，该词据固定用法和所存部分拟补。原文参见俄罗斯科学院东方研究所圣彼得堡分所、中国社会科学院民族研究所、上海古籍出版社编：《俄藏黑水城文献》，第 8 册，第 296 页下右第 4—5 行。
③ 史金波、聂鸿音、白滨译注：《天盛改旧新定律令》，第 199—200 页。

一起十至穿头监 <> 三月个检人十三杖

甲 4-9-12 〔西夏文〕

十一起三十至穿检头监一年检人三月个

甲 4-9-13 〔西夏文〕

三十以上七十至穿检头监二年检人六

甲 4-9-14 〔西夏文〕

月个

甲 4-9-15 〔西夏文〕

七十以上百至穿检头监三年检人一年

甲 4-9-16 〔西夏文〕

百以上三百至穿检头监四年检人二年

甲 4-9-17 〔西夏文〕①

三百以上五百至穿检头监五年检人三年

甲 4-9-18 〔西夏文〕

五百以上七百至穿检头监六年检人四年

甲 4-10-1 〔西夏文〕②

七百以上八百至穿检头监八年检人五

甲 4-10-2 〔西夏文〕

年

甲 4-10-3 〔西夏文〕

八百以上九百至穿检头监十年检人六

甲 4-10-4 〔西夏文〕

年

甲 4-10-5 〔西夏文〕

九百以上千至穿检头监十二年检人八

甲 4-10-6 〔西夏文〕

年

甲 4-10-7 〔西夏文〕

千以上一律检头监项缚为以 <> 杀检人

---

① 〔西夏文〕（检），残缺，据上下文拟补。
② 〔西夏文〕（对译：检人五），前两字残缺，第三字佚。据上下文拟补。

甲 4-10-8 骁骼
十年

新译文：

放过一至十人，检头监[1]徒三个月，检人十三杖；放过十一至三十人，检头监[2]徒一年，检人徒三个月；放过三十以上至七十人，检头监[3]徒二年，检人徒六个月；放过七十以上至一百，检头监[4]徒三年，检人徒一年；放过一百以上至三百，检头监[5]徒四年，检人徒二年；放过三百以上至五百，检头监[6]徒五年，检人徒三年；放过五百以上至七百，检头监[7]徒六年，检人徒四年；放过七百以上至八百，检头监[8]徒八年，检人徒五年；放过八百以上至九百，检头监[9]徒十年，检人徒六年；放过九百以上至一千，检头监[10]徒十二年，检人徒八年；放过一千以上，一律检头监[11]当绞杀，检人徒十年。

注释：

[1]检头监：原译为"主管"，虽未漏译，但因本句和以下都是"放过多少人，对繍瞅繺（检头监）的处罚，对瞅繺（检人）的处罚"这种模式，而且本句和下文放过的人数和所受的处罚都是依次递增，故疑原文漏刻繍（检）字。又瞅繺一般译为头监或小监，这里译为主管。

[2]检头监：原译为"主管"，漏译繍（检）。

[3][4][5][6][7][8][9][10][11]检头监：原译为"检主管"。

本条款是对大小检人不住地段明显处，并且逃避转移他出住时，失察，所管地上敌寇之军兵穿过而畜人物未入手罪的处罚。①前揭瞅繺（头监、小监）为地位较低的职事官，与"主管"不同。故检头监与检主管也不同。

7.《天盛律令》卷四《边地巡检门》："一敌人、盗寇者已出，失于监察，入内地，畜、人、物已入手，住滞出时，当视钱数，依以下所定判断。检人比检头监罪减一等，军溜、盈能减二等，边检校减三等。管事住边副行统减四等，当依次递减。"②本条款西夏文原文为：

---

① 史金波、聂鸿音、白滨译注：《天盛改旧新定律令》，第199—200页。
② 史金波、聂鸿音、白滨译注：《天盛改旧新定律令》，第200页。

甲 4-10-9 𗹬𗹬𗼈𗼋𗰠𗷇𗷇𗷇𗷇𗷇𗷇𗷇𗷇𗷇𗷇𗷇𗷇𗷇𗷇[𗹬]①

    一兽盗寇者 <> 出监眼缺地堂穿畜人物手入

甲 4-10-10 𗼈𗷇𗷇𗷇𗷇𗷇𗷇𗷇𗷅�5�5�5�5�5�5[�5]②

    住滞出时钱 <> 量检头监 <> 罪以下 <>

甲 4-10-11 𗷇�5�5�5�5�5�5�5�5�5�5�5�5[�5]③

    定依判断检人检头监罪比一等及军

甲 4-10-12 𗷇�5�5�5�5�5�5�5�5�5�5�5�5[�5]④

    溜 [盈能] <> 二等边口使 <> 三等职管边

甲 4-10-13 𗷇�5�5�5�5�5�5�5�5�5�5�5�5�5

    住副行统 <> 四等等次依 <> 减为

新译文：

    一敌人、盗寇者已出，失于监察，入内地，畜、人、物已入手，住滞出时，当视钱数，检头监之罪依以下所定判断[1]。检人比检头监罪减一等，军溜盈能[2]减二等，边检校减三等。管事住边副行统减四等，当依次递减。

注释：

    [1] 检头监之罪依以下所定判断：原译为"依以下所定判断"，漏译𗷇𗷇𗷇𗷇𗷇（检头监之罪）五字。

    [2] 军溜盈能：原译为"军溜、盈能"，标点有误。

    漏译𗷇𗷇𗷇𗷇𗷇（检头监之罪）五字，亦可由下文"检人比检头监罪减一等"看出端倪。检人是和检头监罪比较后减一等的，那么，前面漏译的应该就是"检头监罪"。同样，军溜盈能、边检校、管事住边副行统的减罪也是建立在与"检头监罪"比较的基础上。改译后，明确了下文"一缗至五十缗，徒三个月；五十缗以上至一百五十缗，徒六个月；一百五十缗以上至五百缗，徒一年；五百缗以上至一千缗，徒二年；千缗以上至一千五百缗，徒

---

① 𗹬（人），残缺，据上下文拟补。
② 𗷅（〈〉），残缺，据上下文拟补。
③ 𗷇（军），残缺，据上下文拟补。
④ 𗷇（边），残缺，据上下文拟补。

三年；一千五百缗以上至二千缗，徒四年；二千缗以上至二千五百缗，徒五年；二千五百缗以上至三千缗，徒六年；三千缗以上至三千五百缗，徒八年；三千五百缗以上至四千缗，徒十年；四千缗以上至五千缗，徒十二年；五千缗以上，一律当绞杀"[1]的处罚是对检头监而不是对别人而言的。又军溜是西夏基层军事组织，盈能是职官，𗏆𘔼𗖫𗾫（对译：军溜［盈能］）出现在检头监、检人、边检校、副行统等军职中，故应译为"军溜盈能"。

8.《天盛律令》卷四《边地巡检门》："一检人已监察，先知敌人入寇者来，当告所属营垒军溜堡城，相接旁检等，检人于长□边界上当监视军情，敌军改道别地往时，军情所向处当重派告者。若不派告者，而不察军情，有住滞者，先见时已告相接新检军溜等，因侦察军情未准，未重派告者等，检主管、庶人十三杖，检人勿治罪。其中已派告者而未往者，依前法十三杖，主管勿治罪。"[2]本条款西夏文原文为：

甲 4-15-16 𗏆𘔼𗖫𗾫𘄒𗉛𗥤𗰗𘈈𗥩𗵒𗏆𘔼𗵒𘃽𗌭
　　　　　一检人检眼先兽军入寇者 <> 来觉 <> 属［营］

甲 4-15-17 𗄈𗥩𗏆𘔼𗖫𗾫𗄈𗴼𗥤𘞽𗏆𘔼𗵒𗋚𗰣
　　　　　垒军溜堡城检肋接相等 <> 告检人体长

甲 4-15-18 𗋚𗥩𗖫𗵒𗵒𘕸𗰗𗥤𘕘𗵒𘓳𘄿𗥩𗵒𗵒
　　　　　长军头 <> 监为兽军自弯别往时军头 <>

甲 4-16-1 𗥤𘓞𘔼𗵒𗵒𘕸𗵒𘔼𗵒𘈈𗵒𗵒𗥩𗵒
　　　　　看处重告者 <> 遣若告者不遣及军头

甲 4-16-2 𘈈𗖫𗵒𘔼𗵒𗵒𘕸𗥢𗥤𘔼𗴼𗥤𗥤
　　　　　不监为住滞出 <> 先见时检肋接相军

甲 4-16-3 𗏆𗥩𗵒𘔼𗥤𗵒𗵒𗵒𘔑𗵒𘔼𗵒𗵲𗵒𗥩
　　　　　溜等 <> 告军头监为不牢重告者不遣等

甲 4-16-4 𘕶𗏆𗵒𘕸𘔼𗥩𗥤𗵒𘕸𗏆𘔼𗵒𘄒𗥩𗵒𗵯
　　　　　因检头监庶人十三杖检人罪不连其中

甲 4-16-5 𘔼𗵒𗏆𗵒𗥩𘒣𘕸𗖫𗵒𘕸𗵒𗥩𘒣𗵒𗵯
　　　　　告者 <> 遣未往 <> 前礼依十三杖头监罪

---

① 史金波、聂鸿音、白滨译注：《天盛改旧新定律令》，第200—201页。
② 史金波、聂鸿音、白滨译注：《天盛改旧新定律令》，第204页。

甲 4-16-6 𗤦𗀼
　　　莫连

新译文：

　　一检人已监察，先知敌人入寇者来，当告所属营垒军溜堡城，相接旁检等，检人于长长[1]边界上当监视军情，敌军改道别地往时，军情所向处当重派告者。若不派告者，而不察军情，有住滞者，先见时已告相接旁检[2]军溜等，因侦察军情未准，未重派告者等，检头监[3]庶人十三杖，检人勿治罪。其中已派告者而未往者，依前法十三杖，头监[4]勿治罪。

注释：

　　[1] 长长：原译为"长□"，未识出𗀼（长）。
　　[2] 旁检：原译为"新检"。
　　[3] 检头监：原译为"检主管"，改译原因见前文。本门中译为"检主管"的尚多，不再一一指出。
　　[4] 头监：原译为"主管"，改译原因见前文。

　　𗤦𗀼（对译：检肋）一词，《天盛律令》中多次译为"旁检"或"旁检人"，该词后多接动词，如𗤦𗀼（相接）。本条款规定，检人先监察，知敌人入寇者来，当告所属营垒军溜堡城及相接旁检等。而且检人当继续监视军情，敌军改道往别地时，军情所向处当重派告者。若不遣告者，不察军情，有住滞者，即使先见时已告相接旁检、军溜等，因侦察军情未准，未重派告者等，检头监当受罚；已派告者而未往，未往者当受罚。

　　9.《天盛律令》卷四《边地巡检门》："一大小检人地底未放逸，敌军盗贼入寇者来，监察先知，新接检人以及局分、军溜报告之功"。①本条款西夏文原文为：

甲 4-16-17 𗤦𗀼𗀼𗀼𗀼𗀼𗀼𗀼𗀼𗀼𗀼𗀼𗀼𗀼𗀼𗀼
　　　一检长短地［地］不其放兽军盗诈入寇者来监
甲 4-16-18 𗀼𗀼𗀼𗤦𗀼𗀼𗀼𗀼𗀼𗀼𗀼𗀼𗀼𗀼
　　　眼先觉检肋接及事管军溜等告 <> 功

---

① 史金波、聂鸿音、白滨译注：《天盛改旧新定律令》，第 205 页。

新译文：

一大小检人其地[1]未放逸，敌军盗贼入寇者来，监察先知，报告旁接检人以及局分、军溜之功[2]。

注释：

［1］其地：原译为"地底"。

［2］报告旁接检人以及局分、军溜之功：原译为"新接检人以及局分军溜报告之功"。

𘆖𘃸（对译：地［地］）一词，一般译为"其地、地界"。𗾩𗮣（对译：检肋），前揭意为"旁检"，故𗾩𗮣𗗙（对译：检肋接）应译为接旁检人。从语法来看，𗾩𗮣𗗙𘅫𗴺𗗠𘝞𘈧𗫡（对译：检肋接及事管军溜等告）中，𗾩𗮣𗗙𘅫𗴺𗗠𘝞𘈧（旁接检人以及局分、军溜等）为宾语，𗫡（告）为谓语。从上下文来看，上文提到大小检人未放逸，监察先知敌军盗贼入寇者来；下文是按察觉敌军盗贼入寇者的人数，对检主管和检人的奖励。①故中间应为"报告旁接检人以及局分、军溜之功"。

10.《天盛律令》卷四《边地巡检门》："一边地巡检、队提点、夜禁主管等，局分检沿口当常巡检，当紧紧指挥巡检人，令每人依确定地段当值。若违律住滞时罪及指挥孚当之功，当依所定实行。"②本条款西夏文原文为：

甲 4-19-12 𗾫𘆖𗉘𗢳𗾩𗭪𗊢𘈧𘈩𘃸𘟙𗌮𘟣𘈧𗗠𘝞𗾩𗋽𘝯
　　　　　一地边行检列言过处夜禁头监等事管检口长
甲 4-19-13 𘝵𗢳𗾩𗗱𗢾𗢾𗌮𗯩𗬫𗾫𘝯
　　　　　<> 行检人紧紧 <> 指挥人数显
甲 4-19-14 𗼃𘆖𘂍𗅉𘝵𗅋𗪱𘄄𗗠𘝏𗴺
　　　　　依地图上 <> 住令若律过住滞
甲 4-19-15 𗪟𗓽𗗠𗯩𗬫𗟻𗪱𗫱𗗠𘈩𘝵
　　　　　时罪及指挥牢 <> 功等 <> 定依
甲 4-19-16 𘀗𗉘

------

① 史金波、聂鸿音、白滨译注：《天盛改旧新定律令》，第205—206页。
② 史金波、聂鸿音、白滨译注：《天盛改旧新定律令》，第207页。

顺行

新译文：

一边地巡检、队提点、夜禁小监[1]等，局分沿检口当巡检[2]，当紧紧指挥巡检人，令每人依确定地段当值。若违律住滞时罪及指挥妥当[3]之功，当依所定实行。

注释：

[1] 夜禁小监：原译为"夜禁主管"。

[2] 沿局分检口当巡检：原译为"局分检沿口当常巡检"，语序不对，衍"常"。

[3] 妥当：原译为"孚当"。

前揭𗆤𗴺（小监、头监）为职司中地位较低职事官，与"主管"不同。因此，夜禁小监与夜禁主管不同。𗋒𗊱𗴺𗦮𗆤𗾺𗊱𗴺（对译：事管检［口］长 <> 行检）中，边地巡检、队提点、夜禁小监等为主语，𗋒𗊱𗴺𗦮𗆤（沿局分检口）为状语，𗦮［领 rjijr］为表存续动作的未然式动词前缀，𗾺𗊱（巡检）为谓语。

11.《天盛律令》卷四《边地巡检门》："一百人以下，银一两、绫一块；一百以上，一律银二两、杂锦一块、茶绢三。"①本条款西夏文原文为：

甲 4-22-4 𗩾𗼩𗿷𗿷𗴺𗮀𗤒𗤁 𗩾𗩾𗦳𗩾𗩦
　　　　　百起低下银一两绫上毭一百上
甲 4-22-5 𗾲𗤒𗱱𗆟𗮀𗴺𗤀𗤁 𗩾𗩾𗦳𗆄𗤾𗪙
　　　　　高一律二两银杂锦上毭一茶绢三

新译文：

一百人及以下，银一两、绫上毭一[1]；一百以上，一律银二两、杂锦上毭一[2]、茶绢三。

---

① 史金波、聂鸿音、白滨译注：《天盛改旧新定律令》，第209页。

注释：

　　［1］绫上氅一：原译为"绫一块"，漏译𦆲𦇚（上氅）。

　　［2］杂锦上氅一：原译为"杂锦一块"，漏译𦆲𦇚（上氅）。

　　𦆲𦇚（对译：上氅），应指氅衣。①《天盛律令》第205-206、208-210页中多次将𦆲𦇚（上氅）译为"一块"，均应改译。②

　　12.《天盛律令》卷四《边地巡检门》："一我方家主人迁居未全往，单独行，彼处与敌盗入寇者遇，而失败，畜、人已入他人之手，因畜主人先□溜中未来，所丢失畜皆当罚，勿得罪。边管、检校因在彼人迁溜中未禁止，未受贿十三杖，受贿则徒六个月。"③本条款西夏文原文为：

甲 4-23-7　𦄿𦅹𦅺𦆋𦆄𦇚𦆶𦇎𦇒𦇟𦇝𦇢𦇤𦇥𦇧𦇩
　　　　　一我我家主人迁圈中不往独自行彼处兽盗

甲 4-23-8　𦇪𦇫𦇬𦇭𦇮𦇯𦇰𦇱𦇲𦇳𦇴𦇵𦇶𦇷
　　　　　入寇者与遇 <> 毁畜人他手入 <> 达为 <>

甲 4-23-9　𦇸𦇹𦇺𦇻𦇼𦇽𦇾𦇿𦈀𦈁𦈂𦈃𦈄𦈅
　　　　　畜丈妻先迁溜中未来因 <> 失畜皆 <> 罚

甲 4-23-10　𦈆𦈇𦈈𦈉𦈊𦈋𦈌𦈍𦈎𦈏𦈐𦈑𦈒𦈓
　　　　　罪不得［边管］口使其人迁溜中未禁止因

甲 4-23-11　𦈔𦈕𦈖𦈗𦈘𦈙𦈚𦈛𦈜𦈝
　　　　　贪无十三杖贪有则六月个

新译文：

　　一我方家主人迁院未往[1]，单独行，彼处与敌盗入寇者遇，而失败，畜、人已入他人之手，因畜主人先迁溜[2]中未来，所丢失畜皆当罚，勿

_____

　　① 张笑峰认为，"氅"在唐宋之际并非为衣物，而均指旗物。𦆲𦇚（对译：上氅）译为"上服"更为妥切。见氏著：《西夏上服考》，载杜建录主编：《西夏学》（第十四辑），甘肃文化出版社，2017年版，第90—100页。按：《天盛律令》卷七《敕禁门》有禁止穿鎏金、绣金氅等的规定。（史金波、聂鸿音、白滨译注：《天盛改旧新定律令》，第283页；原译将"氅"译为"线"，条款改译见《敕禁门》。）

　　② 原文参见俄罗斯科学院东方研究所圣彼得堡分所、中国社会科学院民族研究所、上海古籍出版社编：《俄藏黑水城文献》，第8册，第108页下右第3行—109页上左第6行、第110页下右第9行—第111页下右第5行。

　　③ 史金波、聂鸿音、白滨译注：《天盛改旧新定律令》，第210页。

得罪。边管、检校因在彼人迁溜中未禁止，未受贿十三杖，受贿则徒六个
月。

注释：

　　[1] 迁院未往：原译为"迁居未全往"，将𪻓（院）译为"全"。

　　[2] 迁溜：原译为"□溜"，未识出𪻓（迁）字。

本条款说，我方家主人迁院单独行，与敌盗入寇者遇，而畜、人入他人之
手。①可见，家主人未跟随"迁溜"迁居。后面的边管、检校因在彼人迁溜中
未禁止其单独行动亦当受罚，"彼人迁溜"与前文"迁溜"相呼应。从字迹来
看，该字亦当为𪻓（迁）。

13.《天盛律令》卷四《边地巡检门》："一边境地迁家，牲畜主当在各自所
定地界中牧耕、住家，不许超过。若违律往地界之外住家、牧耕，敌人入寇者
来，入他人之手者，迁溜、检校、边管依前述法判断。在地段中之家，敌人入
寇者来，因入他人之手，迁溜、检校、边管勿治罪。"②本条款西夏文原文为：

甲 4-23-13　𗾺𗴺𗣩𗅁𪻓𗂧𗆜𗴿𗯿𗅁𗝊𗢳𗂹𗅈𗣼𗷒𗝗𗷖𗤻
　　　　　　一地边家迁畜牲主自处 <> 定地图内面 <> 牧

甲 4-23-14　𗷒𗯿𗥃𗢳𗵢𗊱𗒹𗄈𗵢𗢳𗅈𗣼𗂹𗅈𗥃𗢳
　　　　　　耕 <> 家住过过允无若律过地图后面家住

甲 4-23-15　𗤻𗷒𗧤𗾁𗅈𗢵𗝗𗅇𗉦𗞞𗅇𗋽𪻓𗾺𗁅𗄈𗴊
　　　　　　牧耕往敌敌入寇者来他手入 <> 迁条口使

甲 4-23-16　𗆧𗢱𗢳𗾁𗶟𗋽𗤊𗢣𗅈𗣼𗆜𗴿𗅁𗢵𗾁𗅈𗢵𗝗𗅇𗉦
　　　　　　[边管] 前有礼依断判地图内面家敌敌入寇

甲 4-23-17　𗞞𗅇𗋽𪻓𗾁𗄈𗴊𗆧𗢱𗨝𗾺𗜈
　　　　　　者来别手入因迁条口使 [边管] 罪莫连

_____

　　① 本条款的条目为𗾺𗴺𪻓𗂧𗵢𗅈𗤊𗤻𗨝𗄈（对译：家主迁院不往独人敌手入），史金波等译注本《天
盛改旧新定律令》第 19 页译为"家主迁全不往单人入敌手"。现根据上下文改译为"家主迁院不往单人入
敌手"。原文参见俄罗斯科学院东方研究所圣彼得堡分院、中国社会科学院民族研究所、上海古籍出版社
编：《俄藏黑水城文献》，第 8 册，第 34 页右面第 3 小行。

　　② 史金波、聂鸿音、白滨译注：《天盛改旧新定律令》，第 210—211 页。

新译文：

　　一边境地迁家，牲畜主当在各自所定地界中牧耕、住家，不许超过。若违律往地界之外住家、牧耕，敌人入寇者来，入他人之手者，迁溜检校、边管[1]依前述法判断。在地段中之家，敌人入寇者来，因入他人之手，迁溜检校、边管[2]勿治罪。

注释：

　　[1][2]迁溜检校、边管：原译为"迁溜、检校、边管"，断句有误。

　　上文有边管、检校因在家主、牲畜主迁居时未禁止单独行，导致其离开迁溜与敌寇遇而损失畜、人时，当受罚的规定。①卷七《番人叛逃门》规定有边地家主越过地界逃跑时，迁溜检校、边管当受罚。②说明边管、检校是迁溜的管理者。

　　14.《天盛律令》卷四《边地巡检门》："一不允迁家牲畜主越地界之外牧耕、住家。……军溜、边检校、检主管等当使返回，令入地段明确处，按所属迁溜、检校等只关。"③本条款西夏文原文为：

甲 4-23-18　𗇋𗷝𗲠𗰁𗴺𘕿𗁬𗉅𗗙𘟂𗰖𗇋𗵽𗀔𗣼𗿒𗨁

　　　　　　一家迁畜畜主地图过后面牧耕家住等允无

甲 4-24-1　𘝨𗷝𗉙𗁬𘄒𘟣𗷭𗰱𗖕𗗙𗉅𘐗𗗙𗉃𘕿𗲦𗤙

　　　　　　军溜边口使检头监等 <> 回地图显内 <>

甲 4-24-2　𘄄𘟣𗷝𗲠𘝨𗁬𘄒𗖕𗗙𘕣𗾲𗄅𘇚𗾲

　　　　　　入有顺迁溜口使等 <><> 委托为

新译文：

　　一不允迁家牲畜主越地界之外牧耕、住家。……军溜边检校、检头监[1]等当使返回，令入地段明确处，当付嘱所属迁溜检校等[2]。

---

① 史金波、聂鸿音、白滨译注：《天盛改旧新定律令》，第 210 页。
② 史金波、聂鸿音、白滨译注：《天盛改旧新定律令》，第 276 页。按：对译文有所改译，参见卷七的校译补正。
③ 史金波、聂鸿音、白滨译注：《天盛改旧新定律令》，第 211 页。

注释：

[1] 军溜边检校、检头监：原译为"军溜、边检校、检主管"，"检主管"前文已改为"检头监"。

[2] 当付嘱所属迁溜检校等：原译为"按所属迁溜、检校等只关"，将□□□（对译：委托）译为"只关"，句读亦误。

按照原译，军溜、边检校、检主管等"按所属迁溜、检校等只关"，意思不明朗。首先，上文已指出□□（检校）为西夏基层组织□□（迁溜）的管理官员。其次，从语法来看，□□□□□□□□□□□（对译：有顺迁溜口使等 <><> 委托为）一句中，主语为军溜边检校①、检头监；□ [耶] 为宾格助词，表明□□□□□□□（所属迁溜检校等）为宾语；□ [京 kjij] 为表示向里、向近处的动词前置助词，□□□（付嘱）为谓语。第三，前文已指出□□（对译：委托）意为付嘱，□□（对译：[只关]）意为只关。改译后，知本条款是说军溜边检校、检头监等当付嘱所属迁溜检校等，令越界牲畜主返回地界。

15.《天盛律令》卷四《边地巡检门》："一检队提点、夜禁主管等，当于下臣官员、閤门、神策、内宿、军独诱等中堪任职者派遣。"②本条款西夏文原文为：

甲 4-25-7 □□□□□□□□□□□□□□□□□
　　　　　　一检列言过处夜禁头监等下臣臣宰礼列御
甲 4-25-8 □□□□□□□□□□□□□□□□
　　　　　　使外内军独诱等中职做人堪 <> 遣

新译文：

一检队提点、夜禁小监[1]等，当于下臣官员、閤门、内外神策[2]、军独诱等中堪任职者派遣。

---

①《天盛律令》卷四《弃守营垒城堡溜等门》"地区退伸避"条规定守地边营垒军溜等者不于所定地区聚集而住，退避或变住处时，提出退避之造意者及边检校当受罚。（史金波、聂鸿音、白滨译注：《天盛改旧新定律令》，第 196 页。）又前文指出边检校有监督、管理军卒、寨妇驻守营垒城堡军溜的责任。故边检校应是军溜的管理者。

②史金波、聂鸿音、白滨译注：《天盛改旧新定律令》，第 212 页。

注释：

　　［1］夜禁小监：原译为"夜禁主管"。改译原因见前文。

　　［2］内外神策：原译为"神策、内宿"，将𗑱𗌰（内外）译为"内宿"，语序不当。

　　𗑱𗌰𗌶（对译：内宿司），意为"内宿司"。①知"内宿"的西夏文为𗑱𗌰。而𗑱（内）和𗌰（外）是一组反义词。

　　16.《天盛律令》卷四《敌军寇门》："一敌军、盗贼入寇者，人数越过多寡，畜、人入未入手，不曾住滞，则在边境任职管事军溜等当按边检校、正副统等因大意，指挥、检校不当之罪所定判断。"②本条款西夏文原文为：

甲 4-27-12　𗫶𗫸𗈪𗧾𗴎𗦀𗊋𗫍𗴺𗴈𗄼𗏁　𗄼𗴺𗈁𗤙

一兽军盗诈入寇者人数下高穿畜人手不

甲 4-27-13　𗦎𗦎𗢳𗤙𗈪𗤁𗷉𗸦𗮀𗵭𗈪𗴸𗫍

入住滞不有则边在事［管］军溜｛盈｝

甲 4-27-14　𗫍𗷉𗮨𗫭𗴺𗤙𗫍𗄼𗵿𗤙𗣼𗵭

［能］边口使统正副等心轻未为指

甲 4-27-15　𗆟𗮨𗫭𗸦𗤘𗵦𗴈𗵭𗮀𗗙𗈛

挥口使不牢因罪 <> 定依断判

新译文：

　　一敌军、盗贼入寇者，人数越过多寡，畜、人未入手[1]，不曾住滞，则在边境管事军溜盈能、边检校、正副统等[2]因大意，指挥、检校不当之罪，依所定判断[3]。

注释：

　　［1］畜、人未入手：原译为"畜、人入未入手"，衍𗴈（入）。

　　［2］在边境管事军溜盈能、边检校、正副统等：原译为"在边境任职管事军溜等当按边检校、正副统等"，没有译出𗴸𗫍（［盈能］）一词，将

---

①《番汉合时掌中珠》28·2，见（西夏）骨勒茂才，黄振华、聂鸿音、史金波整理：《番汉合时掌中珠》，第57页中栏、129中栏页。

②史金波、聂鸿音、白滨译注：《天盛改旧新定律令》，第213—214页。

下一句的介词𘟠（依）置于此。

　　[3]依所定判断：原译为"所定判断"，漏译介词𘟠（依）。

　　𗧓𗕿𗢛𗱕𘟙𗣼𗟲𘊲𗧓𗽀𗼑𗫡𘝯𗫭𘊲（对译：边在事管军溜[盈][能]）中，𗧓𗕿𗢛𗱕（在边境管事）为定语，修饰𘟙𗣼𗟲𘊲𗧓𗽀𗼑𗫡𘝯𗫭𘊲（军溜盈能、边检校、正副统等），其中𘟙𗣼𗟲𘊲（军溜盈能）、𗧓𗽀𗼑（边检校）、𗫡𘝯𗫭（正副统）为并列关系[1]。从内容来看，本条是对军溜盈能、边检校、正副统因大意，指挥不当而设立的处罚规定；条款中没有提到"在边境任职管事军溜等当按边检校、正副统等"之罪处罚。

　　17.《天盛律令》卷四《敌军寇门》："一敌人、盗贼入寇者来，我方逃跑者往逃时，管事正副统等追斗中应不应往；审视自己与敌人威力上下，本人应往则当往，本人不应往则当派遣应遣人。局分处命令应行不行，或前有□□中，应遣人不遣，命令应行不行，□□应往不往等时，正统当徒一年，副行统徒二年。"[2]本条款西夏文原文为：

甲 4-29-15　𗿒𗿓𗧁𗸍𘗶�137𘞭𗜓𗉫𗾔𗜓𘝻𘊲𘚢𗧓𗕿
　　　　　　　一兽盗入寇者来我我逃逃者往等时事[管]
甲 4-29-16　𗫡𘝯𗫭𘊲𗫲𗔪𘞂𗘶𘚢𗷦𘚢𗣼𗟲𘜶𘟷
　　　　　　　统正副等 <> 追斗中往应不应自他威力
甲 4-29-17　𘊱𗼑𘟷𗗙𗉫𗆟𗵒𗣼𘚢𘜶𗵒𘜷𘚢𗣼𗵒
　　　　　　　敌敌地下上 <> 看自实往应则 <> 往自实
甲 4-29-18　𘚢𘓐𗵒③𘜷𘞂𘝻𗵒𘜶𗵒𘝻�数�…死𘝻𘊱
　　　　　　　往不义则别人遣应人 <> 遣事管处谕节
甲 4-30-1　𘝻�𘓐④𘝻𘞂�𘞋�数⑤𘚣𘝻�𘜶�🔲
　　　　　　　行义不行若前有事[管]中人遣应人不遣
甲 4-30-2　𘊱�𘊋�𘜶𗓃�🔲𗣼𘚣⑥𘚢�𘜶𘚢𗧓𗕿𗫡�

---

[1] 本条款即分军溜盈能、边检校、副行统、行统来处罚，说明了他们之间是并列关系。史金波、聂鸿音、白滨译注：《天盛改旧新定律令》，第214—215页。

[2] 史金波、聂鸿音、白滨译注：《天盛改旧新定律令》，第216页。

[3] 𘓐�（对译：不义），残缺，据上下文拟补。

[4] �𘓐（对译：义不），残缺，据上下文拟补。

[5] 此二字原文残缺不清，据上下文补。

[6] 此二字原文残缺不清，据上下文补。

谕节行应不行自实往应不往等时正统

甲 4-30-3 𗉋𗯿𗏆𗅦𗏵𗢳𗉋𗈜𗯿

<> 一年副行统 <> 二年

新译文:

　　一敌人、盗贼入寇者来,我方逃跑者往逃时,管事正副统等追斗中应不应往;审视自己与敌人威力上下,本人应往则当往,本人不应往则当派遣应遣人。局分处命令应行不行,或前有管事中[1],应遣人不遣,命令应行不行,本人应往不往等[2]时,正统当徒一年,副行统徒二年。

注释:

　　[1]前有管事中:原译为"前有□□中",没有识出𗎃𗖩(管事)一词。

　　[2]本人应往不往等:原译为"□□应往不往等",没有识出𗥦𗤋(本人)一词。

　　本条是对正副统追斗逃人不力的处罚规定。一开始,原文就有𗎃𗖩/𗢳𗯿𗏆𗈋(对译:事管/正副统等)即"管事正副统等"总领全条,管事正副统"本人应往则当往,本人不应往则当派遣应遣人。局分处命令应行不行"。后面的"前有□□中,应遣人不遣,命令应行不行,□□应往不往等"是对上文的呼应。据此和残存字迹,可知"前有□□中"未识出的词为"𗎃𗖩"(管事);"□□应往不往"中未识出的词为"𗥦𗤋(本人)。

　　18.《天盛律令》卷四《修城应用门》:"……州主、城守、通判等当记录在案,年年□□□,冬时当告监军司□□监军□□□人当往,城战往追□铁索绳□□□□等已为□,垒残已为线,军粮战器□□□□□□□□□□等聚集不聚集一齐当□□□□□□□□□□草炭等勿弃量弃□□□□□□□□当计量,尔后战□□□□□□□□等当数算,聚集不聚集□□□□□□□□□当令明,当先告监军司,城监司者说聚集人,与记录总计变告□,及其中城战盾、石砲等毁坏,准备修理,准备依□时,使无饮食,对诸卖给借贷时,按所定判断。□州主、城守、通判□□□经略当计量,监军司大人中一人□□当往,各种准备放多少数续转人及□□□等,当令传之面前,应相互只关□□□□□当与前典册比校应磨堪□□□□□大小种种准备中,未记于升册上未□□自已饮食入手，使用，卖给诸人，□比偷盗罪，州主、城守、通判□□□□及都案、案头、司吏、库局分等□□□□□常增加，买取者未给钱，则偷□□□□及已给钱，知是官物则□□□□□依法判断。又加于簿册上以外，诸人□已借贷者，借贷者局分大小，取借贷者一律依卖官物者法判断。"[1]本条款西夏文原文为：

甲 4-31-10 □□□𗹬𗾹𗾔𗾘𗻓𗌭𗄛𗰖𗢳𗄟𗹏𗹏𗢤
　　　　　□□□人城监城守通判等状 <> 置年年 <>

甲 4-31-11 □□𗼑𗾣𗾺𗥃𗄛𗢳𗯨□□𗾺𗥃□□□
　　　　　□□冬时上军监司 <> 告□□军监□□□

甲 4-31-12 𗹬□𗑴𗄉𗾔𗼑𗱽[2]𗑣𗣫𗤒𗣚𗨁□□□□□
　　　　　人□ <> 往城战甲［钩］担铁索绳□□□□□

甲 4-31-13 𗄛𗦻𗾯𗥷𗑣𗣫𗢤𗾯𗣤𗼑𗾺𗼺𗫿□□□
　　　　　等 <> 恐朽廆垒 <> 恐浅军粮战具□□□

甲 4-31-14 □□□□□𗄛𗥃𗸿𗾘𗥃𗸿𗢤𗴽𗢳□□
　　　　　□□□□□等俱集不聚集一顺 <> □□

甲 4-31-15 □□□□□□𗥵𗤘𗄛𗯠𗌭𗷟𗲢𗷟
　　　　　□□□□□□□草炭等勿弃量弃

甲 4-31-16 □□□□□𗢳𗾯𗤒𗦴𗰖𗼑𗼑
　　　　　□□□□□□ <> 看 <> 量尔后战

甲 4-31-17 □□□□□□𗄛𗤘𗑗𗤘𗥃𗸿𗥃𗸿
　　　　　□□□□□□等 <> 计算俱集不俱集

甲 4-31-18 □□□□□□□𗯠𗑴𗤘𗼈𗼑𗄛𗌭𗢳
　　　　　□□□□□□□有 <> 显令军监司 <>

甲 4-32-1 𗯨𗼑𗾔𗌭𗸿𗺺𗾔𗸿�3�{𗳃𗪴𗶳𗯨
　　　　告先城监司人俱集 <> 谓状与结合变告

甲 4-32-2 𗥵𗤘𗱽𗯵𗾔𗼑𗱽𗼺𗼺𗄛𗥷𗤘𗰖𗱟𗼺𗯵
　　　　顺及其中城战甲石爆等朽廆修造准备

甲 4-32-3 𗄚𗱝𗯵𗯹𗼈𗹬𗯺𗄉𗦻𗼽𗄘𗄛𗹏

---

①史金波、聂鸿音、白滨译注：《天盛改旧新定律令》，第218页。
②𗱽（甲、盾）字原文残缺，据上下文补。

诸种中饮食无令诸人 <> 卖给贷借等时

甲 4-32-4 □𗀉𗤎𗟲𗣼𗟲𗗟□𗫉𗷲𗈍𗫤𗖍𗗟□□

　　　　□等 <> 定依断判□城监城守通判□□

甲 4-32-5 □□𗤎𗷎𗗱𗫤𗤱𗷎𗷲𗭼𗜈𗇋𗣼□□

　　　　□□［经略］人 <> 测军监司大人中一人□□

甲 4-32-6 𗤷𗜀𗖍𗟻𗜈𗣊𗟻𗭴𗷲𗧹𗤱𗣼𗤱□□□

　　　　<> 往准备诸种何置数续变人及□□□

甲 4-32-7 𗀉𗤎𗤱𗤷𗢷□𗫤𗈍𗜀𗧀𗷎𗌶𗂧□□□□

　　　　等眼前 <> 告□传令相 <><> 委托□□□□

甲 4-32-8 □𗫉𗸦𗈍𗤧𗷲𗤱𗗋𗫤𗈍𗷎𗤎□□□□

　　　　□令前典与 <> 校 <> 审集为 <>□□□□

甲 4-32-9 □□𗷎𗸦𗜀𗜀𗤎𗸦𗫉𗈍𗗮𗶷𗣼𗤎𗇋

　　　　□□小大人准备诸种中典升薄上未其

甲 4-32-10 □□𗣊𗜀𗵈𗤧𗫤𗀉𗤱𗫡𗈍𗜀𗧀𗤎𗣼

　　　　□□自人饮食手有用行诸人 <> 给卖为

甲 4-32-11 □𗧹𗧹𗖰𗦲𗧶𗷲𗈍𗫉𗷲𗈍𗫤𗖍□□□□

　　　　□悄悄盗罪比城监城守通判□□□□

甲 4-32-12 𗀉𗣼𗷎𗸦𗂧𗫡𗸦𗊱𗤎𗤱𗀉□□□□□

　　　　及一总汇头司吏库事管等□□□□□

甲 4-32-13 𗈍𗧀𗣼𗐯𗤧𗧶𗀉𗣼𗤧𗫡𗷎𗧹𗧹𗖰□□

　　　　<> 升为买取者等价未给则悄悄盗□□

甲 4-32-14 □𗀉𗣼𗸦𗫡𗷎𗤱𗤧𗷲𗧶𗈍𗧹𗷎□□□

　　　　□及价 <> 给官物是 <> 知觉则□□□

甲 4-32-15 □𗵈𗷎𗀉𗣼𗈍𗜀𗈍𗗮𗶷𗈍𗖍𗵈𗤱𗷎

　　　　□礼依等断判又典升薄上不有诸人则

甲 4-32-16 𗷎𗵈𗫉𗤱𗷎𗤱𗧀𗤎𗤱𗷎𗸦𗤱𗗋𗧀

　　　　顺 <> 贷借 <> 贷借者事管小大贷借取者

甲 4-32-17 𗀉𗣼𗵈𗷎𗫡𗐯𗧀𗀉𗵈𗷎𗀉𗟲

　　　　等一律官物买者等礼依断判

新译文：
　　……州主、城守、通判等当记录在案，年年□□□，冬时当告监军司□□监军□□□人当往，城战甲钩担铁索绳□□□□等恐已损坏[1]，垒恐已浅[2]，军粮战器□□□□□□□□等聚集不聚集一齐当□□□□□□□□□□□□□草炭等勿弃量弃□□□□□□□□□□当看[3]当计量，尔后战□□□□□□□等当数算，聚集不聚集□□□□□□□□当令明，当先告监军司，城监司者说聚集人，与记录总计变告□，及其中城战盾、石砲等毁坏，准备修理诸种时[4]，使无饮食，对诸卖给借贷时，按所定判断。□州主、城守、通判□□□经略当计量，监军司大人中一人□□当往，各种准备放多少数续转人及□□□等，当令传之面前，应相互付嘱[5]□□□□□当与前典册比校应磨堪□□□□□□大小种种准备中，未记于升册上未□□自已饮食入手，使用，卖给诸人，□比偷盗罪，州主、城守、通判□□□□□及都案、案头、司吏、库局分等□□□□□常增加，买取者未给钱，则偷□□□□□及已给钱，知是官物则□□□□□依法判断。又加于簿册上以外，诸人□已借贷者，借贷者局分大小，取借贷者一律依买[6]官物者法判断。

注释：

[1]城战甲钩担铁索绳□□□□等恐已损坏：原译为"城战往追□铁索绳□□□□等已为□"，将䧺（[钩]）识为䠙（往），没有识出䗶（盾、甲），漏译䰷（担），误译䗩（恐）作"为"，没有识出䠗（朽），将䗱䗵（损毁）拆开。

[2]垒恐已浅：原译为"垒残已为线"，将上一句的䗱䗵（损毁）拆开，䗵（瘦）置于本句，误识䗩䠜（恐浅）二字。

[3]当看：原译未识出。

[4]准备修理诸种时：原译为"准备修理，准备依□时"，没有识出䠊䗺（诸种）一词，将䗺（种）识为䰱（依）。

[5]应相互付嘱：原译为"应相互只关"，将䖳䗌（付嘱）译为䖳䗍（[只关]）。

[6]买：原译为"卖"。

䖰䗺䗶䧺䰷䠀䗺䗩□□□□□䠭䧯䠜䗱䗵（对译：城战甲[钩]担铁索绳□□□□□等 <> 恐朽瘦）中，䗺䗶（战甲）、䧺䰷（钩担）、䗱䗵（损毁）为固定词。䗺䗶（战甲）一词，䗶意为坚、甲，本条款"其中城战盾、石砲等毁坏"中的"战盾"即为𗅲𗄴（战甲）；第219页，"州主、城守、通判等遣人城上战具种种"中的"战具"即为𗅲𗄴（战甲）；第220页，"□□□（诸监军）司大人，司判中一人一年中接续，战具种种准备去提举时"，中的"战具"即𗅲𗄴（战甲）；第220页，"州主、城守、通判等所属城中，种种准备聚集，城战具、铁绳索、勿串、板门、石砲、垒等聚集应修治而未做"中的"战具"即为𗅲𗄴（战甲）。① 𗂚𗈁（钩担）一词，第一字为音译，第二字为意译，第220页，"州主、城守、通判等所属城中，种种准备聚集，城战具、铁绳索、勿串、板门、石砲、垒等聚集应修治而未做"中误译为"勿串"。② 𗇋𗉪（损坏）一词，本条款"其中城战盾、石砲等毁坏"中的"毁坏"即为𗇋𗉪；第219页，"州主、城守、通判等所属城上战□□□□□绳索、板门、石砲等损坏"中的"损坏"即为𗇋𗉪；第220页，"□□□（诸监军）司大人，司判中一人一年中接续，战具种种准备去提举时，□损坏不收集"中的"损坏"即𗇋𗉪。③

19.《天盛律令》卷四《修城应用门》："一州主、城守、通判等所属城上战□□□□□绳索、板门、石砲等损坏，城□□□□□不修治，垒浅不开掘时"。④ 本条款西夏文原文为：

甲 4-33-11 𗅳𗋽𗵘𗎱𘂞𗜓𘏆𘈖𘋨𗎱𗅲𗄴𗂚𗈁𗅲⑤
　　　　　一 城 监 城守 通判等 <> 有 城上 战甲 ［钩］担 铁

甲 4-33-12 𗁾𗍫𗅲𗧓𗆟𗜓𘃸𗇋𗉪𗎱□□□□□
　　　　　扣 绳 ［板门］ 石砲 等 <> 朽 廇 城□□□□□

甲 4-33-13 𘓺𗵘𗫂𘝶𘋨𗄍𘓺𗰔𗜓𘓄
　　　　　不 修治 垒 浅 为 不 掘 等 时

新译文：

　　一州主、城守、通判等所属城上战甲、钩担、铁[1]绳索、板门、石砲等损坏，城□□□□□不修治，垒浅不开掘时。

①原文分别参见俄罗斯科学院东方研究所圣彼得堡分所、中国社会科学院民族研究所、上海古籍出版社编：《俄藏黑水城文献》，第8册，第117页上右第5、9、下左第6—8行。

②原文参见俄罗斯科学院东方研究所圣彼得堡分所、中国社会科学院民族研究所、上海古籍出版社编：《俄藏黑水城文献》，第8册，第117页下左第7行。

③原文分别参见俄罗斯科学院东方研究所圣彼得堡分所、中国社会科学院民族研究所、上海古籍出版社编：《俄藏黑水城文献》，第8册，第116页下左第3、117页上左1行。

④史金波、聂鸿音、白滨译注：《天盛改旧新定律令》，第219页。

⑤此四字据上下文补，原文无。

注释：

[1] 甲、钩担、铁：原译未识出。

根据本门，尤其是之前的内容，知𗄊𗓦𗣼（铁索绳）与𗣼𗜓（战甲）为固定词，而且它们都在城上。除此以外，城上能损坏的还有钩担、板门、石砲，但板门、石砲已在本条中，故另外的两个空应为𗰖𗢭（钩担）。

20.《天盛律令》卷四《敌动门》："正统、副行统□检校将军等等，依先前次序相□□□□□□等徒六年，边检校徒五年□□□□□正统徒三年，若未指挥，则依此所示罪状□□当依次再增加一年判断。"① 本条款西夏文原文为：

甲 4-36-6　𗣼𗅋𗰜𗣤𗣼𗞫𗣝②

　　　　　统正副行统边口

甲 4-36-7　𗰖𗣼𗰖𗣝𗋽𗋽𗞫𗰜𗰜𗣤□□□□𗣼

　　　　　使军溜［盈能］等先前次依相□□□□军

甲 4-36-8　𗰖𗣝③𗋽𗣤𗣝𗣝𗞫𗣝𗰜𗣝𗰜𗣤𗣼𗣤𗜓

　　　　　溜［盈能］<> 六年边口使 <> 五年副行统 <> 四

甲 4-36-9　𗣝④𗅋𗣼𗣤𗣝𗣝𗰜𗋽𗋽𗞫𗰖𗣤𗣤𗰜

　　　　　年正统 <> 三年若未指挥则此 <> 示罪阶

甲 4-36-10　□□𗞫𗰖𗰜𗣝𗣝𗣝𗣝𗣝𗰖𗰖

　　　　　□□次依又一等数 <> 升为断判

新译文：

正统、副行统、边检校、军溜盈能[1] 等，依先前次序相□□□军溜盈能[2] 等徒六年，边检校徒五年，副行统徒四年[3]，正统徒三年，若未指挥，则依此所示罪状□□当依次再增加一年判断。

---

① 史金波、聂鸿音、白滨译注：《天盛改旧新定律令》，第221页。
② 此三字据上下文补，原文无。
③ 此三字据上下文补，原文无。
④ 此六字据上下文补，原文无。

注释：

　　［1］正统、副行统、边检校、军溜盈能：原译为"正统、副行统□检校将军等"，未识出［西夏文］（边）与［西夏文］（盈能），把［西夏文］（军溜）译为"将军"。

　　［2］军溜盈能：原译未识出。

　　［3］副行统徒四年：原译未识出。

　　［西夏文］（军溜盈能）与［西夏文］（副行统徒四年）在原译中都未识出。本条是对敌人打城堡来失监察时正统、副行统、边检校、军溜盈能的处罚，因军溜盈能是这些军事将领中级别最低的，边检校已徒五年，那么徒六年中必有军溜盈能。又，军溜盈能、边检校、正统的处罚都有了，但没有副行统的处罚；而且根据本条，级别越高，处罚越轻，军溜盈能徒六年、边检校徒五年、正统徒三年，所以剩下的这六个空就应该是［西夏文］（副行统徒四年）。补译后，有助于本条款的理解。

卷五校译补正

1.《天盛律令》卷五①《军持兵器供给门》："一等神策内外侍等属：正军有：官马、披、甲、弓一张、箭五十枝、箭袋、枪一枝、剑一柄、圆头木橹一、拨子手扣、宽五寸革一、弦一根、囊一、凿斧头一、长矛杖一枝。"②本条款西夏文原文为：

甲 5-7-3 ［西夏文］
　　　　　一等御史内外侍等有
甲 5-7-4 ［西夏文］
　　　　　军正有官马甲胄弓一张
甲 5-7-5 ［西夏文］
　　　　　五十支箭袋有囊全枪一支
甲 5-7-6 ［西夏文］
　　　　　剑一把木橹头圆一［绑子］手［口］帕

----

①原文参见俄罗斯科学院东方研究所圣彼得堡分所、中国社会科学院民族研究所、上海古籍出版社编：《俄藏黑水城文献》，第 8 册，第 119 下右—第 134 页下左。

②史金波、聂鸿音、白滨译注：《天盛改旧新定律令》，第 228 页。

甲5-7-7 𗆨𗄊𗝗𗭧𗢳𗍁𗁬𗄊𗐋𗤋𗎘
　　　　擦一付宽五寸弦一支囊一
甲5-7-8 𗉞𗿒𗭜𗫲𗤋𗴺𗜖𗄊𗐋
　　　　凿斧头二矛杖长一支

新译文：

　　一等神策内外侍等属：正军有：官马、披、甲、弓一张、箭五十枝、箭袋、枪一枝、剑一柄、圆头木檑一、拨子手扣、宽五寸叉一付[1]、弦一根、囊一、凿斧头二[2]、长矛杖一枝。

注释：

　　［1］宽五寸叉一付：原译为"宽五寸革一"，将𗆨（擦）译为"革"，漏译𗄊（付）。

　　［2］凿斧头二：原译为"凿斧头一"，将𗫲（二）译为"一"。

𗆨𗄊𗝗𗭧𗢳𗍁（对译：擦一付宽五寸），是内宿后卫属、神策内外侍等属正军的装备之一，该装备在内宿后卫属出现时译为"五寸叉一柄"，应改译为"宽五寸叉一付"。[1]又《天盛律令》第226页，诸臣僚属正军的装备中，也有𗆨𗄊𗝗𗭧𗢳𗍁（对译：擦一付宽五寸），但却译为"宽五寸革一"，应改为"宽五寸叉一付"。[2]

　　2.《天盛律令》卷五《军持兵器供给门》："一做季校及行军时，每抄姓式三十以上，一律当留住止一人，勿校杂物。孤姓及二人在者应点校。"[3]本条款西夏文原文为：

甲5-8-11 𗉞𗼙𗢳𗤗𗫍𗦲𗠻𗢳𗤋𗲰𗆨𗦬𗺉𗢳𗀈𗴺𗝗𗁬𗠻
　　　　一季经为及军起经等时抄数姓礼三强住上起

_____

① 史金波、聂鸿音、白滨译注：《天盛改旧新定律令》，第227页。原文参见俄罗斯科学院东方研究所圣彼得堡分所、中国社会科学院民族研究所、上海古籍出版社编：《俄藏黑水城文献》，第8册，第122页上左第5行。

② 原文参见俄罗斯科学院东方研究所圣彼得堡分所、中国社会科学院民族研究所、上海古籍出版社编：《俄藏黑水城文献》，第8册，第121页下右第4行。按：尤桦博士对《军持兵器供给门》作了校释，以下是笔者在其基础上的补充。尤桦未改译上述问题，参见《〈天盛改旧新定律令〉武器装备条文整理研究》，宁夏大学2015年博士学位论文，第57页。

③ 史金波、聂鸿音、白滨译注：《天盛改旧新定律令》，第229页。

甲 5-8-12 𗓦𗵒𗢸𗷲𗿒𗷋𗢸𗷋𗴿𗳦𗗟𗍻𗆟𗣆𗢸𗾑𗗟
　　　　上高一礼止人一人数 <> 留珂贝莫经允姓
甲 5-8-13 𗿒𗫉𗦳𗷲𗵒𗄹𗢸𗳦𗢸𗾑
　　　　独及二住等皆 <> 经为

新译文：

　　一季校及发兵校等[1]时，每抄姓式三丁[2]以上，一律当留住止一人，勿校杂物。孤姓及二人在者应点校。

注释：

　　[1]季校及发兵校等：原译为"做季校及行军"，未译𗢸（经）。
　　[2]三丁：原译为"三十"。

　　本条款是对季校及校发兵等时，每抄姓留止人的规定。[①]
　　3.《天盛律令》卷五《军持兵器供给门》："披：河六，长一尺八寸，下宽三尺九寸；头六，长一尺五寸，头宽一尺七寸，下宽九寸，背三，长九寸，下宽一尺七寸；喉二，长宽同六寸；末尾十，长二尺八寸，下宽二尺九寸，上宽一尺七寸；盖二，长七寸，下宽一尺，上宽八寸。"[②]本条款西夏文原文为：

甲 5-10-9 𗼃𗵒𗷲𗴿𗍻𗆟𗣆𗾑𗵒𗢸𗴿𗣆𗾑𗫂
　　　　甲［河］六长一尺八寸下阔三尺九寸颈
甲 5-10-10 𗷲𗴿𗍻𗆟𗓦𗾑𗍻𗆟𗥹𗾑𗵒𗢸
　　　　六长一尺五寸头阔一尺七寸下阔
甲 5-10-11 𗦳𗾑𗺳𗣆𗴿𗦳𗾑𗵒𗢸𗍻𗆟𗥹𗾑𗫧
　　　　九寸胁三长九寸下阔一尺七寸喉
甲 5-10-12 𗨐𗴿𗢸𗗟𗷲𗾑𗨦𗣆𗴿𗨐𗷋𗍻𗾑𗵒
　　　　二长阔同六寸尾十长二尺八寸下
甲 5-10-13 𗢸𗨐𗷋𗦳𗾑𗓦𗢸𗍻𗆟𗥹𗾑𗼃𗨐𗴿

　　[①]尤桦已改"三十"，却未补译𗢸（经）。参见《〈天盛改旧新定律令〉武器装备条文整理研究》，宁夏大学 2015 年博士学位论文，第 64 页。
　　[②]史金波、聂鸿音、白滨译注：《天盛改旧新定律令》，第 230 页。

阔二尺九寸头阔一尺七寸盖二长

甲 5-10-14 𗅫𗤎𗣼𗧃𗇤𗦲𗣼𗴢𗤎

七寸下阔一尺头阔八寸

新译文：

披：河六，长一尺八寸，下宽三尺九寸；颈六[1]，长一尺五寸，头宽一尺七寸，下宽九寸，胁三[2]，长九寸，下宽一尺七寸；喉二，长宽同六寸；末尾十，长二尺八寸，下宽二尺九寸，上宽一尺七寸；盖二，长七寸，下宽一尺，上宽八寸。

注释：

[1] 颈六：原译为"头六"，将𘞌（颈）译为"头"。

[2] 胁三：原译为"背三"，将𗤻（胁）译为"背"。

本条款为"军卒旧番披、甲"中的"披"，与上一条款"副监披、甲"[1]中的"披"相对应。"副监披、甲"中的"披"除"颈五"与本条款不同外，其余部位的长短都与本条款的披相同。[2]

4.《天盛律令》卷五《季校门》："一诸首领下属人披、甲、马、杂物、武器因校验短缺而已革官、军、职，服劳役时，其代替人自其属军中派。"[3]本条款西夏文原文为：

甲 5-18-13 𗊱𗟲𗧃𘞌𗒹𗦺𗤎𗰖𗣼𗴢𗑜𗤼𗧓𗐔𗧉𗑗

一诸头领以下人甲胄马珂贝器兵经 [口]

甲 5-18-14 𗦺𗧓𗒹𗴢𗧉𗒽𗗙𗮰𗠁𗫂𗗙𘓞𗅲𗤓𗄉

缺因官军 <> 割失劳役为中入 <> 换处

甲 5-18-15 𗤼𗰖𗧉𗟻𗦺𗯩

以下军上人遣

---

① 𗮰𗘟𗐔𗧉（对译：[副监]甲胄），原译为"获甲披、甲"，误。史金波、聂鸿音、白滨译注：《天盛改旧新定律令》，第 229 页。原文参见俄罗斯科学院东方研究所圣彼得堡分所、中国社会科学院民族研究所、上海古籍出版社编：《俄藏黑水城文献》，第 8 册，第 123 页下右第 1 行。

② 尤桦未改译上述问题。参见《〈天盛改旧新定律令〉武器装备条文整理研究》，宁夏大学 2015 年博士学位论文，第 71—72 页。

③ 史金波、聂鸿音、白滨译注：《天盛改旧新定律令》，第 236 页。

新译文：

一诸首领下属人因披、甲、马、杂物、武器校验短缺[1]而已革官、军[2]，服劳役时，其代替人自其属军中派。

注释：

[1]诸首领下属人因披、甲、马、杂物、武器校验短缺：原译为"诸首领下属人披、甲、马、杂物、武器因校验短缺"，逻辑不清。

[2]革官、军：原译为"革官、军、职"，衍"职"。

从语法来看，𘓞𗼃𗧙𗾔𗋽𗣼𗣼𗋽𗍺𗏁𗫂𗥃𗝤𗏁𗢳𗏁（对译：诸头领以下人甲胄马珂贝器兵经[口]缺因）中，𘓞𗼃𗧙𗾔𗋽（诸首领下属人）为主语，𗏁（因）为介词，表明𗣼𗣼𗋽𗍺𗏁𗫂𗥃𗝤𗏁（披、甲、马、杂物、武器校验短缺）为状语。从上下文来看，诸首领下属人因披、甲、马、杂物、武器校验短缺而被革官、军，才会派有功者为其代替人。①

5.《天盛律令》卷五《季校门》："一诸无有坚甲、马者，应以五十只羊、五条牛计量，实有则当烙印一马。有百只羊、十条牛则当寻马一及披、甲之一种，有二百只羊、十条牛者则当由私寻披、甲、马三种，当在册上注册。"②本条款西夏文原文为：

甲5-19-13 𗊟𘓞𗍿𗣼𗋽𗏁𗫂𗣼𗈪𗧙𗏁𗫂𗏁𗥃𗆄𗫂𗣼
　　　　　一诸坚甲马不有有 <> 五十羊五牛量实有
甲5-19-14 𗣼𗋽𗫃𗈪𗤉𗗟𗣼𗫂𗧙𗏁𗥃𗣼𗋽𗫃𗗟𗧙𗣼𗣼
　　　　　则马一 <> 印百羊十牛有则马一及甲胄
甲5-19-15 𗯿𗯿𗫃𗬫𗣼𗗟𗫂𗙼𗫂𗈪�8�2𗥃�2𗧙𗏁𗥃�2𗣼
　　　　　一样一一等 <> 寻二百羊二十牛有 <> 甲
甲5-19-16 𗣼𗋽𗊟𗗟𗈪�2𗥃𗤉𗙼𗗟𗍿�0𗧙𗥈𗥉
　　　　　胄马三种皆私以 <> 寻簿上 <> 备取

---

① 按：尤桦对《天盛律令·季校门》作了校释，但没有改正本条款原译所存在的问题。氏著：《〈季校门〉校勘考释》，载杜建录、波波娃主编：《〈天盛律令〉研究》，第89—91页；《〈天盛改旧新定律令〉武器装备条文整理研究》，宁夏大学2015年博士学位论文，第111页。

② 史金波、聂鸿音、白滨译注：《天盛改旧新定律令》，第237页。

新译文：

一诸无有坚甲、马者，应以五十只羊、五条牛计量，实有则当烙印一马。有百只羊、十条牛则当寻马一及披、甲之一种，有二百只羊、二十条牛者[1]则当由私寻披、甲、马三种，当在册上注册。

注释：

［1］有二百只羊、二十条牛者：原译为"有二百只羊、十条牛者"。

依据上下文，知羊、马的数量是成倍增长的：五十只羊、五条牛，然后是百只羊、十条牛，之后应是二百只羊、二十条牛。①

6.《天盛律令》卷五《季校门》："一军卒季校时，所校军头监不依所给聚集日限前来，则迟一日至五日，十三杖；五日至十日，徒三个月；十日至十五日，徒六个月；十五日以上至校期未毕前来，徒一年。校日已毕来及完全未来者，一律当革职、军，徒二年。其中有官者当与官品当。"②本条款西夏文原文为：

甲 5-21-4 　一军卒季经为时经所军头监集日给上不

甲 5-21-5 　来一日起五日至缓十三杖五日上高十

甲 5-21-6 　日至三月个十日上高十五日至六月个

甲 5-21-7 　十五日上高缓经日皆不毕此 <> 来等一

甲 5-21-8 　年经日 <> 毕后方来正未来等一礼职军

甲 5-21-9 　<> 失二年其中官有有 <> 劳役官品与 <>

---

① 按：尤桦没有改正本条款原译所存在的问题。氏著：《〈季校门〉校勘考释》，载杜建录、波波娃主编：《〈天盛律令〉研究》，第94—96页；《〈天盛改旧新定律令〉武器装备条文整理研究》，宁夏大学2015年博士学位论文，第115—116页。又按：俄译本此处亦译为"拥有〔价值〕二百只羊和二十头牛〔财富〕"。克恰诺夫俄译、李仲三汉译、罗矛昆校对：《西夏法典——〈天盛年改旧定新律令〉(第1—7章)》，第143页。

② 史金波、聂鸿音、白滨译注：《天盛改旧新定律令》，第238页。

甲 5-21-10 𘟂𘕿

　　　敌为

新译文：

　　一军卒季校时，所校军头监不依所给聚集日限前来，则迟一日至五日，十三杖；五日以上至十日[1]，徒三个月；十日以上至十五日[2]，徒六个月；十五日以上至校期未毕前来，徒一年。校日已毕来及完全未来者，一律当革职、军，徒二年。其中有官者劳役当与官品当[3]。

注释：

　　[1] 五日以上至十日：原译为"五日至十日"，漏译𗿛𘂤（以上）。

　　[2] 十日以上至十五日：原译为"十日至十五日"，漏译𗿛𘂤（以上）。

　　[3] 有官者劳役当与官品当：原译为"有官者当与官品当"，漏译𗾔𗗙（劳役）。

　　如果按照原译，"迟一日至五日，十三杖；五日至十日，徒三个月；十日至十五日，徒六个月"，迟五日、迟十日的处罚就有争议。"有官者当与官品当"与"有官者劳役当与官品当"不同。①

　　7.《天盛律令》卷五《季校门》："一正军、辅主、负担之著籍官马、坚甲应依籍点名检验。其中正军、辅主新请领取官马、坚甲，有应注籍而未著籍者，按数有注册则依注册校，无注册则当分析按状上校验。不校而隐瞒者，正军、辅主之已向局分处告，且已减除，隐瞒者及不校者一律徒一年。"②本条款西夏文原文为：

甲 5-22-9 𗦈𗣿𗜟𘜶𗗙𗙈𗙧𘗠𘕿𗗙𘜶𗴩𗄭𗾔𘟣𘓞
　　　一军正辅主［负］担官马坚甲等簿上名 <> 唤
甲 5-22-10 𘕿𘓞𗗙𘓞𘏚𘗠𘕿𗴩𗄭𘜶𗣿𗜟𘜶𗗙𗿒𗾔

_____

　　① 按：尤桦没有改正上述问题。氏著：《〈季校门〉校勘考释》，载杜建录、波波娃主编：《〈天盛律令〉研究》，第 102—105 页；《〈天盛改旧新定律令〉武器装备条文整理研究》，宁夏大学 2015 年博士学位论文，第 121、123 页。又按：此三处俄译本译为"误六至十日者，处三个月苦役；十一至十五日者，处六个月苦役"；"对有官品〔犯罪〕，可依其官品议定苦役期限"。克恰诺夫俄译、李仲三汉译、罗矛昆校对：《西夏法典——〈天盛年改旧定新律令〉（第1—7章）》，第 144 页。

　　② 史金波、聂鸿音、白滨译注：《天盛改旧新定律令》，第 239 页。

为 <> 经其中官马坚甲军正辅主新请

甲 5-22-11 𗥔𗥔𗷟𗗩𗫡𗭃𗗩𗾞𗤁𗢳𗥔𗾞𗥔𗟵

备取应等簿上未著有 <> 数依备取有则

甲 5-22-12 𗥔𗥔𗾞𗰖𗥔𗥔𗰖𗟵𗮎𗴺𗫄𗾞𗰖𗎼

备取上 <> 经备取无则析列状上 <> 经不

甲 5-22-13 𗰖𗄊𗪙𗱚𗭞𗊡𗤅𗤆𗒉𗤄𗴲𗥔𗭪𗙴𗟲

经隐时军正辅主事管处 <> 告备减 <> 除

甲 5-22-14 𗄊𗢳𗄊𗆄𗜓𗎼𗰖𗆄𗤁𗹙𗭆𗹙𗙐

隐 <> 隐者及不经者等一礼一年

新译文：

一正军、辅主、负担之著籍官马、坚甲应依籍点名检验。其中正军、辅主新请领取官马、坚甲，有应注籍而未著籍者，按数有注册则依注册校，无注册则当分析按状上校验。不校而隐瞒时，已告正军、辅主之局分处[1]，除去而注销隐瞒[2]，隐瞒者及不校者一律徒一年。

注释：

[1] 不校而隐瞒时，已告正军、辅主之局分处：原译为"不校而隐瞒者，正军、辅主之已向局分处告"。

[2] 除去而注销隐瞒：原译为"且已减除"，漏译𗥔𗭪（对译：备减）、𗄊𗢳（隐 <>）。

按照原译"不校而隐瞒者"的主语正是正军、辅主，主语怎么会自己告自己？可见，原译有问题。𗎼𗰖𗄊𗪙𗱚𗭞𗊡𗤅𗤆𗒉𗤄𗴲（对译：不经隐时军正辅主事管处 <> 告）一句中，包含两个小句，第一小句中，正军、辅主为主语，𗎼𗰖𗄊𗪙（不校而隐瞒时）为状语；第二小句中，𗤄[𗴲 kji]为表向近处的动词前缀，𗴲（告）为谓语，𗱚𗭞𗊡（正军、辅主）为定语，𗤅𗤆𗒉（局分处）为宾语，主语应是"他人"但被省略。𗥔𗭪𗙴𗟲𗄊𗢳（对译：备减 <> 除 隐 <>）中，𗥔𗭪（对译：备减）与意为"注册"的𗥔𗥔（对译：备取）相对，意为"注销"①；𗥔𗭪（对译：备减）先与𗙴𗟲（<> 除）搭配，意为"除去而

---

① 史金波、聂鸿音、白滨译注：《天盛改旧新定律令》，第 648 页。

注销",后再与蔎(隐)构成"除去而注销隐瞒",巤〔达〕为主格助词。从上下文来看,下文有对未行注册而隐瞒者的处罚,[①]知不校而隐瞒分注销而隐瞒、未注册而隐瞒两类。[②]

8.《天盛律令》卷五《季校门》:"若受贿未徇情,巡检失误不知,则有官罚马一,庶人十三杖。"[③]本条款西夏文原文为:

甲 5-23-15 𗀖𗊆𗣼𗙏𗃛

若贪羞面无

甲 5-23-16 𗤳𗾺𗩾𗲲𗾺𗋽𗉵𗤁𗰜𗬩𗗾𗱀𗹡𗆟𗿫𗡝𗰜

检察不牢不知则官有罚马一庶人十三杖

新译文:

若未受贿、未徇情[1],巡检失误不知,则有官罚马一,庶人十三杖。

注释:

[1]未受贿、未徇情:原译为"受贿未徇情",漏译"未"。

从语法来看,𗊆𗣼𗙏𗃛(对译:贪羞面无)中,𗊆(受贿)和𗣼𗙏(徇情)是并列的,二者都被补语𗃛(无)所修饰。从上下文来看,按照原译,"若受贿未徇情,巡检失误不知,则有官罚马一,庶人十三杖",则处罚太轻,是鼓励受贿。且本条款中有"若违律大校毕局分人于所校军中受贿时,总计所受多少,按枉法贪赃判断"[④],即受贿当按枉法贪赃判断。那么,原译与受贿当按贪赃枉法判断相矛盾。[⑤]

9.《俄藏黑水城文献》第 8 册第 119 页右下至第 134 页左下是《天盛律

[①]史金波、聂鸿音、白滨译注:《天盛改旧新定律令》,第 239 页。

[②]按:尤桦没有补正本条款原译所存在的问题。氏著:《〈季校门〉校勘考释》,载杜建录、波波娃主编:《〈天盛律令〉研究》,第 106—109 页;《〈天盛改旧新定律令〉武器装备条文整理研究》,宁夏大学 2015 年博士学位论文,第 124、127 页。

[③]史金波、聂鸿音、白滨译注:《天盛改旧新定律令》,第 240 页。

[④]史金波、聂鸿音、白滨译注:《天盛改旧新定律令》,第 240 页。

[⑤]按:尤桦没有改正本条款原译所存在的问题。氏著:《〈季校门〉校勘考释》,载杜建录、波波娃主编:《〈天盛律令〉研究》,第 114—115 页;《〈天盛改旧新定律令〉武器装备条文整理研究》,宁夏大学 2015 年博士学位论文,第 131 页。又按:俄译本此处译为"若既无贿赂行为,又无偏袒"。克恰诺夫俄译、李仲三汉译、罗矛昆校对:《西夏法典——〈天盛年改旧定新律令〉(第 1—7 章)》,第 147 页。

令》卷五的影印件，编号为俄 Инв.No.158，共 31 页。①《俄藏黑水城文献》中的《天盛律令》影印件，是目前《天盛律令》的最完整本，但影印本也存在一些问题。如第 8 册卷五《季校门》中的 5 页共 10 面的图版（第 132 页下、133 页、134 页）实属卷一五《纳领谷派遣计量小监门》。②此 5 页图版重见《俄藏黑水城文献》第 8 册第 316 页下、317 页、318 页。两处图版版本页码、边栏、版心版式、行款、图版空白处图案均相同，而且两门相应的“杖”（[illegible]）字同时误刻为[illegible]（第）③。译文见史金波等译注《天盛律令》第 510 至 514 页。

《天盛律令》卷五原书卷首第一页佚，史金波等译注本根据《名略》补译了目录，根据目录，知本卷包括《军持兵器供给门》和《季校门》。④《俄藏黑水城文献》中卷五的《季校门》图版比克恰诺夫教授刊布的多出 1 面（第 132 页上右）。然而史金波等译注的《天盛律令》却未将此页译出。⑤现将此页按西夏文、对译、意译的顺序补译如下：

甲 5-25-16 [illegible]

一等军正辅主经［口］不至及官马甲

甲 5-25-17 [illegible]

甲等缺一种起五种至六月个六

甲 5-25-18 [illegible]

种起十种至一年十一种起十五

---

① 俄罗斯科学院东方研究所圣彼得堡分所、中国社会科学院民族研究所、上海古籍出版社编：《俄藏黑水城文献》第 8 册。

② 按：由于卷十五《纳领谷派遣计量小监门》中的 5 页图版有字迹模糊、不清晰处，而与之相同的卷五《季校门》中的 5 页图版恰好在卷十五《纳领谷派遣计量小监门》不清晰处是较为清晰的，故卷五《季校门》多出的 5 页图版可用于识别卷十五中刻印不清晰的字。

③ 庶人十三杖：《季校门》（俄罗斯科学院东方研究所圣彼得堡分所、中国社会科学院民族研究所、上海古籍出版社编：《俄藏黑水城文献》第 8 册，第 134 页，下右第 2 行）和《纳领谷派遣计量小监门》（俄罗斯科学院东方研究所圣彼得堡分所、中国社会科学院民族研究所、上海古籍出版社编：《俄藏黑水城文献》第 8 册，第 318 页，下右第 2 行）的西夏文为[illegible]（对译：庶人十三第），其中[illegible]（第）为刻误，应为“杖”（[illegible]）。由《季校门》和《纳领谷派遣计量小监门》中[illegible]（杖）字同时误刻为第（[illegible]），亦证明二者相关页面的相同。

④ 分别参见俄罗斯科学院东方研究所圣彼得堡分所、中国社会科学院民族研究所、上海古籍出版社编：《俄藏黑水城文献》第 8 册，第 119—124、第 124—134 页。

⑤ 按：尤桦《〈季校门〉校勘考释》（载杜建录、波波娃主编：《〈天盛律令〉研究》，第 32—125 页）、《〈天盛改旧新定律令〉武器装备条文整理研究》（宁夏大学 2015 年博士学位论文，第 138—139 页）已指出卷五《季校门》多出的 5 页图版为卷一五图版的重复，克恰诺夫俄译本缺《季校门》1 面（第 132 页上右），并将俄译本所漏译出。史金波等译注的《天盛律令》依据《俄藏黑水城文献》第 8、9 册作了增补，其中即包括新识别出的少量刻本零页，因而比克恰诺夫俄译本更完整。然而，尤桦并未指出史金波等译注的《天盛律令》亦漏译《季校门》1 面（第 132 页上右）的内容，故下文予以补译并做初步研究。

甲 5-26-1 蘮纖梳級攺絼粍帚梳攺粍纖發

　　　　　种至二年十六种起二十种至职

甲 5-26-2 蘮祥祕梳級發蘮烑纛辤散級梳

　　　　　军 <> 失二年职军不有则三年二

甲 5-26-3 攺刻粍帚梳攺傓粍纖綑級梳攺

　　　　　十一种起二十五种至四年二十

甲 5-26-4 絼粍帚散攺粍纖傓級散攺刻粍

　　　　　六种起三十种至五年三十一种

甲 5-26-5 帚散攺傓粍纖絼級散攺絼粍帚

　　　　　起三十五种至六年三十六种起

甲 5-26-6 綑攺粍纖攺梳級綑攺粍瓶尾杨

　　　　　四十种至十二年四十种上高一

甲 5-26-7 膩蘱痲形赦祥蘱發烑薪發骸

　　　　　礼项缚为以 <> 杀不知罪不连

　　《天盛律令》卷五《季校门》全条意译（加点字为新补充内容）：

　　一等正军、辅主校验不至及官马、披、甲等短缺者，一种至五种，徒六个月；六种至十种，徒一年，十一种至十五种①徒二年；十六种至二十种，当革职、军，徒二年，无职、军则徒三年；二十一种至二十五种，徒四年；二十六种至三十种，徒五年；三十一种至三十五种，徒六年；三十六种至四十种，徒十二年；四十种以上，一律当绞杀。不知情者不治罪。

　　上述其中甲 5-25-16、甲 5-25-17、甲 5-25-18 三行和甲 5-26-1 中的前两个字为史金波等译注本《季校门》的最后两行，甲 5-26-1 至甲 5-26-7 的加点字是史金波等译注本《季校门》所未译的内容。未译的内容，在其他文献中没有记载。补译后，本条款的内容就完整了。从补译的内容来看，西夏对正军、辅主缺官马、披、甲的处罚规定是严密的，从本条也可以看出西夏军事法典完整、严密的特点。

　　上面一条之后，为以下条款。本条款残缺，只剩下两行西夏文。从内容来看，应与正军、辅主武器、装备样式不合而虚报有关。

　　以下为本条款漏译部分的西夏文、对译与意译：

---

　　① 史金波、聂鸿音、白滨译注：《天盛改旧新定律令》，第 241 页。

甲 5-26-8 𘚢𗣼𗠁𗗀𗣼𗄜𗣷𗣫𗰔𗰛𗼋𗤒𗣼𗼊

    一等袋有囊弓箭枪剑木橹揉付囊

甲 5-26-9 𗄜𗩾𘃡𗖊𗣷𗰛𘞂𗿒𗤿𗣼𗥃𘋫

    弓弦矛杖凿斧头铁［蒺藜锹］镢甲

……

意译：

    一等箭袋、弓、箭、枪、剑、木橹、叉柄、囊、弓弦、矛杖、砍斧、铁蒺藜、锹镢、披……

本条款虽然残缺，但补译后的内容却对认识《天盛律令》军事条款严密、完整的特点有重要作用。即本门最后一大条中包含两小条，两小条又分别包含两小款，其中前后两小款的类别是相对应的，前两小款分别是对官马、披、甲三种实无而虚报的处罚和箭袋、弓、箭、枪、剑等武器装备虚报的处罚，后两小款也分别是对官马、披、甲三种短缺的处罚和箭袋、弓、箭、枪、剑等武器装备虚报的处罚；后一小条中涉及正军、辅主校验不至和武器、装备式样不合而虚报，其中第一小款是对正军、辅主校验不至及对官马、披、甲三种短缺的处罚，而所补的小款刚好与正军、辅主武器、装备样式不合而虚报有关。[1]

以上两条款，为《俄藏黑水城文献》比史金波等译注本《天盛律令·季校门》多出的1面，共9行。从内容来看，第1条款是对正军、辅主缺官马、披、甲十一种至十五种以后的处罚的补充，与上文正好衔接；第2条款内容残缺，但与之前的"一等箭袋、弓、箭、枪、剑、木橹、革、囊、弓弦、矛杖、砍斧、铁蒺藜、锹镢、披、甲、缚袋等各种杂物，虚报一种至十种，十杖；十种以上至二十种，十三杖；二十种以上至三十种，徒三个月；三十种以上至四十种，徒六个月；四十种以上至五十种，徒一年；五十种以上一律徒二年。不知者不治罪"[2]相对应，应与正军、辅主武器、装备样式不合而虚报有关。

---

① 史金波、聂鸿音、白滨译注：《天盛改旧新定律令》，第240—241页。原文参见俄罗斯科学院东方研究所圣彼得堡分所、中国社会科学院民族研究所、上海古籍出版社编：《俄藏黑水城文献》第8册，第131页上右6—9、上左1—9、下右1—9、下左1—9行、第132页上右1—6行。

② 史金波、聂鸿音、白滨译注：《天盛改旧新定律令》，第241页。原文参见俄罗斯科学院东方研究所圣彼得堡分所、中国社会科学院民族研究所、上海古籍出版社编：《俄藏黑水城文献》第8册，第131页下右4—9、下左1—2行。

从版本、页码、行款、边栏、空白处符号来看：第 25（31-25）页的版心刻有西夏文书名、卷次𘉋𘜶𘈈𘔼（律令第五）和汉文页码"二十六"，第 26（31-26）页的版心刻有西夏文书名、卷次𘉋𘜶𘈈𘔼（律令第五）和汉文页码"二十七"。第 26（31-26）页除行首降格 3 字书写外，其他都是降格 5 字书写；第 25（31-25）页除大条行首降格 2 字、小条行首降格 3 字书写外，其他都是降格 5 字书写。第 26（31-26）页残存的右面栏线是双行，在上栏与文字之间的空白处画有小圆圈；第 25（31-25）页左右两面的栏线也是双行，在上栏与文字之间的空白处亦画有小圆圈。

卷六校译补正

1.《天盛律令》卷六①《发兵集校门》："一……权头监者比舍监、末驱校验集日迟至、正身不至等之罪状当减一等。"②本条款西夏文原文为：

甲 6-1-10③𘝵……𗾖𗣼𘜵𗬩𗾔⌈𗬩𘔜𗴝⌉④𘊝𗤋𘘣𗤑𗦀𗴖
　　一……权头监 <> 舍监末驱人集日缓正未
甲 6-1-11 𗾖𘓺𘝵𘐼𗫆𗣼𗿷𗼱𘘣𗹯𗷲
　　至等 <> 罪阶显比一等数 <> 减为

新译文：
　　一……权头监者比舍监、末驱校验集日迟至、完全不至[1]等之罪状当减一等。

注释：
　　[1] 完全不至：原译为"正身不至"，衍"身"。

𗴖为形容词，意为正、直。文中，𗴖𗦀𘝵（对译：正未至）是与"集日迟至"并列的关系，说明二者是校验时的两种不同情况。又紧接其后的两条款，

---

① 原文参见俄罗斯科学院东方研究所圣彼得堡分所、中国社会科学院民族研究所、上海古籍出版社编：《俄藏黑水城文献》，第 8 册，第 135 页上左—第 151 页下左。
② 史金波、聂鸿音、白滨译注：《天盛改旧新定律令》，第 243 页。
③ 本页残缺，右面图版佚，行数为暂拟。
④ 𗬩𘔜𗴝（对译：监末驱），残缺，据上下文补。

是对末驱、舍监、小首领、军卒等校验迟至、迟至及战、迟至未及战、完全不至、两度不至、三度不至的处罚，条款中有[illegible]（对译：正未至），两次都译为“完全不至”。[1]故应改译为“完全不至”。[2]

2.《天盛律令》卷六《发兵集校门》：“一等末驱、小首领、舍监等集中日当校军。完毕以后，一至五日之内来者，徒一年；五日以上迟至□□□一律皆革职、军，徒二年。”[3]本条款西夏文原文为：

甲 6-1-12 [illegible]

一等末驱头监小舍监等集日中缓军经

甲 6-1-13 [illegible]

毕后方一日起五日至圈内来一年

甲 6-1-14 [illegible][4][illegible][5]

五日上高缓战 <> 及等一礼职军皆

甲 6-1-15 [illegible]

夺失二年

新译文：

一等末驱、小首领、舍监等集中日校军迟至[1]。完毕以后，一至五日之内来者，徒一年；五日以上迟至及战者[2]一律皆革职、军，徒二年。

注释：

[1] 校军迟至：原译为“当校军”，将形容词[illegible]（缓、慢）识为动词前置助词[illegible]［圪 kji］。

[2] 及战者：原译未识出。

① 史金波、聂鸿音、白滨译注：《天盛改旧新定律令》，第 244 页。原文分别参见俄罗斯科学院东方研究所圣彼得堡分所、中国社会科学院民族研究所、上海古籍出版社编：《俄藏黑水城文献》，第 8 册，第 135 页上左第 6、下右第 3 行。

② 按：俄译本此处译为“缺卯”。克恰诺夫俄译、李仲三汉译、罗矛昆校对：《西夏法典——〈天盛年改旧定新律令〉（第 1—7 章）》，第 149 页。

③ 史金波、聂鸿音、白滨译注：《天盛改旧新定律令》，第 244 页。

④ [illegible]［圪 kji］，残缺，据上下文拟补。

⑤ 此三字残缺，据上下文拟补。

􀀀􀀀􀀀􀀀􀀀􀀀􀀀􀀀􀀀􀀀􀀀􀀀（对译：末驱头监小舍监等集日中缓军经）中，原译将􀀀（缓）识为动词前置助词􀀀［圪 kji］，显然不正确。􀀀［圪 kji］为动词前缀，其后应为动词，但􀀀（军）却是名词。

"五日以上迟至□□□"中，空白的三字应为􀀀􀀀􀀀（对译：战 <> 及）。如果这三个字为􀀀􀀀􀀀（对译：战不及），原文就是"五日以上迟至未及战一律皆革职、军，徒二年；迟至未及战，及完全未至等，皆革职、军，皆徒三年"①，那么迟至不及战该如何处罚？②

3.《天盛律令》卷六《发兵集校门》："一等军卒□□□等五日以内当校毕者。其中未及校、已校以后一日内到来者，十三杖。"③本条款西夏文原文为：

甲 6-1-18 􀀀􀀀􀀀􀀀􀀀􀀀􀀀④􀀀􀀀􀀀􀀀􀀀􀀀􀀀
　　　　一等军卒军正辅主等五日圈内经 <> 毕
甲 6-2-1 􀀀􀀀􀀀􀀀􀀀􀀀􀀀􀀀􀀀􀀀􀀀􀀀⑤
　　　　其中校不及 <> 校后方五日圈内至
甲 6-2-2 􀀀􀀀􀀀􀀀􀀀
　　　　来 <> 十三杖

新译文：

一等军卒正军、辅主等[1]五日以内当校毕者。其中未及校、已校以后五日以内[2]到来者，十三杖。

注释：

[1]军卒正军、辅主等：原译为"军卒□□□等"，没有识出􀀀􀀀􀀀􀀀（正军、辅主）。

[2]五日以内：原译为"一日内"，将􀀀（五）识为"一"。

---

① 史金波、聂鸿音、白滨译注：《天盛改旧新定律令》，第 244 页。
② 按：俄译本将此二处分别译为"若在点集日迟到者中身为布阵、殿后小头领者"与"〔在期限内〕迟到五日以上〔包括参战迟到〕者"。克恰诺夫俄译、李仲三汉译、罗矛昆校对：《西夏法典——〈天盛年改旧定新律令〉（第1—7章）》，第 149 页。
③ 史金波、聂鸿音、白滨译注：《天盛改旧新定律令》，第 244 页。
④ 此四字虽残缺，但第一、二、四字可识出，第三字据军卒中包括正军、辅主或负担而拟补为􀀀（辅）。
⑤ 􀀀（至），残佚，据上下文拟补。

从上下文来看，本条款将迟到情况大体分为依次递增的三种，即未及校、已校以后五日以内到，五日以上至及战，不及战及完全不至①。改译后，知本条款规定军卒中的正军、辅主需在五日以内校毕，否则当受处罚。②

4.《天盛律令》卷六《发兵集校门》："一前述在首领等，任意将其下正军、辅主官马、坚甲留止，军头、正军、辅主中因当时谁校而获罪时，不论有官无官，一律徒四年，当革职、军。"③本条款西夏文原文为：

甲6-3-14　𗊬𗦛𗬟𗌭𗢳𗅋𗊬𗆧𗤁𗈪𗿄𗤦𗖻𗤁𗖵𗭉𗏹𗆧
　　　　　一前有头领小大等圈下军正辅主官马坚
甲6-3-15　𗋕𗰖𗆫𗌭𗅳𗢳𗫂𗖽𗦠𗤁𗖻𗤁𗖵𗫂𗗙
　　　　　甲自人意留止中入军头军正辅主中一
甲6-3-16　𗦛𗩙𗉮𗤦𗆧𗢳𗗙𗼃𗫾𗇋𗬉𗫂𗗙𗩱𗅳
　　　　　时何经为等因罪获时官有不有一礼四
甲6-3-17　𗴂𗦜𗫾𗉔𗤁𗃛𗈼
　　　　　年获又职军 <> 失

新译文：

一前述大小首领[1]等，任意将其下正军、辅主官马、坚甲留止，军头、正军、辅主中因当时谁校而获罪时，不论有官无官，一律徒四年，当革职、军。

注释：

[1]前述大小首领：原译为"前述在首领"，漏译𗓵𗌭（大小），衍"在"。

本条款前两条中，都有"大小首领"。④

---

① 史金波、聂鸿音、白滨译注：《天盛改旧新定律令》，第244页。

② 按：俄译本将此二处分别译为"正军士卒"与"点集结束后五天内才〔迟〕到者"，未识出"辅主"。分别见克恰诺夫俄译、李仲三汉译、罗矛昆校对：《西夏法典——〈天盛年改旧定新律令〉（第1—7章）》，第149、150页。

③ 史金波、聂鸿音、白滨译注：《天盛改旧新定律令》，第245页。

④ 史金波、聂鸿音、白滨译注：《天盛改旧新定律令》，第244、245页。原文分别参见俄罗斯科学院东方研究所圣彼得堡分所、中国社会科学院民族研究所、上海古籍出版社编：《俄藏黑水城文献》，第8册，第135页下左第2行、第136页上右第4行。

5.《天盛律令》卷六《发兵集校门》："一前述大小首领擅自准许正军、辅主披、甲、马随意留匿家中，因校验而革军籍者，替换属下人举报为首领之法，当与第五卷规定首领因官马、坚甲校验短缺而被革，派代替人为首领法同。"①本条款西夏文原文为：

甲 6-3-18 𗧤𗄈𗗙𗅲𗫴𗥃𘜶𘃌𗴲𗱩𗫔𗣼𘘄𗗙𗢳𗼃
　　　　　一前有头领小大自人意甲胄马军正辅主等
甲 6-4-1 𗫴𗥃𗣼𗿧𗸓𗢤𗣼𗤒𗫔𘘄𗴲𗱩𗿧𘈩𗸓
　　　　　家处留隐何经为等因军失换处圈下人
甲 6-4-2 𘅈𗫴𗣼𗁘𗼽𘓓𘘄𗥃𘈩𗸢𘜶𗣼𘈠𗸉
　　　　　举头领为顺五第上官马坚甲等经 ［口］
甲 6-4-3 𗠰𗫴𗣼𗴲𗱩𘈩𗢤𗸓𘈜𗅲𘕕𘊝𗍬
　　　　　缺头领失换处人遣顺显与 <> 同

新译文：
一前述大小首领擅自准许正军、辅主披、甲、马随意留匿家中，因校验而革军籍者，属下人举报代替为首领[1]之法，当与第五卷规定首领因官马、坚甲校验短缺而被革，派代替人为首领法同。

注释：
［1］属下人举报代替为首领：原译为"替换属下人举报为首领"，句意不清。

从上下文来看，本条款是对发兵校验时小大首领擅自准许正军、辅主披、甲、马留匿家中的处罚②。其中规定大小首领革军职，其下属举报代替为首领法，与第五卷规定首领因官马、坚甲校验短缺而被革，派代替人为首领法相同。可知，属下人代替的是首领。改译后，句意明朗。

6.《天盛律令》卷六《发兵集校门》："一正副将佐、大小军首领等，在军头持牌散军之语未至，此处外逃者徒八年。持牌者到来，闻散军之语，不待指

① 史金波、聂鸿音、白滨译注：《天盛改旧新定律令》，第245页。
② 史金波、聂鸿音、白滨译注：《天盛改旧新定律令》，第244—245页。

挥先往者，先往一二日，徒三个月；三四日，徒六个月；五日，徒一年；五日
以上与军头外逃一样判断。军卒校毕而往及解散传牌不至，而入军头住营等，
依出师全未往法判断。执牌到来闻退师语至，而不待指挥先行者，军卒不论先
行时日长短，一概徒六个月。"[1]本条款西夏文原文为：

甲6-4-10 𗾔𘜶𗤁𗡶𘏚𘟙𗹦𗧓𗪜𘕞𘜶𗹦𘕀𘝿𗦻𘟙𘘠
　　　　一溜监正副军头领小大等军头在牌持军散

甲6-4-11 𗧓𘏚𘒣𘜼𗈬𘟙𘊄𘉞𘝿𗪜𘕘𗤁𘟙𘘠
　　　　语不送此方野入 <> 八年牌持至来军散

甲6-4-12 𗧓𘝿𗡞𗤀𗧓𘏚𗧺𘖑𘟙𘏞𗠶𘝾𘐠
　　　　语持闻指命语不待先往 <> 一二日 <> 三

甲6-4-13 𘏿𘏿𘐠𗼄𘐠𗠶𗪼𘏿𘏿𗤁𘐠𘖀𘉞𗤁𘐠𗫊
　　　　月个三四日 <> 六月个五日一年五日上

甲6-4-14 𗫴𘟙𘜶𗹦𘜼𗈬𘊊𘖀𗤁𗈎𘜶𘜶𗧓𘌊𗈎𘏚
　　　　高 <> 军头野入与一礼断判军卒 <> 经后

甲6-4-15 𗈬𗹦𘚿𘝿𗤁𘘠𗾔𘏚𗧓𘕘𘜶𘜶𘕀𘜼𗈬𘖑
　　　　方往及牌持散语不至来军头在野入等

甲6-4-16 𘜶𘌊𗡶𘏞𘒣𘏚𘏞𗈎𘝿𗤁𘕘𘕞𘜶𘟙𘘠𗧓
　　　　军而正未往礼依断判牌持至来军散语

甲6-4-17 𘜶𘚿𘚿𘏚𗧺𘖑𘏞𘊊𘖑𗫴𘖇𘖘𗼄𘏿𘏿
　　　　闻指命不待先往时日下高所无六月个

新译文：

一正副将佐、大小军首领等，在军头持牌散军之语未至，此处外逃
者徒八年。持牌者到来，闻散军之语，不待指挥先往者，先往一二日，徒
三个月；三四日，徒六个月；五日，徒一年；五日以上与军头外逃一样判
断。军卒校毕而往及在军头持牌散语未至而逃跑等[1]，依出师全未往法判
断。执牌到来闻退师语至，而不待指挥先行者，军卒不论先行时日长短，
一概徒六个月。

---

[1] 史金波、聂鸿音、白滨译注：《天盛改旧新定律令》，第246页。

注释：

[1] 在军头持牌散语未至而逃跑：原译为"解散传牌不至，而入军头住营"。

从语法上来看，𗊒𗣼𗫷𗰖𗄈𗫹𗈪𗗙𗋽𗎩（对译：牌持散语不至来军头在野入）一句，主语为军卒，𗋽𗎩（逃跑）[1]为谓语，𗊒𗣼𗫷𗰖𗄈𗫹𗈪𗗙（在军头持牌散语不至）为状语。从内容上来说，本条款主要是对正副将佐、大小首领和军卒两类人，在军头持牌散军语未至而外逃，持牌到来闻退师语而不待指挥先往两种情况的处罚，这两类人、两种情况是两两相对的。

7.《天盛律令》卷六《发兵集校门》："（驻军）续守时日限未满逃跑者，依所遗缺时日计算：首领等遗一至十日者，有官罚马一，庶人十三杖；十一日至二十日者，徒六个月；二十日以上者，悉与整期不往罪判断。军卒遗一至十日者，正军十三杖，辅主十杖；十五日至一个月者，正军徒三个月，辅主十三杖；一个月以上者一律与整期不至同罪。"[2]本条款西夏文原文为：

甲 6-5-16 𗎅𗣼𗰖𗈪𗄈𗋽𗎩

续为中日不毕野入

甲 6-5-17 𗫷𗢳𗋽𗈪𗈉𗫷𗣼𗗙𗺉𗺉𗈪𗇋𗰣𗈪𗫷

<><> 遗日上算头领等一日起十日至

甲 6-5-18 𗬜𗫷𗘂𗺉𗫷𗈪𗢭𗫷𗴜𗗙𗵒𗇋𗈪

往 <> 官有罚马一庶人十三杖十一日

甲 6-6-1 𗇋𗵒𗗙𗈪𗫷𗵒[𗥄][3]𗫷𗵒𗗙𗈪𗮶𗡞𗔅[𗥄][4]

起二十日至六月个二十日上高一礼

甲 6-6-2 𗓑𗴜𗬜𗉅𗟶[𗥄]𗱕𗈉𗥔𗢭𗫷𗇋𗈪𗇋𗺉

正未往与罪同断判军卒 <> 一日起十

甲 6-6-3 𗈪𗈪𗫷𗬜𗔜𗥔𗓑𗗙𗵒𗴜𗵒�🗵

五日至往 <> 军正十三杖辅主十杖十

---

① 𗋽𗎩（对译：野入）一词，为意译，意为"逃跑"。见《译名对照表》，史金波、聂鸿音、白滨译注：《天盛改旧新定律令》，第639页。

② 史金波、聂鸿音、白滨译注：《天盛改旧新定律令》，第247页。

③ 𗥄（月），残缺，据上下文拟补。

④ 𗥄（礼），模糊，据上下文拟补。

甲6-6-4 [西夏文]
　　　五日上高一月个至往时军正三月个
甲6-6-5 [西夏文]
　　　辅主十三杖一月个上高一礼正未至
甲6-6-6 [西夏文]
　　　与罪同断判

新译文：

　　（驻军）续守时日限未满逃跑者，依所遗缺时日计算：首领等遗一至十日者，有官罚马一，庶人十三杖；十一日至二十日者，徒六个月；二十日以上者，悉与整期不往罪相同判断[1]。军卒遗一至十五日[2]者，正军十三杖，辅主十杖；十五日以上[3]至一个月者，正军徒三个月，辅主十三杖；一个月以上者一律与整期不至同罪。

注释：

　　[1]相同判断：原译为"判断"，漏译[西夏文]（同、等）。
　　[2]一至十五日：原译为"一至十日"，漏译[西夏文]（五）。
　　[3]十五日以上：原译为"十五日"，漏译[西夏文]（以上）。

　　如果按照原译，句意不明朗，法典有缺陷。①
　　8.《天盛律令》卷六《官披甲马门》："一诸人与大小臣僚、行监、盈能、将、首领恃势将所属官马、坚甲三种以大小、优劣交换索取者，若均著籍为官有披、甲、马，等值者徒四年。有超利者，则所得超利依偷盗法则及前有罪，依其重者判断。"②本条款西夏文原文为：

甲6-6-16 [西夏文]
　　　一诸人官马坚甲三种中臣官小大行监
甲6-6-17 [西夏文]

　　① 按：俄译本将此三处分别译为"与不到者获同罪"；"提前一至十五天离队之军卒"；"提前离队过十五天至一个月者"。克恰诺夫俄译、李仲三汉译、罗矛昆校对：《西夏法典——〈天盛年改旧定新律令〉（第1—7章）》，第154页。
　　② 史金波、聂鸿音、白滨译注：《天盛改旧新定律令》，第247—248页。

［盈能］溜头领等势恃相处缚有小□好

甲 6-6-18 𗰓𗟻𗼼𗋕𘃡𗮔𘕕𗲈𘝶𗖍𗏵𗦲𘞐

恶换易索取为 <> 二二名接官马坚

甲 6-7-1 <u>𘃨𗨁𗾞𘝶𘝢𘈷𘊝𗾞𘝩�奚𗦻𘏒</u>

甲是则量阶同 <> 四年若量阶不同

甲 6-7-2 𗦲①𘐏𗟻𗾞𗦪𘐏𗳒𘏒𗾞𘛇𘛇𗧠𗷢𘋢

议超有则超何有数量悄悄盗礼及

甲 6-7-3 𗧓𗏵𗅤𘈷𗤁𘏒𗷓𗏵�挟𗰗

前有罪等何 <> 重上断判

新译文：

一诸人与大小臣僚、行监、盈能、溜首领[1]恃势将所属官马、坚甲三种以大小、优劣交换索取者，若均著籍为官马、坚甲[2]，等值者徒四年。若不等值[3]，有超利者，则所得超利依偷盗法则及前有罪，依其重者判断。

注释：

［1］溜首领：原译为"将、首领"。

［2］官马、坚甲：原译为"官有披、甲、马"。

［3］若不等值：原译漏译。

溜为西夏特有的军事建制，首领所将各自种落兵为溜。②𘝶𗖍（官马）、𘞐𘃨（坚甲）为固定词组，与前文"官马、坚甲三种"相呼应。将𗾞�奚𗦻𘏒（对译：若量阶不同）译为"若不等值"，则与前文"等值者徒四年"、后文"有超利者"衔接。

9.《天盛律令》卷六《官披甲马门》："一诸大小臣僚、行监、将、盈能等对首领等官马、坚甲应移徙时，当经边境监军司及京师殿前司，当给予注销。其中不允与有官马、坚甲者私相授受、隐瞒而为属者除籍，使自著籍。若违律

---

①𗦲（议），模糊，据《天盛改旧新定律令》卷六甲种本第 7 页左面第 2、4 行补。

②（宋）李焘撰，上海师范大学古籍整理研究所、华东师范大学古籍整理研究所点校：《续资治通鉴长编》卷一百三十二，仁宗庆历元年（1041）五月甲戌条，中华书局，2004 年版，第 3136 页。

者，两厢情愿，著籍人能养治而逃避，首领等求及畜之品次及坚甲、马所置意力而请移徙时，计量后依偷盗律治罪。以索者为造意，给与者为从犯判断。若属者虽确实无力养治，但首领等能办使畜及品级时，首领等之罪依前述所示治罪，赐者徒二年。"[1]本条款西夏文原文为：

甲6-7-16 一诸臣宰小大行监溜［盈能］头领等官马

甲6-7-17 坚甲徙义有时边中军监司世界殿前

甲6-7-18 司等 <> 过备减 <> 拉其中官马坚甲有

甲6-8-1 者与知知相 <> 给语知掩为有者□□

甲6-8-2 减为自与名接等允无若律过二二愿

甲6-8-3 乐则名接人养治能避为头领等畜等

甲6-8-4 阶及坚甲马 <> 莫意力求徙请时量悄

甲6-8-5 悄盗礼索者心起给者副礼等断判若

甲6-8-6 有者实养治不能及是然头领等何能

甲6-8-7 畜等阶及请时头领等 <> 罪前依 <> 示

甲6-8-8 礼依及给者 <> 二年

新译文：

一诸大小臣僚、行监、溜盈能、首领等[1]官马、坚甲应移徙时，当

---

[1] 史金波、聂鸿音、白滨译注：《天盛改旧新定律令》，第248页。

经边中[2]监军司及京师殿前司，当给予注销。其中不允与有官马、坚甲者私相授受、隐瞒而为属者除籍，使自著籍。若违律者，两厢情愿，著籍人能养治而逃避，首领等求及畜之品次及坚甲、马已无意力[3]而请移徙时，计量后依偷盗律治罪。以索者为造意，给与者为从犯判断。若属者虽确实无力养治，但首领等能办使畜及品级而请[4]时，首领等之罪依前述所示治罪，赐者徒二年。

注释：

[1]诸大小臣僚、行监、溜盈能、首领等：原译为"诸大小臣僚、行监、将、盈能等对首领等"，标点和语序有误。

[2]边中：原译为"边境"。

[3]坚甲、马已无意力：原译为"坚甲、马所置意力"，误将 𘃪（莫、不）识为 𘕺（置）。

[4]首领等能办使畜及品级而请：原译为"首领等能办使畜及品级"，漏译 𗥤（请）。

𗊱𗊱𗤶𗤶 𗼝𗤸 𗐍𗍣𗀔 𗃛𗈋𗀔（对译：臣宰小大行监溜［盈能］头领等）中，𗃛𗈋（首领）与 𗊱𗊱𗤶𗤶（大小臣僚）、𗼝𗤸（行监）、𗐍𗍣𗀔（溜盈能）是并列关系。其中盈能和首领都是溜的军官。又边中包括地中和地边，地中稍远，地边最远。①地边即边境。

10.《天盛律令》卷六《官披甲马门》："换者虽自能畜治，但当与披、甲分离，请领者亦对达畜品级未选择披、甲、马等受贿全移换时，与首领等自请领同罪判断。所属大小首领、末驱、舍监等知闻时，不论有无受贿，一律首领以从犯减一等论处，小首领、末驱、舍监等罪当减三等。若移换者实属贫弱理当移换，请者应依畜品次，选择坚甲、马，因请不当请者，其请者依偷盗律治罪，移换者当比从犯罪减二等。"②本条款西夏文原文为：

甲 6-11-6 𗣼𗏀𗀔𗟻𗉋𗼃𗴂𗔇𗼊𘓺𗤆𗫨𗍯𗈁
徙者人自养治及办然甲胄与 <> 离

<hr />

① 史金波：《西夏社会》（下），第706—707页。
② 史金波、聂鸿音、白滨译注：《天盛改旧新定律令》，第250—251页。

甲 6-11-7 𗉛𗤻𗜓𗗩𗰔𗙴𗯿𗖰𗥔𗴚𗖌𗥃𗴵𗁤

　　　　 离请者人亦畜等阶及甲胄马 <> 不找

甲 6-11-8 𗅋𗰔𗤻�𗗧𗼈𗗧𗢲𗥃𗰔𗂅𗧀𗉛𗴚�

　　　　 求等贪院徒为时头领等自己请与同

甲 6-11-9 𗸒𗤦𗸓𗥃𗊡𗢲𗥃𗯷𗐬𗴘𗥃𗾫𗅋𗆐

　　　　 令断判 <> 有头领小大末驱舍监等知

甲 6-11-10 𗅋𗴚𗤻𗷶𗆀𗼳𗪺𗢲𗥃𗹫𗐭𗫹𗼳𗴚𗅲

　　　　 觉时贪有无一礼头领 <> 副比一等及

甲 6-11-11 𗢲𗥃𗊡𗬫𗅋𗾫𗀉𗰔𗢲𗥃𗫒𗫹𗤵𗴚𗰔

　　　　 头领小末驱舍监等头领罪比三等等

甲 6-11-12 𗉛𗪱𗤆𗼳𗤻𗗩𗀉𗼳𗥃𗫠𗤹𗝔𗤻𗜓

　　　　 <> 减为若徒者人贫弱徒应实是请者

甲 6-11-13 𗸒𗤦𗸓𗬉𗤺𗥃𗴵𗅋𗫒𗤵𗂝𗁤𗫒𗤦

　　　　 畜等阶依坚甲马找求应是则不应请

甲 6-11-14 𗘟𗭧𗤻𗜓𗷍𗷍𗹭𗼳𗤻𗜐𗫹𗀁𗴚𗆐

　　　　 因其请者悄悄盗礼徒者副比二等 <>

甲 6-11-15 𗪱𗜓

　　　　 减为

新译文：

　　换者虽自能畜治，但当与披、甲分离，请领者即便畜达品次，未寻找
披、甲、马，受贿移换院时[1]，与首领等自请领同罪判断。所属大小首
领、末驱、舍监等知闻时，不论有无受贿，一律首领以从犯减一等论处，
小首领、末驱、舍监等比首领罪当减三等[2]。若移换者实属贫弱理当移
换，请者应依畜品次，寻找[3]坚甲、马，因请不当请者，其请者依偷盗律
治罪，移换者当比从犯罪减二等。

注释：

　　[1] 请领者即便畜达品次，未寻找披、甲、马，受贿移换院时：原
译为"请领者亦对达畜品级未选择披、甲、马等受贿全移换时"，将𗉛𗀉
（寻找）译为"选择"，�（院）译为"全"。

　　[2] 小首领、末驱、舍监等比首领罪当减三等：原译为"小首领、末

驱、舍监等罪当减三等"，漏译𗥃𗥃（首领）、𗆟（比）。

　　[3] 寻找：原译为"选择"。

　　本条款是对根贫续断等属披、甲、马移换院的规定。[1]𗥃𗥃𗥃𗥑𗥃𗥃𗥃𗥃𗥑𗥃𗥃𗥃𗥑𗥑𗥑𗥑𗥑𗥑𗥑𗥑𗥑（对译：请者人亦畜等阶及甲胄马 <> 不找求等贪院徙为时）一句，原译指出句意有未明处。从语法来看，本句中，𗥃𗥃𗥃（请领者）为主语，𗥑𗥑𗥑𗥑�1�1�1�1�1�1�1（即便[2]畜达品次，不寻找[3]甲、胄、马）为状语，�1�1�1�1（受贿移换院时）为状语。从上下文来看，贫弱是移换披、甲、马的基本条件，移换后请领者才能养治、寻找披、甲、马。换者自能治畜，却与披、甲分离；请领者即便畜达品次，未寻找披、甲、马，而受贿移换院，则他们应与首领等自请领同罪判断。[4]改译后，文意清晰，前后呼应。

　　首领知闻罪是以从犯为定罪基础，即"首领以从犯减一等论处"。从语法来看，𗥑�1�1�1�1�1�1�1�1�1�1�1�1�1�1�1�1（对译：头领小末驱舍监等头领罪比三等等 <> 减为）一句中，�1�1�1�1�1�1�1（小首领、末驱、舍监等）为主语，�1�1�1�1（比首领罪）为状语，�1�1�1（三等）为宾语，�1 [永 wjij]为表示向远处、向外的未然式动词前置助词，�1�1（减）为谓语。改译后，知小首领、末驱、舍监等比首领罪当减三等，即其罪比从犯当减四等。

　　11.《天盛律令》卷六《官披甲马门》："一上述无力养治坚甲、马，子嗣已断者，其各披甲、马本院无移换处，则不同院人坚甲、马无有而愿请领者并当领除籍。同院不同院无请领者，则当交官。"[5]本条款西夏文原文为：

甲6-12-1 𗥑𗥑�1�1�1�1�1�1�1�1�1�1�1�1[6]

　　一前有坚甲马养治不办人根 <> 断等有甲

甲6-12-2 �1�1�1�1�1�1�1�1�1�1�1�1�1�1

　　① 史金波、聂鸿音、白滨译注：《天盛改旧新定律令》，第26页。

　　② �1（小）[子]为连词时有"亦、即便"二义，这里意为"即便"。（史金波：《西夏文教程》，第193页）史金波等译注本《天盛改旧新定律令》第250页译为"亦"。

　　③ �1�1（对：寻找）一词，按字面意思应译为寻找、搜寻。《番汉合时掌中珠》原书第27页中栏有�1�1�1（对译：文字寻找）即译为"蒐寻文字"。参见（西夏）骨勒茂才著，黄振华、聂鸿音、史金波整理：《番汉合时掌中珠》，第55页中栏。

　　④ 史金波、聂鸿音、白滨译注：《天盛改旧新定律令》，第250—251页。

　　⑤ 史金波、聂鸿音、白滨译注：《天盛改旧新定律令》，第251页。

　　⑥ �1（甲），残佚，据上下文拟补。

　　　　　　胄马数院中徙处无则院不同人坚甲马

甲 6-12-3 𗣼𗠔𗾫𗅲𗉞𗾫𗥰𗼻𗦲𗨁𗾫𗷪𗈳𗄭𗅢𗾫

　　　　　　不有乐乐请者有处 <> 请薄上 <> 备减院

甲 6-12-4 𗼻𗣼𗼻𗺓𗉞𗾫𗥰𗓱𗜓𗄼𗰖𗅬𗥰𗬨

　　　　　　同不同中徙请者无则官以 <> 纳

新译文：

　　一上述无力养治坚甲、马，子嗣已断者，其各披甲、马本院无移换
处，则不同院人坚甲、马无有而愿请领者并当领除籍。同院不同院无移
换、请领者[1]，则当交官。

注释：

　　[1]无移换、请领者：原译为"无请领者"，漏译𗉞𗓱（无移换者）。

　　从上下文内容来看，𗉞𗓱（移换者）和𗥰𗓱（请领者）是不同的。上一条
款曾提到，移换者虽自能养治，但却与披、甲分离，请领者即便畜达品次未寻
找披、甲、马而受贿移换院时，与首领等自请领同罪判断，即是明证。[1]从语
法来说，𗉞𗥰𗓱𗄼（对译：徙请者无）中，𗉞（移换）和𗥰（请领）为并列成
分，先受名词𗓱（者）的修饰，后受动词𗄼（无）的修饰。

　　12.《天盛律令》卷六《官披甲马门》："在边境者，监军司及京师畿内军首
领等当移换，自亡失日起一年以内当申报注销，披、甲、马当自官家请领。"[2]
本条款西夏文原文为：

甲 6-13-3 𗾫𗗙𗦖

　　　　　　边中 <>

甲 6-13-4 𗫂𗯉𗣼𗧪𗅫𗳟𗉻𗂸𗫂𗇋𗔤𗤑𗏵𗖰𗳭

　　　　　　军监司及世界城池内军头领等 <> 易 <>

甲 6-13-5 𗤀𗂸𗼻𗕭𗋚𗐭𗄻𗂸𗥰𗤑𗥰𗨁𗿒𗬩𗰜𗫩

---

　　① 史金波、聂鸿音、白滨译注：《天盛改旧新定律令》，第 250 页。原文参见俄罗斯科学院东方研究所圣
彼得堡分所、中国社会科学院民族研究所、上海古籍出版社编：《俄藏黑水城文献》，第 8 册，第 140 页右
上第 6—9 行。按：对译文有所改动，参见前文。

　　② 史金波、聂鸿音、白滨译注：《天盛改旧新定律令》，第 252 页。

无日上起一年圈内 <> 告 <> 割减甲胄

甲 6-13-6 𗇤𗰕𗫸𗺉𗫼

马官依 <> 请

新译文：

在边中[1]者，监军司及京师畿内军首领等当移换，自亡失日起一年以内当申报注销，披、甲、马当自官家请领。

注释：

[1] 边中：原译为"边境"。

本条款主要是对诸人领有官马、坚甲在战场相接为敌所俘而无者如何申报注销，重领官马、披、甲的规定及对虚杂领官马、披、甲与延误移换、注销的处罚。[①]前揭边中包括地中和地边（即边境）。

13.《天盛律令》卷六《军人使亲礼门》："非所愿而有威逼者，以枉法贪赃科之。若情愿，则以未受贿罪法判断。"[②]本条款西夏文原文为：

甲 6-15-2 𗀉𗷖𗟻𗦵𗧓𗴾𗫼𗊱𗷖𗦀𗧓𗴾

不乐逼畏是则律弯贪乐乐是则律

甲 6-15-3 𗀉𗫼𗊱𗃛𗀉𗰕𗦵𗥧𗠇

不曲贪罪礼依等断判

新译文：

非所愿而有威逼者，以枉法贪赃科之。若情愿，则以不枉法而贪赃罪[1]法判断。

注释：

[1] 不枉法而贪赃罪：原译将𗊱𗃛（贪赃罪）译为"未受贿罪"，又漏译𗦵𗀉𗫼（不枉法）。

① 史金波、聂鸿音、白滨译注：《天盛改旧新定律令》，第 252 页。
② 史金波、聂鸿音、白滨译注：《天盛改旧新定律令》，第 253 页。

从语法来看，𗋒𗣋𗤍𘕥�（对译：律不弯贪罪）中，副词𗣋（不）置于𗋒（律）和𗤍（弯）之间，用来否定双音节词𗋒𗤍（枉法），意为"不枉法"①；𘕥（贪）即贪赃，与"不枉法"相并列。从内容来看，本条款规定诸文武官员、大小军首领等死亡、生育、嫁女、儿子分家、设筵祭神时，不允助工、摊派、索用。②如果不乐意而被威逼助工、摊派、索用，则诸文武官员、大小军首领等以枉法贪赃断判；如果乐意助工、摊派、索用，则诸文武官员、大小军首领等按不枉法而贪赃罪法断判。可见，乐意只是属于不枉法，即使乐意而助工、摊派、索用也是属于贪赃。改译后，乐意与不乐意之间的处罚，才相互对应。

14.《天盛律令》卷六《军人使亲礼门》："一前述大小官员、军首领辅主除外，不得私使军卒中笨工打围行猎。违律时计所猎野兽价钱，十缗以内，不治罪；十一缗至二十缗，十三杖；二十缗至三十缗者，徒三个月；三十缗以上至四十缗者，徒六个月；四十缗以上者，一律徒一年。"③本条款西夏文原文为：

甲 6-15-4 𗍂𗏹𗧎𗦇𗢸𗤓𗩱𗩾𗬩𗂧𗰜𗣋𗢸𗎀
　　　　　一前有臣官小大军头领等辅主不有军

甲 6-15-5 𗰜𘃡𗰅𗏁𗣀𗪟𗠰𗦜𗵒𗍂𗆧𗢸𗤙
　　　　　卒中笨力行私使为围伸兽射等允

甲 6-15-6 𗣁𗋒𗏹𘎠𗪟𗤙𗆧𘃡𗣀𗵒𘘑𗤙𗤖𘇂
　　　　　无律过时野兽何 <> 捕钱 <> 量十缗低

甲 6-15-7 𗆧𗾱𘎳𗤓𘝯𗤙𗰭𗤖𗤙𘎠𗤙𘈩𘐊
　　　　　下罪莫连十一缗起二十缗至十三杖

甲 6-15-8 𗰭𗤙𗤙𗤟𘘂𘈩𗤙𗤙𘎠𘈩𗃀𗃀𘈩𗤙𗤟
　　　　　二十缗上高三十缗至三月个三十缗

甲 6-15-9 𗤟𘘂𘘑𗤙𗤟𘎠𗃀𗃀𘘑𗤙𗤟𗤟𘘂𘚢
　　　　　上高四十缗至六月个四十缗上高一

甲 6-15-10 𗩱𘚢𗒱
　　　　　礼一年

----

① 史金波：《西夏文教程》，第188页。
② 史金波、聂鸿音、白滨译注：《天盛改旧新定律令》，第253页。
③ 史金波、聂鸿音、白滨译注：《天盛改旧新定律令》，第253页。

新译文：

一前述大小官员、军首领辅主除外，不得私使军卒中笨工打围行猎。违律时计所猎野兽价钱，十缗以内，不治罪；十一缗至二十缗，十三杖；二十缗以上[1]至三十缗者，徒三个月；三十缗以上至四十缗者，徒六个月；四十缗以上者，一律徒一年。

注释：

[1]二十缗以上：原译为"二十缗"，漏译觥尾（以上）一词。

改译后，译文中的矛盾消除。

15.《天盛律令》卷六《军人使亲礼门》："一诸有军职者为丧葬、生育设筵，及为祭神、嫁女、分家、修造房舍时，若遣人赴远地承办事务时，不得按公差向属下军卒索助，违律有告状索助时，有官罚马一，庶人十三杖。"①本条款西夏文原文为：

甲 6-16-1 𗏁𗕑𗖵𗏇𗋽𗱕 𗤋𗱕𗫿𗫲𗜓𗰗𗟻𗗙𗡪𗏆
　　　　　一诸军有人等死失生育筵为神祭女离男
甲 6-16-2 𗗙𗏆𗏇𗗙𗉞𗱕𗟻𗪙𗤋𗱕𗝘𗫲𗟻𗖵
　　　　　离舍为石修若地堂使驱事得勤事问
甲 6-16-3 𗋽𗱕𗏇𗤋𗰗𗜓𗏁𗕑𗫲𗫲𗤻𗓊𗗙𗏆𗫿𗱕
　　　　　者遣等时圈下军卒公依助索允无律
甲 6-16-4 𗗙𗱕𗤋𗫿𗗙𗱕𗤋𗤻𗫲𗰴𗄽𗫲𗏇𗱕𗉞
　　　　　过状告助索时官有罚马一庶人十三
甲 6-16-5 𗴂
　　　　　杖

新译文：

一诸有军职者为丧葬、生育设筵祭神，及为嫁女、分家修造房舍时[1]，若驱使远地做事、遣问公事者时[2]，不得按公差向属下军卒索助，违律有

---

① 史金波、聂鸿音、白滨译注：《天盛改旧新定律令》，第254页。

告状索助时，有官罚马一，庶人十三杖。

注释：

[1] 为丧葬、生育设筵祭神，及为嫁女、分家修造房舍时：原译为"为丧葬、生育设筵，及为祭神、嫁女、分家、修造房舍时"，断句有误。

[2] 若驱使远地做事、遣问公事者时：原译为"若遣人赴远地承办事务时"，漏译䖝䖝䖝䖝（对译：勤事问者）。

䖝䖝䖝䖝（设筵祭神）为固定词组，不能断开。[1] 䖝䖝䖝䖝䖝䖝䖝䖝䖝䖝䖝䖝䖝䖝（对译：死失生育筵为神祭女离男离舍为石修）中，䖝䖝䖝䖝（设筵祭神）是为了䖝䖝（丧葬）、䖝䖝（生育），䖝䖝䖝䖝（修造房舍）是为了䖝䖝（嫁女）、䖝䖝（分家）。

16.《天盛律令》卷六《纳军籍磨勘门》："一国内纳军籍法：每年畿内三月一日，中地四月一日，边境六月一日等三种日期当年年交簿。按所属次第由监军司人自己地方交纳籍者，年年依时日相互缚系自□□□。当派主监者使集中出检，与告状当□□来交纳。若监军司大人未行动时，一至五日勿治罪，五日以上至一个月以内迟出，则监军、习判各罚马一，都案罚钱七缗。迟出逾月，则监军、习判悉降一官，并罚一马，都案罚一马，局分案头、司吏依法□□。司吏纳籍日临近时，应先备籍册，经军首领□用印。假若主簿大人不造册，不用印，首领亦未主簿备印，及不驱遣，日期内籍册不至时，其军首领、主簿、司吏等一律一日至五日以内勿治罪，迟六日至盈月则有官罚马一，庶人十三杖，迟逾月一律徒二年。若军首领预先遣人印籍而司吏稽误者，则首领不治罪。若首领未用印已误，则司吏不治罪。主簿、司吏出逃及死无继，及主簿不明等，则军首领自当来纳籍。若军首领任城溜差事，则可遣辅主及自子、兄弟等前来纳籍。有住滞时，则依如何住滞法判断。"[2] 本条款西夏文原文为：

---

[1] 䖝䖝䖝䖝（对译：筵为神祭），意为"设筵祭神"，《天盛律令》卷六《军人使亲礼门》两次译为"设筵祭神"。参见史金波、聂鸿音、白滨译注：《天盛改旧新定律令》，第253页。原文分别参见俄罗斯科学院东方研究所圣彼得堡分所、中国社会科学院民族研究所、上海古籍出版社编：《俄藏黑水城文献》，第8册，第141页下左第6行、第142页上左第7行。

[2] 史金波、聂鸿音、白滨译注：《天盛改旧新定律令》，第255—256页。

甲 6-18-9 [illegible][1][illegible][2][illegible]

一国圈内军薄纳顺 <> 城池属三月一日地中四

甲 6-18-10 [illegible][3]

月一日地边六月一日等三等日上年年

甲 6-18-11 [illegible][4]

薄 <> 纳属顺军监司人自己地圈内薄纳

甲 6-18-12 [illegible][5]

者年年日时显上相处 <> 缚系自人中头

甲 6-18-13 [illegible]

监者 <> 遣聚集脚 <> 释为告状与 <> 接簿

甲 6-18-14 [illegible]

<> 纳来若军监司人脚不释为时一日起

甲 6-18-15 [illegible]

五日至罪莫连五日上高月圈内缓则军

甲 6-18-16 [illegible]

监勤判自处一罚马数一总七缗钱月过

甲 6-18-17 [illegible]

则军监勤判等一官夺一罚马数一总 <>

甲 6-18-18 [illegible]□□[illegible][6]

一罚马职管汇头司立典缓礼依□□司

甲 6-19-1 [illegible][7]□

立簿纳日近为如前前簿 <> 为军头领□

甲 6-19-2 [illegible]

<> 印假若簿持人簿不为不印头领簿

甲 6-19-3 [illegible]

持不指命簿不印为不驱遣日上簿不

---

① [illegible]（薄），残缺，据上下文拟补。
② [illegible] [达]，残缺，据上下文拟补。
③ [illegible]（年），残缺，据上下文拟补。
④ [illegible]（对译：薄纳），残缺，据上下文拟补。
⑤ [illegible]（对译：人中头），残缺，据上下文拟补。
⑥ [illegible]（司），残缺，据上下文拟补。
⑦ [illegible]（领），残缺，据上下文拟补。

甲 6-19-4 〔西夏文〕
　　　　来时军头领簿持司立等一礼一日起

甲 6-19-5 〔西夏文〕
　　　　五日圈内罪莫连六日起月月至官有

甲 6-19-6 〔西夏文〕
　　　　罚马一庶人十三杖月过缓一礼二年

甲 6-19-7 〔西夏文〕
　　　　军头领先昔簿 <> 印 <> 遣司立缓 <> 头

甲 6-19-8 〔西夏文〕
　　　　领罪莫连若头领不其印为 <> 迟留则司

甲 6-19-9 〔西夏文〕
　　　　立罪莫连又簿持司立逃遁去及 <> 死

甲 6-19-10 〔西夏文〕
　　　　续无簿持不显是则簿军头领自 <> 纳

甲 6-19-11 〔西夏文〕[口]①〔西夏文〕
　　　　来若军头领城溜［更口］持则辅主子兄弟

甲 6-19-12 〔西夏文〕
　　　　<> 纳来住滞时何 <> 住滞礼依断判

新译文：

　　一国内纳军籍法：每年畿内三月一日，中地四月一日，边境六月一日等三种日期当年年交簿。按所属次第由监军司人自己地方交纳籍者，年年依时日相互缚系自人中当派小监者集中行动[1]，与告状当注册[2]来交纳。若监军司[3]未行动时，一至五日勿治罪，五日以上至一个月以内迟出，则监军、习判各罚马一，都案罚钱七缗。迟出逾月，则监军、习判悉降一官，并罚一马，都案罚一马，局分案头、司吏依延误公文法□□[4]。司吏纳籍日临近时，应先备籍册，经军首领□用印。假若主簿[5]不造册，不用印，首领不指挥主簿，不印籍册[6]，及不驱遣，日期内籍册不至时，其军首领、主簿、司吏等一律一日至五日以内勿治罪，迟六日至盈月则有官罚马一，庶人十三杖，迟逾月一律徒二年。若军首领预先遣人印籍而司吏稽误

————————
①〔西夏文〕［口］，残缺，据上下文拟补。

者，则首领不治罪。若首领未用印已误，则司吏不治罪。主簿、司吏出逃及死无继，及主簿不明等，则军首领自当来纳籍。若军首领掌城溜警口^[7]，则可遣辅主及自子、兄弟等前来纳籍。有住滞时，则依如何住滞法判断。

注释：

[1]人中当派小监者集中行动：原译为"□□□当派主监者使集中出检"，未识出 ▢▢▢（对译：人中头），将 ▢▢▢▢（对译：脚 <> 释为）译为"出检"。

[2]注册：原译未识出。

[3]监军司：原译为"监军司大人"，衍"大人"。

[4]依延误公文法□□：原译为"依法□□"，未译 ▢▢（对译：典缓）。

[5]主簿：原译为"主簿大人"，衍"大人"。

[6]首领不指挥主簿，不印籍册：原译为"首领亦未主簿备印"，漏译 ▢▢（指挥）、▢▢（对译：簿不）、▢（为）。

[7]军首领掌城溜警口：原译为"军首领任城溜差事"。

本条款是对畿内、地中、地边纳军籍日期的规定及对纳籍迟的处罚。史金波等译注本《天盛改旧新定律令》第 255 页将 ▢▢▢▢（对译：脚不释为）译为"未行动"，则 ▢▢▢▢（对译：脚 <> 释为），可译为"行动"。

从语法来说，▢▢▢▢▢▢▢▢▢（对译：头领簿持不指命簿不印为）一句包括两个句子，▢▢（首领）为主语，第一句中 ▢▢（主簿）为宾语，否定副词 ▢（不）修饰谓语 ▢▢（指挥）；第二句中，▢（簿）为宾语，否定副词 ▢（不）修饰谓语 ▢▢（印）。从上下文来看，之前有"假若主簿大人不造册，不用印"，之后有"若军首领预先遣人印籍而司吏稽误者，则首领不治罪。若首领未用印已误，则司吏不治罪"。故句子应译为"首领不指挥主簿，不印籍册"。

▢▢（对译：[更口]），其意非"差事"。其一，之前曾提到"更口"，并对此有解释。卷四《边地巡检门》有"检主管自己不往巡检，放逸检人，受贿，一齐不往巡检，在期限内局分更口上有无住滞者"。^①其中对更口的注释：

---

① 史金波、聂鸿音、白滨译注：《天盛改旧新定律令》，第 202 页。原文参见俄罗斯科学院东方研究所圣彼得堡分所、中国社会科学院民族研究所、上海古籍出版社编：《俄藏黑水城文献》，第 8 册，第 106 页上右第 5—6 行。

"为守边界的一种设施,暂音译如此"。①其二,其后也曾提到"更口",并有新译法。卷七《敕禁门》有"到敌界去买敕禁品时,任警口者知晓,贪赃而徇情,使去买敕禁,放出时,使与有罪人相等"。②又有"诸人由水上运钱,到敌界买卖时,渡船主、掌警口者等罪,按买敕禁畜物状法判断"。③由此可知,菀燚(对译:[更口]),可译为"警口"。

17.《天盛律令》卷六《抄分合除籍门》:"一等三类人革职则当转院:前宫侍革职入转内宫侍中;帐门后宿□□□入转内宿;阁门革职者入转下官。"④本条款西夏文原文为:

甲 6-24-10 𗊱𗏹𗣼𗗙𘃟𗫸𗉘𘜶𗸮𗷆

　　　　　一等三类人职失则院 <> 转

甲 6-24-11 𗡅𘜷𗸷𘜶𘟣𘜷𗸷𘝢𗷆

　　　　　前内侍失外内侍中入

甲 6-24-12 𘃜𘉒𘜷𗸵□□□𗸷⑤𘝢𘝢𗷆

　　　　　帐门后寝□□□内宿中入

甲 6-24-13 𗗨𗨒𗸷𘃟𗹙𘝢𗷆

　　　　　礼列失下臣中入

新译文:

　　一等三类人革职则当转院:前内侍革职转入外内侍[1];帐门后宿□□□入转内宿;阁门革职者入转下官。

注释:

　　[1]前内侍革职转入外内侍:原译为"前宫侍革职转入内宫侍中"。

①史金波、聂鸿音、白滨译注:《天盛改旧新定律令》,第222页。
②史金波、聂鸿音、白滨译注:《天盛改旧新定律令》,第285页。着重符号为笔者所加,下同。原文参见俄罗斯科学院东方研究所圣彼得堡分所、中国社会科学院民族研究所、上海古籍出版社编:《俄藏黑水城文献》,第8册,第164页上右第8—9、上左第1—2行。
③史金波、聂鸿音、白滨译注:《天盛改旧新定律令》,第287页。原文参见俄罗斯科学院东方研究所圣彼得堡分所、中国社会科学院民族研究所、上海古籍出版社编:《俄藏黑水城文献》,第8册,第165页下右第2—4行。
④史金波、聂鸿音、白滨译注:《天盛改旧新定律令》,第260页。
⑤𗸷(内),残缺,据上下文拟补。

㖄㖄（对译：内宿）意为"内宿"。[1]故㖄㖄㖄（对译：前内侍），应译为"前内侍"。又㖄㖄㖄（对译：外内侍），应译为"外内侍"[2]。

18.《天盛律令》卷六《抄分合除籍门》："一种种大小臣僚、待命者、军卒、独诱等，正军有死、老、病、弱时，以其儿子长门者当为继抄。若为幼门，则当为抄宿。辅主强，正军未长大，当以之代为正军，待彼长成，则本人当掌职。其案头、司吏之儿子长门不识文字，则当以本抄中幼门节亲通晓文字者承袭案头、司吏抄官。"[3]本条款西夏文原文为：

甲 6-25-9 〔西夏文〕
　　　　　一臣官小大旨待者军卒独诱种种等军正
甲 6-25-10 〔西夏文〕
　　　　　中死老疾病弱等时孩子中大姓抄 <>
甲 6-25-11 〔西夏文〕
　　　　　袭年小亦抄宿 <> 为辅主强军正不长
甲 6-25-12 〔西夏文〕
　　　　　此方应军正 <> 为 <> 长则人实职 <> 持
甲 6-25-13 〔西夏文〕
　　　　　其中汇头司立 <> 孩子大姓文字不识
甲 6-25-14 〔西夏文〕
　　　　　则抄共小姓节亲文字晓有 <> 汇头司
甲 6-25-15 〔西夏文〕
　　　　　立抄官 <> 袭

新译文：

　　一种种大小臣僚、待命者、军卒、独诱等，正军有死、老、病、弱时，以其儿子长门者当为继抄。若年幼[1]，则当为抄宿。辅主强，正军未

---

①《番汉合时掌中珠》原书第28页中栏有㖄㖄㖄（对译：内宿司）即译为"内宿司"。参见（西夏）骨勒茂才著，黄振华、聂鸿音、史金波整理：《番汉合时掌中珠》，第57页中栏。

②后文中尚有将㖄㖄㖄（对译：外内侍）译为"内宫侍"者，应改。史金波、聂鸿音、白滨译注：《天盛改旧新定律令》，第260页。原文参见俄罗斯科学院东方研究所圣彼得堡分所、中国社会科学院民族研究所、上海古籍出版社编：《俄藏黑水城文献》，第8册，第146页下左第6行。

③史金波、聂鸿音、白滨译注：《天盛改旧新定律令》，第261页。

长大，当以之代为正军，待彼长成，则本人当掌职。其案头、司吏之儿子长门不识文字，则当以本抄中幼门节亲通晓文字者承袭案头、司吏抄官。

注释：

[1] 年幼：原译为"幼门"。

史金波先生指出𗣼𗣼（长门）、𗣼𗣼（幼门）即"长子""幼子"。[①]则𗣼𗣼（对译：年小）应译为"年幼"。

19.《天盛律令》卷六《抄分合除籍门》："此外，不允种种待命组合为抄。"[②]本条款西夏文原文为：

甲 6-26-5 𗣼𗣼𗣼𗣼𗣼𗣼
　　　其后旨待杂类
甲 6-26-6 𗣼𗣼𗣼𗣼𗣼𗣼𗣼
　　　诸种抄结合允无

新译文：

此外，不允种种待命、杂类[1]组合为抄。

注释：

[1] 待命、杂类：原译为"待命"，漏译𗣼𗣼（杂类）。

本条款是对军卒为孤人而结合为抄的规定及对违反规定的处罚。𗣼𗣼（待命）与𗣼𗣼𗣼𗣼（待命、杂类）不同。

20.《天盛律令》卷六《抄分合除籍门》："正军、辅主已死等当除籍时，其所属军首领应于五个月内报局分处籍抽出。若于限期内不除籍抽出，及后应请注册注销，纳籍日不于籍上改正，不给折减而取等，有官罚马一，庶人十三杖。若非原属官马、坚甲，应依官新请注册注销时，所请处司人当往职管殿前司、监军司等，其人名及披、甲、马等数量、颜色均应注明于籍。若局分人等

① 史金波：《西夏社会》（上），第 324 页。
② 史金波、聂鸿音、白滨译注：《天盛改旧新定律令》，第 261 页。

懈怠不往时，则当以迟缓典册罪加一等。领者不如此报请局分处，不求注册注销时，徒一年。其坚甲、马当著籍。"[1]本条款西夏文原文为：

甲 6-26-10 𗧯𗏁𗗾𗗉𗆀𗿷𗏇𗅳𗏟
　　　　　军正辅主 <> 死等备减应

甲 6-26-11 𗏇𗕜𗆀𗘂𗧯𗿂𗅆𗪙𗪜𗎹𗈪𗏁𗒐𗵘
　　　　　有 <><> 有军头领五月个圈内事管处

甲 6-26-12 𗇋𗈍𗧯𗏟𗆀𗘂𗗯𗈪𗎹𗧯𗏟𗀔𗘂𗗉
　　　　　<> 告备减 <> 抽其日圈内备减不抽及

甲 6-26-13 𗀔𗧯𗆀𗓱𗏟𗆀𗈪𗈪𗧯𗅳𗓱𗈪𗅳𗀔
　　　　　后备取割减等 <> 取簿纳日上簿上不

甲 6-26-14 𗏁𗏱𗓱𗏟𗰖𗀔𗧯𗆀𗵘𗝠𗈪𗕜𗖶𗈪𗎸
　　　　　正为割减给不取等一礼官有罚马一

甲 6-26-15 𗲝𗗉𗈍𗓱𗢭𗈪𗅋𗧯𗦫𗘂𗴂𗈪𗆀𗀔
　　　　　庶人十三杖官马坚甲旧有非官依新

甲 6-26-16 𗖰𗒐𗈪𗅳𗧯𗆀𗖷𗏇𗈬𗒐𗵘𗈪𗴂𗈪𗴄
　　　　　<> 请簿上备取应有时请处司人事 [管]

甲 6-26-17 𗞯𗋽𗈪𗧯𗤻𗈪𗿷𗈍𗃽𗍊𗥫𗧯𗈪𗈍？
　　　　　殿前司军监司等 <> 往人名甲胄马普？

甲 6-26-18 𗈍𗒐𗃮𗞞𗒐𗴂𗈪𗅳𗈍𗧯𗆀𗖷𗈪𗓱�𗒣[2]
　　　　　数 [毛] 色 <> 显令簿上 <> 备取为 <> 谓事

甲 6-27-1 𗆀𗗉𗄈𗞱𗫊[3]𗖷𗈪𗅮𗿂𗗯𗆀𗈪𗐰𗴂𗖶
　　　　　管人人懈怠为不其行时典缓罪上一

甲 6-27-2 𗈪𗥫𗙇𗖷𗒐𗖷𗗉𗈪𗧯𗆀𗏇𗈪𗅮𗈍𗧯𗏟
　　　　　等 <> 升为请者人事管处不其告备取

甲 6-27-3 𗀔𗞭𗈪𗖶𗈨𗢭𗈪𗴂𗈪𗅳𗈈𗧯𗏟
　　　　　不求时一年坚甲马簿上 <> 备取

────────────

[1] 史金波、聂鸿音、白滨译注：《天盛改旧新定律令》，第261—262页。
[2] 𗒣（职），残缺，据上下文拟补。
[3] 𗫊（怠），残缺，据上下文拟补。

新译文：

正军、辅主已死等当除籍时，其所属军首领应于五个月内报局分处除籍[1]抽出。若于限期内不除籍抽出，及后应请注册注销，纳籍日不于籍上改正，不给折减而取等，有官罚马一，庶人十三杖。若非原属官马、坚甲，应依官新请注册[2]时，所请处司人当往职管殿前司、监军司等，其人名及披、甲、马等数量、颜色均应注明于籍。若局分人等懈怠不往时，则当以迟缓典册罪加一等。领者不如此报请局分处，不求注册[3]时，徒一年。其坚甲、马当著籍。

注释：

[1]除籍：原译为"籍"，漏译"除"。

[2][3]注册：原译为"注册注销"，衍"注销"。

𗊖𗭴（对译：备减）一词在本条款中四次出现，意为"注销、除籍"；𗭴𗊖𗣾𗭴（对译：备取割减）意为"注册注销"。故𗭴𗊖（对译：备取），应译为"注册"。

21.《天盛律令》卷六《抄分合除籍门》："一诸院军各独诱新生子男十岁以内，当于籍上注册。若违律，年及十至十四不注册隐瞒时，隐者正军隐一至三人者，徒三个月；三至五人者，徒六个月；六至九人者，徒一年；十人以上一律徒二年。"①本条款西夏文原文为：

甲 6-27-4 𗊖𗭴𗊖𗣾𗭴𗭴𗊖𗣾𗭴𗭴𗊖𗊖𗭴𗭴𗊖

　　　一诸院军独诱诸种生新数十年圈内簿上

甲 6-27-5 𗭴𗊖𗭴𗊖𗭴𗭴𗭴𗭴𗭴�cs�cs�cs�cs

　　　<> 备取若律过十年起十四至为不备

甲 6-27-6 �cs�cs�cs�cs�cs�cs�cs�cs�cs�cs�cs�cs

　　　取隐时隐者军正一起三至三月个三

甲 6-27-7 �cs�cs�cs�cs�cs�cs�cs�cs�cs�cs�cs�cs

　　　起五至六月个六起九至一年十起上

① 史金波、聂鸿音、白滨译注：《天盛改旧新定律令》，第262页。

甲 6-27-8 [illegible]
高一礼二年

新译文：

一诸院军各独诱新生子男十岁以内，当于籍上注册。若违律，年及十至十四不注册隐瞒时，隐者正军隐一至二人[1]者，徒三个月；三至五人者，徒六个月；六至九人者，徒一年；十人以上一律徒二年。

注释：

［1］一至二人：原译为“一至三人”。

按照原译，“正军隐一至三人者，徒三个月；三至五人者，徒六个月”，那么，正军隐三人时是徒三个月，还是徒六个月？可见，原文有问题。疑原文此处应为𗍫（二），而非𗕘（三）。下一条款也是此处应为𗍫（二），而非𗕘（三）的有力证据。本条款与下一条款密切相关，都是对不注册而隐新生不同年龄正军的处罚，下一条款隐多少人如何处罚的方式与本条款相同，都是隐一至二人如何处罚，隐三至五人如何处罚，隐六至九人如何处罚，隐十人以上如何处罚。①改译后，上下文才没有矛盾，才能体现西夏军事条款的严密性。

22.《天盛律令》卷六《抄分合除籍门》：“一诸人属使军丁壮隐瞒不注册时，诸人当举发。”②本条款西夏文原文为：

甲 6-29-12 [illegible]
一诸人有使军丁院簿上不备取隐时诸

甲 6-29-13 [illegible]
人 <> 举

新译文：

一诸人属使军丁壮不注册院籍而隐瞒[1]时，诸人当举发。

① 史金波、聂鸿音、白滨译注：《天盛改旧新定律令》，第 262 页。
② 史金波、聂鸿音、白滨译注：《天盛改旧新定律令》，第 263 页。

注释：

[1] 不注册院籍而隐瞒：原译为"隐瞒不注册"，漏译𗢳𗥉𗲉（院簿上）。

本条款的条目为"使军及丁不注册及册上为幼小"。①使军及丁册上为幼小的情况见条款后半部分，而使军及丁不注册与所引的条款前半部分相对应。又从上下文来看，本条款后有𗥃𗥉𗲉/𗤒𗥉𗲉𗥃𗤊𗦲𗩦𗲉𗥉𗩳𗣁𗥄𗢭/𗦲𗤊𗢳𗥉𗲉𗥉𗲉𗤒𗥃𗤐𗦲𗤒𗱚𗪙/𗤒𗬷𗲱𗤋𗣊𗦲𗤊𗹡𗤓𗥲𗢭（对译：生新备/取应不备取及丁及簿上小有等使/军丁院簿上不备取 <> ——罪阶举/赏显比一等数 <> 减为 <> 给），即"其新生子男应注册不注册，及丁而诈为幼小者，比使军、壮丁不注册院籍各种罪状之告赏当各减一等"。②

23.《天盛律令》卷六《行监溜首领舍监等派遣门》："若大小局分人等应告改而不告改，或不应告改派遣而告改派遣，则局分人徒二年，共事案头徒一年，都案徒六个月，诸大人罚马一。"③本条款西夏文原文为：

甲 6-32-13　𗤒𗥃𗤊𗩳𗲉𗲱𗣁𗦲
　　　　　　若事管小大告易应
甲 6-32-14　𗢭𗲉𗣁𗤊𗲉𗣁𗢭𗦲𗤊𗲉𗣁𗦲𗲱𗤒𗤊
　　　　　　不告易遣告易不应遣告易为时事管
甲 6-32-15　𗤓𗥁𗲱𗤒𗥇𗹡𗤇𗨵𗤇𗨵𗵲𗦷𗱚𗱚
　　　　　　人二年事共相汇头一年一总六月个
甲 6-32-16　𗤒𗱚𗤋𗢭𗱚𗱚𗥇𗤋𗪅𗨥𗢱
　　　　　　旨承 <> 三月月大人 <> 罚马一

新译文：

若大小局分人等应告改而不告改，或不应告改派遣而告改派遣，则局分人徒二年，共事案头徒一年，都案徒六个月，承旨徒三个月[1]，诸大人

---

① 史金波、聂鸿音、白滨译注：《天盛改旧新定律令》，第 29 页。原文参见俄罗斯科学院东方研究所圣彼得堡分所、中国社会科学院民族研究所、上海古籍出版社编：《俄藏黑水城文献》，第 8 册，第 8 页右面第 6 小行。

② 史金波、聂鸿音、白滨译注：《天盛改旧新定律令》，第 264 页。原文参见俄罗斯科学院东方研究所圣彼得堡分所、中国社会科学院民族研究所、上海古籍出版社编：《俄藏黑水城文献》，第 8 册，第 149 页上左第 7—下右第 1 行。按：条款后半句"使军、壮丁"应改译为"使军壮丁"。

③ 史金波、聂鸿音、白滨译注：《天盛改旧新定律令》，第 266 页。

罚马一。

注释：

［1］承旨徒三个月：原译漏译。

改译后，方知大小局分人等应告改而不告改，或不应告改派遣而告改派遣时承旨徒三个月，而不是和其他大人一样罚一马。[①]

24.《天盛律令》卷六《行监溜首领舍监等派遣门》："若其所遣行监使明确人则自称勇健功强胜于彼而当为行帅，即为有异辞，其本人投诉当接状，于别处司内核察。若此所遣者行监、溜首领等在本部院军卒复有异辞，则将送状一并总合，由前应遣人姓名已确定人，何人究为勇健功高、能行军法命令、众皆折服无异辞而应擢任裁定一人告改。其遣任法应与遣任溜盈能同。"[②]本条款西夏文原文为：

甲 6-33-10 𗾴𘓉𗉈𘋨
　　　　　　　若其行监
甲 6-33-11 𗾷𗼻𘓎𘋨𗰣𘐏𗌕𘅢𗽢𘊲𘐏𗤻𘋨𗉈𗾷
　　　　　　　遣所 <> 显令人比勇健功殊人堪行监遣
甲 6-33-12 𗅲𘓨𗥤𘉋𗈈𗿷𗴢𗎖𘋞𗑒𘐏𗑺𘟙𗫉
　　　　　　　应我我是 <> 谓口缚者有则人实告状与
甲 6-33-13 𗢳𗬩𗰞𗿵𗿽𗰱𗤻𗤚𗥤𘊱𘊛𗤚𘐏𗤻𗾷𗧃𗰥
　　　　　　　　<> 接别别处司内 <> 遣此 <> 遣人及又行
甲 6-33-14 𘋨𗰛𗿷𘇜𘜶𗾈𘊼𘖝𘓎𘊴𘋨𘊗�?𗴢𗎖
　　　　　　　监溜［盈能］类院同顺军卒中亦口缚者有
甲 6-33-15 𗿷𗼖𗑒𗥷𗱱𗿵𘉻𗺘𗬮𗾷𘉋𗗚𘓎𘓎
　　　　　　　状送则一顺 <> 结合先遣应谓姓名 <> 显
甲 6-33-16 𘋨𗰣𗿷𗉒𗟲𗰱�?𘅢𗽢𘊲𗗚𘟙𘎵𘓎𗹪

──────────

　　① 按：俄译本所载图版与此相同。［苏］Е.И.克恰诺夫：《天盛改旧新定律令（1149—1169）》（2），苏联科学出版社，莫斯科，1987年，第635页第4—7行。又按：俄译本亦漏译𘉻𘓎𘖝𗗚𗴁𘒏（对译：旨承〉三月月）。克恰诺夫俄译、李仲三汉译、罗矛昆校对：《西夏法典——〈天盛年改旧定新律令〉（第1—7章）》，第180页。

　　② 史金波、聂鸿音、白滨译注：《天盛改旧新定律令》，第266页。

令人等自共何 <> 勇健功殊姓军旨禁半

甲 6-33-17 𗰖𗤁𗥃𗗉𗑗𗫂𗍊𗥃𗦎𗰜𗫄𗣗𗧓𗥃𗫨𗑡

众庶伏降口缚者无遣一孰是一人上 <>

甲 6-33-18 𗧀𗤀𗾔𗫨𗥃𗦎𗓱𗍊𗖻𗥃𗾔𗫈𗥃𗫵

定为告易遣顺溜［盈能］遣顺与 <> 同

新译文：

若其比所遣行监使明确人勇健、功殊，此堪任者谓应遣为行监[1]，即为有异辞，其本人投诉当接状，于别处司内核察。若此所遣者行监、溜盈能[2]等在本部院军卒复有异辞，则将送状一并总合，由前应遣人姓名已确定人，何人究为勇健功高、能行军法命令、众皆折服无异辞而应擢任裁定一人告改。其遣任法应与遣任溜盈能同。

注释：

［1］若其比所遣行监使明确人勇健、功殊，此堪任者谓应遣为行监：原译为"若其所遣行监使明确人则自称勇健功强胜于彼而当为行帅"。

［2］溜盈能：原译为"溜首领"，将𗥃𗫵（［盈能］）译为"首领"。

从语法来看，𗰖𗑗𗫂𗗉𗍊𗥃𗰜𗫄𗦎𗫷𗦎𗥆𗫄𗥃𗫨𗧓𗗉𗍊𗥃𗦎𗧓𗥃𗑡𗡶𗗿𗒶（对译：若其行监遣所 <> 显令人比勇健功殊人堪行监遣应我我是 <> 谓）中，包括两个分句，第一句中𗰖（其）为主语，𗧓𗥃𗫨（勇健、功殊）为谓语，𗑗𗫂𗗉𗍊𗥃𗰜𗫄𗦎𗫷（比所遣行监使明确人）为状语；第二句中𗫄𗥃（此堪任者）为主语，𗑡（谓）为引述格助词，𗥃𗦎（应遣）为谓语，𗫨𗑗（行监）为宾语。本条款为补缺额行监，选派标准为勇健功高、能行军法命令、众皆折服、无非议。从上下文来看，因为在行监候选人中有比现任行监强的投诉者，之后对所遣者行监、溜盈能等在本部院军卒中复有异辞，故在两种不满下，将送状一并总合，再重新裁定告改。

25.《天盛律令》卷六《行监溜首领舍监等派遣门》："彼勇健强悍堪任者亦可擢为首领、盈能等，由监军司何职管处迁盈能，当经殿前司，所言为实，则当奏请派遣。"①本条款西夏文原文为：

① 史金波、聂鸿音、白滨译注：《天盛改旧新定律令》，第 267 页。

甲 6-34-4 𗼃①

　　　　勇

甲 6-34-5 𗼃𗼃𗼃𗼃𗼃𗼃𗼃𗼃𗼃②𗼃𗼃𗼃𗼃

　　　　猛刚健人堪方头领人 <> 告易为有顺军

甲 6-34-6 𗼃𗼃𗼃𗼃𗼃𗼃𗼃𗼃𗼃③𗼃𗼃𗼃𗼃𗼃𗼃

　　　　监司人何职［管］处 <> 告易殿前司 <> 过言

甲 6-34-7 𗼃𗼃𗼃𗼃𗼃𗼃

　　　　实是则 <> 至 <> 遣

新译文：

　　彼勇健强悍堪任者亦可告改为首领[1]等，由监军司何职管处告改[2]，当经殿前司，所言为实，则当奏请派遣。

注释：

　　[1]告改为首领：原译为"擢为首领、盈能"。
　　[2]告改：原译为"迁盈能"。

　　根据卷六《行监溜首领舍监等派遣门》"派盈能副溜"条，知盈能的派遣须经监军司于同院溜的首领中遴选。选人确定后由刺史、监军司上告正副统、经略，依次奏告上等司的枢密后方可派遣。④经略司比中书、枢密低一等，但大于诸司。⑤正副统为统军司的正副将领，而统军司为高于监军司、低于经略司的军事指挥机构。⑥而按原译，由监军司某职管处迁盈能，经次等司的殿前司奏请即可派遣与"派盈能副溜"条规定不符。改译后，知舍监、小首领中的勇健、强悍堪任者告改为首领，由监军司职管处告改，经殿前司奏请即可派遣。体现了派首领较派遣盈能程序少、简单的特点。又此前认为克恰诺夫俄译本

---

① 此字佚，据克恰诺夫俄译本第二册第 638 页、《天盛律令》卷六乙种本第 2 页补。
② 𗼃𗼃（对译：〈 〉告），《天盛律令》卷六乙种本第 2 页、克恰诺夫俄译本第二册第 638 页为𗼃𗼃（对译：［盈能］）。本句为告改首领的程序，应以前者为是。
③ 𗼃𗼃（对译：〈 〉告），《天盛律令》卷六乙种本第 2 页、克恰诺夫俄译本第二册第 638 页为𗼃𗼃（对译：［盈能］）。本句为告改首领的程序，应以前者为是。
④ 史金波、聂鸿音、白滨译注：《天盛改旧新定律令》，第 266 页。
⑤ 史金波、聂鸿音、白滨译注：《天盛改旧新定律令》，第 364 页。
⑥ 史金波：《西夏社会》（上），第 315—316 页。

《天盛律令》均为刻本。^①但克恰诺夫俄译本第二册第 638、639 页与《天盛律令》卷六乙种本第 2 页相同，根据条文与页面不垂直、条文歪歪扭扭、画有行线、无左右栏线、字体大小不一等特征，知其为写本。

卷七校译补正

1.《天盛律令》卷七^②《为投诚者安置门》："一投诚者来，为贪求其畜物而将其杀死者，以诸人互相斗殴杀人法判断。"^③本条款西夏文原文为：

甲 7-2-9 𗏁𗢳𗏾𗤋𗋕𗤒𗼕𗤋𗪛𗈾𗫡𗤋𗁬 <u>𗦻𗤋𗪛</u>^④𗼖
　　　　 一头归者来 畜物贪伤杀 <> 诸人相打伤杀礼

甲 7-2-10 𗫂𗧀𗤋
　　　　 依断判

新译文：

一投诚者来，为贪求其畜物而将其杀伤^[1]者，以诸人互相斗殴杀伤人法^[2]判断。

注释：

[1] 杀伤：原译为"杀死"，漏译𗪛（伤）字。

[2] 杀伤人法：原译为"杀人法"，漏译𗪛（伤）字。

本条款中，𗪛𗤋（伤、杀）为并列关系。

2.《天盛律令》卷七《为投诚者安置门》："一他人有妻将妇人强使送往敌界，其往于敌处，欲与他人男人相议，及自单独逃等，来投诚者，因原系强行夺，何乐处当受理，妻丈夫追赶□□不允。"^⑤本条款西夏文原文为：

---

① 《前言》，史金波、聂鸿音、白滨译注：《天盛改旧新定律令》，第 4 页。

② 原文参见俄罗斯科学院东方研究所圣彼得堡分所、中国社会科学院民族研究所、上海古籍出版社编：《俄藏黑水城文献》，第 8 册，第 152 页上左—167 页下右。

③ 史金波、聂鸿音、白滨译注：《天盛改旧新定律令》，第 269 页。

④ 𗦻𗤋𗪛（对译：打伤杀），残缺，据上下文拟补。

⑤ 史金波、聂鸿音、白滨译注：《天盛改旧新定律令》，第 271 页。

甲 7-5-7 𗣫𗣬𗣭𗣮𗣯𗣰𗣱 𗣲𗣳𗣴𗣵𗣶𗣷𗣸𗣹𗣺𗣻𗣼
　　　　一他妻有人妇手刚兽界持其处兽中住他人男

甲 7-5-8 𗤀𗤁𗤂𗤃𗤄𗤅𗤆𗤇𗤈𗤉𗤊𗤋𗤌𗤍[𗤎𗤏]①𗤐
　　　　与议相 <> 为欲及自独逃等头归来 <> 先手

甲 7-5-9 𗤑𗤒𗤓𗤔𗤕𗤖𗤗𗤘𗤙𗤚𗤛[𗤜𗤝𗤞]②𗤟𗤠𗤡
　　　　刚持因何乐处 <> 为妻丈妻追审口缚允无

新译文:

　　一他人有妻将妇人强使送往敌界，其往于敌处，欲与他人男人相议，及自单独逃等，来投诚者，因原系强行夺，何乐处当受理，妻丈夫不允追审、诉讼[1]。

注释:

　　[1] 妻丈夫不允追审、诉讼：原译为"妻丈夫追赶□□不允"，没有识出𗤜𗤝𗤞（对译：审口缚）三个字。

　　𗤑𗤒𗤓𗤔𗤜𗤝𗤟𗤠𗤡（对译：妻丈妻追审口缚允无），与其后𗤑𗤒𗤓𗤔𗤟𗤠𗤡（对译：妻丈妻追审允无）③，都是讲妻丈夫不允重追投诚的妻子。通过前后对比，可确定𗤓𗤔（追审、重追）。据《译名对照表》，𗤝𗤞（对译：口缚）意为"诉讼"。④

　　3.《天盛律令》卷七《为投诚者安置门》："一诸人携他妻逃往敌界，重归来投诚者□□做法另示以外，他人妻前有主□□□□。"⑤本条款西夏文原文为:

---

　　① 𗤎（先、前），残缺，据上下文拟补。
　　② 此二字残缺，𗤜（审）字识别见下；𗤝𗤞（诉讼）一词，𗤞（缚）字清晰，𗤝（口）字残存左部，据上下文知妻来投诚，丈夫不准追审与𗤝𗤞（诉讼），方符合文意。
　　③ 史金波、聂鸿音、白滨注译：《天盛改旧新定律令》，第 272 页。原文参见俄罗斯科学院东方研究所圣彼得堡分所、中国社会科学院民族研究所、上海古籍出版社编：《俄藏黑水城文献》，第 8 册，第 154 页下右第 3 行。
　　④ 史金波、聂鸿音、白滨译注：《天盛改旧新定律令》，第 639 页。
　　⑤ 史金波、聂鸿音、白滨译注：《天盛改旧新定律令》，第 271 页。

甲 7-5-12 𗪁𗋽𗵆𗅋𗈪𗈶𗬩𗫴𗵓𗡨𗰔𗫼𗉮𗣼𗵷[𗾚]① 𗫻𗅋𗧉
      一诸人他妻持逃兽界往重归头归来 <> 人男

甲 7-5-13 𗵺𗑱𗭴𗈪𗁦𗰆𗋽𗈪𗣼𗋦𗵆𗄭𗤙[𗆟𗤿]②
      为顺别显不有他妻先有主 <><> 还为

新译文：

    一诸人携他妻逃往敌界，重归来投诚者为男人[1]法另示以外，他人妻当还前有主[2]。

注释：

    [1] 为男人：原译为"□□做"，未译𗫻𗅋𗧉（对译：人男）。
    [2] 当还前有主：原译为"前有主□□□□"。

本条款是对诸人携他人妻逃亡敌界后重投诚来时他人妻的处置规定。

4.《天盛律令》卷七《为投诚者安置门》："一有军人逃往敌人中重归投诚来时，当依该逃者在敌军中□职□□任及原有官、军、职等，原旧官、军、职何□□彼之以内功微，官、军、职勿能依旧得。若于敌中任佐官、寨主，□始以上任大职位，及来时□□□□州寨亦□□□□□□□有管□有高阶功，则应不应依旧得官、军、职，以及另外官位功赏□□□□等，依时节奏议实行。"③

本条款西夏文原文为：

甲 7-8-5 𗪁𗧦𗝦𗅋𗧉𗈪𗢭𗬩𗫴𗵓𗉮𗵷𗡨𗢭𗱕𗧉𗤵
      一军有人逃兽中往重归头归来中其逃者

甲 7-8-6 𗈪𗢭𗉮□𗝠[𗤛𗈜]④𗰢𗧉𗣼𗄭𗧦𗙷𗝦𗅋𗙷
      兽中有□职何 <> 持及先官军何 <> 有等

甲 7-8-7 𗙷□𗣼𗄭𗧦𗵙𗙷□□𗫵𗝠𗙷𗵷𗤙𗁥𗈬
      <> □先官军旧何□□同等及其 <> 圈内

---

① 𗾚（来），残缺，据上下文拟补。
② 𗆟𗤿（还）残缺，据上下文拟补。
③ 史金波、聂鸿音、白滨译注：《天盛改旧新定律令》，第273页。
④ 𗤛𗈜（对译：何〈〉），残缺，据上下文拟补。

甲 7-8-8 𗙴𗂪𗗂𗗂𗖌𘃽𗼗𘐀𗣓𘎑�var𗒼𗰗𗄽𘖑𗣈

功少等官军旧依莫得若兽中［佐管］寨［主］

甲 7-8-9 □□𗗂𘏋𗼖𗣓𗤋𘐀𗥃�𗒼𘖑𘐄𗧡𗋽□

□□等处起上高职位大有持及来时□

甲 7-8-10 □□□𘃽𘖑𗁾□□□□□□□𗈪𗒼□

□□□［州］寨亦□□□□□□□有［管］□

甲 7-8-11 𘉔𗼖𗙴□𗤋𗾔𘃽𘃽𗗂𗗂𗣓𗤒𗈓𗤒𗂪𗄽𗄽

阶高功□为则旧依官军得应不应及他

甲 7-8-12 𘔼𗗂𗁾𗙴𗤒𗠚? □□□𗗂𘏒𘘥𘃽𗗂𗇐𗰗𘖑

别官位功赏何? □□□等时节依至计顺行

新译文:

一有军人逃往敌人中重归投诚来时,该逃者在敌军中□任何职及原有官、军等当□[1],原旧同等官、军[2]何□□彼之以内功微,官、军[3]勿能依旧得。若于敌中任佐官、寨主,□始以上任大职位,及来时□□□□州寨亦□□□□□□□有管□有高阶功,则应不应依旧得官、军[4],以及另外官位功赏□□□□等,依时节奏议实行。

注释:

［1］原有官、军等当□:原译为"原有官、军、职等",衍"职"。

［2］同等官、军:原译为"官、军、职",衍"职",漏译𘃽𘃽(同等)。

［3］［4］官、军:原译为"官、军、职",衍"职"。

在西夏社会中,官、军、职三者是不同的,官相当于爵位,军是比官、职更基本的身份,职是职司中的职事官。①

5.《天盛律令》卷七《为投诚者安置门》:"其中原本典册上无及求者到来,分析状上无有,职管者人已受理,□□已明等,谓实同亲求团聚者,不允注册团聚。"②本条款西夏文原文为:

---

① 史金波:《西夏的职官制度》,《历史研究》,1994 年第 2 期;《西夏文教程》,第 354—360 页。

② 史金波、聂鸿音、白滨译注:《天盛改旧新定律令》,第 274 页。

甲 7-9-3 𗱕𗱕𗱕𗱕𗱕
　　　　其中本上随意
甲 7-9-4 𗱕𗱕𗱕𗱕𗱕𗱕𗱕𗱕𗱕𗱕𗱕𗱕𗱕
　　　　典无及［更口］上至来分析状上不其有职
甲 7-9-5 𗱕𗱕𗱕𗱕𗱕𗱕𗱕𗱕𗱕𗱕𗱕𗱕𗱕
　　　　［管］者人 <> 受缚有为处 <> 显等实同结合
甲 7-9-6 𗱕𗱕𗱕𗱕𗱕𗱕𗱕𗱕𗱕𗱕
　　　　求谓 <> 状取结合等允无

新译文：

　　其中原本典册上无及警口上[1]到来，分析状上无有，职管者人已受理，所辖处[2]已明等，谓实同亲求团聚者，不允注册团聚。

注释：

　　［1］警口上：原译为"求者"。
　　［2］所辖处：原译未识出。

　　卷六的校补已指出，𗱕𗱕（对译：［更口］）为守边界的一种设施，意为"警口"。𗱕𗱕（对译：缚属），《天盛律令》多次出现，意为"管辖"、"所辖"或"隶属"。①改译后，知这是对原本典册上无、警口上到来状上无之投诚者，不允与亲戚团聚的规定。

　　6.《天盛律令》卷七《番人叛逃门》："一诸盗他人妻、抢夺子女逃跑者、相议女媳在父母门下住，则当还有主价□□□□□则当罚。相议逃男人之妻子、子女勿连坐，依旧当住。畜、谷、宝物等叛逃已行，则取持多少畜物□□□□□□□□当为。其中官私人逃跑，无有畜物，无所取持，及妄助逃跑

----

① 史金波、聂鸿音、白滨译注：《天盛改旧新定律令》，第 542、543、544、545、546、547 页。原文分别参见俄罗斯科学院东方研究所圣彼得堡分所、中国社会科学院民族研究所、上海古籍出版社编：《俄藏黑水城文献》，第 8 册，第 333 页上左第 7 行，第 333 页下右第 6、8、9 行，第 334 页上右第 8 行，第 334 页上左第 4—5、7、8 行，第 334 页下右第 3、7 行，第 334 页下左第 3、8 行，第 335 页上右第 3、6，第 335 页上左第 9 行，第 335 页下右第 7 行，第 335 页下左第 4 行，第 336 页上右第 1、6 行，第 336 页上左第 3、8 行，第 336 页下右第 4 行，第 336 页下左第 4、7 行。

而逃跑未成等被捕告，捕告赏按捕杀敌人法当由犯罪者出给，不能办当由官给。"①本条款西夏文原文为：

甲7-9-8 𗏫𗀗𗣀𗪤𘕜𗱕𗢲𘝯𗣼𘜶𗵘𗫂𘕜𗢲𘟛𘟀
　　　　一诸人他妻盗女男相持逃 <> 议相女媳父

甲7-9-9 𘝏②𗩾𘏲𗤽𗰖𗣼𗸍𗣊𗼃𗃽𗤦𘜶𗣼𗩾□
　　　　母门下住则有主 <> 价 <> 还为有主门□

甲7-9-10 □𗰖𗸰𘜶𘜶𗏫𗀗𗫨𗸍𘟛𘝵𗱕𗧠𗯿𗢁
　　　　□则 <> 罚逃议相人男 <> 妻妻女男莫连

甲7-9-11 𗠃𘘣𗰖𗧠𘝤𗤛𘝼𗤽𗧠𗾖𘜶𗣼𗣸𗾧𘘣𘝤
　　　　旧依 <> 住畜谷宝物莫失逃脚 <> 行则畜

甲7-9-12 𗧠𗀗𘘦𘘣𘜶𗏮𗢲𗰖□□𗩾𘜶𘘣𗾖𘘘𘜅
　　　　物何执持逃助捕者□□等显依 <> 为其

甲7-9-13 𘓁𘘦𘛤𗣀𘜶𗰖𗧠𗢿𘜶𘝯𗤽𗾖𘝯𘘣𗀉𘘦𘜶
　　　　中官私人逃畜物不有执持所无及逃

甲7-9-14 𘏮𗰖𘜶𗏂𗨁𘜶𗤛𗤦𘜕𗼃𗩾𗠈𘜶𗯿𗠈𘔽𘗠
　　　　助得不其应逃脚未行举等 <> 捕举赏兽

甲7-9-15 𗣀𗨁𘕷𗏮𘜕𘓑𗼃𗨊𗧠𗣊𗀗𘜅𗨁𘜕
　　　　人捕杀礼依罪为者处 <> 夺 <> 给不得

甲7-9-16 𘜅𘜕𗀉𘜅
　　　　官依 <> 给

新译文：

一诸盗他人妻、抢夺子女逃跑者、相议女媳在父母门下住，则当还有主价，有主门[1]□□则当罚。相议逃男人之妻子、子女勿连坐，依旧当住。畜、谷、宝物等莫失[2]。叛逃已行，则取持多少畜物依助捕逃者□□所示[3]当为。其中官私人逃跑，无有畜物，无所取持，及妄助逃跑而逃跑未成等被捕告，捕告赏按捕杀敌人法当由犯罪者出给，不能办当由官给。

---

① 史金波、聂鸿音、白滨译注：《天盛改旧新定律令》，第274页。
② 𘟛𘝏（对译：父母），第二字残缺，据上下文拟补。

注释：

[1] 有主门：此三字克恰诺夫俄译本《天盛律令》第二册第 655 页污损不清，史金波等译注本《天盛律令》未补译。

[2] 莫失：原译未译。

[3] 依助捕逃者□□所示：所补字克恰诺夫俄译本《天盛律令》第二册第 656 页污损不清，史金波等译注本《天盛律令》未补译。

本条款主要是对夺他人妻、子女逃时给捕告赏的规定。所补数字，一方面体现了原译者未校勘全书，一方面体现了《俄藏黑水城文献》所载《天盛律令》有的地方比克恰诺夫俄译本所载《天盛律令》图版清晰，但汉译本未及时补俄译本所缺。

7.《天盛律令》卷七《番人叛逃门》："一他人妻子□□□相夺取逃跑时，若□□盗，种种杂罪□□□□□□□□□□□□□边等逃跑已起行□□□□□□□□□□□□□□当同□罪□承□□□□□□□□□依其重者判断。"①

本条款西夏文原文为：

甲 7-10-6　🈁🈁🈁 □□□ 🈁🈁🈁🈁🈁🈁🈁🈁🈁🈁🈁
　　　　　　一他妻 □□□ 相持逃中若他别盗杂罪诸种

甲 7-10-7　□□□□□□□□🈁② 🈁🈁🈁🈁🈁🈁
　　　　　　□□□□□□□□<> 边等逃脚 <> 行

甲 7-10-8　□□□□□□□□ 🈁 □ 🈁🈁🈁🈁🈁🈁
　　　　　　□□□□□□□ 顺 □<> 同若罪副 <>

甲 7-10-9　□□□□□□□ 🈁🈁🈁🈁
　　　　　　□□□□□□ 重上断判

新译文：

一他人妻子□□□相夺取逃跑时，若其他[1]盗，种种杂罪□□□□□□□□□□同等[2]逃跑已起行□□□□□□□□□□□□□当同。若从犯罪者[3]□□□□□□□□依其重者判断。

---

① 史金波、聂鸿音、白滨译注：《天盛改旧新定律令》，第 275 页。
② 🈁［达］，残缺，据上下文拟补。

注释：

[1] 其他：克恰诺夫俄译本《天盛律令》第二册第 657 页污损不清，史金波等译注本《天盛律令》未补译。

[2] 同等：原译为"边等"。

[3] 若从犯罪者：克恰诺夫俄译本《天盛律令》第二册第 657 页污损不清，史金波等译注本《天盛律令》译为"□ 罪 □ 承"。

本条款是对夺他人妻者另有罪的规定。[①]所补数字体现了汉译本未及时以《俄藏黑水城文献》所载《天盛律令》补俄译本所缺。𗀚𗗪（对译：边等）为名词词根加形容词词根构成的主谓式合成词，可译为"同等"，𗀚𗗪𗰔（对译：边等法）可译为"同等法"。[②]

8.《天盛律令》卷七《番人叛逃门》："一逃者之亲父、亲兄弟、亲子等，原来未参议逃跑，而知闻不举告者，依闻知他人逃跑言不举告法判断。其中因逃人连坐有应变换则当连坐变换，所得多少劳役，当依法前往。其中有职、军者，依罪情应降官品以外，官大不应革职则当减，以下应得何职，当依时节奏告施行。"[③]本条款西夏文原文为：

甲 7-11-10 𗀚𗗪𗣼𗢳𗱸𗴛𗴟𗪻𗴟𗗥𗴟𗤋𗄈𗬰𗴟𗬀𗴖𗗪
　　　　 一逃者人 <> 父实兄弟实男实等本上逃议中不

甲 7-11-11 𗖻𗾊𗴟𗤽𗢷𗨁𗎰𗫧𗢻�》𗖤𗴟𗴟𗤽𗢷𗨁𗎰
　　　　 其有逃语知觉不告举 <> 他人逃语知觉不

甲 7-11-12 𗫧𗢻𗰔𗙜𗭩𗪙𗵘𗴌𗀚𗴟𗢾𗢷𗥃𗢿𗾊𗴟𗾝
　　　　 告举礼依判断其中逃人因连徙应有则 <>

甲 7-11-13 𗢳𗬉𗥃𗗪𗡜𗦵𗣼𗢳𗭪𗤋𗢻𗷖𗥃𗰔𗙜𗴚𗢾𗷖

连 <> 徙 <> 获劳役何住至往处礼依 <> 为其

甲 7-11-14 𗤻𗼫𗫜𗄊𗅬𗥔𗨁𗫡𗥾𗡪𗥃𗩾𗍫𗩾𗤻𗫜

中职军有 <> 罪节官品依失应不有官大职

甲 7-11-15 𗫡𗼫𗍫𗵽𗟻𗄛𗢶𗼫𗤸𗤻𗄻𗁬𗼫𗮲𗉡𗫡

失不应则位 <> 退为除下职何得应时节依

甲 7-11-16 𗥃𗟻𗫡𗧇

<> 至顺行

新译文:

一逃者之亲父、亲兄弟、亲子等,原来未参议逃跑,而知闻逃语[1]不举告者,依闻知他人逃跑言不举告法判断。其中因逃人连坐有应迁徙[2]则当连坐迁徙[3],所得多少劳役,当依法前往。其中有职、军者,依罪情应降官品以外,官大不应革职则当减位[4],以下应得何职,当依时节奏告施行。

注释:

[1]逃语:原译未译。

[2][3]迁徙:原译为"变换"。

[4]位:原译未译。

本条款是对父母、兄弟、子等知闻逃语不告举的处罚。按照原译,句意不清楚。

9.《天盛律令》卷七《番人叛逃门》:"一诸人未参与议逃,但知逃跑语言而不举告者,逃跑已行者徒六年,未起行者徒五年。有官者当比较,若受贿则与枉法贪赃罪按重者判断。"①本条款西夏文原文为:

甲 7-12-7 𗅬𗫾𗥔𗥾𗻙𗤻𗫜𗮚𗉡𗥾𗣼𗴮𗥃𗁬𗤢𗴮𗫾

一诸人逃议中不其有逃言知觉不告举 <>

甲 7-12-8 𗥾𗤀𗤫𗵽𗩱𗥿𗦚𗦗𗵽𗩱𗟰𗦚𗥃𗫜𗫾𗦗

逃脚 <> 行 <> 六年未行 <> 五年官有 <><>

————————

① 史金波、聂鸿音、白滨译注:《天盛改旧新定律令》,第 276 页。

甲 7-12-9 𗥔𗤫𗗙𗰗𗧃𗧩𗦮𗤒𗗙𗧒𗧤𗤼𗤉𗧕𗑗𗧟𗤉
　　　　敌为若贪有则律弯贪罪与何 <> 重上断判

新译文：

　　一诸人未参与议逃，但知逃跑语言而不举告者，逃跑已行者徒六年，未起行者徒五年，有官者以官当[1]。若受贿则与枉法贪赃罪按重者判断。

注释：

　　[1]有官者以官当：原译为"有官者当比较"。

　　按原译，句意难解。从语法来看，𗤒𗗙𗧤𗤉𗥔𗤫（对译：官有 <><> 敌为）一句中，𗤒𗗙（有官）为主语，𗧤[达]为主格助词，𗤉[盈 -jij]为动词前置助词，𗥔𗤫（当）为谓语，状语为"以官"，但被省略。从上下文来看，卷二《罪情与官品当门》，将𗧒𗑼𗤒𗜐𗤉𗥔（对译：罪节官品与敌）译为"罪情与官品当"。①卷七《番人叛逃门》，将𗤒𗗙𗤉𗥔𗤫（对译：官有 <> 敌为），译为"有官应以官当"。②可见，𗤒𗗙𗤤𗤉𗥔𗤫（对译：官有 <><> 敌为）一般译为"有官者以官当"。

　　10.《天盛律令》卷七《番人叛逃门》："一诸人从边地乡里地界过，于彼处逃跑时，迁溜检校、拦管等因控制失误，徒一年。"③本条款西夏文原文为：

甲 7-12-11 𗤉𗓁𗝦𗤫𗤒𗗝𗖨𗗙𗥑𗮇𗝦𗪊𗫡𗡯𗧫𗧓𗗙𗧠
　　　　一诸边家主地图过渡其处逃时迁溜口使［边］
甲 7-12-12 𗧫𗰵𗧒𗠇𗤉𗦍𗤫𗘂𗧓
　　　　［管］等禁制不牢因一年

　　① 史金波、聂鸿音、白滨译注：《天盛改旧新定律令》，第 131 页。原文参见俄罗斯科学院东方研究所圣彼得堡分所、中国社会科学院民族研究所、上海古籍出版社编：《俄藏黑水城文献》，第 8 册，第 62 页上右第 5 行。
　　② 史金波、聂鸿音、白滨译注：《天盛改旧新定律令》，第 279 页。原文参见俄罗斯科学院东方研究所圣彼得堡分所、中国社会科学院民族研究所、上海古籍出版社编：《俄藏黑水城文献》，第 8 册，第 159 页下右第 5 行。
　　③ 史金波、聂鸿音、白滨译注：《天盛改旧新定律令》，第 276 页。

新译文：

一诸边家主越过地界[1]，于彼处逃跑时，迁溜检校、边管[2]等因控制失误，徒一年。

注释：

[1] 诸边家主越过地界：原译为"诸人从边地乡里地界过"，将"家主"译为"乡里"。

[2] 边管：原译为"拦管"。

本条款是对边地家主越过地界逃跑时，迁溜检校、边管的处罚。家主与乡里不同。家主为西夏重要阶层，受法律保护。茙縅[边管]，一般译为"边管"，为迁溜的管理者。

11.《天盛律令》卷七《番人叛逃门》："一对逃跑者已起行捕告得赏法各项虽已明，但若逃人已捕一半，一半通过，则捕告赏应得一份者当得二分之一。"①本条款西夏文原文为：

甲 7-14-12 茙縅誃杨藤胲藤俰茲泚形觥瓛形形藖敍縦
　　　　一逃脚 <> 行未行 <> 捕举赏得顺一一 <> 及显
甲 7-14-13 泚縅蘢縅钺毛泚茲毛縦觥縅絳茲泚形
　　　　令然若逃人半 <> 捕半 <> 穿过则捕举赏
甲 7-14-14 藗觥形杨鐴縅栭鐴钺形杨鐴
　　　　何得应一分 <> 二分 <> 为一分

新译文：

一对逃跑者已起行、未起行[1]捕告得赏法各项虽已明，但若逃人已捕一半，一半通过，则捕告赏应得一份者当得二分之一。

注释：

[1] 未起行：原译漏译。

---

① 史金波、聂鸿音、白滨译注：《天盛改旧新定律令》，第278页。

[illegible]（对译：脚<>行未行）中，[illegible]（已起行）、[illegible]（未起行）为并列关系。补译后，译文完整、准确。

12.《天盛律令》卷七《番人叛逃门》："一诸人相嫉，贪求畜物等，对无有逃跑言词，说其欲逃，举告报呼乡里往追捕，其人说无有逃跑言词时，不允唤捕者与他人等议举告者自行议定而捕杀，畜物乱为隐瞒。"①本条款西夏文原文为：

甲 7-14-16 [illegible]
一诸人相恨畜物贪等逃语不有逃欲谓告举

甲 7-14-17 [illegible]
家主报唤捕往其人逃语不其有谓中若

甲 7-14-18 [illegible]
唤捕者他人等与议若举者自人纯纯议

甲 7-15-1 [illegible]
刚以捕杀畜物中乱为隐允无

新译文：

一诸人相嫉，贪求畜物等，对无有逃跑言词，说其欲逃，举告报呼家主[1]往追捕，其人说无有逃跑言词时，不允唤捕者与他人等议或举告者自行议定[2]而强行[3]捕杀，畜物乱为隐瞒。

注释：

[1] 家主：原译为"乡里"。

[2] 唤捕者与他人等议或举告者自行议定：原译为"唤捕者与他人等议举告者自行议定"，断句不清。

[3] 强行：原译未译。

本条款为对相嫉造逃言私自捕杀的处罚规定。前揭家主与乡里不同。[illegible]……[illegible]……（对译：若……若……），在句中可译为"……或……"。

13.《天盛律令》卷七《番人叛逃门》："一等本心上逃跑语未曾发生，亦近敌人边境处朝夕游荡，有所疑，并无他人说欲逃，所诬说言语令入耳者无，唤

① 史金波、聂鸿音、白滨译注：《天盛改旧新定律令》，第 278 页。

捕者认为是盗窃、逃跑者，想见错误，强力杀者，造意徒六年，从犯徒五年，有官应以官当。"①本条款西夏文原文为：

甲 7-16-1 𘟲𗗟𘝶𗾈𘈷𘊲𘈷𗏴𗢸𗏷𗦻𗦻𗲠𘗘𗵖𗷓
　　　　　一等本心上逃语发起演说未曾后亦兽
甲 7-16-2 𗍫𗴺𗗾𗱈𗑡𗗝𘈷𘏨𘋥𗷓𘋥𘈷𘏨
　　　　　边边近夜来年缚甲疑所有他逃将谓
甲 7-16-3 𘈩𗯿𗷓𗦻𘈷𘡨𗠁𘝶𗦻𘋥𗷓𗦻𘏨𗴺
　　　　　<> 诬为言耳入使者无追捕者 <> 盗
甲 7-16-4 𗷓𘏨𗷓𘓄𗷓𘋥𘏨𗍫𘏨𘈷𘏃𗷓𘗽𗷓𘏨𘏨
　　　　　逃者应是谓思见顺谬误刚趋杀 <>
甲 7-16-5 𗦻𗏷𗷓𘈷𗷓𗴺𘈷𘏨𘋥𗷓𘈷𘡨𘏨
　　　　　心起六年副五年官有 <> 敌为

新译文：
　　一等本心上逃跑语未曾发生，亦近敌人边境处朝夕游荡，有所疑，他人谓欲逃[1]，所诬说言语令入耳者无，唤捕者认为是盗窃、逃跑者，想见错误，强力杀者，造意徒六年，从犯徒五年，有官应以官当。

注释：
　　[1] 他人谓欲逃：原译为"并无他人说欲逃"，衍"无"。

　　按照原译，如果"无他人说欲逃"，那么又何来所诬说言语？从上下文来看，所诬说言语即指谓他人欲逃。
　　14.《天盛律令》卷七《番人叛逃门》："一官私人逃路，其所属大小首领、正军，所属迁溜检校、边管、近处邻居等，闻所报不往追，及已追应追及而于道中迟缓，不深追已追及而省力惜命，不败之等，一律徒一年。若追赶非迟缓，未及，以及逃跑者人数众多，确实力不堪胜，所言是实，则不治罪。"②本条款西夏文原文为：

————————
①史金波、聂鸿音、白滨译注：《天盛改旧新定律令》，第 279 页。
②史金波、聂鸿音、白滨译注：《天盛改旧新定律令》，第 279—280 页。

甲 7-17-1 𗁅𗄈𗆟𗥃𗆟𗱠𗢸𗩼𗤁𗧐𗹦𗉵𗰟𗦳𗥃𗫱𗏆
　　　　一官私人逃 <><> 有头领小大军正有者迁

甲 7-17-2 𗉁𗆜𗩾𗏾𗄻𗢸𗌛𗽻𗺩𗤊𗧁𗢸𗤋𗱕𗰖
　　　　溜口使［边管］<> 近家相主等觉 <> 报追而

甲 7-17-3 𗤋𗯨𗆉𗢸𗏆𗤊𗨁𗥦𗲒𗪙𗏆𗫱𗦳𗥃𗢸
　　　　不往及 <> 追及应道内懈怠追深不为 <>

甲 7-17-4 𗤊𗱊𗃜𗆟�“𗣓𗏆𗃩𗽻𗝾�冀𗝾𗆜𗙴�哉𗰖
　　　　及力任命惜不破为等一礼一年若追而

甲 7-17-5 𗱕�哉𗲒𗺏𗢸𗤊𗃩𗢸𗤊𗆟𗦳�“𗃝𗢸�“𗆜𗁅
　　　　远懈怠非不及 <> 及逃者人数多多力

甲 7-17-6 𗢸𗲓①�=𗃩𗙴𗲐𗤙𗉋𗢸𗝾
　　　　不任实等语实是则罪莫连

新译文：

一官私人逃路，其所属大小首领、正军，所属迁溜检校、边管、近处邻居等，闻所报不往追，及已追应追及而于道中懈怠[1]，不深追已追及而省力惜命，不败之等，一律徒一年。若远[2]追赶非懈怠[3]，未及，以及已及[4]逃跑者人数众多，确实力不堪胜，所言是实，则不治罪。

注释：

［1］［3］懈怠：原译为"迟缓"。

［2］远：原译未译。

［4］已及：原译未译。

本条款为对逃人不追斗、追斗而懈怠的处罚。懈怠与迟缓不同。

15.《天盛律令》卷七《番人叛逃门》："若前述不信人等为诸人之军辅主私人，为重逃往敌界者，住处人、局分人速当告，不治罪。"②本条款西夏文原文为：

甲 7-18-2 𗙴𗏉𗕾𗤋𗒀𗃩𗃩𗪏𗢸𗱠

---

① 𗲓（任），残缺，据上下文补。

② 史金波、聂鸿音、白滨译注：《天盛改旧新定律令》，第 280 页。

若前有不信人等诸人 <>

甲 7-18-3 𗦊𘟆𗒕𗫲𗰗𗅋𗥤𗬥𗫦𗑛𗟲𗆾𗠰𗰖𗴟𗥤𗰞𗆟

军辅主私人等为重逃兽界往 <> 为住处

甲 7-18-4 𗰗𗆟𗤁𗬩𗂧𗥤𗪟𗅲𗆟𗇋

人事管处迅 <> 告罪莫连

新译文:

若前述不信人等为诸人之军辅主私人,为重逃往敌界者,住处人速告局分处[1],不治罪。

注释:

[1] 住处人速告局分处:原译为"住处人、局分人速当告",将𗆟𗤁𗬩(局分处)译为"局分人",语序不当。

按原译局分人应告何处?从语法来看,𗆾𗠰𗰗𗆟𗤁𗬩𗂧𗥤(对译:住处人职管处速 <> 告)中,𗆾𗠰𗰗(住处人)为主语,𗆟𗤁𗬩(局分处)为宾语,𗂧(速)为定语,𗥤 [京 kjij] 为向近处的未然式动词前缀,𗇋(告)为谓语。从上下文来看,前提是前述不信人等为诸人之军辅主私人、为重逃往敌界者,那么此时住处人速告局分处,才能不被治罪。

16.《天盛律令》卷七《敕禁门》:"一诸大小官员、僧人、道士诸人等敕禁:不允有金刀、金剑、金枪,以金骑鞍全盖全□,并以真玉为骑鞍。"[1]本条款西夏文原文为:

甲 7-20-15 𗾷𗰜𗐯𗗙𗰣𗼐𗵒𘕿𗐊𗭦𗰗𗅋𗦻𗴿𗊱𗼋𗆟

一诸臣宰小大和众救法诸人等敕禁金刀

甲 7-20-16 𗐊𘏒𗐊𗷆𗐊𘖑𗜓𘜶𗊱𘜶𗡞𗵒𗆟𗴿𘜶

金剑金枪金辔鞍全盖全涂及玉实以辔

甲 7-20-17 𘜶𗬩𗊱𗬲𗀚

鞍为等允无

---

① 史金波、聂鸿音、白滨译注:《天盛改旧新定律令》,第 282 页。

新译文：

一诸大小官员、僧人、道士诸人等敕禁：不允有金刀、金剑、金枪，以金辔鞍[1]全盖全涂[2]，并以真玉为辔鞍[3]。

注释：

[1][3]辔鞍：原译为"骑鞍"。

[2]涂：原译未识出。

本条款为禁止以金、玉为刀、剑、枪、辔、鞍的规定。

17.《天盛律令》卷七《敕禁门》："一全国内诸人鎏金、绣金线等朝廷杂物以外，一人许节亲主、夫人、女、媳，宰相本人、夫人，及经略、内宫骑马、驸马妻子等穿，不允此外人穿。其中冠'缅木'者，次等司承旨、中等司正以上嫡妻子、女、媳等冠戴，此外不允冠戴。"[1]本条款西夏文原文为：

甲7-21-14 [西夏文]
　　　　一国圈内诸人金涂金条氆等朝珂贝不有
甲7-21-15 [西夏文]
　　　　节亲主［夫人］女媳议判人实［夫人］及［经略］
甲7-21-16 [西夏文]
　　　　内宫马琦［驸马］妻妻等穿 <> 允有其后人
甲7-21-17 [西夏文]
　　　　穿 <> 允无其中冠［缅木］<> 次第司旨承中
甲7-21-18 [西夏文]
　　　　第司正上至 <> 妻妻女媳实上至戴允有
甲7-22-1 [西夏文]
　　　　其后戴允无

新译文：

一全国内诸人除节亲主、夫人、女、媳，宰相本人、夫人，及经略、内宫骑马、驸马妻子等许穿鎏金、绣金氆等朝廷杂物以外，其他人不允穿[1]。

---

① 史金波、聂鸿音、白滨译注：《天盛改旧新定律令》，第283页。

其中冠"缅木"者，次等司承旨、中等司正以上嫡妻子、女、媳等允许[2]冠戴，此外不允冠戴。

注释：

[1]全国内诸人除节亲主、夫人、女、媳，宰相本人、夫人，及经略、内宫骑马、驸马妻子等许穿鎏金、绣金氅等朝廷杂物以外，其他人不允穿：原译为"全国内诸人鎏金、绣金线等朝廷杂物以外，一人许节亲主、夫人、女、媳，宰相本人、夫人，及经略、内宫骑马、驸马妻子等穿，不允此外人穿"，句意不清，语序不当。

[2]允许：原译未译。

本条款为何人可穿鎏金、绣金氅，何人可冠"缅木"的规定。𘟾𘃍𗣼𗾟𗣩𗢳𘝞𗣵𗩈𗦻𘈈𘂊𗗊𗧘𗩜𘝞𗤁𗥤𗥷𘓘𗪈𘈈𗑠𘄄𘂊𗚩𘃛𘈒𗏁�交𗗊𘄄𘥩𘜶𗣺𗲔（对译：国圈内诸人金涂金条氅等朝珂贝不有节亲主［夫人］女媳议判人实［夫人］及［经略］内宫马琦［驸马］妻妻等穿 <> 允有）中，𘟾𘃍𗣼𗾟（全国内诸人）为主语，𗑠𘄄（除……以外）为表示排除的连词，𗢳𘝞𗣵𗩈𗦻𘈈𘂊𗗊𗧘𗩜𘝞𗤁𗥤𗥷𘓘𗪈𘈈（节亲主、夫人、女、媳，宰相本人、夫人，及经略、内宫骑马、驸马妻子等）为排除对象，𗣩𗢳𘝞𗣵𗩈𗦻𘈈𗩜（鎏金、绣金氅等朝廷杂物）为宾语，𘜶（穿）为谓语，𗣺［宁］为表趋向行为主体的动词前缀，𗣺𗲔（允许）为补语。

18.《天盛律令》卷七《敕禁门》："前述大小管事应降职以外，若有官大不应降职位，亦应获死罪及三种长期徒刑，则当将位依次降低一等。犯徒二年至徒六年一次罪者，不降职则不减位。犯二次罪时，徒一年以下者不需减位，徒一年以上则当减位。"[1]本条款西夏文原文为：

甲 7-25-1　𗥎𗥱𘆚𗺊
　　　　　前有事［管］
甲 7-25-2　𗒾𗣺𘆚𘈈𗭑𘄄𗪈𗣺𗒾𘆚𗥶𘈈𗭑
　　　　　小大职失应不有若官大职位失不
甲 7-25-3　𗣺𗲔𘉤𘄄𗯨𗰥𗬳𘆚𗲹𗣅𘝞𗺰𗣼𗥶

①史金波、聂鸿音、白滨译注：《天盛改旧新定律令》，第285页。

应有亦死及三种自朝等获应则位

甲 7-25-4 𗰜𗾖𗀔𗖔𗏵𗆟𘋞𗱕𗮅𘃏𘊝𘃏𗧒

次依一等数 <> 退为二年起六年至

甲 7-25-5 𗾖𘋝𗤋𘋝𗭽𘈷𗤋𗞞𗆟𗤋𘋞𗮅𗞞

一次犯 <> 职不失则位莫退为二次

甲 7-25-6 𗤋𗖼𗾖𘃏𗴟𘊦𘋝𗆟𘋞𘈷𗥤𗾖𘃏

犯中一年低下 <> 位退为不用一年

甲 7-25-7 𘑈𗤸𘊩𗞞𗆟𗏵𘋞

上高是则位 <> 退为

新译文：

前述大小管事应革职[1]以外，若有官大不应革职位[2]，亦应获死罪及三种长期徒刑，则当将位依次降低一等。犯徒二年至徒六年一次罪者，不革职[3]则不减位。犯二次罪时，徒一年以下者不需减位，徒一年以上则当减位。

注释：

[1]革职：原译为"降职"，将𗤋（失、革）译为"降"。

[2]革职位：原译为"降职位"，将𗤋（失、革）译为"降"。

[3]不革职：原译为"不降职"，将𗤋（失、革）译为"降"。

原译将𗤋（革）和𘋞（减、降）相混。从上下文来看，𘋞（对译：退为）在本条款中出现四次意为"减"、"降低"，与官位联系；𗤋（失）与职、职位联系，意为"革"。

19.《天盛律令》卷七《敕禁门》："若无贪赃徇情，全未闻见，为失误，监察已明时，应获死罪，军溜、检头监等一律徒六个月，检提点于敌界巡境等人徒三个月，检人十三杖。卖者应获三种长期徒刑，则于前述罪上减一等，应获短期徒刑者再减一等。"①本条款西夏文原文为：

甲 7-25-13 𗦇𗫨𘈷𘊩𗏵

_____

① 史金波、聂鸿音、白滨译注：《天盛改旧新定律令》，第286页。

若贪羞面无
甲 7-25-14 𗀈𗹦𗄊𗙏𗄊𗤛𗄊𗤧𗤧𗭼𗰖𗴱𗢿𗬉𗦫
圈未觉见不比不牢监眼缺时死获
甲 7-25-15 𗊢𗤏𗤛𗠬𗬉𗿢𗤛𗱸𗢟𗅉𗸁𗸂𗀜𗬉𗤧
应 <> 军溜检头监等一礼六月月检
甲 7-25-16 𗊫𗙏𗄊𗤧𗄊𗋒𗬉𗗧𗱸𗈾�臷�吏𗱸𗤧𗤞
语过处畜兽间 ［巡境］等三月月检人
甲 7-25-17 𗰱𗄊𗢟𗱸𗄊𗋒𗃸𗖫𗤧𗊫𗼇�吏𗀜𗯿𗸂
十三杖三种自代获应则前有罪上
甲 7-25-18 𗱸𗹦𗄊𗱸𗒹�吏𗤧𗊢𗏹𗱸𗹦𗄊𗱸
一等数及日显获应 <> 又一等数等
甲 7-26-1 𗺿𗹟𗒹𗏹𗤏
次依 <> 退为

新译文：

若无贪赃徇情，全未闻见，无心失误，失监察[1]时，应获死罪，军溜、检头监等一律徒六个月，检提点于敌界巡境等人徒三个月，检人十三杖。任警口者[2]应获三种长期徒刑，则于前述罪上减一等，应获短期徒刑则依次[3]再减一等。

注释：

[1] 无心失误，失监察：原译为"为失误，监察已明"。

[2] 任警口者：原译为"卖者"。

[3] 则依次：原译为"者"。

本小条是到敌界卖敕禁时，对任警口者的处罚。①𗤛𗱸𗤛𗤧（对译：不比不牢），《天盛律令》中一般译为"无心失误"。从上下文来看，任警口者若无贪赃徇情，全未闻见，无心失误失监察，应获死罪时，军溜、检头监、检提点、检人应受相应处罚；任警口者应获三种长期徒刑，则军溜、检头监、检提点、检人于前述罪上减一等；任警口者应获短期徒刑，则军溜、检头监、检提点、检人于前述罪上依次再减一等。

① 史金波、聂鸿音、白滨译注：《天盛改旧新定律令》，第 285—286 页。

20.《天盛律令》卷七《敕禁门》："一诸人不允去敌界卖钱，及匠人铸钱，毁钱等。假若违律时，一百至三百钱徒三个月，五百钱以上至一缗徒六个月。"①本条款西夏文原文为：

甲 7-27-10 𗅢𗌮𗰜𗥟𗰗𗖵𗉘𗩾𗧓𗱕𗥟𗧾𗥟𗷦𗔵𗩾𗥫
　　　　　　一诸人兽界钱卖经及匠人钱铸钱毁为等允

甲 7-27-11 𗦶𗡤𗥝𗍷𗵐𗾔𗖵𗳒𗷦𗿷𗥫𗥁𗵆𗩾𗩾
　　　　　　无假若律过时一百起五百至三月月

甲 7-27-12 𗵆𗷦𗇁𗒅�174𗷤𗱕𗵆𗩾𗩾
　　　　　　五百上高一缗至六月月

新译文：

一诸人不允去敌界卖钱，及匠人铸钱，毁钱等。假若违律时，一百至五百[1]钱徒三个月，五百钱以上至一缗徒六个月。

注释：

[1]五百：原译为"三百"。

本小条是对到敌界卖钱及铸钱、毁钱的处罚。

21.《天盛律令》卷七《邪行门》："一全国中诸人，京师及边地等有战事，大城上跳，开城门及开锁等，又有洞穴处过，按时节口已堵塞以后，使掘开口私通敌人等时，绞杀，从犯徒十二年。"②本条款西夏文原文为：

甲 7-28-8 𗅢𗜈𗭼𗗙𗌮𗥤𗰜𗩾𗆧𗴛𗥫𗙴𗝾𗸦𗖲
　　　　　　一国圈内诸人世界及地边等战甲有城

甲 7-28-9 𗰜𗰗𗾖𗖲𗩾𗥫𗂧𗗘𗥽𗿷𗅢𗶷𗥵𗩾𗽴
　　　　　　大上跳城门及锁开等折又洞等过

甲 7-28-10 𗾖𗷦𗇁口𗰜𗉘𗵆𗟻𗾰𗵁𗿷𗌮𗵁𗉘𗥽
　　　　　　处有处口时节依［口］<>堵后方［口］开折

① 史金波、聂鸿音、白滨译注：《天盛改旧新定律令》，第286页。
② 史金波、聂鸿音、白滨译注：《天盛改旧新定律令》，第287—288页。

甲 7-28-11 𗷔𗦮𗫉𗾖𘙀𘐆𗹢𗟲𗩾𗗲𘒀𘚢𗘲

　　　令内外出入等时项缚为以 <> 杀从犯十

甲 7-28-12 𗥃𘝯

　　　二年

新译文：

　　一全国中诸人，京师及边地等有战事，大城上跳，开城门及开锁等，又有洞穴处过，按时节口已堵塞以后，使掘开口内外出入[1]等时，绞杀，从犯徒十二年。

注释：

　　[1] 内外出入：原译将𗫉𗾖𘙀𘐆（对译：内外出入）译为"私通敌人"。

　　原译引申过渡，遇有战事私开堵口使人往来与私通敌人有差别。

　　22.《天盛律令》卷七《邪行门》："一诸人自属畜物，不允说是大人□势上虚假，以及大人、儿童、牧人等诸人取水眼、井栏、护水草使不通，自属畜、物、人有差错，及使监守侵夺邻里，违律时徒一年。"[1]本条款西夏文原文为：

甲 7-28-14 𗪶𘚢𘏚𗤀𘝵𗷔𘊮𘝱𘝱𗤑𘉈𗠔𗻟𗫨𘝭𗰣

　　　一诸人自有畜物大大 <> 是谓势处诈骗

甲 7-28-15 𘋤𘝺𘝱𘝱𗠰𗤁𗢨𘚢𘏚𘚢𗤑𘕼𘔾𗌭

　　　及又大大童童牧人等诸人 <> 水眼井

甲 7-28-16 𘟖𗫵𗫨𘚞𗤝𘝺𘋴𗤀𘝵𗷔𘚢𘕤𘕤𗫵

　　　栏取为水草护不通自畜物人差为

甲 7-28-17 𘋤𘛊𗫒𗷔𘝳𘚞𗹦𘞘𗫵𗜢𘓧𘚾𘒀𘝯

　　　及监护令家主侵凌允无律过时一年

新译文：

　　一诸人自属畜物，不允说是大人□势上虚假，以及大人、儿童、牧人

<hr>

① 史金波、聂鸿音、白滨译注：《天盛改旧新定律令》，第 288 页。

等诸人取水眼、井栏、护水草使不通，自属畜、物、人有差错，及使监守
侵夺家主[1]，违律时徒一年。

注释：

[1]家主：原译为"邻里"。

本小条主要是对势恃水眼井栏护及侵夺家主的处罚。𗾟𗟭（对译：家主）
为固定词，《文海》中意为"家主"。①前揭家主与乡里不同。家主与邻里亦不
同。家主为西夏重要阶层，受法律保护。

23.《天盛律令》卷七《邪行门》："一诸大小官员男女诸人等，不允乡邻中
无理拿取牛、羊、柴薪、蔬草等种种物品。倘若违律时，所取何物法计量数，
按枉法贪赃算。其中伤人及有创伤者，比诸人相打斗殴伤留创伤第十四卷上罪
状当增加一等，所增不应及死刑。人死则按强盗杀人法判断。"②本条款西夏文
原文为：

甲7-29-3 𗧃𗗚𗢳𗢳𗣼𗣼③𗥃𗣺𗣽𗗚𗧢𗧓𗾟𗟭𗙏𗌭𗂧
　　　　　一诸臣官大大人妇男诸人等家主中不应

甲7-29-4 𗤁𗢳𗊬𗕏𗒹𗑗𗤻𗤉𗧓𗤅𗤹𗤹𗕮𗏵
　　　　　牛羊烧所疏草物种种等取差为允无假

甲7-29-5 𗜓𗥃𗧃𗜀𗐯𗤻𗧢𗐛𗤹𗤹𗤉𗣺𗺺𗥃𗻲𗆫
　　　　　若律过时畜物何 <> 取为数 <> 量律弯贪

甲7-29-6 𗤉𗌕𗑠𗌭𗧢𗤪𗤀𗗱𗐵𗤅𗤹𗧓𗾟𗗚𗧢𗤂
　　　　　<> 算其中人伤及疤迹染为等 <> 诸人打

甲7-29-7 𗤉𗙏𗰸𗎭𗤪𗤀𗗱𗐵𗤅𗤹𗤆𗤛𗵘𗤱𗧪
　　　　　打斗斗相伤疤迹染为等十四第上罪节

甲7-29-8 𗾟𗲠𗤎𗑠𗊛𗤉𗀋𗀋𗀋𗤅𗌭𗘮𗘮𗢞𗧢
　　　　　显比一等数 <> 升为升为以死 <> 莫及人

① 𗟭：𗟭𗾟𗙏𗤹𗟭𗾟𗯨𗟭𗧢𗂧𗥃，即"主：主者农牧主、家主、辅主等之谓"。史金波、白滨、黄振
华：《文海研究》，56·243，第239、478页。
② 史金波、聂鸿音、白滨译注：《天盛改旧新定律令》，第288页。
③ 按：𗢳𗢳𗣼𗣼（对译：臣官大大），原文刻印有误，应是𗢳𗢳𗣼𗣼（对译：臣官小大）。从语法来看，
𗢳𗢳𗣼𗣼（大小臣宰）为固定词组，其中形容词性定语𗣼𗣼（大小）修饰名词性中心词𗢳𗢳（臣宰）。从
上下文来看，本条款是对大小臣宰男女诸人无理拿取家主牛、羊、柴薪、蔬草等种种物品的处罚。

甲7-29-9 𗫡𗊋𘁨𗰖𗵒𘃨𘐆𗪊𘎺𗾈𗾞

　　　死则刚盗物贪人杀礼依断判

新译文：

　　一诸大小官员男女诸人等，不允家主[1]中无理误取[2]牛、羊、柴薪、蔬草等种种物品。倘若违律时，所取何畜物[3]计量数，按枉法贪赃算。其中伤人及有创伤者，比诸人相打斗殴伤留创伤第十四卷上罪状当增加一等，所增不应及死刑。人死则按强盗贪物[4]杀人法判断。

注释：

　　[1]家主：原译为"乡邻"。
　　[2]误取：原译为"拿取"，漏译𗈁𗌭（错、误）。
　　[3]畜物：原译为"物法"。
　　[4]贪物：原译漏译。

　　前文已指出𗈁𗌭（对译：家主）为固定词，家主与邻里不同。改译后，知本条款实为大小官员男女诸人等无理拿取家主牛、羊、柴薪、蔬草等种种物品所应受处罚，即体现了《天盛律令》的意图之一：保护家主财产。

　　24.《天盛律令》卷七《妄派门》："一诸人因公去助笨工，当于总数中分担。因贪赃徇情超分笨工者，超分多少，计算男女日数、工价，当依法总合计算，按枉法贪赃罪法判断。"①本条款西夏文原文为：

甲7-30-15 𗈁𘓓𘎺𘄄𘐆𗯲𗺉𗤙𘛒𗪆𗤙𗳅𘗕𘓂𗆍𗌭

　　　一诸人公因体力 <> 助总数显中掠者行为

甲7-30-16 𗾈𗰖𗪆𗤙𗬆𘗕𗧓𗺉𗪆𘛒𗯲𗧓𗳅𗕊𗱈

　　　贪羞面以体力超掠 <> 议超何 <> 掠男妇

甲7-30-17 𗪆𘗕𗥃𘓂𘐆𘓂𗵒𘎺𗤙𘓂𗾷𗥃𗫡𗺉𗫆

　　　日数力价算顺显礼依 <> 算 <> 结合律弯

甲7-30-18 𗾈𗾖𗾈𘎺𗾈𗾞

　　　贪罪礼依断判

───────────

①史金波、聂鸿音、白滨译注：《天盛改旧新定律令》，第289页。

新译文：

一诸人因公去助笨工，显示总数中，分派者[1]因贪赃徇情超分派[2]笨工者，超分派[3]多少，计算男女日数、工价，当依法总合计算，按枉法贪赃罪法判断。

注释：

[1] 显示总数中，分派者：原译为"当于总数中分担"，未译𗹬𗅋（对译：显中），将𘝶𗏁𘝶𗏁（分派者）译为"分担"。

[2][3] 分派：原译为"分"。

本条款是对超派体力的处罚。𘝶𗏁𗏁𗹬𗹬𘞽𗏁𘞽𘞽𗏁𘝶𗹬（对译：略者行为贪羞面以体力超掠 <>）中，𗏁𘞽（行为）为行为主体格助词，故𗹬𗹬𘞽𗏁𘞽𗏁𘞽𗏁𗏁（因贪赃徇情超分派笨工）的主语是𘝶𗏁（分派者）。

25.《天盛律令》卷七《杀葬赌门》："一诸人已犯罪，经官已杀者，一年以内不允收葬，一年已过时，当由小巫为之。先告都审刑司，当派巫小监者。应翻检头字，当收葬，不允作咒。"①本条款西夏文原文为：

甲 7-31-7 𗼃𗰖𗘟𗟡𗏁𘝶𘈩𘕿𘕣𘞽𘟙𘞽𘄬𘄴𘍒𗤙
　　　　一诸人罪 <> 为官依 <> 杀 <> 一年圈内死出
甲 7-31-8 𘝶𘝶𗁬𘞽𘞽𘄬𘈩𘕣𘄬𗐺𗤁𘝶𘞽𗖎𘞽𘄧
　　　　为允无一年 <> 过时巫小 <> 释为先 <> 断
甲 7-31-9 𘍒𘍒𗤙𗁬𘝶𘄬𘞽𗖎𘝶𗁬𗤙𘍓𘟙𘄬𘜶𘄴
　　　　判司内 <> 告巫头监者 <> 遣头字 <> 翻死
甲 7-31-10 𘈩𘞽𘋱𘘓𘝶𗁬
　　　　　<> 出咒设允无

新译文：

一诸人已犯罪，经官已杀者，一年以内不允收葬，一年已过时，当由小巫为之。先前判断，当告司内[1]，当派巫小监者。应翻检头字，当收

---

① 史金波、聂鸿音、白滨译注：《天盛改旧新定律令》，第290页。

葬，不允作咒。

注释：

[1] 先前判断，当告司内：原译为"先告都审刑司"，将𗧘𗧲𗊲（对译：断判司）识为𗧲𗒟𗊲（审刑司），将𗢳（一）识为𗢳𗤋（都）。

本条款是对收葬已杀人的规定。

26.《天盛律令》卷七《杀葬赌门》："一射弈者当以现持畜物赌博射弈，已负当互为□□，又不允不持现畜物互赌博令负，已负亦不当还。"[1]本条款西夏文原文为：

甲 7-32-1 𗦴𗈬𗾫𗋆𗰔𗭴𗗥𗄛𗢯𗵆𗖩𗏵𗈬𗾫𗰖𗏵𗉜𗤊
　　　　　一射弈 <> 现持畜物上 <> 赌 <> 射弈 <> 负相 <>

甲 7-32-2 𗰤𗒉𗘂𗈼𗗥𗄛𗰔𗈼𗰔𗵆𗉜𗤊𗘂𗏵𗏵𗈼𗈬
　　　　　<> 给为又畜物现不持赌相 <> 置为负令

甲 7-32-3 𗄈𗘂𗨜𗰖𗏵𗖫𗒉𗰤𗘂𗨜
　　　　　等允无 <> 负亦给为允无

新译文：

一射弈者不允现持畜物赌博射弈，已负互给[1]，又不允不持现畜物互赌博令负，已负亦不当给[2]。

注释：

[1] 射弈者不允现持畜物赌博射弈，已负互给：原译为"射弈者当以现持畜物赌博射弈，已负当互为□□"，逻辑不对，未识出𗒉（给）。

[2] 给：原译为"还"。

本条款是对射弈赌畜物的处罚。从语法来看，𗈼（又）在句中为表加深的程度副词，表明𗈬𗾫𗋆𗰔𗭴𗗥𗄛𗢯𗵆𗖩𗏵𗈬𗾫𗰖𗏵𗉜𗤊𗰤𗒉𗘂（射弈者现持畜物赌博射弈，已负互给）与𗗥𗄛𗰔𗈼𗰔𗵆𗉜𗤊𗘂𗏵𗏵𗈼𗄈（不持现畜物互赌博

---

① 史金波、聂鸿音、白滨译注：《天盛改旧新定律令》，第290页。

令负）同样受褹绹（允无）的修饰。从下文来看，若使负后取当处罚，畜物当还。^①按原译，允许持畜物赌博射弈负后给，与后文矛盾。改译后，知条目虤鶂缘绹甀頦薮（畜物现无射弈赌）^②概括不合理，条目为"不允射弈赌畜物"方合理。

27.《天盛律令》卷七《杀葬赌门》："一诸人□畜、人染病已治未愈而死者，当取俸而还赏。"^③本条款西夏文原文为：

甲 7-32-5 豩疧崃<u>猵緩</u>絾崃缒甂䫻屲羧虤蘰搋缀
　　　　一诸人匠巫畜人病染 <> 医不任 <> 死 <>
甲 7-32-6 缃菲蘰旫崃絭旂
　　　　俸 <> 持赏 <> 还为

新译文：

　　一诸人于匠、巫、畜、人^[1]染病已治未愈而死者，当取俸而还赏。

注释：

　　[1] 于匠、巫、畜、人：原译为"□畜、人"，未识出猵緩（匠巫）。

本条款是对治匠巫畜人俸赏的规定。^④猵（匠）模糊不清，据《天盛律令名略》上卷甲种本第 10 页左面第 9 小行、《天盛律令名略》上卷乙种本第 9 页第 10 小行补。

　　① 史金波、聂鸿音、白滨译注：《天盛改旧新定律令》，第 290 页。
　　② 史金波、聂鸿音、白滨译注：《天盛改旧新定律令》，第 35 页。原文参见俄罗斯科学院东方研究所圣彼得堡分所、中国社会科学院民族研究所、上海古籍出版社编：《俄藏黑水城文献》，第 8 册，第 9 页左面第 9 小行。
　　③ 史金波、聂鸿音、白滨译注：《天盛改旧新定律令》，第 290 页。
　　④ 本条款的条目为猵緩虤爰缃旂（对译：匠巫畜人医俸赏），史金波等译注本《天盛律令》第 35 页译为"匠巫马人医俸赏"。"马"，据《天盛律令名略》上卷甲种本第 10 页左面第 9 小行、《天盛律令名略》上卷乙种本第 9 页右面第 10 小行、《天盛律令》甲种本卷七第 32 页右面第 5—6 行知应为虤（畜）之误。故条目应改译为"医匠巫畜人俸赏"。原文参见俄罗斯科学院东方研究所圣彼得堡分所、中国社会科学院民族研究所、上海古籍出版社编：《俄藏黑水城文献》，第 8 册，第 9 页左面第 9 小行。

卷八校译补正

1.《天盛律令》卷八[①]《烧伤杀门》："一□□相恶，有意而放火伤人死人者，依第一卷上有意伤人杀人法判断。"[②]本条款西夏文原文为：

甲 8-1-12 𗅁𗟻𗰜𗫴𗥃𗤋𗹏𗣜𗤋𗉾𗡟𗸿𗳒𗂾𗏹
　　　一盗及相恨意起等烧放人伤人死 <> 一第

甲 8-1-13 𗾑𗣜𗉾𗤋𗉾𗤋𗦓𗫞𗤋𗎫𗤋𗰗
　　　上意以人伤人杀礼依断判

新译文：
一盗及相恶[1]，有意而放火伤人死人者，依第一卷上有意伤人杀人法判断。

注释：
　　[1] 盗及相恶：原译为"□□相恶"，未识出𗅁𗟻（盗及）。

本条款是对有意盗放火伤人死人及烧物的处罚。[③]

2.《天盛律令》卷八《烧伤杀门》："若有意于无人帐舍纵火焚烧，然无意燃至于有人帐舍处死伤人者，与殴打争斗相杀伤罪相同。"[④]本条款西夏文原文为：

甲 8-2-6 𗈍𗫴𗤋𗉾𗏆𗱈𗮑𗳒𗰗𗣜
　　　若 <> 意人不有帐舍内烧

甲 8-2-7 𗉾𗥤𗧘𗤘𗫦𗧱𗦓𗉾𗫴𗏆𗱈𗮑𗾑𗣜𗢳
　　　及 <> 放为然次依不意处人有帐舍上至

甲 8-2-8 𗰗𗤋𗉾𗂾𗏹𗳒𗷖𗷖𗬐𗫴𗦓𗰗𗣜𗿢𗹦𗊏
　　　往人伤杀 <> 打打斗斗相伤杀罪与 <> 同

————————
① 原文参见俄罗斯科学院东方研究所圣彼得堡分所、中国社会科学院民族研究所、上海古籍出版社编：《俄藏黑水城文献》，第 8 册，第 168 页上右—184 页上右。
② 史金波、聂鸿音、白滨译注：《天盛改旧新定律令》，第 292 页。
③ 史金波、聂鸿音、白滨译注：《天盛改旧新定律令》，第 292—293 页。
④ 史金波、聂鸿音、白滨译注：《天盛改旧新定律令》，第 293 页。

新译文:

若有意于无人帐舍纵火焚烧,然无意依次^[1]燃至于有人帐舍处死伤人者,与殴打争斗相杀伤罪相同。

注释:

[1] 依次:原译未译。

本条款是对相恶不有人处放火的处罚。①

3.《天盛律令》卷八《烧伤杀门》:"若□□□□者,则当罚。失火者罪:已烧畜物价值五十缗以下者,有官罚马一,庶人十三杖,五十缗以上至百缗徒六个月,百缗以上一律一年。其中死伤人者,依第十四卷上有遮障人在处打中人伤死法判断。"②本条款西夏文原文为:

甲 8-2-17 ⬜⬜⬜⬜⬜③ ⬜⬜⬜⬜⬜⬜⬜⬜
　　　　若不能则物有者 <> 罚烧失为者罪 <>
甲 8-2-18 ⬜⬜④⬜⬜⬜⬜⬜⬜⬜⬜⬜⬜⬜⬜
　　　　烧畜物价量五十缗低下 <> 官有罚马一
甲 8-3-1 ⬜⑤⬜⬜⬜⬜⬜⬜⑥⬜⬜⬜⬜⬜⬜⬜
　　　　庶人十三杖五十缗上高百缗处至六月
甲 8-3-2 ⬜⬜⬜⬜⬜⬜⬜⬜⬜⬜⬜⬜⬜⬜
　　　　月百缗上高一礼一年其中人伤杀 <> 十
甲 8-3-3 ⬜⬜⬜⬜⬜⬜⬜⬜⬜⬜⬜⬜⬜⬜
　　　　四第上障遮人在投掷等中伤死礼依断判

新译文:

若不能,则当罚物属者^[1]。失火者罪:已烧畜物价值五十缗以下者,

---

① 史金波、聂鸿音、白滨译注:《天盛改旧新定律令》,第 293 页。
② 史金波、聂鸿音、白滨译注:《天盛改旧新定律令》,第 293 页。
③ ⬜(若)、⬜(有)残缺不清,据克恰诺夫俄译本《天盛改旧新定律令》第三册第 222 页第 8 行校识。
④ ⬜⬜(对译:烧畜),残缺不清,据克恰诺夫俄译本《天盛改旧新定律令》第三册第 222 页第 9 行校识。
⑤ ⬜(庶),模糊,据克恰诺夫俄译本《天盛改旧新定律令》第三册第 223 页第 1 行与固定短语"有官罚马一,庶人十三杖"校识。
⑥ ⬜(缗),残缺,据上下文补。

有官罚马一，庶人十三杖，五十缗以上至百缗徒六个月，百缗以上一律一年。其中死伤人者，依第十四卷上有遮障人在投掷[2]打中人伤死法判断。

注释：

[1] 若不能，则当罚物属者：原译为"若□□□□者，则当罚"未识出𗘌𗏣（不能）、𗄹𗏰（物有）。

[2] 投掷：原译未译。

本条款是对失误失火的处罚。条款前半部分是对失误失火烧毁他人财物的赔偿规定。①𗘌𗘌（对译：投掷），为固定词，意为"投掷"。本条款规定无心失误失火死伤人，依卷十四遮障投掷致人死伤法断判。卷十四"遮障重物投掷人死"条中𗘌𗘌（投掷）两次出现。②

4.《天盛律令》卷八《烧伤杀门》："一诸人上吊、断喉、自投水火中，或避自身有罪，或与他人妻淫乱已分离欲分离，心存死意而未鲜洁，以及待命中有执职位等当革，官职革去有苦役，则不须依待命减，可以官当。待命者入辅主中，一律不许出入内宫。若思另有异疑，无□□、疾病、癫狂、酒醉，不自主上吊、断喉、自投水中者，待命职位等不革，先昔内宫出入暂勿住留。"③本条款西夏文原文为：

甲8-4-18 𗤀𗋒𗰜𗰜𗱈𗫡𗆧𗐯𗀔𗲢𘂎𗰖𗱈𘄴𗰖𗓁𗗟
　　　　 一诸人项缚喉穿火水中自投中或自人处
甲8-5-1 𗵒𗥻𗖰𗬜𗰖𘃓𗲢𗘌𗭂𗰜𘃨𗬜𗰩 𗘌𗍋④
　　　　 罪有避为或他妻与行语为 <> 分离
甲8-5-2 𗹦𗹪𗀉𗠅𗬩𗈪□𗘌𘉃𗤁𗋽 𗄹𗏰⑤
　　　　 离欲死亡心 <> 趋□不净洁 <> 为及
甲8-5-3 𗭂𗵒𗰖𗴮𗅋𗘌𗓁𗬩𗴫𗴮𗳐𗔥𗆧𗗟𗘌

---

① 史金波、聂鸿音、白滨译注：《天盛改旧新定律令》，第293页。

② 史金波、聂鸿音、白滨译注：《天盛改旧新定律令》，第483—484页；原文参见俄罗斯科学院东方研究所圣彼得堡分所、中国社会科学院民族研究所、上海古籍出版社编：《俄藏黑水城文献》，第8册，第298页上右第3、8行。

③ 史金波、聂鸿音、白滨译注：《天盛改旧新定律令》，第295页。

④ 𗘌𗍋（对译：分离）二字残缺，据上下文意补。

⑤ 𗄹𗏰（对译：为及）二字残缺，据上下文意补。

旨待中有以职位持有等 <> 失官莫

甲8-5-4 𗀒𗀕𗀗𗀜𗀝𗀞𗀟𗀠𗀡𗀢𗀣𗀤𗀥
夺而劳役有则旨待依减为不用官

甲8-5-5 𗀦𗀧𗀨𗀩𗀪𗀫𗀬𗀭𗀮𗀯𗀰𗀱
与 <> 敌为旨待者 <> 辅主中 <> 入一

甲8-5-6 𗀲𗀳𗀴𗀵𗀶𗀷𗀸𗀹𗀺𗀻𗀼𗀽
顺内宫出入允无若他别疑思贪意

甲8-5-7 𗁀𗁁𗁂𗁃𗁄𗁅𗁆𗁇𗁈𗁉①𗁊𗁋
所无疾病癫狂染酒 <> 醉自不主不

甲8-5-8 𗁌𗁍𗁎𗁏𗁐𗁑𗁒𗁓𗁔𗁕𗁖𗁗
觉项系口穿火水中自投 <> 旨待职

甲8-5-9 𗁘𗁙𗁚𗁛𗁜𗁝𗁞𗁟𗁠𗁡𗁢𗁣
位等莫失先前内宫出入莫迅止

新译文：

一诸人上吊、断喉、自投水火中，或避自身有罪，或与他人妻淫乱已分离欲分离，心存死意而未鲜洁，以及待命中有执职位等当革，官不革而有苦役[1]，则不须依待命减，可以官当。待命者入辅主中，一律不许出入内宫。若思另有异疑，无贪赃、故意[2]，疾病、癫狂、酒醉不自主上吊、断喉、自投水火[3]中者，待命职位等不革，先昔内宫出入暂勿住留。

注释：

[1]官不革而有苦役：原译为"官职革去有苦役"，将𗀒（莫）识为𗀒（职）。

[2]贪赃、故意：原译未识出。

[3]疾病、癫狂、酒醉不自主上吊、断喉、自投水火：原译为"疾病、癫狂、酒醉，不自主上吊、断喉、自投水"，将"疾病、癫狂、酒醉"与"无□□"之间用顿号连起来，将"疾病、癫狂、酒醉"与"不自主上吊、断侯、自投水火"用逗号隔开，又漏译"火"。

---

① 𗁉（不），残缺，据克恰诺夫俄译本《天盛改旧新定律令》第三册第227页第7行校补。

本条款是对因避罪、酒醉等上吊、断喉、自投水火中的处罚。按照原译，则前后矛盾。下文为"不须依待命减，可以官当"，即官尚未革；原译为"官职革去有苦役"，即已革官职，则不能再"以官当"。"疾病、癫狂、酒醉"为状语，是"不自主上吊、断喉、自投水火"的原因。"无贪赃、故意"与"疾病、癫狂、酒醉"之间不是并列关系，"无"只管到"贪赃""故意"。

5.《天盛律令》卷八《烧伤杀门》："一等诸人独自上吊、断喉、自投水火中而不死者，免去有罪，则依所有罪法判断。先无罪则有官罚马一，庶人十三杖。"[1]本条款西夏文原文为：

甲 8-6-14　𗾊𗏹𗫸𘝯𗡮𗇋𗋽𗳉𗀔𗣖𘃡𘝯𗤎𘜶
　　　　　一等诸人自独项缚喉穿火水中自投不

甲 8-6-15　𘂀𗴖𘏨𗣐𗸮𗬷𘏨𗗟𗳉𗶷𗇋𗢳𗩱𘉔
　　　　　死 <> 罪有避为则罪何有礼依断判先

甲 8-6-16　𘏨𘜶𗣐𘜶𗊬𘔊𗏆𗔇𗗡𗫸𗥃𘒏𘗔
　　　　　罪不有则官有罚马一庶人十三杖

新译文：

一等诸人独自上吊、断喉、自投水火中而不死者，逃避有罪[1]，则依所有罪法判断。先无罪则有官罚马一，庶人十三杖。

注释：

[1]逃避有罪：原译为"免去有罪"，将𗬷𘏨（对译：避为）译为"免去"。

按照原译，上下文相矛盾。即诸人独自上吊、断喉、自投水火中而不死，已免去有罪，则如何"依所有罪法判断"？又本条款与之前两条款同是小条，这三小条均属于之前的大条。大条中有"一诸人上吊、断喉、自投水火中，或避自身有罪"，其中"避自身有罪"即与本条款𗣐𗸮𗬷𘏨（对译：罪有避为）相呼应，且"避自身有罪"的西夏文原文为𗣖𗤌𗖻𗣐𗸮𗬷𘏨（对译：自人处罪

① 史金波、聂鸿音、白滨译注：《天盛改旧新定律令》，第 296 页。

有避为）。①

6.《天盛律令》卷八《相伤门》："一诸人女、子、妻子、媳、使军、奴仆等与父母、丈夫、头监等言语不和而被打时，失误动手而伤眼、断耳鼻、伤手脚、断筋等，有官罚马一，庶人十三杖，若死则徒六个月。"②本条款西夏文原文为：

甲 8-7-13 𗼋𗰜𗅲𗪊𗈜𘔼𗡶𘆞𗠇𗑬𗢸𗅲𗐾𗾔𗩭𘔼𘊲
　　　　　一诸人女男妻妻媳使军仆奴等父母丈妻头

甲 8-7-14 𗴂𗅲𗊉𗎬𗳒𗝒𗢸𘙌𗣰𗈪𘝯𗈪𗇋
　　　　　监等 <> 谓上不来打答中不比不牢

甲 8-7-15 𗤁𗱕𗤁𗘂𗅳𗐾𗘂𗤸𗢸𗈜𗤁𗤓𗥦𘄄𗾔
　　　　　手举手高以眼剜耳鼻夺脚手伤筋断为等

甲 8-7-16 𗰴𗥰𗰖𗮔𘈉𗹝𘔼𗈜𗽐𗣋𗤒𗜓𗵱𗐹
　　　　　时官有罚马一庶人十三杖若死则六

甲 8-7-17 𘄴𘄴
　　　　　月月

新译文：

一诸人女、子、妻子、媳、使军、奴仆等，父母、丈夫、头监等唤上不来[1]而被打时，无心失误[2]动手而伤眼、断耳鼻、伤手脚、断筋等，有官罚马一，庶人十三杖，若死则徒六个月。

注释：

[1] 父母、丈夫、头监等唤上不来：原译为"与父母、丈夫、头监等言语不和"，将𗊉𗎬𗳒𗝒（对译：说上不来）译为"与……不和"。

[2] 无心失误：原译为"失误"，漏译"无心"。

本条款是对父母、丈夫、头监打伤、死子、女、妻、媳、使军、奴仆等的处罚。𘙌𗣰𗈪𗇋（对译：不比不牢），《天盛律令》中一般译为"无心失误"。

_____

① 史金波、聂鸿音、白滨译注：《天盛改旧新定律令》，第 295 页。原文参见俄罗斯科学院东方研究所圣彼得堡分所、中国社会科学院民族研究所、上海古籍出版社编：《俄藏黑水城文献》，第 8 册，第 169 页下左第 9 行—第 170 页上右第 1 行。

② 史金波、聂鸿音、白滨译注：《天盛改旧新定律令》，第 296—297 页。

7.《天盛律令》卷八《相伤门》："一等使军、奴仆之眼、耳、鼻、脚、手指等中伤断一而非二时，徒五年。"①本条款西夏文原文为：

甲 8-8-2 𗰖𗊛𗙸𗐫𗤻𗤟𗂧𗌭𗹦𗾫𗈪𗈪𗒹𗤻𗰖𗙨
　　　　　一等使军仆奴 <> 眼耳鼻脚手指等中 <> 一
甲 8-8-3 𗢭𗸒𗐛𗋿𗬩𗣾𗴭𗘆𗟻
　　　　　二所无割伤剜为时五年

新译文：

一等使军、奴仆之眼、耳、鼻、脚、手指等中伤断一二[1]时，徒五年。

注释：

[1]一二：原译为"一而非二"。

本小款是对父母、丈夫、头监以剑杀伤、死使军、奴仆的处罚。……𗣾𗴭（对译：所无），可译为"无论……"。故𗙨𗢭𗣾𗴭（对译：一二所无）应译为"无论一二"。

8.《天盛律令》卷八《相伤门》："一诸人有犬染狂病者当拘捕，恶犬及牲畜桀厉显而易见者当置枷。若违律时，庶人十杖，有官罚钱五缗。倘若咬踢撞人致人死时，主人徒六个月，牲畜无论官私一律当交死者主人，有官畜者当置亲印并□□注销。其中牵乘牲畜及唤唤犬等而径直向人放，伤死人时，比殴打争斗中伤死人罪减一等。他人自己不合自赴畜犬在处攻击，以打拷致伤死人显而易见，主人罪不治，畜犬等不抄没。"②本条款西夏文原文为：

甲 8-9-11 𗷔𗤌𗧘𗤻𗹦𗒹𗆧𗤟𗴭𗷬𗤻𗆈𗹦𗤌𗃽𗱕𗈜𗬠
　　　　　一诸人有犬狂染 <><> 禁止及犬恶及畜畜性
甲 8-9-12 𗨁③𗬩𗹧𗀊𗤐𗤟𗀯𗤟𗽽𗌜𗒔𗀯𗴑𗂧𗎆𗨯𗟪
　　　　　粗等显见用 <> 有为镣 <> 置为若律过时

---

① 史金波、聂鸿音、白滨译注：《天盛改旧新定律令》，第297页。
② 史金波、聂鸿音、白滨译注：《天盛改旧新定律令》，第298页。
③ 按：𗨁𗨯二字，甲种本模糊不清，此据乙种本补。参见俄罗斯科学院东方研究所圣彼得堡分所、中国社会科学院民族研究所、上海古籍出版社编：《俄藏黑水城文献》，第9册，第7页下右第4—5行。

甲 8-9-13 𗀔𘎑𗣼𘄆𗤶𗒅𘀗𗵆𘟣𘝵𗯿𗖊𗚬𘘚𘓄𗫳
　　　　庶人十杖官有五缂罚钱假若人咬踢荡

甲 8-9-11 𗆟𘘚𗤼𗯿𘝵𗁬𗏹𘜶𗀔𗤻𗵆𗪺𘘚𘝵𗄈
　　　　以人死时有者六月月畜畜官私有所无

甲 8-9-12 𗄑𘎑𗄈𘜶𗤻𗓱𗾚𗵆𘝠𗵤𗘂𘘢𗐯𗵁
　　　　一礼尸丈妻 <><> 给官畜有 <> 亲印 <> 置

甲 8-9-13 𗓱<u>𗆮𗁬</u>①𗤻𗫏𗏹𗵆𗆟𘘚𗀔𗣼𗵆𗀔𘜶
　　　　为簿处 <> 割减其中畜畜乘牵及犬 <> 唆

甲 8-9-14 𗡞𘘚𘘚𘃡𘃡𘘚𗰖𘃠𘜦𘘚𘎒𗤼𗒅𘜶𘜶
　　　　谓等以直直人上放 <> 人伤死时打打

甲 8-9-11 𗣔𘜶𗫠𘘚𘜦𗤼𗔆𗣣𘓞𘋩𘘚𗥑𗓱𗄈𘘚
　　　　斗斗中人伤死罪比一等 <> 退为他人

甲 8-9-12 𗡼𘇂𗌗𗓱𗤼𘜶𗷀𘜦𗡼𗤻𘜦𗓱𘜶𗯿
　　　　自人不应畜犬住上自击连诱为打打

甲 8-9-13 𗆟𘘚𘜶𗒅𘘚𗭪𗷅𘖂𗵆𗸜𗓱𘘚𗬚𘎒𗪺
　　　　以人伤死及显见用 <> 有为等有者罪

甲 8-9-14 𘜶𘘚𗤻𘜦𗒅𘜶𗯕
　　　　莫连畜犬等莫失

新译文:

　一诸人有犬染狂病者当拘捕，恶犬及牲畜桀厉显而易见者当置枷。若违律时，庶人十杖，有官罚钱五缂。倘若咬踢撞人致人死时，主人徒六个月，牲畜无论官私一律当交死者主人，有官畜者当置亲印并于簿籍处注销[1]。其中牵乘牲畜及唆唤犬等而径直向人放，伤死人时，比殴打争斗中伤死人罪减一等。他人自己不合，自赴畜犬在处接连引诱而攻击[2]，以打拷致伤死人显而易见，主人罪不治，畜犬等不抄没。

注释:

　[1] 于簿籍处注销：原译为"□□注销"，未识出𗆮𗁬𗤻（对译：簿

---

　① 按：𗆮𗁬二字，甲种本模糊不清，此据乙种本补。参见俄罗斯科学院东方研究所圣彼得堡分所、中国社会科学院民族研究所、上海古籍出版社编:《俄藏黑水城文献》，第 9 册，第 7 页下右第 9 行。

处 <>）。

　　［2］接连引诱而攻击：原译为"攻击"，漏译 𗥔𗤒𗄻（对译：连诱为）。

　　本条款规定病、恶畜当拘当置枷，若其伤死人当受罚。补译后，补充了被攻击的原因。

　　9.《天盛律令》卷八《夺妻门》："一他人所夺妻得劳役者，依黥字击杖法实行。其丈夫自用，则依使军法置铁枷，委托丈夫。丈夫不用，则遣于苦役处，期满，依旧归还丈夫。"[1]本条款西夏文原文为：

甲 8-13-3 𗤒𗤒𗏁𗢭𗄻𗬩𗄻𗄻𗏁𗢭𗥔𗤒𗄻𗏁𗢭𗏁𗏁𗢭
　　　　一他持妻而劳役获 <> 黥杖著应则礼依 <>
甲 8-13-4 𗤒𗤒𗥔𗤒𗏁𗢭𗏁𗢭𗥔𗤒𗏁𗢭𗄻𗬩𗄻
　　　　著人丈妻自需则使军礼依铁项 <> 置
甲 8-13-5 𗤒𗏁𗢭𗏁𗢭𗥔𗄻𗬩𗤒𗏁𗢭𗄻𗏁𗢭𗥔𗤒
　　　　为丈妻 <><> 委托为丈妻不需则职难
甲 8-13-6 𗤒𗤒𗏁�䕱𗏁�䕱𗥔𗏁�䕱𗤒𗏁�䕱𗤒𗏁
　　　　为处 <> 遣日毕旧依丈妻 <><> 还为

新译文：

　　一他人所夺妻得劳役者，应黥字、击杖则当依法实行[1]。其丈夫自用，则依使军法置铁枷，委托丈夫。丈夫不用，则遣于苦役处，期满，依旧归还丈夫。

注释：

　　［1］应黥字、击杖则当依法实行：原译为"依黥字击杖法实行"，漏译 𗤒（应）、𗏁（则），语序不当。

　　本条款是对他人所夺妻因罪留、遣的规定。从语法来看，𗥔𗤒𗄻𗏁𗢭𗥔𗤒𗄻𗏁（对译：黥杖著应则礼依 <> 著）中，"妻"为主语，𗥔𗤒𗄻（应黥字击杖）为一句，𗏁�䕱𗏁�䕱（当依法实行）为一句，两句间是承接关系，出连词 𗏁

---

　　① 史金波、聂鸿音、白滨译注：《天盛改旧新定律令》，第 300 页。

（则）连接。从上下文来看，如果按原译妻得劳役依黥字、击杖法实行，那为什么还让做苦役？

10.《天盛律令》卷八《侵凌妻门》："庶人与有官人及司吏并所首领、溜、盈能等行监之妻子行淫时，徒四年。"①本条款西夏文原文为：

甲 8-13-17 𘃨𗆧𗾺𘃛𗾺𗾺 𗷀𗺉𘎨𗾬𘕿𗣼𗾞
   庶人官有人及诸司大人及 <> 有头
甲 8-13-18 𗽃𘃨𗂧𗾺𗦇𗾺𗷈𘜶𗫲𗤁𗷀𗥩𘄽𘕺
   领溜［盈能］行监等 <> 妻妻与行语为时
甲 8-14-1 𘁌𘂤
   四年

新译文：

  庶人与有官人及诸司大人[1]并所属[2]首领、溜盈能、行监等[3]之妻子行淫时，徒四年。

注释：

  ［1］诸司大人：原译为"司吏"。
  ［2］所属：原译为"所"，漏译𘕿（有）。
  ［3］溜盈能、行监等：原译为"溜、盈能等行监"，断句有误。

按照原译"首领、溜、盈能等行监"，溜成了与首领、盈能等并列的军官身份，然而"溜"、"抄"是西夏特有的军事组织。𘕺𗤁（首领）、𘃨𗂧𗾺（溜盈能）、𗷈𘜶（行监）都是军职，它们之间是并列关系，而不是属有关系，故𘕺𗤁（首领）、𘃨𗂧𗾺（溜盈能）不是𗷈𘜶（行监）的定语，不是用来修饰𗷈𘜶（行监）的。

11.《天盛律令》卷八《侵凌妻门》："一诸人疑自己妻子与人一处寝宿，又疑其原有淫行，然后□人不见，妻一处住毕，于恶人处不还原处时，殴打争斗恶人死者，有官罚马一，庶人十三杖。"②本条款西夏文原文为：

---

① 史金波、聂鸿音、白滨译注：《天盛改旧新定律令》，第 301 页。
② 史金波、聂鸿音、白滨译注：《天盛改旧新定律令》，第 301 页。

甲 8-14-11 𗡊𗢸𗽰𗤁𗤁𗲲①𗣼𗢾𗫤𗀱𗥝𗟻𗎉𗲷𗢳
　　　　　一诸人自己妻妻他与 <> 合寝宿上谋及

甲 8-14-12 𗡞𗥔𗮅𗢸𗡊𗹙𗽰𗪺②𗲺𗢳𗫤③𗽰𗡞𗢭
　　　　　又本上行语有疑有显明后时人不见

甲 8-14-13 𗗉④𗀱𗥝𗞫𗎉𗒅𗽰𗦩𗪞𗤁𗡞𗢾𗲸𗲷
　　　　　而 <> 合住上毕人恶其处自不给打打

甲 8-14-14 𗤈𗢱𗽰𗦩𗪝𗒅𗲲𗢭𗫤𗲺𗠎𗷝𗈁𗽰𗢳
　　　　　斗斗人恶死等 <> 官有罚马一庶人十

甲 8-14-15 𗡮𗦳
　　　　　三杖

新译文：

　　一诸人疑自己妻子与人一处寝宿，又疑其原有淫行，分明[1]后人不见，妻一处住毕，于恶人处不还原处时，殴打争斗恶人死者，有官罚马一，庶人十三杖。

注释：

　　[1]分明：原译未识出。

本条款是对丈夫猜疑杀恶人的处罚。

12.《天盛律令》卷八《侵凌妻门》："一诸女未嫁，主持婚姻者父母回言，他人以强力取而隐匿之时，比强取人妻隐匿之各各罪状减一等。"⑤本条款西夏文原文为：

　　甲 8-17-1 𗡊𗢸𗫨𗢭𗞬𗤈𗧠𗢌𗡗𗤁𗢭𗦫𗻻𗥔𗎉𗥘𗤙

<hr>

　　①𗲲（妻），残缺，据克恰诺夫俄译本《天盛改旧新定律令》第三册第 246 页第 2 行、《天盛改旧新定律令》乙种本卷八第 9 页右面第 8 行校补。
　　②𗹙𗽰𗪺（对译：疑有明），残缺，据克恰诺夫俄译本《天盛改旧新定律令》第三册第 246 页第 3 行、《天盛改旧新定律令》乙种本卷八第 9 页右面第 9 行校补。
　　③𗫤（时），残缺，据克恰诺夫俄译本《天盛改旧新定律令》第三册第 246 页第 3 行、《天盛改旧新定律令》乙种本卷八第 9 页右面第 9 行校补。
　　④𗗉（而），残缺，据《天盛改旧新定律令》乙种本卷八第 9 页左面第 1 行校补。
　　⑤史金波、聂鸿音、白滨译注：《天盛改旧新定律令》，第 303 页。

一诸女未嫁住婚姻顺主悟者父母与［回应］

甲 8-17-2 <u>龏絧核徏纎蠡饠羧赦聃莏散蒇敤琵瞂</u>
　　　　　语无他人力合刚以取为窃隐等时他

甲 8-17-3 龏饠羧聃莏散蒇舖羧赦絩桄纊轗杨
　　　　　妻刚以取为窃隐 <> 一一罪阶显比一

甲 8-17-4 瞂骹羧荪粝
　　　　　等数 <> 退为

新译文：

一诸女未嫁，主持婚姻者未与父母回言[1]，他人合力强取[2]而隐匿之时，比强取人妻隐匿之各各罪状减一等。

注释：

［1］主持婚姻者未与父母回言：原译为"主持婚姻者父母回言"，漏译兹（与）、絧（无）。

［2］他人合力强取：原译为"他人以强力取"，漏译蠡（合）。

按照原译，句意不明。从语法来看，龏祥瀰絳羧彦蘵薇兹緂莏彭絧（对译：婚姻顺主悟者父母与［回应］语无）中，龏祥瀰絳羧彦（主持婚姻者）为主语，蘵薇兹（与父母）为状语，緂莏（回应）为谓语，彭（语）为宾语，絧（无）为补语。从上下文来看，娶妻有一定程序，其中征得女方父母的同意是娶妻的先决条件。[①] 若主持婚姻者未与父母回言，即未得女方父母同意，则合力强娶而隐匿者当受罚。

13.《天盛律令》卷八《威势藏妻门》："一□皇后姐妹及嫔妃、公主、位高大人等隐藏他人妻、女、媳，强以使和合时，罚马五，人则当还。"[②] 本条款西夏文原文为：

甲 8-18-4 羧瓹菔绰粝犹菔瀫荶獮獮羧緵赦瞂龏赢
　　　　　一皇后姐妹及副后女女大大人妇等他妻女

---

① 史金波、聂鸿音、白滨译注：《天盛改旧新定律令》，第 309—310 页。
② 史金波、聂鸿音、白滨译注：《天盛改旧新定律令》，第 304 页。

甲 8-18-5 𗗊𗪤𗫔𗱕𗳤𗢳𗫻𗆟𗗻𗂧𗏹𗗿𗙪𗴥

　　　　　媳隐盖刚以和合遣令等五数罚马人

甲 8-18-6 𗆟𗴥𗰜𗰜

　　　　　则 <> 还为

新译文：

　　一皇后姐妹及嫔妃、公主、位高妇人[1]等隐藏他人妻、女、媳，强以使和合时，罚马五，人则当还。

注释：

　　[1] 位高妇人：原译为"位高大人"，将𗴥𗢳（对：妇人）译为"大人"。

　　𗴥有两个义项，一为形容词"大"，一为名词"大人"。𗴥在本条款中似为形容词。本门中有"一节者宰相、位高臣僚隐藏他人妻、女、媳强以和合时，有自拒邪以下官者徒二年"，其中"位高臣僚"即𗱕𗱕𗴥𗴥（对译：臣宰大大）。[1]知𗴥𗴥（对译：大大）可译为"位高"。

　　14.《天盛律令》卷八《威势藏妻门》："一□□柱为者及受贿设计者等罪，一律依窃人妻法判断。辅助劝诱者徒二年。其中助诱者等指使他人小儿等为人传语者，因不应使他人小儿等为人传语，徒六个月。"[2]本条款西夏文原文为：

甲 8-18-8 𗆟𗴥③𗰜𗰜𗰜𗆟𗴥𗰜𗰜𗆟𗴥𗰜𗰜𗰜𗰜

　　　　　一大人处恃为者及计诱为贪者等罪一礼他

甲 8-18-9 𗰜𗰜𗰜𗰜𗰜𗰜𗰜𗰜𗰜𗰜𗰜𗰜𗰜𗰜

　　　　　妻盗礼依断判又引助言为者等二年其

甲 8-18-10 𗰜𗰜𗰜𗰜𗰜𗰜𗰜𗰜𗰜𗰜𗰜𗰜

　　　　　中引助者等行为他人孩童等使他处

甲 8-18-11 𗰜𗰜𗰜𗰜𗰜𗰜𗰜𗰜𗰜𗰜𗰜𗰜𗰜

---

　　① 史金波、聂鸿音、白滨译注：《天盛改旧新定律令》，第303—304页。原文参见俄罗斯科学院东方研究所圣彼得堡分所、中国社会科学院民族研究所、上海古籍出版社编：《俄藏黑水城文献》，第8册，第176页上左第6—8行。按：𗗊（媳）原译为"嫁"，可能是输入之误，已改译。

　　② 史金波、聂鸿音、白滨译注：《天盛改旧新定律令》，第304页。

　　③ 按：𗴥（大人），甲种本右部模糊，此据乙种本补。参见俄罗斯科学院东方研究所圣彼得堡分所、中国社会科学院民族研究所、上海古籍出版社编：《俄藏黑水城文献》，第9册，第11页下左第8行。

词置语寄令 <> 其［使］使他人孩童等不

甲 8-18-12 𗈪𗜶𗤁𗟲𗖜𗒹𗟲𗌰𗴘𗒹

应他处词置因六月月

新译文：

一依恃大人者[1]及受贿设计者等罪，一律依窃人妻法判断。辅助劝诱者徒二年。其中助诱者等指使他人小儿等为人说项、传语者[2]，因不应使他人小儿等为人说项[3]，徒六个月。

注释：

[1]依恃大人者：原译为"□□柱为者"，未识别出𗡜（大人）。

[2]说项、传语者：原译为"传语者"，漏译𗟲𗌰（对译：词置）。

[3]说项：原译为"传语"，将𗟲𗌰（对译：词置）译为"传语"。

本条款是对依恃大人者、设计受贿者藏匿他人妻的处罚。根据《译名对照表》，知𗟲𗌰（对译：词置）意为"说项"，即说情。①

15.《天盛律令》卷八《行非礼门》："十二年长期：祖父之姐妹、父伯叔兄弟之妻、伯叔未婚姐妹、母之亲姐妹、侄媳。六年：伯叔子侄女媳、兄弟之侄女媳、舅之妻子、高祖兄弟之妻子、高祖之姐妹。"②本条款西夏文原文为：

甲 8-19-7 𗕝𗴷𗟩𗣼𗤁𗥑𗿤𗵒𗣢𗥑𗔥𗱢𗵒𗲠𗲠

十二年自代祖父 <> 姐妹父伯叔兄弟 <> 妻妻

甲 8-19-8 𗱢𗅲𗆫𗣢𗖜𗵒𗉛𗘂𗵒𗤁

伯叔子姑姐妹母 <> 姐妹实侄媳

甲 8-19-9 𗒹𗥑𗱢𗅲𗵒𗃛𗤁𗵒𗢭𗃛𗤁

六年伯叔子侄女媳兄弟 <> 孙女媳

甲 8-19-10 𗬘𗵒𗲠𗲠𗣼𗢭𗵒𗲠𗲠𗣼𗵒𗖜

舅 <> 妻妻祖兄弟 <> 妻妻祖 <> 姐妹

---

① 史金波、聂鸿音、白滨译注：《天盛改旧新定律令》，第 638 页。

② 史金波、聂鸿音、白滨译注：《天盛改旧新定律令》，第 305 页。

新译文：

十二年长期：祖父之姐妹、父伯叔兄弟之妻、伯叔子姑[1]姐妹、母之亲姐妹、侄媳。六年：伯叔子侄女媳、兄弟之孙[2]女媳、舅之妻子、高祖兄弟之妻子、高祖之姐妹。

注释：

[1] 子姑：原译为"未婚"。

[2] 孙：原译为"侄"。

本条款是对节内亲戚行淫乱的处罚。

16.《天盛律令》卷八《为婚门》："彼有六种错，然一者能行孝礼于公婆，二者娶时贫苦低微后富贵威上，三者迎娶时送者迎人根断而无住处，三种所不出及无罪错妇人等，妻丈夫有出妇之心，女父母亦曰'我赎出'，则当出，□当还回。"[1]本条款西夏文原文为：

甲 8-24-7 𗧀𗬠𗦻𗿁

其六种错

甲 8-24-8 𗼃𗾔𗖵𗿒𗫲𗫨𗕠𗀘𗜀𘊟𗰖𗾦𗈪𗬛𗫨

有中亦一 <> 公公婆婆处孝礼行能二 <>

甲 8-24-9 𗼷𗌚𗆟𗒲𗼨𗸠𗗙𘝞𗷝𗬨𗾏𗥤𘒣𗫨𗭼𗒹

<> 索时贫弱低微后贵富威上三 <><> 迎

甲 8-24-10 𗆟𗟻𗞞𗴺𗸠𗷝𗬣[2]𘝯𘓓𘟙𗙼𗌗𗩱𗒹

时送者有后人根 <> 断往处无等三种

甲 8-24-11 𗍣𗪾𗰖𗷝𘕚𗬠𗍣𗼃𗆉𗷝𘓏𘘞𘋴𗫨𘊗

不弃所及罪过不有妇人等妻丈妻人

甲 8-24-12 𗡆𗪾𗟻𗣼𗎁𗭷𗯰𗖵𗼃𘝿𗾔𗷝𘏋𗒲𗹙𗼑

媳弃心有女父母亦释赎 <> 谓则 <> 弃

甲 8-24-13 𗍫[3]𗭷𗗙𗴒

---

① 史金波、聂鸿音、白滨译注：《天盛改旧新定律令》，第 308 页。

② 𗷝𗬣（对译：人根），残缺，据克恰诺夫俄译本《天盛改旧新定律令》第三册第 266 页第 1 行、《天盛改旧新定律令》乙种本卷八第 18 页右面第 4 行校补。

③ 按：𗍫（价）字，俄译本模糊，故原译未识出。

价 <> 还为

新译文：

彼有六种错，然一者能行孝礼于公婆，二者娶时贫苦低微后富贵咸
上，三者迎娶时送者迎人根断而无住处，三种所不出及无罪错妇人等，妻
丈夫有出妇之心，女父母亦曰"我赎出"，则当出，聘价当还回。[2]

注释：

[1] 聘价当还回：原译为"□当还回"，未识出粮（价）字。

本条款是对出妻子法的规定。①

17.《天盛律令》卷八《为婚门》："一诸人索妻、媳，传媒者不问父母时，
父母六个月期间告，则当改过。因不宜婚姻，□子徒一年，成婚则徒六个月，
媒人徒三个月，未知则罪不治。"②本条款西夏文原文为：

甲 8-25-8 𗧓𗷅𗫡𗥃③ 𘃡𗥃𘋢𘝞𘄴𗥃𗄴𘟣𗷅𗉕𗷀𗹙𘟣
　　　　　一诸人妻妻媳索主解者父母 <> 不问时父
甲 8-25-9 𘟣𗫻𘟣𘄴𘋢𗗟𘄴𘃡𗧓𘝞𗉕𘕕𘃽𗧛
　　　　　母六月月圈内告则 <> 改退不应结婚
甲 8-25-10 𗧛𗫸𘄴④𗉕𘞵𘝞𘃽𗧛𗬒𘟣𘄴𗞞𘕕𘎑𗧓𘟣
　　　　　因孩子 <> 一年结婚处六月月婚使三月
甲 8-25-11 𘄴⑤𘝞𗉕𘃽𗬒𗧛𗥃
　　　　　月不知则罪莫连

---

① 梁君对《为婚门》做了校释，但未补译本条款原译存在的问题。氏著：《天盛律令〈为婚门〉考释》，宁夏大学硕士学位论文，2015 年，第 17—19 页。

② 史金波、聂鸿音、白滨译注：《天盛改旧新定律令》，第 309 页。

③ 𗥃（妻），《天盛改旧新定律令》甲种本卷八第 25 页第 8 行，克恰诺夫俄译本《天盛改旧新定律令》第三册第 267 页第 8 行残缺，据《天盛改旧新定律令》乙种本卷八第 18 页左面第 8 行校补。

④ 𗧛𗫸𘄴（对译：因童子），残缺，据克恰诺夫俄译本《天盛改旧新定律令》第三册第 268 页第 1 行、《天盛改旧新定律令》乙种本卷八第 18 页左面第 9 行校补。

⑤ 𘄴（月），残缺，据克恰诺夫俄译本《天盛改旧新定律令》第三册第 268 页第 2 行、《天盛改旧新定律令》乙种本卷八第 18 页左面第 10 行校补。

新译文：

一诸人索妻、媳，主持[1]者不问父母时，父母六个月期间告，则当改过。因不宜婚姻，有孩子[2]徒一年，成婚则徒六个月，媒人徒三个月，未知则罪不治。

注释：

[1]主持：原译为"传媒"。

[2]有孩子：原译为"□子"，未识出𗄊（孩、童）。

本条款是对不问父母寻妻子的处罚。𗄊𗆦𗑣（对译：主悟者），即"主持者"。该词在本门"迎送改过法"条①、"一女二处嫁"条②亦出现。③

18.《天盛律令》卷八《为婚门》："一婚姻是实，变而不婚曰'我已为婚'谋计等，一律比一女嫁二处罪加一等，徒四年。"④本条款西夏文原文为：

甲 8-27-4 𗊱𗢳𗰔𗉺𗏵𗙝𗅊𗕣𗊱𗢳𗖍𗊱𗢳𗜈𗙻𗧀𗵆𗗜
　　　　　一结婚实是变为及不结婚 <> 结婚 <> 谓谋智

甲 8-27-5 𗐯𗜈𗏰𗢳𗒾𗋽𗅋𗙒𗙳𗜈𗎼𗅊𗪉𗒔
　　　　　等一礼一女二处嫁罪比一等 <> 升为

甲 8-27-6 𗚩𗒀
　　　　　四年

新译文：

一婚姻是实变为及[1]不婚曰"我已为婚"谋计等，一律比一女嫁二处罪加一等，徒四年。

注释：

[1]变为及：原译为"实，变而"，断句有问题，误将𗅊（及）译为

---

① 史金波等译注本《天盛改旧新定律令》第307页；《俄藏黑水城文献》第8册，第178页上左第6行。

② 史金波等译注本《天盛改旧新定律令》第313页；《俄藏黑水城文献》第8册，第183页上右第4、6行。

③ 梁君将𗄊𗆦（主持）识为𗃢𗆦（传媒），未识出𗄊（孩）。参见氏著：《天盛律令〈为婚门〉考释》，第20—22页。

④ 史金波、聂鸿音、白滨译注：《天盛改旧新定律令》，第310页。

"而"。

按照原译，句意不清晰。本条款是对结婚谋智变为的处罚。𗹦（及）为并列连词，表示𗾊𗴺�165𗗆𗙏（结婚是实变为）与𗫂𗾊𗆠𗣫𗾊𗗆𗾊𗥃𗗙𗟨（不结婚曰"我已结婚"谋计）为并列而又不同的两种情况。[1]

19.《天盛律令》卷八《为婚门》："一官家之女子、阁门帐下女子、织绣绢、结线□□沙州女子等等未有丈夫，本二人愿□□生子女者，女当从母随意而嫁，男则随男相共而出。是官人根则辅主中注册，是使军则不许为使军，所愿处当为官人辅主中。"[2]本条款西夏文原文为：

甲 8-27-10 𗫂𗗆𗼨𗫭�𗫼𗗆𗜔𗗹𗫭�𗦳𗎼𗿀𗟨𗿀𗥃
　　　　　 一官 <> 女［子］礼列账下女［子］绣绢结线结草
甲 8-27-11 𗹦𗹦𗫂𗫭�𗦳𗒀𗷓𗑗𗴺𗏹𗣼𗚜𗙏𗒈
　　　　　 织［沙州］女［子］等丈妻不其有自二愿舍
甲 8-27-12 𗢳𗫭𗟨𗥃�165𗫭𗭑𗫼𗳦𗙏𗹦𗳦𗥃𗟨�
　　　　　 共女子亲 <> 女母后 <> 往愿处 <> 嫁男 <>
甲 8-27-13 𗒈𗢳𗺜𗗙�165𗗙𗌰�93𗆠𗗆𗸋𗥃𗒈𗺬
　　　　　 舍共相人男官人根是则辅主中 <> 备
甲 8-27-14 𗗆𗋽𗺬�93𗆠𗋽𗺬𗰣𗨳𗳦𗟨𗙏𗹦𗲧𗗙
　　　　　 取使军是则使军为允无何愿处官人
甲 8-27-15 𗺬𗳦𗸋𗳦𗌰
　　　　　 辅主中 <> 为

新译文：

一官家之女子、阁门帐下女子、织绣绢、结线织草[1]沙州女子等等未有丈夫，本二人愿同居[2]生子女者，女当从母随意而嫁，男则相同居男子[3]是官人根则辅主中注册，是使军则不许为使军，所愿处当为官人辅主中。

①梁君未改译本条款原译存在的问题。参见氏著：《天盛律令〈为婚门〉考释》，第25—26页。
②史金波、聂鸿音、白滨译注：《天盛改旧新定律令》，第310页。

注释：

　　[1] 织草：原译未识出。

　　[2] 同居：原译未识出。

　　[3] 相同居男子：原译为"随男相共而出"，将蕤（舍、屋）识为"随"，衍"出"。

本条款是对与绣女子等生子女的规定。[1]

20.《天盛律令》卷八《为婚门》："一等殿上坐节亲主、宰相等以自共与其下人等为婚者，予价一律至三百种以内，其中骆驼、马、衣服外，金豹、虎皮等勿超百五十种。一等节亲主以下臣僚等以自共与诸民庶等为婚，嫁女索妇时，一律予价二百种以内，其中骆驼、马、衣服外，金豹、虎皮等勿超百种。"[2]以上两条款西夏文原文为：

甲 8-28-11　𘊇𗖻𗙴𗙩𗤋𗊱𗣼𗧓𘝞𗵒𘓄𗤒𗴢𗉓𗧟𘊞
　　　　　　　一等殿上坐节亲主议判等自共及除下

甲 8-28-12　𗣼𗧓𗠁𗤊𘢉𘊇𘓷𗤒𗤋𗾟𗴖𘒁𗬠
　　　　　　　人等结婚 <> 一礼价三百种至圈内

甲 8-28-13　𗦎𘚺𗯟𘄒𗤗𘔡𗈜𗤋𘈷𘏨𗤒𘕘𗑗𘃸𗧓
　　　　　　　<> 给其中骆驼马衣带外金豹虎皮等

甲 8-28-14　𘒁𗏆𗤗𗴢𘅤𗤗
　　　　　　　百五十种莫过

甲 8-28-15　𘊇𗖻𗊱𗣼𗧓𗤋𘊞𘓏𘓏𗤋𘝞𗵒𘓄𘒑𘕿𘊲
　　　　　　　一等节亲主除下臣官等自共及诸民庶

甲 8-28-16　𗤋𘊲𗠁𗤊𗦍𗤋𘓆𘗽𗤋𗣼𘢉𗤋𗠔𘒁
　　　　　　　等与结婚女嫁媳索等一礼价二百

甲 8-28-17　𗴖𘒁𗬠𗦎𘚺𗯟𘄒𗤗𘔡𗈜𗤋𘈷𘏨
　　　　　　　种圈内 <> 给其中骆驼马衣带外金豹

---

　　① 梁君已识出原译所缺，却未补译。又其未改译本条款原译存在的其它问题。参见氏著：《天盛律令〈为婚门〉考释》，第27—28页。

　　② 史金波、聂鸿音、白滨译注：《天盛改旧新定律令》，第311页。

甲 8-28-18 𗧤𗏁𗰗𗀔𗀍𘉨𗥃
　　　　　虎皮等百种莫过

新译文：

　　一等殿上坐节亲主、宰相等互相及[1]与其下人等为婚者，予价一律至三百种以内，其中骆驼、马、衣服外，金豹、虎皮等勿超百五十种。

　　一等节亲主以下臣僚等互相及[2]与诸民庶等为婚，嫁女索妇时，一律予价二百种以内，其中骆驼、马、衣服外，金豹、虎皮等勿超百种。

注释：

　　[1][2]互相及：原译为"以自共"，误将𗀍（及）识为𗀋（以）。

　　按照原译，文意不清楚。𗥃𘉨（对：自共）为偏正词组，其中代词词根𗥃（自）修饰名词词根𘉨（共），意为"互相"。①

　　21.《天盛律令》卷八《为婚门》："一诸人为婚，有送女嫁妆中送服饰及奉客时，服饰等一律予价三百种送七十服，予价二百种送五十服，予价一百种送十服以内。无力允许不服，不许比之超服及衣服全予。"②本条款西夏文原文为：

甲 8-29-15 𗥃𗏁𗄈𗫂𗤛𘝨𗍫𘕿𘕯𗏁𗧥𗐔𘜶𗺉𗀍
　　　　　　一诸人结婚女送嫁妆中有主 <> 衣带服来及
甲 8-29-16 𘔵𘜶𗐔𗪺𗺉𗀍𗫨𗮔𘉨𗀍𗧥𗟨𘕯
　　　　　　宾遣送时衣带服等一礼三百种价给 <>
甲 8-29-17 𗷒𗏁𘜶𗧡𗀍𗧥𘉨𗟨𘕯𗘂𗏁𘜶𗐔𗀍𗧥
　　　　　　七十衣带二百种价给 <> 五十衣带一百种
甲 8-29-18 𘉨𗟨𘕯𗏁𘜶𗀔𘃡𗼃𗏁𗀍𘉨𘕿𘃡𘜶𗀔
　　　　　　价格 <> 十衣带等圈内 <> 穿不办不服等
甲 8-30-1 𗓽𗈜𗼃𗵐𘜶𗏁𗀍𗀍𗫨𗀍𘉨𗮜𗱈𘕯𗀔
　　　　　　允有其比衣带过令及穿所盖全给等

<hr>

① 史金波：《西夏文教程》，第 137 页。按：梁君未改译本条款原译存在的问题。氏著：《天盛律令〈为婚门〉考释》，第 30—31 页。

② 史金波、聂鸿音、白滨译注：《天盛改旧新定律令》，第 312 页。

甲 8-30-2 𗾖𗆟
　　　允无

新译文：

一诸人为婚，送女嫁妆中送有主[1]服饰及奉客时，服饰等一律予价三百种送七十服，予价二百种送五十服，予价一百种送十服以内。无力允许不服，不许比之超服及衣服、盖[2]全予。

注释：

[1]有主：原译将𗾖𗆟（有主）拆开，未译𗆟（主）。
[2]盖：原译未译。

本条款是对送女及嫁妆中送有主（即未婚夫）奉送客等饰带的规定。[1]

22.《天盛律令》卷八《为婚门》："其中他人未取贿，因情面有意令抢女者，依抢女者从犯论。若已为婚而取半价，告曰'未曾取婚价，不合抢之'，只关□□时，依变婚法判断。"[2]本条款西夏文原文为：

甲 8-32-3 𗺀𗥤𗆣𗍫𗆟
　　　其中他人人
甲 8-32-4 𗵜𗆜𗾖𗵀𗰜𗆵𗍫𗵗𗄑𗱲𗹙𗵗𗰜𗹙
　　　不应贪羞面为以意有女持令 <> 女持
甲 8-32-5 𗆟𗔀𗴂𗵜𗥍𗹙𗟻𗍫𗆵𗊡𗵜𗥤𗜀𗵀
　　　者 <> 副礼若 <> 结婚价半 <> 取中告处
甲 8-32-6 𗴂𗊱𗆵𗆜𗆜𗵄𗵜𗆜𗹙𗆜𗌷𗥫𗸖𗔢𗤶
　　　语一价取未曾不应持为 <> 谓［只关］谋
甲 8-32-7 𗥣𗜀𗟻𗍫𗠝𗆜𗵜𗺈𗱈𗱤
　　　谋时结婚变为礼依断判

新译文：

其中他人不应，因贪赃徇情[1]有意令抢女者，依抢女者从犯论。若

---

[1]梁君未改译本条款原译存在的问题。参见氏著：《天盛律令〈为婚门〉考释》，第33—35页。
[2]史金波、聂鸿音、白滨译注：《天盛改旧新定律令》，第313页。

已为婚而取半价，告曰"未曾取婚价，不合抢之"，只关谋划[2]时，依变婚法判断。

注释：

[1] 不应，因贪赃徇情：原译为"未取贿，因情面"。将䏽（应）识为䏽（取），断句不对。

[2] 谋划：原译未识出。

本条款主要是对食已饮婚价未取及取而遗尾数盗抢媳的处罚。[①]䖵（贪赃）、䉛䋪䍃（徇情）为并列关系。䍃䍃（对译：谋谋），即"谋划、计谋、谋知"。[②]

23.《天盛律令》卷八《为婚门》："一诸人丈夫曰'我遣'，已予承诺，已饮酒食，而价未取，凭据未转，则催促遣委。若他人取诺词、饮酒食而谎言随意夺妻者，无论情愿与否而强抢之，与抢匿人妻等罪状相同。"[③]本条款西夏文原文为：

甲 8-32-8 　䒨䍃䍃䍃䍃䍃䍃䍃䍃䍃䍃䍃䍃䍃䍃
　　　　一诸人妻丈妻遣 <> 谓诺词 <> 给食酒 <> 及

甲 8-32-9 　䍃䍃䍃䍃䍃䍃䍃䍃䍃䍃䍃䍃䍃䍃
　　　　饮然价未取入柄未答传则妻遣变莫算

甲 8-32-10 　䍃䍃䍃䍃䍃䍃䍃䍃䍃䍃䍃䍃䍃
　　　　若他人人诺词取食酒饮等处诈骗宽

甲 8-32-11 　䍃䍃䍃䍃䍃䍃䍃䍃䍃䍃䍃䍃䍃䍃
　　　　窄妻持为 <> 愿不愿柔刚何云持他妻

甲 8-32-12 　䍃䍃䍃䍃䍃䍃䍃䍃䍃䍃䍃䍃䍃
　　　　持匿力合力取为等 <> 自处罪阶显与 <>

甲 8-32-13 　䍃
　　　　同

[①] 梁君未改、补本条款原译所存在的问题。参见氏著：《天盛律令〈为婚门〉考释》，第39—40页。

[②]（西夏）骨勒茂才著，黄振华、聂鸿音、史金波整理：《番汉合时掌中珠》，第64页第3栏、136页第3栏，即《番汉合时掌中珠》原文第31页第6栏。

[③] 史金波、聂鸿音、白滨译注：《天盛改旧新定律令》，第313页。

新译文：

一诸人丈夫曰"我遣"，已予承诺，已饮酒食，而价未取，凭据未转，则不算变出妻[1]。若他人取诺词、饮酒食而谎言随意夺妻者，无论情愿与否而强抢之，与合力夺取[2]抢匿人妻等各自[3]罪状相同。

注释：

[1]不算变出妻：原译为"催促遣委"。

[2]合力夺取：原译未译。

[3]各自：原译未译。

本条款是对出妻赎价未取匿夺之的处罚。𗼇𗂶𗾔𗗙𗒝𗆄𗟲𗤶（对译：他妻持匿力合力取为）中，𗼇𗂶（他人妻）为宾语，𗾔𗗙（抢匿）与𗒝𗆄𗟲𗤶（合力夺取）同为谓语。𗤁𗤶（对译：自处），一般译为"各自"。①

24.《俄藏黑水城文献》中，《天盛律令》卷八《为婚门》有甲、乙、丙、丁、戊五个版本，除甲种本以外，其他四个版本都残缺而不完整。其中，戊种本卷八《为婚门》编号为俄 Инв.No.7767，有三页。②戊种本卷八有两面图版（3—3），即《俄藏黑水城文献》第9册第46页下右、下左的缀合顺序有误。③应该先是第46页下左，而后是第46页下右。④译文见史金波等译注本《天盛律令》第311页。⑤

---

① 梁君将"催促委遣"改译为"妻遣回不算"，却未补译原译所缺。参见氏著：《天盛律令〈为婚门〉考释》，第39—41页。

② 甲种本，见俄罗斯科学院东方研究所圣彼得堡分所、中国社会科学院民族研究所、上海古籍出版社编：《俄藏黑水城文献》第8册，第168页上右—184页上右。乙、丙、丁、戊种本分别见俄罗斯科学院东方研究所圣彼得堡分所、中国社会科学院民族研究所、上海古籍出版社编：《俄藏黑水城文献》第9册，第6页上右—第16页上右、第19页下左—第28页下右、第30页上右—第45页上右、第45页下右—第46页下左。

③ 梁君未指出《俄藏黑水城文献》第9册《天盛律令》卷八戊种本图版所存在的缀合错误，亦未改正图版的序顺。氏著：《天盛律令〈为婚门〉考释》，第27—32页。

④ 俄罗斯科学院东方研究所圣彼得堡分所、中国社会科学院民族研究所、上海古籍出版社编：《俄藏黑水城文献》第9册，第46页下右、下左。

⑤ 史金波、聂鸿音、白滨译注：《天盛改旧新定律令》，第311页。

卷九校译补正

1.《天盛律令》卷九[1]《事过问典迟门》："一在京师各司问习事中，获死、无期□□，审刑已审中，与□□不同时，当问有何异同曲枉，令明，则人□□□□□枷，问于其处，问其异枉，为之转司□何应，当奏报于中书、枢密所管事处，赐予谕文。"[2]本条款西夏文原文为：

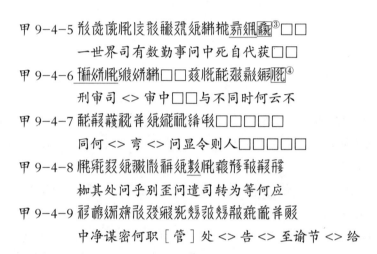

甲 9-4-5   □□

   一世界司有数勤事问中死自代获□□

甲 9-4-6   □□ [4]

   刑审司 <> 审中□□与不同时何云不

甲 9-4-7   □□□□□

   同何 <> 弯 <> 问显令则人□□□□□

甲 9-4-8

   枷其处问乎别歪问遣司转为等何应

甲 9-4-9

   中净谋密何职［管］处 <> 告 <> 至谕节 <> 给

新译文：

一在京师各司问习事中，获死、长期[1]□□，审刑司[2]已审中，与□□不同时，当问有何异同曲枉，令明，则人□□□□□枷，问于其处，遣问[3]异枉，为之转司何应，当奏报于中书、枢密所管事处，赐予谕文。

注释：

［1］长期：原译为"无期"。

［2］审刑司：原译"审刑"，漏译"司"。

［3］遣问：原译为"问其"，未译"遣"。

---

① 原文参见俄罗斯科学院东方研究所圣彼得堡分所、中国社会科学院民族研究所、上海古籍出版社编：《俄藏黑水城文献》，第 8 册，第 184 页下右—第 208 页下右。

② 史金波、聂鸿音、白滨译注：《天盛改旧新定律令》，第 317 页。

③ 𱤙（获），残缺，据上下文拟补。

④ 𱤙（不），残缺，据上下文拟补。

  本条款是对京师当审语变的规定。𗼇𗴮（对译：自代），为偏正式合成词，代词词根𗼇（自）修饰名词词根𗴮（代、朝），意为"长期"。[1]

  2.《天盛律令》卷九《事过问典迟门》："一边中监军司府、军、郡、县问种种习事中，应获死、无期之人，于所属刺史审刑中，□有罪人谓其不服，则当明其枉□□语为何□。"[2]本条款西夏文原文为：

   甲 9-4-10 𗼇𗋽𗰜𗰖𗸐𗗙𗯿𗤁𗰜𗺉𗗙𗭉𗾔𗜓
       一边中军监司［府］军［郡］县勤事种种问中
   甲 9-4-11 𗰜𗼇𗴮𗥃𗪙𗆫𗰜𗏵𗗙𗭉𗺉𗤋𗰜𗬰
       死自代获应人有顺［此使］人 <> 审中若
   甲 9-4-12 𗏵𗋽𗆫𗪙𗆫𗆫𗩱𗿷𗥃𗰜𗪙𗆫𗩱𗆫𗺉
       罪有人不服 <> 谓则 <> 弯不服言何是
   甲 9-4-13 𗼋𗾔𗾔
       <> 显令

新译文：

  一边中监军司府、军、郡、县问种种习事中，应获死、长期[1]之人，于所属刺史审刑中，若[2]有罪人谓其不服，则当令明其冤枉、不服语为何[3]。

注释：

  ［1］长期：原译为"无期"。

  ［2］若：原译未识出。

  ［3］令明其冤枉、不服语为何：原译为"明其枉□□语为何□"，未识出𗏵𗆫（不服）与𗾔（令）。

  原译将"无期"和"长期"混淆。𗺉𗋽（对：备取）意为"无期"。[3]前文已指出𗼇𗴮（对译：自代），意为"长期"。[4]

  3.《天盛律令》卷九《事过问典迟门》："一不系属于经略之啰庞岭监军司

---

① 史金波：《西夏文教程》，第 137 页；史金波、聂鸿音、白滨译注：《天盛改旧新定律令》，第 621 页。

② 史金波、聂鸿音、白滨译注：《天盛改旧新定律令》，第 317 页。

③ 史金波、聂鸿音、白滨译注：《天盛改旧新定律令》，第 641 页。

④ 史金波：《西夏文教程》，第 137 页；史金波、聂鸿音、白滨译注：《天盛改旧新定律令》，第 621 页。

者，自杖罪至六年劳役于其处判断。获死罪、长期徒刑、黜官、革职、军等行文书，应奏报中书、枢密，回文来时方可判断。官□□□□者当送京师。"①本条款西夏文原文为：

甲9-4-15 [Tangut]
　　　　一［经略］处不缚有［啰庞］岭军监司 <> 杖罪
甲9-4-16 [Tangut]
　　　　起六年劳役处至其处 <> 断判死自代
甲9-4-17 [Tangut]
　　　　获官夺职军失等文武顺中净谋密 <>
甲9-4-18 [Tangut]
　　　　告 <> 至回告得时 <> 断判官敕忘为所
甲9-5-1 [Tangut]
　　　　<> 世界 <> 遣

新译文：

一不系属于经略之啰庞岭监军司者，自杖罪至六年劳役于其处判断。获死罪、长期徒刑、黜官、革职、军等按文武[1]，应奏报中书、枢密，回文来时方可判断。忘官敕者[2]当送京师。

注释：

[1] 按文武：原译为"行文书"。

[2] 忘官敕者：原译为"官□□□□者"，未识出 [Tangut]（对译：敕忘为所）。

本条款是啰庞岭监军司习事判法的规定，即其判其境内罪的规定。前文已指出，[Tangut]（顺）的实在意义为"……的方式"。[Tangut]（对译：文武顺），根据其前的黜官，革职、军，官、职分文武，其后的"奏报中书、枢密"，中书管文官职、枢密官武官职，译为"按文武"。

4.《天盛律令》卷九《事过问典迟门》："一前述所审获死罪、长期徒刑之

---

① 史金波、聂鸿音、白滨译注：《天盛改旧新定律令》，第317页。

人谓屈枉不服，问者局分小大争辩，实有枉言时，何人于审者处说项当获重罪，当绝命。受贿审者亦听信说项，以受贿徇情而□□人之枉言不听，□□审者、说项者等一样判断。依已至未至次第与加□□罪相同。"①本条款西夏文原文为：

甲 9-5-2 𗾟𗤟𗢯𘃜𗑗𗲆𗤫𗰈𗏇𗶷�ﾠ𗤫𗙼𗝠𘗋𗏇
　　　　一前有死自代获应审所人 <> 弯不服谓问
甲 9-5-3 𗰗𗾔𗹊𗘟𗙼𗙺𗴴𗷦𗏇𗤻𘝞𗢯𗚟𗲆𗙺
　　　　者事管小大处口缚弯言实有中别人
甲 9-5-4 𗏇𗰗𘃜𗘟𗏂𘅣𗙼𘌕𗤫𗲃𘄒𗐱𘃜
　　　　审者处词置罪重 <> 获命 <> 断贪审
甲 9-5-5 𗰗𘑘𗘟𘃜𗤻𗢊𘄒𗦀𗬩𗲆𗳐𘌕𗢭
　　　　者亦词置言听识贪羞面为以罪伏
甲 9-5-6 𗲆𗶪𗏇𗤻𗶷𗴴𗲆𗏇𗰗𗘟𘃜𗰗𗈩𘅑
　　　　人 <> 弯言不听为时审者词置者等一
甲 9-5-7 𗫂𗗙𗰪𗾔𗴴𗤟𗴴𘃜𘄒𗷦𗏇𗴹𘎠𗫽𗲆
　　　　礼断判 <> 至未至顺依律弯罪增升为
甲 9-5-8 𗤉𗳐𗲍
　　　　与 <> 同

新译文：
　　一前述所审获死罪、长期徒刑之人谓屈枉不服，问者于大小局分处诉讼[1]，实有枉言时，何人于审者处说项当获重罪，当绝命。受贿审者亦听信说项，以受贿徇情而不听服罪人之枉言时[2]，审者、说项者等一律依判断已至未至次第与枉法加罪[3]相同。

注释：
　　[1]问者于大小局分处诉讼：原译为"问者局分小大争辩"，未译出𗰪（于……处），将𗘟𗴴（大小）译为"小大"，将𗙼𗙺（对译：口缚）译为"争辩"。
　　[2]不听服罪人之枉言时：原译为"□□人之枉言不听，□□"，未

<hr />

① 史金波、聂鸿音、白滨译注：《天盛改旧新定律令》，第 317 页。

识出𘁨𘓻（服罪）、𗅋𗢳（时）。

　　[3]一律依判断已至未至次第与枉法加罪：原译为"一样判断。依已至未至次第与加□□罪"，将𘉻𗫡（一律）译为"一样"，语序不对，未识出𗐸𗤀（对译：律弯）。

　　按原译"问者局分小大争辩"，句意不够准确。从语法来看，𘃡𘎑𗵒𗅯𗑉𗁾𘒙𘊲（对译：问着职管小大处口缚）中，𘃡𘎑（问者）为主语，𗵒𗅯𗑉𗁾𘒙（于大小局分处）为状语，𘊲𗁾（诉讼）①为谓语。从上下文来看，所审获死罪、长期徒刑之人屈枉不服，故有问者之诉讼。状语𘁨𘓻𗩉𗐸𗭪𗫻𗫡𘊶（对译：罪伏人 <> 弯言不听为）中，𘁨𘓻𗩉𗐸𗭪（服罪人之枉言）为宾语，副词𗫻（不）修饰谓语𘊶（听）。𘉻𗫡（对译：一礼），《天盛律令》一般译为"一律"。状语𗧓𘝿𗵒𘈩𗒘𗵒𘒑𘟙（对译：断判 <> 至未至顺依 <>）中，𗧓𘝿𗵒𘈩𗒘𗵒𘒑（判断已至未至次第）为完整句子充当宾语，𘟙（依）为介词。

　　5.《天盛律令》卷九《事过问典迟门》："一每案文书经过顺序：搜交案：经略等□死□。磨勘案：四季判断官敕……磨勘。军案：军马始行，散逃，兵符，将佐大小检人家院牲畜，人马、甲胄，注册注销，军杂物□□接转，……杂物……官案：案头司吏□别。家案：内宫种种头项职，舟船□□为、神猛军、匠人、金匠、□□□□捕、养羊、诸盐池、边上卖路度、空羊食草、城之所用解悟军坚□、铸铁、皇城、三司、地边散买、铸钱、边境堡城断修造。大卢令案：地界中□地水□地租散等纳额、官谷物中□中军粮以外。□案：契丹使承、执飞禽、群牧□、马院、行宫、官畜、内使、帐门□□、□□弃尸养□、设四季宴、官乐人、阴阳分食者、前宫侍、帐下宫侍、执奉桌。刑案：敌界往来、诸司判断、地人入□□敌界敕禁畜物卖过……地边地中派遣劳役、地人畜……"。②本条款西夏文原文为：

　　甲9-5-18 𗧓𘝾𗧓𗾟𘝼𗢳𘒑
　　　　一案数文字过顺
　　甲9-6-2 𗒘𘞩𘝾 𘋩𗐛𘄊𘟣𘝞𗊁
　　　　寻转案[经略]等叛死告

---

① 史金波、聂鸿音、白滨译注：《天盛改旧新定律令》，第639页。
② 史金波、聂鸿音、白滨译注：《天盛改旧新定律令》，第318—320页。

甲 9-6-3 𗰖𗰖𗰖 𗰖𗰖𗰖𗰖 𗰖𗰖 □𗰖𗰖𗰖𗰖

　　　　审集案 四季判断 官敕 □典缓审集

甲 9-6-4 𗰖𗰖 𗰖𗰖𗰖𗰖𗰖𗰖 𗰖𗰖

　　　　军案 军马起行散走 显合

甲 9-6-5 𗰖𗰖𗰖𗰖𗰖𗰖𗰖𗰖𗰖𗰖

　　　　军溜检长短家迁牲畜主

甲 9-6-9 𗰖𗰖𗰖𗰖𗰖𗰖𗰖𗰖𗰖𗰖𗰖𗰖

　　　　人马坚甲备减军珂贝借正请

甲 9-6-18 𗰖𗰖

　　　　显请

甲 9-7-1 𗰖𗰖

　　　　官案

甲 9-7-4 𗰖𗰖𗰖𗰖𗰖𗰖

　　　　汇头司站使离

甲 9-7-6 𗰖𗰖 𗰖𗰖𗰖𗰖𗰖𗰖𗰖 𗰖𗰖□𗰖𗰖

　　　　户案 内宫头项职诸种 舟船□毛为

甲 9-7-7 𗰖𗰖𗰖 𗰖𗰖 𗰖𗰖 𗰖□□𗰖𗰖

　　　　[神猛军] 匠人 金释 布□□击捕

甲 9-7-8 𗰖𗰖 𗰖𗰖𗰖 𗰖𗰖𗰖𗰖𗰖

　　　　羊养 诸池数 边上卖 [路度]

甲 9-7-9 𗰖𗰖𗰖𗰖 𗰖𗰖𗰖𗰖𗰖𗰖𗰖𗰖𗰖

　　　　[空] 羊食草 城 <> 义用解悟军坚扠

甲 9-7-10 𗰖𗰖 𗰖𗰖𗰖 𗰖𗰖 𗰖𗰖𗰖𗰖𗰖𗰖

　　　　铁铸 城备 备司 地边散买 钱铸

甲 9-7-11 𗰖𗰖𗰖𗰖𗰖𗰖

　　　　边中堡城断修治

甲 9-7-18 𗰖𗰖𗰖𗰖

　　　　[大卢令] 案

甲 9-8-2 𗰖𗰖𗰖□𗰖𗰖𗰖[1] 𗰖𗰖𗰖𗰖𗰖𗰖

---

① 𗰖（税），残缺，据上下文拟补。史金波：《西夏文社会文书对中国史学的贡献》，《民族研究》，2017
年第 5 期。

地圈内□［地］水税地租散黍等纳

甲9-8-3 𗗙𗟲𗰖𗣼𗤒𗇋𗢰𗡞𗦻𗆟

官粟谷中城内军粮不有

甲9-8-6 □𗊱　𗰖𗤮𗤐𗩴　𗈾𗇋𗣼　𗥑𗦻　𗙴𗁅

□案［契丹］使承 鸟禽持 牧司 马院

甲9-8-7 𗭪𗫂　𗗙𗥑　𗘂𗤮　𗹝𗤒□□　□□

宫行 官畜 殿使 帐侍□□ □□

甲9-8-8 𗽏𗤮𗐔𗟻　𗋽𗤮𗈷𗣲　𗥑𗤓𗅱　𗖅𗫨

死失生养 四季筵为 巫乐人 阴阳

甲9-8-9 𗄈𗃽𗤻　𗱕𗙴𗤒　𗤮𗊱𗙴𗤒　𗤏𗣀𗣲

分食者 前内侍 账下内侍 传桌持

甲9-8-11 𗱞𗊱　𗪒𗰖𗁅𗱕　𗦻𗤧𗀔𗤒　𗽏𗤒𗁅 𗁅𗣇①

刑案　畜往兽过 诸司断判 敌人入柄寻

甲9-8-12 𗮅𗂧𗤮𗟻𗥑𗤒𗈾𗣇　 𗵆𗑱𗬰𗤒𗥑②

兽界敕禁畜物卖经　盗捕检行遣

甲9-8-13 𗽏𗃽𗽏𗣞𗰖𗵹𗇤𗤒　𗽏𗤒𗥑 𗡞𗄻③□

地边地中而劳役遣 敌人畜谷物□

新译文：

　　一每案文书经过顺序：搜交案：经略等叛死告[1]。磨勘案：四季判断。官敕、□文书迟[2]磨勘。军案：军马始行，散逃，兵符，军溜[3]大小检人、迁家牲畜主[4]，人马、甲胄注销[5]，军杂物全借请[6]，领符[7]。官案：案头司吏使[8]别。户[9]案：内宫种种头项职，舟船□毛[10]为、神猛军、匠人、采金[11]、布□□击[12]捕、养羊、诸盐池、边上卖路度、空羊食草、城之所用解悟军坚扠[13]、铸铁、皇城、三司、地边散买、铸钱、边中[14]堡城断修造。大卢令案：地界中□地水税、地租、散黍等纳[15]、官谷物中城[16]中军粮以外。□案：契丹使承、执飞禽、群牧司[17]、马院、行宫、官畜、内使、帐门□□、□□弃尸养生[18]、设四季宴、

---

　　① 𗁅𗣇（对译：柄索），残缺，据《天盛改旧新定律令》卷九甲种本第49页下左第2行补。
　　② 𗵆𗑱𗬰�2�3（对译：盗捕检行遣），残佚，据《天盛改旧新定律令》卷九甲种本第49页下左第3行补。
　　③ 𗡞𗄻（对译：谷物），佚，据《天盛改旧新定律令》卷九甲种本第49页下左第4行补。

巫乐人[19]、阴阳分食者、前宫侍、帐下宫侍、执传桌[20]。刑案：敌界往来、诸司判断、寻地人契约[21]、敌界敕禁畜物卖过、遣捕盗巡检[22]、地边地中派遣劳役、地人畜谷物[23]□。

注释：

[1] 叛死告：原译未识出"叛"、"告"。

[2] 文书迟：原译未识出。

[3] 军溜：原译为"将佐"。

[4] 迁家牲畜主：原译为"家院牲畜"，误将𗢁（迁）识为𗢃（室、家），未识𗊲（主）。

[5] 注销：原译为"注册注销"，衍"注册"。

[6] 全借请：原译未识出，衍"接转"。

[7] 领符：原译为"杂物"。

[8] 使：原译未识出。

[9] 户：原译为"家"。

[10] 毛：原译未识出。

[11] 采金：原译为"金匠"。

[12] 布□□击：原译未识出。

[13] 扠：原译未识出。

[14] 边中：原译为"边境"。

[15] 地水税、地租、散黍等纳：原译为"地水□地租散等纳额"，未识出𗣭（税），未译𢁋（黍），衍"额"。

[16] 城：原译未识出。

[17] 群牧司：原译未识出"司"。

[18] 生：原译未识出。

[19] 巫乐人：原译为"官乐人"，误将𗾷（巫）识为𗾴（官）。

[20] 执传桌：原译为"执奉桌"，误将𗊱（传）识为𗊩（奉）。

[21] 寻地人契约：原译为"地人入□□"，未识出𗱲𗢭（对译：柄索）。

[22] 遣捕盗巡检：原译未识出。

[23] 谷物：原译未识出。

本条款是对每案文书经过顺序的规定。𗊰𗊱（对译：军溜），为西夏军队建制。𗓟𗓰（对译：备减），意为"注销、出纳"。① 𗓟𗓰（对译：金弃），意为"采金"。② 前揭𗓟𗓰（对译：边中）包括地中和地边（即边境）。《天盛改旧新定律令》甲种本卷九第 49 页下左是卷九第 8 页上左的重置，但后面的重置图版有助于校补缺佚的前文。③

6.《天盛律令》卷九《事过问典迟门》："一诸司局分人行过文书者，当于所定日上完毕。倘若至其日未毕，有未毕之缘由□□并判写完毕，则罪勿治，无缘由则依……当承罪。"④ 本条款西夏文原文为：

甲 9-8-18 𗓟𗓰𗓟𗓰𗓟𗓰𗓟𗓰𗓟𗓰𗓟𗓰𗓟𗓰𗓟𗓰𗓟𗓰⑤
　　　　一诸司职管人文字行经 <><> 定日上 <> 毕假若

甲 9-9-1 𗓟𗓰𗓟𗓰𗓟𗓰𗓟𗓰𗓟𗓰 □ 𗓰 □□
　　　　其日上不毕则何云不毕语节 □ 有 □□

甲 9-9-2 𗓟𗓰𗓟𗓰𗓟𗓰𗓟𗓰𗓟𗓰𗓟𗓰⑥ 𗓟𗓰 □□
　　　　判写 <> 毕则罪莫连谕节判写无则 □□

甲 9-9-3 𗓟𗓰𗓟𗓰
　　　　依罪 <> 承

新译文：

一诸司局分人行过文书者，当于所定日上完毕。倘若至其日未毕，有未毕之缘由□□并判写完毕，则罪勿治，无谕文、判凭[1]则依□□当承罪。

注释：

[1] 谕文、判凭：原译为"缘由"。

本条款是对日期内行过文书不毕的处罚。𗓟𗓰（对译：谕节），一般译为

---

① 史金波、聂鸿音、白滨译注：《天盛改旧新定律令》，第 622、648 页。
② 史金波、聂鸿音、白滨译注：《天盛改旧新定律令》，第 620 页。
③ 和智：《〈天盛改旧新定律令〉补考一则》，《文献》，2020 年第 5 期。
④ 史金波、聂鸿音、白滨译注：《天盛改旧新定律令》，第 320 页。
⑤ 𗓰（若），残缺，据上下文拟补。
⑥ 𗓟𗓰（对译：判写），残缺，据上下文拟补。

"谕文"。𗱾𗪺（对译：判写），意为"判凭"。①

7.《天盛律令》卷九《事过问典迟门》："一诸司知执圣旨头字者，应如何行……不许懈怠。若违律时，立便□□□个月期间为懈怠者，依延误罪判断。一个月以上懈怠一番，司吏徒二年，案头徒一年，都案徒六个月，承旨、习判等徒三个月，大人罚马一。懈怠二番，司吏徒三年，案头徒二年，都案徒一年，承旨、习判等徒六个月，大人罚马二，三番以上一律司吏徒四年，案头徒三年，都案徒二年，承旨、习判等徒一年，大人罚马三。再依□□□节使人遣人于日限期间以内往□□□逾日时分析头字，有……则依一番懈怠法……"。②
本条款西夏文原文为：

甲9-9-6 𗵒𗰀𗱾𗢭𗢺𗙉𗲰𗼻𗱾𗶵𗳠𗴺𗢛𗰣𗼻𗱺𗉛𗵒③
　　　　一诸司御旨领字持令 <> 何行应处速 <> 顺

甲9-9-7 𗱾𗣛𗴮𗶵𗶵𗌱𗒀𗙶𗱾𗲀𗰁𗱾𗌽𗤟𗰀𗢭④
　　　　行懈怠为允无若律过时急速语除后一

甲9-9-8 𗴮𗴮𗲉𗆫𗣛𗴮𗶵𗉛𗙷𗏹𗰣𗴮𗉋𗱾𗢭𗴮
　　　　月月圈内懈怠为 <> 缓罪礼依断判一月

甲9-9-9 𗴮𗴧𗤟𗢭𗭼𗣛𗴮𗱾𗴮𗠁𗤧𗴼𗈜𗢭𗤟⑤
　　　　月上高一次懈怠为司立二年汇头一年

甲9-9-10 𗢭𗴺𗤧𗴮𗴮𗢺𗴮𗴼𗱾𗲀𗲍𗴮𗴮𗴸𗥃𗤧⑥
　　　　一总六月月旨承勤判等三月月大人 <> 罚

甲9-9-11 𗱾𗣛𗠁𗤧𗣛𗴮𗱾𗴮𗲍𗤧𗈜𗠁𗤧𗢭𗴺⑦
　　　　马一二次懈怠司立三年汇头二年一总

甲9-9-12 𗢭𗤧𗢺𗴮𗈜𗱾𗲀𗤟𗴮𗴮𗴸𗠁𗥃𗱾𗲍𗤧⑧
　　　　一年旨承勤判等六月月大人二罚马三次

<hr/>

①《番汉合时掌中珠》29·2、30·2分别有𗴸𗴧𗱾𗪺（案检判凭）、𗢭𗴺𗱾𗪺（都案判凭），分别见（西夏）骨勒茂才著，黄振华、聂鸿音、史金波整理：《番汉合时掌中珠》，第59页第2栏、131页第2栏与第61页第2栏、133页第2栏。
②史金波、聂鸿音、白滨译注：《天盛改旧新定律令》，第320页。
③𗉛𗵒（对译：速〈　〉顺），残缺，据Инв.No.2569校补。
④𗌽𗤟𗰀𗢭（对译：语除后一），残缺，据Инв.No.2569校补。
⑤𗤧（年），残缺，据上下文拟补。
⑥𗥃𗤧（对译：〈　〉罚），佚，据Инв.No.2569校补。
⑦𗢭𗴺（对译：一总），佚，据Инв.No.2569校补。
⑧𗢺𗱾𗲍𗤧（对译：罚马三次），残佚，据Инв.No.2569校补。

甲 9-9-13 㗊㗊㗊㗊㗊㗊㗊㗊㗊㗊㗊 **㗊㗊㗊**①
起上高一礼司立四年汇头三年一总二

甲 9-9-14 㗊㗊㗊㗊㗊㗊㗊㗊㗊㗊㗊 **㗊㗊㗊**②
年旨承勤判等一年大人三罚马又御旨谕

甲 9-9-15 㗊㗊㗊㗊㗊㗊㗊㗊㗊㗊 **㗊㗊㗊**③
节依人使人遣日限 <> 显圈内往应不往

甲 9-9-16 㗊㗊㗊㗊㗊 **㗊**④ 㗊㗊 **㗊㗊㗊㗊㗊㗊㗊**⑤
日过中析列境道有 <> 不有析列境道无

甲 9-9-17 㗊㗊㗊㗊㗊㗊㗊㗊㗊㗊
则一次懈怠为礼二年

新译文：

一诸司令[1]执圣旨头字者，应如何行迅速当行[2]，不许懈怠。若违律时，立便语以外一[3]个月期间为懈怠者，依延误罪判断。一个月以上懈怠一番，司吏徒二年，案头徒一年，都案徒六个月，承旨、习判等徒三个月，大人罚马一。懈怠二番，司吏徒三年，案头徒二年，都案徒一年，承旨、习判等徒六个月，大人罚马二，三番以上一律司吏徒四年，案头徒三年，都案徒二年，承旨、习判等徒一年，大人罚马三。再依御旨、谕节[4]使人遣人于日限期间以内应往不往[5]逾日时有分析去向者除外[6]，无分析去向[7]则依一番懈怠法徒二年[8]。

注释：

[1] 令：原译误识为㗊（知）。
[2] 迅速当行：原译未识出㗊㗊㗊（对译：速 <> 顺），未译㗊（行）。
[3] 语以外一：原译未识出。
[4] 御旨、谕文：原译为"□□□节"，未识出㗊㗊㗊（对译：御旨谕）。
[5] 应往不往：原译为"往□□□"，未识出㗊㗊㗊（对译：应不往）。

---

① 㗊㗊㗊（对译：一总二），佚，据 Инв.No.2569 校补。
② 㗊㗊㗊（对译：御旨谕），佚，据 Инв.No.2569 校补。
③ 㗊㗊㗊（对译：应不往），佚，据 Инв.No.2569 校补。
④ 㗊（道），残缺，据上下文拟补。
⑤ 㗊㗊㗊㗊㗊㗊㗊（对译：不有析列境道无），残佚，据 Инв.No.2569 校补。

　　[6]有分析去向者除外：原译为"分析头字，有"，将𦄰𣚺（去向）译为"头字"，未译𦄰[达]，未识出𦄰𦄰（除外），语序不当。

　　[7]无分析去向：原译未识出。

　　[8]徒二年：原译未译。

　　本条款是对御旨懈怠的处罚。《东洋文库》的微缩胶卷中有 Инв.No.2569，内容包括《天盛改旧新定律令》卷九《事过问典迟门》"御旨懈怠"条，可补原译所缺数字。[1]𦄰𣚺（对译：境道），意为"去向"。[2]𦄰𦄰（对译：不有），为表示排除的递进连词，意为"除……以外"。[3]

　　8.《天盛律令》卷九《事过问典迟门》："一案头、司吏校文书者当于外为手记。倘若其不合于文书而住滞，则校文书者依法判断。同任职有手记时，所校文书上有疑□，知有住滞而未过问者，比校者罪减一等。未知，则因未仔细搜寻而再减一等。"[4]本条款西夏文原文为：

甲9-11-5 　　　　　　　　　　　　　　　　　
　　　　　一汇头司立文字经者外上手记 <> 为假若
甲9-11-6 　　　　　　　　　　　　　　　　　
　　　　　其文字中不合住滞入则文字经者 <> 礼
甲9-11-7 　　　　　　　　　　　　　　　　　
　　　　　依断判职共相手记有中 <> 经文字上疑
甲9-11-8 _____[5]　　　　　　　　　　　　　
　　　　　碍有住滞有知头不举为 <> 经者罪比一
甲9-11-9 　　　　　　　　　　　　　　　　　
　　　　　等及不知则细细未寻找因又一等等 <>
甲9-11-10 　　
　　　　　减为

----

　　①[日] SATO Takayasu（佐藤贵宝）：Study of the Tangut（Xixia）Code Based on Inspection of Actual Texts（《在考察原件基础上的西夏法典研究》），聂鸿音、孙伯君主编：《中国多文字时代的历史文献研究》，社会科学出版社，2010年，285—286、292页。

　　②史金波、聂鸿音、白滨译注：《天盛改旧新定律令》，第635页。

　　③史金波：《西夏文教程》，第193页。

　　④史金波、聂鸿音、白滨译注：《天盛改旧新定律令》，第321页。

　　⑤𦄰𦄰（对译：疑碍），第一字残缺，据上下文拟补。

新译文：

案头、司吏校文书者当于外为手记。倘若其不合于文书而住滞，则校文书者依法判断。同任职有手记时，所校文书上有疑碍[1]，知有住滞而未过问者，比校者罪减一等。未知，则因未仔细搜寻而再减一等。

注释：

[1] 疑碍：原译为"疑□"，未译㴭（碍、害）。

本条款是对文书住滞时校文书者及同任职有手记者的处罚。

9.《天盛律令》卷九《事过问典迟门》："一中书、枢密、诸司等都案文书住滞时，官大及品亦当入承罪人中，应枷系亦枷系，应笞杖者，行杖处所属大人当计，罚钱若干置案。其中诸司都案应承杖亦承杖。"①本条款西夏文原文为：

甲 9-12-11 㛼㲿㻣㻤㻥㲅㻦㻧㻨㻩㻪㻫㻬㻭㻮㻯㻰
         一中净谋密诸司等一总文字住滞时官大

甲 9-12-12 㻱㻲㻳㻴㻵㻶㻷㻸㻹㻺㻻㻼㻽㻾㻿㻿㼀
         品及亦不得罪承中 <> 入枷制应亦 <> 枷

甲 9-12-13 㼁㼂㼃㼄㼅㼆㼇㼈㼉㼊㼋㼌㼍㼎㼏
         制杖著应有 <> 杖变处 <> 有司大人 <> 计罚

甲 9-12-14 㼐㼑㼒㼓㼔㼕㼖㼗㼘㼙②㼚㼛㼜㼝㼞
         钱义几案置为其中诸司一总杖承令应

甲 9-12-15 㼟㼠㼡㼢㼣
         亦杖 <> 承令

新译文：

一中书、枢密、诸司等都案文书住滞时，官大及品亦当入承罪人中，应枷系亦枷系，应笞杖者，变杖处[1]所属司大人[2]当计，罚钱若干置案。其中诸司都案应承杖亦承杖。

---

① 史金波、聂鸿音、白滨译注：《天盛改旧新定律令》，第 321 页。
② 㼙（司），残缺，据上下文拟补。

注释：

    ［1］变杖处：原译为"行杖处"，将𗥰（变、换）译为"行"。

    ［2］司大人：原译为"大人"，未译𗥰（司）。

本条款是对因文书住滞都案连坐的规定。

10.《天盛律令》卷九《诸司判罪门》："刺史人当察，有疑误则弃之，无则续一状单，依季节由边境刺史、监军司等报于其处经略，经略人亦再查其有无失误，核校无失误则与报状单接。本处有无判断及尔后不隶属于经略之各边境、京师司等，皆依文武次第分别当报中书、枢密。至来时，所属案中亦再与律令仔细核校，有失误则另行查检，无则增于板簿上，一等等奏闻而告晓之。若诸司人未依季节而报，而中书、枢密局分人未过问等，一律依延误公文判断。"①本条款西夏文原文为：

甲9-13-1 𗥰𗥰𗥰𗥰𗥰𗥰𗥰𗥰𗥰

    ［刺使］人 <> 看失背有则 <>

甲9-13-2 𗥰𗥰𗥰𗥰𗥰𗥰𗥰𗥰𗥰𗥰𗥰𗥰𗥰𗥰

    弃为无则状［单］一 <> 连为季时依边中［刺使］

甲9-13-3 𗥰𗥰𗥰𗥰𗥰𗥰𗥰𗥰𗥰𗥰𗥰𗥰𗥰

    军监司等其处［经略］处 <> 告［经略］人亦重

甲9-13-4 𗥰𗥰𗥰𗥰𗥰𗥰𗥰𗥰𗥰𗥰𗥰𗥰

    失背 <> 恐有 <> 敌校失背无则至状［单］与

甲9-13-5 𗥰𗥰𗥰𗥰𗥰𗥰𗥰𗥰𗥰𗥰𗥰𗥰

    <> 接自人处断判所有无及其后［经略］处

甲9-13-6 𗥰𗥰𗥰𗥰𗥰𗥰𗥰𗥰𗥰𗥰𗥰𗥰𗥰

    不缚属边中世界司有数等一顺文武顺

甲9-13-7 𗥰𗥰𗥰𗥰𗥰𗥰𗥰𗥰𗥰𗥰𗥰𗥰𗥰

    依中净谋密异异 <> 告至来时 <> 有案内

甲9-13-8 𗥰𗥰𗥰𗥰𗥰𗥰𗥰𗥰𗥰𗥰𗥰𗥰

    重亦律法与细细 <> 敌校失背有则另 <>

甲9-13-9 𗥰𗥰𗥰𗥰𗥰𗥰𗥰𗥰𗥰𗥰𗥰𗥰𗥰

---

① 史金波、聂鸿音、白滨译注：《天盛改旧新定律令》，第323页。

寻找失背无则［板薄］上 <> 升薄一等等至

甲 9-13-10 𗾧𗰖𗆧𗥤𗴁𗅆𗀔𗥤𗴁𗱠𗼶𗙴𗂧𗆤𘜶𗆧

闻 <> 为以 <>［告］抛为若诸司人季时依 <>

甲 9-13-11 𗸪𘕕𗈪𗆐𗦻𘃸𘘣𗴼𗵒𘓯𘍚𗆤𘜶𗆧𗆤

不其告及中净谋密职管人头不举为等

甲 9-13-12 𗤙𘘚𗤤𗴼𘘚𗸮𘈩𗀕

一礼典缓礼依断判

新译文：

刺史人当察，有疑误则弃之，无则续一状单，依季节由边中[1]刺史、监军司等报于其处经略，经略人亦再查其有无失误，核校无失误则与报状单接。本处有无判断及尔后不隶属于经略之各边中[2]、京师司等，皆依文武次第分别当报中书、枢密。至来时，所属案中亦再与律令仔细核校，有失误则另行查检，无则增于板簿上，一等等奏闻而告晓之。若诸司人未依季节而报，及[3]中书、枢密局分人未过问等，一律依延误公文判断。

注释：

［1］［2］边中：原译为"边境"。

［3］及：原译为"而"。

本条款是对四季判罪的规定。𗾧𘋄（边中），前揭包括地中和地边（即边境）。𗆤（及、并、和），为表示联合的连词。①

11.《天盛律令》卷九《诸司判罪门》："不肯为状而住于五里以外，当唤于司边作状，不说实话则当使奏言。"②本条款西夏文原文为：

甲 9-13-16 𗎢

状

甲 9-13-17 𗴼𗾧𘜶𗆧𗀔𘌠𗵒𘍚𗝥𗆤𗥦𘚊𗀕𘜶𘉌

为不肯及五里外又住等 <> 唤司边处

---

① 史金波：《西夏文教程》，第 193 页。

② 史金波、聂鸿音、白滨译注：《天盛改旧新定律令》，第 323 页。

甲 9-13-18 𗀇𗣤𗤋𗤈𗣤𗣤𗑲𗢟𗤵𗣂𗤵𗣂𗧓𗧺

状 <> 为正得不招说则 <> 至 <> 制令

新译文：

不肯为状而住于五里以外，当唤于司边作状，不说实话则当使奏压[1]。

注释：

[1] 压：原译为"言"。

本条款是对有官犯罪缚制法的规定。本句之前为"语抵"以上有官人于五里以内所住处当持问头并作状。①

12.《天盛律令》卷九《行狱杖门》："一节亲、宰相、诸司大人、承旨、大小臣僚、行监、溜首领等于家因私入牢狱，不许置木枷、铁索、行大杖，若违律时徒一年。"②本条款西夏文原文为：

甲 9-14-13 𗥃𗣤𗤋𗤈𗥃𗢟𗥃𗤵𗣂𗤵𗧺𗧓𗤵𗢟𗤈𗣂𗧺𗧓𗥃

一节亲议判诸司大人旨承臣宰小大行监溜头

甲 9-14-14 𗥃𗣤𗥃𗤈𗥃𗤵𗣂𗢟𗤈𗧓𗤵𗧺𗤵𗣂𗧺𗤵𗥃𗤈𗥃

领等家处私因牢狱设木项铁索杖大等置

甲 9-14-15 𗧺𗣤𗧓𗥃𗤵𗢟𗤵𗧺𗤈�A

行允无若律过时一年

新译文：

一节亲、宰相、诸司大人、承旨、大小臣僚、行监、溜首领等不许[1]于家因私设[2]牢狱、置木枷、铁索、行大杖，若违律时徒一年。

注释：

[1] 不允：原译未管到"牢狱"。

[2] 设：原译为"入"。

---

① 史金波、聂鸿音、白滨译注：《天盛改旧新定律令》，第 323 页。

② 史金波、聂鸿音、白滨译注：《天盛改旧新定律令》，第 324 页。

本条款是对因私设牢狱、行大杖等的处罚。[1]由条目可知，“不允”应管到因私设牢狱。从语法来看，[illegible]（不允）为补语，同时管到“设牢狱、置木枷、铁索、行大杖”。从上下文来看，《行狱杖门》下一条款详细规定诸司铁索、铁锁孰为及其大杖、木枷斤两、厚薄，尤其强调大杖、木枷上当置官烙印。[2]由此可知，铁索、铁锁、大杖、木枷是官方的诸司当为，不许私为，私人不能行大杖、置木枷、铁索。由于原译不当，史金波先生认为本条款体现的是西夏官员犯罪可不戴刑具，是中国古代法律“刑不上大夫”的西夏翻版。[3]

13.《天盛律令》卷九《行狱杖门》：“一诸木枷、大杖斤两、厚薄当依以下所定而为之：铁索、铁锁与无等□京师令三司为之，边中令其处罚贪中为之。木枷大杖等上当置有官字烙印。杖以柏、柳、桑木为之，长三尺一寸。头宽一寸九分，头厚薄八分，杆粗细皆为八分，自杖腰至头表面应置筋皮若干，一共实为十两，当写新年日。”[4]本条款西夏文原文为：

甲 9-14-17 [illegible]
一诸司木项杖大斤两厚薄除下 <> 定依 <>

甲 9-14-18 [illegible][5][illegible][6]
为铁索铁锁贯无等与一顺

甲 9-15-1 [illegible]
世界 <> 备称及边中 <> 其处贪

甲 9-15-2 [illegible]
罚中等 <> 为令木项杖大等上

甲 9-15-3 [illegible]

① 本条款相应的条目为[illegible]（对译：私因牢狱设杖大行），即“因私设牢狱、行大杖”。史金波等译注本《天盛改旧新定律令》第 44 页误译为“因私入牢狱行大杖”。原文参见俄罗斯科学院东方研究所圣彼得堡分所、中国社会科学院民族研究所、上海古籍出版社编：《俄藏黑水城文献》，第 8 册，第 12 页右面第 1 小行。

② 史金波、聂鸿音、白滨译注：《天盛改旧新定律令》，第 324 页。按本条款原译为“诸木枷、大杖”，于“诸”后漏译[illegible]（司）。原文参见俄罗斯科学院东方研究所圣彼得堡分所、中国社会科学院民族研究所、上海古籍出版社编：《俄藏黑水城文献》，第 8 册，第 191 页上左第 8 行。

③ 史金波：《西夏社会》（上），第 258 页。按：李炜忠对《行狱杖门》做了校勘考释，以下补正均为原译存在问题而其未改译者。氏著：《〈天盛律令·行狱杖门〉研究》，宁夏大学硕士学位论文，2015 年，第 7—70 页。

④ 史金波、聂鸿音、白滨译注：《天盛改旧新定律令》，第 324 页。

⑤ [illegible]（索），残缺，据上下文拟补。

⑥ [illegible]（顺），残缺，据上下文拟补。

官字有火印 <> 置为

甲 9-15-4 𗣛𗧹𗤒𗒕𗿻𗖻𗤊𗬾𗼫𗛁𗷛𗡑𗥃𗋽

杖［柏］榆桑木以 <> 为长三尺一寸首阔

甲 9-15-5 𗳏𗡑𗤊𗤒𗋽𗭿𘃠𘝽𗤒𗬶𗴺𗸕𗹺

一寸九［分］首厚薄八［分］柄细粗圈

甲 9-15-6 𘝋𘝽𗤒𗣛𗤈𗪙𗋽𗭯𗔸𗟻𗟻𗹸𗫀

等八［分］杖腰起首至表又筋胶义

甲 9-15-7 𗥃𗘮𗷋𗥃𗳏𗪙𗡞𗭯𗭿𗧙𗸕𗳮𗰑𗷛

几 <> 置为一顺实十两 <> 为年日

甲 9-15-8 𗥜𗆐𗷑𗥃

新 <> 写为

新译文：

一诸司[1]木枷、大杖斤两、厚薄当依以下所定而为之：不连铁索与铁锁等一同[2]京师令三司为之，边中令其处罚贪中为之。木枷大杖等上当置有官字烙印。杖以柏、榆[3]、桑木为之，长三尺一寸。头宽一寸九分，头厚薄八分，杆粗细皆为八分，自杖腰至头表面应置筋胶[4]若干，一共实为十两，当写新年日。

注释：

［1］司：原译未译出。

［2］不连铁索与铁锁等一同：原译为"铁索、铁锁与无等□"，未识出𘃠（贯），未译𗳮𗰑（一同）。

［3］榆：原译为"柳"，李炜忠已改。

［4］胶：原译为"皮"。

本条款是对诸司铁索、铁锁埶为及其大杖、木枷斤两、厚薄的规定。从语法来看，𗣛𗧹（不连）为定语，同时修饰"铁索、铁锁"。

14.《天盛律令》卷九《行狱杖门》："一等无罪而谓之有罪，未传唤而谓之来传唤，打拷恐吓使自杀时，比殴打争斗相杀罪减一等。

其中于初言说者于以后依次传语者虽言于有罪人，则先言者为主谋，后说者以从犯论。仅仅随语而说，言及有罪人而未提名时，闻者自意言于有罪人者，言者当承全罪，出言者比□□罪减二等。"①本条款西夏文原文为：

甲 9-16-9 [西夏文]
　　　　　一等罪不有罪有 <> 未唤来唤来 <> 谓语补
甲 9-16-10 [西夏文]
　　　　　打打逼畏自己杀令时打打斗斗相杀
甲 9-16-11 [西夏文]
　　　　　罪比一等 <> 退为
甲 9-17-13 [西夏文]
　　　　　其中本处谓说者行
甲 9-17-14 [西夏文]
　　　　　为次依说者 <> 罪有人处 <> 说往 <>
甲 9-17-15 [西夏文]
　　　　　及谓则先前说者心起 <> 为后说者
甲 9-17-16 [西夏文]
　　　　　副 <> 算直直语因语出随顺 <> 说罪
甲 9-17-17 [西夏文]
　　　　　有人处说名不有中闻者人自意罪
甲 9-17-18 [西夏文]②[西夏文]
　　　　　有人处说 <> 罪全说者 <> 承先语出
甲 9-18-1 [西夏文]③[西夏文]
　　　　　者 <> 说者罪比二等 <> 退为

新译文：

　　一等无罪而谓之有罪，未传唤而谓之来传唤，增补语[1]打拷恐吓使自杀时，比殴打争斗相杀罪减一等。

　　其中初言说者于依次传语者言有罪人[2]，则先言者为主谋，后说者以从犯论。仅仅随语而说，言及有罪人而未提名时，闻者自意言于有罪人者，言者当承全罪，先出言者比言者[3]罪减二等。

---

① 史金波、聂鸿音、白滨译注：《天盛改旧新定律令》，第325—326页。
② 𗵸（先），残缺，据上下文拟补。
③ 𗙴𗙴（说者），残佚，据彩印本《天盛改旧新定律令》第10册第16页右面第1行补。

注释：

[1] 增补语：原译未译出。

[2] 初言说者于依次传语者言有罪人：原译为"于初言说者于以后依次传语者虽言于有罪人"，衍"以后"、"虽"及两个"于"。

[3] 先出言者比言者：原译为"出言者比□□"，未译𘃏（先），未识出𘊝𘓨（言者）。

本条款是对无罪人拷打、恫吓而致自杀及诬有罪人而令其自杀、逃跑的处罚。

15.《天盛律令》卷九《行狱杖门》："一知有罪人中公事明确而不说实话，则可三番拷之。一番拷可行三种，笞三十，□为，悬木上。彼三番已拷而不实，则当奏报。彼问杖者，当言于大人处并置司写，当求问杖数。若谕文□□上置，自专拷打□为等时，有官罚马一，庶人十三杖。诸局分大小与有罪人若因原有相恶而有置□□者，受贿徇情，不应拷而拷之，令其受杖数超于明定数等，一律笞三十以内者有官罚马一，庶人十三杖，笞三十以上至笞六十徒三个月，笞六十以上至笞九十徒六个月，笞九十以上一律徒一年。于已受问杖番数以外，再令自一番至三番以上屡屡悬木上，已令受苦楚，则依次加一等。"①本条款西夏文原文为：

甲 9–18–11　𘃝𘃻𘃻𘈧𘊝𘓨𘊭𘈣𘊱𘈦𘄑𘃌𘄑𘊱𘈦𘃝
　　　　　　　一罪有人中勤事显明知有不招则三次 <>

甲 9–18–12　𘊱𘊭𘉒𘃌𘊱𘊭𘈣𘈦𘈧𘄑𘈦𘈧𘄑𘃌𘊭
　　　　　　　拷为一次拷为时三种行三十答［限］为

甲 9–18–13　𘊦𘃙𘈦𘄑𘃌𘈦𘊱𘊭𘊝𘓨𘃝𘈣𘄑
　　　　　　　木上悬其三次 <> 拷为不招则 <> 告至

甲 9–18–14　𘄑𘈡𘈧𘊦𘈣𘈦𘊱𘈧𘊦𘄑𘈡𘊱𘈡𘊦
　　　　　　　其问杖 <> 大人处语 <> 折司写 <> 置问杖

甲 9–18–15　𘃝𘈧𘈣𘈦𘊦𘈦𘅃𘊭②𘈣𘈦𘊭𘊱𘊭𘄑

数 <> 求若谕节判写不置自意拷为［限］

甲 9-18-16 𗫶𗄼𗾔𗄼𗏁①𗫂𗀔𗗙𗬩𗖍𗏇𗏵𗆧𗏵②

为等时官有罚马一庶人十三杖诸职

甲 9-18-17 𗏇𗆨𗫶𗈫𗀔𗗙𗏵𗬫𗖍𗏺𗆧𗏵𗾔𗏵𗥃③

管小大罪有人与若本上因有相恨若

甲 9-18-18 𗐽𗫧𗀔𗏺𗏺𗨙𗖍𗄼𗆧𗏵𗥃𗏵𗆧？

词置者有贪羞面为以不应拷为及？

甲 9-19-1 𗫶𗈫𗏺𗈫𗄼𗈫④𗈫𗀔𗏺𗗙𗖍𗏇𗗙⑤𗾔𗆧𗏵𗆨

杖承顺多数显中其比过令等一礼三十

甲 9-19-2 𗈦𗆧𗐽𗈫𗆧𗏁𗫂𗀔𗗙𗬩𗖍𗏇𗏵𗫶𗏵𗆧

答圈内 <> 官有罚马一庶人十三杖三十

甲 9-19-3 𗈦𗗰𗆨𗈫𗆧𗈦𗈫𗏺𗄼𗄼𗈫𗆧𗈦𗗰𗆨𗈫

答上高六十答至三月月六十答上高九

甲 9-19-4 𗆧𗈦𗈫𗈫𗆧𗥃⑥𗄼𗈫𗆧𗈦𗗰𗆨𗾔𗆧𗾔𗏺𗆧

十答至六月月九十答上高一礼一年三

甲 9-19-5 𗥃𗆧𗏺𗫶𗐽𗈫𗏇𗆨𗐽𗬡𗆨𗾔𗥃𗏺𗥃𗆧𗥃

次数问杖 <> 承令不有又一次处起三次

甲 9-19-6 𗗰𗆨𗈫𗈫𗫧𗈫𗆨𗆨𗆨𗆧𗀔𗈫𗏇𗉋𗆨𗗝

上高重重木头悬等以钗苦 <> 承令则次依

甲 9-19-7 𗾔𗏺𗥃𗆧𗏵𗆧

一等数 <> 升为

新译文：

一知有罪人中公事明确而不说实话，则可三番拷之。一番拷可行三种，笞三十为限[1]，悬木上。彼三番已拷而不实，则当奏报。彼问杖者，当言于大人处传语[2]并置司写，当求问杖数。若谕文判凭不[3]置，自专拷打为限[4]等时，有官罚马一，庶人十三杖。诸局分大小与有罪人若因原

---

① 𗏁（有），残缺，据上下文拟补。
② 𗏵（职），残缺，据上下文拟补。
③ 𗥃（若），残佚，据彩印本《天盛改旧新定律令》第10册第16页左面第8行补。
④ 𗈫（数），残缺，据上下文拟补。
⑤ 𗗙（等），残缺，据上下文拟补。
⑥ 𗥃（月），残缺，据上下文拟补。

有相恶而有说项[5]者，受贿徇情，不应拷而拷之，令其受杖数超于明定数等，一律笞三十以内者有官罚马一，庶人十三杖，笞三十以上至笞六十徒三个月，笞六十以上至笞九十徒六个月，笞九十以上一律徒一年。于已令受三番问杖[6]以外，再令自一番至三番以上屡屡悬木上，已令受苦楚，则依次加一等。

注释：

[1][4]为限：原译为"□为"，未识出𘓟［限］。

[2]传语：原译未译。

[3]判凭不：原译为"□□上"，未识出𗓽𗼰（判凭），将𘈩（不）识为𗥤（上）。

[5]说项：原译为"置□□"，未识出𗭴𗏹（对译：若词）。

[6]已令受三番问杖：原译为"已受问杖番数"，未译𗦼（三）、𗓽（令）。

本条款是对不招供谕令杖数的规定及对无谕文、无理、超限杖拷打的处罚。𗭴𘈩𘓟（语不折）意为"不传语"，[1]则𗭴𗙏𘓟（对译：语<>折）意为"传语"。𗏹𘒋（对译：词置），意为"说项"。[2]

16.《天盛律令》卷九《行狱杖门》："无杖痕而因染他疾病致死者，勿以杖致死论，当与已超过而未死□□相同。"[3]本条款西夏文原文为：

甲9-19-13 𗥤𘈩𗤭𗕏𗓽𗭣𘝿𗜓𘃡𘔼𘐊𗜓𘃡
　　　　　痕不做别疾病染死 <> 杖制死
甲9-19-14 𘝿𘄦𘝨𘐈𘟙𘃡𗓽𗭣𘓱𗇐 𗦊𗥤④ 𘝨𗭣
　　　　　变莫算 <> 过超令未死罪与 <> 同

新译文：

无杖痕而因染他疾病致死者，勿以杖致死论，当与已超过而未死罪[1]

---

① 史金波、聂鸿音、白滨译注：《天盛改旧新定律令》，第620页。
② 史金波、聂鸿音、白滨译注：《天盛改旧新定律令》，第638页。
③ 史金波、聂鸿音、白滨译注：《天盛改旧新定律令》，第327页。
④ 𗦊𗥤（对译：罪与），残缺，据据彩印本《天盛改旧新定律令》第10册第17页左面第5行补。

相同。

注释：

　　[1] 罪：原译未识出。

　　本条款是对催促及问公事超限杖的处罚。前文规定拷打已超过而未亡，则有官罚马一，庶人十三杖。①知无杖痕而因染他疾病致死者亦是有官罚马一，庶人十三杖。

　　17.《天盛律令》卷九《行狱杖门》："一监禁者监守失误，囚自杀者，寄名徒一年，小监有官罚马一，庶人十三杖。"②本条款西夏文原文为：

甲 9-20-6 𗰭𗤻𗥔𗤻𗥔𗈁𗤻𗥔𗥔𗥔𗥔𗥔𗰭𗥔�4�4�4
　　　　一监监者监不牢监自己杀 <> 名接 <> 一年头
甲 9-20-7 �4�4�4�4�4𗤻�4�4�4�4�4
　　　　监 <> 官有罚马一庶人十三杖

新译文：

　　一都监[1]者监守失误，囚自杀者，寄名徒一年，小监有官罚马一，庶人十三杖。

注释：

　　[1] 都监：原译为"监禁"。

　　本条款是对狱囚得械伤杀的处罚。𗤻𗥔（对译：监监），为西夏职官"都监"。

　　18.《天盛律令》卷九《行狱杖门》："一牢狱中狱囚为他人强行救拔出监者，囚入手则有逆罪，取囚者造意不论官，斩，从犯庶人当绞杀。取长期徒刑者，造意当绞杀，从犯徒十二年。杀四人以上及一门下杀三人，断独二口根等，依逆口内明之法判断。若囚未入手而伤人时，依强盗执械器、物未入手而

---

　　①史金波、聂鸿音、白滨译注：《天盛改旧新定律令》，第327页。
　　②史金波、聂鸿音、白滨译注：《天盛改旧新定律令》，第328页。

伤人法，再比因未入手、人亦未伤则因所承罪判断减一等。"①本条款西夏文原文为：

甲 9-20-17 𗪨𗊱𗫶𗫸𗼃𗫐𗣨𗜓𗴂𗼃𗣨𗴪𗫸
　　　　　一牢狱内监缚外后人力逼刚以监拔取为

甲 9-20-18 𗫶𗼃𗳒𗤓𗄊𗍳𗑔𗫇𗼃𗫸𗣛𗑷𗴪𗬩
　　　　　<> 监手 <> 入则逆罪有监取为者心起官

甲 9-21-1 𗜏𗜏𗫇𗣨𗴂𗴪𗧘𗫸𗌰𗣨𗰒𗾔
　　　　　不算剑以及副庶人项缚为等以 <> 杀

甲 9-21-2 𗵘𗒅𗈜𗫸𗣛𗑷𗫇𗰒𗫸𗣨𗌰𗾔𗜏
　　　　　死自代取为者心起项缚为以 <> 杀副

甲 9-21-3 𗪨𗤓𗢳
　　　　　十二年

甲 9-21-9 𗭁𗫔𗱕𗤅𗒅𗮅𗥔𗣨𗴂𗥴𗰒𗤓𗀔𗴪
　　　　　四起上高杀及一门下三人杀独二在根

甲 9-21-10 𗫶𗣛𗍳𗣨𗫸𗼃𗫐𗟵𗜏𗸈𗆀𗄊𗫸𗼃𗴪
　　　　　断为等逆门内 <> 显令礼依断判人 <> 伤

甲 9-21-11 𗫸𗈜𗄊𗼃𗤓𗈜𗍳𗣨𗫶𗑷𗫸𗴪𗍳𗈜𗫊𗤓
　　　　　未死则监手入罪及意起人伤罪等何 <>

甲 9-21-12 𗼁𗍿𗑷𗆀𗍿𗼃𗤓𗄊𗫸𗴪𗤅𗣨𗰆𗮧
　　　　　重上断判若监手未入人伤时强以盗兵

甲 9-21-13 𗷝𗤎𗆄𗤓𗄊𗆀𗫸𗴪𗇋𗑔𗣨𗜏𗼃𗤓𗄊𗆀
　　　　　戈持物手未入人伤礼依及又监手未入人

甲 9-21-14 𗀔𗤓𗴪𗄊𗼃𗈜𗍳𗈜𗣛𗴟𗳆𗱕𗣨𗨮𗣛𗑷
　　　　　亦未伤则监上罪何有比一等 <> 退为断判

新译文：

　　一牢狱中狱囚为他人强行救拔出监者，囚入手则有逆罪，取囚者造意不论官，以剑斩[1]，从犯庶人当绞杀。取死[2]、长期徒刑者，造意当绞杀，从犯徒十二年。杀四人以上及一门下杀三人，断独二住[3]根等，依谋

---

① 史金波、聂鸿音、白滨译注：《天盛改旧新定律令》，第 328 页。

逆门[4]内明之法判断。若囚未入手而伤人时，依强盗执械器、物未入手而伤人法断判[5]，又囚未入手、人亦未伤则比囚所承罪减一等判断[6]。

注释：

[1] 以剑斩：原译未译𗾷𗈬（以剑）。

[2] 死：原译未译。

[3] 住：原译未识出，李炜忠已识出。

[4] 谋逆门：原译未识出𗓦（门），李炜忠已识出。

[5] 依强盗执械器、物未入手而伤人法断判：原译为"依强盗执械器、物未入手而伤人法"，未译出"断判"。

[6] 又囚未入手、人亦未伤则比囚所承罪减一等判断：原译为"再比囚未入手、人亦未伤则囚所承罪判断减一等"，语序不当。

本条款是对强行救狱中囚犯的处罚。前一句𗥦𗿢𗗍𗟲𗫨𗈬（造意不论官以剑）与后一句𗉉𗫳𗤱𗤩𗾟𗬩𗈬𗴿（从犯庶人当以项缚为）之间由𗥤（及）连接，说明两句的谓语都是𗴸（杀）。𗱈𗵈𗤶𗄈𗧘𗿟𗤲（若囚未入手而伤人时）与𗵈𗤶𗄈𗧘𗤜𗤩𗿟（囚未入手、人亦未伤）是两种不同的情况，第一种情况的处罚𗲼𗈬𗟷𗫁𗱿𗄈𗤶𗄈�◌𗦠𗳩（依强盗执械器、物未入手而伤人法）与第二种情况的处罚𗵈𗄈𗥣𗤲𗟷𗫳𗧙𗤀𗈬𗤲𗅉（比囚所承罪减一等）的谓语都是𗵈𗈖（判断），两种处罚之间由𗥤（及）连接，亦说明𗵈𗈖（判断）管到两种情况的处罚。

19.《天盛律令》卷九《行狱杖门》："一牢狱内囚诸人随意盗及遣有罪人，人入手，他人取时，使与有罪人同等判断。若以之伤杀人者，牢狱取囚与伤杀人罪相同。"①本条款西夏文原文为：

甲 9-21-15 𗤶𗖑𗈖𗡥𗫨𗫳𗆉𗫦𗈬𗤲𗳩𗤲𗥧𗤲𗵈𗬩
　　　　　一牢狱内监诸人宽窄盗及罪有人遣人手有

甲 9-21-16 𗤠𗤲𗙲𗤦𗤧𗤦𗤲𗶺𗈖②𗳩𗤲𗤶𗵈𗷙𗵈𗈖𗷙
　　　　　他人行为取为等时罪有人与等令断判若

---

① 史金波、聂鸿音、白滨译注：《天盛改旧新定律令》，第 329 页。

② 𗈖（罪），残缺，据上下文拟补。

甲 9-21-17 𗍫𗣁𘃸𗟻𗤒𘜶𘊟𗱕𘐐𗨻𗮄𗠝𗟻𗤒𘜶𘐭
　　　其而以人伤杀 <> 牢狱内监取为人伤杀罪

甲 9-21-18 𘜍𗤁𗨻
　　　与 <> 同

新译文：

　　一遣牢狱内囚诸人随意盗及有罪人入手取他人[1]时，使与有罪人同等判断。若以之伤杀人者，与牢狱取囚伤杀人罪相同[2]。

注释：

　　[1]遣牢狱内囚诸人随意盗及有罪人入手取他人：原译为"牢狱内囚诸人随意盗及遣有罪人，人入手，他人取"，语序不当。

　　[2]与牢狱取囚伤杀人罪相同：原译为"牢狱取囚与伤杀人罪相同"，语序不当。

　　本条款是对遣囚盗及有罪人取的处罚。按照原译，句意不通。首先，𗱕𘐐𗨻𗮄𘃸𗙼𗸹𘊟（牢狱内囚诸人随意盗）是一个完整句子。𘜶（及）为连词，标志着该句与𘐭𘊟𗟻（有罪人）同为宾语，其谓语为𘜶（遣）。其次，𘐭𘊟𗟻𘜶𗟻𗥃𗹡𗟻𗤒𗮄𗮄（遣有罪人入手取他人）中，𘐭𘊟𗟻（有罪人）为主语，𗹡𗮄（行为）为行为主体格助词，𗥃𗟻（他人）为宾语，𗮄𗮄（取）为谓语。第三，𘜶�𗠝𗤒𗮄𗟻𗤒𘜶𘐭𘜍𗤁𗨻（与牢狱取囚伤杀人罪相同）中，遣囚盗而囚伤杀人为主语，𘜍（与）为连词，𘜶�𗠝�4�4𗟻�2𘜶�（牢狱取囚伤杀人罪）为宾语。

　　20.《天盛律令》卷九《行狱杖门》："限期内得之，则依有罪人之从犯法，未得，则令抵之。

　　限期内获之及逾期而获之等，一律失死罪及长期徒刑者徒三个月，其余失有期者十杖。都监、小监于限期未获，则失死罪及长期徒刑者徒一年，失短期徒刑者十三杖。"[①]本条款西夏文原文为：

　　甲 9-23-12 𗍫𘘦𗮲𘈝�𘊟𗸹𗤒𗓟𘃽𘖜𘖌

---

① 史金波、聂鸿音、白滨译注：《天盛改旧新定律令》，第330—331页。

日圈内得则罪有人 <> 副礼不

甲 9-23-13 𗣼𗉘𗏹𗉋

得则等令

甲 9-25-6 𗏹𗀔𗣿𗣼

日圈内得

甲 9-25-7 𗼓𗏹𗀔𗋽𗉋𗣼𗥤𗇃𗫨𗉛𗩾𗵐𗤋𗉛𗈼𗬩

及日圈 <> 过得等一礼死自代失为三

甲 9-25-8 𗵒𗵗𗳭𗉛𗏹𗥤𗉛𗩾𗵐𗤋𗢭𗁅𗵘𗥤𗵒𗖰𗏹

月个其后日显失为十杖监监头监日

甲 9-25-9 𗵘𗀔𗣿𗉛𗣼𗉋𗫨𗉛𗩾𗉛𗤋𗥤𗫨𗨳𗏹

限圈内不获则死自代失为连一年日

甲 9-25-10 𗥤𗩾𗤋𗵘𗤋𗉛𗢭

显失为因十三杖

新译文：

限期内得之，则依有罪人之从犯法，未得，则令同[1]之。

限期内获之及逾期而获之等，一律失死罪及长期徒刑者徒三个月，其余失短期徒刑[2]者十杖。都监小监[3]于限期未获，则失死罪及长期徒刑者徒一年，失短期徒刑者十三杖。

注释：

[1] 同：原译为“抵”。

[2] 短期徒刑：原译为“有期”。

[3] 都监小监：原译为“都监、小监”，断句不对。

本小条同其他三小条都属于一大条，而该大条与所属四小条是对（寄名）都监、都监小监、使人等取贿放有罪人、受贿未放疏忽失误失有罪人、未受贿无心失误失有罪人及谓未受贿无心失误失有罪人而非事实的处罚。[1]本小条前部分是对（寄名）都监未受贿，无心失误失有罪人，限期内寻不获、限期内获及逾期而获的处罚；后半部分是对都监小监未受贿，无心失误失有罪人，限期

---

① 史金波、聂鸿音、白滨译注：《天盛改旧新定律令》，第 329—331 页。

未获、逾期而获的处罚。[①]靴糹（对译：日显）意为"短期徒刑"。[②]本小条中，有靴糹祕糁繎祋散蘴（对译：日显失为因十三杖），即"失短期徒刑者十三杖"；后一小条中有矡慨靴糹祕糁散祋嗝靪绁（对译：其后日显失为三十笞等问），即"其馀失短期徒刑者笞三十而问之"。[③]《行狱杖门》"当事人处受贿"条规定诸司都监及都监小监、使人等不许于当事人处取贿。[④]知都监与都监小监为职司中不同的职事官。

21.《天盛律令》卷九《行狱杖门》："一牢狱内囚监中，职管都监、小监等教有罪人方便语而使增减罪时，判断已至，则于有罪人所有种种罪中所教之方便语，与种种罪相抵，判断未至则减一等，是他人则比都监，小监之罪情依次再减一等。"[⑤]本条款西夏文原文为：

甲 9-25-18 　𗼁𗥃[⑥]𗏇𗤋𗣾𗥛𗧯𗟻𗥎𗤋𗣮𗠣𗤙𗑩𗣼𗪘𗏇
　　　　　　　一牢狱内监缚中职［管］监监头监等罪有人 <>

甲 9-26-1 　𗏇𗤙𗟻𗭪𗣼𗥜𗑶𗧯𗭬𗤀𗧯𗤘𗣮𗪘𗣼𗪘
　　　　　　　益寻语指罪增减令时断判 <> 至则罪有

甲 9-26-2 　𗥎𗕟𗣼𗤙𗣾𗪘𗣼𗏇𗤙𗣾𗟻𗧯𗭪𗣼𗤙𗣾𗪘
　　　　　　　人处罪诸种有中益寻语何 <> 指罪诸种

甲 9-26-3 　𗎉𗧯𗕟𗤀𗭬𗟻𗪘𗤙�/𗣮𗣾𗥎
　　　　　　　与等令断判未至则一等数 <> 退为他人

甲 9-26-4 　𗎳𗪘𗥃𗟻𗥎𗣾𗏇𗣼𗤋𗟻𗪙𗣸𗧯𗤂𗣾𗣮
　　　　　　　是则监监头监 <> 罪阶显比次依又一等

甲 9-26-5 　𗣮𗣾𗥎𗣾
　　　　　　　数 <> 退为

---

① 史金波、聂鸿音、白滨译注：《天盛改旧新定律令》，第 331 页。

② 史金波、聂鸿音、白滨译注：《天盛改旧新定律令》，第 624 页。

③ 史金波、聂鸿音、白滨译注：《天盛改旧新定律令》，第 331 页。原文参见俄罗斯科学院东方研究所圣彼得堡分所、中国社会科学院民族研究所、上海古籍出版社编：《俄藏黑水城文献》，第 8 册，第 196 页下左第 6—7 行。

④ 史金波、聂鸿音、白滨译注：《天盛改旧新定律令》，第 332 页。原文参见俄罗斯科学院东方研究所圣彼得堡分所、中国社会科学院民族研究所、上海古籍出版社编：《俄藏黑水城文献》，第 8 册，第 197 页上左第 2-3 行。

⑤ 史金波、聂鸿音、白滨译注：《天盛改旧新定律令》，第 331 页。

⑥ 𗥃（狱），残缺，据克恰诺夫俄译本《天盛改旧新定律令》第三册第 329 页第 9 行补。

新译文：

　　一牢狱内囚监中，职管都监、小监等教有罪人方便语而使增减罪时，判断已至，则于有罪人所有种种罪中所教之方便语，与种种罪使相同[1]，判断未至则减一等，是他人则比都监，小监之罪情依次再减一等。

注释：

　　[1]使相同：原译为"相抵"，将𘝞（等、同）译为"抵"，未译𘞵（使）。

本条款是对给有罪人指示的处罚。

22.《天盛律令》卷九《行狱杖门》："一等拘系职管狱囚大人、承旨中一二人原有隙，共任职大人、承旨相告以有隙之语，自相商议相谓而听之，枉法以压制，无理口□□□〔所食〕而取之，无理□使之受杖，如此为方便而杀囚者，依相怨故意杀法判断。"①本条款西夏文原文为：

甲9-28-6　𘝞𗁬𗏹𘝞𗗙𗥤𗸫𗲒𘞵𗽓𗧓𗽓𗄻𗗋𗗙𗈶𗗙　
　　　　　　一等缚监事［管］大人旨承中数一二与本上差
甲9-28-7　𗗙𗗋𗥤𗲒𗏹𘞵𘞵𗗙𗧓𗥤𗺘𗵒𗥄𗗙　
　　　　　　故意置职共相大人旨承 <> 差置语耳告为
甲9-28-8　𗿷𗲒𘝞𗾖𗏹𘞵𗅢𗸫𘞵𗗙𗈶𗳷𘟗𗈶𗤙　
　　　　　　自共 <> 议议相谓 <> 听律弯处压以应
甲9-28-9　𗅇𗸫𗑘𗆻𗏹𗴾𗸫𗵒𗥄𗸫𗥤𗲹𘞵𗈶𗲗　
　　　　　　无口喉减穿所取为不应［限］杖受令此
甲9-28-10　𗦇𗨴𗤙𗵒𗏹𗗙𗨳𗸫𗥤𗆻𗨳𗢳𗦻𗷂𗿳　
　　　　　　如益寻为以监杀 <> 相恨故意杀礼依断判

新译文：

　　一等狱囚与职管大人、承旨中一二人原有隙[1]，共任职大人、承旨相告以有隙之语，自相商议相谓而听之，枉法以压制，无理减粮食、取衣服[2]，无理使受杖限[3]，如此为方便而杀囚者，依相怨故意杀法判断。

注释：

[1] 狱囚与职管大人、承旨中一二人原有隙：原译为"拘系职管狱囚
大人、承旨中一二人原有隙"，将𗗓𗜍𗉐𘃡（狱囚、职管）译为"拘系职
管狱囚"，又漏译𗗙（与）。

[2] 无理减饮食、取衣服：原译为"无理口□□□〔所食〕而取之"，
未识出𗏝𗜟𗡪𗾺𗡞（减饮食，衣服），李炜忠已识。

[3] 无理使受杖限：原译为"无理□使之受杖"，未识出𗡴（〔限〕），
李炜忠已识。

按照原译，句意不清晰。从语法来看，𗗓𗜍（狱囚）①为主语，𗉐𘃡𗉜𗈈
𘔊𘃪𗗙𗈪𗉐（与职管大人、承旨中一二人）为状语。从上下文来看，显然是
说狱囚与职管大人、承旨中一二人有隙，职管大人、承旨以此杀狱囚。𗏝𗜟
（对译：口喉）意为"饮食"。②𗡪𗡞（对译：穿所）意为"衣服"。③《魏书》
卷一百一十一《刑罚志》曰："理官鞠囚，杖限五十，而有司欲免之则以细捶，
欲陷之则先大杖。民多不胜而诬引，或绝命于杖下。"④其中"杖限"，意为刑
罚规定的杖数。《天盛律令》卷九《行狱杖门》亦有相似的规定：知有罪人中公
事明确而不说实话，可三番拷之。一番拷可行三种，笞三十为限，悬木上。⑤𗡴
𗾻（对译：〔限〕杖），即"杖限"。

23.《天盛律令》卷九《行狱杖门》："一等狱囚与职管大人、承旨有隙，共
任职大人承旨闻觉不劝，拷之而使损其口喉，实闻见而不劝，妄死人时，同任
职大人、承旨徒四年。都案、案头、司吏等未过问者徒二年，谓已过问而不
听，未问时不告，则徒一年。使人都监、小监等依大人、承旨谓当减囚之食
饮，未提出而听承指挥语而减时，徒三年，若已提出而未问未告则徒一年。"⑥
本条款西夏文原文为：

甲 9-29-5 𗢳𗗓𗉐𗏝𗜟𗉜𗉐𗉐𘃡𗈈𗉐𘔊𗗓

---

① 𗗓𗜍（对译：缚监），一般译为"狱囚"。
② 从上下文来看，本大条款为对狱囚有病不医、夺取粮食、衣服而致死时局分大小的处罚。本大条款下
有九小条款，上引条款即为其中一小条款。结合上下文与字面意思，𗏝𗜟（对译：口喉）可译为"饮食"。
③ 一部分动词词根加后缀，可组成新的名词。𗡪𗡞（对译：穿所）为词根𗡪（穿）加后缀𗡞（所）构成
的名词，意为"衣服"。史金波：《西夏文教程》，第 141 页。
④（北齐）魏收撰：《魏书》，中华书局，1974 年版，第 2876 页。
⑤ 史金波、聂鸿音、白滨译注：《天盛改旧新定律令》，第 326—327 页。
⑥ 史金波、聂鸿音、白滨译注：《天盛改旧新定律令》，第 334 页。

一等缚监事［管］大人旨承与差置职共相大人

甲9-29-6 𗹦𗫂𗰜𗬆𗹦𗤌𗫨𗫺𘃜𘅰𘄲𗰜𘕿𗰉

旨承闻觉不应打打口喉侵令苦

甲9-29-7 𗬆𘄲𗄼𗰜𗯻𗤌𗪊𗤕𗤌𘈩𘃽𘀄

为然实闻见中不劝妄人死时职

甲9-29-8 𘕘𗷣𘄱𗹦𗫂𗤓𘃜𗫨

共相大人旨承 <> 四年

甲9-29-14 𘃽𗷦𗉛𘝵𗴿𗬩𗿷𘄲

一总汇头司立等头未

甲9-29-15 𗫠𘃽𘄱𘙌𗫨𘃽𘃽𘅏𗴿𘄲𗤌

举为 <> 二年头 <> 举为谓不听未

甲9-29-16 𗿷𗤓𗴿𗤓𗵈𘃽𗫨𘄱𘈩𘄱𗿪𗫨𗷦

肯时不告则一年使人监监头监

甲9-29-17 𘈩𗄼𘄱𗿽𘝵𘄱𗿷𗴿𘄱𗸆𘈩𗤓𗵈

等大人指命依监 <> 食粮饮所 <> 减

甲9-29-18 𗬆𘅏𗴿𘄱𘃽𗬆𘄲𗿽𘕿𗄼𗫨𗬆𗵈

为谓头未举为指命语听承减为时

甲9-30-1 𗰜𗫨𗸆𗴿𘃽𘃽𘅏𗿷𗤓𗵈𘃩𘃽𗫨

三年若头 <> 举为未肯未告则一年

新译文:

一等狱囚与职管大人、承旨有隙,共任职大人、承旨闻觉无理拷打、使减饮食、受苦[1],实闻见而不劝,妄死人时,同任职大人、承旨徒四年。都案、案头、司吏等未过问者徒二年,谓已过问而不听,不肯[2]时不告,则徒一年。使人都监、小监等依大人指挥[3]谓当减囚之食饮,未过问[4]而听承指挥语而减时,徒三年,若已过问[5]而不肯[6]未告则徒一年。

注释:

[1]闻觉无理拷打、使减饮食、受苦:原译为"闻觉不劝,拷之而使损其口喉",将𗫨𗤌(无理)译为"不劝",将𘄲𘅰𘄲(对译:口喉让)译为"损口喉",又漏译𘄲𘃜(受苦)。

[2][6]不肯:原译为"未问"。

[3] 指挥：原译为"承旨"。

[4][5] 过问：原译为"提出"。

按照原译，职管大人、承旨的"拷之而使损其口喉"，如果不是无理的，共任职大人、承旨就没有必要劝，更不会出现"妄死人"的情况被徒四年。𗩾𗧾（对译：不应）为副词词根修饰动词词根而构成的合成词，意为"无理"。𗜈𗜈（对译：口喉），前文已指出可译为"饮食"。𗧾𗜈（对译：指命）为动词，意为"指挥"。[1]𗜈𗜈（对译：头举），一般译为"过问"。

24.《天盛律令》卷九《行狱杖门》："大人、承旨一律一大人所属死一至五名时徒一年，死五至十名徒二年，十以上至十五徒三年，十五以上至二十徒四年，二十以上一律徒五年。"[2]本条款西夏文原文为：

甲 9-30-9 𗧾𗜈𗜈𗜈
　　　　 大人旨承一
甲 9-30-10 𗜈𗜈𗧾𗧾𗜈𗜈𗜈𗜈𗜈𗜈𗜈𗜈𗜈
　　　　 礼一大人 <> 有一起五至时一年五
甲 9-30-11 𗜈𗧾𗜈𗜈𗜈𗜈𗜈𗜈𗜈𗜈𗜈𗜈
　　　　 起十至死二年十上高十五至三年
甲 9-30-12 𗧾𗜈𗜈𗜈𗜈𗧾𗜈𗜈𗜈𗜈𗧾𗜈𗜈
　　　　 十五上高二十处至四年二十上高
甲 9-30-13 𗜈𗜈𗜈𗜈
　　　　 一礼五年

新译文：

大人、承旨一律一大人所属死一至五名时徒一年，死五以上至十名徒二年[1]，十以上至十五徒三年，十五以上至二十徒四年，二十以上一律徒五年。

---

① 按：《番汉合时掌中珠》第 28 页第 6 栏将𗜈𗜈𗧾𗜈（对译：皆全指命）译为"尽皆指挥"；第 30 页第 1 栏将𗜈𗜈𗧾𗜈（对译：职管指命）译为"指挥局分"；第 31 页第 1 栏将𗧾𗜈𗜈𗜈（对译：大人指命语）译为"大人指挥"。分别见（西夏）骨勒茂才，黄振华、聂鸿音、史金波整理：《番汉合时掌中珠》，第 58 页第 3 栏、61 页第 1 栏、63 页第 1 栏与第 130 页第 3 栏、133 页第 1 栏、135 页第 1 栏。

② 史金波、聂鸿音、白滨译注：《天盛改旧新定律令》，第 334 页。

注释：

[1] 死五以上至十名徒二年：原译为"死五至十名徒二年"，疑漏刻貤尾（以上）。

原文有其逻辑：一至五，五以上至十，十以上至十五，十五以上至二十，即每一组数之间都相差五。故五后应有貤尾（以上）一词。

25.《天盛律令》卷九《行狱杖门》："一前述人中，因犯十恶及杂罪中得死罪而已拘缚之人有疾病、恶疮、孕子等，不许担保。当使住牢狱净处，遣人侍奉，有疾病、恶疮、孕子等当治之，一面分析寻问当事人。自长期徒刑以下至短期者，有疾病、恶疮、妇人孕子生产日已明，则遣人视之。妇人生产月日是否属实，当问所知，是实则当令只关，暂接担保，疾病恶疮愈，产子一个月后再当推问"。①本条款西夏文原文为：

甲 9-31-18 　［西夏文］②
　　　　　一前有人中十恶犯者及杂罪中死获等因语
甲 9-32-1 　［西夏文］
　　　　　唇 <> 缚人疾病疮有子腹有等［保］担允无其
甲 9-32-2 　［西夏文］
　　　　　处牢狱净处 <> 住令侍奉者 <> 遣疾病疮有
甲 9-32-3 　［西夏文］
　　　　　子腹有等 <> 治 <> 为一面分析语唇 <> 缚因
甲 9-32-4 　［西夏文］
　　　　　<> 寻问自代起低下日限至 <> 疾病疮有妇
甲 9-32-5 　［西夏文］
　　　　　人子腹有产日显是则人遣 <> 看令妇人 <>
甲 9-32-6 　［西夏文］
　　　　　生月日实是非门下知 <><> 问实是则 <>［只］
甲 9-32-7 　［西夏文］
　　　　　［关］令一顺权 <>［保］担疾病疮愈子生产一月

----

① 史金波、聂鸿音、白滨译注：《天盛改旧新定律令》，第335—336页。
② 蒨（语），残缺，据克恰诺夫俄译本《天盛改旧新定律令》第三册第341页第9行补。

甲 9-32-8 𗅁𗟭𗟱𗤒𗤋𗱕𗤻

　　　　月后方等 <> 寻问

新译文:

　　一前述人中，因犯十恶及杂罪中得死罪而被诉讼[1]之人有疾病、恶疮、孕子等，不许担保。当使住牢狱净处，遣人侍奉，有疾病、恶疮、孕子等当治之，一面分析寻问被诉讼人[2]。自长期徒刑以下至短期者，有疾病、恶疮、妇人孕子生产日已明，则遣人视之。妇人生产月日是否属实，当问门下[3]所知，是实则当令只关，暂接担保，疾病恶疮愈，产子一个月后再当推问。

注释:

　　[1]被诉讼：原译为"已拘缚"。

　　[2]被诉讼人：原译为"当事人"。

　　[3]门下：原译未译。

　　𗅁𗤋𗤻𗟱（对译：语唇 <> 缚）可译为"被诉讼"。[①]从上下文来看，犯罪者此时只是被诉讼、暂被收押，尚未审问、判罪。[②]

　　26.《天盛律令》卷九《行狱杖门》："一冬夏二季甚冷热时，中书、经略司等局分处当过问，各自所属之囚当遣堪任局分人推求，未服完者，应予限期则当予限期，应担保则当令担保，应判断则当判断。"[③]本条款西夏文原文为:

甲 9-33-15 𗥃𗥔𗴮𗰖𗱕𗳀𗤻[④]𗤛𗰱𗅁𗈪𗣼𗰭𗤒𗤻𗤘

　　　　一冬夏二季寒热极时上中净［经略］司等事

甲 9-33-16 𗤛𗰱𗟱𗤣𗳡𗤘𗣼𗤻𗘺𗰱𗅼𗒹𗤻𗤒𗤛

────────────

　　① 据《译名对照表》，𗅁𗤻𗟱𗤒（对译：问唇〈〉缚）意为"诉讼"，𗅁𗤻（对译：唇语）意为"诉讼"。见史金波、聂鸿音、白滨译注:《天盛改旧新定律令》，第 638—639 页。《天盛律令》第 343 页，将𗘺𗅁𗤻𗟱𗤒𗰱𗰭𗤛𗈪𗤘𗤻𗥃𗘺𗟱𗤒𗤛𗤛𗅁𗤤𗤋𗟱𗤤𗤻𗤛𗤒𗤏（对译：他妻语唇〈〉缚诸司枷禁住□职管小大监监头监等侵凌时十年）译为"他人妻子被诉讼而诸司枷禁之，局分大小、都监、小监等侵凌时，徒十年"。原文参见俄罗斯科学院东方研究所圣彼得堡分所、中国社会科学院民族研究所、上海古籍出版社编:《俄藏黑水城文献》，第 8 册，第 205 页下左第 3 行。

　　② 史金波、聂鸿音、白滨译注:《天盛改旧新定律令》，第 335—336 页。

　　③ 史金波、聂鸿音、白滨译注:《天盛改旧新定律令》，第 337 页。

　　④ 𗳀（极），残缺，据克恰诺夫俄译本《天盛改旧新定律令》第三册第 345 页第 6 行补。

管处头 <> 举为自己缚有处监分离者人

甲 9-33-17 𗰱𗡞𗵘𗢁𗟲𗵘𗼋𗖻𗗙𘘤𗼋𗖻𗴂𗗙𗎠

堪 <> 遣寻找未毕日限给应日限 <> 给 { 保 }

甲 9-33-18 𗟲𗼋𘟱𗎠𗟲𘝽𗳳𗼋𗼋𘟱𗳳𗼋

担应 <> ［保］担令断判应 <> 断判为

新译文：

一冬夏二季甚冷热时，中书、经略司等局分处当过问，各自所属之囚当遣堪任分别者人[1]推求，未服完者，应予限期则当予限期，应担保则当令担保，应判断则当判断。

注释：

［1］堪任分别者人：原译为"堪任局分人"，将𗖻𗎠（对译：分离）译为"局分"。

𗖻𗎠（对译：分离），按字面意思，意为"分别"。①

27.《天盛律令》卷九《越司曲断有罪担保门》："一诸人有互相争讼陈告者，推问公事种种已出时，京师当告于中兴府、御史，余文当告于职管处，应取状。其中有谓受枉误者时，于局分都案、案头、司吏争讼者当告于所属司大人，应转争讼局分人则转当地大人。若无枉误语，告者无确凿语，妄避罪日长，□语上有添补，则当使脱罪，引送前置文处，当总合，依律令语法实行。"②本条款西夏文原文为：

甲 9-35-3 𗣼𗰜𗤁𗰔𗴮𗴍𗦇𘟙𗌉𗴞𘐒𗯿𗦳𘜶𗰜𘟙𗵘

一诸人相处口缚告告者有勤事诸种寻问

甲 9-35-4 𗴍𗤁𗴮𗰜𘘅𘘤𗦳𗦇𘟤𗎠𗯤𗢁𗢮𗦏𗵘𗍂

所出时世界 <> ［中兴府］断除他何职 ［管］等

甲 9-35-5 𗜈𗤁𗢝𘜶𗴂𗟲𗼋𗰠𗘼𘘤𗖻𗦇𗣼𗣼𗯿𘓨𘟙

① 本条款相应的条目为𗗙𗰬𘞌𗖻𗎠（对译：冬夏监分离），即"冬夏分别囚"。史金波、聂鸿音、白滨译注：《天盛改旧新定律令》，第 45 页；原文参见俄罗斯科学院东方研究所圣彼得堡分所、中国社会科学院民族研究所、上海古籍出版社编：《俄藏黑水城文献》，第 8 册，第 12 页右面第 13 小行。

② 史金波、聂鸿音、白滨译注：《天盛改旧新定律令》，第 338 页。

处 <> 告状 <> 取为其中 <> 弯 <> 缓待 <> 谓

甲 9-35-6 𗇜𗾉𗟲𗏵𗡞𘝶𗹬𘝫𗵴𗍲𗿽𘓞𘟛𗤓𗤕

者有时职管一总汇头司立处口缚 <><>

甲 9-35-7 𘝫𗇜𘜶𘝶𗿽𗏵𗤴𗣿𗟲𘝶𗉶𘟛𘝶𘜶𗰹

有司大人处 <> 告口缚处职管人转为应则

甲 9-35-8 <u>𘜶𗍲𗾟𗡞𘟛𘜶</u>

大人 <> 计 <> 转为

甲 9-35-17 𗨙

若

甲 9-35-18 𘏚𗾉𗣿𗣿𗏵𗟲𗇜𗣿𘜷𗣿𗹫𗁅𗆜𗤓𗍷𘓍

弯待语不有告者语义不有妄罪避日长

甲 9-36-1 <u>𗟲𗍲𗣿𗧯𗏵𗟲𗍷𗣿𘜶𗝢𗁅𗵴𗍲𗱿</u>

告处语补有则罪 <> 伏令前典置处

甲 9-36-2 𗥃𗴾𗫽𗍲𗿽𗘍𗣿𗍲𗹫𘘍𗤕𘜽𗫮𘙏

<> 引送 <> 结合律令语礼依 <> 顺行

新译文：

一诸人有互相争讼陈告者，推问公事种种已出时，京师当告于中兴府、御史、其他职管等处[1]，应取状。其中有谓受枉误者时，于局分都案、案头、司吏争讼者当告于所属司大人，应转争讼局分人则大人当计而转[2]。若无枉误语，告者无确凿语，妄避罪日长，告[3]语上有添补，则当使伏[4]罪，引送前置文处，当总合，依律令语法实行。

注释：

[1]其他职管等处：原译为"余文当告于职管处"，将𗇜（何）误识为𗤓（文）。

[2]大人当计而转：原译为"转当地大人"，未译𗾟（计），语序有问题。

[3]告：原译未识出。

[4]伏：原译为"脱"。

本条款是对京师诸司公事有枉误的规定。

28.《天盛律令》卷九《越司曲断有罪担保门》："若无枉误语，则因妄语而令脱罪，引送置文处判断。"①本条款西夏文原文为：

甲 9-35-18 𗤋𗥔𗷕𗗙𗟲𗧜𗒻𗗙

若弯待语不有则语

甲 9-36-1 𗖌𗢯𗈪𗰜𗹡𗥔𗴜𗜓𗄩𗰖𗆧𗥃𗹠

补因罪 <> 伏令典置处 <> 引送断判

新译文：

若无枉误语，则因妄语当令伏罪[1]，引送置文处判断。

注释：

[1] 当令伏罪：原译为"而令脱罪"，误将𗹡（伏）译为"脱"。

本条款是对边中公事有枉误的规定。②前文规定归地边诸人相互诉讼有谓枉误而不服，则告于刺使、经略、瓯匦。③告后发现无枉误，当送诉文处判断伏罪。

29.《天盛律令》卷九《越司曲断有罪担保门》："一诸司局分人未取贿赂，未徇情，当事人未聚集，问情不足，欲断局分问者之语，谓依官方及大人指挥当脱之，以威胁语强使脱之时，获死罪及长期徒刑者徒三年，短期徒刑自三年至六年者徒一年，自徒二年至徒一个月者十杖，获杖罪勿治。"④本条款西夏文原文为：

甲 9-37-16 𗋽𗨁𗿷𗥃𗷻𗭴𗤱𗹼𗹠𗹠𗷊𗷣𗹠𗾸𗙏𗵃𗭴

一诸司职管人贪物未取相面未为事缚人

甲 9-37-17 𗜓𗥷𗮔𗾫𗤿𗭦𗶷𗥃𗷻𗾫𗚂𗗙𗴒𗽴𗷊

不聚集问节未足为职管问者语 <> 断欲

① 史金波、聂鸿音、白滨译注：《天盛改旧新定律令》，第339页。
② 史金波、聂鸿音、白滨译注：《天盛改旧新定律令》，第46页。原文参见俄罗斯科学院东方研究所圣彼得堡分所、中国社会科学院民族研究所、上海古籍出版社编：《俄藏黑水城文献》，第8册，第12页左面第2小行。
③ 史金波、聂鸿音、白滨译注：《天盛改旧新定律令》，第338—339页。
④ 史金波、聂鸿音、白滨译注：《天盛改旧新定律令》，第339—340页。

甲 9-37-18 𗝠𗫦𗥃𗤁𗈪𗫍𗝠𗥰𗱕𘄦𗤷𘜶𗰖𗥃𘜶
　　　　　官依及大人等指命依 <> 伏谓语补刚以伏
甲 9-38-1 𗆧𗧎𗖸𗤒𗰗𗘂𗥻𗮔𗲢𗘂𗥻𗟭𗸍𗥻
　　　　　令时死自代获三年日限三年起六年
甲 9-38-2 𗧎𗋈𗥻𗂰𗥻𗟭𗾟𗫫𗧎𗴺𘏨𘏨𗄭𗥃𘄦
　　　　　至一年二年起月月至十杖杖罪获莫
甲 9-38-3 𗰖
　　　　　连

新译文：

　　一诸司局分人未取贿赂，未徇情，当事人未聚集，问情不足，欲断局
分问者之语，谓依官方及大人指挥当伏[1]之，以威胁语强使伏[2]之时，
获死罪及长期徒刑者徒三年，短期徒刑自三年至六年者徒一年，自徒二年
至徒一个月者十杖，获杖罪勿治。

注释：

　　[1][2] 伏：原译为"脱"。

　　结合条目①，知本条款是对未受贿、徇情，当事人不聚集，问不足断罪的
处罚。《天盛改旧新定律令》卷九《越司曲断有罪担保门》"受贿枉公事"条规
定，受贿而增罪、重罪减半，所增、减罪由枉者承。②那么，按理未受贿、徇
情，死罪、长期徒刑而使脱罪的处罚应比徒三年的处罚要重。亦知原译有问
题。

　　30.《天盛律令》卷九《越司曲断有罪担保门》："若不应革职，无理相怨而
加罪以革其职，或虽应革职而减罪则不革职，与此次第加之而多黜其官，多加
其黥，又不应黥而黥之等，于同等枉法罪状各加一等判断。"③本条款西夏文原
文为：

<hr>

　　① 本条款的相应条目为"未贪问未集断罪"。史金波、聂鸿音、白滨译注：《天盛改旧新定律令》，第46
页。原文参见俄罗斯科学院东方研究所圣彼得堡分所、中国社会科学院民族研究所、上海古籍出版社编：
《俄藏黑水城文献》，第8册，第12页左面第3小行。
　　② 史金波、聂鸿音、白滨译注：《天盛改旧新定律令》，第340页。
　　③ 史金波、聂鸿音、白滨译注：《天盛改旧新定律令》，第340页。

甲 9-38-13 𗧓𗏆𗏇𗗙

若职失不应

甲 9-38-14 𗤶𗤶𗖰𗏇𗷠𗧓𗏆𗏆𗒀𗧓𗏇𗒀

相恨罪升为以职失令及若失应及

甲 9-38-15 𗧓𗧓𗖰𗷠𗏇𗏆𗏇𗒀𗷲𗧓𗷳𗖌𗷠𗏇

是然罪减为不失令此与顺似 <> 升

甲 9-38-16 𗏇𗷠𗏆𗧓𗐔𗷠𗷮𗖌𗏇𗒀𗏆𗷮𗏇𗏆

为以官多折为黜超著令又黜著不

甲 9-38-17 𗏇𗷲𗖰𗖌𗧓𗒀𗧓𗏇𗐔𗖰𗙈𗖰𗷲𗷠

应著中入等边等弯 <> 罪阶显上一

甲 9-38-18 𗧓𗒀𗷲𗷠𗏇𗗙𗒀

等数 <> 升为断判

新译文:

若不应革职,相怨而加罪以革其职[1],或虽应革职而减罪则不革职,与此次第相似[2]加之而多黜其官,多加其黜,又不应黜而黜之等,于同等枉法罪状各加一等判断。

注释:

[1]相怨而加罪以革其职:原译为"无理相怨而加罪以革其职",衍"无理"。

[2]相似:原译未译。

本小条是对受贿枉公事的处罚。𗧓𗏆𗏇𗗙(对译:职失不应)中,𗏇𗗙(不应)为谓语𗏆(革)的补语。𗏇𗗙(不应)与𗤶𗤶𗖰𗏇𗷠𗧓𗏆𗏆(相怨而加罪以革其职)无关。又前揭𗷠𗏇(边等)可译为"同等"。

31.《天盛律令》卷九《越司曲断有罪担保门》:"一诸司有罪人已断公事者,由司内大人当面指挥。指挥语未暇予之,不许预先遣人取证据物。违律时,有官罚马一,庶人十三杖。证据物当予举报者,予物者罪勿治。"[1]本条款西夏文原文为:

---

①史金波、聂鸿音、白滨译注:《天盛改旧新定律令》,第341—342页。

甲 9-40-16 [西夏文]
　　　一诸司罪有人勤事 <> 断 <> 司内大人眼前
甲 9-40-17 [西夏文]
　　　<> 指命指命语给不暇先前人遣报知
甲 9-40-18 [西夏文]
　　　物取允无律过时官有罚马一庶人十
甲 9-41-1 [西夏文]
　　　三杖报知物举者 <><> 给物给者罪莫连

新译文：

　　一诸司有罪人已断公事者，由司内大人当面指挥。指挥语未暇予之，不许预先遣人报知取物[1]。违律时，有官罚马一，庶人十三杖。报知[2]物当予举报者，予物者罪勿治。

注释：

　　[1]报知取物：原译为"取证据物"。
　　[2]报知：原译为"证据"。

　　本条款是对断公事未暇指挥先报知取物的处罚。
　　32.《天盛律令》卷九《越司曲断有罪担保门》："若彼有罪人逃往敌界又投奔归来，及逃人被捕而定其罪，则限期后始得亦置罪□□也依不得有罪人法□□□坐大数虽造意尔后从犯等当……"①本条款西夏文原文为：

甲 9-41-16 [西夏文]
　　　若彼罪
甲 9-41-17 [西夏文]②[西夏文]
　　　有人兽界往重归头归来及逃人 <> 捕
甲 9-41-18 [西夏文]

---

① 史金波、聂鸿音、白滨译注：《天盛改旧新定律令》，第342页。
② [西夏文]（兽），佚，据上下文拟补。

罪□应是则日圈日后 <> 获亦罪置为
甲 9-42-1 𗵆𗰧𗫨𗗙𘄡𘊸𗢍𗔭𘒤𗗙𗤎𗫡𗄹
处无也依罪有人不得礼依判断正
甲 9-42-2 𗑱𗵒𗰧𗤄𗬠𗥺𘔿𗢍𘊸𗢁𗩱𗤎𗫡
坐大人数心起及其后副等 <> 算断判

新译文：

若彼有罪人逃往敌界又投奔归来，及逃人被捕而定其罪，则限期后始得亦因无置罪处也[1]，依不得有罪人法判断[2]，正坐诸大人当算主谋，其余当算从犯判断[3]。

注释：

[1] 亦因无置罪处也：原译为"亦置罪□□也"，未识出𗵆𗰧（对译：处无），漏译𗫨（因）。

[2] 判断：原译未识出。

[3] 正坐诸大人当算主谋，其余当算从犯判断：原译为"□坐大数虽造意尔后从犯等当"，未识出𗄹（正）、𗤎𗫡（对译：算断判），将𗵒𗰧（诸大人）译为"大数"。

按照原译，句意不明。从语法来看，𗄹𗑱𗵒𗰧𗤄𗬠𗥺𘔿𗢍𘊸𗢁𗩱𗤎𗫡（对译：正坐大人数心起及其后副等 <> 算断判）中，包括两句，第一句中𗄹𗑱𗵒𗰧（正坐诸大人①）为主语，𗤄𗬠（主谋）为宾语，𗢁（算）为谓语；第二句中𘔿𗢍（其余）为主语，𘊸（从犯）为宾语，𗢁（算）为谓语，𗩱［永 wjij］为表示向远、向外的未然式动词前缀，𗤎𗫡（断判）为补语，两个句子之间用连词𗥺（及）连接。

33. 《天盛律令》卷九《越司曲断有罪担保门》："一担保者受贿逸放有罪人及□□□误失之等罪法：一等受贿、徇情而逸放者徒三个月，□□获则比从犯减一等。日□□□者，当依从犯法判断放者之罪。及□判断之后得有罪人者，限期中得之，当依法断减。

---

① 一部分名词词根加后缀𗰧（数），可组成名词，表示多数，如𗤻（佛）加𗰧（数），构成𗤻𗰧，意为诸佛。史金波：《西夏文教程》，第142—143页。故𗵒𗰧（对译：大人数）意为"诸大人"。

一等虽已受贿，然未放逸，疏忽失误而失之者，于前述限期内得之则徒六个月，限期内不得则徒五年。已判断之后再得及放者判断□□而得等，一律六个月。

一等未受贿徇情，无心……限内得之则三个月……二年，限期……前述限期……当获□个月……

一等前述担保者皆受贿徇情，则以主从犯论，依前所示……比之依次减一等。主犯一部受贿徇情，一部未受贿徇情等，有无受贿徇情，各自与前述罪状相同。皆未受贿徇情，则不需论主从，一样判断。"①本条款西夏文原文为：

甲 9-42-3 〔西夏文〕
　　　　一［保］担者人贪取罪有人松放及不比不

甲 9-42-4 〔西夏文〕
　　　　牢失为等罪礼

甲 9-42-5 〔西夏文〕
　　　　一等贪羞面有松放 <> 三月个圈内

甲 9-42-6 〔西夏文〕
　　　　得则副比一等 <> 退为日过不得

甲 9-42-7 〔西夏文〕
　　　　<> 副礼放者 <> 罪 <> 断判为及未

甲 9-42-8 〔西夏文〕
　　　　断判为等后方罪有人得 <> 日圈

甲 9-42-9 〔西夏文〕
　　　　内得礼依 <> 退为断判

甲 9-42-10 〔西夏文〕
　　　　一等贪 <> 及取然未松放不比不牢

甲 9-42-11 〔西夏文〕
　　　　<> 失为 <> 先有日圈内得则六月

甲 9-42-12 〔西夏文〕②〔西夏文〕
　　　　个日圈内不得则五年 <> 断判后

① 史金波、聂鸿音、白滨译注：《天盛改旧新定律令》，第 342—343 页。
② 叛（年），残缺，据彩印本《天盛改旧新定律令》第 10 册第 40 页左面第 3 行补。

甲 9-42-13 [illegible][1][illegible]

方重得及放者断判未至 <> 得等

甲 9-42-14 [illegible]

一礼六月个

甲 9-42-15 [illegible]

一等贪羞面无不比不牢失为 <> 日

甲 9-42-16 [illegible]

圈内获则三月月日圈内不获则

甲 9-42-17 [illegible]

二年日圈 <> 过 <> 断判后方获则

甲 9-42-18 [illegible]

前有日圈内获礼依罪体 <> 释三

甲 9-43-1 [illegible]

月月 <> 获

甲 9-43-2 [illegible]

一等前有［保］担者人皆贪羞面有则心

甲 9-43-3 [illegible] □□

起正副 <> 算心起前依 <> 示礼 □□

甲 9-43-4 [illegible][2]

其比一等等次依 <> 退为半贪羞面

甲 9-43-5 [illegible][3][illegible][4]

有半贪羞面无则贪羞面有无自处

甲 9-43-6 [illegible]

前依罪阶显与 <> 同皆贪羞面无则

甲 9-43-7 [illegible]

心起正副算不用一礼断判

---

① [illegible]（对译：未至），残缺，据彩印本《天盛改旧新定律令》第 10 册第 40 页左面第 4 行补。

② [illegible]（面），残缺，据上下文拟补。

③ [illegible]（无），残缺，据上下文拟补。

④ [illegible]（处），残缺，据上下文拟补。

新译文：

一担保者受贿逸放有罪人及疏忽失误[1]失之等罪法：一等受贿、徇情而逸放者三个月以内[2]获则比从犯减一等。期限过不得[3]者，当依从犯法判断放者之罪。及未[4]判断之后得有罪人者，当依限期中得之法断减[5]。

一等虽已受贿，然未放逸，疏忽失误而失之者，于前述限期内得之则徒六个月，限期内不得则徒五年。已判断之后再得及放者判断未至[6]而得等，一律六个月。

一等未受贿徇情，无心失误失之者，期[7]限内得之则三个月，期限内不得则[8]二年，限期已过已判断后得之则依[9]前述限期内得之法，主罪当免[10]，当获三[11]个月。

一等前述担保者皆受贿徇情，则以主从犯论，造意[12]依前所示□□比之依次减一等。一部受贿徇情[13]，一部未受贿徇情等，有无受贿徇情，各自与前述罪状相同。皆未受贿徇情，则不需论主从，一样判断。

注释：

［1］疏忽失误：原译为"误"，未识出𗆧𘟬𗆧（对译：不比不）。

［2］三个月以内：原译为"徒三个月，□□"，未识出𗆧𗤓（以内）。

［3］期限过不得：原译为"日□□□"，未识出𗁬𗟲𗗙（对译：过不得）。

［4］未：原译未识出。

［5］当依限期中得之法断减：原译为"限期中得之，当依法断减"，语序有误。

［6］未至：原译未识出。

［7］失误失之者，期：原译无，据彩印本《天盛改旧新定律令》第10册第40页左面第6行补。

［8］期限内不得则：原译无，据彩印本《天盛改旧新定律令》第10册第40页左面第7行补。

［9］已过已判断后得之则依：原译无，据彩印本《天盛改旧新定律令》第10册第40页左面第8行补。

［10］内得之法，主罪当免：原译无，据彩印本《天盛改旧新定律令》第10册第40页左面第9行补。

［11］三：原译无，据彩印本《天盛改旧新定律令》第10册第40页左面第9行补。

［12］造意：原译漏译。

［13］一部受贿徇情：原译为"主犯一部受贿徇情"，衍"主犯"。

本条款是对无理担保有罪人及令其亡失的处罚。大条下包括三小条，第一小条是对局分人使死罪人无理担保而未亡失、亡失的处罚，第二小条是对担保者受贿放逸有罪人及无心失误失有罪人的处罚，第三小条是对第一二小条的补充，强调担保者受贿多从重处罚。第二小条又包括四小款，第一小款是对受贿徇情放逸有罪人的处罚，第二小款是对受贿未放逸而疏忽失误失有罪人的处罚，第三小款是对未受贿徇情、无心失误失有罪人的处罚，第四小款是对前三小款的补充，是对担保者皆受贿徇情、部分受贿徇情部分未受贿徇情、皆未受贿徇情的处罚。①

▢▢▢▢（对译：不比不牢），一般译为"无心失误"或"疏忽失误"。▢▢（对译：罪体），意为"主罪"。②▢▢（造意：心起）为主谓式合成词，意为"造意、主谋"。③

从语法来看，▢▢▢▢▢▢▢▢▢▢（对译：日圈内得礼依 <> 退为断判）一句，主语为▢▢▢▢▢▢▢▢▢▢▢（未判断得有罪人者）；▢▢▢▢▢▢（依限期内获得法）为状语，其中▢▢▢▢（限期内获得）为▢（法）的定语；▢［永 wjij］为表向远的未然式动词前置助词，▢▢▢▢（断减）为谓语。从上下文来看，前文已规定三个月以内获有罪人、期限内不获有罪人的处罚，此为判断后得有罪人的处罚。

本条款第二小条第三小款残佚过半，无论是克恰诺夫俄译本，④还是《俄藏》本，均不能补其缺。彩印本第 10 册可补第二小条第三小款 30 字，使款文完整。

34.《天盛律令》卷九《越司曲断有罪担保门》："一诸人因大小公事，已许贿而未入手，心下存其语而枉公事者，与贪赃枉法□□□未决判罪状相当。"⑤本条款西夏文原文为：

甲 9-44-17 ▢▢▢▢▢▢▢▢▢▢▢▢▢▢▢▢▢

---

① 史金波、聂鸿音、白滨译注：《天盛改旧新定律令》，第 342—343 页。

② 史金波、聂鸿音、白滨译注：《天盛改旧新定律令》，第 648 页。

③ 史金波：《西夏文教程》，第 139 页。

④［苏］E.И.克恰诺夫：《天盛改旧新定律令（1149—1169）》第三册，第 363 页第 6 行—364 页第 1 行。

⑤ 史金波、聂鸿音、白滨译注：《天盛改旧新定律令》，第 344 页。

一诸人勤事少大因贪 <> 许为手未入其语

甲 9-44-18 𗧸𗤒𗏁𗍫𗆉𗢠𗆟𗖍𘜶𗤦𗥃�: 𗖍�togethe①𗗙

心下有以勤事 <> 弯 <> 贪取律弯 <> 断判

甲 9-45-1 𗵇𗤒𗗙𗤻𗤋𗧾𗴭𘉃�

未断判罪阶显与等令

新译文：

一诸人因大小公事，已许贿而未入手，心下存其语而枉公事者，与贪赃枉法已断判[1]未决判罪状相当。

注释：

［1］已判断：原译未识出。

本条款是对已许贿未入手枉公事及未枉法取贿的处罚。

35.《俄藏黑水城文献》第 8 册第 184 页下右至第 208 页下左是《天盛律令》卷九的影印件，编号为俄 Инв.No.164、165、166、168、173、2575、6740、7126，共 49 页。②根据目录，知本卷包括《司事执集时门》、《事过问典迟门》、《诸司判罪门》、《行狱杖门》、《越司曲断有罪担保门》、《贪奏无回文门》和《誓言门》，共七门。史金波等译注本中本卷最后一门《誓言门》全佚，《贪奏无回文门》残存五条款，内容包括诸人须经局分奏，不许不经局分自贪自奏；诸司须经大人、承旨、局分都案、案头、司吏等引导而奏，不许独自奏；节亲、宰相、大小臣僚告要语时当奏引而不许行头字；诸人催促文书者不许与局分人超越引导处；诸司直接引导头字，接收告状时，回……。③

根据《俄藏黑水城文献》第 8 册所载图版，从克恰诺夫俄译本到史金波等

---

① �（断），残缺，据上下文拟补。

② 俄罗斯科学院东方研究所圣彼得堡分所、中国社会科学院民族研究所、上海古籍出版社编：《俄藏黑水城文献》，第 8 册。

③ 史金波、聂鸿音、白滨译注：《天盛改旧新定律令》，第 345—346 页。按："节亲、宰相、大小臣僚等"到本条结束属"因私语不告引导行头子"条，史金波等译注本《天盛律令》第 345 页误归入"独自奏"条。又史金波等译注本《天盛律令》第 47 页将本条目译为"因私语不告引导行文"，未译出藏技（头子），张笑峰亦未改译。"一诸人催促文书者"到"罪勿治"属"催促文字者过处来"条，史金波等译注本《天盛律令》第 345 页误归入"因私语不告引导行头子"条。"一诸司直接引导奏头字，接收告状时，回"与《俄藏黑水城文献》第 8 册第 207 页下左应连在一起，属"文字取回无告不遣人"条前半部分，史金波等译注本《天盛律令》第 345 页误列为"催促文书者过处来"条。参见张笑峰：《西夏＜天盛律令＞中的头子考》，《宁夏师范学院学报》，2016 年第 1 期。

译注的《天盛律令》，均未将卷九《贪奏无回文门》四条款后四面多图版（207页下左、208页）译出。①此四面多图版字迹模糊。现将所识别而确定归属的五条新款文录文、对译、意译如下：

甲 9-48-1 〔西夏文〕②
　　　　　一诸司职管小大
甲 9-48-2 〔西夏文〕……
　　　　　谓不应头字……
甲 9-48-3 □□〔西夏文〕……
　　　　　□□有头字持令罪……
甲 9-48-4 □□□〔西夏文〕……
　　　　　□□□罪莫连……

甲 9-48-5 〔西夏文〕……〔西夏文〕③〔西夏文〕
　　　　　一……御旨恩等寻允无若律
甲 9-48-6 〔西夏文〕④……
　　　　　过……

　　　甲 9-48-7 〔西夏文〕⑤〔西夏文〕

---

① 王玫《〈天盛律令〉卷九补缀数则》一文，通过未刊布的 Тацг.55.Инв.No.6740、俄藏56 两个残片，校补了《俄藏黑水城文献》第8册《天盛律令》卷九《越司曲断有罪担保门》《贪奏无回文门》和《誓言门》中数个字。王玫虽补《贪奏无回文门》和《誓言门》2条款中数个字，但未指出为此2条款为之前诸译本所未译，也没有将这2条款译释出来，而且据《俄藏黑水城文献》第8册知《贪奏无回文门》后共有9条款为史金波等译注本所未译，但其论文未涉及其他残缺的7条款文。王玫：《〈天盛律令〉卷九补缀数则》，宁夏大学西夏学研究院编：《第五届西夏学国际学术论坛暨黑水城历史文化研讨会论文集》（下），2017年8月，第347—352页。

② 〔西夏文〕（大），残缺，据上下文拟补。

③ 按：〔西夏文〕字模糊且残缺右下部，〔西夏文〕字模糊且残缺上部，据其所存部分及《天盛改旧新定律令名略上卷》"寻恩御旨"四字（史金波、聂鸿音、白滨译注：《天盛改旧新定律令》，第47页；原文〔西夏文〕四字参见俄罗斯科学院东方研究所圣彼得堡分所、中国社会科学院民族研究所、上海古籍出版社编：《俄藏黑水城文献》第8册，第12页左面最后1行小字）拟补为〔西夏文〕与〔西夏文〕，分别意为恩与寻。又按：〔西夏文〕（等）字，据 Тацг.55.Инв.No.6740补。参见王玫：《〈天盛律令〉卷九补缀数则》，宁夏大学西夏学研究院编：《第五届西夏学国际学术论坛暨黑水城历史文化研讨会论文集》（下），第352页。

④ 〔西夏文〕（过），原文佚，据《天盛律令》惯用的"不准……，违律……"表述及上文〔西夏文〕（若律）二字补。

⑤ 此字缺，据上下文及《天盛改旧新定律令名略上卷》中的"誓言"二字（史金波、聂鸿音、白滨译注：《天盛改旧新定律令》，第47页；原文〔西夏文〕二字参见俄罗斯科学院东方研究所圣彼得堡分所、中国社会科学院民族研究所、上海古籍出版社编：《俄藏黑水城文献》第8册，第13页右面第1行大字）拟补为〔西夏文〕，意为誓。

誓誓门

甲 9-48-8 𗄊𗢳𗫸𗴺……𗿒𗄻𗫻𗅏𗴺𗤑𗱉𗤻𗾈

一地边他……有来 <> 谓相 <> 信词索

甲 9-48-9 𗫸……𗤑𗄻𗫸[𗤑𗫸]②𗴺𗴺𗱉𗤻𗄻𗺓

誓……局分处 <> 告至谕节 <> 寻假

甲 9-48-10 𗁅𗄻……𗤑𗫸𗴺𗤻𗤑𗄻𗴺

若语……重告至则罪莫连

甲 9-48-11 𗫸𗴺□□□𗴺□𗤻𗁅[𗤑𗫸]③𗫸𗫸𗴺𗄻𗫻𗺓

告至□□□至□自不告他告时官有罚

甲 9-48-12 𗄻[𗤻𗄻𗫸]④𗴺𗤑𗱉𗴺𗤻𗴺[𗴺]⑤𗴺𗴺𗫻𗺓

马一庶人十三杖二国和合谕节有头归

甲 9-48-13 𗁅……𗁅𗴺𗫻𗺓𗁅𗴺[𗫸]⑥𗤻𗤑𗫻𗱉

者……自谋头归者与誓为摄 <> 二

甲 9-48-14……𗤑𗫻𗄻𗫸□𗴺𗄻𗫻𗴺𗱉𗫻𗺓

……义有及地□迁同家主多多

甲 9-48-15……𗁅𗴺𗄻𗴺□□𗫻𗤻𗴺𗁅𗤑

……者有等与□□摄则人大语

甲 9-48-16……𗫻𗴺𗱉𗴺𗫻𗫻□𗴺𗴺𗤑𗤑𗄻

……家迁多少何时□时节语义何

甲 9-48-17 𗄻𗄻𗴺𗫻𗴺𗤑𗴺𗴺

如等上看至计顺行

甲 9-48-18 𗄊𗤑𗤑𗄻𗄻𗫻……

一官 <> 不有私……

甲 9-49-1 𗤑𗫻𗒗𗴺……

---

① 𗤑𗄻𗫸（局分处）三字，据 Тацг.55.Инв.No.6740 补。参见王玫：《〈天盛律令〉卷九补缀数则》，宁夏大学西夏学研究院编：《第五届西夏学国际学术论坛暨黑水城历史文化研讨会论文集》（下），第 352 页。

② 此二字左部残缺，据下文𗤑𗫸（奏告）一词与西夏语语法拟补为𗤑𗫸（〈〉告）。前一字为未然式表示向近处、向里的动词前缀，后一字意为告。

③ 此字左部残缺，据上下文补。

④ 此三字残缺，据残存字迹、本条款字体大小、所留间隔与《天盛律令》常出现的用语"有官罚马一，庶人十三杖"，拟补为𗤻𗄻𗫸（对译：庶人十）。

⑤ 此字模糊，据上下文，拟补为𗴺，意为谕、敕、言。

⑥ 此字中间残缺，据上下文补。

丈妻服相……

甲 9-49-2 𗾷𗼕𗌭𗩱□□𗼕𘞚𗼕𗫸? ……
　　　　　一诸人逆□□及盗等誓? ……

甲 9-49-3 □□𗼕𗾷𗷒𗌭……𗫸𗪮𗋽……
　　　　　□□等犯所语……一礼何……

甲 9-49-4……𗾊𗫧
　　　　　……断判

意译：

一诸司大小局分……，谓无理头字……。有□□令持头字罪……□□□不治罪。

一……不许寻恩御旨等。若违律……

誓言门

一地边有他……，谓我来，相互索信词，誓……当奏告局分处，当寻谕文。假若语……重，告奏则不治罪。奏告□□□奏□自不告他告时，有官罚马一，庶人十三杖。二国和睦，有谕文，投诚者……擅自与投诚者为誓。摄者二……应有及迁地□同、家主众多，……与有者等摄□□，则人、要语……迁多少家，□何时时节，视语义如何等，奏议实行。

一除官以外，私……，主人相服……。

一诸人犯逆□□及盗等誓……，所语……一律……判断。

此未译四面多图版中共有九条款①，这九条款均应属《天盛律令》条文，

---

① 按：除上文录释的五条外，其他可识别出的四条款文分别为：1. "无理行文字"条前的二条款文（即《俄藏黑水城文献》第 8 册，第 207 页下左），意译如下：（1）. 诸司直接引导奏头子，令持状等时，回告不来及不遣人，一次令持不听，则十三杖，二次令持不听，则徒六个月，三次以上令持不听一律徒一年。（2）. 一诸司……至年笞四十，问口以上，四年至五□□□□上六年□□□□三……笞十□□□□□承者……。按：此两条款第一条属《天盛律令》卷九《贪奏无回文门》"文字取回无告不遣人"条（译文参考张笑峰：《西夏〈天盛律令〉中的头子考》，《宁夏师范学院学报》，2016 年第 1 期），第二条据所处的位置和关键词𗸮𘝞（问口）二字，推测应属"问口虚"条。2. "逆盗誓"后的二条款文（即《俄藏黑水城文献》第 8 册，第 208 页下左）为：（1）.……往□门楼主……，诸司索□□地、人契约，……敕禁。校卖畜物□。捕盗巡检□□……劳役……谷物□，……监，……派溜首领入……，诏……（2）. 一诸司局分人……。按："逆盗誓"后的二条款文，分别属卷九《事过问典迟门》的"每案文字过法"条和"日期内行过不毕"条，为前文内容的重复，译文见史金波等译注本《天盛律令》第 320 页。

但因字迹不清晰，除卷九《贪奏无回文门》"文字取回无告不遣人"条和《誓言门》"谓投诚来信词为誓"条以外，内容大多较为模糊。从残存内容来看，根据关键词ꆅꎵꄗꍞ（寻恩御旨），可以确地甲9-48-5和甲9-48-6两行属于卷九《贪奏无回文门》"寻恩御旨"条；因甲9-48-5和甲9-48-6两行属于卷九《贪奏无回文门》"寻恩御旨"条，根据关键词ꑬꑠ（无理）、ꀊꅏ（头字），推断甲9-48-1至甲9-48-4四行应属于卷九《贪奏无回文门》"无理行文字"条；根据ꃄꑋꄑ（誓言门）、ꑠꑝꀗ（谓我来）、ꑌꅍꑱ（投诚者）、ꄨꇤꍞ（索信词）、ꃄ（誓）等关键词，可以确定甲9-48-8至甲9-48-17十行属于卷九《誓言门》"谓投诚来信词为誓"条，条款主要规定地边有他国投诚者来索信词为誓时，当奏而寻谕文，其投诚事宜亦需奏议实行；根据关键词ꑷꄘꑽꑜꄨꃄ（诸人逆盗誓），可以确定甲9-49-2至甲9-49-4三行属于卷九《誓言门》"逆盗为誓"条；因其前一条款属于卷九《誓言门》"谓投诚来信词为誓"条，其后一条属于卷九《誓言门》"逆盗为誓"条，那么根据《天盛律令》第46至48页及ꑷꑬꄒꅅ（除官以外，私）五字，可以确定甲9-48-18和甲9-49-1两行属于卷九《誓言门》"私语誓"条。

以上四面多图版，增补了卷九《贪奏无回文门》中"无理行文字"与"寻恩御旨"条数字，补充了卷九《誓言门》"谓投诚来信词为誓"条大部分、"私语誓"条和"逆盗为誓"条数字。其中卷九《誓言门》"谓投诚来信词为誓"条，对地边有他国投诚者来索信词为誓及其投诚事宜需奏议实行的规定，与卷六《行监溜首领舍监等派遣门》中的"一敌人引领本部族来投诚，自共统摄者，若统摄十抄以上，则当为所统摄军首领。若十抄以下，及我方人叛逃往敌界复归来投，头归者则不得为首领，可置于旧有首领属下，其中人有来投，言语及义，立大功者，则应是否遣为首领，届时视人状、功阶，依时节奏议实行"①和卷七《为投诚者安置门》有相同的地方，但在史金波等译注的《天盛律令》中未译出，其他文献也未记载，对研究西夏投诚策略有重要参考价值。

① 史金波、聂鸿音、白滨译注：《天盛改旧新定律令》，第267页。原文参见俄罗斯科学院东方研究所圣彼得堡分所、中国社会科学院民族研究所、上海古籍出版社编：《俄藏黑水城文献》第8册，第151页下右第8—下左第5行；俄罗斯科学院东方研究所圣彼得堡分所、中国社会科学院民族研究所、上海古籍出版社编：《俄藏黑水城文献》第9册，上海古籍出版社，1999年，第5页上右第8—上左第5行；[苏] Е.И. 克恰诺夫：《天盛改旧新定律令（1149—1169）》（2），苏联科学出版社，莫斯科,1987年，第638页第9行—639页第5行。按：此条款西夏文原文，《俄藏黑水城文献》第8册所载甲种本图版较为模糊，不能将大部分条文识读出，但克恰诺夫俄译本《天盛改旧新定律令（1149—1169）》（2）和《俄藏黑水城文献》第9册乙种本所载图版却很清晰。

四面多图版中，第 207 页下左应属于《天盛律令》卷九《贪奏无回文门》"文字取回无告不遣人"条与"问口虚"条；第 208 页下左为第 188 页上左内容的重复，但第 208 页下左的图版有助于补充第 188 页上左中个别字，而这些字恰为史金波等译注本《天盛律令》所未译，如第 188 页上左第 2 行可补㷀宿（对译：柄索）、第 3 行可补䶪磁橌㢊（盗捕检行）、第 4 行可补𥻦𥼦（谷物）。

《俄藏黑水城文献》的出版对《天盛律令》的完善具有重要意义。[1]就《天盛律令》卷九《贪奏无回文门》与《誓言门》二门来说，《俄藏黑水城文献》补充了自克恰诺夫俄译本到史金波先生等译注本以来所缺的二面多刻本零页共二十二行、一百七十字，补充了地边有他国投诚者来索信词为誓及对其投诚事宜的规定，及无理行文字、寻恩御旨、私语誓和逆盗为誓等五个条款。通过《俄藏黑水城文献》第 8 册第 208 页下左，可补充俄译本到汉译本所缺的卷九《事过问典迟门》中的八个字。

此外，《俄藏黑水城文献》第 8 册第 207 页下左，应属于《天盛律令》卷九《贪奏无回文门》"文字取回无告不遣人"条与"问口虚"条。而《俄藏黑水城文献》第 8 册第 208 页下左则是第 188 页上左的重复，为误置，应删去。

卷十校译补正

1.《天盛律令》卷十[2]《续转赏门》："一前述任职位人三年期满时，期间住滞词中遭降官、罚马者，依文武次第引送中书、枢密，当入升册。日毕索功时，局分□□□当磨勘。若遭降官、罚马后，愿不再为错恶，与局分大小故意而不引送，已引送而不升入册等时，求官赏赐者未告职管处，未索官赏，则徒三个月。若典册上有者期满索官赏，局分大小知闻徇情，曰'未曾住滞'以为遮掩时，求官者及使得爱乐者等，一律校中出徒六个月，所奏已成，未奏成，则徒二年，虽断而未到位则徒五年，已任则徒八年。因自得赏已出库中，则请者、使出者等罪□依偷盗法判断。"[3]本条款西夏文原文为：

---

①《前言》，史金波、聂鸿音、白滨译注：《天盛改旧新定律令》，第 4—6 页。

② 原文参见俄罗斯科学院东方研究所圣彼得堡分所、中国社会科学院民族研究所、上海古籍出版社编：《俄藏黑水城文献》，第 8 册，第 209 页上右—第 228 页上右。按：除《遣边司局分门》以外，翟丽萍对《天盛律令》卷十作了校释，以下是在其基础上的一点补充。氏著：《西夏职官制度研究——以〈天盛革故鼎新律令〉卷十为中心》，陕西师范大学博士学位论文，2013 年；《〈司序行文门〉校勘考释》，杜建录、波波娃主编：《〈天盛律令〉研究》，第 126—227 页。

③ 史金波、聂鸿音、白滨译注：《天盛改旧新定律令》，第 350 页。

甲 10-2-16 〔西夏文〕

　　　　一前有职位持人三年数毕圈内住滞词中

甲 10-2-17 〔西夏文〕

　　　　官夺罚马著 <> 文武顺依中净谋密 <>

甲 10-2-18 〔西夏文〕① 〔西夏文〕② 〔西夏文〕

　　　　引送升簿 <> 起日毕功索时职管处功

甲 10-3-1 〔西夏文〕

　　　　罪 <> 审集为

甲 10-3-8 〔西夏文〕

　　　　若官夺罚马 <> 著后后错害 <> 莫为

甲 10-3-9 〔西夏文〕③〔西夏文〕

　　　　欲职管小大与［知知］不引送 <> 引送不

甲 10-3-10 〔西夏文〕

　　　　升簿等时官赏施寻者职［管］处未告官

甲 10-3-11 〔西夏文〕

　　　　赏未寻则三月月若典升簿处有中日

甲 10-3-12 〔西夏文〕

　　　　毕上官赏索谓职管小大人知觉羞面

甲 10-3-13 〔西夏文〕

　　　　为住滞未曾用谓头蔽以为行时官寻

甲 10-3-14 〔西夏文〕

　　　　者及爱安得令者等一礼经中出则六

甲 10-3-15 〔西夏文〕

　　　　月月至所 <> 为未至出则二年 <> 至 <>

甲 10-3-16 〔西夏文〕

　　　　及断然未受则五年 <> 受则八年自得

甲 10-3-17 〔西夏文〕

　　　　赏因库内 <> 离则领者离令者等罪等

---

　　① 〔西夏文〕（对译：起日毕功），第一、四字残缺，第二、三字佚。据克恰诺夫俄译本《天盛改旧新定律令》第三册第 374 页第 9 行补。翟丽萍未补识此四字。

　　② 〔西夏文〕（时），残缺，据克恰诺夫俄译本《天盛改旧新定律令》第三册第 374 页第 9 行补。

　　③ 〔西夏文〕（职），残缺，据上下文拟补。

甲 10-3-18 𘟃𘟃𗗧𗤍𗥃𗤸

悄悄盗礼断判

新译文：

一前述任职位人三年期满时，期间住滞词中遭降官、罚马者，依文武次第引送中书、枢密，当入升册。日毕索功时，局分处当磨勘功罪[1]。若遭降官、罚马后，愿不再为错恶，与局分大小知会[2]而不引送，已引送而不升入册等时，求官赏赐者未告职管处，未索官赏，则徒三个月。若典册上有者期满索官赏，局分大小知闻徇情，曰"未曾住滞"以为遮掩时，求官者及使得爱乐者等，一律校中出徒六个月，所奏已成，未奏出[3]，则徒二年，虽奏断而未任[4]则徒五年，已任则徒八年。因自得赏已出库中，则请者、使出者等罪同[5]偷盗法判断。

注释：

［1］局分处当磨勘功罪：原译为"局分□□□当磨勘"，未识出𗗧𗤍𗥃𗤸（对译：处功罪）。

［2］知会：原译未"故意"。

［3］未奏出：原译为"未奏成"，将𗥃（出）译为"成"。

［4］虽奏断而未任：原译为"虽断而未到位"，未译"奏"。

［5］同：原译未识出，衍"依"。

本条款是对诸司任职位人于三年续转期内犯罪入住滞的处罚。前已指出西夏文𗤍𗤍（对译：［知知］），可译为"知会"。①

2.《天盛律令》卷十《失职宽限变告门》："一京师所属诸司大人、承旨宽限期次第者，一日起至十日于阁门司，十日以上则一律于中书等分别奏报，当以为宽限期。诸司都案二十日期间当报属司、及期□上当报中书，与中书、枢密都案□□大人酌计限期。其余案头、司吏、□所使等当报于本司中大人，应

---

① 翟丽萍改译本条款原译存在的部分问题，却将"与局分大小知会而不引送"译为"局分大小不知引送"；将"局分大小知闻徇情，曰'未曾住滞'以为遮掩"译为"局分大小处谓未曾知觉、徇情、住滞，以为掩饰"；将"虽奏断而未任"译为"已告未及断而未任职"；将"请者、使出者等罪同偷盗法判断"译为"请者、令分者等罪与偷盗法断判"。氏著：《西夏职官制度研究——以〈天盛革故鼎新律令〉卷十为中心》，第26—31页。

酌计给予宽限。"①本条款西夏文原文为：

甲 10-5-14 𗟲𗰗𗴺𗗼𗫉𗴮𗗟𗫸𗳒𗮔𗗟𗮅𗺼𗸈𗟣𗍹𗒀𗵹
　　　　　一世界 <> 有诸司大人旨承松限顺 <> 一日起

甲 10-5-15 𗆫𗵹𗫸𗜖𗒱𗗟𗝠𗆫𗵹𗦳𗼁𗵆𗭪𗜖𗾴
　　　　　十日至礼列司及十日上高则一礼中

甲 10-5-16 𗤁𗑊𗒱𗜖𗜖𗝠𗷖𗴮𗒱𗒱𗗟𗮅𗴺𗗟
　　　　　净内等异异 <> 告至以 <> 松限诸司

甲 10-5-17 𗭪𗾴𗳒𗢸𗒱𗵹𗷱𗑊𗫸𗮔𗗟𗝠𗲜𗼁𗾴
　　　　　一总 <> 二十日圈内有顺司及其上高中

甲 10-5-18 𗤁𗝠𗳒𗾴𗤁𗫃𗬩𗭪𗾴𗤁𗮅𗾴𗤁𗫃𗬩
　　　　　净 <> 告中净谋密一总与一顺中净谋密

甲 10-6-1 𗳒𗵹𗴮𗒱𗮔𗗟𗴮𗄼𗼈𗼊𗌗𗮅𗴮𗤓
　　　　　大人 <> 量 <> 松限令其后汇头司站使

甲 10-6-2 𗴮𗵾𗒱𗥹𗮅𗤁𗝠𗳒𗳒𗵹𗴒𗴮𗒀𗮅𗴮
　　　　　使所等自司内 <> 告大人量应时 <> 松限

新译文：

一京师所属诸司大人、承旨宽限期次第者，一日起至十日于閤门司，十日以上则一律于中书等分别奏报，当以为宽限期。诸司都案二十日期间当报属司、及其以上[1]当报中书，与中书、枢密都案一起令中书、枢密大人酌计给予限期[2]。其余案头、司吏、所役使[3]等当报于本司中，大人[4]应酌计给予宽限。

注释：

[1]其以上：原译为"期□上"，未识出𗲜（上），将𗰗（其）译为"期"。

[2]与中书、枢密都案一起令中书、枢密大人酌计给予限期：原译为"与中书、枢密都案□□大人酌计限期"，未识出𗤁𗫃（对译：一顺），漏译𗮅𗤁𗝠𗳒（中书枢密）与𗴮（令）。

---

①史金波、聂鸿音、白滨译注：《天盛改旧新定律令》，第351—352页。

　　[3]所役使：原译为"□所使"，未译𗂬（使）。

　　[4]大人：原译将"大人"放入上一句。

　　从语法来看，𗣼𗪺𗤒𘃡𗏱𘜶𗺈𗾔�287𗣴𘄈𗎰𘃡𘙀𗄊𗥔𗈜𗣼𘃜𗥔𗘞𗏱𗹟（对译：其后汇头司站使使所等自司内 <> 告大人量应时 <> 松限）中，包含两句，第一句的主语为𗣼𗪺𗤒𘃡𗏱𘜶𗺈𗾔�（其余案头、司吏、所役使等），𗣴［京 kjij］为表向近处的未然式动词前缀，𘃜（告）为谓语，𗎰𘃡𘙀（本司内）为宾语；第二句的主语为𗄊（大人），𗈜［盈 -jij］为表开始的未然式动词前置助词，𗏱𗹟（宽限）为谓语，𗥔𗘞𗏱（应计时）为状语。宾语在谓语前是西夏语的基本词序，第一句句末动词𘃜（报）为谓语，是断句的标志，其宾语应在之前，不能将其与后面的"大人"连在一起，而必须断开。^①从上下文来看，将"大人"下属，其余案头、司吏、所役使等报于本司中，由司大人酌计给宽限；与此相对，诸司都案与中书、枢密都案上报中书的时间，亦由中书、枢密大人酌计给限期。^②

　　3.《天盛律令》卷十《失职宽限变告门》："一前述边中任职位人宽限期分别依前以外，其中或自身染疾病而不堪赴任上，或父母、叔姨、兄弟、妻子、子孙等病重而死生不明及已死等，则□五日期间者，于自身相共职处为宽限期。"^③本条款西夏文原文为：

　　甲 10-6-16　𗈜𗏱𗒹𗷀𗰜𘄈𗉰𗒾𗏱𗹟𘜶𗏱𘈩𘍞𗣼
　　　　　　　　一前有边中职位持人宽限顺前依别显
　　甲 10-6-17　𗪺𗊘𗯨𗾔𘜶𗖵𗖵𗹙𗹏𗷀𘄈�287𘏒𗏱𘄈
　　　　　　　　不有其中或自己疾病染职上往所不
　　甲 10-6-18　𗹙𗖵𗾙𘓍𘕿𘓚𗄊𗎪𗏱𗤙𗼨𗊢𘄈𗺈𗹙
　　　　　　　　堪或父母伯叔姨兄弟妻妻子孙侄实等疾
　　甲 10-7-1　𗹏𘄈𗵘𘃡𗏱𘄈𗹙𗈜𘀄𘙀𘍞𘃡𗰜𘄈𘄊
　　　　　　　　病 <> 重死生不显及若 <> 死等是则十

_____

　　① 史金波：《西夏文教程》，第 424—425、208—212 页。

　　② 翟丽萍已改译本条款原译存在的上述问题，但为何要将𗄊（大人）与𗥔𗘞𗏱𗈜𗏱（对译：量应时〈 〉松限）放在一起没有说明原因，没有译出"令中书、枢密大人酌计给予限期"中的𗥔（计、量）。氏著：《西夏职官制度研究——以〈天盛革故鼎新律令〉卷十为中心》，第 39—40 页。

　　③ 史金波、聂鸿音、白滨译注：《天盛改旧新定律令》，第 352 页。

甲 10-7-2 [西夏文]
　　五日圈内 <> 自己职共相处 <> 宽限

新译文：

　　一前述边中任职位人宽限期分别依前以外，其中或自身染疾病而不堪赴任上，或父母、叔姨、兄弟、妻子、子孙、亲侄[1]等病重而死生不明及已死等，则十[2]五日期间者，于自身相共职处为宽限期。

注释：

　　[1] 亲侄：原译漏译。
　　[2] 十：克恰诺夫俄译本《天盛改旧新定律令》第三册第 383 页第 1 行佚，原译未译。

　　本条款是对边中任职人相共职、不共职告限期的规定。[西夏文]（对译：侄实），一般译为"亲侄"。①

　　4.《天盛律令》卷十《官军敕门》："一诸人抛弃幼子于郊，不许特殊接受为继子。若违律时，依转院法判断。"②本条款西夏文原文为：

甲 10-8-13 [西夏文]
　　　　一诸人童子阔上投掷寡寡［收］为养子为
甲 10-8-14 [西夏文]
　　　　允无若律过时院转礼依断判

新译文：

　　一诸人抛弃幼子于郊，不许独人[1]接受为继子。若违律时，依转院法判断。

注释：

　　[1] 独人：原译为"特殊"。

_____

　　① 翟丽萍补译了"十"，却未译"亲侄"。氏著：《西夏职官制度研究——以〈天盛革故鼎新律令〉卷十为中心》，第 44—45 页。
　　② 史金波、聂鸿音、白滨译注：《天盛改旧新定律令》，第 352 页。

本条款是对规定独人禁止接收弃童为继子。本条款相应的条目为 𗧪𗣼𗿒𗯿（对译：童寡［收］为），即"寡接收童"。①𗣼𗣼（对译：寡寡），结合条目和条款内容可译为"独人"。②

5.《天盛律令》卷十《官军敕门》："一等依前述所示五节亲无袭者，则诸部种种披、甲、马校口碍以□□□因，失职、军上遗遣次第与第五卷上分别相同。"③本条款西夏文原文为：

甲 10-9-17 𗏇𗏹𗟲𗢈𗢺𗤁𗪼𗑠𗤓𗌅𗄈𗏩𗰗𗟻

　　　　　一等前有 <> 示依五节亲袭者无则诸

甲 10-9-18 𗣼𗤁𗪜𗦀𗪾𘀗𗩧𗫳𗧘𗢈𗪢𗧘

　　　　　部诸种甲胄马经口碍及他罪等

甲 10-10-1 𗢈𗤁𗗔𗈖𗩱𗫳𘀗𗧘𗺉𗳉𗈪𗭪𗫨𗤁

　　　　　因职失军上人遣顺五第上别显与

甲 10-10-2 𗋒𗣼

　　　　　<> 同

新译文：

　　　　一等依前述所示五节亲无袭者，则因诸部种种披、甲、马碍校口及他罪[1]，失职、遣军上人[2]次第与第五卷上分别相同。

注释：

　　　　［1］因诸部种种披、甲、马碍校口及他罪：原译为"诸部种种披、甲、马校口碍以□□□因"，语序不当，将𗫳（及）识为𗫳（以），因克恰诺夫俄译本《天盛改旧新定律令》第三册第 388 页第 9 行残缺而没有识出𗧘𗪢𗧘（他罪等）。

————————————

① 原文参见俄罗斯科学院东方研究所圣彼得堡分所、中国社会科学院民族研究所、上海古籍出版社编：《俄藏黑水城文献》，第 8 册，第 13 页左面第 2 小行；史金波等译注本《天盛改旧新定律令》第 49 页误将条目译为"弃子于郊"。

② 翟丽萍将第一句译为"一诸人不许随意将抛弃的幼童收为养子"。氏著：《西夏职官制度研究——以〈天盛革故鼎新律令〉卷十为中心》，第 50—51 页。

③ 史金波、聂鸿音、白滨译注：《天盛改旧新定律令》，第 354 页。

[2] 遣军上人：原译为"军上遗遣"，没有译出𗙊（人）。

𗁲𗾈𗴟𗗙𗼞𗈜𗆟𗘟𗴴𗤁𗀔𗆉𗴴𗹻（对译：部诸种甲胄马经口碍及他罪等因）这一状语中，𗁲𗾈𗴟𗗙𗼞𗈜𗆟𗘟𗴴𗤁𗀔𗆉𗴴（诸部种种披、甲、马碍校口及他罪）为宾语，𗹻（因）介词；其中𗁲𗾈𗴟𗗙𗼞𗈜𗆟𗘟𗴴𗤁（诸部种种披、甲、马碍校口）为完整的句子，𗁲𗾈𗴟𗗙𗼞𗈜𗆟（诸部种种披、甲、马）为主语，𗘟𗴴（校口）为宾语，𗤁（碍）为谓语。①

6.《天盛律令》卷十《官军敕门》："一前内侍、阁门等有袭抄者时，当与管事人上奏呈状。人实可遣，当依文武次第来中书、枢密管事处，宰相面视其知文字、晓张射法、貌善、人根清洁、明巧可用，是应袭抄，则当令寻知情只关担保者，度其行而奏报袭抄。若不晓文字、张射法等，愚闇少计，非人根清洁，貌亦丑陋，则按分抄时顺序依法而入，当注册。"②本条款西夏文原文为：

甲 10-11-16　𗼊𗰝𗗧𗟰𗤁𗴟𗁲𗧇𗠃𗤋𗸕𗏹𗧇𗅲
　　　　　　一前内侍礼列等抄袭者有时职［管］者人
甲 10-11-17　𗤋𗖎𗾈𗈜𗁗𗴴𗙊𗱕𗈜𗤁𗀤𗮔𗏹𗖿
　　　　　　告变状与 <> 接人实 <> 遣文武顺依中
甲 10-11-18　𗖿𗳌𗑠𗈜𗤁𗤓𗤋𗘟𗑠𗆧𗈜𗁗𗾈
　　　　　　净谋密职［管］处 <> 来议判人目前文字
甲 10-12-1　𗸕𗦳𗹦𗴝𗴘𗴵𗉛𗴟𗇋𗀔𗦠𗑺𗤁[𗙊]③
　　　　　　识张射礼行晓相善人根洁清明巧人
甲 10-12-2　𗴠𗤁𗘟𗪴𗅆𗴘𗝾𗸕𗤓𗈜𗴴𗸕𗞦𗏹𗤋
　　　　　　堪抄袭义是则知识信［只关保］担者 <>
甲 10-12-3　𗤋𗉛𗸖𗴟𗤁𗴝𗐭𗀔𗘟𗴴𗈜𗏹𗦳
　　　　　　寻令行 <> 量为 <> 至抄 <> 袭若文字张
甲 10-12-4　𗹦𗴝𗴝�1�2𗑺𗦳𗴵𗴵�0�0�0�0�0�0
　　　　　　射礼行等不晓愚昧计巧人根洁清等

---

① 翟丽萍将本条款译为"一等依前述所示五节亲无袭者，则审验诸族各种铠甲、马等缺失及因失职等获罪时，遣军中人与第五卷上分别相同"。氏著：《西夏职官制度研究——以〈天盛革故鼎新律令〉卷十为中心》，第 53—54 页。按：本条款中，𗠃𗈜（革职）与"遣军中人"都是处罚结果。

② 史金波、聂鸿音、白滨译注：《天盛改旧新定律令》，第 355—356 页。

③ 𗙊（人），残缺右部，据残存字迹与上下文拟补。

甲 10-12-5 𘉑𘃸𗗘𗝩𗗟𗆬𗂧𗒱𗙁𗼓𗼷𘃽𗟭𗴎

　　　　非相亦陋丑等是则抄解时入顺显礼

甲 10-12-6 𘃻𗴺𗼓𗌗𗂸𗗙

　　　　依 <> 入 <> 备减

新译文:

　　一前内侍、阁门等有袭抄者时，当与管事人上奏呈状。人实可遣，当依文武次第来中书、枢密管事处，宰相面视其知文字、晓张射法、貌善、人根清洁、明巧可用，是应袭抄，则当令寻知情只关担保者，度其行而奏报袭抄。若不晓文字、张射法等，愚闇少计，非人根清洁，貌亦丑陋，则按分抄时顺序依法而入，当注销[1]。

注释:

　　[1] 注销: 原译为"注册"。

　　其一，𗂸𗗙（对译: 备减）意为"注销"。[①]𗂸𗗙（对: 备取）有三个含义，一为"无期"或"终身"[②]，一为"注册"[③]，一为"收入"[④]。其二，从上下文来看，要袭前内侍、阁门的抄者，应与管事人上奏呈状，人若可遣，依文武次第来中书、枢密管事处，宰相考察其文字、射法、相貌、人根合格后，应袭抄者当寻知情担保者，奏报袭抄；若考察其文字、射法、相貌、人根不合格，则当注销，不准袭抄。[⑤]

　　7.《天盛律令》卷十《官军敕门》:"有未及御印官者，当著印手记，则官寄名人当掌，当还内管大恒历司，当□分别升册、板簿上已毕后，若勾管人无理使官过时，徒三年。曾有住滞说未有住滞，使得官之推寻，节何□往，依前一一罪状明，依法判断。若是应得官，虽有判凭，然官过不著升册时，有官罚马一，庶人十三杖，内管未竟，赐管阶时，徒二年。受贿则与枉法贪赃罪比，

──────────

　　① 史金波、聂鸿音、白滨译注:《天盛改旧新定律令》，第648页。
　　② 史金波、聂鸿音、白滨译注:《天盛改旧新定律令》，第641、647页。
　　③ 按: 史金波等译注本《天盛律令》中，将𗂸𗗙（对: 备取）译1为"注册"的仅卷十一就有12处。
　　④ 按: 史金波等译注本《天盛律令》中，将𗂸𗗙（对: 备取）译为"收入"的仅卷十七就有6处。
　　⑤ 翟丽萍未改译本条款原译所存在的上述问题。氏著:《西夏职官制度研究——以〈天盛革故鼎新律令〉卷十为中心》，第58—60页。

从其重者判断。"①本条款西夏文原文为：

甲 10-13-9　𗢳𗵈𘜶𗣼𗿒𘗽𗵈𗣍𗆐𗏹

　　　　　御印不及官 <> 印手记 <>

甲 10-13-10　𘕣𗯨𗵈𗾦𗷭𘜶𗢭𘏨𘉋𗵈𘟣𗥃𘃻𗴾𗹦

　　　　　著则官名接人 <> 授内管礼典司人 <>

甲 10-13-11　𘜶𗫡𘟣𗏹𘟙②𗝗𗝗𗎫𗾝𗫻𗪚𘝯𘝛𗊴

　　　　　<> 还为 <> 藏异异升簿［板薄］上 <> 毕 <>

甲 10-13-12　𗏹𗤁𘜶𗺋𗷭𘟙𘞦𘜶𘏨𗃛𗵈𘞍𘐔𗛟

　　　　　谓若职管人人不应官过令时三年住

甲 10-13-13　𘜶𘝇𗘂𘏨𘝇𗏹𘟙𗟻𘜶𗾬𘞫𗹗𗀅𘟣𘟙③

　　　　　滞曾中未曾谓官得使 <> 寻找节何至

甲 10-13-14　𘘂𗷂𘃻𘄬𗵈𗵈𘘞𗝗𗾦𘜶𘜾𗣋𘞦𘜶

　　　　　往顺前依一一罪阶显礼依断判若官

甲 10-13-15　𗵖𘏨𗵈𘃻𘉋𘝽𗵈𗹦𘗽𗵈𘟙𗾦𗫻𘝯𗊴𘖑

　　　　　得应是根判写及有然官过升簿不起时

甲 10-13-16　𗵈𘜰𘝯𘃻𗌧𗎫𘏨𗵈𗴦𘟣𗵈𘜶𗣍𗵈

　　　　　官有罚马一庶人十三杖内管未毕官

甲 10-13-17　𘘏𗮨𘏨𗫻𘃤𗊴�剧𘜶𘋨𗫻𗵈�[?]𘐔𘃻

　　　　　竟给为时二年及贪有则律弯罪等何

甲 10-13-18　𗵈𘉋𗫻𘎥𘏨

　　　　　<> 重上断判

新译文：

　　有未及御印官者，当著印手记，则官当授记名人[1]，当还内管大恒历司，分别藏[2]升册、板簿上完毕[3]。若局分[4]人无理使官过时，徒三年。曾有住滞说未有住滞，使得官之推寻，节何至[5]往，依前一一罪状明，依法判断。若是应得官，虽有判凭，然官过不著升册时，有官罚马一，庶人十三杖，内管未竟，赐官毕[6]时，徒二年。受贿则与枉法罪比[7]，从其重

---

① 史金波、聂鸿音、白滨译注：《天盛改旧新定律令》，第 357 页。
② 𘟙（藏、存、贮），残缺，据上下文拟补。
③ 𘟙（至），残缺，据上下文拟补。

者判断。

注释：

［1］官当授记名人：原译为“官寄名人当掌”，将[illegible]（受、授）译为“掌”，语序不对。

［2］藏：克恰诺夫俄译本《天盛改旧新定律令》第三册第 396 页第 2 行残缺，原译未识出。

［3］完毕：原为“毕后”，将动词前缀[illegible]［领］识为[illegible]（后）。

［4］局分：原为“勾管”。

［5］至：克恰诺夫俄译本《天盛改旧新定律令》第三册第 396 页第 4 行残缺，原译未识出。

［6］官毕：原译为“管阶”。

［7］受贿则与枉法罪比：原译为“受贿则与枉法贪赃罪比”，衍“贪赃”。

从上下文来看，本条款讲的是依法求官所应经过的程序。[illegible]（对译：官名接人 <> 授）一句为主宾谓结构。①

8.《天盛律令》卷十《官军敕门》“学士选拔官赏”②条佚。《英藏黑水城文献》第 4 册第 314 页下 3672d 号残片与 3354 号内容极其相似，都有“敬诗官及赏”、“黑靴”、“黑绫腰带”等内容，同属《天盛律令》卷十《官军敕门》“学士选拔官赏”条中间而不相重复。《俄藏黑水城文献》、克恰诺夫俄译本《天盛律令》及《天盛律令》彩印本都没有该残片。在史金波先生的推动下，③除 3672d 外《英藏黑水城文献》第 5 册已将第 4 册中的 3672 号重新定题后编为

① 翟丽萍已校补大部分内容，但将“官当授记名人”译为“官名寄人当持”；将引述句“曾有住滞说未有住滞”译为“曾是否停滞”；将“节何至往”译为“何至、往”，又漏译“节”；将“受贿则与枉法贪赃罪比，从其重者判断”改译为“受贿则依枉法罪从重判断”。氏著：《西夏职官制度研究——以〈天盛革故鼎新律令〉卷十为中心》，第 61—64 页。按：从语法来看，[illegible]（对译：贪有则律弯罪等何〈〉重上判断）中，[illegible]（受贿）为状语，[illegible]（与枉法罪）以宾介结构作状语，[illegible]（何）为疑问代词，[illegible]［圪 kji］为表示向近处的动词前缀，[illegible]（从重）为状语，[illegible]（判断）为谓语。从上下文来看，受贿罪与枉法罪不同。故似应改为“受贿则与枉法罪比”。

② 史金波、聂鸿音、白滨译注：《天盛改旧新定律令》，第 361 页。

③ 史金波：《〈英藏黑水城文献〉定名刍议及补正》，杜建录主编：《西夏学》（第五辑），上海古籍出版社，2010 年，第 5、14、15 页。

3762 号收入《英藏黑水城文献》第 5 册，^①《英藏〈天盛律令〉残片的整理》第 44 页误将 3672d 与《英藏黑水城文献》第 5 册中的 Or. 12380–3762.09v 混淆，认为其位置不可考，^②孔祥辉也没有注意到该残片。^③英藏 Or. 12380–3762d 号刻本残片存 6 行西夏文，现据《英藏黑水城文献》第 4 册第 314 页下录文、对译、意译如下：

> ……𗙀^④𗗙𗄴𗏹𗭪□
> 自处穿顺依□
> ……𗴷　𗪜𗤑𗣼𗢩
> 广　绫白腰绕
> ……𗐯𗼑𗳉𗵈
> 靴黑一张
> ……𗪜𗼑𗍫𗅐
> 绫黑腰绳
> ……𗥃^⑤𗏹𗚝𗤁𗤎
> 四　钱十八缗
> ……
> ……𗺜𗴷𗤎𗣼𗦫𗒀
> 敬诗官及赏六
> ……

译文：

> ……依各自穿法□……广，白绫腰带……黑靴，一张，……黑绫腰带，……匹，钱十八缗……敬诗官及赏六……

残片为卷十《官军敕门》"学士选拔官赏"条中间部分，内容为对学士及敬

---

① 西北第二民族学院、上海古籍出版社、英国国家图书馆编：《英藏黑水城文献》，第 4 册，第 312 上—314 页上；北方民族大学、上海古籍出版社、英国国家图书馆编：《英藏黑水城文献》，第 5 册，第 55 页下—57 页下。

② 韩小忙、孔祥辉：《英藏〈天盛律令〉残片的整理》，《西夏研究》，2016 年第 4 期。

③ 孔祥辉：《英藏〈天盛律令〉Or.12380–3762 残片考补》，《西夏研究》，2018 年第 4 期。

④ 𗙀（自），残缺，其后为𗗙（处），𗙀𗗙（各自）为固定词，故拟补。

⑤ 𗥃（四），残缺，据上下文拟补。

诗官的赏赐，此前尚没有被用来校补《天盛律令》。

9.《司序行文门》三次将"中兴州"译为"中府州"。[①]第一次，次等司中兴府都护司当遣一正、一副、一同判、一经判等四职。原译将𗕑𗆟𗣼（对译：[中兴州]）译为中府州。[②]第二次，中兴府当遣都案二。原译将𗕑𗆟𗣼（对译：[中兴州]）译为中府州。[③]第三次，中兴府当遣案头六。原译将𗕑𗆟𗣼（对译：[中兴州]）译为中府州。[④]皆当改译。

10.《天盛律令》卷十《司序行文门》："一中书、枢密诸司等应遣案头者，属司司吏中旧任职、晓文字、堪使人、晓事业、人有名者，依平级法量其业，奏报而遣为案头。"[⑤]本条款西夏文原文为：

甲 10-35-17 𗠼𗢳𗧓𗼇𘗽𗏹𗧺𗱆𘅄𗗔�叚𗲬𗲬𗏹𗏹𘗼
　　　　　　一中净谋密诸司等汇头遣所 <> 属司司站
甲 10-35-18 𗧺𗢳𗾕𗢽𗋽𗢳𗏢𘓓𗾟𗨻�叚𗙏�叚𗨻𗢳𗨻
　　　　　　中职持旧文字晓役使所堪人堪业晓方
甲 10-36-1 𗨻�叚𗢽𗊤𗗿𗊤𗴚𗼇𗼩𗨻𗶔𗗿𘝰𗣼[⑥]
　　　　　　人名 <> 有为边等礼依业 <> 量为告变
甲 10-36-2 𘓓𗴚𗱆𘅄�叚𗏹
　　　　　　至及汇头 <> 遣

新译文：

　　一中书、枢密诸司等应遣案头者，属司司吏中旧任职、晓文字、堪役

① 翟丽萍第一次将𗕑𗆟𗣼（对译：[中兴州]）识为𗕑𗢳𗣼（对译：[中府州]）；第二、三次将𗕑𗆟𗣼（对译：[中兴州]）译为"中府州"。分别见氏著：《西夏职官制度研究——以〈天盛革故鼎新律令〉卷十为中心》，第118、128、130页；《司序行文门》校勘考释，杜建录、波波娃主编：《〈天盛律令〉研究》，第189—190、208—209、211—212页。

② 史金波、聂鸿音、白滨译注：《天盛改旧新定律令》，第368页；原文参见俄罗斯科学院东方研究所圣彼得堡分所、中国社会科学院民族研究所、上海古籍出版社编：《俄藏黑水城文献》，第8册，第221页下左第6行。

③ 史金波、聂鸿音、白滨译注：《天盛改旧新定律令》，第374页；原文参见俄罗斯科学院东方研究所圣彼得堡分所、中国社会科学院民族研究所、上海古籍出版社编：《俄藏黑水城文献》，第8册，第224页下左第4行。

④ 史金波、聂鸿音、白滨译注：《天盛改旧新定律令》，第375页；原文参见俄罗斯科学院东方研究所圣彼得堡分所、中国社会科学院民族研究所、上海古籍出版社编：《俄藏黑水城文献》，第8册，第225页上右第9行。

⑤ 史金波、聂鸿音、白滨译注：《天盛改旧新定律令》，第377页。

⑥ 𘝰（变），残缺，据彩印本《天盛律令》第11册第36页右面第1行补。

使、胜任^[1]、晓事业、人有名者，依同等法^[2]量其业，奏报而遣为案头。

注释：

　　[1] 堪役使、胜任：原译为"堪使人"，漏译"胜任"。

　　[2] 同等法：原译为"平级法"。

　　本条款是派案头法。𗣼𗦺𗥤（对译：边等礼），原译一般译为"边等法"，前揭需改为"同等法"。①

　　11.《天盛律令》卷十《司序行文门》："一诸京师司大人、承旨及任职人等中，遣地边监军、习判、城主、通判、城守等时，是权则京师旧职勿转，当有名，而遣正。京师续转，有谕文，则前京师所任职处不许有名。若违律时，有官罚马一，庶人十三杖。"②本条款西夏文原文为：

　　甲 10-36-18　𗊱𗜈𗤁𗤁𗿉𗥦𗧓𗢸𗴴𗴻𗤑𗸐𗴺𗂰𗧽𗊱
　　　　　　　　　　一世界诸司大人旨承及职持人等中地边军
　　甲 10-37-1　𗐯𗤱𗿉𗜈𗐯𗤶𗿉𗼑𗤑𗥰𗴺𗷣𗧓𗻽𗤁
　　　　　　　　　　监勤判城监同判城守等遣时权是则世
　　甲 10-37-2　𗜈𗴴𗹬𗴴𗤑𗫂𗑠𗨂𗘛𗴴𗥰𗜈𗤁𗴲𗴲
　　　　　　　　　　界职旧莫转名 <> 有正 <> 遣世界续 <> 转
　　甲 10-37-3　𗀪𗜈𗜠𗻽𗚜𗜈𗴴𗍔𗙼𗸐𗂰𗫂𗑠𗨂
　　　　　　　　　　谕节有则前世界职何 <> 持处名有为等
　　甲 10-37-4　𗊱𗫔𗣼𗴲𗳡𗥰𗴤𗫩𗹦𗿉𗬩𗼿𗴻𗨨𗴤𗴵
　　　　　　　　　　允无若律过时官有罚马一庶人十三杖

新译文：

　　一京师诸司^[1]大人、承旨及任职人等中，遣地边监军、习判、城主、通判、城守等时，是权则京师旧职勿转，当有名。已遣正^[2]，京师续转，有谕文，则前京师所任职处不许有名。若违律时，有官罚马一，庶人十三杖。

---

① 按：翟丽萍未改译原译中存在的上述问题。氏著：《西夏职官制度研究——以〈天盛革故鼎新律令〉卷十为中心》，第134页；《〈司序行文门〉校勘考释》，杜建录、波波娃主编：《〈天盛律令〉研究》，第216—218页。

② 史金波、聂鸿音、白滨译注：《天盛改旧新定律令》，第377—378页。

注释：

[1] 京师诸司：原译为"诸京师司"。

[2] 已遣正：原译为"而遣正"，将句子上属。

根据条目和条款内容，𗰷𗿳𗫂（已遣正）应下属。本条款的条目为𗖠𗏛𗫂𗿳𗰷𗾑𗿳𗱕（对译：地边遣职正则前职［停］），即"遣地边正职则前职止"。①史金波等译注本《天盛律令》第53页由于没有译𗱕［停］，将条目译为"地边派正职则前职"。本条款规定京师任职人遣地边权职则勿转旧职，是正职则止前职。②

12.《天盛律令》卷十《司序行文门》："一前述经略、正副将、提点等未报上等司中而置传导等时，视其心本意、所告言词、时节等，奏量实行。其中副统于次等司等正统处，以下司依高下次第导于司等大人处而置头字时，一律徒六个月，正统于经略处导而为头字者徒一年。"③本条款西夏文原文为：

甲 10-37-13 𗗙𗤁𗰖𗿟𗗙𗰷𗰖𗦜𗤋𗰥𗳁𗖠𗲠𗟴
一前有［经略］将正副言过处等上等司内不告

甲 10-37-14 𗲠𗗙𗗽𗰖𗤁𗰥𗿟𗏇𗢭𗲠𗤋𗦜𗿟𗱤𗤋𗰥
导传降为等时心本意顺何云言阶时节

甲 10-37-15 𗰖𗦜𗟻𗰖𗤁𗰥𗯴𗾑𗰷𗳁𗦜𗰖𗰥𗰷
等上看至量顺行其中副统次等司等正

甲 10-37-16 𗦜𗿟𗰷𗿳𗰖𗲠𗗲𗯴𗲠𗾑𗰥𗲜𗰖𗰷𗲠
统处及除下司下高次依司等大人等处导

甲 10-37-17 𗲠𗗽𗗙𗰖𗤁𗱤𗲜𗗲𗲡𗰷𗦜𗿳𗿟𗰥
头字降为等时一礼六月月正统［经略］处

甲 10-37-18 𗲠𗲠𗗽𗰖𗾑𗱤𗳁
导头字为 <> 一年

① 俄罗斯科学院东方研究所圣彼得堡分所、中国社会科学院民族研究所、上海古籍出版社编：《俄藏黑水城文献》第8册，第14页右面第10小行、41页第30小行。

② 按：翟丽萍已改"诸司京师"，却未将"而遣正"下属。氏著：《西夏职官制度研究——以〈天盛革故鼎新律令〉卷十为中心》，第136—137页；《〈司序行文门〉校勘考释》，杜建录、波波娃主编：《〈天盛律令〉研究》，第219—221页。

③ 史金波、聂鸿音、白滨译注：《天盛改旧新定律令》，第378页。

新译文：

　　一前述经略、正副将、提点等未报上等司中而置传导等时，视其心本意、所告言词、时节等，奏量实行。其中副统、次等司等于正统处[1]，以下司依高下次第导于司等大人处而置头字时，一律徒六个月，正统于经略处导而为头字者徒一年。

注释：

　　[1] 副统、次等司等于正统处：原译为"副统于次等司等正统处"。

　　本条款是对经略、正副将、提点等未报上等司而置传导的处罚。从上下文来看，据上一条款知副统当与次等司一起传导。① 从语法来看，𗱕𗅢𗵘𗙤𗙰𗐁 𗴳𗅢𘄒（对译：副统次等司等正统处）中，𗱕𗅢（副统）、𗵘𗙤𗙰（次等司）为并列关系。②

　　13.《天盛律令》卷十《司序行文门》："一中书、枢密大人、承旨及经略当请，应分别坐。有当校文书时，当请承旨、都案、案头局分人等引导校之，然后京师、各地边司等大人、承旨、习判等一同正偏当坐。"③ 本条款西夏文原文为：

甲 10-38-1 𗐁𗢎𗤊𗰖𗟻𗵘𗅢𗤭𗌗𗰜 𗌗𗵑𗐀𗰖𗰖𗹙
　　　　　　一中净谋密大人旨承及［经略］［经义］等异异 <>

甲 10-38-2 𗵑𗤮𗰭𗇃𗤊𗜓𗇏𗅢𗌗𗵑𗵳𗿒𗎴𗟻𗱱
　　　　　　坐文字经所有时旨承［经义］一总汇头职

甲 10-38-3 𗵆𗤗𗰖𗤏𗰖𗾫𗌗𗇃𗄈𗱕𗵺𗴝𗿒𗐀𗐁𗵆
　　　　　　官人等 <> 引导 <> 经其后世界地边司数

甲 10-38-4 𗰖𗟻𗵘𗅢𗰩𗐁𗰖𗱱𘟷𗤊𗒽𗰜𗵑
　　　　　　等大人旨承勤判等 <> 合正歪 <> 坐

---

　　① 史金波、聂鸿音、白滨译注：《天盛改旧新定律令》，第 378 页。
　　② 按：翟丽萍在博士论文已改译原译存在的上述问题，但后来却又未改译。氏著：《西夏职官制度研究——以〈天盛革故鼎新律令〉卷十为中心》，第 138 页；《〈司序行文门〉校勘考释》，载杜建录、波波娃主编：《〈天盛律令〉研究》，第 222—223 页。
　　③ 史金波、聂鸿音、白滨译注：《天盛改旧新定律令》，第 378 页。

新译文：

一中书、枢密大人、承旨及经略、经义[1]，应分别坐。有当校文书时，承旨、经义当引导都案、案头、局分人等校[2]，然后京师、各地边司等大人、承旨、习判等一同正偏当坐。

注释：

[1] 经义：原译为"当请"。

[2] 承旨、经义当引导都案、案头、局分人等校：原译为"当请承旨、都案、案头局分人等引导校之"。

□□（对译：[经义]）与中书、枢密□（大人）、□□（承旨）和□□（经略使）分别坐，可知其职位不低。都案、案头是职司中掌管、处理文书的下级官吏，都案比案头稍高。卷九《事过问典迟门》有"一诸司判写文书者，承旨、习判、都案等当认真判写，于判写上落日期，大人、承旨、习判等认真当落，不许案头、司吏判写及都案失落日期。"① 故□□□□□□□□□□□（对译：文字经所有时旨承[经义]一总汇头职官人等<>引导<>经）一句中，□□□□□（有当校文书时）为状语，□□□□（承旨、经义）为主语，□□□□□□□（都案、案头、局分人等）为兼语，它既是□□（引导）的宾语，又是□（校）的主语，□[领 rjijr]为表存续的未然式动词前置助词，□[京 kjij]为表向近处的未然式动词前置助词。改译后，知□□（对译：[经义]）是职事官，有引导中书、枢密都案、案头、局分人等校文书的责任，其职位不低。②

卷十一校译补正

1.《天盛律令》卷十一③《矫误门》："一矫文书由不任职人执于上司为手记时，执印者为印，知觉而仍用印时，以有罪人之从犯判断，当令改手记。"④

---

① 史金波、聂鸿音、白滨译注：《天盛改旧新定律令》，第 322 页。

② 按：翟丽萍仍将□□（对译：[经义]）译为"当请"。氏著：《西夏职官制度研究——以〈天盛革故鼎新律令〉卷十为中心》，第 138—139 页；《〈司序行文门〉校勘考释》，载杜建录、波波娃主编：《〈天盛律令〉研究》，第 223—225 页。

③ 原文参见俄罗斯科学院东方研究所圣彼得堡分所、中国社会科学院民族研究所、上海古籍出版社编：《俄藏黑水城文献》，第 8 册，第 228 页下左—第 252 页下右。

④ 史金波、聂鸿音、白滨译注：《天盛改旧新定律令》，第 382 页。

本条款西夏文原文为：

甲 11-2-5 𗾧𗏁𗰔𗫹𗫡𘜶𗊯𘎑𗽘𗫴𗵐𗒹𗈁𘟙𗵆
　　　　一矫文字不职人持大人处手记为中入及？
甲 11-2-6 𗵐𘎑𗒩𗵐𗣿𗫹𘕞𗫹𘈧𗣿𗵆𗽺𗣿𗵆
　　　　印持者印为知觉不释为等罪有人
甲 11-2-7 𗾧𘟙𗫡𘜶𘝞𗈁𗽘𗫴𗵐①𗣿𘕣
　　　　<> 副礼依断判手记变为令

新译文：

　　一矫文书由不任职人执于大人[1]为手记时，执印者为印，知觉而仍用印时，以有罪人之从犯判断，当令改手记。

注释：

　　[1] 大人：原译为"上司"。

　　原译将"大人"和"上司"混淆。② 上司是个笼统的概念，其中可以包括 𘜶（大人）、𗵐𘜶（承旨）、𗣿𘈧𗫴（提点）、𘎑𗵆（习判）、𘕣𘜶（头监、小监）等等。

　　2.《天盛律令》卷十一《矫误门》："一诸局分人谓已□种种文书，当求大恒历令而出判凭时，若未能推究情节，或推究有误及述说有误，报经上司时有误，一律庶人十杖，有官罚钱五缗。其中受贿者当以枉法贪赃罪论。"③ 本条款西夏文原文为：

甲 11-3-1 𗾧𗫦𘜶𗊯𗫴𗫹𘜶𘟙𘎑𘜶𗫡④𘕞𗫡𗺊𘈧𗒹𘈝
　　　　一诸职管人文字种种 <> 经典礼律令 <> 求

---

① 𗫡（变、易、换），残缺，据上下文拟补。
② 史金波等译注本《天盛律令》第 383 页，亦将 𘜶（大人）译为"上司"，应改。原文参见俄罗斯科学院东方研究所圣彼得堡分所、中国社会科学院民族研究所、上海古籍出版社编：《俄藏黑水城文献》，第 8 册，第 229 页下右第 3 行。
③ 史金波、聂鸿音、白滨译注：《天盛改旧新定律令》，第 383 页。
④ 𗫡（经），残缺，据上下文与条目拟补。

甲 11-3-2 𗈼𗧠𗊻𗊱𗊪𗫂𗝙𗉛𗀜𗉮𗊷𗫂𗝙𗀜𗊪

　　　　谓判写 <> 出中若寻找节不足若寻找误

甲 11-3-3 𗝴𗍳𗈼𗊴𗊫𗊪𗌈𗉮𗥹𗊻𗨁𗌑𗝴𗍡

　　　　及语谓说顺误大人处经中碍时一礼庶

甲 11-3-4 𗾔𗥹𗥹𗒹𗊻𗝴𗊭𗊱𗤓𗥔𗤁𗊻𗏁𗊻𗀔𗊾𗊭

　　　　人十杖官有五缗罚钱其中贪有 <> 律弯

甲 11-3-5 𗤁𗊿𗺼𗆧

　　　　贪罪 <> 算

新译文：

　　一诸局分人谓已校^[1]种种文书，当求大恒历令而出判凭时，若推究情节不足^[2]，或推究有误及述说有误，大人处校中误时^[3]，一律庶人十杖，有官罚钱五缗。其中受贿者当以枉法贪赃罪论。

注释：

　　[1] 校：原译未识出。

　　[2] 不足：原译为"未能"。

　　[3] 大人处校中误时：原译为"报经上司时有误"，将𗌈𗉮（大人处）译为"上司"、𗊻（校）译为"报经"。

本条款是对推究情节不足校时误的处罚。

3.《天盛律令》卷十一《矫误门》："一等自造皇后、太子等之矫手记，刻行伪印时无期徒刑，使用真手记则徒六年。一等自造诸王、中书、枢密大人等之矫手记，刻行伪印等徒十二年，使用真手记则徒五年。一等自造经略之矫手记，刻行伪印，徒十年，使用真手记则徒四年。一等自造节亲、宰相遣于他职上及正统总制、其余与此职位相等之矫手记，刻行伪印，徒八年。使用真手记，徒三年。一等造自次等司以下诸司之矫手记，刻行伪印，一律徒六年，使用真手记则徒二年。一等造司品中以外诸租院、库监及其余与之等职、同品级之矫手记，刻行伪印等，徒三年，使用真手记则徒一年。"^①以上六条款西夏文原文为：

---

① 史金波、聂鸿音、白滨译注：《天盛改旧新定律令》，第 383—384 页。

甲 11-3-17 𗼟𗟲𗡼𗗔𗰖𗜓𗼊𗤁𗟻𗰫𗊱𗏹𗗋𗤁𗟻
        一等皇后大子等 <> 矫手记自为假印

甲 11-3-18 𗗛𗧯𗜓𗪔𗵉𗊱𗫂①𗰫𗊱𗏹𗅵𗊱𗎖
        刻行等时备取印手记实置为令

甲 11-4-1 𗊱𗏹𗅵
        则六年

甲 11-4-2 𗼟𗟲𗧱𗤁𗊱𗯼𗜤𗜓𗼊𗤁𗟻𗰫𗊱𗊱
        一等诸王中净谋密大人等 <> 矫手记自

甲 11-4-3 𗊱𗰫𗟲𗗛𗧯𗜓𗒯𗅵𗟲𗰫𗊱𗏹𗅵
        为假印刻行等十二年印手记实置

甲 11-4-4 𗊱𗎖𗰫𗞞𗅵
        为令则五年

甲 11-4-5 𗼟𗟲𗜀𗤙𗼊𗤁𗟻𗰫𗊱𗊱𗰫𗜓𗗛𗧯𗜤
        一等 [经略]<> 矫手记自为矫印刻行十

甲 11-4-6 𗅵𗰫𗊱𗟻𗰫𗊱𗅵𗊱𗎖𗰫𗒨𗅵
        年印手记实置为令则四年

甲 11-4-7 𗼟𗟲𗍼𗒆𗗛𗎖𗜤𗜱𗢉𗗨𗊵𗝦𗏧𗕄？𗜤
        一等节亲议判他职上遣及正统 [总] 自？他

甲 11-4-8 𗖴𗜱𗜤𗜓𗟲𗜤𗊱𗰫𗊱𗟻𗰫𗊱𗗛
        此与职位等齐等矫手记自为矫印刻

甲 11-4-9 𗧯𗚩𗅵𗰫𗊱𗏹𗅵𗊱𗎖𗜤𗅵
        行八年印手记实置为令三年

甲 11-4-10 𗼟𗟲𗜣𗫨𗕯𗫀𗵹𗲍𗧱𗵹𗊱𗼟𗧹𗰫𗊱
        一等次第司处起低下诸司等一礼矫手

甲 11-4-11 𗰫𗊱𗰫𗊱𗗛𗧯𗟲𗅵𗰫𗊱𗏹𗅵𗊱𗎖

---

① 𗫂（印），残缺，据上下文拟补。

记为矫印刻行六年印手记实置为令

甲 11-4-12 𗣼𗥃𗟲
则二年

甲 11-4-13 𗴟𗯴𗏣𗯴𗫻𗍫𗫂𗕘𗏁𗥃𗈪𗰖𗱦𗥦𗦻
一等司等中不有诸租院库监及他其与

甲 11-4-14 𗊱𗰜𗯴𗢭𗦻𗯴𗅆𗤽𗖵𗟲𗖵𗥃𗆞𗫂𗦻
职等品齐等处矫手记为矫印刻行等

甲 11-4-15 𗤁𗟲𗦴𗤽𗖵𗥃𗯴𗆞𗎫𗥃𗣼𗟲
三年印手记实置为令则一年

新译文：

一等自造皇后、太子等之矫手记，刻行伪印时无期徒刑，使用真印、手记[1]则徒六年。

一等自造诸王、中书、枢密大人等之矫手记，刻行伪印等徒十二年，使用真印、手记[2]则徒五年。

一等自造经略之矫手记，刻行伪印，徒十年，使用真印、手记[3]则徒四年。

一等自造节亲、宰相遣于他职上及正统总制、其余与此职位相等之矫手记，刻行伪印，徒八年。使用真印、手记[4]，徒三年。

一等造自次等司以下诸司之矫手记，刻行伪印，一律徒六年，使用真印、手记[5]则徒二年。

一等造司品中以外诸租院、库监及其余与之等职、同品级之矫手记，刻行伪印等，徒三年，使用真印、手记[6]则徒一年。

注释：

[1][2][3][4][5][6] 使用真印、手记：原译为"使用真手记"，漏译𗥃（印）。

从语法来看，𗥃𗆞𗎫𗥃𗣼𗟲（对译：印手记实置为令）中，𗥃（印）、𗆞𗎫（手记）为并列名词，𗆞（实、真）为形容词性定语，修饰𗥃（印）和𗆞𗎫（手记），构成偏正词组𗥃𗆞𗎫𗆞（真印、真手记），做宾语；𗎫𗥃𗣼（使用）为谓语。从上下文来看，其一，以上六条款前半部分都先规定对自造矫手记、刻行伪印的处罚，故条款后半部分也应相应的规定使用真手记、真印的处罚。其二，其后的条款中两次将䋞ᕱ䍐䋞（对译：印手记实）译为"真印、手记"。①

4.《天盛律令》卷十一《矫误门》："一等诸司局分人应行文书已成，大人处不过问，不许自专行之。违律，局分人自专行之时，比自造本司所属矫手记及使自为等，分别罪情，有圣旨则依次减一等，无圣旨则当减二等。其中获圣旨而行白札子者，使造上司真手记，当与行圣旨谕文相同。"②本条款西夏文原文为：

甲 11-5-7 䔲ᚹ䍐ᕱ䋞ᗤ䨚ᗤ䋞ᕪ䍐ᣵ䎃ᝨ

        一等诸司职管人行应文字 <> 成大人处

甲 11-5-8 䔲ᔾᗤᣵᕱᗤ䎃ᗤᣵᝨᣵ䋞ᕪ

        头不举为自谋行允无律过职管

甲 11-5-9 ᕪᗤᣵᕱ䍐ᗤᣵᗤᕱ䎃ᝨᗤ䍐

        人人自谋行时自己司有顺矫手

甲 11-5-10 䍐ᣵᗤᕪᝨᗤᕱᕪᗤᝨᝨᕱᚹ

        记自为及实为令等 <> 异异罪阶

甲 11-5-11 ᔾᕱ䋞ᕪᕪᝨᔲᚹᕪᕪᕱᔾᕪ

        相比御旨有则一等及御旨不有

甲 11-5-12 ᝨᚹᚹᕪᔾᗤᝨᗤᣵᕱᚹᚹᕪ

        则二等等次依 <> 退为其中御旨

甲 11-5-13 ᚹᕪᣵᕱᔾᗤᝨᕱᣵᕱᚹᕪ

        [札白子] 行 <> 大人手记实为令御旨

甲 11-5-14 ᔾᗤᕱᗤᝨᕪ

        谕节行与 <> 同

新译文：

    一等诸司局分人应行文书已成，大人处不过问，不许自专行之。违律，局分人自专行之时，比自造本司所属矫手记及使用真手记[1]等，分别

---

① 史金波、聂鸿音、白滨译注：《天盛改旧新定律令》，第 384 页。原文分别参见俄罗斯科学院东方研究所圣彼得堡分所、中国社会科学院民族研究所、上海古籍出版社编：《俄藏黑水城文献》，第 8 册，第 230 页下右第 1、第 5 行。

② 史金波、聂鸿音、白滨译注：《天盛改旧新定律令》，第 384 页。

罪情，有圣旨则依次减一等，无圣旨则当减二等。其中获圣旨而行白札子者，使用大人真手记^[2]，当与行圣旨谕文相同。

注释：

　　［1］使用真手记：原译为"使自为"。

　　［2］使用大人真手记：原译为"使造上司真手记"。

　　𗥦𗷓𗫐𗗟𗤻𗤻（对译：手记实置为令），一般译为"使用真手记"。从上下文来看，本条款的𗤻𗗟𗤻（对译：实为令），应是𗤻𗫐𗗟𗤻（对译：实置为令）的省略，可译为"使用真"。其中，第一个𗥦𗗟𗤻（对译：实为令）还省略了"手记"。

　　5.《天盛律令》卷十一《矫误门》："一等任重职部、溜，依下所示避重职而为轻职，及由边军至中地，由种种转院部而为敕院不同处等，一律当绞杀：牧主、门楼主、侍奉帐者、船舶主、马夫、诸司使人、执奉桌、为陈设钉、殿使、执飞禽、车主、庖师、织绢院、系观花、做首饰院、牵骆驼、神猛军、院子、黑油主、更夫、织布、断金、织褐、捆草、盐池盐主、渠主、乐人、驮皮衣、边中军、执御旌、顶高望、种种匠、马院。

　　一等任重职中以外任轻职一类，条下所有本人有意欲寻安乐，依前所示，往任重职类中转院时，判无期、长期徒刑：臣僚、下臣、及授、艺人儿童、前内侍、阁门、帐下内侍、医人、真独诱、向导、译回鹘语、卖者、卜算、官巫、案头、司吏、帐门末宿、御使、内宿、官防守、外内侍。"^①以上二小款西夏文原文为：

　　甲11-6-4 𗋚𗫂𗤻𗟨𗜓𗥤𗷓𗤻𗳒𗵐𗤻𗟨𗸐𗗟𗤻
　　　　　　 一等职重持类条下 <> 示数职重避为职
　　甲11-6-5 𗫐𗸲𗧃𗟀𗦻𗮀𗰜𗵺𗴒𗥤𗕥
　　　　　　 轻中往及边军中为院转类种
　　甲11-6-6 𗧃𗫂𗰜𗑗𗎸𗦻𗵺𗋚𗜓𘀠𗝯𗍫
　　　　　　 种敕院不同处为等一礼项系
　　甲11-6-7 𗤻𗝯𗦳𘎫

───────────────

　　①史金波、聂鸿音、白滨译注：《天盛改旧新定律令》，第385页。

为以 <> 杀

甲 11-6-8　□□ □□□ □□□□ □□□

牧农 门楼主 帐侍奉者 船舟主

甲 11-6-9　□□ □□□□ □□□□ □□□□

马侍 诸司使人 奉桌持［陈设］钉为

甲 11-6-10　□□□ □□□□ □□□ □□□

殿使 禽鸟持［车］主 食匠 绢织院

甲 11-6-11　□□□ □□□□ □□□ □□□□

花览系 缦蠹美院 骆驼领［神猛军］

甲 11-6-12　□□ □□□□ □□□□ □□□

院［子］［油］黑主 夜鼓打 布织 金释

甲 11-6-13　□□ □□□ □□□□□ □□□ □□□

褐织 茅织 盐池盐盐释［渠］主 乐人

甲 11-6-14　□□□ □□□ □□□□ □□□□

［皮衣］负 边中军 御旗持［顶高］量

甲 11-6-15　□□□ □□□

匠种种 马院

甲 11-6-16　□□□□□□□□□□□□□□□□□□

一等职重持中不有职轻持一［行］条下

甲 11-6-17　□□□□□□□□□□□□

有数自己爱乐欲意有前依 <>

甲 11-6-18　□□□□□□□□□□□

示职重持类中往院转时备取

甲 11-7-1　□□

自代

甲 11-7-2　□□□□□□□□□□□□

臣官下臣簿持艺人童童前内侍

甲 11-7-3　□□□□□□□□□□□□

礼列账下内侍人冶独诱实地识

甲 11-7-4　□□□□□□□□□□□□

［鬼恶］语传卖者卜算官巫集头司立

甲 11-7-5 𗱕𗀔𗰣𗫻𗤋𘃽𗾈𗏁𘕎𗰜𗩱𗩁𗱕𗴔
帐门末宿御史内宿官防护外内侍

新译文：

一等任重职类，条下[1]所示避重职而为轻职，及为边军中[2]，由种种转院类[3]而为敕院不同处等，一律当绞杀：牧农[4]、门楼主、侍奉帐者、船舶主、马夫、诸司使人、执奉桌、为陈设钉、殿使、执飞禽、车主、庖师、织绢院、系观花、做首饰院、牵骆驼、神猛军、院子、黑油主、更夫、织布、断金、织褐、捆草、采盐池食盐[5]、渠主、乐人、驮皮衣、边中军、执御旌、顶高望、种种匠、马院。

一等任重职中以外任轻职一类，条下所有本人有意欲寻安乐，依前所示，往任重职类中转院时，判无期、长期徒刑：臣僚、下臣、主簿[6]、艺人儿童、前内侍、阁门、帐下内侍、医人、真独诱、向导、译回鹘语、卖者、卜算、官巫、案头、司吏、帐门末宿、御使、内宿、官防守、外内侍。

注释：

[1]类，条下：原译为"部、溜，依下"，断句不对。

[2]为边军中：原译为"由边军至中地"。

[3]类：原译为"部"。

[4]牧农：原译为"牧主"。

[5]采盐池食盐：原译为"盐池盐主"。

[6]主簿：原译为"及授"。

主簿是西夏的职事官。𗥃𗖊（对译：簿持），意为"主簿"。①𗖊𗥃（对译：授及），才是"及授"。西夏人除使军、奴仆外，被分为"有官"和"庶人"两大阶层。"官"，不是指职事官，而是像中原王朝的爵位加勋官。西夏的官，除"诸王"、"三公"外，分为"及授"、"及御印"和"未及御印"三大类。上、次、中、下、末五品为及授官，六至十二品为及御印官，十二品以下为未及御印官。②故应改译为"主簿"。

---

① 史金波、聂鸿音、白滨译注：《天盛改旧新定律令》，第 647 页。
② 史金波：《西夏的职官制度研究》，《历史研究》，1994 年第 2 期。

6.《天盛律令》卷十一《矫误门》：" 一等诸人转院及他人使军簿上注册等，与局分大小暗暗知闻，则造意及局分大小知闻者等当抵，其余当承从犯罪。

一等人马铠甲□□所中，自身欲求安乐，令转院之罪情分明之外，依转院行矫文书已发而未成，为他人所阻者，比令全转院者之各各罪情减一等。"[1]以上二小款西夏文原文为：

甲 11-7-18 𗋒𗩾𘃼𗠁𗐺𗗿𗤋𘉍𗒹𗦟𘏨�448𗵘𗤶
　　　　　一等诸人院转及他人使军簿上备取等
甲 11-8-1 𗼃𗵘𘍦𗦮𘘣𗠉𗠉𘊝𗤋𗇋𗋐𗱕𘞵𘃽
　　　　　职管小大与［知知］知觉令则心起及
甲 11-8-2 𗼃𗵘𘍦𘊝𗤋𗟨𗵘𗄈𘈩𘏩𘊐𗰷
　　　　　职管小大知觉者等 <> 等其后副罪
甲 11-8-3 𗄈𘎪
　　　　　<> 承

甲 11-8-11 𗋒𗩾𗾄𘊞𘒌𘟂�448𗖰𘌽𘈨𘓐𘓐𘔼𘗠𘟛
　　　　　一等人马坚甲备减所中自己爱安欲
甲 11-8-12 𘃼𘘣𗇋 <> 𗰷𗥤𗤻𗟦𘏨𘃼𗦮𗖫
　　　　　院转令 <> 罪阶别显不有院转顺矫
甲 11-8-13 𗵒𘃠𘘦𗒨𗼃𘘣𗥃𗔴𗦟𘉍𗤋𗌒𗦟𗤋
　　　　　文字 <> 行 <> 近为依未成他行为驱
甲 11-8-14 𗦟𘔼𘃼𘘣𗇋𗟨𗥃𘏩𘏩𗟦𗤻𘘦𘔎𗋒
　　　　　为 <> 院转令者 <> 一一罪阶显比一
甲 11-8-15 𗩾𗦟𘘋𗦟
　　　　　等数退为

新译文：

一等诸人转院及他人使军簿上注册等，与局分大小知会令[1]知闻，则造意及局分大小知闻者等当同[2]，其余当承从犯罪。

一等所注销人马坚甲中[3]，自身欲求安乐，令转院之罪情分明之外，依

----

[1]史金波、聂鸿音、白滨译注：《天盛改旧新定律令》，第386页。

转院行矫文书已发而未成，为他人所阻者，比令转院者[4]之各各罪情减一等。

注释：

    [1] 知会令：原译为"暗暗"。

    [2] 同：原译为"抵"。

    [3] 所注销人马坚甲中：原译为"人马铠甲□□所中"，未识出"注销"。

    [4] 令转院者：原译为"令全转院者"，衍"全"。

𗱪𗱪[知知]，前已指出可译为"知会"。𗱪𗱪（对译：备减），此意为"注销"。

7.《天盛律令》卷十一《矫误门》："一诸人未受贿赂而误行文书，增有罪人之罪，则当比有罪人减二等，减之则减三等。"①本条款西夏文原文为：

甲 11-8-16 𗯨𗅲𗸐𗾔𗌒𗌒𗋽𗱪𗋽𗏁𗾔𗙼𗤶𘝵𗋭𗰱
    一诸人贪未取不比不牢文字行顺误罪

甲 11-8-17 𗵒𗾔𗥫𗡅𗟩𗤋𗰱𗵒𗾔𗋽𗼃𗤔𗤋𗤋
    有人 <><> 升为则罪有人比二等及 <>

甲 11-8-18 𗨙𗤔𗤋𗤋𗤔
    减为则三等

新译文：

    一诸人未受贿赂无心失误[1]而误行文书，增有罪人之罪，则当比有罪人减二等，减之则减三等。

注释：

    [1] 无心失误：原译漏。

前文已指出𗋽𗱪𗋽𗏁（对译：不比不牢），一般译为"无心失误"或"疏忽失误"。

8.《天盛律令》卷十一《矫误门》："一诸人不许行教道及蛊术、汉语

---

① 史金波、聂鸿音、白滨译注：《天盛改旧新定律令》，第387页。

□□□□□等。若违律时，令学者、教师及为学者主从一律不论官，当绞杀。其中知觉不举报者，受贿则比其减一等，未受则徒一年。若触恼上方，主谋者与十恶门中谋逆已行之各各罪情相同。"①本条款西夏文原文为：

甲11-9-8 𗾅𗴲𗲠𗰰𗢾𗗊𗤁𗼩𗾮□□□□□𗼩𗡪𗴴𗼩𗻼

　　　　　一诸人道及术法汉语□□□□□为行教为等

甲11-9-9 𗼩𗨁𗭴𗬺𗦇𗿦𗴩𗼩𗤻𗼩𗬠𗆊𗴩𗼩

　　　　　允无若律过时学为令者师子及学为

甲11-9-10 𗤻𗻼𗨀𗾚𗍫𗓑𗰰𗰰𗊡𗼙𗼩𗢾𗤴𗨨

　　　　　者等正副一礼官不算项缚为以 <> 杀

甲11-9-11 𗁮𗻻𗰰𗢾𗾚𗋒𗤀𗴩𗁮𗦧𗴱𗭾𗬊𗿦𗷆

　　　　　其中知觉不告举 <> 贪有则副比一等

甲11-9-12 𗢾𗴲𗨁𗬊𗬷𗴲𗬠𗰪𗃀𗼩𗆊𗜓𗬊𗸕

　　　　　及贪无则一年若上方 <> 触伤心 <> 起

甲11-9-13 𗬠𗴴𗢟𗤁𗆍𗋒𗷆𗼩𗾮𗑗𗾚𗜓𗼩

　　　　　<> 十恶门内逆行为行做不做 <> 一

甲11-9-14 𗾅𗮦𗮦𗬸𗝠𗵽𗑷

　　　　　一罪阶相与 <> 同

新译文：

　　一诸人不许行教道及蛊术、汉语□□□□□等。若违律时，令学者、教师及为学者主从一律不论官，当绞杀。其中知觉不举报者，受贿则比从犯[1]减一等，未受则徒一年。若触恼上方，主谋者与十恶门中谋逆已行未行[2]之各各罪情相同。

注释：

　　[1] 从犯：原译为"其"，即令学者、教师及为学者。
　　[2] 谋逆已行未行：原译为"谋逆已行"，漏译𗑗𗾚（未行）。

---

① 史金波、聂鸿音、白滨译注：《天盛改旧新定律令》，第387页。

卷一《谋逆门》对谋逆处罚的规定分谋逆已行未行[1]，本条款中对于触恼上方的处罚，与《谋逆门》相同。改译后，前后卷内容相互呼应。

9.《天盛律令》卷十一《出典工门》："一使军之外，诸人自有妻子及辅主之妻子等、官人妇男，使典押他人处同居及本人情愿等，因官私语，允许使典押。又□室人妇男等、正军真无主贫子，本人不愿，亦因彼二种事，允许使典押。赔偿官马、铠甲，因派出官事等能办时，正军□能办及非赔官马、铠甲、派官事，不许因私事典押。"[2]本条款西夏文原文为：

甲 11-10-7 𗾟𘕿[𗋡][3] 𗎁𗀪𗪚𗅋𗣼𗤫𗽓 𗣼𗹬𘕿𗤻𗔆𗣼
　　　　　一使军不有诸人自有妻妻及辅主 <> 妻

甲 11-10-8 𗣼𗹬𗫯𗅋𗣗𗲆𘄡𗣼𘓳𗄻𘗽𗥃𗤟𗨁
　　　　　妻等官人妇男他处典住令中一帐饮

甲 11-10-9 𗭼[𗤁][4] 𗱕𘝯𗹬𗫯𗨻𗥃𗣾𘓳𗄻𗦠𗩱
　　　　　及人实乐等官私语因典住令允有

甲 11-10-10 𗎁[𗾟][5] 𘄡𗹬𗫯[𘌺][6] 𗹬𘜶𗣁𗔆𘄡𗹢𗣆
　　　　　又别饮人妇男等军正无主贫子真

甲 11-10-11 𗫯𘄍𗁦𘕿𗤚𗩱𘐥𗉜𗌽𘝯𗹬𗉰𘕿𘜶
　　　　　官马坚甲偿有官事 [派] <> 出等不做时

甲 11-10-12 𗹬𘝯𗎁𘝯𘐥𘓾𗘝𗤁𗹬𗣗𘓳𗄻𗦠𗩱
　　　　　人实不乐亦其二种事因典住令允有

甲 11-10-13 𘕿𗣁𗹬𗣼𗣼𗫯𘄍𗁦𘕿𗤚𗩱𘐥𗉜𗹬
　　　　　军正何做及官马坚甲偿官事 [派] 等

甲 11-10-14 𗅝𗥃𘓾𗣼𘓳𗄻𗦠𗣾
　　　　　非私事因典住令允无

---

① 史金波、聂鸿音、白滨译注：《天盛改旧新定律令》，第111—114页。
② 史金波、聂鸿音、白滨译注：《天盛改旧新定律令》，第388页。
③ 𗋡（军），残缺，据上下文拟补。
④ 𗤁（人），残缺，据上下文拟补。
⑤ 𗾟（别），残缺，据Инв.No.353补。见俄罗斯科学院东方研究所圣彼得堡分所、中国社会科学院民族研究所、上海古籍出版社编：《俄藏黑水城文献》，第9册，第340页上。
⑥ 𘌺（男），残缺，据上下文拟补。

新译文：

　　一使军之外，诸人自有妻子及辅主之妻子等、官人妇男，使典押他人处同居及本人情愿等，因官私语，允许使典押。又分居[1]人妇男等、正军真无主贫子，赔偿官马、铠甲，派出官事等不能办时，本人不愿，亦因彼二种事，允许使典押[2]。正军何能[3]办及非赔官马、铠甲、派官事，不许因私事典押。

注释：

　　[1]分居：原译为"□室"。

　　[2]赔偿官马、铠甲，派出官事等不能办时，本人不愿，亦因彼二种事，允许使典押：原译为"本人不愿，亦因彼二种事，允许使典押。赔偿官马、铠甲，因派出官事等能办时"，语序不对。

　　[3]何能：原译为"□能"，未识出"何"。

　　本条款是对典押官人妇男即男女的规定。条款中"又□室人妇男等、正军真无主贫子，本人不愿，亦因彼二种事，允许使典押。赔偿官马、铠甲，因派出官事等能办时，正军□能办及非赔官马、铠甲、派官事，不许因私事典押"一句，译文逻辑不清晰，有漏译。本条款中有"正军□能办及非赔官马、铠甲、派官事，不许因私事典押"，说明只有赔偿官马、铠甲，派出官事二种事不能办时，才允许典押。①

　　10.《天盛律令》卷十一《出典工门》"一诸人自己情愿于他处出工典押，彼人若入火中、狗咬、畜踏、著铁刃、染疾病而死者，限期内，人主人边近则当告之，人主人边远则当告司中及巡检、军首领、迁溜检校等之近处。"②本条款西夏文原文为：

　　甲11-11-4 𗏁𗪆𗉘𗤁𗯿𗾋𗪸𗿒𗝔𗗙𗅁𘜶𗦺𗰜𗇋𗌰𗦳

----

　　① 于光建博士对本句进行了重译，将"妇男"改译为"男女"，根据韩小忙、王长明《俄藏 Инв. No.353〈天盛律令〉残片考》一文（载《吴天墀教授百年诞辰纪念文集》，四川人民出版社，2013年版，第129—131页）补译了𗩾𗙱（别居），但仍将句子译为"又别居人男女、正军真无主贫子，本人不愿，亦因彼二种事，允许使典押赔偿官马、铠甲，因派出官事等能办时，正军能办及非赔官马、铠甲、派官事，不许因私事典押"，句子仍有逻辑不清、漏译的问题。于光建：《〈天盛改旧新定律令〉典当借贷条文整理研究》，宁夏大学博士学位论文，2014年，第84—87页。
　　② 史金波、聂鸿音、白滨译注：《天盛改旧新定律令》，第388页。

　　　　　　　一诸人自人乐乐他处力趋典住令其人若
甲 11-11-5 　[西夏文]
　　　　　　　火水中堕狗咬畜踏铁刃著疾病染死
甲 11-11-6 　[西夏文]
　　　　　　　等 <> 日圈内人丈妻边近则 <> 告人丈
甲 11-11-7 　[西夏文]
　　　　　　　妻边远则司内及检行军头领迁条口
甲 11-11-8 　[西夏文]
　　　　　　　使等何 <> 近处 <> 告

新译文：

　　一诸人自己情愿于他处出工典押，彼人若入水火[1]中、狗咬、畜踏、著铁刃、染疾病而死者，限期内，人主人边近则当告之，人主人边远则当告司中及巡检、军首领、迁溜检校等之近处。

注释：

　　[1]水火：原译为"火"，漏译[西夏文]（水）。

本条款是对他处出工典押者意外死亡上报的规定。①

11.《天盛律令》卷十一《出典工门》："一典押出力人已行仆役，不做活业者，击打等而致打死者徒一年，执械器而拷打逼迫致死者徒三年。"②本条款西夏文原文为：

甲 11-11-15 　[西夏文]
　　　　　　　一典住力趋人使使不肯天地不为 <> 捶
甲 11-11-16 　[西夏文]
　　　　　　　拍等以打过死 <> 一年打具持以打拷
甲 11-11-17 　[西夏文]

---

　　①于光建虽已校注原文[西夏文]（水火）一词，但意外的是没有补充本条款原译中漏译的"水"字。参见于光建：《〈天盛改旧新定律令〉典当借贷条文整理研究》，第87—91页。
　　②史金波、聂鸿音、白滨译注：《天盛改旧新定律令》，第389页。

其过死 <> 三年

新译文：

一典押出力人不肯役使[1]，不做活业者，击打等而致打死者徒一年，执械器而拷打致死者[2]徒三年。

注释：

[1]不肯役使：原译为"已行仆役"。

[2]拷打致死者：原译为"拷打逼迫致死者"，衍"逼迫"。

本条款是对打死不肯役使典押出力人的处罚。①从语法来看，𗗼𗀾𗋹𘈖𗆟（对译：典住力趋人使使不肯）中，𗗼𗀾𗋹𘈖（典当出力人）为主语，𗏇𗗆（役使、驱使）为谓语，𗒽（不）为副词修饰补语𗱕（肯）。从上下文来看，典押出力人不肯役使，不做活业才被打。②

12.《天盛律令》卷十一《出典工门》："其使典出力者中，有局分位者，人须换至他处出力而逃跑，则当予之限期寻找，获时依使重押所示法实行。"③本条款西夏文原文为：

　甲 11-13-6　𗌧𗗼𗋹𘈖𗤁𗖻𗏇𗒽
　　　　　　其典力趋令者中官职
　甲 11-13-7　𗙏𗄻𗤻𗏝𘈖𗤋𗔟𗪚𗤵𗰚𗋹𘈖𗒽𗊰𗯳
　　　　　　位有有 <> 人何换处他处力趋 <> 须野
　甲 11-13-8　𗊖𘈖𘄡𘓐𗀏𗤵𘝶𗤋𗣓𗊲𗖻𗏝𗥔
　　　　　　入人因日限 <> 给 <> 寻获时重住令顺
　甲 11-13-9　𗳉𘄽𗒽𗗆𘓐𘄽𗤻𘄽𗗚
　　　　　　先依 <> 示礼依 <> 顺行

---

① 本条款的条目为𗏇𗗆𗒽𗇪𗀃（对译：役使不肯打死），即"不肯役使打死"。𗗆𗒽𗱕（对译：役不肯），《天盛改旧新定律令名略》下卷甲种本第1页右面第11小行残佚，据《天盛改旧新定律令名略》下卷丙种本第11小行补；史金波等译注本《天盛改旧新定律令》第56页未识出𗒽𗱕（对译：不肯），将𗏇𗗆（对译：使役）译为"仆役"。

② 于光建没有改译本条款原译存在的上述问题，却将𗅁（过、罪、缺）译为"疮疤"，将𗅁𗗉（对译：过死）一词改译为"死伤"。参见于光建：《〈天盛改旧新定律令〉典当借贷条文整理研究》，第91—95页。

③ 史金波、聂鸿音、白滨译注：《天盛改旧新定律令》，第389—390页。

新译文：

其使典出力者中，有官、职位[1]者，人须换至他处出力而逃跑，则当予之限期寻找，获时依先前使重押所示法[2]实行。

注释：

[1]有官、职位：原译为"有局分位"，漏译骸（官）。

[2]先前使重押所示法：原译为"使重押所示法"，漏译𦒃（前、先）。

局分（𦒃骸），即职司。则局分位应指的是职位。前文已指出，西夏的官与职不同，官类似中原的爵位加勋官，职是职司中的职事官。先前所示重押法即，由他人往押，无他人则由主人往押，二者皆无则由典押者往押，自逃跑日始至寻获日计足，使重押之。①

13.《天盛律令》卷十一《出典工门》："一前述出力人中日数过，予工价而致打杀者，比诸人殴打争斗相杀罪减一等。"②本条款西夏文原文为：

甲11-14-6 𗇛𗧻𗏹𗏨𗭟𗣼𗏹𗏨𗇛 𗣼𗏹𗏨𗆀𗏨𗣼𗏹𗏨
　　　　一前有力趋人中日数［雇］为力价给打杀
甲11-14-7 𗏨𗏨𗣼𗏨𗣼𗣼𗏹𗏨𗣼𗏹𗣼𗏨𗏨𗣼𗏨𗏨𗣼𗏨
　　　　<> 诸人打打斗战相杀罪比一等 <> 退为

新译文：

一前述出力人中，雇佣日数[1]予工价而致打杀者，比诸人殴打争斗相杀罪减一等。

注释：

[1]雇佣日数：原译为"日数过"，将𗣼［雇］译为"过"。

---

① 史金波、聂鸿音、白滨译注：《天盛改旧新定律令》，第389页。按：于光建仍将骸𦒃𦒃（对译：官职位）译为"局分位"，没有补充本条款原译中漏译的"先"字。参见于光建：《〈天盛改旧新定律令〉典当借贷条文整理研究》，第102—103页。

② 史金波、聂鸿音、白滨译注：《天盛改旧新定律令》，第390页。

本门是对如何典押、典押人死告、典卖当为契约、不许典父母、雇日打杀典工的规定及出典工人奸淫典处女、不做活业、逃跑、殴打对抗主人的处罚。①因此，贡［雇、过、国］应译为"雇"。同样，本条款的条目应改译为"雇人打杀"。②

14.《天盛律令》卷十一《射刺穿食畜门》，将门题译为"射刺穿食畜门"。③本门门题西夏文原文为：

甲 11-14-8 𗗰𗰜𗗜𗰉𗰉𗰐
　　　畜射刺苗食门

新译文：
　　射刺食苗畜门［1］

注释：
　　［1］食苗畜：原译为"穿食畜"，漏译𗰉（苗、芽）。

原译中的"食畜门"让人费解。本门共有八条款，主要是对诸人相恶而杀畜，畜入于粮食、草捆、田地、蒲草而杀畜，牲畜入于苗地，及大人令小儿与别人于他人苗地中放牧、寻文书的处罚与赔偿规定。④可知，本门主要是与射杀畜与畜食苗有关。改译后，门题与条款内容相符。⑤

15.《天盛律令》卷十一《射刺食苗畜门》："一诸人因瞋怒相恶及畜入于田土、粮食、草捆、蒲草等，而以刀剑、弓箭、有齿武器等刺射、斫杀他人畜时，畜未死，有伤折足，则当依畜法偿还。所伤畜由偿者持之，伤者有官罚马一，庶人十三杖。其中所伤良种畜□□使强之。有堪用，属者未肯舍之者，当

① 史金波、聂鸿音、白滨译注：《天盛改旧新定律令》，第388—390页。
② 条目原译为"过人打杀"。史金波、聂鸿音、白滨译注：《天盛改旧新定律令》，第56页。原文参见俄罗斯科学院东方研究所圣彼得堡分所、中国社会科学院民族研究所、上海古籍出版社编：《俄藏黑水城文献》，第8册，第15页左面第2行。按：于光建未改译本条目与条款。分别参见于光建：《〈天盛改旧新定律令〉典当借贷条文整理研究》，第80、107页。
③ 史金波、聂鸿音、白滨译注：《天盛改旧新定律令》，第390页。
④ 史金波、聂鸿音、白滨译注：《天盛改旧新定律令》，第390—392页。
⑤《名略》中亦将门目译为"射刺穿食畜"，需改。史金波、聂鸿音、白滨译注：《天盛改旧新定律令》，第56页。原文参见俄罗斯科学院东方研究所圣彼得堡分所、中国社会科学院民族研究所、上海古籍出版社编：《俄藏黑水城文献》，第8册，第15页左面第1大行。

量未伤时及未伤等两种价。先未伤价中何所减数及本畜等当予主人。"①本条款
西夏文原文为：

甲11-14-16 〔西夏文〕
　　　　　　一诸人他有畜怒嗔相恨以及地田黍谷
甲11-14-17 〔西夏文〕
　　　　　　草结草草中入等时刀剑弓箭兵器齿
甲11-14-18 〔西夏文〕
　　　　　　有等以刺射砍为畜不死伤足毁目有
甲11-15-1 〔西夏文〕
　　　　　　为则畜礼依 <> 偿 <> 伤畜偿者 <> 持伤者
甲11-15-2 〔西夏文〕
　　　　　　官有罚马一庶人十三杖其中 <> 伤畜种
甲11-15-3 〔西夏文〕
　　　　　　善［强］健强寻为可堪有者舍不□有 <> 其
甲11-15-4 〔西夏文〕
　　　　　　畜未伤时及 <> 伤等二等价 <> 量前未伤
甲11-15-5 〔西夏文〕
　　　　　　价中何时 <> 减数及畜实等丈妻 <><>
甲11-15-6 〔西夏文〕
　　　　　　给为

新译文：

　　一诸人因瞋怒相恶及畜入于田土、粮食、草捆、蒲草等，而以刀剑、
弓箭、有齿武器等刺射、斫杀他人畜时，畜未死，有伤足毁目[1]，则当依
畜法偿还。所伤畜由偿者持之，伤者有官罚马一，庶人十三杖。其中所伤
良种畜强健，强寻为[2]，有堪用，属者未肯舍之者，当量未伤时及已伤[3]
等两种价。先未伤价中何所减数及本畜等当予主人。

---

① 史金波、聂鸿音、白滨译注：《天盛改旧新定律令》，第391页。

注释：

　　[1]伤足毁目：原译为"伤折足"，未译"目"。

　　[2]强健，强寻为：原译为"□□使强之"，未识出𗁂𗀁（强健）。

　　[3]已伤：原译为"未伤"。

　　本条款是对相恶射刺伤畜的处罚。𗧐［答］，因克恰诺夫俄译本《天盛改旧新定律令》第3册第475页第4行残佚，史金波等译注本《天盛改旧新定律令》第391页译为𗰖（未），但译注本第415页又疑𗰖（未）应为𗧐［答］。现在通过《天盛律令》甲种本可以确定该字应为𗧐［答］。

　　16.《天盛律令》卷十一《射刺食苗畜门》："一诸人田地中畜入，疏忽失误，以棍棒击打、捆缚等而致畜死时，当偿还，畜尸由偿者持之。若畜未死而伤，则偿之，击打伤者有官罚钱五缗，庶人十杖。"①本条款西夏文原文为：

甲11-16-11 𗧾𗊯𗤶𗰜𗰦𗴫𗏹𗏵𗗅𗏵𗆻𗾟𗑠𗾏𗾏
　　　　　　 一诸人地田中畜入不比不牢杖柄投掷
甲11-16-12 𗗼𗧾𗩱𗪟𗏵𗍱𗘦𗤶𘝠𘜶𗏵𗈁𘜶𗰦𗥃
　　　　　　 捆系等以畜死时 <> 偿为畜尸偿者 <>
甲11-16-13 𘜶𗣼𗏵𗒹𗍱𗵒𗄽𘜶𘝠𗒨𗬩𗤶�𗷯
　　　　　　 持若畜不死伤则偿为不用伤者官有
甲11-16-14 𗏵𗣫�𗁾𗤶𗥃𗆤
　　　　　　 五缗罚钱庶人十杖

新译文：

　　一诸人田地中畜入，疏忽失误，以棍棒击打、捆缚等而致畜死时，当偿还，畜尸由偿者持之。若畜未死而伤，则不用偿[1]，击打伤者有官罚钱五缗，庶人十杖。

注释：

　　[1]不用偿：原译为"偿之"。

---

① 史金波、聂鸿音、白滨译注：《天盛改旧新定律令》，第392页。

本条款是对畜入苗地，击打捆缚而伤杀畜的处罚。

17.《天盛律令》卷十一《渡船门》："一河水上置船舶处左右十里以内，不许诸人免税渡船。倘若违律时，当纳税三分，一分当交官，二分由举告者得。"[1]本条款西夏文原文为：

甲 11-17-1 𗼷𗰜𗦲𗦺𗫔𗟲𗦀[2]𗃀𗏁𗾔𗫡𗰜𗾔𗥤𗰜𗢵
　　　　　一河水上船舟处处左右十里圈内诸人

甲 11-17-2 𗦠𗯿𗣂𗢵𗇋𗫷𗣼𗆫𗫻𗦲𗫷𗧘𗆠𗫽𗦠𗣼
　　　　　税避为渡过允无假若律过时三分税 <>

甲 11-17-3 𗦲𗍫𗫻𗦲𗇋𗤁𗫸𗈜𗫻𗦲𗒀𗥤𗤁𗣔
　　　　　捕一分官 <><> 为二分捕举者 <> 持

新译文：

一河水上置船舶处左右十里以内，不许诸人免税渡船。倘若违律时，当纳税三分，一分当交官，二分由捕举者[1]得。

注释：

[1] 捕举者：原译为"举告者"，漏译𗦲（捕）。

"当纳三分税"中的纳，原文为𗦲（捕），借其音，译为"补"，即"纳"。但"捕举者"不同于"举告者"。

18.《天盛律令》卷十一《渡船门》："一船舶左右十里以外有渡船者，不许船主诸人等骚扰索贿。倘若渡船时，判断以枉法贪赃罪，所取贿当还属者。"[3]本条款西夏文原文为：

甲 11-17-8 𗼷𗫔𗟲𗎩𗫡𗰜𗾔𗥤𗅲𗫷𗫔𗦺𗫔𗫾𗦺
　　　　　一船舟左右十里后方渡过者有船主诸

甲 11-17-9 𗢵𗪩𗇌𗷒𗫷𗣂𗫻𗆫𗫻𗦲𗫷𗫻𗦺𗫜
　　　　　人等刺侵贪取允无假若律过时律弯

---

① 史金波、聂鸿音、白滨译注：《天盛改旧新定律令》，第 392 页。
② 疑原文刻误，应为𗫡（置）。
③ 史金波、聂鸿音、白滨译注：《天盛改旧新定律令》，第 392—393 页。

甲 11-17-10 𗙎𗼖𗏁𗤻𗋽𗦻𗤻𗙎𗑗𗆜𗎫𗎦𗦱𗐫
　　　　　贪罪礼断判 <> 取贪有者 <><> 还为

新译文：

　　一船舶左右十里以外有渡船者，不许侵扰、索贿船主诸人等[1]。倘若违律[2]时，判断以枉法贪赃罪，所取贿当还属者。

注释：

　　[1]不许侵扰、索贿船主诸人等：原译为"不许船主诸人等骚扰索贿"，语序有问题。

　　[2]违律：原译为"渡船"。

　　本条款是对税未至处侵扰渡者的处罚。①上一条款规定，河水上置船舶处左右十里以内需纳渡船税。②因此，𗆜𗎦𗦱𗐫𗎫𗏵𗤻𗆜𗒀𗏵（对译：船主诸人等刺侵贪取允无）中，主语为收渡船税人员，𗆜𗎦𗦱�钱（船主诸人等）为宾语，𗏵𗤻𗆜𗒀（骚扰、索贿）为谓语，𗒀𗏵（不许）为补语。

　　19.《天盛律令》卷十一《判罪逃跑门》："犯十恶者之父兄、亲戚连坐，住地迁移，住地边记名。故意逃跑者，依旧当送附近有苦役处，为一年劳役。若附近无苦役处，则于城内为一年苦役，期满时当只关于先所住记名处。"③本条款西夏文原文为：

甲 11-18-6 𗦤𗷣𗦤
　　　　　十恶犯
甲 11-18-7 𗦱𗐫𗵽𗎦𗑑𗡪𗷣𗤻𗢵𗘂𗊱𗺾�数𗢵
　　　　　者 <> 父兄弟亲戚 <> 连地 [地] <> 变为地
甲 11-18-8 𗰖𗤌𗬩𗎫𗟪𗫂𗢺𗿉𗮔𗑇𗷕𗋽𗮾𗎿
　　　　　边住名有自谋野入 <> 旧依 <> 执近

---

　　①本条款对应的条目为𗌶𗤻𗺉𗰖𗑾𗦱𗏵𗤻（对译：税不至处渡者刺扰），即"税不至处侵扰渡者"，原译为"租未至处船者劳役"。原文参见俄罗斯科学院东方研究所圣彼得堡分所、中国社会科学院民族研究所、上海古籍出版社编：《俄藏黑水城文献》，第8册，第15页左面第8小行；史金波、聂鸿音、白滨译注：《天盛改旧新定律令》，第57页。

　　②史金波、聂鸿音、白滨译注：《天盛改旧新定律令》，第392页。

　　③史金波、聂鸿音、白滨译注：《天盛改旧新定律令》，第393页。

甲 11-18-9 𗧸𗧸𗫲𗫲𗧯𗫨𗯼𗧎𗺝𗥫𗈪𗢠𗫲𗱠
　　　　　边事难为处有处一年劳役 <> 为若

甲 11-18-10 𗼃𗫨𗧸𗫲𗧯𗫨𗸂𗾟𗍖𗗙𗢠𗥫𗧸𗫲𗈪
　　　　　边近事难为处无则城内一年事难 <>

甲 11-18-11 𗫲𗤋𗣫𗸂𗫨𗫨𗴺𗗙𗫨𗪘𗢲𗯼𗬧<u>𗣓𗣨</u>𗫲
　　　　　为令日满时前何住名有处 <> 委托为

新译文：

　　犯十恶者之父兄、亲戚连坐，住地迁移，住地边记名。擅自[1]逃跑者，依旧当送附近有苦役处，为一年劳役。若附近无苦役处，则于城内为一年苦役，期满时当付嘱[2]于先所住记名处。

注释：

　　[1]擅自：原译为"故意"。
　　[2]付嘱：原译为"只关"。

　　𗧯𗣫（对译：自意），《天盛律令》中一般译为"擅自、自专"，与"故意"不同。𗣓𗣨（对译：委托），意为"付嘱"；𗣓𗫨（对译：[只关]），意为"只关"。①

　　20.《天盛律令》卷十一《判罪逃跑门》："一无期徒刑中以外之劳役人逃跑，匿住于诸家主，一个月期间罪勿治。过期治罪法：一等无期劳役人之住处主人：一个月以上至百日徒三个月，百日以上至六个月徒一年，六个月以上徒三年。"②本条款西夏文原文为：

甲 11-20-3 𗫲𗏹𗫲𗣠𗢲𗩙𗤋𗥫𗈪𗣨𗫰𗏹𗫫𗫲𗣠
　　　　　一备取中不有而劳役人野入诸家主中

甲 11-20-4 𗣓𗪘𗢠𗫿𗧣𗳦𗗙𗫨𗫲𗤋
　　　　　匿住一月个圈内罪莫连日

甲 11-20-5 𗼃𗫫𗤋𗱕

──────────
　　①分别见史金波、聂鸿音、白滨译注：《天盛改旧新定律令》，第 625、647 页。
　　②史金波、聂鸿音、白滨译注：《天盛改旧新定律令》，第 394—395 页。

过罪连顺

甲 11-20-6 𗾊𗾊𗾊𗾊𗾊𗾊𗾊𗾊𗾊𗾊𗾊𗾊

　　一等自代而役有人 <> 住处主主一

甲 11-20-7 𗾊𗾊𗾊𗾊𗾊𗾊𗾊𗾊𗾊𗾊𗾊𗾊

　　月个上高百日至三月个百日上

甲 11-20-8 𗾊𗾊𗾊𗾊𗾊𗾊𗾊𗾊𗾊𗾊𗾊𗾊

　　高六月个至一年六月个上高三

甲 11-20-9 𗾊

　　年

新译文：

　　一无期徒刑中以外之劳役人逃跑，匿住于诸家主，一个月期间罪勿治。过期治罪法：一等长期[1]劳役人之住处主人：一个月以上至百日徒三个月，百日以上至六个月徒一年，六个月以上徒三年。

注释：

　　[1] 长期：原译为"无期"。

𗾊𗾊（对译：自代），意为"长期"；𗾊𗾊（对译：备取），意为"无期"。①

21.《天盛律令》卷十一《判罪逃跑门》："一前述三等人中已逃跑，住入亲戚处□□以觅衣食，又归于前所住处来者，逃跑罪当赦。住处主人之罪，当依前所示罪情减二等。"②本条款西夏文原文为：

甲 11-21-5 𗾊𗾊𗾊𗾊𗾊𗾊𗾊𗾊𗾊𗾊𗾊𗾊𗾊𗾊

　　一前有三等人中 <> 野入亲戚入观遍 <>

甲 11-21-6 𗾊𗾊𗾊𗾊𗾊𗾊𗾊𗾊𗾊𗾊𗾊𗾊𗾊𗾊

　　住食衣 <> 求重 <> 归前住处显处来 <>

甲 11-21-7 𗾊𗾊𗾊𗾊𗾊𗾊𗾊𗾊𗾊𗾊𗾊𗾊𗾊𗾊

　　野入因罪 <> 解住处主主 <> 罪前依 <>

① 分别见史金波、聂鸿音、白滨译注：《天盛改旧新定律令》，第 621、641 页。
② 史金波、聂鸿音、白滨译注：《天盛改旧新定律令》，第 395 页。

甲 11-21-8 𗏊𗙞𗾟𗏆𘎰𗏆𘜶𗧽𘄡𘑱𗫡𗰔𘉈

示罪阶显比次依二等数 <> 退为

新译文：

一前述三等人中已逃跑，住入亲戚处遍观[1]以觅衣食，又归于前所住处来者，逃跑罪当赦。住处主人之罪，当依前所示罪情依次[2]减二等。

注释：

[1] 遍观：原译未识出。

[2] 依次：原译未译。

本条款是对逃跑重归记名处来者及其住处主人的处罚。逃跑者分三等，住处主人之罪亦分三等。故减罪时当依次减。

22.《天盛律令》卷十一《判罪逃跑门》："一各地边城因十恶罪及其余服劳役等监管，应好好收监，不许受贿亡失放纵。已判断后，有罪人若自返还，或亡失者又实捕得来，则亡失放出者□受贿□上一□者罪减。未受贿，因放失有大小罪人而承罪，则依以下所定次第减之。其中若已减罪时，按比前所实承受贿罪情高低办理，亦依前番判断所至再增之，当依不等罪判断。"①本条款西夏文原文为：

甲 11-21-9 𗏊𗾟𗦭𘎰𗏆𘉈𗏊𘄡𘉈𗫡𘉂𗰔𘋀𘄡𗏉

一地边城数十恶罪因及其后而劳役等监

甲 11-21-10 𗹰𘄡𘉈𗰔𘎰𘜶𘄡𗫡𘎰𘎰

者名接主主城头 [铺] 帐城 [口]

甲 11-21-11 𗫢𘄡𗰔𗰔𘉂𘏴𗏉𘉈𗏆𘉈

持等好好 <> 牧监贪取失为

甲 11-21-12 𘈈𘉂𘄡𗰔𗏉

舍弃等允无

甲 11-21-16 𗫠𘉈𘈈𗰔𗏊𘉈𘏴𗫡𘉂𗏉

① 史金波、聂鸿音、白滨译注：《天盛改旧新定律令》，第 395 页。

<> 判断后方罪有人若自

甲 11-21-17 𗇜𗰗𗰛𗰿𗤁𗤒𗤻𗯨𗳸𗇜

头归若失为者人等手入人

甲 11-2-18 �799𗰗�77𗰿𗤁𗤻𗤻𗇜𗳸𗰛

实得送则失为放者前贪阶

甲 11-22-1 𗳸𗤒𗏹𗰛𗤁𗰿𗤒𗤻𗤜𗤜𗰛

高上 <> 断 <> 罪退为不与贪

甲 11-22-2 𗰛𗰛𗰿𗇜𗤒𗤁𗰿𗤁𗤻𗇜𗰿𗇜

阶下罪有人放失为因罪 <>

甲 11-22-3 �7�799𗰿𗤻𗣊𗤒𗤒𗤜𗳸𗇜

承则退为顺除下 <> 定依顺

甲 11-22-4 𗰛𗤒𗤻𗰛𗰻𗰿𗤁𗤻𗣊𗇜𗰛

行其中若罪 <> 退为时前 <>

甲 11-22-5 𗤒𗰛𗰿�7𗇜𗰿𗰛𗰛𗳸𗇜

取贪罪现承所罪比阶高为

甲 11-22-6 𗣊𗤻𗏹𗣊𗈜𗤒𗤒𗰛𗰛𗳸𗇜

亦先 <> 次断判 <> 至依重升

甲 11-22-7 𗤒𗤜𗤻𗰿𗏹𗣊𗈜𗇜𗤻𗇜

为边无罪 <> 断判依 <> 为

新译文:

　　一各地边城因十恶罪及其余服劳役等监管者、记名主人、持城头、铺帐、城口等[1]，应好好收监，不许受贿亡失放纵。已判断后，有罪人若自返还，或亡失者又实捕得来，则亡失放出者先受贿之上判断者减罪[2]。未受贿，因放失阶下有罪人[3]而承罪，则依以下所定次第减之。其中若已减罪时，先所受贿罪比现所承罪情高[4]，亦不得依前番判断所至再增之，罪依所判断当为[5]。

注释:

　　[1] 监管者、记名主人、持城头、铺帐、城口等：原译为"监管"，未译𗇜𗰗𗰿�7𗤜𗇜𗰗𗰿�7𗳸𗰗（对译：者名接主主城头［铺］帐城［口］持等）。克恰诺夫俄译本《天盛改旧新定律令》第 3 册第 488 页缺𗇜

［西夏文］（对译：者名接主主城头［铺］帐城［口］）。

［2］先受贿之上判断者减罪：原译为"□受贿□上一□者罪减"，未识出"［西夏文］（先）"、"［西夏文］（阶）"、"［西夏文］（断）"。

［3］阶下有罪人：原译为"有大小罪人"，将［西夏文］（对译：阶下）译为"大小"。

［4］先所受贿罪比现所承罪情高：原译为"按比前所实承受贿罪情高低办理"，将［西夏文］（对译：阶高）译为"高低"，［西夏文］（比）的译法不对。

［5］亦不得依前番判断所至再增之，罪依所判断当为：原译为"亦依前番判断所至再增之，当依不等罪判断"，将［西夏文］（对译：边无）译为"不等"。

本条款是对监管人、记名主人、持城头、铺帐、城口等亡失记名等的处罚。[1]［西夏文］（对译：先 <> 取贪罪现承所罪比阶高为）中，介词［西夏文］（比）的是［西夏文］（先所受贿罪）和［西夏文］（现所承罪）。《孟子》卷四《公孙丑章句下》中的"子哙不得与人燕"，夏译文为［西夏文］（对译：［子哙燕］他 <> 给边无）。[2]知［西夏文］（对译：边无）意为"不得"。

23.《天盛律令》卷十一《判罪逃跑门》："一前述有罪人放失，逃往不同地界，何人帮助大处寻爱乐者，助寻爱乐者等一律当比有罪人减一等。若未放失，未往于不同地界，在先有名处，其处职管帮助予大处寻爱乐者等，有死罪则徒三年，是长期徒刑则徒二年，自六年至三年徒一年，自三年以下罪情徒三个月。"[3]本条款西夏文原文为：

甲 11-23-14 ［西夏文］
　　　　　　一前有罪有人舍弃野入地圈不同处往
甲 11-23-15 ［西夏文］
　　　　　　他人引助大处爱乐寻 <> 引助爱乐寻
甲 11-23-16 ［西夏文］
　　　　　　者等一礼罪有人比一等 <> 退为若

① 史金波、聂鸿音、白滨译注：《天盛改旧新定律令》，第 395—396 页。

② 彭向前：《西夏文〈孟子〉整理研究》，上海古籍出版社 2012 年，第 133 页。

③ 史金波、聂鸿音、白滨译注：《天盛改旧新定律令》，第 396 页。

甲 11-23-17 𗙼𗝢𗫂𗰔𗫩𗈁𗨨𗙼𗊬𗬂𗫂𗉫𗌮
　　　　　未舍弃地圈不同处未往先住名有
甲 11-23-18 𗈁𗰔𗊬𗤊𗉫𗰔𗬂𗟲𗍳𗵣𗝢𗙱𗊬
　　　　　处其处职［管］大处引助爱乐给者等
甲 11-24-1 𗙱𗝢𗤊𗬂𗳾𗫂𗙱𗉫𗫂𗬂𗒹𗫂𗰤
　　　　　死罪有则三年自朝是则二年六年起
甲 11-24-2 𗳾𗫂𗬓𗌮𗫂𗒹𗫂𗰤𗭪𗫂𗺨𗞂𗬂𗬓
　　　　　三年至一年二年起低下日显有则三
甲 11-24-3 𗭪𗞂
　　　　　月月

新译文：

　　一前述有罪人放失逃跑[1]，往不同地界，何人帮助大处寻爱乐者，助寻爱乐者等一律当比有罪人减一等。若未放失，未往于不同地界，在先有名处，其处职管帮助予大处寻爱乐者等，有死罪则徒三年，是长期徒刑则徒二年，自六年至三年徒一年，自二年[2]以下短期徒刑[3]徒三个月。

注释：

　　[1] 前述有罪人放失逃跑：原译为"前述有罪人放失，逃"，断句有误。

　　[2] 二年：原译为"三年"，将𗒹（二）译为"三"。

　　[3] 短期徒刑：原译为"罪情"。

　　从语法来分析，𗬂𗝢𗤊𗝢𗵣𗫩𗺣𗫘𗫂𗈁𗫩𗰔𗈁𗊬（对译：前有罪有人舍弃野入地圈不同处往）中，包含两句，第一句中𗬂𗝢𗤊�（前述有罪人）为主语，𗵣𗫩𗺣𗫘（放失逃跑）为谓语；第二句中，前述有罪人为主语，𗫂𗈁𗫩𗰔𗈁（不同地界处）为状语，𗊬（往）为谓语。西夏语中，做谓语的动词位于句末，动词𗺣𗫘（逃跑）是断句的标志，不能放在下一句。①𗭪𗞂（对译：日显）意为"短期徒刑"。②劳役三个月、六个月、一年至六年为短期徒刑，此外

---

　　① 史金波：《西夏文教程》，第 424—425 页。
　　② 史金波、聂鸿音、白滨译注：《天盛改旧新定律令》，第 624 页。

还有杖罪。[①]故二年以下短期徒刑与二年以下罪情不同。

24.《天盛律令》卷十一《使来往门》[②]："他国使人于客副、都案、小监等索大小物件者，接近京城则当索谕文，不近京城及在他国，则当允许予物件若干。"[③]本条款西夏文原文为：

甲 11-26-11 𗹦𗯿
　　　　　　他国
甲 11-26-12 𗷆𗥃𗹦𗥃𗫂𗰗𗥃𗫨𗄈𗑠𗗙
　　　　　　使人及客副一总头监等 <> 物
甲 11-26-13 𗹦𗥃𗆀𗵃𗑠𗾔𗫨𗑠𗵃𗑑𗥃𗑠
　　　　　　少大索 <> 世界近［便］则谕节 <> 寻世
甲 11-26-14 𗾔𗑠𗫨𗫨𗹦𗥃𗾆𗑑𗗙𗹦𗥃𗫤
　　　　　　界不近［便］及他国等是则物少大给
甲 11-26-15 𗑑𗾕𗫤
　　　　　　<> 允有

新译文：

他国使人及[1]客副、都案、小监等索大小物件者，接近京城则当索谕文，不近京城及在他国，则当允许予物件若干。

注释：

[1] 及：原译为"于"。

𗥃［勒］（及、和）为并列连词。上文提到正副使、内侍、阁门、文书、译语等，与他国客副、他人等饮酒作歌；又有我方使人允许收取他国客副、都案、小监酒食果品金银若干。[④]知𗹦𗷆𗥃（他国使人）与𗫂𗰗（客副）、𗫨𗄈（都案）、𗑠𗗙（小监）之间是并列关系，即𗫂𗰗（客副）、𗫨𗄈（都案）、𗑠𗗙

① 史金波、聂鸿音、白滨译注：《天盛改旧新定律令》，第 605 页。
② 魏淑霞对本门作了校补，以下是在其基础上的补充。氏著：《〈天盛改旧新定律令〉卷一一"使来往门"译证》，《中华文史论丛》，2018 年第 1 期。
③ 史金波、聂鸿音、白滨译注：《天盛改旧新定律令》，第 398 页。
④ 史金波、聂鸿音、白滨译注：《天盛改旧新定律令》，第 398 页。

（小监）都是他国的。①

25.《天盛律令》卷十一《使来往门》："一正副使及以下各等人等，依次于下人无罪情而打拷时，有官罚马一，庶人十三杖。"②本条款西夏文原文为：

甲 11-27-16 𗈪𗤭𗑉𗉇𗣼𗤋𗧓𗤒𗤧𗎾𗧓𗤁𗕾𗷲𗧓𗢭
　　　　　一使正副及除下三等人等次依下人上
甲 11-27-17 𗾈𗤧𗢭𗣼𗤻𗘂𗤖𗢭𗤻𗤭𗧓𗤒𗧓𗎾𗷽
　　　　　罪语不有打打别不义为等时官有罚
甲 11-27-18 𗃞𗐯𗤂𗧓𗤒𗤠𗤙
　　　　　马一庶人十三杖

新译文：

一正副使及以下三等人[1]等，依次于下人无罪情而无理[2]打拷时，有官罚马一，庶人十三杖。

注释：

[1] 三等人：原译为"各等人"。

[2] 无理：原译未译。

从前后呼应的角度看，本条款的前面两条款，提到正副使以下的上、中、下三等人。③𗤻𗘂（对译：不义），为偏正式合成词，副词𗤻（不）修饰动词𗘂（义），意为"无理"。④

26.《天盛律令》卷十一《派供给者门》："一前述数种人之局分处及首领并派告遣人等，指挥告稽误及不告等时，何已□□稽误，与不往者之罪同样判断，被遣人罪勿治。"⑤本条款西夏文原文为：

甲 11-31-16 𗈪𗤲𗣼𗧓𗈪𗪴𗤟𗤧𗓆𗤒𗒱𗧓𗤻𗤐𗡞𗧓

----

① 魏淑霞没有改译本条款原译存在的上述问题。
② 史金波、聂鸿音、白滨译注：《天盛改旧新定律令》，第399页。
③ 史金波、聂鸿音、白滨译注：《天盛改旧新定律令》，第399页。
④ 史金波：《西夏文教程》，第138页；史金波、聂鸿音、白滨译注：《天盛改旧新定律令》，第641页。
按：魏淑霞没有改译本条款原译存在的上述问题。
⑤ 史金波、聂鸿音、白滨译注：《天盛改旧新定律令》，第402页。

一前有人数 <> 职管处及头领又告者人

甲 11-31-17 𗂤𗥦𗍫𗋒𗤋𗂤𗤋𗍫𗤋𗥦𗍰𗟲𗆐𗣼𗖵

遣等指命告缓及不告等时何 <> 障处

甲 11-31-18 𗤋𗣼𗱢𗟻𗤻𗡦𗤋𗥃𗤘𗂤𗍫𗡦𗤘𗣼𗤝

缓不往者与罪等断判遣人罪莫连

新译文:

一前述数种人之局分处及首领并派告者人[1]等,指挥告稽误及不告等时,何已障处稽误[2],与不往者之罪同样判断,被遣人罪勿治。

注释:

[1]告者人:原译为"告遣人",衍"遣"。

[2]何已障处稽误:原译为"何已□□稽误",未识出𗖵𗆐(对译:障处)。

本条款是对局分及其首领遣告迟的处罚。①

27.《天盛律令》卷十一《为僧道修寺庙门》:"一有僧人、道士之实才以外诸人,不许私自为僧人、道士。倘若违律为僧人、道士貌,则年十五以下罪勿治,不许举报,自十五以上诸人当报。所报罪状依以下所定判断。"②本条款西夏文原文为:

甲 11-38-13 𗀓𗵒𗧯𗎫𗫂𗍫𗋒𗧊𗣼𗂤𗗝𗎫𗫂𗧯

一和众护法才实有不有诸人和众护法

甲 11-38-14 𗤋𗭪𗤘③𗩱𗦱𗤓𗤗𗅋𗤻𗥃𗎫𗫂�\

自人私以为允无假若律过和众

甲 11-38-15 𗎫𗫂𗱷𗦱𗤻𗤝𗆐𗠣𗸯𗣼𗤗𗤝𗡦

护法相为则年十五低下罪莫连

_____

① 本条款对应的条目𗤘𗤝𗂤𗤘𗥦𗤋(对译:职管遣告迟),据条款内容应译为"局分遣告迟",但原译为"遣局分告迟"。参见俄罗斯科学院东方研究所圣彼得堡分所、中国社会科学院民族研究所、上海古籍出版社编:《俄藏黑水城文献》,第8册,第16页右面第11小行;史金波、聂鸿音、白滨译注:《天盛改旧新定律令》,第59页。

② 史金波、聂鸿音、白滨译注:《天盛改旧新定律令》,第407页。

③ 𗤘(私),残缺,据上下文拟补。

甲 11-38-16 𗰜𗅹𗼕𗰜𗅹𗳍𗵆𗀭𗰜𗅹𗰜𗰜𗰜𗰜
        告举允无十五起上高诸人 <> 举

甲 11-38-17 𗱕𗰜𗰜𗼕𗰜𗰜𗰜𗰜𗰜𗰜𗰜𗰜
        罪阶举赏以下 <> 定依断判

新译文：

    一有僧人、道士之实才以外诸人，不许私自为僧人、道士。倘若违律为僧人、道士貌，则年十五以下罪勿治，不许举报，自十五以上诸人当报。罪状、举赏[1]依以下所定判断。

注释：

    [1] 罪状、举赏：原译为"所报罪状"，未译"举赏"。

    本条款是对诈为僧道的处罚及举赏的规定。本条款包括十三小条，其中第一小条规定诸人及丁以上为伪僧人、道士时举赏依杂罪举赏法得；第二小条规定使军为伪僧人、道士，举赏与举诸人为伪僧人相同；第九小条规定僧人、道士有出家碟却寺册上无名，自为僧人、道士百日过而不告局分处注册，举赏依举杂罪赏法得；第十一小条规定诸妇人无碟而为伪尼僧，举赏二十缗钱。[①]

    28.《天盛律令》卷十一《为僧道修寺庙门》："一等僧人、道士、居士、行童及常住物、农主等纳册时，佛僧常住物及僧人、道士等册，依前法当纳于中书。居士、童子、农主等册当纳于殿前司，并当为磨堪。"[②]本条款西夏文原文为：

甲 11-41-3 𗰜𗰜𗰜𗰜𗰜𗰜𗰜𗰜𗰜𗰜𗰜𗰜𗰜𗰜
        一等和众救法行庶童童及常住物农

甲 11-41-4 𗰜𗰜𗰜𗰜𗰜𗰜𗰜𗰜𗰜𗰜𗰜𗰜𗰜𗰜
        主等簿纳中佛和常住物及和众

甲 11-41-5 𗰜𗰜𗰜𗰜𗰜𗰜𗰜𗰜𗰜𗰜𗰜𗰜𗰜𗰜
        救法等簿前法依中净及行庶童

甲 11-41-6 𗰜𗰜𗰜𗰜𗰜𗰜𗰜𗰜𗰜𗰜𗰜𗰜

①分别见史金波、聂鸿音、白滨译注《天盛改旧新定律令》，第 407、409 页。
②史金波、聂鸿音、白滨译注：《天盛改旧新定律令》，第 408 页。

童农主等簿殿前司等异异 <> 纳

甲 11-41-7 𗢶𗰗𗼄𗵐

　　　　　<> 审集为

新译文：

　　一等僧人、道士、居士、行童及常住物、农主等纳册时，当分别纳，并为磨堪[1]。佛僧常住物及僧人、道士等册，依前法当纳于中书。居士、童子、农主等册当纳于殿前司。

注释：

　　[1] 当分别纳，并为磨堪：原译句读有误，未译出"佛僧常住物及僧人、道士等册"当磨勘。

　　按照原译，只有居士、童子、农主等册才当磨堪。本条款中，𗢶（纳）和𗰗𗼄𗵐（磨勘）既是"佛僧常住物及僧人、道士等册"的谓语，又是"居士、童子、农主等册"的谓语。

　　29.《天盛律令》卷十一《共畜物门》："一诸人父子、兄弟一同共有之畜物，不问户主，子孙、兄弟、妻子、媳等背后分用者，若为所分用则不须治罪、赔偿。不应处已分用，则五缗以下罪勿治，五缗以上一律有官罚马一，庶人十三杖，所分用畜物当还属者。子孙等未分住，则量畜物以分家论。其中与父母分用者，罪勿治。"[1]本条款西夏文原文为：

甲 11-45-10 𗢶𗥃𗰗𗪙𗒅𗫂𗬩𘟩𗯰𘏨𗤫𗾞𗫔𗮔𗯵𗱵

　　　　　一诸人子父兄弟 <> 合饮畜物共中门头

甲 11-45-11 𗮏𗵐𗵒𗵐𗟲𗤙𗫂𗮘𗸁𘉋𗱵𗤫𗪙𗾞𗾞

　　　　　<> 不问子孙子兄弟妻妻媳等宽窄用分 <>

甲 11-45-12 𗵐𗰻𗾯𗵐𗾞𗟲𗙏𗤙𗼄𗵐𗾞𗵐𗵐𗰻𗾯

　　　　　应处 <> 用分则罪连偿为不用不应处 <>

甲 11-45-13 𗵒𗾞𗟲𗸯𘏑𗯰𘓺𗟲𗵒𗾆𗸯𘝶𗫔𗾞𘜶

　　　　　用分则五缗低下罪莫连五缗上高一礼

---

[1] 分别见史金波、聂鸿音、白滨译注：《天盛改旧新定律令》，第411页。

甲 11-45-14 𗐱𗰔𗰭𗧊𗴒𗝞𗗳𗪉𗼨𘀄𗆧𘃸𘝨𗹨𗹬𘕿
　　　　　　官有罚马一庶人十三杖 <> 用分畜物有

甲 11-45-15 𗼨𗗟𗴮𗽐𗗀𗰋𘝃𘃎𘃸𗰔𗼨𗹬𗾔𗾼
　　　　　　者 <><> 还为子孙等别未饮则畜物 <> 量

甲 11-45-16 <u>𘃎𘃸𘝨𗰆𗴮𘕤𗴮𗏹𗰆𘀤𗦻𘃸𗹨𗼨𗊴𗹬𘕿</u>
　　　　　　别饮 ［分］中 <> 算为其中父母用分 <> 罪莫连

新译文：

一诸人父子、兄弟同居[1]共有之畜物，不问户主，子孙、兄弟、妻子、媳等背后分用者，若为应处[2]所分用则不须治罪、赔偿。不应处已分用，则五缗以下罪勿治，五缗以上一律有官罚马一，庶人十三杖，所分用畜物当还属者。子孙等未分住，则量畜物算分家份中[3]。其中父母[4]分用者，罪勿治。

注释：

［1］同居：原译为"一同"。

［2］应处：原译漏译。

［3］算分家份中：原译为"以分家论"，漏译𘝨𗰆（对译：［分］中）。

［4］父母：原译为"与父母"，衍"与"。

𗴆𘕤𘃸（对译：<> 合饮或一处饮）与𘃎𗾔𘃸（未分住、未分家）、𘃎𘃸（分家）相呼应，应译为"同居"。"若为应处所分用则不须治罪、赔偿"与"不应处已分用，则五缗以下罪勿治，五缗以上一律有官罚马一，庶人十三杖，所分用畜物当还属者"中的𗦻𘕿（应处）与𗆧𗦻𘕿（不应处）形成对比。

30.《天盛律令》卷十一《共畜物门》："一诸人赤阁禄共有畜物中，彼此不问而随意分用者，五缗以下罪勿治，五缗以上一律有官罚马一，庶人十三杖。所分用畜、谷物数以分用者□数中算，比之超出，则当共还主人。"[1]本条款西夏文原文为：

甲 11-45-17 𗝞𗷅𗰔𗗔𘔾𘄄𗢳𗹨𗹬𗰔𘕤𗼨𗆧𗹓𗝞𘞶𗼨

_____

① 分别见史金波、聂鸿音、白滨译注：《天盛改旧新定律令》，第411—412页。

一诸人［赤閤］禄共畜物有中相 <> 不问宽窄用

甲 11-45-18 𘝵𘕿𗸫𗳸𗶟𗏁𘝵𗋽𗸫𘟣𘐐𘗠𘌛𗩴

分 <> 五缗低下罪莫连五缗上高一礼官

甲 11-46-1 𗭴𗳅𗄈𘟑𗶔𗵽𗋽𗊱𗸫𗸊𗤁𘘝𘌜𘞈

有罚马一庶人十三杖畜谷物何 <> 用

甲 11-46-2 𘝵𗋽𘞈𘝵𘒨𗤁𘜶①𘒂𗳅𘘐𘟣𘍳𘕿𘔼𗩴

分数用分者 <>［分］中 <> 算为其比超有

甲 11-46-3 𗈁𗀈𘜶𗳅𗤁𗳅𘒢𘟣

则共相主 <><> 还为

新译文：

一诸人赤阁禄共有畜物中，彼此不问而随意分用者，五缗以下罪勿治，五缗以上一律有官罚马一，庶人十三杖。所分用畜、谷物数以分用者份数[1]中算，比之超出，则当共还主人。

注释：

［1］份数：原译为"□数"，未识出𘜶（［分］）。

本条款和上一条款都是规定不能擅自分用共有畜物，上一条款"子孙等未分住，则量畜物算分家份中"与本条款"所分用畜、谷物数以分用者份数中算"中都有𘜶𘒂𗳅𘘐𘟣（对译：［分］中 <> 算为）。

31.《天盛律令》卷十一《草菓重讼门》："已围地界中野草、野果有所生长时，依所出笨工多少共分之。"②本条款西夏文原文为：

甲 11-48-10 𘝵𗸌𘋢𗄊𗾺𗥽𗈁𗀬

<> 围地圈内［豆菽］草

甲 11-48-11 𗈁𗤁𘏉𘝵𗄊𗭴𗵁𘕚𘗝𘏝𗤁𗈁𘟧𘔼𗀬𘍞𘝵

果何获 <> 割时上体力何 <> 随依共 <> 分

---

① 此字克恰诺夫俄译本《天盛改旧新定律令》第三册第 537 页第 2 行残缺。
② 史金波、聂鸿音、白滨译注：《天盛改旧新定律令》，第 413—414 页。

新译文：

己围地界中野草、野果有所获者割取[1]时，依所出笨工多少共分之。

注释：

[1]获者割取：原译为"生长"。

本条款是取野草野果的规定。前文规定官私不用地界生长野草野果，诸家主依所出工分取，不许围植标记，否则当受罚。[1]

32.《天盛律令》卷十一《管贫智高门》最后一条款为："一国境中有文武艺能及有妇女养孤不出户，侍奉公公婆母不厌者，军头监勿隐之，应告管事处及执重职以外，独诱部……"。[2]原译者谓以下原文佚。但《俄藏黑水城文献》在该条款之后仍有一面的内容，即第四十九页左面为史金波等译注本《天盛律令》所无。[3]第四十九页左面的内容与卷十一《出典工门》以下条款内容相同："又□室人妇男等、正军真无主贫子，本人不愿，亦因彼二种事，允许使典押。赔偿官马、铠甲，因派出官事等能办时，正军□能办及非赔官马、铠甲、派官事，不许因私事典押。彼典押人属者，抽无主贫子而未能办时，彼典人因几缗押，一律自典押钱中每日一缗之中减除工价一钱。减算工价、典钱尽毕时，当依旧往还。若因畜、物、粮谷使典押，亦当"。[4]故卷十一第四十九页左面为第十页左面的重复，应删去。

卷十二校译补正

1.《天盛律令》卷十二[5]《失藏典门》：" 一等盗隐、损毁、亡失所记文书

①史金波、聂鸿音、白滨译注《天盛改旧新定律令》，第413页。

②史金波、聂鸿音、白滨译注：《天盛改旧新定律令》，第414页。

③原文参见俄罗斯科学院东方研究所圣彼得堡分所、中国社会科学院民族研究所、上海古籍出版社编：《俄藏黑水城文献》，第8册，第252页下左第1—9行。

④史金波、聂鸿音、白滨译注：《天盛改旧新定律令》，第388页。原文参见俄罗斯科学院东方研究所圣彼得堡分所、中国社会科学院民族研究所、上海古籍出版社编：《俄藏黑水城文献》，第8册，第233页上左第1—9行。按：本条款中"又□室人妇男等、正军真无主贫子，本人不愿，亦因彼二种事，允许使典押。赔偿官马、铠甲，因派出官事等能办时，正军□能办及非赔官马、铠甲、派官事，不许因私事典押"一句，原译逻辑不清晰，有漏译。前面已改译为"又分居人妇男等、正军真无主贫子，赔偿官马、铠甲，派出官事等不能办时，本人不愿，亦因彼二种事，允许使典押。正军何能办及非赔官马、铠甲、派官事，不许因私事典押。"

⑤原文参见俄罗斯科学院东方研究所圣彼得堡分所、中国社会科学院民族研究所、上海古籍出版社编：《俄藏黑水城文献》，第8册，第253页上右—第272页上右。

秘事中，有言敌属州、府、军、郡、县、城、寨、经略、同知、安抚、头领、佐官，其他族部人一同归降者，有言予信物、受迎遣法头项文书，及两国间写牒敕、誓文，接壤邻国分予我等之地，四方接壤诸侯曰其当归附等时，于所谋事有碍无碍，轻重如何，视其时节语义，奏报实行。"[1] 本条款西夏文原文为：

甲 12-4-4 　〔西夏文〕
　　　　　一等密事中兽有〔州府军郡县〕城〔寨经略〕

甲 12-4-5 　〔西夏文〕
　　　　　〔同知安抚统领佐官〕他姓族地人一

甲 12-4-6 　〔西夏文〕
　　　　　顺头归人谓信事〔其〕给系遣迎受顺

甲 12-4-7 　〔西夏文〕
　　　　　头项文字及二国间牒诏写誓文边

甲 12-4-8 　〔西夏文〕
　　　　　接国相我我 <> 地分给及四方边接

甲 12-4-9 　〔西夏文〕
　　　　　王小我我处 <> 缚属 <> 谓缚记文字

甲 12-4-10 　〔西夏文〕
　　　　　等盗隐损毁失亡等时意所事中碍

甲 12-4-11 　〔西夏文〕
　　　　　为不为重轻何云时节语义处看至

甲 12-4-12 　〔西夏文〕
　　　　　量顺行

新译文：

　　一等秘事中，有言敌属州、府、军、郡、县、城、寨、经略、同知、安抚、头领、佐官，其他族部地[1]、人一同归降者，有言予信物、受迎遣法头项文书，及两国间写牒敕、誓文，接壤邻国分予我等之地，四方接壤诸侯曰其当归附等，盗隐、损毁、亡失所记文书时[2]，于所谋事有碍无碍，轻重如何，视其时节语义，奏报实行。

---

① 史金波、聂鸿音、白滨译注：《天盛改旧新定律令》，第 418 页。

注释：

　　［1］地：原译未译。

　　［2］盗隐、损毁、亡失所记文书时：原译将"盗隐、损毁、亡失所记文书"置于"密事中"前，逻辑不对，语序有问题。

　　本条款是对盗隐、损毁、亡失所写密事文书的处罚。从逻辑上看，首先是密事中涉及归降、分地及有给信物、受迎遣等文书、誓文、牒敕，然后才是对盗毁、亡失所记文书的处罚。如果按原译，盗隐、损毁、亡失文书秘事如何理解？

　　2.《天盛律令》卷十二《失藏典门》："一等移军册及因赏赐臣民之功、升任官事等为文典，行之未毕而盗、隐、损之时，徒三年，无心失误失之则减二等。"①本条款西夏文原文为：

甲 12-6-13 𗣼𗤁𗪜𗬩𗨁𗎼𗗾𗋽𗈪𗊢𗵈𗣁𗵈𗬦𗄈𗗈𗾞
　　　　　　　一等军迁簿及臣民 <> 功为赏给官职位
甲 12-6-14 𗦁𗋽𗰜𗶿𗣁𗧯𗦺𗧾𗋽𗊢𗣁𗶿𗬥𗐊
　　　　　　　升等因典为行未毕盗隐损为时三
甲 12-6-15 𗴛𗢳𗫦𗢳𗴒𗴪𗈪𗦺𗜓𗶿𗔣𗬦
　　　　　　　年不比不牢失则二等 <> 退为

新译文：

　　一等因移军册及赏赐臣民之功、升任官、职位等[1]为文典，行之未毕而盗、隐、损之时，徒三年，无心失误失之则减二等。

注释：

　　［1］因移军册及赏赐臣民之功、升任官、职位等：原译为"移军册及因赏赐臣民之功、升任官事等"，介词𗦺（因）的位置不对，将𗾞（职位）译为"事"。

---

①史金波、聂鸿音、白滨译注：《天盛改旧新定律令》，第420页。

首先[illegible]（移军册）、[illegible]（赏赐臣民之功）、[illegible]（升任官、职位）为并列关系，都受介词（因）的修饰。其次，[illegible]（对译：官职位升）中，[illegible]（官）与[illegible]（职位）为并列名词，且前已指出西夏的官和职位是不同的，官指的是爵位加勋官，职指职司中的职事。

3.《天盛律令》卷十二《失藏典门》："一等前述失种种文书，诸人得之者，当报就近处验之。其所得文书当于一个月期间由诸司、军首领、迁溜检校记之，遣人持之，急速报纳于所属司内。若一个月期间不验，及诸司、军首领、迁溜检校等处已验而不令速交来等，一律有官罚马一，庶人十三杖。"①本条款西夏文原文为：

甲 12-7-15 [illegible]
一等前有文字诸种失诸人 <> 获 <> 一
甲 12-7-16 [illegible]
月个圈内诸司军头领迁条口使检
甲 12-7-17 [illegible]
行等何 <> 近处 <> 告经其 <> 得文
甲 12-7-18 [illegible]
字 <> 记人遣 <> 持令迅速以有顺
甲 12-8-1 [illegible]
司内 <> 告纳若一月个圈内不经及
甲 12-8-2 [illegible]
诸司军头领迁条口使等处 <> 经迅
甲 12-8-3 [illegible]
不纳来令等一礼官有罚马一庶人
甲 12-8-4 [illegible]
十三杖

新译文：

一等失前述种种文书[1]，诸人得之者，一个月期间当报就近处诸司、军首领、迁溜检校、巡检等而验。其所得文书当记之，[2]遣人持之，急速

① 史金波、聂鸿音、白滨译注：《天盛改旧新定律令》，第 421 页。

报纳于所属司内。若一个月期间不验，及诸司、军首领、迁溜检校等处已验而不令速交来等，一律有官罚马一，庶人十三杖。

注释：

[1] 失前述种种文书：原译为"前述失种种文书"，语序不对。

[2] 一个月期间当报就近处诸司、军首领、迁溜检校、巡检等而验。其所得文书当记之：原译为"当报就近处验之。其所得文书当于一个月期间由诸司、军首领、迁溜检校记之"，语序不对，漏译 𗧘𗄭（巡检）。

首先，𗧘𗄭𗄊𗗋𗐿𗕾（对译：前有文字种种失）中，𗄊𗗋（文书）为宾语，𗕾（失）为谓语，𗧘𗄭（前述）和𗐿𗕾（种种）都是用来修饰宾语。其次，从语法来看，𗢳𘟣𗄊𗚉𗅁𗅲𘊒𗰜𗄊𗥃𗔉𗋧𗧘𗄭𗐿𗥃𗃀𗹦𗘈𗰗𗡺𘉋𗴆（对译：一月个圈内诸司军头领迁条口使检行等何 <> 近处 <> 告经）中，主语为诸人，𗢳𘟣𗄊𗚉𗅁（一个月期间）为状语，𗥃 [京 kjij] 为表示向近处的未然式动词前置助词，谓语为𘉋（告），宾语为𗅲𘊒𗰜𗄊𗥃𗔉𗋧𗧘𗄭𗐿𗥃𗃀（诸司、军首领、迁溜检校、巡检等），𗹦𗘈𗰗（就近处）为宾语的定语，𗡺（校）为补语。《天盛律令》的表述一般先规定当如何，然后是若不如此则当罚。由后文知，诸人一个月期间不报验所得文书当受罚，但前文按原译却没有规定诸人报验文书的时间。又由原译知，诸人得文书当报诸司、军首领、迁溜检校等，然后由诸司记而纳所属司。那么，按通常的表述，诸司、军首领、迁溜检校、巡检当放于其第一次出现的地方即"当报就近处"后、"验之"前，第二次出现时则可省略。

4.《天盛律令》卷十二《内宫待命等头项门》："守门、内宿、帐门末宿等不驱之，因疏忽大意，十杖。"[1]本条款西夏文原文为：

甲 12-11-8 𗵦𗾰𗧘𗁅

［口］持内宿

甲 12-11-9 𗼖𗤩𗧘𗰗𗃀𗰥𗖻𗒅𗧘𗰥𗧕𗘈𗰥𘄒

帐门末宿等未搜心轻未为因十杖

---

① 史金波、聂鸿音、白滨译注：《天盛改旧新定律令》，第424页。

新译文：

　　守门、内宿、帐门末宿等不搜[1]，因疏忽大意，十杖。

注释：

　　[1]搜：原译为"驱之"，将虈（搜）识为虈（抽、除）。

　　本条款是对私自持武器入内宫的处罚。这里是对守门等不搜私自带武器入内宫的处罚。本句中，燚蒳瓣嫞觪鈫嫞疏鈫（守门、内宿、帐门末宿等）为主语，胈（未）为副词修饰谓语虈（搜），武器为被省略的宾语。①

　　5.《天盛律令》卷十二《内宫待命等头项门》："一等因公令召人来，守门人不传语而入内，或传语而未许之，往召人随意入内等，一律有官罚马一，庶人十三杖。"②本条款西夏文原文为：

　　甲 12-13-11　杨羾豵瓾钹菥蓳祇燚蒳疹茒鬏慨牦
　　　　　　　　　一等官依人唤往令［口］持者人语不折
　　甲 12-13-12　帰媺祇臶馣蒅鬏牦蘷胈修钹蘷铰
　　　　　　　　　内方遣为及若语折往未留唤往人
　　甲 12-13-13　茒嘉瓾帰媺蓳鈫杨慨铰繼鏉虮剗
　　　　　　　　　人自意内方往等一礼官有罚马一
　　甲 12-13-14　瓾铰胈鈫蘷
　　　　　　　　　庶人十三杖

新译文：

　　一等因公令召人来，守门人不传语而入内，或传语而不等待[1]，往召人随意入内等，一律有官罚马一，庶人十三杖。

注释：

　　[1]不等待：原译为"未许之"，将胈（待、留）识为胈（允）。

---

　　① 许伟伟对《内宫待命等头项门》作了校释，以下是笔者在其基础上的补充。许伟伟未改译上述问题。氏著：《〈内宫待命等头项门〉校勘考释》，杜建录、波波娃主编：《〈天盛律令〉研究》，第 231、233 页。
　　② 史金波、聂鸿音、白滨译注：《天盛改旧新定律令》，第 425 页。

本小条是对因公诏人来者不传语而入及不待守门人传语而入的处罚。①

6.《天盛律令》卷十二《内宫待命等头项门》："一前述帐门末宿、内宿、外卫、神策、内外侍等中当值时，本人不来而遣他人时，遣人者徒二年，所遣者徒一年。若所遣之语校口上出，则当比前述罪依次各减一等。若校口上未出所放之语而入内宫者，所放者与擅入内宫之罪状相同。内宿司局分大小及在处首领等知闻不报，未提醒，则与有罪人校验已出相当，不知，罪勿治。又有放人之语而首领不知，依内宿司人令住内宫几重门，后不知闻，则放人者及所放者比其有重罪当减一等。所放者自属待命中入于内宫，则比他人入于内宫之罪状当减一等。"②本条款西夏文原文为：

甲 12-17-2 一前有帐门末寝内宿外护御史外内侍

甲 12-17-3 等中住续上人实不来何遣时何遣者

甲 12-17-4 二年何来者一年若何 <> 遣语经［口］上

甲 12-17-5 出则前有罪比次依一等数 <> 退为若

甲 12-17-6 经［口］上何遣语未出内宫住中入 <> 何

甲 12-17-7 来者内宫人乱来 <> 罪阶显与 <> 同内

甲 12-17-8 宿司职管小大及有处头领等知觉不

甲 12-17-9 告头不举为则罪有人经中 <> 出与等

甲 12-17-10 令不知罪莫连又何 <> 来语有处头领

① 许伟伟未改译上述问题。氏著：《〈内宫待命等头项门〉校勘考释》，杜建录、波波娃主编：《〈天盛律令〉研究》，第 242—244 页。

② 史金波、聂鸿音、白滨译注：《天盛改旧新定律令》，第 427—428 页。

甲 12-17-11 𗗷𗼻𘉞𘋀𗾖𘌢𘉞𗰚𘈖𘃎𘏨𗧃𘇚𗭼𘃜𗘓

不知内宿司人内宫门重顺依 <> 住令

甲 12-17-12 𗝒𗗷𗼻𗧟𘐷𗸺𘓻𗯘𗧠𗛈𗱲𗧠𗴉𗠜𗗷

后 <> 知觉则何遣者及何来者等何 <>

甲 12-17-13 𗈪𘈬𗾕𘎓𘏻𗳦𗸩𗫡𗛈𗱲𗤁𗤮𗽀

罪重有比一等 <> 退为何来者自旨待

甲 12-17-14 𗥤𗼋𘉞𗰚𘃜𗭼𘈌𘐷𗸺𘋃𗧠𘌒𘉞𗰚𘃜

中有内宫住中入则他人何送内宫住

甲 12-17-15 𗥤𘈌𗕤𗈪𗗠𘋆𗾕𘎓𘏻𗳦𗽀

中入 <> 罪阶显比一等 <> 退为

新译文：

一前述帐门末宿、内宿、外卫、神策、内外侍等中当值时，本人不来而遣他人时，遣人者徒二年，所遣者徒一年。若所遣之语校口上出，则当比前述罪依次各减一等。若校口上未出所遣之语[1]而入内宫者，所遣者[2]与擅入内宫之罪状相同。内宿司局分大小及在处首领等知闻不报，未提醒，则与有罪人校验已出相当，不知，罪勿治。又有所遣之语[3]而首领不知，依内宿司人令住内宫几重门，后已知闻[4]，则遣人者[5]及所遣者[6]比其有重罪当减一等。所遣者[7]自属待命中入于内宫，则比他人入于内宫之罪状当减一等。

注释：

[1] 所遣之语：原译为"所放之语"。

[2] 所遣者：原译为"所放者"。

[3] 所遣之语：原译为"放人之语"。

[4] 后已知闻：原译为"后不知闻"，将动词前缀𗗷误识为𗗷（不）。

[5] 遣人者：原译为"放人者"。

[6] 所遣者：原译为"所放者"。

[7] 所遣者：原译为"所放者"。

从内容上来说，本条款主要是讲帐门末宿、内宿、外卫、神策、内外侍等当值，本人不来而遣他人时，对遣人者、所遣者、内宿司局分大小及在处首领的处罚，而与放人者、所放者、放入之语没有关系。从上下文来看，𗂰𗄈𘃽𘗊（对译：何 <> 遣语）、𗂰𘃽𗼃（对译：何遣者）、𗂰𗁛𗼃（对译：何来者）在首次出现时已分别译为"所遣之语"、"遣人者"、"所遣者"，再次出现时意思也应分别与此相同。又原译将𗂰𗁛𗼃（对译：何来者）译为"所遣者"，故𗂰𗄈𘗊𘃽（对译：何 <> 来语）应译为"所遣之语"。①

7.《天盛律令》卷十二《内宫待命等头项门》："一内宫中任职人不许履二卷靴、系革腰带、裹噁领等。违律时，有官罚十缗，庶人八杖。"②本条款西夏文原文为：

甲 12-27-7 𗼷𗥤𗰗𗩾𘕿𗭴𘞃𗠁𘕿𘝞𘏞𘂤𗽶𗽶𗡜𘝵𗟟
　　　　一内宫内职持人二结靴靴皮腰缚系［噁领］结
甲 12-27-8 𘕥𗢳𗗙𗊬𘃽𘘨𘃽𘄴𘟙𗋽𗰜𗰜𘍞𘃽𗏁𘝵
　　　　等允无律过时官有三缗罚钱庶人八杖

新译文：
　　一内宫中任职人不许履二卷靴、系革腰带、裹噁领等。违律时，有官罚三缗[1]，庶人八杖。

注释：
　　[1] 三缗：原译为"十缗"。

《天盛律令》中的处罚规定，为庶人与有官之间的处罚比例提供了依据。《天盛律令》卷十七《库局分转派门》，规定京师、地中、地边执库局分人派库局分管事司人引导聚集帐册增册、注册、注销，当于限期上告磨勘司；若违律，自往至报道日，迟三日以内不治罪，四日以上小监、司吏、出纳等当承罪；延误四日至十日，有官罚钱三缗，庶人七杖；延误十日以上至十五日，有官罚钱五缗，庶人十杖；延误十五日以上至二十日，有官罚马一，庶人十三杖；延误二十日以上，一律有官罚马二，庶人十五杖。③知庶人与有官之间的处罚比

---

① 许伟伟未改译上述问题。氏著：《〈内宫待命等头项门〉校勘考释》，杜建录、波波娃主编：《〈天盛律令〉研究》，第 260—262 页。
② 史金波、聂鸿音、白滨译注：《天盛改旧新定律令》，第 434 页。
③ 史金波、聂鸿音、白滨译注：《天盛改旧新定律令》，第 525 页。

例大概是一杖对应半緡。由此可知，庶人笞八杖时，有官不会罚十緡。①

8.《天盛律令》卷十二《内宫待命等头项门》："一御前殿使、管侍帐者、仆役房、厨庖、秘书监、楼上为法职者及局分人等新旧当值交接时，应过内宿承旨面前，令所属交接。"②本条款西夏文原文为：

甲 12-27-15 𗙏𗟲𗇋𗦽𗭪𗹬𗰖𗧓𗼋𗬩𗳉𗦲𘀗𗼖𘕿𘏞
　　　　　　一［御］前殿使帐侍奉者［皮衣房］食物舍［秘书］
甲 12-27-16 𗟭𗫿𗜓𗣼𗎬𗬉𗭪𗧍𗈪𗱚𗰖𗮔𗬱𗫀
　　　　　　［监楼］上礼职为者及职管人等续旧新
甲 12-27-17 𗮔𗰖𗲣𗕍𗝓𗫀𗿢𗧓𗨄𘗽𗫂𗹲𗾟𗴡𘗽
　　　　　　换换时内宿旨承眼前 <> 过有顺 <> 换
甲 12-27-18 𗰖𘕡
　　　　　　换令

新译文：

　　一御前殿使、管侍帐者、皮衣房[1]、厨庖、秘书监、楼上为法职者及局分人等新旧当值交接时，应过内宿承旨面前，令所属交接。

注释：

　　[1]皮衣房：原译为"仆役房"。

　　本条款为御前任职新旧当值交接的规定。③上述任职者都是为皇帝服务的。"仆役房"却是为仆役服务，而"皮衣房"则是为皇帝服务的。𗦲𘀗（对译：［皮衣］）一词在《天盛律令》中出现 2 次，𗦲𘀗𘕿（对译：［皮衣房］）一词

---

　　① 许伟伟未改译上述问题。氏著：《〈内宫待命等头项门〉校勘考释》，杜建录、波波娃主编：《〈天盛律令〉研究》，第 295—296 页。
　　② 史金波、聂鸿音、白滨译注：《天盛改旧新定律令》，第 435 页。
　　③ 本条款的条目为𗟲𗬉𗣼𗫀𗈪𗱚𗟭𗱱（对译：前前职持续旧新二易顺），史金波等译注本《天盛律令》第 66 页译为"御前当值监新旧二转法"。参见俄罗斯科学院东方研究所圣彼得堡分所、中国社会科学院民族研究所、上海古籍出版社编：《俄藏黑水城文献》，第 8 册，第 18 页右面第 10 行。按：𗮔𗰖（对译：换易）意为"交接"。𗝓𗫀据条款中两次出现的𗮔𗰖，知应为误刻。故条目应改译为"御前任职新旧当值交换法"。

在《天盛律令》中出现 4 次。[①]西夏很重视畜皮，《天盛律令》规定，官畜患疾病死者，皮当交三司。[②]畜皮有很多用处，如制作皮衣、皮靴、皮囊、马笼头、腰带、毯子、皮箱等等。故西夏官方很可能有"皮衣房"。[③]

9.《天盛律令》卷十二《内宫待命等头项门》："一内宿承旨及前宫侍承旨等当值入奏，有所转告者，当与当值内宿承旨回应，应入方可往。若不回应而自专进入，与守门者等一律有官罚马一，庶人十三杖。"[④]本条款西夏文原文为：

甲 12-28-12 𗧓𗖠𗼃𗱕𗅆 𗜖𗖠𗫡𗅆𗱕𗧓 𗵒𗩾𗣫𗧓

        一内宿旨承及前内侍旨承等住续非至

甲 12-28-13 𗛆𗍫𗫩𗼃𗱕𗵒𗧓𗖠𗼃𗱕𗗛𗁅𗜓

        语折所有 <> 住续内宿旨承与 <>［回应］

甲 12-28-14 𗽗𗄻𗣫𗼃𗒟𗄻𗵚𗁅𗜓𗇋𗦻𗽗𗅆𗷅

        来应则 <> 放为若不［回应］自意来及［口］

甲 12-28-15 𗢸𗽉𗧓𗎽𗼓𗔢𗼃𗫩𗬺𗗚𗼛𗅆𗣜𗼻𗤁

        持者等一礼官有罚马一庶人十三杖

新译文：

    一内宿承旨及前内侍承旨[1]等非当值[2]入奏，有所转告者，当与当值内宿承旨回应，应入方可往。若不回应而自专进入，与守门者等一律有官罚马一，庶人十三杖。

---

    ①按：卷五《军持兵器供给门》中有𗧓𗩾𗣫𗅆（对译：［御皮衣］负），史金波等译注本《天盛律令》第224页译为"驮御皮衣"；史金波等译注本《天盛律令》第224页，将𗧓𗩾𗣫𗦳𗄻（对译：［御皮衣房］职管）译为"御仆役房勾管"；卷十一《矫误门》中有𗩾𗣫𗅆（对译：［皮衣］负），史金波等译注本《天盛律令》第385页译为"驮皮衣"；卷十二《内宫待命等头项门》有𗩾𗣫𗦳（对译：［皮衣房］），史金波等译注本《天盛律令》第427页译为"皮衣房"；史金波等译注本《天盛律令》第437页，将《内宫待命等头项门》中的𗩾𗣫𗦳（对译：［皮衣房］）译为"仆役房"。原文分别参见俄罗斯科学院东方研究所圣彼得堡分所、中国社会科学院民族研究所、上海古籍出版社编：《俄藏黑水城文献》，第8册，第120页上左第1行、120页上左第3行、231页上左第5行、260页下右第1行、268页上右第8行。按："御仆役房勾管"应改译为"御皮衣房局分"，"仆役房"应改译为"皮衣房"。"驮御皮衣"、"御皮衣房"局分是相对的，"驮皮衣"、"皮衣房"也是相对的。

    ②史金波、聂鸿音、白滨译注：《天盛改旧新定律令》，第483—484页。

    ③《内宫待命等头项门》出现的三次𗩾𗣫𗦳（对应：［皮衣房］），许伟均译为"仆役房"。分别见氏著：《〈内宫待命等头项门〉校勘考释》，杜建录、波波娃主编：《〈天盛律令〉研究》，第252—257、296—298、308页。

    ④史金波、聂鸿音、白滨译注：《天盛改旧新定律令》，第435页。

注释：

　　[1] 前内侍承旨：原译为"前宫侍承旨"，将𗼨（内）译为"宫"。

　　[2] 非当值：原译为"当值"，漏译𗟷（非）。

　　按照原译，上下文矛盾，句意混乱：即当值内宿承旨入奏，需转告当值内宿承旨，而且还得等后者的回应。本条款本来是说，非当值内宿承旨、前内侍承旨入奏，有转语，当等当值内宿承旨回应，允入方可往，否则要受罚。其中，非当值内宿承旨和当值内宿承旨是一个对比。①

　　10.《天盛律令》卷十二《内宫待命等头项门》："一三种内宫及帐下等，外面沿门一律一种当派门楼主一人、内宿守护三人，内提举一人，又臣僚、下官、神策、内侍等一样一人。"②本条款西夏文原文为：

　　甲 12-30-6 𗾝𗾝𗼨𗼨𗫒𗰖𗫨𗫥𗾔𗫉𗫥𗳌𗳆𗫊𗾚𗳈𗾚
　　　　　　　一三处内宫及帐下等外后［口］遍一礼一

　　甲 12-30-7 𗫒𗫒𗈪𗷫𗾔𗾚𗰖𗾝𗫥𗼨𗼥𗫩𗫨𗾝𗾝
　　　　　　　处处［门楼］主一人数及内宿守护三数

　　甲 12-30-8 𗳉𗾝𗫔𗐷𗰜𗳌𗽯𗽯𗫥𗽯𗽯𗼐𗫩𗫨𗼨𗼥
　　　　　　　一数［内提举］又臣宰下臣御使外内侍

　　甲 12-30-9 𗫥𗫒𗾚𗀒𗾚𗾔𗾝
　　　　　　　等中一样一人数

新译文：

　　一三种内宫及帐下等，外面沿门一律一种当派门楼主一人、内宿守护三人，内提举一人，又臣僚、下官、神策、内外侍[1]等一样一人。

注释：

　　[1] 内外侍：原译为"内侍"，漏译𗫨（外）。

---

　　① 许伟伟已将"前宫侍承旨"改译为"前内侍承旨"，却未补译"非"字，导致文意不通。氏著：《〈内宫待命等头项门〉校勘考释》，杜建录、波波娃主编：《〈天盛律令〉研究》，第299—300页。

　　② 史金波、聂鸿音、白滨译注：《天盛改旧新定律令》，第436—437页。

本条款是对内宫及帐下等守门派值日的规定。条款后面还二次出现"内外侍"。①

11.《天盛律令》卷十二《内宫待命等头项门》:"一官家住处内宫周围当遣巡检一种,四面各自一人管事,各自共当值十日,无论日夜,于内行检巡,以禁盗诈。此外,官家不住之内宫及帐下等亦应巡检,所遣数、当值法与前述同。"②本条款西夏文原文为:

甲 12-32-14 𗽃𗤱𗪘𗭴𗿿𗤁𗠁𗯼𗤱𗄊𗪉𗅫𗉝𗻻𗧯𘓻𗕑
　　　　　一官人住处内宫围绕捡行一等 <> 遣四

甲 12-32-15 𗭴𗵐𗿿𗪉𗗙𗫳𗅻𗙏𗈪𗵐𗪁𗤶𗵘𗫐𗵒
　　　　　面自处一人数 <> 事[管]自共十日数续

甲 12-32-16 𗠁𗴛𗌜𗦳𗤃𗒘𗅲𗠁𗤱𗪉𗧖𗴛𗰖𗰝𗈪
　　　　　<> 为日夜所无[中] <> 行 <> [巡]为盗诈 <>

甲 12-32-17 𗢳𗾑𗰖𗤱𗪘𗰖𗿿𗤁𗠁𗯼𗴉𗉝𗁂𗵺𗍁
　　　　　禁其后官人不住处内宫遍及帐下等

甲 12-32-18 𗷅𗧯𗅫𗙭𗢭𗅻𗵒𗰝𗴛𘊐𗫐𘏨𗧠𗅻𗆐
　　　　　亦检行义几 <> 遣续为顺前有与 <> 同

新译文:
　　一官家住处内宫周围当遣巡检一种,四面各自一人管事,各自共当值十日,无论日夜,于内行检巡,以禁盗诈。此外,沿官家不住之内宫[1]及帐下等亦应巡检,所遣数、当值法与前述同。

注释:
　　[1]沿官家不住之内宫:原译为"官家不住之内宫",漏译𗴉(遍)。

本条款是对内宫周围派巡检行住法的规定。条款中,官家住处内宫周围

① 许伟伟未改译上述问题。氏著:《〈内宫待命等头项门〉校勘考释》,杜建录、波波娃主编:《〈天盛律令〉研究》,第304—305页。
② 史金波、聂鸿音、白滨译注:《天盛改旧新定律令》,第438页。

（即沿官家住处内宫）遣巡检与沿官家不住处内宫派巡检形成对比。①

12.《天盛律令》卷十二《内宫待命等头项门》：" 一等执铁箭者，前内侍待命任职种种提举中，受贿徇情，入上下虚杂，御前不说忠言时，依第十一卷上欺官法判断。"②本条款西夏文原文为：

甲 12-38-5 〔西夏文〕
　　　　　一等铁箭持者前内侍人旨待职持种
甲 12-38-6 〔西夏文〕
　　　　　种看经中贪羞面为下上虚杂入
甲 12-38-7 〔西夏文〕
　　　　　前前忠与不说时十一第上官依
甲 12-38-8 〔西夏文〕
　　　　　诈为礼依断判

新译文：

一等执铁箭者、前内侍、待命任职种种检验[1]中，受贿徇情，入上下虚杂，御前不说忠言时，依第十一卷上欺官法判断。

注释：

[1] 执铁箭者、前内侍、待命任职种种检验：原译为"执铁箭者，前内侍待命任职种种提举"，断句不对，误将〔西夏文〕（对译：看经）译为"提举"。

本小条是对执铁箭者、前内侍、待命任职种种检验时，受贿徇情，入上下虚杂，御前不说忠言的处罚。其中〔西夏文〕（执铁箭者）、〔西夏文〕（前内侍）、〔西夏文〕（待命任职种种）为并列关系。③〔西夏文〕（对译：看经），前揭意为"检验"。〔西夏文〕〔提举〕，方是"提举"。

---

① 许伟伟未改译上述问题。氏著：《〈内宫待命等头项门〉校勘考释》，杜建录、波波娃主编：《〈天盛律令〉研究》，第312—313页。

② 史金波、聂鸿音、白滨译注：《天盛改旧新定律令》，第442页。

③ 许伟伟未改译上述问题。氏著：《〈内宫待命等头项门〉校勘考释》，杜建录、波波娃主编：《〈天盛律令〉研究》，第328页。

13.《天盛律令》卷十二《内宫待命等头项门》："入手盗取未贡物时，当徒三年，盗取用度则当减获徒二年。"①本条款西夏文原文为：

甲 12-38-10 𗴩𗾫𗤒𘉒𗠁𗣫𗾞②
　　　　　未贡中手有盗抽
甲 12-38-11 𗼃𗠁𘊳𗍫𗼖𗤒𗣼𗧓𘊱𗾞𗤒𘍋𗄅𗠝
　　　　　时三年义需中盗减则二年等 <> 获

新译文：

入手盗取未贡物时，当徒三年，盗减用度则当获[1]徒二年。

注释：

[1]盗减用度则当获：原译为"盗取用度则当减"，将𗣼𗧓（盗减）译为"盗……减"。

本条款是对贡物、御服未贡时盗、减的处罚。③

卷十三校译补正

1.《天盛律令》卷十三④《许举不许举门》："杂罪中：亲手盗取官畜谷物、军人匿官马披甲而卖之、铸钱敛钱等种种中获死罪"。⑤本条款西夏文原文为：

甲 13-2-12 𗤊𘕿𗤒
　　　　　杂罪中
甲 13-2-13 𗤇𗃛𘓺𘓺𗤒𗄓𗦇𘉒𗠁𘉒𗆞𗒯
　　　　　官畜谷物中自实手有军人官
甲 13-2-14 𗦧𗦖𘓽𗤻𘓺𗤻𗟵𘓽𘄗𘓾𗤻

---

① 史金波、聂鸿音、白滨译注：《天盛改旧新定律令》，第 442 页。
② 𗣫𗾞（对译：盗抽），残缺，据克恰诺夫俄译本《天盛改旧新定律令》第 3 册第 619 页第 1 行补。
③ 许伟伟未改译上述问题。氏著：《〈内宫待命等头项门〉校勘考释》，杜建录、波波娃主编：《〈天盛律令〉研究》，第 330 页。
④ 原文参见俄罗斯科学院东方研究所圣彼得堡分所、中国社会科学院民族研究所、上海古籍出版社编：《俄藏黑水城文献》，第 8 册，第 272 页下右—第 297 页上右。
⑤ 史金波、聂鸿音、白滨译注：《天盛改旧新定律令》，第 445 页。

马坚甲匿后卖经钱铸钱损

甲 13-2-15 𗫷𗊟𗈁𗯿𗈁𗈁𗤼𗎢𘏒

为等此数——中死获

新译文：

杂罪中：亲手盗取官畜谷物、军人匿官马披甲而卖之、铸钱毁钱[1]等种种中获死罪。

注释：

[1] 铸钱毁钱：原译为"铸钱敛钱"，疑将𗈁（损、坏）识为𗈁（聚、集）。

本句是使军、奴仆可举头监之杂罪的规定。𗤼𗎢（铸钱）与𗤼𗈁（毁钱）相对，都是非法而能获死罪的。

2.《天盛律令》卷十三《许举不许举门》："一使军、奴仆于前述所示允许告举中，举言实时，告举造意一人及彼之父母、妻子、子女、媳、同居兄弟等可往所愿处，其他相议举、接状不许往。"[1]本条款西夏文原文为：

甲 13-3-3 𗈁𗊨𗊟𘏒𗒑𗆧𗋈𘎑𘏒𗈁𗷅𗤼𗈁𘏞𗤼𗈁

　　　　一使军仆奴人前有 <> 示告举允有中举语

甲 13-3-4 𗾫𘝙𗤼𗊟𗋈𗍫𗮯𗤻𗾅𗈁𘊝𗑂𗋝𘏒

　　　　实时举头心起一人及其 <> 父母妻妻女

甲 13-3-5 𘏞𗗟𗮯𘃅𘏅𗆧𗊨𗷅𘊖𗤼𗯿𗤼𗆧𗪺

　　　　男媳一帐饮兄弟等愿处 <> 过其后举议状

甲 13-3-6 𗮱𗊟𗤼𗈁𗆧

　　　　接相过允无

新译文：

一使军、奴仆于前述所示允许告举中，举言实时，告举头、造意[1]一人及彼之父母、妻子、子女、媳、同居兄弟等可往所愿处，其他相议

---

① 史金波、聂鸿音、白滨译注：《天盛改旧新定律令》，第445页。

举、接状不许往。

注释：

[1] 告举头、造意：原译为"告举造意"，未译𗗧（头）。

本条款是对使军举头、造意可往愿处的规定。其中𗗧（头）、𗋽𗙴（造意）为并列关系。

3.《天盛律令》卷十三《许举不许举门》："一前述事中妻子、媳、使军、奴仆、院下军士等允许告举中，举事确实时，谋逆、失孝德礼、背叛等告举头造意不真，相议举、接状中若全知发起情状，又另获解新言论等者，因是要言，可往愿处。"①本条款西夏文原文为：

甲 13-3-10 （西夏文）
    一前有事中妻妻媳使军仆奴院下军卒
甲 13-3-11 （西夏文）
    等告举允有中举事实时逆行孝德礼
甲 13-3-12 （西夏文）
    失逃背等举头心起不纯举议状接相
甲 13-3-13 （西夏文）
    中若发起顺语根全知又他语新解做
甲 13-3-14 （西夏文）
    等 <> 语大是因乐处 <> 过

新译文：

一前述事中妻子、媳、使军、奴仆、院下军士等允许告举中，举事确实时，谋逆、失孝德礼、背叛等不仅告举头、造意[1]，相议举、接状中若全知发起情状，又另获解新言论等者，因是要言，可往愿处。

注释：

[1] 不仅告举头、造意：原译为"告举头造意不真"，将𗆟𗫂（不仅）

---

① 史金波、聂鸿音、白滨译注：《天盛改旧新定律令》，第 446 页。

译为"不真"，断句有问题。

本条款是对举谋逆、失孝德礼、背叛等相议举、接状可往愿处的规定。按照原译，上下文矛盾。从语法来看，慨蒇（对译：不纯），为连词，意为"不仅"，表示递进关系。汉语中连词"不仅"常常位于第一句谓语前，而西夏语中该连词在谓语之后，汉语中连词"不仅"和谓语的位置与西夏语中的宾语和谓语的关系一致。[①]䏞𗤁絆𗣛慨蒇（对译：举头心起不纯）中，䏞（举）为谓语，𗤁（头）和絆𗣛（造意）为宾语，慨蒇（不仅）为连词。连词慨蒇（不仅）把整个句子分为前后两部分。从上下文来看，本条款分两部分，前一部分是对前文的总结，即妻子、媳、使军、奴仆、院下军士等允许告举中，告举谋逆、失孝德礼、背叛等确实，若是举头、造意，则可往愿处；后一部分规定，虽是相议举、接状中，若全知发起情状，又另获解新言论等要言者，亦可往愿处。

4.《天盛律令》卷十三《许举不许举门》："一等子孙等不可告举祖父母及父母等，告举时不许推问、准举。所告人倘若有父母等与他人共犯罪，则当依法推问，父母之罪，子因准举而勿治，他人罪当依法承之，子孙之罪亦当依不许告举父母法判断，他人处依法当得举赏。父母等告举子孙，亦不许取状、准举，子孙等与他人共同有罪，则推问次第依前述法实行，子孙罪及父母举罪等勿治。"[②]本条款西夏文原文为：

甲 13-4-5 杨叛豺誧𘟀䎁𘊱𗂲蕋𗂲孙𘊶䏞𘊮慨𘕿
　　　　　一等子孙等祖及父母等 <> 告举为不应
甲 13-4-6 𗼩𘊮䏞𘕿𘊺𘖑𗥁𘊶𘕿𗥁𗣑𗂲𗥩𗉅
　　　　　中告举为时寻问审举允无及谓人
甲 13-4-7 𘟂𘅈𘕿𘊱𗂲𘊵𗥣𘗉𗂣𗥩𘊱𗂲𗄯
　　　　　然若父母等他人与罪共 <> 犯有则
甲 13-4-8 慨𘃭𗂲𘊺�q𘕿𗂲𘚪𗂣杨�x𘗉𘕿𗂲
　　　　　礼依 <> 寻问父母处罪子 <> 审举用因
甲 13-4-9 𘊲𘃞𘊵�x𗂣慨𘃭𗂲𘃧𘊱誧孙𗂣𘄒
　　　　　莫连他人罪礼依 <> 承子孙 <> 罪亦

① 史金波：《西夏文教程》，第 193 页。
② 史金波、聂鸿音、白滨译注：《天盛改旧新定律令》，第 446 页。

甲 13-4-10 𗀔𗙛𗀔𗙛𗙛𗙛𗙛𗙛𗙛𗙛𗙛𗙛𗙛�

　　　　父母 <> 告举允无礼依 <> 断判他人

甲 13-4-11 𗙛𗙛𗙛𗙛𗙛𗙛𗙛𗙛𗙛𗙛�

　　　　处举赏礼依 <> 得父母等子孙 <>

甲 13-4-12 𗙛𗙛𗙛𗙛𗙛𗙛𗙛�

　　　　举为亦状取审举允无子孙等他

甲 13-4-13 𗙛𗙛𗙛𗙛𗙛𗙛�

　　　　人与罪共相有则寻问顺前有礼

甲 13-4-14 𗙛𗙛𗙛𗙛𗙛�

　　　　依顺行子孙罪及父母举罪等莫连

新译文：

　　一等子孙等不可告举祖父母及父母等，告举时不许推问、准举。所告人倘若有父母等与他人共犯罪，则当依法推问，父母之罪，因子准举[1]而勿治，他人罪当依法承之，子孙之罪亦当依不许告举父母法判断，他人处依法当得举赏。父母等告举子孙，亦不许取状、准举，子孙等与他人共同有罪，则推问次第依前述法实行，子孙罪及父母举罪等勿治。

注释：

　　[1] 因子准举：原译为"子因准举"，语序有问题。

　　按照原译，上下文相抵牾且父母之罪也不知判不判。从语法来看，𗙛𗙛𗙛𗙛𗙛�（对译：父母处罪子 <> 审举用因莫连）中，𗙛𗙛�（父母处罪）为主语，�（连坐）为谓语，����（因子准举）为状语，�（莫）为否定副词修饰谓语；状语����（因子准举）中，包括完整的主谓结构的句子，介词�（因）管到"子准举"。从上下文来看，本条款分两部分，前一部分规定子孙等不可告举祖父母及父母等，即使告举了也不许推问、准举，但父母等与他人共犯罪，则当依法推问，因子准举而不治父母罪，子孙之罪当依不许告举父母法判断；后一部分规定，父母等告举子孙亦不许取状、准举，但子孙等与他人共犯罪，则当依法推问，因父母准举，子孙罪及父母举罪等均不治。可见，父母告子受到一定程度的宽容，而子告父母则为法律所不容。

5.《天盛律令》卷十三《许举不许举门》："一国境内种种公事推问应区别时，谋逆、失孝德礼、叛逃、故意杀伤人、种种盗及盗而杀人、杀亲高祖、祖父母、父母、庶母等，媳杀公公婆母、妻子杀丈夫、使军奴仆杀头监等，此数种，谓我疑心而未见，因诉讼告举，有只关者，则虽无知见亦当依法推问。实则当得功，虚时举人之承罪次第依另所定实行。"①本条款西夏文原文为：

甲 13-6-5 𗆟𗼋𗏹𗤒𗸦𗃛𗕑𗑗𗗟𗤒𗑗𗃛𗉆𗤙𗝝𘓼𗃛
　　　　　一国圈内勤事诸种询问分别应中逆起孝德

甲 13-6-6 𗟻𗉆𘓼𗉆𗤒𗫂𗕑𗆟𗤒𘃡𘃡𗑗𗉆𗕑𗤒
　　　　　礼失逃背意起人伤杀盗诸种及盗而人

甲 13-6-7 𗆟𗉆𗕑𗴝𗆟𘜶𗴝𗆟𗤒𗸦𗾟𘓼𗃛𗗟𗤙𗴝
　　　　　杀祖及祖父祖母父母内姨实等杀媳公公

甲 13-6-8 𗕑𗃛𗑗𗫡𗃛𗕑𗆧𗃛𗕑𗷒𘓼𗫂𗗟𘃡𗤒𗴝
　　　　　婆母杀妻妻丈妻杀使军仆奴头监杀等此

甲 13-6-9 𗆟𘃡𗫡𗷒𗃛𗗟𗵒𗤙𗆟𗴝𗫜𗵒𗴝𗗌𗆟𗑗
　　　　　数因疑心不慧 <> 谓口缚告举出 [只关] 者有

甲 13-6-10 𗗟𗴝𗏹𗤙𗤒𘓼𗟻𗫂𗆟𗕑𗑗𗤐𗗟𘃡𗴝𗴝
　　　　　则知证 <> 无亦礼依 <> 询问实则功 <> 得

甲 13-6-11 𗷒𗗟𗤙𘓼𘃡𗗟𗤒𗫡𗕑𗵒𗗟𗵒𘃡𗴝𗫜
　　　　　虚时举人 <> 罪承顺别显依 <> 顺行

新译文：

一国境内种种公事推问应区别时，因谋逆、失孝德礼、叛逃、故意杀伤人、种种盗及盗而杀人、杀亲高祖、祖父母、父母、庶母等，媳杀公公婆母、妻子杀丈夫、使军奴仆杀头监等此数种[1]，谓我疑心而未见，诉讼告举[2]，有只关者，则虽无知见亦当依法推问。实则当得功，虚时举人之承罪次第依另所定实行。

注释：

[1] 因谋逆、失孝德礼、叛逃、故意杀伤人、种种盗及盗而杀人、杀

---

① 史金波、聂鸿音、白滨译注：《天盛改旧新定律令》，第447页。

亲高祖、祖父母、父母、庶母等，媳杀公公婆母、妻子杀丈夫、使军奴仆杀头监等此数种：原译为“谋逆、失孝德礼、叛逃、故意杀伤人、种种盗及盗而杀人、杀亲高祖、祖父母、父母、庶母等，媳杀公公婆母、妻子杀丈夫、使军奴仆杀头监等，此数种”，介词[illegible]（因）的位置不当。

［2］诉讼告举：原译为“因诉讼告举”。

本条款是对有及无知证等推问法的规定。从语法来看，谋逆、失孝德礼、叛逃、故意杀伤人、种种盗及盗而杀人、杀亲高祖、祖父母、父母、庶母等，媳杀公公婆母、妻子杀丈夫、使军奴仆杀头监等与[illegible]（此数种）为复指词组，作宾语，[illegible]（因）为介词。

6.《天盛律令》卷十三《派大小巡检门》：“一边中监军司五州地诸府、军、郡、县等地方中所派捕盗巡检者，閤门、神策当检时，臣僚、官吏、独诱类种种中，当按职门能任、人勇武强健及地方广狭、盗诈多少计量，管事者当依次转告，应告枢密遣之。”[①]本条款西夏文原文为：

甲 13-19-18 [illegible]
一边中军监司［五州地］诸［府军郡县］等地圈

甲 13-20-1 [illegible][②]
内盗捕检行遣所 <> 礼列御使外内侍

甲 13-20-2 [illegible]
臣官下官独诱类种种等中职门做人

甲 13-20-3 [illegible]□[illegible]
堪刚健□地圈狭宽盗诈多少处 <> 量

甲 13-20-4 [illegible]
事［管］者人次依 <> 告转谋密 <> 告 <> 遣

新译文：

一边中监军司五州地诸府、军、郡、县等地方中所派捕盗巡检者，閤门、神策、内外侍[1]、臣僚、低官[2]、独诱类种种中，当按职门能任、人

① 史金波、聂鸿音、白滨译注：《天盛改旧新定律令》，第456—457页。
② [illegible]（侍），残缺，据彩印本《天盛改旧新定律令》第14册第20页右面第1行补。

勇武强健及地方广狭、盗诈多少计量，管事者当依次转告，应告枢密遣
之。

注释：

[1] 内外侍：原译为"当检时"。

[2] 低官：原译为"官吏"，未译糇（下、低）。

本条款是对边中派巡检的规定。

7.《天盛律令》卷十三《派大小巡检门》："一巡检人捕强盗、偷盗时，三
日以内管事当派都巡检，令其于十日以内集问之时，当引导于所属司内。若彼
逾所示日期，管事处派迟缓及管事人不令而延误等时，罪依以下所定判断。其
中有已转捕相盗者，及为巡检、都巡检、勾管之人依次已遣，未往至于局分，
半途送者缓慢等，派者勿论以延误日期。一等派巡检人捕强盗，延误一日至五
日徒一年，五日以上徒二年。捕偷盗延误者，当比前述延误强盗罪减一等。一
等派都巡检人捕强盗、偷盗，延误一日至十日及十日以上等罪情，与前述巡检
人延误罪相同。一等所属司人、正副人不令时，延误罪依都巡检处派人延误之
罪状判断。一等送者延误时，与都巡检人延误罪相同。"①本条款西夏文原文
为：

甲 13-20-5 𘈈𗴂𘃛𗦴𘊝𗪥𗂈𘋥𘋥𗂈𘓞𘕿𘕋𗼑𗴟𗋒

　　　　　一检行人刚以盗悄悄盗等 <> 捕时三日圈

甲 13-20-6 𗀔𘕋𗙴𗢭𘕼𗬩𘑴𘋦𘕼𗷮𘈈𘑴

　　　　　内事 [管都巡检] 处 <> 遣其人处

甲 13-20-7 𘉞𗋒𗴟𗀔𘈩𗬩𘌊𗾕𘕼𘎑𗫂𘈷

　　　　　十日圈内问 <> 集令时有顺司

甲 13-20-8 𗀔𘊝𘕿𗤁𘈕𗴝𗬄𗴟𘝗𘕼𗼑

　　　　　内 <> 引送若其 <> 示日过事 [管]

甲 13-20-9 𘅝𗬩𘕼𘈌𘕼𗼑𗴎𗴝𗯴𘕿𘟣𘕼

　　　　　处遣缓及事 [管] 人人不 [令] 为缓

①史金波、聂鸿音、白滨译注：《天盛改旧新定律令》，第 457 页。

甲 13-20-10 𗣼𗥫𗣩𗧥𗱆𗤊𗤋𗤅��𗥢𗤲
　　　　　待等时罪阶除下 <> 定依断判

甲 13-20-11 𘊸𗪊𗾪𗫫𗧍𗣤𗕻𗣭𗰆𗥘𗱩
　　　　　其中盗相示捕所有及检行 [都]

甲 13-20-12 𗩪𗤊𗩮𘓕𗨳𗥓𗥎𗤟�𗲍𗤋𗤅
　　　　　[巡检] 管 [勿] 为者人次依 <> 遣事

甲 13-20-13 𗤅𗰚𗥓𗨪𗫈𘋗𗷂𗆤𗥓𗤲𗣼𗥫
　　　　　管处未至往道半送者缓待等

甲 13-20-14 𗣸𗥓𗤖𗁁𗤲𗰆𗧍𗣤𘑋
　　　　　遣者人 <> 缓日中莫算

甲 13-19-15 𗒹𘟀𗥘𗰆𗤖𘗐𗤊𗾪�𗰆𗆤𗈬𗰆𗨪𗣸
　　　　　一等检行人强以盗一日起五日至遣

甲 13-20-16 𗣩𗪶𗒹𘟀𗈬𗰆𘂳𗆰𗜓𘟀𗜏𗜏𗾪
　　　　　缓 <> 一年五日上高二年悄悄盗

甲 13-20-17 𗣸𗣩𗫈𗼜𘗠𘗐𗤊𗾪𗣩𗣼𘊧𗒹
　　　　　遣缓 <> 前有刚以盗遣缓罪比一

甲 13-20-18 𘟀𗤊𘊝𘓕
　　　　　等 <> 退为

甲 13-21-1 𗒹𘟀𘟀𗩪𗤊𗤖𘗐𗤊𗾪𗜏𗜏𗾪𗆤𗈬
　　　　　一等 [都巡检] 人刚以盗悄悄盗一日起

甲 13-21-2 𗔆𗰆𗫈𗤊𗔆𗰆𘂳𗆰𗣩𗣼𗥫𘊧𘊸
　　　　　十日至及十日上高遣缓等罪节前

甲 13-21-3 𘗠𘟀𗰆𗤖𗤊𗣩𗣼𘊧𗩪𗤮
　　　　　有捡行人人遣缓罪与 <> 同

甲 13-21-4 𗒹𘟀𘊼𘊝𗥢𗤖𗣨𗤊𗤎𗳆𘓕𗣩𗣼
　　　　　一等有顺司人正助人不 [令] 为时缓罪

甲 13-21-5 𗣩𗩪𗤊𘊺𘗠𗣸𗣩𗥚𘊧�𗆰𗣤�𗥢
　　　　　[都巡检] 处人遣缓 <> 罪阶显礼依断判

甲 13-21-6 𗒹𘟀𗆤𗥓𗤅𗤊𗣩𘟀𗒹𘟀𗩪𗤊𗣩𗣼𘊧�臷
　　　　　一等送者 <> 遣缓时 [都巡检] 人遣缓罪与

甲 13-21-7 𗤊𗤮
　　　　　<> 同

新译文：

一巡检人捕强盗、偷盗时，三日以内管事当派都巡检，令其于十日以内集问之时，当引送[1]于所属司内。若彼逾所示日期，管事处派迟缓及管事人不令而延误等时，罪依以下所定判断。其中有捕所示[2]相盗者，及为巡检、都巡检、勾管之人依次已遣，未往至于局分，半途送者缓慢等，派者勿论以延误日期。一等巡检人派强盗[3]，延误一日至五日徒一年，五日以上徒二年。派[4]偷盗延误者，当比前述派强盗延误罪[5]减一等。一等都巡检人派[6]强盗、偷盗，延误一日至十日及十日以上等罪情，与前述巡检派[7]人延误罪相同。一等所属司人、正副人不令时，延误罪依都巡检处派人延误之罪状判断。一等已派[8]送者延误时，与都巡检派人[9]延误罪相同。

注释：

[1] 引送：原译为"引导"，未译㿟（送）。

[2] 捕所示：原译为"已转捕"，将骸（示）识为骸（转）。

[3] 巡检人派强盗：原译为"派巡检人捕强盗"，衍"捕"。

[4] 派：原译为"捕"。

[5] 派强盗延误罪：原译为"延误强盗罪"，未译㲵（遣）。

[6] 都巡检人派：原译为"派都巡检人捕"，衍"捕"。

[7][9] 派：原译未译。

[8] 已派：原译未译。

本条款是对巡检遣盗日限的规定。

8.《天盛律令》卷十三《派大小巡检门》："一诸捕盗及其余罪犯，予功次第当依所定得之。一等捕获死罪一至三人银三两、杂锦一匹、茶绢三中一段绢；四至六人银五两、杂锦 一匹、茶绢五中二段绢；七至十人银七两、杂花锦一匹、茶绢七中三段绢；十一人以上一律加一官，银十两、杂花锦一匹、茶绢十中四段绢。一等捕获长期徒刑自一至七人银三两、杂锦一匹、茶绢三中一段绢；自八至十五人银五两、杂锦一匹、茶绢五中二段绢；十六人以上一律加一官，杂锦一匹、茶绢七中三段绢。一等捕获短期劳役自一至七人银一两、茶绢三中一段绢；自八至十五人银二两、锦一匹、茶绢五中二段绢；自十六至二十人银三两、坨呢一匹、茶绢五中二段绢；二十人以上一律银三两、杂锦一匹、茶绢五中二段绢。"①本条款西夏文原文为：

甲 13-21-8　【西夏文】
　　　　　　一检行盗及他罪犯捕功给顺 <> 定依 <> 获

甲 13-21-9　【西夏文】
　　　　　　一等死罪获捕 <> 一起三至三两银杂

甲 13-21-10　【西夏文】
　　　　　　锦上氆一茶绢三中一四绢四起六

甲 13-21-11　【西夏文】
　　　　　　至五两银杂锦上氆一茶绢五中二

甲 13-21-12　【西夏文】
　　　　　　四绢七起十至七两银杂花锦上氆

甲 13-21-13　【西夏文】
　　　　　　一茶绢七中三四绢十一上高一礼

甲 13-21-14　【西夏文】
　　　　　　一官升十两银杂花锦上氆一茶绢

甲 13-21-15　【西夏文】
　　　　　　十中四四绢

甲 13-21-16　【西夏文】
　　　　　　一等自代而役获捕一起七至三两银

甲 13-21-17　【西夏文】
　　　　　　杂锦上氆一茶绢三中一四绢七起

甲 13-21-18　【西夏文】
　　　　　　十五至五两银杂锦上氆一茶绢五

甲 13-22-1　【西夏文】
　　　　　　中二四绢十六上高一礼一官升

甲 13-22-2　【西夏文】
　　　　　　杂锦上氆一茶绢七中三四绢

---

① 史金波、聂鸿音、白滨译注：《天盛改旧新定律令》，第457—458页。
② 檵（检），残佚，据彩印本《天盛改旧新定律令》第14册第21页右面第8行补。

甲 13-22-3 𗼻𗏴𗖵𗖿𗟲𗊱𗾰𗥺① 𘃨𘐽𘄷𗿢𘝏𗼻𘆝𘃨

一等日显劳役获捕一起七至银一两茶

甲 13-22-4 𗀚𘄡𗧑𗾺𗜼② 𗀚𗾰𗟲𗈪𗌗𗧑𗄔𘆝𘃨𗀜

绢三中一四绢八起十五至二两银凌

甲 13-22-5 𗜼𗉛𗢛𘆞𗀚𗜼③ 𗧑𗄔𗜼𗀚𗈪𗈝𗟲𗄔

上氁一茶绢五中二四绢十六起二

甲 13-22-6 𗈪𘄷𘄡𗜼𗢛④ 𘜶𘟙⑤ 𗜼𗉛𗢛𘆞𗀚𗈪𗧑

十至三两银 [唐][呢] 上氁一茶绢五中

甲 13-22-7 𗄔𗜼𗀚𗄔𗈪𗈝𗖿𗼻𗌖𘄡𘆝𘃨𘜶𗀚

二匹绢二十上高一礼三两银杂锦

甲 13-22-8 𗜼𗉛𗢛𘆞𗀚𗈪𗧑𗄔𗜼𗀚

上氁一茶绢五中二四绢

新译文:

一巡检[1]捕盗及其余罪犯,予功次第当依所定得之。一等捕获死罪一至三人银三两、杂锦上氁一[2]、茶绢三中一段绢;四至六人银五两、杂锦上氁一[3]、茶绢五中二段绢;七至十人银七两、杂花锦上氁一[4]、茶绢七中三段绢;十一人以上一律加一官,银十两、杂花锦上氁一[5]、茶绢十中四段绢。一等捕获长期劳役[6]自一至七人银三两、杂锦上氁一[7]、茶绢三中一段绢;自八至十五人银五两、杂锦上氁一[8]、茶绢五中二段绢;十六人以上一律加一官,杂锦上氁一[9]、茶绢七中三段绢。一等捕获短期劳役自一至七人银一两、茶绢三中一段绢;自八至十五人银二两、凌上氁一[10]、茶绢五中二段绢;自十六至二十人银三两、唐呢上氁一[11]、茶绢五中二段绢;二十人以上一律银三两、杂锦上氁一[12]、茶绢五中二段绢。

注释:

[1]巡检:原译为"诸"。

---

① 𗥺(捕),残缺,据上下文拟补。
② 𗜼(匹),残缺,据上下文拟补。
③ 𗜼(五),残缺,据上下文拟补。
④ 𗢛(银),残缺,据上下文拟补。
⑤ 𘜶[泥、呢],残缺,据上下文拟补。

［2］［3］［7］［8］［9］［12］杂锦上氎一：原译为"杂锦一匹"，未译𦆅𦇛（对译：上氎）。

［4］［5］杂花锦上氎一：原译为"杂花锦一匹"，未译𦆅𦇛（对译：上氎）。

［6］长期劳役：原译为"长期徒刑"，未译𦆅𦇛（对译：而役）。

［10］凌上氎一：原译为"锦一匹"，未译𦆅𦇛（对译：上氎），将𦆅（凌）识为𦇛（锦）。

［11］唐呢上氎一：原译为"坨呢一匹"，未译𦆅𦇛（对译：上氎）。

本条款是对巡检捕盗及他罪功赏的规定。前揭𦆅𦇛（对译：上氎），应指氎衣。

9.《天盛律令》卷十三《派大小巡检门》："倘若违律，巡检将他人所捕，及有告举而谓我自捕盗等，贪官赏，告为头字，局分人受贿徇情，论以三等赏赐共算，一齐皆予等时，领者及分者局分人等一律依偷盗法判断，未受贿徇情，为过失，则依做错法判断。"[1]本条款西夏文原文为：

甲 13-22-15 􏿿􏿿􏿿􏿿􏿿􏿿􏿿􏿿
　　　　　　假若律过检行他 <> 捕及

甲 13-22-16 􏿿􏿿􏿿􏿿􏿿􏿿􏿿􏿿􏿿􏿿􏿿􏿿􏿿
　　　　　　告举有盗等自 <> 捕 <> 谓官赏贪头蔽为

甲 13-22-17 􏿿􏿿􏿿􏿿􏿿􏿿􏿿􏿿􏿿􏿿􏿿􏿿
　　　　　　告职管人人贪羞面为三等赏给相上算

甲 13-22-18 􏿿􏿿􏿿􏿿􏿿􏿿[2]􏿿􏿿􏿿􏿿􏿿􏿿􏿿
　　　　　　一顺皆给等时请者及分者职管人等一

甲 13-23-1 􏿿􏿿􏿿􏿿􏿿􏿿􏿿􏿿􏿿􏿿􏿿􏿿
　　　　　　礼悄悄盗礼贪羞面不有 <> 误则［蹉作］

甲 13-23-2 􏿿􏿿􏿿􏿿
　　　　　　礼依断判

<hr />

① 史金波、聂鸿音、白滨译注：《天盛改旧新定律令》，第458—459页。
② 𦇛（检），残佚，据彩印本《天盛改旧新定律令》第14册第22页左面第9行补。

新译文：

倘若违律，巡检将他人所捕，及有告举而谓我自捕盗等，贪官赏，掩盖而告[1]，局分人受贿徇情，论以三等赏赐共算，一齐皆予等时，领者及分者局分人等一律依偷盗法判断，未受贿徇情，为过失，则依做错法判断。

注释：

［1］掩盖而告：原译为"告为头字"。

从内容看，本条款主要是对巡检高阶上得官赏的规定及诈领高阶官赏的处罚。①

10.《天盛律令》卷十三《派大小巡检门》："一捕盗巡检未巡行于所属地方而懈怠之，致家主中人盗诈、取畜物者，盗人确为他人捕得之，盗应获死时徒二年，获长期时徒一年，获六年至四年时徒六个月，获三年至一年时徒三个月，获月劳役时十三杖，杖罪者勿治罪。若盗人未得手，则当计所失畜物，依前述法判断。"②本条款西夏文原文为：

甲 13-23-17 𗥣𗐔𗟻𗪚𘊲𘝰𗆧𘒏𗍫𗇽𘊲𗉺𗥑𘝰𘋩𘜶𗄜

　　　　　一盗捕检行 <> 有地圈内 <> 不其行懈怠 <>

甲 13-23-18 𗏇𗟻𗟭𘒏𗐔𗪘𘑲𗷓𗷂𗏇𘒏𗐔𘊲𗣼𘈉

　　　　　为家主中盗诈入畜物持为 <> 盗人别他

甲 13-24-1 𘊲𗤁𗟥𗸕𗯝𘟪𗪚𘍵𗴫𗣼𘆖𘟪𗪚𘍵

　　　　　捕实手入死获应时二年自代获应时

甲 13-24-2 𘝯𘈷𗰖𘈷𗡢𗐜𘈷𘊴𘟪𗍝𘈷𘟸𘊴𗥑𘈷𗡢

　　　　　一年六年起四年至获 <> 六月个三年起

甲 13-24-3 𘝯𘈷𘊴𘟪𗍝𘈉𘈉𘈷𗥑𘈉𗡚𘇂𘟪𘋩𘈉

　　　　　一年至获 <> 三月个月个劳役获应十三

甲 13-24-4 𗻻𗻟𘒲𘊴𘊲𗃫𗐔𘍵𗤁𘝰𗥑𗇐𗷓𗷂𗦴𗆧

———————————

① 本条款的条目为𘍵𗷓𗟥𗏇𗲲𘊲𗦴𗯝𗦴𗭯𗺱𗻻（对译：死自代日显等捕三等赏阶高上承），史金波等译注本《天盛律令》第71页译为"死长期日明等捕放年赏等次第"，应改译为"捕死、长期、短期等三等赏高阶上承"。原文参见俄罗斯科学院东方研究所圣彼得堡分所、中国社会科学院民族研究所、上海古籍出版社编：《俄藏黑水城文献》，第8册，第19页左面第7小行。

② 史金波、聂鸿音、白滨译注：《天盛改旧新定律令》，第459页。

　　　　杖杖罪 <> 莫连若盗人手不入则畜物何 <>

甲 13-24-5 　□□□□□□□□□□

　　　　失 <> 量前有礼依断判

新译文：

　　一捕盗巡检未巡行于所属地方而懈怠之，致家主中入盗诈、取畜物者，盗人确为他人捕得之，盗应获死时徒二年，获长期时徒一年，获六年至四年时徒六个月，获三年至一年时徒三个月，获月劳役时十三杖，杖罪者勿治罪。若未得盗人[1]，则当计所失畜物，依前述法判断。

注释：

　　[1] 未得盗人：原译为"盗人未得手"。

　　按照原译，上下文矛盾：前文刚说盗人未得手，即没有盗走畜物，接着又说计所失畜物。从语法来看，□□□□□（对译：盗人手不入）中，□（手）即捕盗巡检之手为主语，□（不）为副词修饰谓语□（入），□□（盗人）为前置宾语。从上下文来看，本条款后半部分规定，未得盗人，计损失畜物，巡检罪依盗人所得罪而相应处罚。

　　11.《天盛律令》卷十三《逃人门》："一隐逃人者，有独人自隐一至三人，及逃人妻子自二口以上实同户，数口住当以一户论，逃人户主徒三年。"[1] 本条款西夏文原文为：

甲 13-26-4 　□□□□□□□□□□□□□□□

　　　　一逃人隐 <> 人独纯一起三至及逃人夫

甲 13-26-5 　□□□□□□□□□□□□

　　　　妻二口起上高实同口数几住以一户

甲 13-26-6 　□□□□□□□□□

　　　　数 <> 算逃人户头 <> 三年

---

① 史金波、聂鸿音、白滨译注：《天盛改旧新定律令》，第 461 页。

新译文：

一隐逃人者，隐独人[1]一至三人，及逃人夫妻[2]自二口以上实同户，数口住当以一户论，逃人户主徒三年。

注释：

[1]隐独人：原译为"有独人自隐"，将 𗹙（纯）识为 𗹙（有），语序不对。

[2]夫妻：原译为"妻子"。

本条款是对隐匿逃人者的处罚。

12.《天盛律令》卷十三《逃人门》："十个月期间他人举告及自告交等不治罪，逾期不告举交而他人举之，逃人及主人依举虚人等所定罪判断。若已逾期然后主人自举，则自罪当赦，依逃人罪法判断。若逃人告，亦自罪当赦，主人依法当承罪。"①本条款西夏文原文为：

甲 13-27-10 𗹙𗹙𗹙𗹙𗹙𗹙𗹙𗹙
　　　　　　十月月圈内他举及自
甲 13-27-11 𗹙𗹙𗹙𗹙𗹙𗹙𗹙𗹙𗹙𗹙𗹙𗹙𗹙
　　　　　　告纳等罪莫连日过不告举纳他举则逃
甲 13-27-12 𗹙𗹙𗹙𗹙𗹙𗹙𗹙𗹙𗹙𗹙𗹙𗹙𗹙
　　　　　　人及主主举虚人等罪 <> 定依断判若日
甲 13-27-13 𗹙𗹙𗹙𗹙𗹙𗹙𗹙𗹙𗹙𗹙𗹙𗹙𗹙
　　　　　　圈 <> 过后方主主人自举则自罪 <> 解逃
甲 13-27-14 𗹙𗹙𗹙𗹙𗹙𗹙𗹙𗹙𗹙𗹙𗹙𗹙𗹙
　　　　　　人罪礼依断判若逃人举亦自罪 <> 解主
甲 13-27-15 𗹙𗹙𗹙𗹙𗹙
　　　　　　主礼依罪 <> 承

新译文：

十个月期间他人举告及自告交等不治罪，逾期不告举交而他人举之，

---

① 史金波、聂鸿音、白滨译注：《天盛改旧新定律令》，第 462 页。

逃人及主人依举虚人等所定罪判断。若已逾期然后主人自举，则自罪当赦，逃人依罪法[1]判断。若逃人告，亦自罪当赦，主人依法当承罪。

注释：

[1]逃人依罪法：原译为"依逃人罪法"，语序不对。

本条款是对迁溜检校等知逃人不告的处罚。按原译则上下文相抵牾。依据上下文，𗥃𗾈𗣩𘜔𘄬𘉑（对译：逃人罪礼依断判）中，𗥃𗾈（逃人）为主语，𗣩𘜔𘄬（依罪法）为状语，𘉑（判断）为谓语。

13.《天盛律令》卷十三《逃人门》："一诸私人男女逃匿在外，家主中令住者，总计单身，算户数法应与官人相同，一个月期间当告，当寻主人，勿治计工价罪。"①本条款西夏文原文为：

甲 13-28-15 𗣼𗤭𗥫𗾈𗄿𗙏𗧀𗡶𗥃𗿒𗪛𗗙𗱕𗛞𗥫𗠝

　　　　　一诸私人妇男野入逃匿家主中住令 <> 人

甲 13-28-16 𘃞𘄬𗰖𘄡𗩽𗥤𗋽𘕕𗭲𗥤𘄜𗥫𗾻𗏆𘝵

　　　　　独［单身］结合户数算顺等官人与 <> 同一

甲 13-28-17 𗼮𗼮𗍫𗆍𗢳𗙱𗫉𘈈𗝿𗰖𘓺𗣨𗥣𘄬𗘂

　　　　　月月圈内 <> 告丈妻 <> 寻为力价罪等莫

甲 13-28-18 𗱸

　　　　　连

新译文：

一诸私人男女逃匿在外，家主中令住者，总计独人、单身[1]，算户数法应与官人相同，一个月期间当告，当寻主人，勿治计工价罪。

注释：

[1]独人、单身：原译为"单身"，未译"独人"。

本条款是对私人男女逃匿，家主隐罪令住的处罚规定。

———————

① 史金波、聂鸿音、白滨译注：《天盛改旧新定律令》，第463页。

14.《天盛律令》卷十三《逃人门》："一于国中为逃人，他人有告举者，告于诸司及城司、军首领等处，局分大小、军首领等与逃人徇情，不取□，不遣送逃人时，受贿使避杂事摊派，则以枉法贪赃罪及隐逃人罪等比较，从其重者判断。"①本条款西夏文原文为：

甲 13-29-16 　𗆐𘐀𗊟𗦲𗗚𗗚𗿒𘊝𗿒𘊶𗸐𗗂𗤁𘃽𗦜𗏴
　　　　　　一国圈内逃人为他人告举者有诸司及城

甲 13-29-17 　𗏴𗠽𘊞𗦀𘈩𗵐𘊝𘓱𗤋𗠽𘊞𗦀𗗚
　　　　　　司军头领等处告职管小大军头领等逃

甲 13-29-18 　𗦀𘎨𗂝𗨔𗫾🔲②𗏴𗅆𘈩𗗚𗫽𗼋𘊡𗵆
　　　　　　人与相面为状不取为逃人不使遣时贪

甲 13-30-1 　𗡝𘝞𘈩𗑗𗤋𗫾𗈪𘍦𗧓𘇂𗫽𘔼𗤒𗿒
　　　　　　有杂事收税仲避为令则律弯贪罪及逃

甲 13-30-2 　𘊝𗊱𗈪𗾟𘈩𘔼𗧸𗤒𘈷𗌭
　　　　　　人隐罪等何 <> 重上等令断判

新译文：

一于国中为逃人，他人有告举者，告于诸司及城司、军首领等处，局分大小、军首领等与逃人徇情，不取状[1]，不遣送逃人时，受贿使避杂事摊派，则以枉法贪赃罪及隐逃人罪等比较，从其重者判断。

注释：

[1] 状：原译未识出。

本条款是对局分大小、军首领等不取状，不遣送逃人的处罚。

15.《天盛律令》卷十三《执符铁箭显贵言等失门》："一诸人不执符而执文书，因官出使，有限期，途中与执符相遇而捕骑时，当予之骑。彼人延误时当分析，取畜之言是实，他事未住滞，则勿治罪。于彼虚诈，未取其畜而曰'我取之'，滞缓而逾期者，依已误何限期，当承罪。若不予执符坐骑而争斗，执

① 史金波、聂鸿音、白滨译注：《天盛改旧新定律令》，第463页。
② 𗫾（状），残佚，据上下文拟补。

符亦住滞，自亦逾期，则以执符误期及自之误期比较，从重者判断。"①本条款
西夏文原文为：

甲13-45-8 𗏟𗤋𗏹𗅋𗅲𗏟�549𗅲��549𗏟��549𗏟𗅾
       一诸人牌不持文字持官因 <> 使日限有道

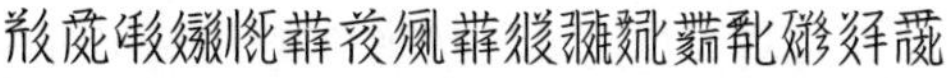

甲13-45-9 𗏟�549𗅲𗤋𗏹𗅾��549𗅲�549𗏟𗅾𗅋�
       中牌持与遇根脚捕为时根脚 <> 给其人缓

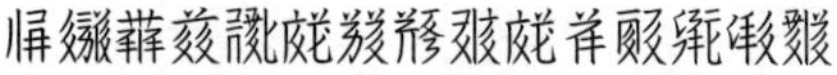

甲13-45-10 �549𗅾��549𗏟���549𗤋𗅋�549𗤋�
       时 <> 分析根脚 <> 取语实是别未待则

甲13-45-11 ���549𗅾���549𗏟���549𗏟�549𗅲
       罪莫连其处诈骗根脚未取为 <> 取为 <>

甲13-45-12 �549𗏟𗅾𗅾��549𗏟𗅾𗤋�549𗅲𗤋��549𗅾
       谓日超随缓待日过 <> 几日 <> 缓依罪

甲13-45-13 𗅾�549𗤋�549𗅲𗅾�549𗏟𗅋𗤋�549𗤋�549𗅲𗅾
       <> 承若牌持 <> 骑根脚不给斗战牌持亦

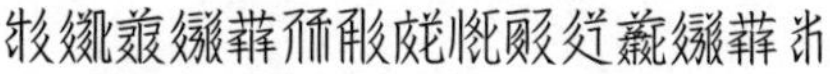

甲13-45-14 �549𗅾𗅾𗏟𗅾𗤠�549𗅲�549𗏟�549𗅋�549𗤠��549𗏟
       待自亦日过则牌持缓日及自 <> 缓日

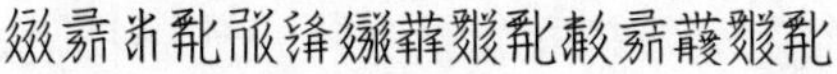

甲13-45-15 ���549𗏟𗅾𗤋𗤠𗅾
       等何 <> 重上断判

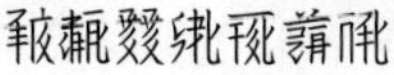

新译文：
    一诸人不执符而执文书，因官出使，有限期，途中与执符相遇而捕骑
时，当予之骑。彼人延误时当分析，取畜之言是实，他事未住滞，则勿治
罪。于彼虚诈，未取其畜而曰"取我畜[1]"，滞缓而逾期者，依已误何限
期，当承。若不予执符坐骑而争斗，执符亦住滞，自亦逾期，则以执符
误期及自之误期比较，从重者判断。

注释：
    [1]取我畜：原译为"我取之"。

---

① 史金波、聂鸿音、白滨译注：《天盛改旧新定律令》，第474页。

按照原译,"我取之",句意难以理解。从语法来看,𗾔𘉋𗣼𗣼𘈩𗣼𗣼𗷻𗋽(对译:根脚未取为 <> 取为 <> 谓)中包含两小句,执符者为主语,但被省略,𗾔(根脚)为宾语。第一句中,副词𗣼(未)修饰谓语𗣼𗣼(取);第二句中,𗣼𗣼(取)为谓语,𘈩[底 dji]为表向主体的过去式动词前缀,"我"为宾语的定语。从上下文来看,本条款规定诸人不执符而执文书,因官出使,有限期,途中与执符相遇而捕骑时,当予执符者骑。之后分三种情况,第一种情况是执文书者因被取畜而延误,但其他事未住滞,则不治罪;第二种情况是执文书者谎称被取畜而延误,当承误期罪;第三种情况是执文书者不给执符者坐骑而与斗争,导致双方均延误,则比较二者延误罪,从重处罚。[1]

16.《天盛律令》卷十三《执符铁箭显贵言等失门》:"一诸人记名贵言、印信、旌羽等中遗失一种时,徒三个月,自二种以上一律徒一年。其中失火、水漂、为盗军所夺等,勿治罪,六个月期间当告于局分。遗失是实,当令担保、只关者知之,随后可领换新。逾期则有官罚马一,庶人十三杖。"[2]本条款西夏文原文为:

甲 13-46-2 𗢳𗾔𘉋𗋽𗼖𘓄𘓄𗵢𘓄𗧓𗹙𘎳𘕪𗧓𗾔𘐆
　　　　　一诸人贵言信印旌羽等名接中一种失
甲 13-46-3 𗴂𗢳𘒣𘒣𘓄𗵢𗷻𘕜𘉋𗤁𘉋𗏴𘄗𘕪𗣊
　　　　　时三月个二种起上高一礼一年其中烧
甲 13-46-4 𗤁𗫡𗣼𘂤𗬩𘗣𘓄𘖑𘉋𘈩𘒣𘒣𘎠𗆧𘉋
　　　　　起火水漂盗军持等罪莫连六月个圈内职
甲 13-46-5 𗣼𘔼𘄿𗴂𘈷𘕫𗣬𘓟𘄡𘖑𗆧𗅤𗾆𘓄𗹙
　　　　　管处 <> 告 <> 失实是 [保] 担 [只关] 者 <> 寻令
甲 13-46-6 𘕪𘘚𘐆𘎳𗋽𘒌𘓄𗫼𗱕𘖑𘐆𘏒𘒹𘎳𘈩
　　　　　一顺新 <> 请日过则官有罚马一庶人十
甲 13-46-7 𗢳𘅝
　　　　　三杖

① 张笑峰博士对本门作了校勘研究,但未改译本条款存在的上述问题。参见《〈天盛改旧新定律令·执符铁箭显贵言等失〉整理研究》,宁夏大学博士学位论文,2015 年,第 75 页。
② 史金波、聂鸿音、白滨译注:《天盛改旧新定律令》,第 474—475 页。

新译文：

一诸人记名贵言、印信、旌羽等中遗失一种时，徒三个月，自二种以上一律徒一年。其中失火、水漂、为盗军所夺等，勿治罪，六个月期间当告于局分。遗失是实，当令寻担保、只关者[1]，随后可领换新。逾期则有官罚马一，庶人十三杖。

注释：

［1］当令寻担保、只关者：原译为"当令担保、只关者知之"，漏译骸（寻），衍"知"。

本条款是对诸人遗失记名贵言、印信、旌羽等的处罚。①

17.《天盛律令》卷十三《执符铁箭显贵言等失门》："一诸执符失往发兵符牌时，应发之兵无迟缓，如期来到，则失牌者徒三年。若应发之兵集日未到来，则失牌者绞杀。"②本条款西夏文原文为：

甲 13-46-14 　[西夏文]
　　　　　　　一诸牌持军起往显合失时起所军重起徐
甲 13-46-15 　[西夏文]
　　　　　　　及集日上至来则显失者三年若起所军
甲 13-46-16 　[西夏文]
　　　　　　　集日上不至来则显失者项缚为

新译文：

一诸执符失往发兵符牌时，应发之兵重发[1]无迟缓，如期来到，则失牌者徒三年。若应发之兵集日未到来，则失牌者绞杀。

注释：

［1］重发：原译漏译。

---

① 张笑峰已指出原译与改译有区别，但未改译本条款存在的上述问题。参见《〈天盛改旧新定律令·执符铁箭显贵言等失门〉整理研究》，宁夏大学博士学位论文，2015年，第78页。

② 史金波、聂鸿音、白滨译注：《天盛改旧新定律令》，第475页。

改译后，知应发之兵集日上到来与否，是对执符失发兵符牌者判罪的主要依据。①

18.《天盛律令》卷十三《执符铁箭显贵言等失门》："一诸人盗兵符者，若有意相怨事及有受他人贿，若为发兵马时所发兵处迟缓，未如期到来，□疑等，不论官，当绞杀。若非发兵马之时，仅为盗，无另所生疑怨则徒四年。"②

本条款西夏文原文为：

甲 13-46-17 ［西夏文］③［西夏文］

　　　　　一诸人显合盗 <> 若差置相恨事有及别贪意

甲 13-46-18 ［西夏文］

　　　　　所有若军马起时上是起所军告起不

甲 13-47-1 ［西夏文］④［西夏文］

　　　　　徐及集日上不至来碍疑为等官不算

甲 13-47-2 ［西夏文］

　　　　　项缚为以 <> 杀若军马起时非其顺盗

甲 13-47-3 ［西夏文］

　　　　　别疑碍出处无则四年

新译文：

一诸人盗兵符者，若有隙[1]相怨事及有受他人贿，若为发兵马时所发兵处迟缓，未如期到来，疑碍[2]等，不论官，当绞杀。若非发兵马之时，仅为盗，无另所生疑碍[3]则徒四年。

注释：

[1] 有隙：原译为"有意"。

[2] 疑碍：原译为"□疑"，没有识出［西夏文］（碍）。

[3] 疑碍：原译为"疑怨"，误将［西夏文］（碍、损）识为［西夏文］（恨、怨）。

---

① 张笑峰未补译本条款存在的上述问题。参见《〈天盛改旧新定律令·执符铁箭显贵言等失门〉整理研究》，宁夏大学博士学位论文，2015年，第80页。

② 史金波、聂鸿音、白滨译注：《天盛改旧新定律令》，第475页。

③ 此字模糊且残缺上部，据其所存部分与固定词［西夏文］（有隙），拟补为［西夏文］，意"差"。

④ 此字模糊且残缺上、中部，据其所存部分与条款中的［西夏文］（对译：疑碍），拟补为［西夏文］，意"碍、损"。

㷀㣂（对译：差置）意为"有隙"。①本条款中的前后两处"疑碍"，即㷀㣂（对译：碍疑）与㣂㷀（对译：疑碍）相互呼应。改译后，知对盗兵符者的处罚，主要依据为是否为发兵马时如期到来、是否有疑碍。②

19.《天盛律令》卷十三《执符铁箭显贵言等失门》："因符不合，来者当枷而问之，是真符则当遣京师，若□□非真，直接告京师谓谕文，当发兵，符皆不合，寻谕文，延误者，暂勿发兵，当速奏报而寻谕文，其中不误。若有本人叛逃及他人叛逃者互相有谋，派人入敌，与敌方亲戚人彼此回应，予之逃营事等，有如此用意之言，勿发兵，□当得。受贿怀恶心者当入谋逆中。若非故意，仅仅失误，亦与无执符失兵符时重行发兵缓与未缓、集合如期来与不来等之罪状相同。因符皆不合，二者之监军司人不捕而懈怠时，徒三年。受贿食□□□以枉法贪赃罪比较，从重者判断。"③本条款西夏文原文为：

　　甲 13-48-11 ［西夏文］
　　　　　　　显不合因来者 <> 枷 <> 问显实世界 <> 遣
　　甲 13-48-12 ［西夏文］
　　　　　　　若迅速真非直直世界谕节军 <> 起谓显
　　甲 13-48-13 ［西夏文］
　　　　　　　皆不合告谕节寻缓及 <> 权军莫起速 <>
　　甲 13-48-14 ［西夏文］
　　　　　　　告至谕节 <> 寻其中 <> 误非若自现逃背
　　甲 13-48-15 ［西夏文］
　　　　　　　及他人逃背者有相处谋有兽中人遣亲有
　　甲 13-48-16 ［西夏文］
　　　　　　　咸有人在与相处［回应］帐事野给等此如
　　甲 13-48-17 ［西夏文］
　　　　　　　意所语有军 <> 莫起益 <> 得贪恶心有 <>
　　甲 13-48-18 ［西夏文］

---

①史金波、聂鸿音、白滨译注：《天盛改旧新定律令》，第 645 页。

②张笑峰未改译"有意"，识出㷀㣂（疑碍）中的㷀（碍），却将㷀㣂（疑碍）、㣂㷀（疑碍）译为"疑怨"。参见《〈天盛改旧新定律令·执符铁箭显贵言等失门〉整理研究》，宁夏大学博士学位论文，2015 年，第 80—83 页。

③史金波、聂鸿音、白滨译注：《天盛改旧新定律令》，第 476—477 页。

逆中 <> 入若意所无其顺 <> 误亦牌持

甲 13-49-1 𗫡𗰞𗦻𗥹𗫵𗭩𗥻𗳏𗫵𗾝𗤒𗿒𗾝𗸕𗳒

　　　　　显合失时起所军重起徐及不徐及集日

甲 13-49-2 𗣼𗫵𗫻𗙹𗫵𗫻𗤩𗷅𗯪𗥹𗥸𗏹𗿢𗫡𗱕

　　　　　上至来不至来等 <> 罪阶显与 <> 同显皆

甲 13-49-3 𗫡𗰞𗫵𗫻𗷖𗤩𗥻𗷉𗯭𗫻𗥸𗝠𗧹𗗉𗥹

　　　　　不合因来者 <> 军监司人不捕懈怠为时

甲 13-49-4 𗍳𗫺𗗉𗷅𗼃𗪯𗰗①𗰗②𗷉𗷖𗷅𗤩𗷅𗷆𗥸𗱕

　　　　　三年及贪羞面有则律弯贪罪等何 <> 重

甲 13-49-5 𗣼𗴫𗥸

　　　　　上断判

新译文：

　　因符不合，来者当枷而问之，是真符则当遣京师，若立即[1]非真，直接告京师谓谕文，当发兵，符皆不合，寻谕文，未延误[2]者，暂勿发兵，当速奏报而寻谕文，其中不误。若有本人叛逃及他人叛逃者互相有谋，派人入敌，与敌方亲戚人彼此回应，予之逃营事等，有如此用意之言，勿发兵，当得益[3]。受贿怀恶心者当入谋逆中。若非故意，仅仅失误，亦与执符失兵符时[4]重行发兵缓与未缓、集合如期来与不来等之罪状相同。因符皆不合，来者[5]之监军司人不捕而懈怠时，徒三年。受贿徇情则与枉法贪赃罪比较[6]，从重者判断。

注释：

　　[1] 立即：原译未识出。

　　[2] 未延误：原译为"延误"。

　　[3] 当得益：原译为"□当得"，未识出"益"。

　　[4] 执符失兵符时：原译为"无执符失兵符时"，衍"无"。

---

　　①《天盛律令》中，𗼃𗰗𗷉（对译：贪羞面有），即"受贿徇情"是出现次数较多的连动词组。𗰗𗷉（徇情）中，𗼃（羞）字稍缺左下部，𗰗（面）字左部缺、中间模糊，𗷉（有）字缺左部和中间，此据固定用法拟补。据彩印本《天盛改旧新定律令》第14册第49页右面第4行，知确为𗼃𗰗𗷉（对译：羞面有）。

　　②𗪯（则），佚，据彩印本《天盛改旧新定律令》第14册第49页右面第4行补。

[5] 来者：原译为"二者"，误将慌（来）识为"二"。

[6] 受贿徇情则与枉法贪赃罪比较：原译为"受贿食□□□以枉法贪赃罪比较"，将瓻（羞）识为胹（食），未识出斑斑（对译：面有），未补緈（则），将"……与……比较"译为"……以……比较"。

緩醿（对译：徐及），意为"未迟缓、未延误"。①《天盛律令》中，瓻斑斑緈繎祝薿靬羫疐嫀姚硪靑帎（对译：贪羞面有则律弯贪罪等何 <> 重上断判），即"受贿徇情则与枉法贪赃罪比较，从重者断判"这种比较句式是出现次数较多的。从内容来看，本条款是对边上敌人不安定，界内有叛逃者，应立即发兵，奏报京师求兵符时，对失误而符不合者及符不合而懈怠之监军司的处罚。②

20.《俄藏黑水城文献》第 8 册第 272 页下至第 297 页上是《天盛律令》卷十三的影印件，编号为俄 Инв.No.186、219、5451，共 50 页。③根据目录，知本卷包括《许举不许举门》、《举虚实门》、《功抵罪门》、《派大小巡检门》、《逃人门》、《差遣人门》和《执符铁箭显贵言等失门》，共七门。《执符铁箭显贵言等失门》是本卷最后一门，史金波等译注本中该门有四十六条款，内容主要包括何人、何时执符，执符者的权利和义务，如何派执符等。

《俄藏黑水城文献》中卷十三的《执符铁箭显贵言等失门》图版比克恰诺夫教授刊布的多出 2 面，即第 296 页下左、297 页上右，共 11 行，127 字。然而史金波等译注本《天盛律令》却未将此两面译出。④现将此两面按西夏文、对译、意译的顺序补译如下：

①《天盛律令》第 475 页，将緩醿（对译：徐及）译为"无延误"；将羫緩醿（对译：不徐及），译为"迟缓"。原文分别参见俄罗斯科学院东方研究所圣彼得堡分所、中国社会科学院民族研究所、上海古籍出版社编：《俄藏黑水城文献》，第 8 册，第 295 页上左第 14—15 行、上左第 18—下右第 1 行。

②除"延误"与"二者"两处外，张笑峰已改译本条款原译存在的上述问题。参见《〈天盛改旧新定律令·执符铁箭显贵言等失〉整理研究》，宁夏大学博士学位论文，2015 年，第 88—92 页。

③俄罗斯科学院东方研究所圣彼得堡分所、中国社会科学院民族研究所、上海古籍出版社编：《俄藏黑水城文献》，第 8 册。

④按：杜建录《西夏〈天盛律令〉研究的几个问题》一文，指出了史金波等译注本《天盛律令》漏译卷十三《执符铁箭显贵言等失门》中的 11 行西夏字（即第 296 页下左、297 页上右），但并未将西夏文释读出来；张笑峰已补译此 11 行西夏字，但论文是 2019 年才公开发表（按：中国知网显示论文出于 SrcDatabase 来源库：CDFD2019），笔者 2018 年已校译、研究此 11 行西夏文。笔者现进一步补充此 11 行西夏文的译释、研究。分别参见杜建录：《西夏〈天盛律令〉研究的几个问题》，《西夏学》（第十三辑），甘肃文化出版社，2016 年版，第 125—133 页；张笑峰：《〈天盛改旧新定律令·执符铁箭显贵言等失门〉整理研究》，宁夏大学博士学位论文，2015 年，第 92—96 页；和智：《〈天盛改旧新定律令〉补考五则》，《中华文史论丛》，2018 年第 1 期。

甲 13-49-8 𘟙𗾂𗵆𗸕𗫉𗫡𗆧𗼝𗫉𗒭𘃢𗡪𘏨𗵃

      一地边敌敌不安定兽军来及逃背者有等

甲 13-49-9 𗒰𗩈𗿒𗫡𗘼𗉗𗒭𘊐𗤒𘗽𗫉𘊐𗤒

      军马起及应然世界告至徐及不告至

甲 13-49-10 𗅲𘑛𗫉𗥃𗏁𘏨𗒰𘃢𗫡𘏨𗳼𗳼𗊱𘝵𘎵

      显合不待［此使］军监司等前前自人谋

甲 13-49-11 𗒰𗩈𘃜𘏨𗇃𗇐𘗐𗅲𘏨𘈖𘜶𗫉𘎗𗊱𘗙

      军起时住滞出则显失罪阶显礼依断判

甲 13-49-12 𘃜𗇃𗋚𘗙𘄴𗍫

      住滞无则二年

    《天盛律令》卷十三《执符铁箭显贵言等失门》全条意译（加点字为新补充内容）：

    一地边敌人不安定、敌军来及有叛逃者等，虽应发兵马，然奏报京师不迟误[1]，不奏报[2]，不待兵符，刺使、监军司等提前擅自发兵时，有住滞，则依失符罪状法判断，无住滞，则徒二年。

    上述其中甲 13-49-8、甲 13-49-9 两行为史金波等译注本《执符铁箭显贵言等失门》的最后两行，甲 13-49-10、甲 13-49-11、甲 13-49-12 三行的加点字是史金波等译注本《执符铁箭显贵言等失门》所未译的内容。未译的内容，在其他文献中没有记载。补译后，本条款的内容就完整了。从补译的内容来看，西夏对刺使、监军司不待兵符而发兵有相应的处罚规定，从本条也可以看出西夏军事法典的完整性。

    上面一条之后，为以下条款。本条款残缺，但从内容来看，应与行监、溜盈能行符有关。

    以下为本条款漏译部分的西夏文、对译与意译：

甲 13-49-13 𘟙𗩱𗩈𘝵𘗽𗊟𗒭𗸐𗩈𗅲𘑴𘋩𗒰𘈖𗫉𘄴𘎵𘎗𘍥

      一诸行监条［盈能］<> 行显一种旧换新请所

――――――――――

  ① 𘗽𗤒（对译：徐及），前揭意为"未迟缓、未延误"。史金波等译注本《天盛改旧新定律令》第 477 页译为"迟误"。张笑峰未译误"迟误"。参见《〈天盛改旧新定律令·执符铁箭显贵言等失门〉整理研究》，宁夏大学博士学位论文，2015 年，第 92 页。

  ② 史金波、聂鸿音、白滨译注：《天盛改旧新定律令》，第 477 页。

甲 13-49-14 𗄹𗗥𗏇𗾖①𗙸𗏛𗵉𗿷𗗧𗗦𗫉𗱕𗤁𗗙

　　　　　何有［府军郡县］军监司等自己地圈内

甲 13-49-15 𗏇𗱤𗘜𗥚𗾖𗏥𗶷𗻼𗣼𗏾𗏾𗙥𗈜𗣼

　　　　　有无 <> 寻觅 <> 显令有顺［经略使］处 <>

甲 13-49-16 □𗜓𗤻𗏛𗙸𗣼𗟻𗴂𗗥𗻼𗗧𗺠𗉖𗾖

　　　　　□世界城及［经略］处不缚有等殿前司

甲 13-49-17 □□□𗘜𗥚□𗣴𗶷𗉛𗙈𗙥𗣴𗤹𗺠𗉖

　　　　　□□□ <> 寻□一顺四月个一次殿前

甲 13-49-18 □□□□□□𗶷𗤁𗥚𗙈𗉖𗪃𗣼𗩾

　　　　　□□□□□□□上 <> 告变谋密 <> 告

甲 13-50-1 ……𗴜𗗨𗣼𗥓𗿷𗈝𗺳

　　　　　……职管小大日时依

甲 13-50-2 ……□□ 𗣴𗓯𗿷𗣓𗴝𗷖

　　　　　……□□六第上簿持遣

　　　　　……

意译：

　　一诸行监、溜盈能行一种符，有换旧新领，府、军、郡、县、监军司等自己地方内有无当寻而使明。属经略使处当□，不缚属京畿及经略处等殿前司，当寻□□□，□一起，四个月一次，当转告殿前□□□□□□上，当告枢密。……局分大小依时日……□□第六卷遣主簿……

　　根据条款中的关键词𗏾（显）、𗈜𗄹𗘜（对译：旧转新领）、𗩾（告），结合条款位置，知本条款与《天盛律令名略》下卷甲种本第 7 页右面第 7 小行的𗏾𗤁𗄹𗘜𗩾𗣖𗱕（对译：显合转领告导送）相符。因此，本条款属于"转领符牌告导送"条。

　　结合条目看，本条款应与行监、溜盈能换旧符而行新符告导送有关。条款的后半部分较为具体，而且也较为重要，但残缺较多，从而妨碍了对条款的进一步释读与研究。即使如此，条款的内容在其他文献没有记载，本条款对西夏军事制度的研究还是很有价值的。

———————————

① 此字模糊，据其所残存部分，拟补为𗏇，意为军。

以上两条款，为《俄藏黑水城文献》比史金波等译注本《天盛律令·季校门》多出的 2 面，共 11 行。从内容来看，前一条款是对地边敌人不安定、敌军来及有叛逃者等，虽应发兵马，但奏报京师不迟误或不奏报之后的补充，内容涉及不待兵符而擅自发兵应受处罚，与上文"一边上敌人不安定，界内有叛逃者，应立即急速发兵，求取兵符"①相呼应；后一条款内容残缺，但与之前的"一边中各行监、盈能行，使当置一种牌，行时当持符。有新为行监、盈能等，亦始使领一种牌"②相对应。

卷十四校译补正

1.《天盛律令》卷十四③《误殴打争斗门》："庶人及官低人比当面骂詈诋毁讥刺高于己一品以上人时之斗殴现痕迹罪减三等判断。"④本条款西夏文原文为：

己 14-9-6 𗧀𗬠𗄊𗐱𗧻𗬠𗵘𗅁𗾔𗏁𗏁𗑞𘆂
　　　　庶人及官低人自比一等等阶高
己 14-9-7 𗬠𗣜𗥔𗲟𗗙𗥔𗴮𗹭𘃵𗐰𗾔𘃵𗟭
　　　　人 <> 眼前骂詈恶宣口斗为时斗打
己 14-9-8 𗰏𗁅𗤙𗐰𗥜𘆂𗥔𗥃𗾔𗶿𗠁𗪘𗐰
　　　　踪迹竟为罪阶显比三等数 <> 退为
己 14-9-9 𗗙𗊯
　　　　判断

新译文：

庶人及官低人当面骂詈诋毁讥刺高于己一品以上人时，比[1]斗殴现

---

① 史金波、聂鸿音、白滨译注：《天盛改旧新定律令》，第 476 页。原文参见俄罗斯科学院东方研究所圣彼得堡分所、中国社会科学院民族研究所、上海古籍出版社编：《俄藏黑水城文献》，第 8 册，第 296 页上右 7—8 行。

② 史金波、聂鸿音、白滨译注：《天盛改旧新定律令》，第 476 页。原文参见俄罗斯科学院东方研究所圣彼得堡分所、中国社会科学院民族研究所、上海古籍出版社编：《俄藏黑水城文献》，第 8 册，第 295 页下左 2—4 行。

③ 原文参见俄罗斯科学院东方研究所圣彼得堡分所、中国社会科学院民族研究所、上海古籍出版社编：《俄藏黑水城文献》，第 9 册，第 47 页上—第 51 页上；俄罗斯科学院东方研究所圣彼得堡分所、中国社会科学院民族研究所、上海古籍出版社编：《俄藏黑水城文献》，第 8 册，第 297 页下左—第 300 页上左。

④ 史金波、聂鸿音、白滨译注：《天盛改旧新定律令》，第 483 页。

痕迹罪减三等判断。

注释：
　　[1]当面骂詈诋毁讥刺高于己一品以上人时，比：原译为"比当面骂詈诋毁讥刺高于己一品以上人时之"，语序不当。

本条款是对有官人詈骂诋毁的处罚。
2.《天盛律令》卷十四《误殴打争斗门》："一前述随从皇使之局分人为被告当事人及不当事人所殴打伤者，依前比皇使为当事及不当事人等打伤之各种罪状依次当减二等判断。"①本条款西夏文原文为：

甲 14-3-10 𗾈𗰜𗤶②𗰗𗆟𗋒𗐔𗂍𗶊𗭧𘄡𗥃𘓷𗥃𗥰𗨱𗄼𘄡𗄽
　　　　　一前有皇使随后引职管人 <> 缚有语至人及
甲 14-3-11 𗼃𗥃𗥰𘄡𗄽𘌽𗰜𘃸𗋽𘒟𘎑𘍰𗐔𗶊
　　　　　不缚有人等行为打斗伤 <> 前依皇使 <>
甲 14-3-12 𗥃𗥰𘄡𗼃𗥃𗥰𘄡𗄽𘌽𗰜𘒟𗶊𗾈𗾈𘃮
　　　　　缚属及不缚属人等行为打伤 <> 一一罪
甲 14-3-13 𘓷𗏹𘝗𘒟𘎑𗌰𗤭𗢳𗄼𗍋𗨨𗫴
　　　　　阶显比次依二等数 <> 退为断判

新译文：
　　一前述随从皇使之局分人为隶属[1]当事人及不隶属人[2]所殴打伤者，依前比皇使为隶属[3]及不隶属人[4]等打伤之各种罪状依次当减二等判断。

注释：
　　[1]隶属：原译为"被告"。
　　[2][4]不隶属人：原译为"不当事人"。
　　[3]隶属：原译为"当事"。

---

① 史金波、聂鸿音、白滨译注：《天盛改旧新定律令》，第 484 页。
② 𗤶（有），残缺，据《天盛改旧新定律令》己种本卷十四第 6 页第 9 行补。

本条款是对打随皇使之局分人的处罚。原译将"隶属"和"当事"、"被告"相混淆。𗟲𗤒𗡞（对译：语至人），《天盛律令》多次出现，意为"当事人"。[1]𗟲𗧀𗡞（对译：语缚人），《天盛律令》多次出现，意为"被告人"。[2]𗧀𗤻（对译：缚属），前揭意为"管辖"、"所辖"、"隶属"。

3.《天盛律令》卷十四《误殴打争斗门》："一官家所派弟子殴打师长及学童殴打先生致伤等，一律当与当事人打伤皇使罪相同。"[3]本条款西夏文原文为：

甲 14-3-14 𗧀𗤻𗱚𗤘𗤘𗧀𗤻𗟲𗤽𗥃𗤘𗤺𗥃𗦼𗟲𗤻𗤘𗤺
  一官依 <> 遣弟子先生 <> 及教男师子等 <>
甲 14-3-15 𗧀𗥃𗤘𗤺𗥃𗦼𗧀𗤻𗤘𗤺𗟲𗤻𗧀𗥃𗤘𗱚
  打打伤等一礼缚属人皇使 <> 打打伤罪
甲 14-3-16 𗤺𗥃𗱚
  与 <> 同

新译文：

  一官家所派弟子殴打师长及学童殴打先生致伤等，一律当与隶属[1]人打伤皇使罪相同。

注释：

  [1]隶属：原译为"当事"。

  本条款是对学子打师长的处罚。𗧀𗤻（对译：缚属），前揭意为"管辖"、"所辖"、"隶属"。

---

 ① 史金波、聂鸿音、白滨译注：《天盛改旧新定律令》，第464、466、484页。原文分别参见俄罗斯科学院东方研究所圣彼得堡分所、中国社会科学院民族研究所、上海古籍出版社编：《俄藏黑水城文献》，第8册，第287页上左第6行，第288页下右第1行，第289页上右第1行、第298页下右第4行。按：史金波等译注本《天盛律令》449页，两次将𗟲𗤒𗡞（对译：语至人），译为"被告人"，应改为"当事人"。原文分别参见俄罗斯科学院东方研究所圣彼得堡分所、中国社会科学院民族研究所、上海古籍出版社编：《俄藏黑水城文献》，第8册，第276页下右第1、第7—8行。

 ② 史金波、聂鸿音、白滨译注：《天盛改旧新定律令》，第464、465、466、467页。原文分别参见俄罗斯科学院东方研究所圣彼得堡分所、中国社会科学院民族研究所、上海古籍出版社编：《俄藏黑水城文献》，第8册，第287页下右第6—7行，第288页上右第8—9行，第288页上左第6、8，第288页下右第2、4行，第289页上右第2—3、4、9行。

 ③ 史金波、聂鸿音、白滨译注：《天盛改旧新定律令》，第484—485页。

卷十五校译补正

1.《天盛律令》卷十五[①]《取闲地门》："一……弃之，租佣草属者自未纳之，住滞，又未逾三年，不许诸人占据。若违律时，有官罚马一，庶人十三杖。"[②]本条款西夏文原文为：

……

甲 15-8-1 〿〿〿〿〿〿〿〿〿〿〿〿〿〿
　　　　 掷然租职草有者自为纳不其住滞又

甲 15-8-2 〿〿〿〿〿〿〿〿〿〿〿〿〿〿
　　　　 三年未过诸人实捕等允无若律过时

甲 15-8-3 〿〿〿〿〿〿〿〿〿
　　　　 官有罚马一庶人十三杖

新译文：

一……弃之，然租役草属者自纳之[1]，未住滞[2]，又未逾三年，不许诸人占据。若违律时，有官罚马一，庶人十三杖。

注释：

[1] 然租役草属者自纳之：原译为"租佣草属者自未纳之"。"佣"潘洁已改为"役"，下同改，不再出注。

[2] 未住滞：原译为"住滞"。

从语法来看，否定副词〿（不、无、未）主要否定心理活动的动词，一般不使用在动作动词后，在一定情况下可以否定动词；连词〿（其、彼、尔）使用频率较高，能与多种虚词结合；二者结合构成转折连词〿〿（对译：不其），

---

① 史金波、聂鸿音、白滨译注：《天盛改旧新定律令》，第 492 页。

② 原文参见俄罗斯科学院东方研究所圣彼得堡分所、中国社会科学院民族研究所、上海古籍出版社编：《俄藏黑水城文献》，第 8 册，第 300 下右—第 319 页下右。按：潘洁博士的《〈催纳租门〉校勘考释》（载杜建录、波波娃主编：《〈天盛律令〉研究》，上海古籍出版社，2014 年，第 332—374 页）、《〈天盛律令〉农业门整理研究》（上海古籍出版社，2016 年）对史金波等译注本《天盛律令》卷十五做了校补，但仍有一些问题没有涉及，以下是在其基础上的一点补充。

表示"虽已……尚未……"，可译为"都未、尚未"等。①𘝆𗟞（尚未）也和否定副词𗟞（不、无、未）一样，可以置于动词前否定动词。如《类林》卷三《忠谏篇·费仲》就有，𗾖𗥤𗏨／𗋽𗉞𘜶𗧓𗢳𗷽𗟞𘝆𗖵𗩱𘏤𗲾𗢭𘄡／𗫻𗣛𗰗𗟁（对译：西方王／小<>自子肉<>食不其觉中后彼<>圣／所何有谓）即"西伯食其子肉而不觉，彼之圣何有？"②如果译为"一……弃之，租佣草属者自未纳之，住滞"，𘝆𗟞（尚未）在动词之后，而且没有转折，不符合𘝆𗟞（尚未）的用法。从上下文来看，如果译为"一……弃之，租佣草属者自未纳之，住滞"，则其后应为转折的然"未逾三年，不许诸人占据"，而不是副词𘏽（又、更）。改译后，知本条款是对诸人无力租地而弃之，然属者自纳租役草而未住滞，又未逾三年之地的保护，条款的目的是为了原属者的土地不被他人随意占有，即维护地主的利益。

2.《天盛律令》卷十五《租地门》："已告日毕，局分处不过问，察量者之租等级以顷亩低入高时，与边等占据闲地，逃避租佣草，入虚杂之罪状同样判断。"③本条款西夏文原文为：

甲 15-12-14 𗟞𗉅𗃛𘓯𗟞𗢭𗹙𗤁𗢭𗗙
　　　　　　<>告日毕职管处头不举
甲 15-12-15 𘓁𗫻𘕿𗸦𗭼𗣫𘏨𘈷𘕅𘘚𘋢𗤁𗣗𗎚𗟞
　　　　　　为看量者人租阶顷亩中底高入时边等
甲 15-12-16 𗦺𗫠𗹦𗣗𗣗𗦇𗥉𘓁𘕿𗫔𘕅𗝖𗤁𗭽𗣗
　　　　　　地闲实捕租职草避为虚杂入罪阶显与
甲 15-12-17 𗟞𗥑𘝿𘎑
　　　　　　等令断判

新译文：

　　已告日毕，局分处不过问，察量者将租等级[1]以顷亩高入低[2]，与同等[3]占据闲地，逃避租役草，入虚杂之罪状同样判断。

<hr>

① 分别见史金波：《西夏文教程》，第189、195、194页。
② 史金波、黄振华、聂鸿音：《类林研究》，第48页。
③ 史金波、聂鸿音、白滨译注：《天盛改旧新定律令》，第496页。

注释：

［1］察量者将租等级：原译为“察量者之租等级”。

［2］高入低：应译为“低入高”。

［3］同等：原译为“边等”。

按照原译，察量者和租等级之间是属有关系，察量者是受害者，顷亩租等级低入高与逃避租役草类比，如此则逻辑不通，句意难以理解。从语法来看，状语[illegible]（对译：看量者人租阶顷亩中底高入）中，[illegible]（察量者）和[illegible]（租等级）之间不是属有关系，而是主动与被动关系；[illegible]（底）是前置宾语，[illegible]（高）是主语，[illegible]（入）是谓语。从内容来看，本条款是说，若诸人未将一顷以上新多开垦之地告转运司，察量者将诸人多开一顷以上之地的租等级以顷亩高入低时，当处罚。[illegible]（对译：边等），前揭应改译为“同等”。

3.《天盛律令》卷十五《渠水门》：“其中人死者，令与随意于知有人处射箭、投掷等而致人死之罪状相同。”①本条款西夏文原文为：

甲 15-17-18 [illegible]

其中人死 <>

甲 15-18-1 [illegible]

障遮人在不知张射投掷等以人

甲 15-18-2 [illegible]

死 <> 罪阶显与等令

新译文：

其中人死者，令与不知人在遮障[1]，射箭、投掷等而致人死之罪状相同。

注释：

［1］不知人在遮障：原译为“随意于知有人处”，漏译[illegible]（不），将[illegible]（对译：障遮）译为“随意”。

① 史金波、聂鸿音、白滨译注：《天盛改旧新定律令》，第 500 页。

从语法来看，副词ꡗ（不）修饰补语ꡗ（知），ꡗꡗꡗꡗ（人在遮障）为完整的主谓结构做宾语。从内容来看，不知人在遮障，射箭、投掷等而致人死之罪状与随意于知有人处射箭、投掷等而致人死之罪状是不同的，前者比后者轻。改译后，知本条款对当值渠头并未无论昼夜在所属渠口，放弃职事，不好好监察，渠口破水断而致人死时的处罚与不知人在遮障，射箭、投掷等而致人死之罪状相同。

4.《天盛律令》卷十五《渠水门》："又诸人予渠头贿赂，未轮至而索水，致渠断时，本罪由渠头承之，未轮至而索水者以从犯法判断。渠头或睡，或远行不在，然后诸人放水断破者，是日期内则本罪由放水者承之，渠头以从犯法判断。若逾日，则本罪当由渠头承之。"[1]本条款西夏文原文为：

甲 15-20-13 ꡗꡗꡗꡗꡗꡗꡗꡗꡗꡗ

又诸人渠 ［头］ <> 贪 <> 给不续

甲 15-20-14 ꡗꡗꡗꡗꡗꡗꡗꡗꡗꡗꡗꡗ

水 <> 索上渠堕时罪体渠 ［头］ <> 承不续水

甲 15-20-15 ꡗꡗꡗꡗꡗꡗꡗꡗꡗꡗꡗꡗꡗ

索者副礼及渠 ［头］ 若 <> 睡若行驿不在

甲 15-20-16 ꡗꡗꡗꡗꡗꡗꡗꡗꡗꡗꡗꡗꡗ

后方诸人 <> 开上堕破 <> 日圈内是则罪

甲 15-20-17 ꡗꡗꡗꡗꡗꡗꡗꡗꡗꡗꡗꡗꡗ

体开者 <> 承渠 ［头］副礼断判若日 <> 过则

甲 15-20-18 ꡗꡗꡗꡗꡗ

罪体渠 ［头］ <> 承

新译文：

又诸人予渠头贿赂，未轮至而索水，致渠断时，主罪[1]由渠头承之，未轮至而索水者以从犯法判断。渠头或睡，或远行不在，然后诸人放水断破者，是日期内则主罪[2]由放水者承之，渠头以从犯法判断。若逾日，则主罪[3]当由渠头承之。

---

① 史金波、聂鸿音、白滨译注：《天盛改旧新定律令》，第 502 页。

注释：

[1][2][3] 主罪：原译为"本罪"。

按原译"本罪由渠头承之""本罪由放水者承之""本罪当由渠头承之"，"本罪"为何，令人费解。𗋽𗴂（对译：罪体）在本条款中三次出现，与𗾧（从犯）相对，故𗋽𗴂（对译：罪体）可译为"主罪"。《译名对照表》亦将𗋽𗴂（对译：罪体）译为"主罪"。①

5.《天盛律令》卷十五《地水杂罪门》："若催租者大人每月另交收据有侵扰时，转运司大人、承旨、都案、案头、司吏等谁知者，有官罚马一，庶人十三杖。"②本条款西夏文原文为：

甲 15-29-3 𗋽𗴂𗟽𗟲𗌗𗋽𗴂𗟲𗌗𗃀𗟲𗌗𗃀𗟲𗃀𗃀𗃀
        若租催促者大人月数纳柄来令侵扰时
甲 15-29-4 𗋽𗴂𗟲𗌗𗃀𗟲𗌗𗃀𗟲𗌗𗃀𗟲𗌗𗃀𗟲𗌗𗃀
        运治司大人旨承一总汇头司吏等孰知
甲 15-29-5 𗋽𗴂𗟲𗌗𗃀𗟲𗌗𗃀𗟲𗌗𗃀
        <> 官有罚马一庶人十三杖

新译文：

若催租者大人每月令[1]交收据有侵扰时，转运司大人、承旨、都案、案头、司吏等谁知者，有官罚马一，庶人十三杖。

注释：

[1] 令：原译为"另"。

本条款是对催租大人侵扰的处罚。𗋽（令、使）为助动词。原译可能因同音致误。

6.《天盛律令》卷十五《地水杂罪门》："若言语隐瞒，告者与视者、担保

---

① 史金波、聂鸿音、白滨译注：《天盛改旧新定律令》，第 648 页。
② 史金波、聂鸿音、白滨译注：《天盛改旧新定律令》，第 508 页。

者随意无理注销时，一律以顷亩数计价，当比偷盗法减一等判断。"①本条款西夏文原文为：

甲 15-30-6 𗼝𗤁
　　　若语
甲 15-30-7 𘚱𘓐𗿒𗼀𗈪𗤋𗄻𗤶𗖫𘃽𘃽𗪚𗾖𗤢𗅉
　　　头掩为告看［保］担者等与［知知］不应割减
甲 15-30-8 𗗙𗤨𗬩𘃆𘃝𘇷𘕿𗰉𗰉𗃛𗬩𘞪𗤨𗗙𗢭
　　　时一礼亩倾数钱量悄悄盗礼比一等 < >
甲 15-30-9 𗣼𗤢𗖭𗹙
　　　退为断判

新译文：

若言语隐瞒，告者与视者、担保者知会[1]无理注销时，一律以顷亩数计价，当比偷盗法减一等判断。

注释：

［1］知会：原译为"随意"。

本条款是对租户家主所属耕地不堪耕种注销的规定。告者即租户家主，视者即转运司大人、承旨，担保者即地边相邻者。𘃽𘃽［知知］，前揭意为"知会"。𗥃𘃊（对译：宽窄）意为随意。

7.《天盛律令》卷十五《纳领谷派遣计量小监门》："若枉法留旧予新、徇情索贿等时，当自共计新旧之价，新者所高之价依做错法罪情条款承罪，所超出数当还库内，领者以库局分之从犯法判断。若受贿，则与枉法贪赃罪比较，从重者判断。"②本条款西夏文原文为：

甲 15-34-1 𗼝𘎑𘓐𗟨
　　　若律过旧

---

① 史金波、聂鸿音、白滨译注：《天盛改旧新定律令》，第 508 页。
② 史金波、聂鸿音、白滨译注：《天盛改旧新定律令》，第 511—512 页。

甲 15-34-2 [西夏文]
　　　　留新给相面为贪求等时旧新自
甲 15-34-3 [西夏文]
　　　　共价 <> 量新价量钱何 <> 高［蹉做］
甲 15-34-4 [西夏文]
　　　　礼罪节条下有依 <> 承超 <> 随数
甲 15-34-5 [西夏文]
　　　　库内 <> 还请者库职管 <> 副礼及
甲 15-34-6 [西夏文]
　　　　若贪有则律弯贪罪等何 <> 重上
甲 15-34-7 [西夏文]
　　　　断判

新译文:

　　若枉法留旧予新、徇情索贿等时，当自共计新旧之价，新者所高之价依条下[1]做错法罪情条款承罪，所超出数当还库内，领者以库局分之从犯法判断。若受贿，则与枉法贪赃罪比较，从重者判断。

注释:

　　[1]依条下：原译为"依"，漏译[西夏文]（条下）。

　　本条款是对领粮不依年次予之处罚。按原译，留旧予新，则"新者所高之价"的"做错法罪情条款"不知在何处。从上下文来看，下文的几缗至几缗如何处罚的规定①即与条下做错法罪情条款相呼应。

　　8.《天盛律令》卷十五《纳领谷派遣计量小监门》："一纳种种租时节上，计量小监当坐于库门，巡察者当并坐于计量小监之侧。纳粮食者当于簿册依次一一唤其名，量而纳之。当予收据，上有斛斗总数、计量小监手记，不许所纳粮食中入虚杂。计量小监、局分大小之巡察者巡察不精，管事刺史人中间应巡察亦当巡察。若违律，未纳而入已纳中，为虚杂时，计未纳粮食之价，以偷盗法判断。受贿则与枉法贪赃罪比较，从重者判断。未受贿，检校未善者，有官

———————————
　　①史金波、聂鸿音、白滨译注：《天盛改旧新定律令》，第512页。

罚马一，庶人十三杖。"①本条款西夏文原文为：

甲 15-36-10 𗥰𗎥𗥰𘄷𗣼𗤒𗺖𗷅𗣼𗥰𗹙𗥰𗄊𗥰𗪚𗥰𗪚𗄊
　　　　　一租种种纳时上量面头监 <> 库 [口] 上及

甲 15-36-11 𗥰𗷅𗥰𗣼𗺖𗥰𗷅𗥰𘄷𗣼𗷅𗥰𗣼𗺖𗥰𗣼
　　　　　检察者量面头监边上等 <> 合 <> 坐黍谷

甲 15-36-12 𗣼𗥰𗥰𘄷𗺖𗷅𗺖𘄷𗣼𗷅𗣼𘄷𗣼𗥰𗥰
　　　　　纳者数升簿上一人人次依名 <> 唤为 <>

甲 15-36-13 𗷅𗥰𗣼𗥰𗣼𘄷𗺖𗷅𗣼𗣼𗥰𗣼𗷅𗷅𗺖
　　　　　量 <> 纳令纳柄 <> 染斛斗多数 <> 有量面

甲 15-36-14 𗥰𗺖𘄷𗣼𗷅𗣼𗥰𗣼𗺖𗥰𗣼𗥰𗣼𗷅
　　　　　头监手 <> 记纳所黍谷中虚杂入允无

甲 15-36-15 𗷅𗥰𗥰𗺖𗣼𗥰𗣼𗺖𗷅𗷅𗣼𗺖𗥰𗣼
　　　　　量面头监职管小大等 <> 检察者人 <>

甲 15-36-16 𗷅𗥰𗣼𗰉𗺖𗣼𗺖𗣼𗥰𗣼𗷅𗥰𗣼
　　　　　检察为不纯事 [管此使] 人中间检察应

甲 15-36-17 𗹐𗣼𗷅𗥰𗣼𗥰𗣼𗣼𗣼𗺖𗷅𗺖
　　　　　亦 <> 检察若律过未纳 <> 纳中入虚杂

甲 15-36-18 𗥰𗣼𗣼𗷅𗥰𗺖𗣼𗷅𗣼𗣼𗺖𗥰
　　　　　为时未纳黍谷钱量悄悄盗礼及贪有

甲 15-37-1 𗺖𗣼𗥰𗺖𘄷𗣼𗥰𗣚𗺖𗣼𗷅𗥰𗣼
　　　　　则律弯贪罪等何 <> 重上断判贪无看

甲 15-37-2 𗷅𗣼𗾆𗥰𗥰𗺖�𚕟𗣼𗥰𗣼𗥰�𲷲②
　　　　　校不牢 <> 官有罚马一庶人十三杖

新译文：

　　一纳种种租时节上，计量小监当坐于库门，巡察者当并坐于计量小监之侧。纳粮食者当于簿册依次一一唤其名，量而纳之。当予收据，上有斛斗总数、计量小监手记，不许所纳粮食中入虚杂。不仅计量小监、局分大小之

① 史金波、聂鸿音、白滨译注：《天盛改旧新定律令》，第 513—514 页。
② 𗣲（杖），原文误刻为𗣞（第、限），今改。

巡察者当巡察[1]，管事刺史人中间应巡察亦当巡察。若违律，未纳而入已纳中，为虚杂时，计未纳粮食之价，以偷盗法判断。受贿则与枉法贪赃罪比较，从重者判断。未受贿，检校未善者，有官罚马一，庶人十三杖。

注释：

[1] 不仅计量小监、局分大小之巡察者当巡察：原译为"计量小监、局分大小之巡察者巡察不精"，将慨冊（不仅）译为"不精"。

按照原译，前后矛盾：前文刚说不许所纳粮食中入虚杂，后文就说计量小监、局分大小之巡察者巡察不精而于所纳粮食中入虚杂。从语法来看，连词慨冊（对译：不纯），表示递进关系，意为"不仅"，汉语中连词"不仅"通常在第一句谓语前，西夏语中该连词在谓语后，汉语中连词"不仅"和谓语的位置与西夏语中宾语和谓语的关系一致。①𘚺𘎑𘔊𘈈𘅗𘈖𗵮𗀹𗥃𘄄𘈥𘄗𘈞𗨋𘄄𘈥𗄊慨冊𘅗𗵴𘌄𘆞𘈞𗴰𗴰𘄄𘈥𗄊𗴱𘈞𘌇𘄄𘈥（对译：量面头监职管小大等 <> 检察者人 <> 检察为不纯事［管此使］人中间检察应亦 <> 检察）中，慨冊（不仅）确在第一句谓语𘄄𘈥𗄊（巡察）之后。

9.《天盛律令》卷十五《纳领谷派遣计量小监门》："一计量小监人除原旧本册以外，依所纳粮食之数，当为新册一卷，完毕时以新旧册自相核校，无失误参差，然后为清册一卷，附于状文而送中书。中书内人当再校一番，有不同则当奏，依有何谕文实行。同则新旧二卷之册当藏中书，新簿册当还之，送所管事处往告晓。"②本条款西夏文原文为：

甲 15-37-3 𗄛𘚺𘎑𘔊𘈈𘄄𗄊𘅗𗄋𘌗𗨋𗵮𗰜𘔗𗪓𘈖𘈈
　　　　　一量面头监人先升簿旧不有黍谷何 <>
甲 15-37-4 𗺌𘝵𗄛𗥃𗨋𗵮𗘅𗡅𘈞𘏂𘏚𗨋
　　　　　纳令数依簿新一卷 <> 为 <> 毕时旧新
甲 15-37-5 𗨋𗡅𗽷𗣫𗄛𘚺慨𗀈𘅗𗵮𗾖𘎑慨𗨋𘋩
　　　　　簿等自共 <> 校不同参差无而后簿清
甲 15-37-6 𗡅𘏂𘏚𗨉𘕿𘈈𗄊𘈖𗣟𗪓𘌇𗄖𗪓𘌇

---

① 史金波：《西夏文教程》，第 193 页。
② 史金波、聂鸿音、白滨译注：《天盛改旧新定律令》，第 514 页。

一卷 <> 为告状与 <> 接中净 <> 遣中净

甲 15-37-7 𗼨𗍷𗰀𗯪𗼻𗣀𗼻𗳰𗰖𗯿𗯦𗏴𗶷𗪱

内人重一番 <> 校不同有则 <> 至谕节

甲 15-37-8 𗰖𗯿𗦲𗇜𗼻𗌭𗼻𗳰𗧊𗵒𗵒𗳶𗦲𗵰𗯦

何出依 <> 顺行同则量面头监处旧新

甲 15-37-9 𗇋𗆣𗯿𗵔𗆮𗣀𗾈𗱕𗯿𗯦𗳶𗤉𗱕𗟟

二卷簿 <> 中净 <> 藏升簿新 <><> 还为

甲 15-37-10 𗦃𗧬𗰖𗯿𗦲𗆮𗼻𗵰𗯦𗟟𗱕

何职［管］处 <> 遣 <>［告晓］为往

新译文：

一计量小监人除原旧本册以外，依所纳粮食之数，当为新册一卷，完毕时以新旧册自相核校，无不同[1]、参差，然后为清册一卷，附于状文而送中书。中书内人当再校一番，有不同则当奏，依有何谕文实行。同则计量小监处[2]新旧二卷之册当藏中书，新簿册当还之，送所管事处往告晓。

注释：

［1］不同：原译为"失误"。

［2］计量小监处：原译漏译。

本条款是对交粮行登记的规定。

卷十七校译补正

1.《天盛律令》卷十七①《库局分转派门》："一等种种官钱谷物，边中、京师库局分三年期满，迁转日已近，所遣新局分已明时，前宫侍、阁门臣僚等中当派能胜任之人，分别当往实地上，种种钱谷物何置，令交接者及新旧库等共于眼前交接，典、升册分明当行，新库局分人已敛几何当明之，与当取敛状相接，于所辖本司分明，一文典当告，往都磨勘司核校。"②本条款西夏文原文为：

---

① 原文参见俄罗斯科学院东方研究所圣彼得堡分所、中国社会科学院民族研究所、上海古籍出版社编：《俄藏黑水城文献》，第 8 册，第 320 页上右—第 349 页上右。

② 史金波、聂鸿音、白滨译注：《天盛改旧新定律令》，第 528—529 页。

甲 17-7-13 𗇕𗥤𗾔𗹤𗤓𗅲𗣼𗟲𗰗𗥦𗖊𗪇𗪸𗤪
　　　　　一等官钱谷物种种边中世界库职管

甲 17-7-14 𗥑𗦮𗉛𗣷𗤱𗰗𗦲𗮀𗪸𗤪𗰗𗪪𗂅
　　　　　三年毕续转日 <> 近为职管新遣 <>

甲 17-7-15 𗟲𗇋𗗆𗶔𗣫𗎫𗒛𗅍𗤓𗥤𗧋𗣬
　　　　　显时前内侍礼列臣宰等中职能人

甲 17-7-16 𗟼𗣁𗰗𗩱𗩱𗧡𗕿𗟅𗤥𗊱𗅲𗣼𗤓
　　　　　堪 <> 遣异异地［地］现上 <> 往钱谷物

甲 17-7-17 𗅲𗥤𗀔𗈜𗘃𗤪𗤱𗨔𗖊𗥺𗤣𗪤𗳉
　　　　　诸种何置［答］转令者及库旧新等共

甲 17-7-18 𗈦𗣬𗤥𗘃𗤪𗪤𗆍𗮨𗀔𗾔𗚉𗷸
　　　　　眼前 <>［答］转令典升簿显明 <> 起库

甲 17-8-1 𗥦𗪇𗇖𗤘𗃜𗤣𗤥𗟲𗪤𗥑𗤑𗤥
　　　　　职管新人几 <>［领］为 <> 显令［领］状 <>

甲 17-8-2 𗢸𗣁𗣬𗇅𗣶𗹮𗦴𗊱𗥺𗟲𗆨𗁬
　　　　　取与 <> 接属顺司体内显明一典数

甲 17-8-3 𗇋𗗆𗥤𗃜𗶔𗇅𗦴𗨳𗰕𗂭𗇋𗤪
　　　　　<> 告一圈审集司算校中 <> 入

新译文：

　　一等种种官钱谷物，边中、京师库局分三年期满，迁转日已近，所遣新局分已明时，前内侍[1]、閤门臣僚等中当派能胜任之人，分别当往实地上，种种钱谷物何置，令交接者及新旧库等共于眼前交接，典、升册分明当行，新库局分人已领[2]几何当明之，与当取领[3]状相接，于所辖本司分明，一文典当告，往都磨勘司核校。

注释：

　　[1]前内侍：原译为"前宫侍"，将料（内）译为"宫"。
　　[2][3]领：原译为"敛"。

　　本条款是对库局分磨勘行用法的规定。本条款包括十一小条，本小条为第十一小条。瓺［领、连］，文中指新旧库局分交接时所"领"之钱谷物。

2.《天盛律令》卷十七《库局分转派门》："一中兴府租院租钱及卖曲税钱等，每日之所得，每晚一番，五州地租院一个月一番，当告三司，依另列之磨勘法施行。"[1]本条款西夏文原文为：

甲 17-8-4 𗋕𗊱𗣼𗫂𗏇𗰔𗫂𗋕𗏇𗦻𗣼𗫂𗋕𗣼𗦻𗋕𗒹𗒹𗣼
　　　　　一［中兴府］税院税钱及曲卖税钱等日日何

甲 17-8-5 𗧇𗣼𗹮𗟲𗏇𗦻𗅢𗯼𗰒𗫂𗰔𗓟𗦢𗟲
　　　　　获得晚夕数及［五州地］税院显一月月

甲 17-8-6 𗓟𗴚𗫨𗦻𗴛𗰝𗫂𗓷𗪜𗷟𗓟𗺔𗟲𗽻𗺤
　　　　　一次数等三司 <> 告磨勘顺别显依 <>

甲 17-8-7 𗺱𗪜
　　　　　顺行

新译文：

　　一中兴府税院税钱[1]及卖曲税钱等，每日之所得，每晚一番，五州地税院[2]一个月一番，当告三司，依另列之磨勘法施行。

注释：

　　［1］税院税钱：原译为"租院租钱"。
　　［2］税院：原译为"租院"。

　　𗫂意为"税、租"，但本条款是对税、曲钱所获告法日限的规定[2]，故应取"税"意。

3.《天盛律令》卷十七《库局分转派门》："一边中诸司各自所属种种官畜、谷物，何管事所遣用数，承旨人当分任其职，所属大人当为都检校以为提举，所借领、供给、交还、及偿还、催促损失等，依各自本职所行用之地程远近次

---

① 史金波、聂鸿音、白滨译注：《天盛改旧新定律令》，第 528—529 页。
② 史金波、聂鸿音、白滨译注：《天盛改旧新定律令》，第 92 页。本条款相对应的条目为𗫂𗣼𗦻𗏇𗰔𗓷𗺔𗓟𗺤（对译：税曲钱何获告顺日限），意为"税曲钱何得告法日限"。原译误将𗦻（曲），识为𗗟（二）。原文参见俄罗斯科学院东方研究所圣彼得堡分所、中国社会科学院民族研究所、上海古籍出版社编：《俄藏黑水城文献》，第 8 册，第 25 页左面第 8 小行。

第，自三个月至一年一番当告中书、枢密所管事处。"①本条款西夏文原文为：

甲 17-9-7 𘋨𘟣𗋈𗯴𗍳𗽈𘓝𘝾𗤹𗟲𗗗𘊝𘎵𗏿
　　　　一边中诸司自处有顺官畜谷物诸种何

甲 17-9-8 𗰱𘞃𗹭𗆤𗸐𘏨𘗼𗨁𗊱𘉋𗟠𗊱
　　　　事［管］用行所数旨承人案职 <> 分

甲 17-9-9 𗊱𘓝𗯴𗬦𗯴𗤐𗩝𘉋𗬦𗗉𗆨𗒀𗠁
　　　　<> 有大人一圈口 <> 使 <> ［提举］为借

甲 17-9-10 𗊬𗥃𗸃𘓼𗛱𘓝𗏸𗜕𗂦𗛱𗦴𘟣
　　　　请备备还纳所及掷失报纳逼驱

甲 17-9-11 𘓝𗤈𗋈𗯴𗊱𘖑𘝾𘞃𗹭𗦾𗊱𘋸
　　　　所等自处职本何 <> 用行地程近

甲 17-9-12 𗤹𘟭𘞃𘏨𗺂𗤐𘓿�妦𗊱𗰱𗊱𗺓
　　　　远顺依三月个起一年处至一遍

甲 17-9-13 𘋨𗏁𘝾𘓝𘏝𗊬𗰱𘞃𗋈𗏡𗤐
　　　　数中净谋密何事［管］处 <> 告

新译文：

一边中诸司各自所属种种官畜、谷物，何管事所遣用数，承旨人当分任其职，所属大人当为都检校以为提举，所借领、供给、交还及所偿还损失、催促纳[1]等，依各自本职所行用之地程远近次第，自三个月至一年一番当告中书、枢密所管事处。

注释：

[1] 所偿还损失、催促纳：原译为"偿还、催促损失"，语序不当，未译"所"、"纳"。

本条款是对告催促、偿还等日限的规定。

4.《天盛律令》卷十七《库局分转派门》："一诸库所派案头、司吏者，当于诸司超数之司吏中派遣。未足，然后可依以下所定派独诱中之识文字、空闲

_____

① 史金波、聂鸿音、白滨译注：《天盛改旧新定律令》，第 529—530 页。

者。五种一律一案头、四司吏：军杂物库，细柳库，内库，中兴府租院、织绢院。五州地租院、诸渡口租院、盐池、种种他库等一律一司吏。"①本条款西夏文原文为：

甲 17-12-4 𗤁𗤁𗤁𗤁𗤁𗤁𗤁𗤁𗤁𗤁𗤁𗤁𗤁𗤁𗤁
　　　　　一诸库长案头司吏遣所 <> 诸司数超司吏
甲 17-12-5 𗤁𗤁𗤁𗤁𗤁𗤁𗤁𗤁𗤁𗤁𗤁
　　　　　中 <> 遣不足然后独诱种种中文
甲 17-12-6 𗤁𗤁𗤁𗤁𗤁𗤁𗤁𗤁𗤁𗤁
　　　　　字识空闲中 <> 离以下 <> 定依
甲 17-12-7 𗤁𗤁
　　　　　<> 遣
甲 17-12-8 𗤁𗤁𗤁𗤁𗤁𗤁𗤁𗤁𗤁𗤁𗤁
　　　　　五处一礼一汇头四司吏数
甲 17-12-9 𗤁𗤁𗤁𗤁𗤁𗤁𗤁𗤁
　　　　　军珂贝库［细柳］库内库
甲 17-12-10 𗤁𗤁𗤁𗤁𗤁𗤁𗤁
　　　　　［中兴府］税院绢织库
甲 17-13-3 𗤁𗤁𗤁𗤁𗤁𗤁𗤁𗤁𗤁𗤁𗤁𗤁𗤁
　　　　　［五州地］税院诸船［口］税院盐碱池他库
甲 17-13-4 𗤁𗤁𗤁𗤁𗤁𗤁𗤁𗤁𗤁
　　种种等一礼一司吏数

新译文：
　　一诸长府[1]所派案头、司吏者，当于诸司超数之司吏中派遣。未足，然后可依以下所定分派种种独诱[2]中之识文字、空闲者。五种一律一案头、四司吏：军杂物库，细柳库，内库，中兴府税院[3]、织绢院。五州地税院[4]、诸渡口税院[5]、盐池、种种他库等一律一司吏。

注释：

<hr/>

①史金波、聂鸿音、白滨译注：《天盛改旧新定律令》，第531—532页。

[1] 长府：原译为"库"，未译"长"。

[2] 分派种种独诱：原译为"派独诱"，未译"种种"、"分"。

[3] 中兴府税院：原译为"中兴府租院"。

[4] 五州地税院：原译为"五州地租院"。

[5] 诸渡口税院：原译为"诸渡口租院"。

本条款是对派库司吏、案头法的规定。夏译《论语全解》卷六中有 𗼨𗰿𗰜𗰿𗋒（对译：[鲁] 人库长为），对应的译文为"鲁人为长府"。[1]知 𗰿𗰜（对译：库长），意为"长府"，即藏财货之府库。本门有对税、曲钱所获告法日限的规定，其中"中兴府税院税钱"，其西夏文为 𗧤𗏻𗪊𗰿𗏻𗫴（对译：[中兴府] 税院税钱）；"五州地税院"，其西夏文为 𗣼𗦲𗬒𗰿𗏻（对译：[五州地] 税院）。[2]渡口应是收税。

5.《天盛律令》卷十七《库局分转派门》："一各内宿库之钥匙，依前律所定，每夜晚当交纳，早晨当领取。"[3]本条款西夏文原文为：

甲 17-13-12 𗾃𗡪𗰜𗰿𗤷𗆟𗈆𗵘𗯁𗰒𗤉𗵘𗾃𗌋𗌰
　　　　一内宫库有数上锁开 <> 前礼 <> 定依晚

甲 17-13-13 𗤉𗤷𗵘𗄈𗤈𗡪𗵘𗤉𗌋𗶊𗤉
　　　　夕数 <> 纳来早晨 <> 领 <> 持

新译文：

一内宫各库[1] 之钥匙，依前律所定，每夜晚当交纳，早晨当领取。

注释：

[1] 内宫各库：原译为"各内宿库"。

---

① 聂鸿音：《西夏译本〈论语全解〉考释》，载《西夏文献论稿》，上海古籍出版社，2012 年版，第 14 页；原载宁夏文物管理委员会办公室、宁夏文化厅文物处编：《西夏文史论丛》第 1 辑，宁夏人民出版社，1992 年版，第 52、63 页。原文参见俄罗斯科学院东方研究所圣彼得堡分所、中国社会科学院民族研究所、上海古籍出版社编：《俄藏黑水城文献》，第 11 册，上海古籍出版社，1999 年，第 51 页上左第 4 行。

② 史金波等译注本《天盛律令》第 529 页；原文参见俄罗斯科学院东方研究所圣彼得堡分所、中国社会科学院民族研究所、上海古籍出版社编：《俄藏黑水城文献》，第 8 册，第 323 页下右第 4、5 行。按：笔者对原译文有所改译，理由见前。

③ 史金波、聂鸿音、白滨译注：《天盛改旧新定律令》，第 532 页。

本条款是对钥匙领放法的规定。一部分名词词根加后缀𗅁（数），可组成名词，表示多数。如𗧘𗅁（对译：日数），意为"每日"；𗷖𗅁（对译：佛数），意为"诸佛"。[1]知𗦲𗅁（对译：库数），意为"诸库、各库"。𗼊𗐯𗦲𗍫𗅁（对译：内宫库有数）为偏正词组，名词性定语𗼊𗐯（内宫）修饰中心词𗦲𗅁（各库、诸库）。

6.《天盛律令》卷十七《库局分转派门》："一诸库之库主、出纳局分人等，每日早晨日出时当集，每夜晚当散住。若其中除有医病假期、因公出使、诸司分析等缘由之外，擅自不来任上，承罪次第依诸司使人放弃职法判断。"[2]本条款西夏文原文为：

甲17-13-18 𗧘𗦲𗐴𗧩𗦲𗵘𗏁𗰖𗢳𗾑𗢳𗰖𗧘𗅁𗺛𗭼
　　　　　　一诸库长库监备减职管人等日数拂晓

甲17-14-1 𗧘𗧿𗷸𗿷𗈪𗺛𗧘𗅁𗆫𗧠𗆬𗤛𗥃𗰱
　　　　　　日出时 <> 集晚夕数 <> ［散中］ <> 住若

甲17-14-2 𗈷𗥑𗧩𗹦𗢳𗷸𗷫𗴿𗨁𗾑𗢳𗈦𘀄𗷲
　　　　　　其中病治松限公因使役诸司分析

甲17-14-3 𗢳𗪉𗧩𗷈𗧩𗪙𗰍𗡪𗼩𗾑𗷜𗡪𗢳
　　　　　　等语因有 <> 不有自人意职上不来

甲17-14-4 𗼶𗩾𗧘𗷫𗷸𗾑𗷫𗢳𗷲𗱴𗦏𗷫𗢳
　　　　　　<> 罪承顺诸司使人职投掷礼依 <>

甲17-14-5 𗤛𗾑
　　　　　　断判

新译文：

一诸长府[1]之库主、出纳局分人等，每日早晨日出时当集，每夜晚当散住。若其中除有医病假期、因公役使[2]、诸司分析等缘由之外，擅自不来任上，承罪次第依诸司使人放弃职法判断。

---

① 史金波：《西夏文教程》，第142—143页。
② 史金波、聂鸿音、白滨译注：《天盛改旧新定律令》，第533页。

注释：

［1］长府：原译为“库”，漏译[illegible]（长）。

［2］役使：原译为“出使”。

前揭[illegible]（对译：库长），意为“长府”，即藏财货之府库。[illegible]（对译：役使），意为“使役、驱使”。[1]“出使”只是“驱使”中的一种。

7.《天盛律令》卷十七《库局分转派门》：“诸卖曲税院共十八种，一律设二小监、二出纳、四栏头：定远县、回定堡、怀远县、临河县、食州、保静县、南山九泽、五原郡、官黑山卖曲税院、宥州、夏州、黑水卖曲税院、贺兰界树税院、木炭租院、木材租院、北院、富清县、文静、武成。”[2]本条款西夏文原文为：

甲 17-15-10 [illegible]

诸曲卖税院共十八［处］一礼二头监二

甲 17-15-11 [illegible]

备减四［栏头］等 <> 为

甲 17-15-12 [illegible]

［定远县］［回定堡］［怀远县］［临河县］

甲 17-15-13 [illegible]

［会州］［保静县］［南山九泽］［五原郡］

甲 17-15-14 [illegible]

官山黑曲卖税院［宥州］［夏州］

甲 17-15-15 [illegible]

水黑曲卖税院［贺兰］城树税院

甲 17-15-16 [illegible]

木炭税院 木柄税院

甲 17-15-17 [illegible]

北院［富清县］［文静］［武成］

①《文海》19 · 241、35 · 172，分别见史金波、白滨、黄振华：《文海研究》，第 167、421 页，第 198、446 页。

② 史金波、聂鸿音、白滨译注：《天盛改旧新定律令》，第 534 页。

新译文：

诸卖曲税院共十八种，一律设二小监、二出纳、四栏头：定远县回定堡[1]、怀远县、临河县、会州[2]、保静县、南山九泽、五原郡、官黑山卖曲税院、宥州、夏州、黑水卖曲税院、贺兰界树税院、木炭税院[3]、木材税院[4]、北院、富清县、文静、武成。

注释：

［1］定远县回定堡：原译为“定远县、回定堡”。

［2］会州：原译为“食州”。

［3］木炭税院：原译为“木炭租院”。

［4］木材税院：原译为“木材租院”。

按照原译，共有十九种卖曲税院。本条款中，除“南山九泽”、“文静、武成”和“回定堡”外，其他卖曲税院不是州、郡、县，就是院。“文静、武成”是相对的两个地名，不大可能为一处；[illegible]［堡］隶属于[illegible]［县］，定远县下的回定堡则似乎更合理。[illegible]（对译：［定远县］［回定堡］），应是一个卖曲税院。[illegible]（对译：木炭税院）、[illegible]（对译：木植税院）属十八种卖曲税院之中，因此[illegible]应译为“税”。

8.《天盛律令》卷十七《库局分转派门》：“三司所属以下十库共一提举、一都案、二掌钥匙。一库上各自二小监、二出纳、一监库：药钱库、纳上杂、衣服库、赃物库、皮毛库、铁柄库、绫罗库、杂食库、柴薪库、帐库。”①本条款西夏文原文为：

甲 17-18-3 [illegible]

备司有上下十库上共一［提举］一一总

甲 17-18-4 [illegible]

二锁开持一库上自处二数头

甲 17-18-5 [illegible]

监二数备减一库监

甲 17-18-6 [illegible] [illegible] [illegible] [illegible]

① 史金波、聂鸿音、白滨译注：《天盛改旧新定律令》，第 535—536 页。

茶钱库 上杂纳 穿所库 贪物库

甲 17-18-7 𗹦𗏉𗒏 𗏋𗋽𗒏 𗱕𗱕𗒏 𗗙𗿢𗒏

皮毛库 铁柄库 绫罗库 杂食库

甲 17-18-8 𗨴𗿂𗒏 𗟲𗒏

烧所库 帐库

新译文：

　　三司所属以下十库共一提举、一都案、二掌钥匙。一库上各自二小监、二出纳、一监库：茶钱库[1]、纳上杂、衣服库、赃物库、皮毛库、铁柄库、绫罗库、杂食库、柴薪库、帐库。

注释：

　　[1] 茶钱库：原译为"药钱库"，将𗗚（茶）译为𗒓（药）。

西夏文𗗚（茶）和𗒓（药）很相似，二者易混淆。

　　9.《天盛律令》卷十七《急用不买门》："若物小无疑，则当视其物状，应何往当往。入库毕时，库上当取敛状，彼敛状当予前置文书处案内，其上头字当了毕，与敛状接而取用，内库与其他相同。在案库等内所管事处当往供给。其取用内库司供给完毕时，所已交处库主、出纳上当置，交种种官物者之凭据当予之。若库远，权正领分，有所注销时，行过次第亦依前述法实行。"①本条款西夏文原文为：

甲 17-26-5 𗤁𗤩𗗙𗱠

若物少疑

甲 17-26-6 𗵽𗪊𗤩𗒆𗏋𗰖𗒓𗰉𗏵𗟤𗪘𗏵𗒏𗘃𗤩𗴟𗴦

无则物阶上 <> 看孰往义 <> 往库入毕时

甲 17-26-7 𗒏𗗥𗄈𗰀𗪘𗏵𗒏𗄈𗰀𗉌𗏋𗾊𗀔𗉅𗒆𗪘

库上［领］状 <> 取其［领］状前典置处案内 <>

甲 17-26-8 𗯨𗏵𗗥𗐓𗩾𗉅𗹦𗒏𗰀𗦫𗉅𗑡②𗸯𗉅𗸤𗒏

---

① 史金波、聂鸿音、白滨译注：《天盛改旧新定律令》，第 541 页。

② 𗑡（接），原文左部刻误，据上下文改。

给其上头字 <> 毕［领］状与 <> 接用取内库

甲 17-26-9 𗰔𗪿𘃊𘈩𘕿𗈁𗱵𗟲𘜶𗰝𘓿𗥄𘎳

他其与顺似案库有等内何事［管］处 <>

甲 17-26-10 𗰔𗰝𗟲𗈁𗟲𗰝𘜶𘃅𗰔𗰝𗼑𗿒𗮀𗥄

备取往其用取内库司备取 <> 毕时何

甲 17-26-11 𘃊𗪿𘎳𘜶𗰡𗟲𘏒𗴿𘜶𗶷𗴾𗷰𘉒𗹦𘘜

<> 纳处库监备减上 <> 降为官物种种

甲 17-26-12 𗴾𘈩𘏑𗴾𘕣𘐊�174𘊝𘜶𗶷𗹦𗥄𗕿𘓄𘎻

纳者 <> 纳柄 <> 给若库出权正领分割

甲 17-26-13 𗴾𘄄𗱵𘓿𗦗𗈁𘕿𘃊𘃅𗊬𗌭𘕿𗥄𘕿𗈁

减所等有亦行过顺前有礼依 <> 顺行

新译文：

　　若物小无疑，则当视其物状，孰应往[1]当往。入库毕时，库上当取领状[2]，彼领状[3]当予前置文书处案内，其上头字当了毕，与领状[4]接而取用，内库与其他相同。在案库等内所管事处当往注册[5]。其取用内库司注册[6]完毕时，所已交处库主、出纳上当置，交种种官物者之凭据当予之。若出库[7]，全借[8]领分，有所注销时，行过次第亦依前述法实行。

注释：

　　[1]孰应往：原译为"应何往"，将表示问人的疑为代词𗱵（孰、谁）译为"何"。

　　[2][3][4]领状：原译为"敛状"。

　　[5][6]注册：原译为"供给"。

　　[7]出库：原译为"库远"。

　　[8]全借：原译为"权正"。

　　本条款是对地边、畿内诸司纳官物过法的规定。𗰔𗪿（对译：［领］状），文中指领取种种官钱、谷、物的收据。原译将𗰝𘜶（对译：备备）和𗰔𗰝（对译：备取）混淆。前揭𗰔𗰝有三个含义，一为"无期、终生"，一为"注册"，一为"收入"；𗰔𗰝（对译：备取）为"收入、注册"意时，多和𗕿𘓄（支出、注销）搭配使用。𗰝𘜶（对译：备备）意为"准备、供给"。

10.《天盛律令》卷十七《急用不买门》："一官家须用杂供给物种种，预先未供给而懈怠之，不许价低时以私买之，公用时高价求利而卖之，致官受损。"①本条款西夏文原文为：

甲 17-27-1 〔西夏文〕
　　　　　一官 <> 杂备备物诸种需用先昔不其备
甲 17-27-2 〔西夏文〕
　　　　　懈怠为价低上私以买公因需时价益
甲 17-27-3 〔西夏文〕
　　　　　欲利求卖为官 <> 侵令允无

新译文：

一官家须用杂供给物种种，预先未准备[1]而懈怠之，不许价低时以私买之，公用时高价求利而卖之，致官受损。

注释：

[1]准备：原译为"供给"。

按照原译，供给官家需用杂物，预先未供给，意思别扭。〔西夏文〕（对译：备备）意为"供给、准备"。②本条款是对不提前准备供给官家需用杂物，贱买高价卖以牟私利，使公受损的处罚。条款中，第一个〔西夏文〕（对译：备备）意为"供给"，第二个〔西夏文〕（对译：备备）意为"准备"。

11.《天盛律令》卷十七《物离库门》："四种一律监军司四十日，派出至来到经略处十日，经略处磨勘三十日，派京师沿途十日，京师所辖处四十日，都磨勘司二十日：卓啰、南院、年斜、石州。"③本条款西夏文原文为：

甲 17-32-16 〔西夏文〕

---

① 史金波、聂鸿音、白滨译注：《天盛改旧新定律令》，第 542 页。
②《番汉合时掌中珠》33·1、34·1，（西夏）骨勒茂才著，黄振华、聂鸿音、史金波整理：《番汉合时掌中珠》，第 67 页第 1 行、69 页第 1 行、139 页第 1 行、141 页第 1 行；史金波：《西夏文教程》，第 183、185 页。
③ 史金波、聂鸿音、白滨译注：《天盛改旧新定律令》，第 546 页。

四处一礼军监司 <> 四十日遣脚释为［经］

甲 17-32-17 𗼃𗎤𗉂𗢭𗉂𗣫𗲲𗉂𗼃𗎤𗧘𗊕

［略］处至来处至十日［经略］处审集

甲 17-32-18 𗥑𗑱𗉬𗢭𗥫𗤙𗝠𗥣𗲲𗉂𗥫𗤙

<> 三十日世界遣道沿十日世界

甲 17-33-1 𗾞𗥑𗳦𗉬𗢭𗐲𗧘𗧘𗌮𗾞𗥑𗵱𗉬𗢭

司体 <> 四十日一圈审集司 <> 二十日

甲 17-33-2 𗤋𗩱 𗚜𗖰 𗴒𗸐 𗉩𗒹

［卓啰］南院［年斜］［石州］

新译文：

四种一律监军司四十日，派出至来到经略处十日，经略处磨勘三十日，派京师沿途十日，京师司内[1]四十日，都磨勘司二十日：卓啰、南院、年斜、石州。

注释：

［1］司内：原译为"所辖处"。

本条款是对隶属经略之种种官畜、谷、物磨勘日限的规定。𗾞𗥑（对译：司体），《天盛律令》一般译为"司内、本司"。京师所辖处和京师司内即京师所辖司不同。本条款中其他与之相似的表述为"京师所辖司内磨勘"、"京师所辖司磨勘"、"京师所辖本司磨勘"。①

12.《天盛律令》卷十七《物离库门》："银耗减法：上等、次等者，一律百两中可耗减五钱。中等、下等所至，一律百两中可耗减一两。"②本条款西夏文原文为：

甲 17-35-17 𗯿𗥤𗉼𗅲

银耗减顺

甲 17-35-18 𗑪𗰔𗯿𗰔𗲦𗌮𗰚𗡌𗙴𗨏𗰚𗸐𗅲

① 史金波、聂鸿音、白滨译注：《天盛改旧新定律令》，第 545—546 页。

② 史金波、聂鸿音、白滨译注：《天盛改旧新定律令》，第 548 页。

　　　　　　上第次第 <> 一礼百两中五钱数耗

甲 17-36-1 𗆜𗥑

　　　　　<> 减

甲 17-36-2 �781𗥑 𗱣𗥑 𗥑𗥑 𗘇𗥑 𗦻𗥑 𗱦𗥑 𗥑𗥑 𗦻𗥑

　　　　中第末第处 <> 至一礼百两中一

甲 17-36-3 𗥑𗥑 𗆜𗥑

　　　　两数 <> 减

新译文:

　　银耗减法:上等、次等者,一律百两中可耗减五钱。中等、末等[1]
所至,一律百两中可耗减一两。

注释:

　　[1] 末等:原译为"下等"。

　　本条款是对谷物种种耗减法的规定。下等和末等不同。其旁证为《天盛律
令》卷十《司序行文门》规定西夏的职司分为上、次、中、下、末五等。①

　　13.《天盛律令》卷十七《物离库门》:"种种毛绒十两中可耗减二两。种种
草、蒲苇百捆中可耗减十捆。种种酥十两中可耗减二两。"②本条款西夏文原文
为:

甲 17-36-16 𗥑𗥑𗥑𗥑𗥑𗥑𗥑𗥑𗥑𗥑𗥑

　　　　毛毛诸种十斤中二斤数弃 <> 减为

甲 17-36-17 𗥑𗥑𗥑𗥑𗥑𗥑𗥑𗥑𗥑𗥑𗥑𗥑𗥑

　　　　草 [蒲苇] 诸种百捆中十捆数弃 <> 减为

甲 17-36-18 𗥑𗥑𗥑𗥑𗥑𗥑𗥑𗥑𗥑𗥑

　　　　酥诸种十斤中二斤数 <> 减为

---

① 史金波、聂鸿音、白滨译注:《天盛改旧新定律令》,第 362—364 页。
② 史金波、聂鸿音、白滨译注:《天盛改旧新定律令》,第 549 页。

新译文：

种种毛线十斤[1]中可耗减二斤[2]。种种草、蒲苇百捆中可耗减十捆。种种酥十斤[3]中可耗减二斤[4]。

注释：

[1][2][3][4]斤：原译为"两"，误识。

西夏的计量单位𗢛（斤）和𗫔（两）只是左部不同，由于不同之处甚小，需要仔细识别。本条款是对局分所属种种官物耗减的规定，虽然十斤耗减两斤和十两耗减二两的比例相同，但从忠实于原文来看，随意改译不妥。

14.《天盛律令》卷十七《物离库门》："纺线工：纺好绢线，则上等好绢线一两中耗减三钱。下等织线十两中耗减六钱。"[1]本条款西夏文原文为：

甲 17-43-2 𗫸𗬩𗴁
       线织匠
甲 17-43-3 𗋕𗫸𗯲𗬩𗇜
       绢线好织则
甲 17-43-4 𗤶𗕑𗋕𗫸𗯲𗤋𗫔𗤋𗾔𗏇𗤀𗤋𗢛
       上第绢线好十两中三钱数耗减
甲 17-43-5 𗷟𗕑𗋕𗫸𗤋𗫔𗤋𗾕𗏇𗤀𗤋𗢛
       末等绢线十两中六钱数耗减

新译文：

纺线工：纺好绢线，则上等好绢线十[1]两中耗减三钱。末等[2]织线十两中耗减六钱。

注释：

[1]十：原译为"一"。
[2]末等：原译为"下等"。

---

① 史金波、聂鸿音、白滨译注：《天盛改旧新定律令》，第554页。

本条款是对谷物种种耗减法的规定。前揭下等和末等不同。

15.《天盛律令》卷十七《物离库门》："羔毛、春毛等一律各自十斤可耗减四斤。"①本条款西夏文原文为：

甲 17-44-4 𗎤𗊱 𗦇𗊱 𗊱𗊱 𗊱𗊱 𗊱𗊱 𗊱𗊱 𗊱 𗊱 𗊱 𗊱
　　　　羔毛骆驼毛春毛等一礼自处十斤
甲 17-44-5 𗊱𗊱𗊱𗊱𗊱𗊱
　　　　上四斤数弃减

新译文：

　　羔毛、骆驼毛[1]、春毛等一律各自十斤可耗减四斤。

注释：

　　[1] 骆驼毛：原译漏译。

本小款是对氈匠领秋毛、羔毛、春毛为氈褐毕时，交纳耗减规定。

16.《天盛律令》卷十七《物离库门》："一诸种种掌库小监、出纳犯持取官物罪时，罪门人处共事者当推寻供给支出凭据，取而判断。"②本条款西夏文原文为：

甲 17-45-8 𗊱𗊱𗊱𗊱𗊱𗊱𗊱𗊱𗊱𗊱𗊱𗊱𗊱𗊱𗊱𗊱𗊱
　　　　　一诸库持诸种头监备减官物中手有罪为
甲 17-45-9 𗊱𗊱𗊱𗊱𗊱𗊱𗊱𗊱𗊱𗊱𗊱𗊱𗊱𗊱𗊱
　　　　　时罪门人处职共相备取割减纳柄 <> 寻
甲 17-45-10 𗊱𗊱𗊱𗊱𗊱𗊱
　　　　　　找 <> 取 <> 断判

新译文：

　　一诸种种掌库小监、出纳犯持取官物罪时，罪门人处共事者当推寻收

---

① 史金波、聂鸿音、白滨译注：《天盛改旧新定律令》，第 555 页。
② 史金波、聂鸿音、白滨译注：《天盛改旧新定律令》，第 556 页。

入^[1]支出凭据，取而判断。

注释：

［1］收入：原译为"供给"。

按照原译，掌库小监、出纳犯持取官物罪时，若共事者推寻供给、支出凭据，而不看收入凭据，似难以判罪。前文已指出蘸复（对译：备备）译为"准备、供给"，蘸骸（对译：备取）有三个含义，本条款中蘸骸（对译：备取）取"支出"意。即诸种种掌库小监、出纳犯持取官物罪时，其处共事者当推寻收入、支出凭据，而后判断。

17.《天盛律令》卷十七《物离库门》："一诸库局分人粮食库三年当迁转，种种粮食一斛依前可耗减七升、五升、三升。又掌他库种种三年迁转，磨勘耗减等者"。^①本条款西夏文原文为：

甲 17-46-9 𗙏𗰗𗲯𗥃𗧓𗧁𗆧𗾪𗲯𗏃𘃸𘈩𗏦𗸧𗾪𗏃
　　　　　一诸库职管人粟谷库三年数续 <> 转粟谷

甲 17-46-10 𗱕𗢳𗏦𗾆𗫂𗜓𗰗𗏴𗏃𘈩𘈩𗜓𗅋𗢳
　　　　　诸种一斛上前七升五升三升数弃减为

甲 17-46-11 𗭼𗣼𗆧𘈩𗰗𗡶𗱕𗢳𘃸𘈩𗷟𗫤𗀚𗢳
　　　　　应及又他库持种种三年数续转磨勘耗

甲 17-46-12 𗅋𗀚𗢳
　　　　　减等 <>

新译文：

一诸库局分人掌粮食库^[1]三年当迁转，种种粮食一斛依前可耗减七升、五升、三升。又掌他库种种三年迁转，磨勘耗减等者。

注释：

［1］掌粮食库：原译为"粮食库"，漏译𗀚（执）。

---

① 史金波、聂鸿音、白滨译注：《天盛改旧新定律令》，第556—557页。

　　本条款是对诸库局分人日未毕迁转耗减的规定。按照原译，诸库局分人和粮食库的关系不清楚，导致三年迁转的是什么没有说清楚。从语法来看，表联合的连词𘟿（及）和表递进的连词𗣼（又）把前后两句断开，知𘃡𗍳𘗠（粮食库）与𗋽𘗠（他库）的谓语都是𘏨（持）。从上下文来看，上文有"掌粮食库者磨勘处当二等耗减：一等掌库者一斛可耗减五升。一等马院予马食者簸扬，则一斛可耗减七升。米、谷二种，一斛可耗减三升"。[①]与此相呼应，本条款的后半部分有"又掌他库种种三年迁转，磨勘耗减等者"。故"粮食库"前应补译"持"。

　　18.《天盛律令》卷十七《物离库门》："一置种种金银器皿者，本处两数当明之，写字刻其上。其中使用、清洗而残破者，前两数字为实当过，则衡量，两数所不足者为耗减。刻字不明显者勿计。"[②]本条款西夏文原文为：

甲 17-46-16 𗱕𘉋𗗚𗪛𗆀𗱕𘏨𗥃[③]𘄦𗄊𗢤𗥑𗱕𗧗𗪛𗣼𘂤
　　　　　　一金银器皿种种处 <> 自处两数 <> 显令字

甲 17-46-17 𗤻𘔽𗣫𗩾𗆀𗚛𗪛𗆀𗥃𗭼𘃭𗱕𘎑𘄦𘄦𗇋
　　　　　　<> 写 <> 刻其中 <> ［使］为洗涤以 <> 破 <> 先

甲 17-46-18 𗥑𗱕𘂤𗥃𘉋𘄦𗂧𗿷𗄊𗥃𗧗𗤭𗥑𗱕𗂧𗥃
　　　　　　两数字实 <> 经 <> 有则 <> 喻量两数何不

甲 17-47-1 𗤱𘄦𗱕𗓺𘟆𘃭𗥑𘂤𗤭𘄦𗂼𘄦𗥃𘘥𘃭
　　　　　　足 <><> 割减为刻字不显明 <> 莫算为

新译文：

　　一置种种金银器皿者，本处两数当明之，写字刻其上。其中使用、清洗而残破者，前两数字实校而有[1]，则衡量，两数所不足者当注销[2]。刻字不明显者勿计。

注释：

　　[1]实校而有：原译为"为实当过"。

①史金波、聂鸿音、白滨译注：《天盛改旧新定律令》，第547页。
②史金波、聂鸿音、白滨译注：《天盛改旧新定律令》，第557页。
③𗥃（处），疑为𗑹（置）之误刻。

〔2〕当注销：原译为"为耗减"。

本条款是对金银器两数不足，刻字残破者注销，刻字不明显者不计的规定。毛誂（对译：割减），《天盛律令》中一般译为"支出、注销"。本条款中，毛誂意为"注销"。与本条款毛誂（注销）用法相同，条款内容相似的相邻条款规定："一来交种种漆器皿时，预先当印之。前后使用致残破，实有旧印，则烧之而注销，可另领新器。无旧印者勿计。"①

19.《俄藏黑水城文献》第8册第320页上右至第344页上右是《天盛律令》卷十七的影印件，编号为俄 Инв.No.198、710，共49页。②本卷前残六面，史金波等译注本据《名略》补了目录和门题。根据目录，知本卷包括《斗尺秤换卖门》、《钱用毁市场门》、《库局分转派门》、《供给交还门》、《急用不买门》、《物离库门》和《派执事门》，共七门。由于最后的《派执事门》全佚，《物离库门》成了本卷现存最后一门。该门的主要内容为诸种库局分迁转时，库中官畜、钱、谷、物、武器、军杂物等当依期限送京师管事处磨勘，种种官物除规定耗减外，不足则当赔偿而受罚。

《俄藏黑水城文献》所载《天盛律令》卷十七中的《物离库门》图版比克恰诺夫教授刊布的多出1面，即第344页上右，共3行，33字。然而史金波等译注本《天盛律令》却未将此3行译出。现将此面按西夏文、对译、意译的顺序补译如下：

......

甲 17-49-7③𗦫𗝩𗫦𗬩𗗙𗹦𗩱𗣼𗶸④𗆐𗣹𗢑⑤□

　　　　杂黍谷中律令依 <> 量 <> 给官□

甲 17-49-8 𗓆𗦞□𗫦𗬅𗤌𗦰𗫒𗍹𗪜𗸕𗦔𗄊

　　　　职获□中买卖者往食军粮不其有

────────

① 史金波、聂鸿音、白滨译注：《天盛改旧新定律令》，第557页。条款原文参见俄罗斯科学院东方研究所圣彼得堡分所、中国社会科学院民族研究所、上海古籍出版社编：《俄藏黑水城文献》，第8册，第343页上右第2—4行。

② 俄罗斯科学院东方研究所圣彼得堡分所、中国社会科学院民族研究所、上海古籍出版社编：《俄藏黑水城文献》，第8册。

③ 本面虽只有三行西夏文，但《天盛律令》每面一般有九行，故这三行西夏文应属第七、八、九行。

④ 此字缺右部，据其所残存部分，拟补为𗶸，意为量。

⑤ 此二字缺右部，据其所残存部分，拟补为𗢑𗣹（对译：给官）。

甲 17-49-9 𗏵𗇁𗙦𗙻𗇁𗇈𗣱𗣛𗤁𗫅𗮨𗙗𗙗

<> 官物中虚杂不为三年数续续

……

意译：

……杂粮食中，依律令当量给，获官□职□时，买卖者未有往食军粮者，官物中不为虚杂，三年连续……

本条款前半部分亡佚，条款不完整，故内容较为模糊。根据该条款的关键词𗫅𗮨（谷物）、𗤁𗫅𗮨（依律令）、𗣱（给），及版心刻有西夏文書名、卷次𗤁𗫅𗣱𗤜𗮣（律令第十七）和漢文頁碼"五十二"，结合条款位置，知本条款与《天盛律令名略》下卷甲种本第 12 页左面第 4 行的𗫯𗇁𗓰𗾜𗫅𗮨𗴺𗏵（库人禄食谷物有法）相符。从内容来看，本条款与依律令给粮食、买卖者食军粮、官物不为虚杂有关，但由于残缺较多，从而妨碍了对条款的进一步研究。

卷十八校译补正

1.《天盛律令》卷十八①《杂曲门》："一等卖曲后，卖者转卖等之罪：自一斤至五十斤，庶人十杖，有官罚钱五缗。五十斤以上一律有官罚马二，庶人徒三个月。"②本条款西夏文原文为：

甲 18-1-12 𗥃𗏵𗫶𗇈𗫑𗚿𗭧𗣙𗇈𗫆𗤛𗴲𗤅𗩾𗫪

一等曲卖副及买者卖掮等 <> 罪一斤

甲 18-1-13 𗤺𗫑𗇈𗫪𗏫𗷃𗇁𗇈𗶆𗙦𗪷𗫪𗤂

起五十斤至庶人十杖官有五缗

甲 18-1-14 𗫥𗫶𗫪𗇈𗫪𗾅𗾐𗥃𗫑𗙦𗪷𗫡𗫥

罚钱五十斤上高一礼官有二罚

甲 18-1-15 𗇬𗷃𗇁𗣛𗙴𗙌

马庶人三月个

---

① 原文参见俄罗斯科学院东方研究所圣彼得堡分所、中国社会科学院民族研究所、上海古籍出版社编：《俄藏黑水城文献》，第 8 册，第 344 页下左—第 349 页上右。

② 史金波、聂鸿音、白滨译注：《天盛改旧新定律令》，第 564 页。

新译文：

一等卖曲从犯及买者[1]转卖等之罪：自一斤至五十斤，庶人十杖，有官罚钱五缗。五十斤以上一律有官罚马二，庶人徒三个月。

注释：

[1]从犯及买者：原译为"后，卖者"，未译𗙼（副），将𘃸（买）译为"卖"，将并列连词𗣼（及）译为时间词"后"。

原译将西夏文𘃸（买）和𗤆（卖）混淆。《番汉合时掌中珠》中将𗣼𗉼𗧇𘃸（对译：又地田买）[娘勒罗路]误译为"更卖田地"，因此有人把𘃸（买）理解为"卖"意，但通过西夏文字典《文海》、《音同》及西夏文文献《天盛律令》、《类林》等，结合《番汉合时掌中珠》的语境，知𘃸意为"买"。①𗣼[娘]，原为时间词"后"，也是方位词"后"，也是副词"又""更"，也可做连词"及""并"。②条款中为连词。

2.《天盛律令》卷十八《杂曲门》："一国内诸人不许酿饮小曲酒。若违律酿饮时，先后所酿小曲酒几何，当总计其数，诸都案、案头、司吏、卖糟局分人、其余与平等之司大人、承旨、偏问者遣诸检校。又有位臣僚、种种执事等，因是执法者，一律酿五斗以内者无论小大，徒六年，五斗以上一律八年长期徒刑。"③本条款西夏文原文为：

甲18-3-6 𗴂𗤁𗿳�ippi𗤁𗢳𘃸𗒀𗣼𗽏𗦜𗔀𗫂𗕿𗤁𗒀

一国圈内诸人曲酒酿饮允无若律过酿饮

甲18-3-7 𗙼𗷰𗧇𗢳𘃸𗂼𗫂𗤁𗪉𗪘𘈩𗈪𗥃𗤁

时先后曲酒几 <> 酿黍谷多数 <> 结合诸

甲18-3-8 𗉼𗷰𗫂𘕢𗧇𗵘𘏨𗤁𘃸𗫉𗫂𗦜𗆟𗵐𗨏

司大人旨承偏问者诸检察遣又位有臣官

甲18-3-9 𘈩𗫡𗘟𘆄𗉼𗤁𘃸𗤁𗒀𗢳𗤁𗤒𗣼𗽏𗇋

一总汇头司立曲卖职管人他其与第等

①史金波：《西夏语的"买""卖"和"嫁""娶"》，《民族语文》，1995年第4期。
②史金波：《西夏文教程》，第170、174、187、193页。
③史金波、聂鸿音、白滨译注：《天盛改旧新定律令》，第565页。

甲 18-3-10 ☐☐☐☐☐☐☐☐☐☐☐☐☐☐
　　　　　事持诸种等礼持者是因一礼五斗圈内
甲 18-3-11 ☐☐☐☐☐☐☐☐☐☐☐☐☐☐
　　　　　酿 <> 少大莫算六年五斗上高一礼八年
甲 18-3-12 ☐☐
　　　　　自代

新译文：

　　一国内诸人不许酿饮小曲酒。若违律酿饮时，先后所酿小曲酒几何，当总计粮食[1]数，诸司大人、承旨、偏问者遣诸检校，又有位臣僚、都案、案头、司吏、卖曲局分人、其余与之同等种种执事等，[2]因是执法者，一律酿五斗以内者无论小大，徒六年，五斗以上一律八年长期徒刑。

注释：

　　[1]粮食：原译为"其"。
　　[2]诸司大人、承旨、偏问者遣诸检校，又有位臣僚、都案、案头、司吏、卖曲局分人、其余与之同等种种执事等：原译为"诸都案、案头、司吏、卖糟局分人、其余与平等之司大人、承旨、偏问者遣诸检校。又有位臣僚、种种执事等"，语序不对。

　　其一，按照原译，句意难以理解。☐☐（对译：黍谷）意为"粮食"，如果译为"其"，就变为所酿的酒，酒应用斤、两数计，那么下文的以所酿酒的斗数判罪就难以理解；而以粮食的斗数来判罪就符合情理。其二，原译逻辑有问题，都案、案头、司吏、卖曲局分人并没有遣诸检校；按原译，其余与都案、案头、司吏、卖曲局分人同等之大人、承旨、偏问者，如此表述似不妥。☐☐☐☐☐☐☐☐☐☐☐☐☐☐☐☐☐☐☐☐☐☐☐☐☐☐☐☐☐☐☐☐（对译：诸司大人旨承偏问者诸检察遣又位有臣官一总汇头司立曲卖职管人他其与第等事持诸种等）一句中，有副词☐（又、更），说明先是☐☐☐☐☐☐☐☐☐☐（诸司大人、承旨、偏问者遣诸检校），更进一步是☐☐☐☐☐☐☐☐☐☐☐☐☐☐☐☐☐☐☐☐☐☐（有位臣僚、都案、案头、司吏、卖曲局分人、其余与之同等种种执事等）。即诸司大人、承旨、偏问者，有位臣僚、都案、案头、司吏、卖曲局分人、其余与之同等级的种种执事都是执法者，都要受罚。

3.《天盛律令》卷十八《盐池开闭门》："其中守护无盐之碱池，分别令掩盖之，谓已抽盐时，徒六个月。"①本条款西夏文原文为：

甲 18-5-6 𗷒𗆧𗵒𗊲𗏁𗐱𗈈𗤙𗅋𗏇𗗙𗀔𗢳
　　　　 其中 盐 盐 不 其 有 咸 池 护 他 别 诬 为
甲 18-5-7 𗵒𗆧𗙷𗣼𗢳𗥃𗴿𗏝𗏝
　　　　 盐 盐 <> 抽 谓 时 六 月 个

新译文：

其中守护无盐之碱池，诬陷他人[1]，谓已抽盐时，徒六个月。

注释：

[1]诬陷他人：原译为"分别令掩盖之"，将𗢳（诬）译为"掩盖"、𗤙𗅋（其他人）译为"分别"。

本条款是对守护无盐碱池而诬陷他人抽盐的处罚。按照原译，守护无盐之碱池，而掩盖说已抽盐，表述别扭。

4.《天盛律令》卷十八《年食工续门》："（工续散取黍）……则当还而予之。"②本条款西夏文原文为：

甲 18-6-10……𗍳𗦀𗆜𗣼𗐱𗖩𗢳𗾈𗤒
　　　　　 ……缗 钱 量 则 <> 还 为 <> 给

新译文：

（工续散取黍）……缗，计钱量[1]则当还而予之。

注释：

[1]缗，计钱量：原译未译出。

---

①史金波、聂鸿音、白滨译注：《天盛改旧新定律令》，第567页。
②史金波、聂鸿音、白滨译注：《天盛改旧新定律令》，第568页。

本条款残缺。补译后，句意稍微清晰一些，但内容还不是很清楚。

5.《天盛律令》卷十八《他国买卖门》："一往随他国买卖者，所卖官物而载种种畜物者，往时当明其数，当为注册。往至他国时，官物当另卖之，所得价及实物当于正副使眼前校验，成色、总数当注册，种种物当记之，以执前宫侍御印子印之。已归，来至番国时，当引导于局分处，于彼视之，核校种种物成色数目，当敛之。倘若买卖中官私物相杂，不分别卖之，不许以官之好物调换私之劣物。"①本条款西夏文原文为：

甲18-7-12 𗏁𗏁𗤶𗫷𗧓𗗙𘄷𗎬𘒏𗵉𗧓𗏵𗫱𘒏𗏵𗗙𘃽𘃀
　　一他国买卖者往随官物卖所本物诸种持
甲18-7-13 𗏵𘄷𗫱𗏁𗤓𗫻𗈓𗵉𗋽𘐏𗤶𘒟𘄷𘒏
　　<>往时数 <>显令升簿 <>起他国至往时
甲18-7-14 𘒏𘒏𗫱𗈋𗤓𗫷𗫷𘈖𘒏𘂆𗒹𘅍𗽵𗵉𘉋𗤓
　　官物 <>令 <>卖价何得物实使正副眼前
甲18-7-15 𗭁𗖵𗐫𗫴𗫱𗵉𗧓𗵉𗫷𘒏𘃽𗫱𘈖𘐏𗄁
　　<>经毛色多数 <>升簿物种种 <>记上前
甲18-7-16 𘅝𗰖𘌽𗤶𗵉𘈖𗖔𗖔𗵉𘒦𗫱𗖵𗤶�!
　　内侍持御 [印子] 以 <>印为 <>归番国至
甲18-7-17 𗸝𗎬𗳜𗤶𘕿𘈖𗎶𘅝𗻕𗵉𘄷𘒏𗏵𘃽�(
　　来时职管处 <>引送其上 <>看物种种毛
甲18-7-18 𗓑②𗤶𗵉𗫴𘈖𗾭𗤓𗎬𗤶𘃀𗫷𗵉𗫱�(
　　色数 <>校 <>[领] 为假若买卖中官私物相
甲18-8-1 𗖵𗫷𗗙𗤶𗖵𗤓𘕿�(𗎶𗫱𗵉�(𘈖
　　后随异异不卖官 <>物好中私物弱与
甲18-8-2 𘕿�!𗤶𘐏
　　换换允无

新译文：

一往随他国买卖者，所卖官物而载种种本物[1]者，往时当明其数，

① 史金波、聂鸿音、白滨译注：《天盛改旧新定律令》，第569页。
② 𗓑（色），残缺，本条款前文亦出现𗐫𗫴（对译：毛色）一词，故补。

当为注册。往至他国时，官物当另卖之，所得价及实物当于正副使眼前校验，成色、总数当注册，种种物当记之，以执前宫侍御印子印之。已归，来至番国时，当引导于局分处，于彼视之，核校种种物成色数目，当领[2]之。倘若买卖中官私物相杂，不分别卖之，不许以官之好物调换私之劣物。

注释：

［1］本物：原译为“畜物”。

［2］领：原译为“敛”。

本条款是对因官卖本物而以相杂私物调换官物的处罚。①[illegible]（对译：本物），前揭条目中亦出现。[illegible]［领］，本条款中指局分人领卖官物所得价及实物。

6.《天盛律令》卷十八《他国买卖门》：“一他国买卖者往时，所载诸司‘务诏’等所属种种所卖官物及所载私物等，当分别卖之而勿混。官私物买卖中，先已竞争，价何给处当买卖。相引导中不许知前竞争语而欲卖己物，前所竞争价格既定，随意加价买卖。若违律加价时，当量所加之数，依枉法贪赃罪法判断。有举者，亦依举边等杂罪之予举赏次第法，由犯罪者给予。未知前竞争语，则勿治罪，若举虚亦同等判断。”②本条款西夏文原文为：

甲 18-9-5 [illegible]

一他国买卖者往时诸司［务］诏等有官物

甲 18-9-6 [illegible]

诸种卖所持及私物持等异异 <> 卖莫

甲 18-9-7 [illegible]

混官私物买卖中先前 <> 讨价讨价价何 <>

甲 18-9-8 [illegible]

给处 <> 买卖伴引相中前讨价讨价语知自

---

① 本条款相对应的条目为[illegible]（对译：官卖本物因私物随换换），即“因官卖本物随私物调换”，史金波等译注本《天盛改旧新定律令》第 100 页译为“因官卖本物随私物一种换”。条目中的[illegible]（换），原文误刻为[illegible]（二），据《天盛改旧新定律令》甲种本卷十八第 8 页第 2、7 行本条款四次出现的[illegible]（调换）一词改，史金波等译注本《天盛改旧新定律令》第 100 页误识为[illegible]（种）。条目原文参见俄罗斯科学院东方研究所圣彼得堡分所、中国社会科学院民族研究所、上海古籍出版社编：《俄藏黑水城文献》，第 8 册，第 27 页左面第 6 小行。

② 史金波、聂鸿音、白滨译注：《天盛改旧新定律令》，第 569 页。

甲 18-9-9 <u>龘羘狓蘳散橪縺藗豭豭狓齸義𢀖豯</u>
　　　　　　物 <> 卖欲宽窄前 <> 讨价讨价价阶 <> 定为

甲 18-9-10 <u>矲狓愯豯軒狓豯緷𡘙綯豣矲狓愯豯豩</u>
　　　　　　上价升为买卖允无若律过价升为时

甲 18-9-11 <u>龘狓愯豯散豭蜂綯祕蘳𣞺憿豱靕祇</u>
　　　　　　何 <> 升为数 <> 量律弯贪罪礼依断判

甲 18-9-12 <u>𣞺豯羸米諪豩蕤𣞺狪帩𣞺豯毲儮縦</u>
　　　　　　举者有亦边等杂罪举 <> 举赏给顺显

甲 18-9-13 <u>憿𣞺𣞺豯豫耗狖狓羘𣞺縺豭豭豭豩</u>
　　　　　　礼依罪为者处 <> 夺 <> 给前讨价讨价语不

甲 18-9-14 <u>帩縼𣞺豩豩豩蕤狪縺米豩祕靕祇</u>
　　　　　　知则罪莫连若举虚亦等令断判

新译文：

一他国买卖者往时，所载诸司"务诏"等所属种种所卖官物及所载私物等，当分别卖之而勿混。官私物买卖中，先已磋商[1]，价何给处当买卖。前所磋商价格既定，相引导中不许知前磋商语而欲卖己物，随意加价买卖[2]。若违律加价时，当量所加之数，依枉法贪赃罪法判断。有举者，亦依举同等[3]杂罪之予举赏次第法，由犯罪者给予。未知前磋商[4]语，则勿治罪，若举虚亦同等判断。

注释：

[1][4]磋商：原译为"竞争"。

[2]前所磋商价格既定，相引导中不许知前磋商语而欲卖己物，随意加价买卖：原译为"相引导中不许知前竞争语而欲卖己物，前所竞争价格既定，随意加价买卖"，语序不对。

[3]同等：原译为"边等"。

按照原译，句意不清楚，逻辑不顺畅。《文海》中对祄的解释：讨价，买卖价值争讨之谓。①则祄祄（对译：讨价讨价），即反复讨价还价，意为"磋

---

①《文海》65·211，见史金波、白滨、黄振华：《文海研究》，第 257、492 页。

商"。𗂰𗂰𗂰𗂰𗂰𗂰𗂰𗂰𗂰𗂰𗂰𗂰𗂰𗂰𗂰𗂰𗂰𗂰𗂰𗂰𗂰𗂰𗂰（对译：伴引相中前讨价讨价语知自物 <> 卖欲宽窄前 <> 讨价讨价价阶 <> 定为上价升为买卖允无）一句中，𗂰𗂰（不许）为补语，不仅管到𗂰𗂰𗂰𗂰𗂰𗂰𗂰𗂰𗂰𗂰（知前磋商语而欲卖己物），而且管到𗂰𗂰𗂰𗂰𗂰𗂰（随意加价买卖）；𗂰𗂰𗂰𗂰𗂰𗂰𗂰𗂰𗂰𗂰（前所磋商价格既定）后才有𗂰𗂰𗂰𗂰𗂰𗂰𗂰𗂰𗂰𗂰（知前磋商语而欲卖己物）、𗂰𗂰𗂰𗂰𗂰𗂰（随意加价买卖）。𗂰𗂰（对译：边等），前揭应改译为"同等"。

7.《天盛律令》卷十八《物离库门》："一诸沿库贮藏放置种种官物，铠甲、武器、杂物，当好为垫盖，下方勿使透湿，上方勿过雨水。局分处当常常视之，依时节晾晒。"[1]本条款西夏文原文为：

甲 18-10-2 𗂰𗂰𗂰𗂰𗂰𗂰𗂰𗂰𗂰𗂰𗂰𗂰𗂰𗂰
　　　　一诸库长官物种种坚甲武［具］珂贝贮藏
甲 18-10-3 𗂰𗂰𗂰𗂰𗂰𗂰𗂰𗂰𗂰𗂰𗂰𗂰
　　　　置［地白］好 <> 为下方潮湿 <> 莫穿舍
甲 18-10-4 𗂰𗂰𗂰𗂰𗂰𗂰𗂰𗂰𗂰𗂰𗂰𗂰
　　　　头上水 <><> 莫过职管处间间 <>
甲 18-10-5 𗂰𗂰𗂰𗂰𗂰𗂰𗂰
　　　　看时节依 <> 敞开

新译文：

一诸长府[1]贮藏放置种种官物，铠甲、武器、杂物，当好为垫盖，下方勿使透湿，上方勿过雨水。局分处当常常视之，依时节晾晒。

注释：

［1］长府：原译为"沿库"。

本条款是对官物贮藏未善损失的处罚。𗂰𗂰（对译：库长），前揭意为"长府"，即藏财货之府库。

---

① 史金波、聂鸿音、白滨译注：《天盛改旧新定律令》，第570页。

卷十九校译补正

1.《天盛律令》卷十九^①《死减门》："一四畜群公母畜混者，十中当减取一死，畜□当予牧人，若原先已死，则当算死减之，彼之皮及肉之价钱等不须交。"^②本条款西夏文原文为：

甲 19-1-1 𗧹𗦣𗫂𗰖𘜶𗴓𗱢𗮔𗯨𘊙𘋥𘃔𗟰𗧾𗧹𗦣𗾚^③
　　　　一畜四群雌雄共 <> 十中一死减 <> 取畜尸
甲 19-1-2 𘆚𘙝𗩱𗟰𘟣𘓨𘟣^④𘘚𘊝𗥃𗗙𘃔𘟣𗤭𘟣𗁂
　　　　牧人 <><> 给若昔先 <> 死则死换处 <> 算
甲 19-1-3 𗟰𗮔𗩱𘄡𗧇𗦎𘉒𘜶𗱢𗥃𗏇𗤭
　　　　减彼 <> 皮及肉价钱等纳不用

新译文：

一四畜群公母畜混者，十中当减取一死，畜尸^[1]当予牧人，若原先已死，则当算死减之，彼之皮及肉之价钱等不须交。

注释：

[1] 尸：原译未识出。

本条款是对四畜群十中死一给减的规定。据条款后半部分知牛、骆驼、马、羖羺四畜群公母畜未混已死，算死减中，其皮与肉价不需交。则四畜群公母畜混，十中减取一死，畜尸当给牧人。故知所缺字为𗾚（尸）。

2.《天盛律令》卷十九《死减门》："一诸官牧人之利等，应抽幼畜者，当待置纳印，不许随意抽出杀之。若违律时，以偷盗法判断。"^⑤本条款西夏文原文为：

---

① 原文参见俄罗斯科学院东方研究所圣彼得堡分所、中国社会科学院民族研究所、上海古籍出版社编：《俄藏黑水城文献》，第 8 册，第 349 页下右—第 367 页上右。
② 史金波、聂鸿音、白滨译注：《天盛改旧新定律令》，第 574 页。
③ 𗾚（尸），残缺，据条款上下文与残存字迹拟补。
④ 此字疑原文刻误，暂识为𘟣（昔）。
⑤ 史金波、聂鸿音、白滨译注：《天盛改旧新定律令》，第 575 页。

甲 19-1-11 𗼃𗼃𗼃𗼃𗼃𗼃𗼃𗼃𗼃𗼃𗼃𗼃𗼃

　　一诸官牧人利限畜幼抽应 <> 施印 <> 待宽

甲 19-1-12 𗼃𗼃𗼃𗼃𗼃𗼃𗼃𗼃𗼃𗼃𗼃𗼃𗼃

　　窄卖经杀允无若律过时悄悄盗礼断判

新译文：

　　一诸官牧人之利限[1]，应抽幼畜者，当待施[2]印，不许随意验卖[3]杀之。若违律时，以偷盗法判断。

注释：

　　[1] 利限：原译为"利等"。

　　[2] 施：原译为"置纳"。

　　[3] 验卖：原译为"抽出"。

　　卷十九有《畜利限门》，即𗼃𗼃𗼃𗼃（对译：畜利限门），该门中的畜利限包括每年应交纳一定数量的畜仔、毛、酥、乳畜等。①

　　3.《天盛律令》卷十九《畜利限门》："检视者隐匿幼犊时，检者、牧人等受贿，则以枉法贪赃罪及偷盗钱财罪比较，从重者判断。"②本条款西夏文原文为：

甲 19-4-11 𗼃𗼃𗼃𗼃𗼃𗼃𗼃𗼃𗼃

　　看经者犊幼匿时经者牧人

甲 19-4-12 𗼃𗼃𗼃𗼃𗼃𗼃𗼃𗼃𗼃𗼃

　　等贪有则律弯贪罪及犊幼钱量

甲 19-4-13 𗼃𗼃𗼃𗼃𗼃𗼃𗼃𗼃𗼃

　　悄悄盗罪等何 <> 重上断判

新译文：

　　检视者隐匿幼犊时，检者、牧人等受贿，则以枉法贪赃罪及偷盗幼犊钱数罪[1]比较，从重者判断。

---

① 史金波、聂鸿音、白滨译注：《天盛改旧新定律令》，第 576—581 页。

② 史金波、聂鸿音、白滨译注：《天盛改旧新定律令》，第 577 页。

注释：

    [1]偷盗幼犊钱数罪：原译为"偷盗钱财罪"，漏译"幼犊"。

本小款是对检者、牧人等受贿而隐匿幼犊时的处罚。

4.《天盛律令》卷十九《畜利限门》："一等大小骆驼之项、腿绒：大公驯骆驼等八两。大母驯骆驼等三两。旧驯骆驼公母一律二两。"①本条款西夏文原文为：

甲 19-6-2 𗧓𗩾𗏹𗏹𗏹𗏹𗏹𗏹𗏹
        一等骆驼小大项臂腕绒毛
甲 19-6-3 𗏹𗏹𗏹𗏹𗏹𗏹𗏹𗏹
        骆驼公大驹等八两数
甲 19-6-4 𗏹𗏹𗏹𗏹𗏹𗏹𗏹𗏹
        骆驼母大驹等三两数
甲 19-6-5 𗏹𗏹𗏹𗏹𗏹𗏹𗏹𗏹𗏹𗏹
        骆驼驯旧母公一礼二两数

新译文：

    一等大小骆驼之项、腿绒：大公骆驼仔[1]等八两。大母骆驼仔[2]等三两。旧驯骆驼公母一律二两。

注释：

    [1][2]骆驼仔：原译为"驯骆驼"。

本条款是对纳绒毛、酥日限的规定。𗏹（犊、驹），原译误识为𗏹（驯服）。

5.《天盛律令》卷十九《畜利限门》："其年年圈之利仔中，公者当分出，母已生仔者勿分离，不许□分。"②本条款西夏文原文为：

———————————

① 史金波、聂鸿音、白滨译注：《天盛改旧新定律令》，第 578 页。
② 史金波、聂鸿音、白滨译注：《天盛改旧新定律令》，第 579 页。

甲 19-7-9 𗾒𗴩𗴩𗢛𗣼𗤶
　　　其年年挤 <> 利
甲 19-7-10 𗤻𗴿𗵜𗢛𗊱𗤶𗤻𗴿𗵜𗢛𗤶𗤶𗤶𗼊
　　　仔中公 <><> 离母仔 <> 出莫离遣
甲 19-7-11 𗤶𗤻𗪊
　　　分允无

新译文：
　　其年年圈之利仔中，公者当分出，母已生仔者勿分离，不许遣分[1]。

注释：
　　[1]遣分：原译为"□分"，没有识出𗼊（遣）。

　　首先，从模糊字迹来看，该字大体可以看出是𗼊（遣）字。其次，从上下文来看，本条款的后半部分中有，遣分母畜，不分公畜时，群牧司大人、承旨、都案、案头、司吏等当依法承罪。①其中"遣分母畜"即是𗤶𗼊𗤶（对译：母遣分）。这与圈利仔中，公者当分出，不许遣分母畜刚好相呼应。

　　6.《天盛律令》卷十九《畜利限门》："一等御供畜中分离母畜，牧人摊派杂事、牧监大小首领派于圈牧人中等时，有官罚马一，庶人十三杖。受贿则以枉法贪赃论。御供圈牧已定之外，无谕文判写而令多抽时，所多之畜在圈牧中，其毛绒、酥几年未纳，依现价法计价，以偷盗法判断。"②本条款西夏文原文为：

甲 19-7-15 𗢛𗴩𗊱𗢛𗼊𗤻𗢛𗤶𗟭𗤻𗤶𗤶𗵜𗣼𗴩
　　　一等御供畜中母离牧人杂事收税伸置
甲 19-7-16 𗪊𗟭𗤶𗵜𗤶𗢛�66�110𗟭�111�66𗴩
　　　为牧监头领小大挤牧中遣等时
甲 19-8-1 𗢛�66�110𗼊𗊱𗴩�66�66𗢛�66𗼊�111�66
　　　官有罚马一庶人十三杖贪有则律

———————————
　　①史金波、聂鸿音、白滨译注：《天盛改旧新定律令》，第 579 页。原文参见俄罗斯科学院东方研究所圣彼得堡分所、中国社会科学院民族研究所、上海古籍出版社编：《俄藏黑水城文献》，第 8 册，第 352 页下左第 4—7 行。
　　②史金波、聂鸿音、白滨译注：《天盛改旧新定律令》，第 580 页。

甲 19-8-2 [illegible]

弯贪 <> 算御供挤牧 <> 定不有谕节

甲 19-8-3 [illegible]

判写无超抽住令时畜超挤牧中在

甲 19-8-4 [illegible]

<> 毛绒酥几年未纳现卖礼依价悄

甲 19-8-5 [illegible]

悄盗礼断判

新译文：

一等御供畜中分离母畜，摊派牧人杂事[1]，牧监、大小首领[2]派于圈牧人中等时，有官罚马一，庶人十三杖。受贿则以枉法贪赃论。御供圈牧已定之外，无谕文判写而令多抽时，所多之畜在圈牧中，其毛绒、酥几年未纳，依现卖法[3]计价，以偷盗法判断。

注释：

[1] 摊派牧人杂事：原译为“牧人摊派杂事”，语序不对。

[2] 牧监、大小首领：原译为“牧监大小首领”，断句不对。

[3] 现卖法：原译为“现价法”。

本小条是对大条款中群牧司大人、承旨、都案、案头、司吏等遣分母畜，于牧监、大小首领中派遣圈牧，于牧人摊派杂事等之罪的具体处罚。①从逻辑上来看，牧人是被摊派杂事。故[illegible]（对译：牧人杂事收税伸置为）为定宾谓结构，[illegible]（牧人）为宾语[illegible]（杂事）的定语，[illegible]（摊派）为谓语，而非主宾谓结构。其次，[illegible]（牧监）、[illegible]（小大首领）为并列词。再次，[illegible]（对译：现卖礼），意为“现卖法”，《天盛律令》中为专门法。

7.《天盛律令》卷十九《畜患病门》：“生地清净，官巫归送状，其上死畜当注销。”②本条款西夏文原文为：

① 史金波、聂鸿音、白滨译注：《天盛改旧新定律令》，第 579 页。

② 史金波、聂鸿音、白滨译注：《天盛改旧新定律令》，第 583 页。

甲 19-12-4 𗹝
　　　　　尸

甲 19-12-5 𗹝𗍳𗢲𗤁死①𗵒𗤁𗤺𗵒𗈁𗵒𗢲𗵒𗈁𗢲𗍵𗢲𗻪
　　　　　地洁净处 <> 焚烧巫归状送上 <> 死畜 <> 割

甲 19-12-6 𗵒
　　　　　减

新译文：

尸于地清净处焚烧[1]，官巫归送状，其上死畜当注销。

注释：

［1］尸于地清净处焚烧：原译为"生地清净"，将𗹝（尸）译为"生"，漏译死𗵒𗤁（对译：处 <> 焚烧）。

本条款是对祭神牛、神马、牛等时畜死而有神迹者的规定。

8.《天盛律令》卷十九《校畜磨勘门》："一诸牧场，京师大人往校者，案头、司吏、随从、僮仆等之人马食粮，当自官方领取。于牧场中取时，计其价，以枉法贪赃罪法判断。"②本条款西夏文原文为：

甲 19-15-3 𗍳𗤁𗍵𗈁𗵒𗢲𗢲𗈁𗤁𗢲𗵒𗈁𗤁𗢲𗈁𗹝
　　　　　一诸牧圈世界经大往 <> 汇头司立后伴童
甲 19-15-4 𗈁𗤺𗈁𗤁𗈁𗵒𗤁𗢲𗈁𗍵𗍳𗈁
　　　　　童等 <> 人马食粮官依 <> 领牧圈
甲 19-15-5 𗤁𗈁𗤺𗤁𗵒𗤁𗈁𗵒𗢲𗈁
　　　　　中取时量律弯贪罪礼断判

新译文：

一京师往诸牧场大校者[1]，案头、司吏、随从、僮仆等之人马食粮，

_____
① 死（处），残缺，据条款上下文与残存字迹拟补。
② 史金波、聂鸿音、白滨译注：《天盛改旧新定律令》，第585页。

当自官方领取。于牧场中取时，计其价，以枉法贪赃罪法判断。

注释：

[1] 京师往诸牧场大校者：原译为"诸牧场，京师大人往校者"，语序不对，将�（大校）一词分开，将𗰖（大）译为"大人"。

本条款是对京师往诸牧场大校时，案头、司吏、随从、僮仆等人马粮食的领取规定。原文没有提到往诸牧场校畜的大人。𗗴𗅋𗤋𗗙�954𗶷（对译：诸牧圈世界经大往）中，𗗴𗅋𗤋（诸牧场）为前置宾语，𗗙�（京师）为主语，��954𗶷（往大校）为谓语。

9.《天盛律令》卷十九《校畜磨勘门》："一往群牧司所属牧场验官畜者磨勘计审时，先完毕，当先奏，勿令相议。"①本条款西夏文原文为：

甲 19-19-12 𗈪𗡪𗟻𗑠𗅋𗤋𗤻�953𗧾𗶷�954𗤺𗑣𗧈𗦎𗴈𗢁

一牧司有牧圈官畜经者往审集司比量 <>

甲 19-19-13 𗕣𗕣𗱈𗹙𗕣𗕣𗵘𗥃𗅸𗴴𗵒𗷾𗤊

先前 <> 毕先前 <> 至相莫待令

新译文：

一往群牧司所属牧场验官畜者，磨勘司[1]计审时，先完毕，当先奏，勿令相等待[2]。

注释：

[1] 磨勘司：原译为"磨勘"，漏译𗢁（司）。

[2] 等待：原译为"议"，误将𗤊（待、留）识为𗴮（量、计）。

本条款的后半部分规定，若磨勘司验官畜先完毕而不奏时，大人、承旨、都案、案头、司吏当受罚。②亦说明磨勘司验官畜完毕时，当先奏，勿等待。

10.《天盛律令》卷十九《校畜磨勘门》："倘若违律时，仔畜之毛绒、酥

---

① 史金波、聂鸿音、白滨译注：《天盛改旧新定律令》，第 588 页。
② 史金波、聂鸿音、白滨译注：《天盛改旧新定律令》，第 588 页。

当依法纳之，牧人、大小牧监、大校局分人、群牧司、磨勘司等不察其言，有贿则以枉法贪赃罪，与无贿徒一年比较，从其重者判断。"①本条款西夏文原文为：

甲 19-20-13 𗰗𗙻𘛛𗟻𘄸𗡦𘈈𗺓𗆟𗆟
　　　　　假若律过时仔毛毛酥礼
甲 19-20-14 𘂤𗱒𗣼𘃽𗵘𘃽𗟻𗶈𘝯𘝣𘕿𗏵𗒷𘃞
　　　　　依 <> 纳牧人牧监小大经大职管人牧司
甲 19-20-15 𘉞𗼃𘃞𗴩𗾈𗵘𗥃𘝿𘉡𗟻𘐏𗟻𘓄
　　　　　审集司等语头不举为贪有则律弯贪罪
甲 19-20-16 𘈈𗟻𗥁𗼽𘕿𗼃𗊰𘈬𘋢𘓎𘎪𘅂
　　　　　及贪无一年等何 <> 重上断判

新译文：

倘若违律时，仔畜之毛绒、酥当依法纳之，牧人、大小牧监、大校局分人、群牧司、磨勘司等不察其言，有贿则与枉法贪赃罪比较[1]，无贿与徒一年比较[2]，从其重者判断。

注释：

[1] 有贿则与枉法贪赃罪比较：原译为"有贿则以枉法贪赃罪"。
[2] 无贿与徒一年比较：原译为"与无贿徒一年比较"。

按照原译，不察其言有贿与无贿比较，则最多按不察其言有贿罪判断，但这样比较是不巧当的。从语法来看，𘉡𗟻𘐏𗟻𘓄𘈈𗟻𗥁𗼽𘕿𗼃𗊰𘈬𘋢𘓎𘎪𘅂（对译：贪有则律弯贪罪及贪无一年等何 <> 重上断判）一句，表示联合的并列连词𘈈（及、和）提示本句包括两小句，𘉡（有贿）、𘈈（无贿）分别为前后两句的状语；𘐏𗟻𘓄𘈈�然𗥁𗼽𘕿（与枉法贪赃罪比较当从重）、𗊰𘈬𘋢𘓎𘎪𘅂（与徒一年比较当从重）亦分别为两句的状语；𘅂（判断）为谓语。从上下文来看，牧人、大小牧监、大校局分人、群牧司、磨勘司等不察其言，有贿与枉法贪赃罪比较，无贿与徒一年比较，如此比较才是恰当的。

---

① 史金波、聂鸿音、白滨译注：《天盛改旧新定律令》，第589页。

11.《天盛律令》卷十九《校畜磨勘门》："一官之牧场之牧人、大小管事不许于家主中分捕牲畜施印。若违律时，以偷盗法判断，彼所印之畜当置纳印而还属者，□□当另偿之。"①本条款西夏文原文为：

甲 19-20-17 𗾺𗖊𘄒𗰕𗙴𗰕𗒾𗦵𗖚𘜶𘜶𘄽𗰆𗿒𘗠𘈈𘄽
      一官 <> 牧圈牧人事［管］小大家主中畜离捕

甲 19-20-18 𗾺𗖊𗖊𗱕𗍺𗸕𘄽𘖑𘓠𘓠𗹟𗌗𘏨𘖚𘖚
      印为允无若律过时悄悄盗礼断判其 <>

甲 19-21-1 𘓠𗖚②𗾺𘄽𘈈𗰿𗱕𗉛𘓠𗦵𘓠𗖚𗖚
      印畜施印 <> 置为有者 <><> 还为官畜

甲 19-21-2 𗿒𗰆𗹟𘓠
      另 <> 偿令

新译文：

    一官之牧场之牧人、大小管事不许于家主中分捕牲畜施印。若违律时，以偷盗法判断，彼所印之畜当置纳印而还属者，官畜[1]当另偿之。

注释：

    [1]官畜：原译未识出。

    𗖚𗖊（对译：官畜）二字基本看得清。补后可推知，官牧场牧人、大小管事捕家主中牲畜施印，主要是因官牧场官畜不足。但捕家主牲畜为律文所不允。故官牧场牧人、大小管事需还家主畜，另偿官畜。

    12.《天盛律令》卷十九《校畜磨勘门》："小牧监自一至三，八杖；自四至六，十杖；自七至九，十三杖；自十至十二，徒六个月；自十三至十五，徒一年；自十六至十八，徒二年；自十九至二十一，徒三年；自二十一至二十三，徒四年；自二十四至二十六，徒五年；自二十七至二十九，徒六年；自三十至

---

① 史金波、聂鸿音、白滨译注：《天盛改旧新定律令》，第589页。
② 按：𗖚（畜）字原文误刻为𗖚（留）。（原文参见俄罗斯科学院东方研究所圣彼得堡分所、中国社会科学院民族研究所、上海古籍出版社编：《俄藏黑水城文献》，第8册，第359页下右第1行第1字。）但在𗾺𘄽𘈈𗰿𗱕𗉛𘓠𗦵𘓠𗖚（对译：其〈 〉印畜施印〈 〉置为有者〈 〉〈 〉还为）一句中，𘄽𗾺（其所印畜）为主语，如果变为𘄽𗾺（其所留印），则句意不通顺。故根据上下文，该字应为𗖚（畜）。

三十二，徒八年；自三十三至三十五，徒十年；自三十六至四十，徒十二年；
四十以上一律当绞杀。"①本条款西夏文原文为：

甲 19-22-2 𦮙𦮙𦮙𦮙𦮙𦮙𦮙𦮙𦮙𦮙𦮙𦮙𦮙

　　　　　牧监小一起三至八杖四起六至十

甲 19-22-3 𦮙𦮙𦮙𦮙𦮙𦮙𦮙𦮙𦮙𦮙𦮙

　　　　　杖七起九至十三杖十起十二

甲 19-22-4 𦮙𦮙𦮙𦮙𦮙𦮙𦮙𦮙𦮙𦮙𦮙

　　　　　至六月月十三起十五至一年

甲 19-22-5 𦮙𦮙𦮙𦮙𦮙𦮙𦮙𦮙𦮙𦮙𦮙

　　　　　十六起十八至二年十九起二

甲 19-22-6 𦮙𦮙𦮙𦮙𦮙𦮙𦮙𦮙𦮙𦮙𦮙

　　　　　十一至三年二十一起二十三

甲 19-22-7 𦮙𦮙𦮙𦮙𦮙𦮙𦮙𦮙𦮙𦮙𦮙

　　　　　至四年二十四起二十六至五

甲 19-22-8 𦮙𦮙𦮙𦮙𦮙𦮙𦮙𦮙𦮙𦮙𦮙

　　　　　年二十七起二十九至六年三

甲 19-22-9 𦮙𦮙𦮙𦮙𦮙𦮙𦮙𦮙𦮙𦮙𦮙

　　　　　十起三十二至八年三十三起

甲 19-22-10 𦮙𦮙𦮙𦮙𦮙𦮙𦮙𦮙𦮙𦮙𦮙

　　　　　三十五至十年三十六起四十

甲 19-22-11 𦮙𦮙𦮙𦮙𦮙𦮙𦮙𦮙𦮙𦮙𦮙

　　　　　至十二年四十上高一礼项系

甲 19-22-12 𦮙𦮙𦮙②𦮙

　　　　　为以 <> 杀

新译文：

　　　小牧监自一至三，八杖；自四至六，十杖；自七至九，十三杖；自十至
十二，徒六个月；自十三至十五，徒一年；自十六至十八，徒二年；自

------

① 史金波、聂鸿音、白滨译注：《天盛改旧新定律令》，第 590 页。
② 𦮙 [宁]，残缺，据上下文补。

十九至二十一，徒三年；自二十二^[1]至二十四^[2]，徒四年；自二十五^[3]至二十七^[4]，徒五年；自二十八^[5]至三十^[6]，徒六年；自三十一^[7]至三十三^[8]，徒八年；自三十四^[9]至三十六^[10]，徒十年；自三十七^[11]至四十，徒十二年；四十以上一律当绞杀。

注释：

　　[1]二十二：原译为"二十一"，原文刻误。

　　[2]二十四：原译为"二十三"，疑原文刻误。

　　[3]二十五：原译为"二十四"，疑原文刻误。

　　[4]二十七：原译为"二十六"，疑原文刻误。

　　[5]二十八：原译为"二十七"，疑原文刻误。

　　[6]三十：原译为"二十九"，疑原文刻误。

　　[7]三十一：原译为"三十"，疑原文刻误。

　　[8]三十三：原译为"三十二"，疑原文刻误。

　　[9]三十四：原译为"三十三"，疑原文刻误。

　　[10]三十六：原译为"三十五"，疑原文刻误。

　　[11]三十七：原译为"三十六"，疑原文刻误。

本小款是对小牧监损失官牧场骆驼、马而未偿的处罚。处罚中，除徒十二年和绞杀以外，每一等处罚间都相差二骆驼、马。若果如此，则自"二十三"至"三十六"间数字均为误刻。又，如此集中的误刻在《天盛律令》中尚属首见。

13.《天盛律令》卷十九《牧盈能职事管门》："年年十月一日大校者，当于群牧司及诸司大人、承旨、前内侍之空闲臣僚等中遣真能胜任之人。诸司称职之案头、司吏文字计量引导。"①本条款西夏文原文为：

甲 19-30-13 𗰰𗰰𗤛𗱂𗏁𗤛𗤻
　　　　　　年年十月一日经
甲 19-30-14 𗰦𗤁𗪙𗙏𗉅𗤘𗉅𗰦𗤛𗱂𗆜𗰗𗬩𗤁𗩾𗩾
　　　　　　大为者群牧司及诸司大人旨承前内侍臣宰

_____

① 史金波、聂鸿音、白滨译注：《天盛改旧新定律令》，第 596 页。

甲 19-30-15 𘟳𗵆𗄿𗙟𘉞𘞥𗊲𗰗𘄡𘕕𘑨𗋽𘕕𗰗𘂤

　　　　　　［空闲］等中人堪职办纯 <> 遣诸司职办汇

甲 19-30-16 𗈁𗋽𘓓𘓊𘏚𘉞𗣫𘇥

　　　　　　头司吏文字［契］<> 导

新译文：

　　年年十月一日大校者，当于群牧司及诸司大人、承旨、前内侍之空闲臣僚等中遣真能胜任之人。诸司称职之案头、司吏当引导文契[1]。

注释：

　　［1］当引导文契：原译为"文字计量引导"。

　　本条款是对派盈能校官畜的规定及牧人、牧监能偿不令偿的处罚，条款包括四小条。𗣫［契］，与前文𘉞𗣫（文书）相呼应，原译误识为𘕕（量）。

　　14.《天盛律令》卷十九《牧盈能职事管门》："一等盈能与牧人暗中徇情，能偿而入置命中时，计畜价，以偷盗法判断，畜当令偿之。"①本条款西夏文原文为：

甲 19-31-3 𗉖𗙏𗄿𗵆𗥃𘉞𘞥𘓋𘓋𘕒𘑨𘟱𗣫𗰗𘓋𗩔②

　　　　　　一等［盈能］牧人与［知知］相面为偿办命置

甲 19-31-4 𗰗𗰚𘉦𘏚𗎹𘍿𘍿𘟱𘖺𗣫𘏚𘉦𘏚𘖺

　　　　　　中入时畜计悄悄盗礼断判畜 <> 偿令

新译文：

　　一等盈能与牧人知会[1]徇情，能偿而入置命中时，计畜价，以偷盗法判断，畜当令偿之。

注释：

　　［1］知会：原译为"暗中"。

────────────

　　① 史金波、聂鸿音、白滨译注：《天盛改旧新定律令》，第 596 页。
　　② 𘟱𗩔（置命）为常用词。𗩔（置），原文误刻为𘉧（处）。

本小条是盈能令牧人能偿而入置命的处罚。嫉嫉［知知］，前揭意为"知会"。

15.《天盛律令》卷十九《牧盈能职事管门》："所属牧监、牧人等无力偿之者不偿时，盈能一局分自一至百勿治罪。"[1]本条款西夏文原文为：

甲 19-31-17　𗩾𗱕𗩅𗩲𗱕𗼩𗿷𗪙𗹦𗴂

　　　　　　<>　属牧监牧人等偿不办

甲 19-31-18　𗧘𗩾𗩸𗼻𗰐𗩲𗰜𗤭𗄈𗟲𗵘𗧔𗪐𗴂

　　　　　　<>　弃失时［盈能］一局分一起百至罪莫

甲 19-32-1　𗫂

　　　　　　连

新译文：

　　所属牧监、牧人等无力偿之者损失[1]时，盈能一局分自一至百勿治罪。

注释：

　　［1］损失：原译为"不偿"。

本小条是牧监、牧人等无力偿还而损失官畜时对盈能的处罚。

卷二十校译补正

1.《天盛律令》卷十九[2]《罪则不同门》："一节亲主犯种种罪时，除谋逆、失孝德礼、背叛、杀伤父母等依法判断外，其余犯十恶及不论官罪时，死命黥杖等当□□地当受，所应持处应持，□□处拘管□依犯杂罪之拘管法当拘管之。"[3]本条款西夏文原文为：

---

①史金波、聂鸿音、白滨译注：《天盛改旧新定律令》，第596—597页。

②原文参见俄罗斯科学院东方研究所圣彼得堡分所、中国社会科学院民族研究所、上海古籍出版社编：《俄藏黑水城文献》，第8册，第367页下左—第379页上左。

③史金波、聂鸿音、白滨译注：《天盛改旧新定律令》，第574页。

甲 20-2-7 �759 �760 �761 �762 �763 �764 �765 �766 �767 �768 �769 �770 �771 �772
　　　　　一节亲主人罪种种犯中逆起孝德礼失逃

甲 20-2-8 �773 �774 �775 �776 �777 �778 �779 �780 �781 �782 �783 �784 �785 [�786]①
　　　　　背父母杀伤等礼依断判不有其后十恶

甲 20-2-9 �787 �788 �789 �790 �791 �792 �793 �794 �795 [�796]② �797 �798 [�799�800]③
　　　　　及官不算罪等犯时死命黥杖等 <> 减地

甲 20-2-10 �801 �802 �803 �804 �805 �806 �807 �808 �809 �810 �811 �812 �813 □
　　　　　［地］<> 易为何持义处 <> 持至往处禁制 □

甲 20-2-11 �814 �815 �816 �817 �818 �819 �820 �821 �822 �823 �824 �825
　　　　　杂罪犯 <> 禁制顺显礼依 <> 禁制

新译文：

　　一节亲主犯种种罪时，除谋逆、失孝德礼、背叛、杀伤父母等依法判断外，其余犯十恶及不论官罪时，死命黥杖等当减免[1]，住地当迁[2]，所应持处应持，往至[3]处拘管□依犯杂罪之拘管法当拘管之。

注释：

　　［1］减免：原译未识出。

　　［2］住地当迁：原译为"□地当受"，未识出�（地），将�（变、易）译为"受"。

　　［3］往至：原译未识出。

本条款是对节亲主犯种种罪的处罚。

　　2.《天盛律令》卷二十《罪则不同门》："殿前司人依前述法□□□□。"④
本条款西夏文原文为：

甲 20-4-1 �826 �827 �828 �829 � �831 � �833 [�834�835]
　　　　　殿前司人前有礼依 <> 顺行

---

① �786（恶），残佚，据上下文拟补。
② �796（杖），残缺，据上下文拟补。
③ �799�800（对译：减地），第一字残缺，第二字佚，据上下文拟补。
④ 史金波、聂鸿音、白滨译注：《天盛改旧新定律令》，第602页。

新译文:

殿前司人依前述法实行^[1]。

注释:

[1]实行:即𘝵𗢏𗥔(对译:<>顺行),原译未识出。

本条款是罚马后的处理规定。𗢏𗥔(实行)较为模糊,第一个字只能看清左部,第二个字佚。但《俄藏黑水城文献》第 8 册《天盛律令》甲种本第二十卷中的图版第 25 页(26—25)为第 4 页(26—4)图版的重复①,由第 25 页(26—25)图版中的相同字可知,本条款中的最后二字为𗢏𗥔(实行)。

3.《天盛律令》卷二十《罪则不同门》:"一诸人敌□□□不许,若其如人□□□有时□□□□□□□正□等□□□□处□□□□当寻,应买则当买,管事□□不寻谕文而□□买时,徒二年。其中我方人逃亡,已穿敌界,敌人□为,卖我方人者,已告诸司,则勿治罪,依逃人罪法判断。诸司举告,有亲戚而有隐其逃罪之语,则以从犯判断。"②本条款西夏文原文为:

甲 20-8-17 𗾔𗷅𘝵𗥃𗤋𗥃𘝂𗤻𗥫𗥫𘝗𗥃𗲲𗢏𘞌𗥃𘝩𗲱
　　　　　一诸人兽 <> 人买为允无若其如人卖者
甲 20-8-18 𗷅𗹭𗖠𗤳𗫴𗤘𗫡𗤟𗨁𘜶𗤋𗢆𗖵𗤬𘜶
　　　　　有时军监司边口使统正副等何事[管]
甲 20-9-1 𗣫𗤟𗠁𗢏𗥔𘞋𗤘𗥃𘝂𗄊𗤟𘝂𗤬𘜶𗲲□□
　　　　　处 <> 告谕节 <> 寻买应则 <> 买事[管]□□
甲 20-9-2 𗢏𗥔𗖠𗤘□□𗥃𗹭𘝽𗲱𗥫𘝾𘜶𘞃𗤬𘝩
　　　　　谕节不寻□□买时二年其中我我人 <>
甲 20-9-3 𘝂𗥃𗠁𘝣𗤧𗥃𗷱𗤧𘝾𘜮𗤋𗥃𗥃𘝩𗥫
　　　　　逃兽界 <> 穿兽人行为我我人 <> 卖为 <>
甲 20-9-4 𗷅𗖠�<𗄊𗤬𗷅𗤬𗥃�<𗤬�<𗤁𗣶𗖠𗤬
　　　　　诸司 <> 告则罪莫连逃人罪礼依断判若

----

① 详见后。
② 史金波、聂鸿音、白滨译注:《天盛改旧新定律令》,第 606 页。

甲 20-9-5 𗄊𗗟𗥤𗟲𗤓𗰔𗤓𗼝𗷅𗤋𗣼𗸪𗄠𗰔𗰲
诸司未告亲有戚有逃罪隐为语等有则

甲 20-9-6 𗋽𗗟𗤊𗤓
副礼断判

新译文：

一诸人不许买敌之人[1]，若其如有卖人者[2]时，监军司、边检校、正副统等当告管事处而寻谕文[3]，应买则当买，管事□□不寻谕文而□□买时，徒二年。其中我方人逃亡，已穿敌界，敌人卖我方人者[4]，已告诸司，则勿治罪，逃人依罪法判断[5]。未告诸司[6]，有亲戚而有隐其逃罪之语，则以从犯判断。

注释：

[1] 不许买敌之人：原译为"敌□□□不许"，未识出𗰲𗤓𗗋（对译：<>人买）。克恰诺夫《天盛改旧新定律令》第 4 册第 603 页佚𗰲𗤓。

[2] 有卖人者：原译为"人□□□有"，未识出𗤋𗥤（卖者）。此 2 字克恰诺夫《天盛改旧新定律令》第 4 册第 603 页残缺。

[3] 监军司、边检校、正副统等当告管事处而寻谕文：原译为"□□□□□□□正□等□□□□处□□□□当寻"，未识别出𗣼𗸪𗗟𗤓𗻼𗦳𗮔𗋽（监军司、边检校、正副统）、𗤓𗥓𗰔（对译：何事[管]）、𗟲𗱾𗼝（对译：告谕节）。

[4] 敌人卖我方人：原译为"敌人□为，卖我方人"，未识出𗠁（行）。

[5] 逃人依罪法判断：原译为"依逃人罪法判断"。

[6] 未告诸司：原译为"诸司举告"，未译𗤊（未）。

本条款是对不告而买敌之人的处罚。所补的字，除𗟲𗱾𗼝（对译：告谕节）三字外，均较为清晰。𗱾𗼝（谕节）二字较为模糊，但根据上下文，下文刚好有"不寻谕文而□□买时，徒二年"，知此处要"寻"的就是𗱾𗼝（谕节）。𗟲（告）字左部基本可看，该字处于𗥓𗰔𗧠𗥻（管事处）之后，𗱾𗼝（谕节）之前，据上下文应为𗟲（告）。𗸪𗄠𗣼𗤊𗤓（对译：逃人罪礼依断判）中，𗸪𗄠（逃人）为主语，𗣼𗤊𗤓（依罪法）为状语，𗤊𗤓（判断）为谓语。条款后半部分是说，我方逃人穿敌界，敌人卖我方人时，已告诸司买我方逃人，则勿治罪，逃人依罪法判断；未告诸司买我方逃人，卖者徒二年，逃人有亲戚隐其逃罪之语，则以从犯判断。

4.《天盛律令》卷二十《罪则不同门》："一诸司大人、承旨、习判等多枉公事，家主□为，又官□□□□□等中持取，很多□□□□如此罪使□□□□依□□□应有□□□□当视情节轻重，应令职位全失或降位别任，应如何，依时节奏量实行。若有位臣僚等与前所示犯大罪不同，两种受贿而非于家民众多之碍时，持取官畜、谷、物，本罪□获死、长期，有依律令、官品不应黜职时，除一番可依律令所定实行，再犯死及长期重罪黜职以外，此后与之不同。按重复犯罪不止，□□□为别等应如何时，奏量实行。"[1]本条款西夏文原文为：

甲 20-9-15　𘟱𗼕𗋊�273𗵘𗩋𗆟�273𗎬𗥃𘒣𗤳𗸦𘓥𗴔□
　　　　　　一诸司大人旨承勤判等勤事多弯家主□
甲 20-9-16　𗼕𘟱𗤟𗤳□□□𗩾𗋈𘒣𗈪𗟲𗏵𗸦
　　　　　　为又官畜□□□粮粮等中手有多
甲 20-9-17　𗟲𗃟𗣀𗤟□𗏵𗏵𗍫𗸦𘓒𘊙𗵘𗵑𗣀𗫉
　　　　　　多虚杂为□重重贪多食此如罪大犯
甲 20-9-18　𗣀□□□□𗍫𗈪𗥃𗼕𗣀𘝦□□□□
　　　　　　<> □□□□依职失不应有□□□□
甲 20-10-1　𗼕𘋩𗥑𗣀𗲩𗸦𘌒𗈪𘟙𗥃�273𗦳𗸦𗯨
　　　　　　语阶重轻上 <> 看职位全失令及位退
甲 20-10-2　𗼕𗤀𗴔𗆟𗤳𗼕𘐊𗟲𘝣𗈪𗣀𗚜𘌒𗦳
　　　　　　为别迁等何应时节依至量顺行若位
甲 20-10-3　𗫉�273𗈪𗆟𗺉𘄡𗤀𗵑𘒣𗣀𘊙𘝦𗋈
　　　　　　有臣宰等前有 <> 示罪大犯与不似数
甲 20-10-4　𗢳𗵑𗺉𘊙�273𘝣𗱀𗸦𗟲𘄡𘝣𗥎𘒣�273𘝣𗤳
　　　　　　二处贪食家民 <> 多多 <> 碍非数时官畜
甲 20-10-5　𗸦𗹙𗟲𗈪𗥃𗟲𘏞𗥃𗸦𗣀𗱥𗥃�􎀣𗧓𗩱

---

① 史金波、聂鸿音、白滨译注：《天盛改旧新定律令》，第 606—607 页。

谷物中手有罪本［当］死自代获上律习官

甲 20-10-6 𗼻𗗟𗱕𗴺𘝞𘓨𗗟𗳨𗨁𘈷𗦻𗣼𘈩𘟩𗖻

等依职失不应有时一遍上律习上有依

甲 20-10-7 𗪚𗡅𗂤𘝞𗤋𘖑𗤋𘏞𗉆𗿒𗵒𘌤𘝞𗦻𗴺𘝞

<> 顺行不有重死自代罪重犯上职失不

甲 20-10-8 𘝞𗴺𗗟𗛘�19𗊗�19𘓨𘟩𘟩𗉆𗵒�19𘎑𗊭𘜶

应有时其后与不似重重罪犯不止也依

甲 20-10-9 □□□□𘐆𗙼𗤓① 𗁬𗄻𘐆𗛘𗗟𗧙𗗅𗊢𗃞

□□□□为别迁等何应其时至量顺行

新译文:

一诸司大人、承旨、习判等多枉公事,家主□为,又官畜□□□粮食[1]等中持取,为虚杂甚多[2],□重复受贿多食[3],犯如此大罪者[4],依□□□□,有不应革职[5],□□□□,当视情节轻重,应令职位全失或降位别任,应如何,依时节奏量实行。若有位臣僚等与前所示犯大罪不同,两种受贿而非于家民众多之碍时,持取官畜、谷、物,本罪当[6]获死、长期,有依律令、官品不应黜职时,除一番可依律令所定实行,再犯死及长期重罪不应黜职[7]以外,此后与之不同。按重复犯罪不止,□□□□为别任[8]等应如何时,奏量实行。

注释:

[1]官畜□□□粮食:原译为"官□□□□□",未识出𗼻(畜)、𘓨�19(粮食)。

[2]为虚杂甚多:原译为"很多□□□□",未识出𗪚𗂤�19(为虚杂)。

[3]□重复受贿多食:原译未识出𘟩𘟩𘎑𗖻�19(对译:重重贪多食)。

[4]犯如此大罪者:原译为"如此罪使□□□",未识出𗵒𗖻�19(对译:大犯<>),衍"使"。

[5]有不应革职:原译为"□□□应有",未识出𗦻𗴺�19(不革职)。

---

① 此二字模糊,据上下文补。此处是对重复犯罪不止的处罚,上文刚好也有犯大罪时应"降位别任"的处罚,其中的别任二字𘐆𗙼(对译:别迁),刚好与此二字相呼应。

［6］当：原译未识出。

［7］不应黜职：原译为"黜职"，漏译𗫰𗙠𗭴（对译：不应有）。

［8］别任：原译为"别"，漏译𗏆（迁、徙）。

本条款是对诸司大人、承旨、习判等及有位臣僚犯罪时是否革职的规定。𗫰𗙠□□□𗫰𗙠𗙞𗙟𗙠𗙡（官畜□□□粮食等中持取）中的𗫰𗙠（粮食）除第一字残上部外大体看得清，𗙠（畜）字残存左部，但之前亦为诸司大人、旨承、习判多枉公事的违法行为，其后还有"持取官畜、谷、物，本罪□获死、长期"，从而可以确定这三个字。

5.《天盛律令》卷二十《罪则不同门》："一毁圣旨者，当于懈怠圣旨罪上加一等。"①本条款西夏文原文为：

甲 20-10-17 𗫰𗙠𗙞𗙟𗙠𗙡𗙢𗙣𗙤𗙥𗙦𗙧𗙨𗙩𗙪𗙫𗙬

一御旨失 <> 御旨懈怠罪上一等 <> 升为

新译文：

一失圣旨[1]者，当于懈怠圣旨罪上加一等。

注释：

［1］失圣旨：原译为"毁圣旨"，误将𗙟（失、违、舍）译为"毁"。

失圣旨，当于懈怠圣旨罪上加一等，判罚较轻；毁圣旨，则不仅仅是懈怠的问题，处罚应更重。

6.《天盛律令》卷二十《罪则不同门》："一诸人监军司之刺史者，当坐所隶属大人以上位，所辖地方有位有尊之人等，不闻敕书、律条，与官事相背，曲量律法，懈怠公事，贪饮食物，判断不公，狱囚瘦死，又倚势凌弱，无理摊派，若有疑公事不好好□□□□□怒时，无罪罚判而喜时，无功□□，又有位有尊人等之□□，势力□□，于诸局分处□□□□□地方内□□相现，另有其他未置语等，一等等何所闻见数，隶属于经略使者当告经略使，不隶属经略使者，当依文武分别告中书、枢密。当分别依律法遣送，应遣行本人则遣行本

---

① 史金波、聂鸿音、白滨译注：《天盛改旧新定律令》，第607页。

人，应奏报则奏报。"①本条款西夏文原文为：

甲20-11-4 〔西夏文〕
一诸方军监司 <> ［此使］<><> 有大人 <> 上高

甲20-11-5 〔西夏文〕
<> 坐有顺地圈内位有贵有人等诏文

甲20-11-6 〔西夏文〕② 〔西夏文〕
律礼不听官事与背律法弯量勤事长

甲20-11-7 〔西夏文〕
松食饮物食断判不等监缚瘦死又势

甲20-11-8 〔西夏文〕
恃弱凌不应收税伸若疑所勤事好好不

甲20-11-9 □□□□□〔西夏文〕
□□□□□怒时罪无罚判喜时功无

甲20-11-10 □□〔西夏文〕
□□又位有贵有人等 <> 子兄弟势力恃

甲20-11-11 〔西夏文〕
恃诸职管处词置语缚若地圈内怪诧

甲20-11-12 〔西夏文〕③〔西夏文〕
相现另他未置语有等一等等何闻见

甲20-11-13 〔西夏文〕
数［经略使］处缚有 <>［经略］处及［经略］处

甲20-11-14 〔西夏文〕
不缚有 <> 文武顺中净谋密等异异 <>

甲20-11-15 〔西夏文〕
告律法依 <> 分别自人处遣行应自人处

---

① 史金波、聂鸿音、白滨译注：《天盛改旧新定律令》，第 607—608 页。

② 按：原文将 〔西夏文〕（测、量、度）误刻为 〔西夏文〕（待、留）。（原文参见俄罗斯科学院东方研究所圣彼得堡分所、中国社会科学院民族研究所、上海古籍出版社编：《俄藏黑水城文献》，第 8 册，第 372 页下右第 6 行。）根据上下文，〔西夏文〕（律法）只能 〔西夏文〕（曲量），而非 〔西夏文〕（曲待）。

③ 按：原文将 〔西夏文〕（置）误刻为 〔西夏文〕（处）。（原文参见俄罗斯科学院东方研究所圣彼得堡分所、中国社会科学院民族研究所、上海古籍出版社编：《俄藏黑水城文献》，第 8 册，第 372 页下左第 3 行。）根据上下文意，只能说 〔西夏文〕（未置语），〔西夏文〕（未处语）则说不通。

甲 20-11-16 𗫂𗗧𘈩𗧷𗧓𗦜𗷝𗧷𗧓

<> 遣行告至应 <> 告至

新译文：

一诸方[1]监军司之刺史者，当坐所隶属大人以上位，所辖地方有位有尊之人等，不闻敕书、律条，与官事相背，曲量律法，懈怠公事，贪饮食物，判断不公，狱囚瘦死，又倚势凌弱，无理摊派，若有疑公事不好好□□□□□怒时，无罪罚判而喜时，无功□□，又有位有尊人等之子、兄弟[2]，依杖势力[3]，于诸局分处说项诉讼[4]，若地方内怪异相现[5]，另有其他未置语等，一等等何所闻见数，隶属于经略使者当告经略使，不隶属经略使者，当依文武分别告中书、枢密。依律法区分[6]，应遣行本人则遣行本人，应奏报则奏报。

注释：

[1]诸方：原译为"诸人"，误将𗫂（方）译为"人"。

[2]子、兄弟：原译未识出。

[3]依仗势力：原译为"势力□□"，未识出𗡡𗴮（依靠、依仗）。

[4]说项诉讼：原译未识出。

[5]若地方内怪异相现：原译为"□地方内□□相现"，未识出𗦜（若）、𗭪𗰖（怪异）。

[6]依律法区分：原译为"当分别依律法遣送"，衍"遣送"。

本条款主要是讲监军司刺史的职责。𗡡𗴮（依靠、依仗）一词，前一个字模糊，后一个字字迹清晰，但其前为𘄡𗒛（势力），故依上下文可识出。𘝵𘈖𘜶𗌽（对译：词置语缚），《译名对照表》指出𘝵𘈖（对译：词置）意为"说项"；① 𘈖𗡢𗹦𗌽（对译：问唇 <> 缚）、𗫻𗌽（对译：口缚）意为"诉讼"，② 那么与此相近的𘜶𗌽（对译：语缚）也可译为"诉讼"。𗦜𗌏𗡞𘟩𗭪𗰖𗹦𘝵（若地方内怪异相现）一句中，𗦜（若）和𗭪𗰖（怪异）基本可辨识，处于句中与句意相符。从上下文来看，地方怪异相现是由地方有位有尊之人的仗势不法行为引起

① 史金波、聂鸿音、白滨译注：《天盛改旧新定律令》，第 638 页。
② 分别见史金波、聂鸿音、白滨译注：《天盛改旧新定律令》，第 638、639 页。

的。屁薮（对译：区分、分别）意为"区分、分别"。①縡祧瀮祥屁薮（对译：律法依<>分别）中，诸方监军司之刺使为主语，縡祧瀮（依律法）以宾介词作状语，祥［宁 djij］为趋向行为主体的未然式动词前缀，屁薮（区分、分别）为谓语。

7.《天盛律令》卷二十《罪则不同门》："一获罪人中行大杖，因是大人而受细杖者时，大杖一杖□□受五细杖。"②本条款西夏文原文为：

甲 20-13-14 佭新瀫牪僻鑗缡薕觅鑗弥憿胗氕菝鑗
　　　　　　 一罪获人中杖大换处杖细著应有时杖
甲 20-13-15 缡杨鑗薕觅恻隬骹鑗弥氢憿
　　　　　　 大一杖换处五打数杖细 <> 著

新译文：

一获罪人中有应行大杖而换细杖[1]时，大杖一杖当换受[2]五细杖。

注释：

［1］有应行大杖而换细杖：原译为"行大杖，因是大人而受细杖者"，衍"大人"，未译薕觅（对译：换处）。

［2］大杖一杖当换受：原译为"大杖一杖□□受"，未识出薕觅（对译：换处）。

本条款是对获罪人中应行大杖而换受细杖的规定。

8.《天盛律令》卷二十《罪则不同门》："当值告者□传□□告遣，则依当值已告而不往，已生未生住滞之各各罪状法判断。"③本条款西夏文原文为：

甲 20-14-17 䢭薮讈疹
　　　　　　 住续告者
甲 20-14-18 㷂骹牪朘讈敊铢䢭薮鑗讈恍荙蘥駥滤

---

①《文海》6·222、88·261，杂 15·121，分别见史金波、白滨、黄振华：《文海研究》，第 141、400 页，第 303、525 页，第 340、549 页。
②史金波、聂鸿音、白滨译注：《天盛改旧新定律令》，第 609 页。
③史金波、聂鸿音、白滨译注：《天盛改旧新定律令》，第 610 页。

　　　　　职管人未告遣则住续 <> 告不往住滞
甲 20-15-1 𗰣𗪚𗱕𗪚𗤙𗠶𗰗𗰭𗢸𗏴𗄊𗤒𗉨𗭪
　　　　　<> 出未出 <> 自处罪阶显礼依断判

新译文：

　　当值告者未告遣局分人[1]，则依当值已告而不往，已生未生住滞之各
各罪状法判断。

注释：

　　[1] 未告遣局分人：原译为"□传□□告遣"，未识出𗤙𗠶𗈁𗠶（对
译：职管人未），将𗠶（管、侍）识为𗠶（传）。

　　本条款是对诸司当值司吏不速处理文书，司监检校文书不妥的处罚。[①]
　　9.《天盛律令》卷二十《罪则不同门》："一诸人犯罪时，获得罪□次第
——虽然显明，但种事不小，令集□□而问之。其中除前所明述之外，前所无
时，同样判断。当量于□□□，轻者于重当量之，一等等情□□□上当量，奏
报实行。"[②]本条款西夏文原文为：

甲 20-15-2 𗤒𗪻𗈁𗏴𗤒𗤼𗏴 □ 𗤰𗾫𗦻𗤒𗤒𗤸𗦻𗲜𗑗
　　　　　一诸人罪犯中罪 □ 获承顺——显明及是
甲 20-15-3 𗢸𗈁𗅲𗠇𗤒𗮨𗄉𗄊𗉨𗥃𗦻𗤊𗤸𗦻𗤴
　　　　　然诸事不少集所聚令暂问其中显明有
甲 20-15-4 𗠇𗩾𗠇𗤸𗐊𗤴𗤴𗉨𗤘𗤊𗦻𗥃𗰗𗦷𗦻𗥃
　　　　　不有不明有时等判时重 <> 轻上 <> 量轻
甲 20-15-5 𗦻𗤊𗰗𗦷𗦻𗢭𗤴𗤴𗤉𗦷𗨁𗩾𗰗𗦷𗦷𗤭
　　　　　<> 重上 <> 量一等等语本 [地] 稀薄处 <> 量 <>
甲 20-15-6 𗰗𗦻𗅲
　　　　　至顺行

① 史金波、聂鸿音、白滨译注：《天盛改旧新定律令》，第 610 页。
② 史金波、聂鸿音、白滨译注：《天盛改旧新定律令》，第 610 页。

新译文：

一诸人犯罪时，获得罪□次第一一虽然显明，但诸事[1]不小，令集所集[2]而问之。其中除显明[3]之外，有不分明[4]时，同样判断，重者于轻当量[5]，轻者于重当量之，一等等情由地薄[6]上当量，奏报实行。

注释：

[1] 诸事：原译为"种事"。

[2] 所集：原译未识出。

[3] 显明：原译为"前所明述"。

[4] 有不分明：原译为"前所无"。

[5] 重者于轻当量：原译为"当量于□□□"，未识出𦂴𗱕𗷲（重者轻）。

[6] 情由地薄：原译为"情□□□"，未识出𗣼𗲲𗧾（对译：本［地］稀薄）。

本条款是对犯罪显明但因诸事不小而审问奏报的规定。𗲲𗧾（对译：［地］稀薄），不知何意，暂音译为地薄。

10.《天盛律令》卷二十《罪则不同门》："一诸人因冒犯王位、失孝德礼、其他系于朝廷而逃等，偏问处已问，命已赦，黑水等诸处已遣送，为苦役无期，及犯罪人之同门节亲子弟等已连坐，地方已转，于边中守城□牧农主等中注册记名者，偏问、储典册勾管者当令明之，当行板簿而入册。若殿前司引送一册，殿前司人亦所敛行板簿一卷到来，其板簿上送为录册，注册处明而行之，当注册为正职、为典库□位之人中间当送殿前司磨勘。"①本条款西夏文原文为：

甲20-15-7 𗦎𗜈𘝵𘋨𗹦𗾦𗿷𗤁𗣼𘏞𗾋𗬩𗡞𘜼𘌤
 一诸人 王位 触恼 孝 德 礼 失 他 别 世界处
甲20-15-8 𗦫𗣗𗧀𗤻𗪉𗤋𗫂𘗽𗤋𗴂𘗽𗥃𗦫𘗽𗦫
 缚而逃等因歪问处 <> 问命 <> 赦水黑等

_____

① 史金波、聂鸿音、白滨译注：《天盛改旧新定律令》，第 610—611 页。

甲 20-15-9 ☐☐☐☐^①□□☐☐☐☐☐☐☐☐☐

　　　　　诸诸 <> 遣□□事难为备取所及罪犯

甲 20-15-10 ☐☐☐☐☐☐☐☐☐☐☐☐☐☐

　　　　　人 <> 门户节亲子兄弟等 <> 连地［地］<> 转

甲 20-15-11 ☐☐☐☐☐☐☐☐☐☐☐☐☐

　　　　　为边中城执军牧农主等中备取名有

甲 20-15-12 ☐☐☐☐☐☐☐☐^②☐☐☐☐☐☐

　　　　　<> 歪问典贮管［兀］为者人 <> 显令［板簿］

甲 20-15-13 ☐☐☐☐☐☐☐☐☐☐☐☐☐

　　　　　<> 行上 <> 升簿若殿前司一典 <> 引送

甲 20-15-14 ☐☐☐☐☐☐☐☐☐☐☐☐

　　　　　殿前司人亦［领领板簿］一卷 <> 行至来

甲 20-15-15 ☐☐☐☐☐☐☐☐☐☐☐☐☐

　　　　　来其［板簿］上 <> 升簿为遣备取处 <> 显

甲 20-15-16 ☐☐☐☐☐☐☐☐☐☐☐☐☐

　　　　　处 <> 行簿上 <> 备取 <> 职正为典贮管

甲 20-15-17 ☐☐☐☐☐☐☐☐☐☐☐☐☐

　　　　　［兀］为者人中间殿前司 <><> 审集 <>［催］

甲 20-15-18 ☐

　　　　　为

新译文：

　　一诸人因冒犯王位、失孝德礼、其他系于朝廷而逃等，偏问处已问，命已赦，已□□遣送黑水等诸处[1]，为苦役无期，及犯罪人之同门节亲子弟等已连坐，地方已转，于边中守城军[2]、牧农主等中注册记名者，偏问、储典册勾管者当令明之，当行板簿而入册。若引送殿前司一册[3]，殿前司人亦领取[4]行板簿一卷到来，其板簿上送为录册，注册处明而行之，当注册为正职。储典册勾管者[5]中间当催[6]殿前司磨勘。

---

① ☐（遣），残缺，根据上下文拟补。
② ☐☐☐☐（对译：管［兀］为者），第2字残缺，但该词在本条款下文再出现故补。

注释：

　　［1］已□□遣送黑水等诸处：原译为"黑水等诸处已遣送"。

　　［2］守城军：原译为"守城□"，未识出𦆗（军）。

　　［3］引送殿前司一册：原译为"殿前司引送一册"。

　　［4］领取：原译为"所敛"。

　　［5］储典册勾管者：原译为"为典库□位之人"，将𦅾屏庨（对译：储［兀］者）识为"库位之人"，未识出𦆎（管）。

　　［6］催：原译为"送"。

本条款是对犯罪人及连坐者当行板簿录册而磨勘的规定。从语法来看，𦕭祗𦄀𦆗𦆗𦄵𢾑（对译：水黑等诸诸<>遣）中，诸人为主语，𦕭祗𦄀𦆗𦆗（黑水等住处）为宾语，𦄵［毋 wjɨ］为表示向外、向远方向的过去式动词前缀，𢾑（遣）为谓语。从上下文来看，其上刚说犯三种罪，已问明而赦命，其下则规定为苦役无期，则中间应是遣送黑水等诸处。𦆗𦄘𦆗（守城军）这一搭配，在后面的条款中出现过，可相对照。[1]𦆌𦄙𦅅𦈌𦆎𦇘𦇙（对译：殿前司一典<>引送）中，"储典册勾管者"为主语，𦆌𦄙𦅅𦈌𦆎（殿前司一册）为宾语，𦇘［永］为表示向外、向远方向的未然式动词前缀，𦇙𦇙（引送）为谓语。𦇚𦇚［领领］，意为"领取"，指殿前司人领取储典册勾管者所引送板簿一卷。𦆎𦅾𦆎屏庨庨（对译：典贮管［兀］为者），前文"偏问、储典册勾管者当令明之"已出现过一次，可前后对照。

11.《天盛律令》卷二十《罪则不同门》："一国家内诸人犯种种罪，为苦役之遣送法除分明以外，守边堡、城、州、寨者正军、辅主因弃城一种而获劳役时，所属城内修造，□□垒□道断，有圮缺堵之城头楼，□□库房等之修造正事当为之。有何转运种种用度等时，令于劳役变处为苦役。于彼未足，则执所属另外守城军中应行时当行，合力修造。若城遣人等城内苦役无所为，则当遣送城□头尾之官方采金熔银铁、为其他苦役处令为苦役。"[2]本条款西夏文原文为：

---

　　① 史金波、聂鸿音、白滨译注：《天盛改旧新定律令》，第611页。原文参见俄罗斯科学院东方研究所圣彼得堡分所、中国社会科学院民族研究所、上海古籍出版社编：《俄藏黑水城文献》，第8册，第375页上左第4行第7—9字。

　　② 史金波、聂鸿音、白滨译注：《天盛改旧新定律令》，第610—611页。

甲 20-16-7 𗧑𗥃𗦎𗥃𗥃𗧇𗩾𗥃𗧇𗦰𗥃𗧇𗧵𗦰𗦮①
　　　　　 一国圈内诸人罪诸种犯事难为处遣顺别

甲 20-16-8 𗥃𗦜𗥃𗦮𗦮𗧇𗦮𗥃𗧇𗦮𗧇𗥃𗦮𗧇𗦮𗧇𗦮
　　　　　 显不有边 [堡] 城 [州] 寨持者军正辅主城

甲 20-16-9 𗧵𗧇𗥃𗦮𗧇𗦮𗧇𗩾𗧇𗦮𗧇𗥃𗦎𗥃𗦮𗦮①
　　　　　 弃一种因劳役获时有顺城内修治和

甲 20-16-10 □𗦮𗦮𗦮𗦮𗧵𗦮𗧇𗦮𗧇𗦮𗧵𗦮𗧵𗦮𗦮
　　　　　 □垒挖道铡为圮缺堵城头 [楼] [路钉] 解

甲 20-16-11 𗦮𗦮𗧵𗦮𗧇𗦮𗧵𗦮𗧇𗦮𗧵𗦮𗧵�᠋𗦮𗦮
　　　　　 库 [田] 等修治事正为义需诸种割运所

甲 20-16-12 𗧵𗦮𗧵𗦮𗧇𗦮𗦮𗧇𗦮𗧇𗦮𗧇𗧵𗦮𗦮
　　　　　 何有等中劳役换处事难 <> 为令其上

甲 20-16-13 𗥃𗦮𗧵𗦮𗦮𗧇𗦮𗦮𗧵𗦮𗧵𗦮𗧇�᠋�᠋
　　　　　 不足则有顺别城持军中 <> 应时 <> 行

甲 20-16-14 𗦮𗦮𗧇�᠋𗧇�᠋𗧇�᠋𗧇�᠋𗧇�᠋𗧇�᠋�᠋
　　　　　 力和为以 <> 修治若城弃人人城内事

甲 20-16-15 𗦮𗧇�᠋�᠋𗧘�᠋�᠋𗧇�᠋�᠋�᠋𗧇�᠋�᠋�᠋
　　　　　 难为所无则城寨头末官 <> 金释银铁

甲 20-16-16 𗥃𗦮𗦮𗧇�᠋𗧇�᠋�᠋��᠋�᠋𗧇�᠋�᠋𗧇�᠋𗧘
　　　　　 铸他另事难为处有处 <> 遣事难 <> 为令

新译文：

一国家内诸人犯种种罪，为苦役之遣送法除分明以外，守边堡、城、州、寨者正军、辅主因弃城一种而获劳役时，所属城内修造，和□挖垒而道断[1]，拆圮缺堵之城头楼、路钉[2]，修造库房等[3]正事当为之。有何转运种种用度等时，令于劳役变处为苦役。于彼未足，则所属另外守城军[4]中应行时当行，合力修造。若弃城[5]人等城内苦役无所为，则当遣送城寨头尾[6]之官方采金熔银铁、为其他苦役处令为苦役。

_____

①此字模糊，据上下文补。此处是对守边堡、城、州、寨者正军、辅主因弃城而获劳役，令修造城内的处罚。修城则涉及𗥃（和、拌）、𗦮𗦮（对译：挖垒）。

注释：

[1] 和□挖垒而道断：原译为"□□垒□道断"，原译未识出𘃨（和）、𘃩（挖）。

[2] 拆圮缺堵之城头楼、路钉：原译为"有圮缺堵之城头楼，□□"，未识出𘃪𘃫𘃬（拆路钉），衍"有"。

[3] 修造库房等：原译为"库房等之修造"。

[4] 所属另外守城军：原译为"执所属另外守城军"，衍"执"。

[5] 弃城：原译为"城遣"。

[6] 城寨头尾：原译为"城□头尾"，原译未识出𘃭（寨）。

本条款主要是对守边堡、城、州、寨之正军、辅主因弃城而获劳役、为苦役的规定。𘃮𘃯𘃰𘃱𘃲𘃳𘃴𘃵（对译：圮缺堵城头［楼］［路钉］解）中，𘃮𘃯𘃰（圮缺堵）为定语修饰宾语𘃱𘃲𘃳（城头楼）、𘃴𘃵（路钉），𘃶（解、拆、剖）为谓语；同样𘃷𘃸𘃹𘃺𘃻（对译：库［田］等修治）中，𘃷𘃸𘃹（库房）为宾语，𘃺𘃻（修造）为谓语。𘃼𘃽（对译：城弃）一词，即本条款"因弃城一种而获劳役"中的"弃城"。

12.《天盛律令》卷二十《罪则不同门》："一诸臣僚旧有军，及因城头□□断军务，于敕上有而得军等，依法本人当有之。"[1]本条款西夏文原文为：

甲 20-18-6 𘃾𘃿𘄀𘄁𘄂𘄃𘄄𘄅𘄆𘄇𘄈𘄉𘄊𘄋𘄌𘄍
　　　　一诸臣宰处军旧有及城头先穿军唇割敕
甲 20-18-7 𘄎𘄏𘄐𘄑𘄒𘄓𘄔𘄕𘄖𘄗𘄘
　　　　上有因军获等礼依自人处 <> 有

新译文：

一诸臣僚旧有军，及因先破城头而断军务[1]，于敕上有而得军等，依法本人当有之。

注释：

[1] 因先破城头而断军务：原译为"因城头□□断军务"，原译未识

---
① 史金波、聂鸿音、白滨译注：《天盛改旧新定律令》，第 612 页。

出[illegible]（对译：先穿）。

本条款主要是规定承袭旧有军及立军功才能得军。

13.《天盛律令》卷二十《罪则不同门》："一□检军畜偏问磨勘者，大小局分之禄食当依以下所定而成。其中所增一种，由群牧司出，其余禄食当由三司出。有所遣行，经略使局分司所在处三司所属有罚贿，则当于其中予之。若无，则于所属地方内三司、群牧司所属之官畜、谷、钱、物如数出予，当明之而行登录。毕时，京师遣处司及官畜、谷、物隶属之司等之管事处当导送，入注销中。彼大人偏问军畜者中，有掌大事，此当明之。有大于原司品之禄食，则当受其高者。其中大人检畜偏问磨勘者等之灯油、燃料，由所辖处予之，校军磨勘者□□□□禄食依法当由三司局分中抽予。□缓地少，寻谕文及时不及时，谷物抽予次第等，依前述抽予禄食次第，与所示相同。问难者遣行文书所用纸，当由犯罪当事人、分析者均摊而取之，所需时当取，不许一并超额分取。"[1]本条款西夏文原文为：

甲 20-18-10 [illegible][2] [illegible][3]

一大军畜经歪问审集者等职管小大 <> 禄

甲 20-18-11 [illegible]

食除下 <> 定依 <> 为其中增所一

甲 20-18-12 [illegible]

种牧司及其后禄食备称等 <> 夺

甲 20-19-3 [illegible]

遣行

甲 20-19-4 [illegible]

所有等［经略使］职管司有处备称

甲 20-19-5 [illegible]

处缚有贪罚有则其中 <> 给若无

甲 20-19-6 [illegible]

则有顺地圈内官 <> 备称牧司等

① 史金波、聂鸿音、白滨译注：《天盛改旧新定律令》，第 612—613 页。
② [illegible]（大），残缺，据上下文补。
③ [illegible]（禄），残缺，据上下文补。

甲 20-19-7 𘓺𘝞𘈧𘟙𗾻�凈𘔧𘊝𘛛𘈷𘜶𗢵

　　　　　缚有畜谷钱物处中数依 <> 离 <>

甲 20-19-8 𘆄𘚢𘟙𗾻𘈧�凈𘓺𘔢𘊟𘜶𘊝𗥃

　　　　　给显明升簿 <> 起毕时世界遣处

甲 20-19-9 𗾻𘓺𘔢𘟙①𘟙�凈𘓺𘝞𗾻𘈧𘊟𘊝𘔢

　　　　　司及官畜谷物缚有司等何事［管］

甲 20-19-10 𗪊𘈧𘜶𘚢𗲩𗾺�凈𘊝𘜋𘛚𘜶𘛚

　　　　　处 <> 引送割减中 <> 入其大军

甲 20-19-11 �凈𘔢𗥃𘝞𘓥�凈𘊝𘜌𗱕�凈𘜶

　　　　　畜经歪问者中事大持有此 <>

甲 20-19-12 𘔢𘟙𘚢𗥃𗾈𗾻𘊝𘜶𘔢𘛚𘜶𗥃𘛛

　　　　　显令比本处司等依禄食大有则

甲 20-19-13 𗥃𗤋𘔢𘈧𘜶𘛚�凈𘜶𗾻𗥃𘝞𘓥𗤌𘓥

　　　　　阶高上 <> 受其中大畜经歪问审集者

甲 20-19-14 𗾻𘔢𘝞𘔌𘜶𗾺？�凈𘜪𗱕𘛛𘜶𗥃

　　　　　等灯油烧所缚有举？处［谷宜］军经审

甲 20-19-15 𘜶𗥃𗤌𘊝𗾻𘔢𘜌𘆄𘛚𗼒𘜶�凈𗾻

　　　　　集者 <> 纸等 <> 禄食礼依备称职管中

甲 20-19-16 𘈧𘊝𘜋𘔢𘜋𗤌𘔢𗼒𗾻𘜺𘟙�凈𘜺

　　　　　<> 夺急缓［地］稀薄谕节寻徐及不徐

甲 20-19-17 𗾻𘜺？𘟙𗾻𘜶𘔢𗾻𘜋𘛚𘜌𘅝𗾻𘜶

　　　　　及饼？谷夺离顺等前依禄食夺离

甲 20-19-18 𘜋𘜺𘈧𘔌𘜶�凈𗥃𘝞𗥃𘜶𗤌𘈧

　　　　　顺 <> 示为与 <> 同歪问者人 <> 文

甲 20-20-1 𘙌𗥃𘜺𘜌𗾻𘜋𗥃𘈧𘝞𘜋𘈧𗥃

　　　　　字遣行用纸 <> 罪犯语至人分析

甲 20-20-2 𘜈𗥃𗾈𘜋𗾻𘈧𘔢𘜺𘈌𘊟𘈷𘈧

　　　　　列者处［勺］以 <> 夺 <> 应时 <> 取

甲 20-20-3 𘝞𘜋𘟙𘊝𗾻𘜶𘈌𘈮

　　　　　一顺议超取分允无

────────────

①𘓺𘔢𘟙（对译：及官畜），残缺，据上下文拟补。

新译文：

　　一大检军畜、偏问、磨勘者等大小局分[1]之禄食，当依以下所定而成。其中所增一种，由群牧司出，其余禄食当由三司出。有所遣行，经略使局分司所在处、隶属三司处[2]有罚贿，则当于其中予之。若无，则于所属地方内三司、群牧司所属之官畜、谷、钱、物如数出予，当明之而行登录。毕时，京师遣处司及官畜、谷、物隶属之司等之管事处当导送，入注销中。彼大检军畜、偏问者[3]中，有掌大事，此当明之。有大于原司品之禄食，则当受其高者。其中大检畜、偏问、磨勘者[4]等之灯油、燃料，由所辖处予之，校军磨勘者之纸等者依禄食法[5]当由三司局分中抽。急[6]缓地少，寻谕文及时不及时，谷物抽予次第等，依前述抽予禄食次第，与所示相同。偏问者[7]遣行文书所用纸，当由犯罪当事人、分析者均摊而取之，所需时当取，不许一并超额分取。

注释：

　　[1]大检军畜、偏问、磨勘者等大小局分：原译为"□检军畜偏问磨勘者，大小局分"，原译未识出禰（大），断句不对。

　　[2]经略使局分司所在处、隶属三司处：原译为"经略使局分司所在处三司所属"，断句不对。

　　[3]大检军畜、偏问者：原译为"大人偏问军畜者"，将禰（大）译为"大人"，漏译厵（经），断句不对。

　　[4]大检畜、偏问、磨勘者：原译为"大人检畜偏问磨勘者"，将禰（大）译为"大人"，断句不对。

　　[5]之纸等者依禄食法：原译为"□□□□禄食依法"，未识出禰鞜鞁纖（对译：<>纸等<>）。此4字克恰诺夫《天盛改旧新定律令》第4册第625页稍模糊。

　　[6]急：原译未识出。

　　[7]偏问者：原译为"问难者"，将禰（歪）译为"难"。

本大条款与所属两小条款①主要是对大检军畜、偏问、磨勘者等大小局分

---

①史金波、聂鸿音、白滨译注：《天盛改旧新定律令》，第613—614页。

禄食供给的规定。据校军磨勘者之纸由三司出，偏问者文书所用纸由犯罪当事人、分析者均摊，知 稝 纸 豀 祇 疹（偏问、磨勘者）为联合词组；又据偏问、磨勘者等大小局分禄食与大校验畜者大小局分禄食分别规定，知 絊 薽 祇 禼 稝 纸 豀 祇 疹（大检军畜、偏问、磨勘者）为联合词组。絊 薽 祇 禼 稝 纸 豀 祇 疹（大检军畜、偏问、磨勘者）三词组在本条款中多次出现，可相互对校。原译"经略使局分司所在处三司所属"，逻辑不清。 燚 蒴 瓶 燚 骇 毗 悡 疺 葳 豾 耗 雃 綳（对译：[经略使] 职管司有处备称处缚有）中，燚 蒴 瓶 燚 骇 毗 悡 疺（经略使局分司所在处）与 葳 豾 耗 雃 綳（三司所属处）为并列关系。

14.《天盛律令》卷二十《罪则不同门》："问难磨勘者等局分大小有禄食次第：大人十日一屠，每日米谷四升，二马中一马七升，一马五升，一童子米一升。□监司写者等一律各自十五日一屠，每日米一升，一马食五升，童子一人每日米一升。案头、司吏二人共二十日一屠，各自每日米一升，共一童子及行杖者一人，各自米一升。校验畜者大小局分之有禄食次第一律：大人七日一屠，每日米谷四升，中有米一升。四马食：一马七升，三马五升，三童子每日米一升。□监司写者等一律各十五日一屠，每日米一升，一马食五升，童子一人每日米一升。"[1]本两小条款西夏文原文为：

甲 20-20-4 稝 纸 豀 祇 疹 靽 燚 骇 絊 絊 祀 踠 綒 瓶
　　　　　 歪问审集者等职管小大禄食有顺
甲 20-20-5 絊 徛 矗 靽 杨 豂 緲 骇 辪 髋 綗 葳 楄 靽
　　　　　 大人 <> 十日一屠日数米面四升二马
甲 20-20-6 絒 刃 靽 薈 薽 刃 靽 馂 薽 刃 鶄 蓒 耛
　　　　　 中一马七升一马五升一童童米
甲 20-20-7 杨 薈
　　　　　 一升
甲 20-20-8 槶[2] 薽 尓 弑 疹 靽 杨 愞 嘉 疺 矗 愞 靽 杨
　　　　　 检察判写者等一礼自处十五日一
甲 20-20-9 豂 綗[3] 骇 刃 薈 骇 辪 刃 靽 踠 愞 薈 骇

---

① 史金波、聂鸿音、白滨译注：《天盛改旧新定律令》，第 613—614 页。
② 槶（检），残缺，据上下文拟补。克恰诺夫《天盛改旧新定律令》第 4 册第 626 页残佚。
③ 该字残佚，豂綗（每日）为常用词故拟补。

　　　　徒日数一升数米一马食五升数

甲 20-20-10 𗣼𗆧𘄴𗡥𗾔𘗣𗾔𘕕𗾔𗧥

　　　　童童一人数日数米一升

甲 20-20-11 𗼁𘊡𘖎𗡞𗼵𗏆𗨫𗼨𗆧𗡥𘕾𘉑𗆐𘟣

　　　　汇头司立二数共二十日一屠自处日

甲 20-20-12 𘈖𘕕𗾔𗧥𗏆𗡥𗣼𗆧𗋈𗟲𗘂𗤋

　　　　数米一升共一童童及杖行者

甲 20-20-13 𗡥𘄴𗨫𗆐𘉑𘕕𗾔𗧥

　　　　一人等自处米一升

甲 20-20-14 𗌭𘏞𗎜𘏞𗤋𘝵𗟢𗘂𗌭𗋃𗊀𘘂𗼨𗾗𗡥𘐧

　　　　大经畜经者职管小大 <> 禄食有顺一礼

甲 20-20-15 𗌭𗋃𘃡𘏞𗡥𘉑𘕕𗾔𘕾𘟣𗧥𗋭𘄴𘕕𗡥

　　　　大人 <> 七日一屠日数米面四升米一

甲 20-20-16 𘕕𘟩𘕾𗎵𘕦𘉮𗎵𘃡𘕕𗤗𗎵𘐧𘕕

　　　　升有四马食一马七升三马五升

甲 20-20-17 𗾔𗤗𗣼𗆧𘃡𘕾𗾔𘕕𗾔𗧥

　　　　数三童童 <> 日数米一升

甲 20-20-18 𗾴𘙊①𗎵𘅳𗤋𗨫𗡥𘐧②𘉑𘊪𘐧𗎵𗡥𘉑

　　　　检察判写者等一礼处十五日一屠

甲 20-21-1 □𘕾𗾔𗧥𗡥𘕕�ᶠ𗨫𘉑𘅳𘉮𘕕

　　　　□日数米一升数一马数食五升

甲 20-21-2 𗾔𗣼𗆧𘄴�ᶠ�ᶠ𘕕�ᶠ𗧥�ᶠ�ᶠ

　　　　数童童一人数日数米一升数

新译文：

　　偏问、磨勘者[1]等局分大小有禄食次第：大人十日一屠，每日米面[2]四升，二马中一马七升，一马五升，一童子米一升。检视、判凭者[3]等一律各自十五日一屠，每日米一升，一马食五升，童子一人每日米一升。案头、司吏二人共二十日一屠，各自每日米一升，共一童子及行杖者

────────────

① 𗾴𘙊（检视），第 1 字佚，第 2 字残缺，据上下文拟补。
② 从上下文与固定搭配来看，疑𗡥𘐧（一律）后漏刻𗆐（自）字。

一人，各自米一升。

大校验畜者大小局分之有禄食次第一律：大人七日一屠，每日米面[4]四升，中有米一升。四马食：一马七升，三马五升，三童子每日米一升。检视、判凭者[5]等一律各十五日一屠，每日米一升，一马食五升，童子一人每日米一升。

注释：

[1] 偏问、磨勘者：原译为"问难磨勘者"，将𧗽（歪、邪），译为"难"，断句不对。

[2][4] 米面：原译为"米谷"，将𪎭（面）识为𪎭（谷）。

[3][5] 检视、判凭者：原译为"□监司写者"，未识出𣏾（检），漏译𧗽（判）。

本两小条款主要是对大检军畜、偏问、磨勘者等大小局分禄食供给数量的规定，是对上一大条款的具体说明。前揭𧗽𣏾𣏾（偏问者）与𣏾𣏾𣏾（磨勘者）为联合关系。𧗽𣏾（偏问）一词在上一大条款中已出现四次①。卷十九《校畜磨勘门》对京师往牧场大校时，案头、司吏、随从、童子、检视者的人马粮食数量有详细规定，其所规定与本两小条款极为相似，其所规定中即有𪎭𪎭（米面）、𣏾𣏾（检视）二词。②𣏾𣏾𣏾𣏾𣏾（对译：检察判写者），𣏾𣏾（各自）规定禄食，说明𣏾𣏾（检察）与𣏾𣏾（判凭）是并列关系。

15.《天盛律令》卷二十《罪则不同门》："一牧、农、车、舟主，相军、乐人、种种工匠等犯十恶，罪本获死而获长期、因盗犯大罪当获死而获长期中，依有官及减免等法判断，当遣送为苦役处。此外犯种种罪时，不遣送为苦役处之法，依以下所定实行，应黥之则当依法黥之。"③本条款西夏文原文为：

甲 20-21-13 𣏾𣏾𣏾𣏾𣏾𣏾𣏾𣏾𣏾𣏾𣏾𣏾𣏾𣏾𣏾𣏾𣏾𣏾𣏾

---

① 史金波、聂鸿音、白滨译注：《天盛改旧新定律令》，第612—613页。原文分别参见俄罗斯科学院东方研究所圣彼得堡分所、中国社会科学院民族研究所、上海古籍出版社编：《俄藏黑水城文献》，第8册，第376页上左第1行、下左第2、4、9行。

② 史金波、聂鸿音、白滨译注：《天盛改旧新定律令》，第585页。原文分别参见俄罗斯科学院东方研究所圣彼得堡分所、中国社会科学院民族研究所、上海古籍出版社编：《俄藏黑水城文献》，第8册，第356页下右第7、下左第3行。按：对原译文有所改译，参见卷十九校译补正。

③ 史金波、聂鸿音、白滨译注：《天盛改旧新定律令》，第615页。

一牧农舟船主［相军］乐人匠诸种等十恶

甲 20-21-14 𗾊𗆟𗓶𗎤𗰛𘔼𗽯𗵨𗰜𗾊𗵆𗚜𗹬𗓶

及罪本死自代获盗因罪少大及死

甲 20-21-15 𗰛𘔼𗽯𗢯𗵀𗪴𗾊𘎑𗆟𗮴𗣼𗹬𘕕𗗂

自代获中官有及减减及等礼依断

甲 20-21-16 𗫸𘔼𗆟𗰴𗇐𗆟𘃡𗹬𗾊𗆟𘕕𗵨𗚜

判事难为处 <> 遣其后罪诸种犯时

甲 20-21-17 𘔼①𗆟𗰴𗇐𗵨𗹬𗵨𘓲𗵆𘔼𗹬𗔿𘕕𘃡

事难为处遣不遣顺除下 <> 定依顺

甲 20-21-18 𗇋𘔼𗬬②𗰴𘔼𗹬𘕕𗙏𘀄𗬬

行黥著应黥礼依 <> 著

新译文：

一牧、农、舟船[1]主，相军、乐人、种种工匠等犯十恶，及本罪获死、长期，因盗获大小罪及死、长期[2]中，依有官及减免等法判断，当遣送为苦役处。此外犯种种罪时，遣不遣送[3]为苦役处之法，依以下所定实行，应黥之则当依法黥之。

注释：

[1]舟船：原译为"车、舟"，将𘔼（船），译为"车"。

[2]及本罪获死、长期，因盗获大小罪及死、长期：原译为"罪本获死而获长期、因盗犯大罪当获死而获长期"，逻辑不对。

[3]遣不遣送：原译为"不遣送"，漏译𗵨（遣）。

本大条款主要是对牧、农、舟船主、相军、乐人、种种工匠等犯罪时是否遣送苦役处的规定。𗓶𗎤𗰛𘔼𗽯𗵨𗰜𗾊𗵆𗚜𗹬𗓶𗰛𘔼（对译：罪本死自代获盗因罪少大及死自代获）中包含两小句，第一小句中名词𗓶（本）修饰中心

① 按：此字看不清，此处据𘔼𗆟（苦役）为常用词补。

② 按：此三个字看不清，此处据𗬶𗎹（实行）为常用词及本条款所属两小条款中的𗬬𘀄𗬕𗬬（对译：黥杖著应）而补。史金波、聂鸿音、白滨译注：《天盛改旧新定律令》，第615页。原文分别参见俄罗斯科学院东方研究所圣彼得堡分所、中国社会科学院研究所民族研究所、上海古籍出版社编：《俄藏黑水城文献》，第8册，第378上右第2行第7—10字、第5行第5—8字。

词㦺（罪），构成主语㦺㦺（本罪），㩆（死）、㦺㩆（长期）为并列宾语，㩆（获）为谓语；第二小句中㩆㩆（因盗）为状语，㩆（获）为谓语，㩆（及、和）为并列连词，表明㦺㦺㩆（大小罪）、㩆㦺㩆（死、长期）为并列宾语。

16.《天盛律令》卷二十《罪则不同门》："一等牧、农、车、舟主、相军等应获短期徒刑者，正军、辅主一律应黥之则当黥之，应置铁枷当留入院中。一等番汉乐人及工匠中，需用方一□条下当明之，应黥之则当黥之，正军□当留。未谙正军之事，则当入遣送中。监工中谙活业，当初有任权职者，当依边等法入留中。不任权职，则当遣送，被应留诸人每日当在工院及习业院等□上□□，匠人者有食粮则当减之。"①本两小条款西夏文原文为：

甲 20-22-1 〔西夏文〕②〔西夏文〕
　　一等牧农舟船主［相军］等日显获应 <>

甲 20-22-2 〔西夏文〕③〔西夏文〕
　　军正辅主一礼黥杖著应 <> 著铁项

甲 20-22-3 〔西夏文〕④〔西夏文〕
　　<> 置为院中 <> 留

甲 20-22-4 〔西夏文〕〔西夏文〕
　　一等番汉乐人及匠类中需用方一等条

甲 20-22-5 〔西夏文〕
　　下 <> 显令黥杖著应 <> 著军正数

甲 20-22-6 〔西夏文〕
　　<> 留军正业不晓则遣中 <> 入辅

甲 20-22-7 〔西夏文〕
　　主中业晓先昔权职持有 <> 边等礼

甲 20-22-8 〔西夏文〕
　　依留中 <> 入权职不持则 <> 遣其留

---

① 史金波、聂鸿音、白滨译注：《天盛改旧新定律令》，第615页。

② 按：前4字佚，第5字残缺，据第二小条款的〔西夏文〕（一等）及本大条款的〔西夏文〕（对译：牧农舟船主）补。

③ 按：〔西夏文〕（军）字残佚，据该字后为〔西夏文〕（对译：正辅主）补。

④ 按：㽵（置），原文为㽵（处），但前面为宾语㦺㦺（铁项）和表向下的未然式动词前置助词㩆［你 njij］，后面为动词㩆（为），故改。

甲 20-22-9 𘓜𘔿𘓨𘔣𘓨𘑘𘐨𘓉𘊛𘓱𘐨𘔛[𘓨]^①𘐳

应人数日数工院及业学院等职上

甲 20-22-10 𘓉𘊛𘑘𘔿𘓉𘊱𘐌𘐔𘋼𘊍𘓲𘐨𘊱𘔿

<> 在匠人 <> 食粮有则 <> 减为

新译文：

一等牧、农、舟船[1]主、相军等应获短期徒刑者，正军、辅主一律应黥杖则当黥杖[2]，应置铁枷当留入院中。

一等番汉乐人及工匠中，需用方一种[3]条下当明之，应黥杖则当黥杖[4]，诸正军[5]当留。未谙正军之事，则当入遣送中。辅主[6]中谙活业，当初有任权职者，当依同等法[7]入留中。不任权职，则当遣送，彼[8]应留诸人每日当在工院及习业院等职上[9]，匠人者有食粮则当减之。

注释：

［1］舟船：原译为"车、舟"，将𘋼（船）译为"车"。

［2］［4］应黥杖则当黥杖：原译为"应黥之则当黥之"，漏译𘐳（杖）。

［3］一种：原译为"一□"，未识出𘑥（等、品）。

［5］诸正军：原译为"正军□"，未识出𘓨（数）。

［6］辅主：原译为"监工"。

［7］同等法：原译为"边等法"。

［8］彼：原译为"被"。

［9］职上：原译为"□上□□"，未识出𘊛（职），衍两空格。𘓉𘊛（<> 在），原已译出。

本两小条款是对牧、农、舟船主，相军、乐人、种种工匠等除十恶，及本罪获死、长期，因盗获大小罪及死、长期外犯种种罪时，遣不遣送为苦役处的规定，是对上一大条款的补充。下文的"番汉乐人、弓箭匠、披铠匠、铁匠、枪柄匠、箭袋匠、砲工、秤工、玉工"^②即是第二小条款"番汉乐人及工匠中，需用方一种条下当明"所指。根据字迹与上下文，知"需用方"后的字为𘑥

---

① 按：此字右上部残缺。所在句是对应留诸人的处罚，工院、习业院是其任职务处。故拟补为𘊛（职）。

② 史金波、聂鸿音、白滨译注：《天盛改旧新定律令》，第 616 页。

（等）。第一小条款已规定，牧、农、舟船主、相军等应获短期徒刑者，正军、辅主应留院中；第二小条款与第一小条款相对应，也是对番汉乐人及工匠中的正军、辅主应留还是应遣送的规定。下一条款，亦与本两小条款相似，亦对诸司都案、案头、司吏等者，除十恶、本罪获死获长期徒刑、卖赦禁、人马铠甲转院、杀牛骆驼马、私造曲、铸损钱、盗、种种诈骗、持取畜谷物外犯种种罪时，遣不遣送为苦役处做了规定；其中"虽是正军，然不晓文字，则当遣送。辅主中有晓文字，当初任权职者，则当入留中"①与第二小条款"未谙正军之事，则当入遣送中。辅主中谙活业，当初有任权职者，当依同等法入留中"对应。𗰾𗋽𗉿（对译：边等法），前揭应改译为"同等法"。

17.《天盛律令》卷二十《罪则不同门》："一□□□种种反复犯罪时，盗一种罪总□□另明以外，又获种种罪之长短劳役已判断中，再犯一次至短期六年以下者，应黥之则黥而留之。"②本条款西夏文原文为：

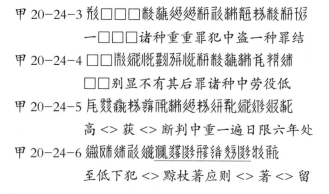

 甲20-24-3 𗇃□□□𗼨𗵒𗵒𗵒𗆧𗖻𗛝𗘂𗵨𗇃𗖻𗦻
     一□□□诸种重重罪犯中盗一种罪结
 甲20-24-4 □□𗆫𗏹𗿒𗤎𗢤𗏹𗖻𗵨𗼨𗛟𗂧𗩽𗰖
     □□别显不有其后罪诸种中劳役低
 甲20-24-5 𗰖𗵒𗦇𗛝𗪩𗰖𗵒𗵒𗷝𗵔𗈤𗵒𗽃𗱥𗱈
     高 <> 获 <> 断判中重一遍日限六年处
 甲20-24-6 𗵔𗓁𗱈𗇃𗵒𗟰𗵘𗰏𗧘𗨁𗄹𗵘𗰏𗤎𗱅
     至低下犯 <> 黥杖著应则 <> 著 <> 留

新译文：

 一□□□种种反复犯罪时，盗一种罪总□□另明以外，又获种种罪之长短劳役已判断中，再犯一次至短期六年以下者，应黥杖则当黥杖[1]而留之。

注释：

 [1]应黥杖则当黥杖：原译为"应黥之则黥"，漏译𗰏（杖）。

---

① 史金波、聂鸿音、白滨译注：《天盛改旧新定律令》，第616页。
② 史金波、聂鸿音、白滨译注：《天盛改旧新定律令》，第617页。

本条款是对反复犯罪，获长短劳役是否遣送为苦役的规定。

18.《天盛律令》卷二十《罪则不同门》："一前述已获劳役等时，除牧、农、舟主等以外，□人工匠类案头、司吏等已留职上，依文书次第当告中书、枢密。"[1]本条款西夏文原文为：

甲 20-24-9 形缵绎耗毛稍𦊆𦦨𦦨𦧈而𦦨绎稜𦧈脆麴
        一前有而劳役等 <> 获中牧农舟主等不有

甲 20-24-10 蒺[2]𦦨琉纛繷苿胤𦦨𦧈𦦨毦毓秠形荄𦊆
        乐人匠类汇头司立等职上 <> 留数文武

甲 20-24-11 𦊆𦊆移蓁缃嫱𦦨𦭴
        顺依中净谋密 <> 告

新译文：

一前述已获劳役等时，除牧、农、舟主等以外，乐人[1]、工匠类案头、司吏等已留职上，依文武[2]次第当告中书、枢密。

注释：

[1] 乐人：原译为"□人"，未识出蒺（乐、伶）。

[2] 文武：原译为"文书"，将𦊆（武、剑）识为瓰（字）。

与本条款中的关键词：获劳役，牧、农、舟主，工匠，留职上有关的之前条款为：前文一大条款与两小条款对牧、农、舟船主，相军、乐人、种种工匠等犯种种罪时是否遣送苦役处的规定。[3]据此，知"匠人"以前的词为蒺𦦨（乐人）。又《天盛律令》规定：依文武次第，当告中书、枢密。亦是证明应为荄𦊆（文武）。

19.《天盛律令》卷二十《罪则不同门》印于卷末的4面的图版（《俄藏黑水城文献》第8册第379页下、380页上，即甲20-25、甲20-26），为本门前面内容的重复，应删去。此4面图版分别重见于《俄藏黑水城文献》第8册的

---

① 史金波、聂鸿音、白滨译注：《天盛改旧新定律令》，第617页。

② 蒺（乐），佚，据上下文拟补。

③ 史金波、聂鸿音、白滨译注：《天盛改旧新定律令》，第615—616页。

第 369 页上（甲 20–4）、370 页下（甲 20–7）。两处重出的图版均有不同程度的残损，但后面图版（甲 20–25、甲 20–26）中的个别字有助于先前图版（甲 20–4、甲 20–7）中模糊字迹的识别。译文分别见史金波等译注本《天盛律令》第 602 至 603 与 605 页。①

---

① 史金波、聂鸿音、白滨译注：《天盛改旧新定律令》，第 602—603、605 页。

参考文献

（一）史籍（按作者姓氏字母排列）

杜建录、（俄）波波娃、潘洁、于光建整理：《天盛改旧新定律令》，甘肃文化出版社，2018 年版。

俄罗斯科学院东方研究所圣彼得堡分所、中国社会科学院民族研究所、上海古籍出版社编：《俄藏黑水城文献》，第 8 册，上海古籍出版社，1998 年版；第 9 册，上海古籍出版社，1999 年版。

（西夏）骨勒茂才著，黄振华、聂鸿音、史金波整理：《番汉合时掌中珠》，宁夏人民出版社，1989 年版。

Кычанов. Е. И. Изменный и заново утвержденный кодекс девиза царствования небесное(1149-1169) (1-4), Иэдательство Наука, Москва, 1987-1989.

克恰诺夫俄译，李仲三汉译，罗矛昆校对：《西夏法典——〈天盛年改旧定新律令〉（第 1—7 章）》，宁夏人民出版社，1988 年版。

克恰诺夫、李范文、罗矛昆：《圣立义海研究》，宁夏人民出版社，1995 年版。

（宋）李焘撰，上海师范大学古籍整理研究所、华东师范大学古籍整理研究所点校：《续资治通鉴长编》，中华书局，2004 年版。

聂鸿音：《西夏文〈新集慈孝传〉研究》，宁夏人民出版社，2009 年版。

史金波、白滨、黄振华：《文海研究》，中国社会科学出版社，1983 年版。

史金波、黄振华、聂鸿音：《类林研究》，宁夏人民出版社，1993 年版。

史金波、聂鸿音、白滨译注：《西夏天盛律令》，科学出版社，1994 年版。

史金波、聂鸿音、白滨译注：《天盛改旧新定律令》，法律出版社，2000 年版。

（元）脱脱等撰：《宋史》，中华书局，1977 年版。

西北第二民族学院、上海古籍出版社、英国国家图书馆编:《英藏黑水城文献》,第 1-4 册,上海古籍出版社,2005 年版;北方民族大学、上海古籍出版社、英国国家图书馆编:《英藏黑水城文献》,第 5 册,上海古籍出版社,2010 年版。

(二)论著(按作者姓氏字母排列)

(苏)З. И. 戈尔芭切娃、Е. И. 克恰诺夫编,白滨译,黄振华校:《西夏文写本和刊本》,《民族史译文集》(3),中国社会科学院民族研究所历史研究室资料组编译,1978 年。

韩小忙:《西夏道教初探》,甘肃文化出版社,1998 年版。

李范文编著:《夏汉字典》,中国社会科学出版社,1997 年版。

李范文主编:《西夏语比较研究》,宁夏人民出版社,1999 年版。

史金波:《西夏佛教史略》,(台北)商务印书馆,1993 年版。

史金波:《西夏社会》,上海人民出版社,2007 年版。

史金波:《西夏文教程》,社会科学文献出版社,2013 年版。

史金波:《西夏经济文书研究》,社会科学文献出版社,2017 年版。

(三)论文(按作者姓氏字母排列)

杜建录:《西夏〈天盛律令〉的历史文献价值》,《西北民族研究》,2005 年第 1 期。

杜建录:《西夏〈天盛律令〉研究的几个问题》,杜建录主编:《西夏学》(第十三辑),甘肃文化出版社,2016 年版,第 125—133 页。

高仁:《一件英藏〈天盛律令〉印本残页译考》,杜建录主编:《西夏学》(第十一辑),上海古籍出版社,2015 年版,第 114—119 页。

龚煌城:《西夏语动词的人称呼应与音韵转换》,《语言暨语言学》,2001 年第 2 期。

韩小忙、王长明:《俄 Инв.No.353 号〈天盛律令〉残片考》,四川大学历史文化学院编:《吴天墀教授百年诞辰纪念文集》,四川人民出版社,2013 年版,129–131 页。

韩小忙、孔祥辉:《英藏〈天盛律令〉残片的整理》,《西夏研究》,2016 年第 4 期,第 42—46 页。

和智:《〈天盛改旧新定律令〉补考五则》,《中华文史论丛》,2018 年第 1 期。

和智:《〈天盛改旧新定律令〉补考一则》,《文献》,2020 年第 5 期。

黄振华:《评苏联近三十年的西夏学研究》,《社会科学战线》, 1978 年第 2 期。

惠宏:《西夏〈天盛律令〉之中药名"蔓荆子"考释》,《宁夏社会科学》, 2017 年第 4 期。

(苏)克平著, 顾荫宁译, 史金波校:《唐古特语表示动作方向的范畴》,《语言研究》, 1984 年第 2 期。

孔祥辉:《英藏〈天盛律令〉Or.12380-3762 残片考补》,《西夏研究》, 2018 年第 4 期。

孔祥辉:《两则未刊俄藏〈天盛律令〉残片考释》, 杜建录主编:《西夏学》(第十六辑), 甘肃文化出版社, 2018 年版, 第 310-315 页。

孔祥辉:《俄藏 Инв.No.6239 号〈天盛律令〉残片考释》, 杜建录主编:《西夏学》(第十七辑), 甘肃文化出版社, 2019 年版, 第 214-222 页。

李丹:《〈天盛律令·物离库门〉药名译考》, 宁夏大学硕士学位论文, 2011 年。

李华瑞:《〈天盛律令〉修纂新探——〈天盛律令〉与〈庆元条法事类〉比较研究之一》, 杜建录主编:《西夏学》(第九辑), 上海古籍出版社, 2014 年版, 第 22—32 页。

李炜忠:《〈天盛律令·行狱杖门〉研究》, 宁夏大学硕士学位论文, 2015 年。

梁君:《天盛律令〈为婚门〉考释》, 宁夏大学硕士学位论文, 2015 年。

骆艳:《俄藏未刊布西夏文献〈天盛律令〉残卷整理研究》, 宁夏大学硕士学位论文, 2014 年。

聂鸿音:《西夏译本〈论语全解〉考释》,《西夏文献论稿》, 上海古籍出版社, 2012 年版, 第 10—20 页;原载宁夏文物管理委员会办公室、宁夏文化厅文物处编:《西夏文史论丛》(第一辑), 宁夏人民出版社, 1992 年版, 第 46—71 页。

聂鸿音:《俄藏 6965 号〈天盛律令〉残卷考》,《宁夏大学学报》(哲学社会科学版), 1998 年第 3 期。

聂鸿音:《从绝学到显学:新世纪西夏研究的展望》,《中国史研究》, 2008 年第 4 期。

聂鸿音:《西夏〈天盛律令〉里的中药名》,《中华文史论丛》, 2009 年第 4 期。

聂历山 (H. A. Невский)：《西夏研究小史》，《国立北平图书馆馆刊》第四卷第三号，1932 年。原载 Bulletin de l' Acadèmie des Sciences de l' URSS (Class des Sciences Sociales), 1931. 又见聂鸿音译，孙伯君编：《国外早期西夏学论集》（二），民族出版社，2005 年版，第 153—166 页。

（苏）聂历山著，马忠建译：《西夏文字及其典藏》，孙伯君编：《国外早期西夏学论集》（二），民族出版社，2005 年版，第 222—246 页。原载 Трубы Инсмцмуа Восмоковебенця, Vol. 17, 1936.

潘洁：《〈天盛改旧新定律令〉农业卷研究》，宁夏大学博士学位论文，2010 年。

潘洁：《〈天盛改旧新定律令·催缴租门〉一段西夏文缀合》，《宁夏社会科学》，2012 年第 6 期。

潘洁：《〈催纳租门〉校勘考释》，杜建录、波波娃主编：《〈天盛律令〉研究》，上海古籍出版社，2014 年版，第 332—374 页

潘洁：《〈天盛律令〉农业门整理研究》，上海古籍出版社，2016 年版。

潘洁：《两件〈天盛律令〉未刊残页考释》，杜建录主编：《西夏学》（第十七辑），甘肃文化出版社，2019 年版，第 207–213 页。

彭向前：《西夏圣容寺初探》，《民族研究》，2005 年第 5 期。

彭向前：《西夏语中的对比连词 mji1 djij2》，杜建录主编：《西夏学》（第十二辑），甘肃文化出版社，2016 年版，第 320—327 页。

彭向前：《〈天盛律令〉译文勘误数则》，未刊稿。

史金波：《西夏语的存在动词》，《语言研究》，1983 年第 2 期。

史金波：《评介西田龙雄西夏文研究专著四种》，《民族语文》，1985 年第 2 期。

史金波：《〈类林〉西夏文译本和西夏语研究》，《民族语文》，1989 年第 6 期。

史金波：《一部有特色的历史法典——西夏〈天盛改旧新定律令〉》，《法律史研究》编委会编：《中国法律史国际学术讨论会论文集》，陕西人民出版社，1990 年版，第 292—305 页；又见《瘠土耕耘：史金波论文选集》，中国社会科学出版社，2016 年版，第 62—69 页。

史金波、白滨、黄振华、聂鸿音：《西夏文〈天盛新律〉进律表考释》，宁夏文物管理委员会办公室、宁夏文化厅文物处编：《西夏文史论丛》（第一辑），宁夏人民出版社，1992 年版，第 97—112 页。

史金波：《西夏〈天盛律令〉略论》，《宁夏社会科学》，1993年第1期。

史金波：《西夏的职官制度》，《历史研究》，1994年第2期。

史金波：《西夏语的"买""卖"和"嫁""娶"》，《民族语文》，1995年第4期。

史金波：《西夏天盛律令及其法律文献价值》，韩延龙主编：《法律史论集》（第1卷），法律出版社，1998年版，第469—495页。

史金波：《西夏户籍初探——4件西夏文草书户籍文书译释研究》，《民族研究》，2004年第5期。

史金波：《西夏农业租税考——西夏文农业租税文书译释》，《历史研究》，2005年第1期。

史金波：《西夏语人称呼应和动词音韵转换再探讨》，《民族语文》，2010年第5期。

史金波：《黑水城出土西夏文买地契研究》，《历史研究》，2012年第2期。

史金波：《西夏学的丰碑——克恰诺夫教授西夏研究的重要贡献和影响》，原载《华西语文学刊》（第六辑），四川文艺出版社，2012年版，第10—19页；又见《瘠土耕耘：史金波论文选集》，中国社会科学出版社，2016年版，第581—589页。

史金波：《西夏军抄的组成、分合及除减续补》，原载姜锡东主编：《宋史研究论丛》第15辑，河北大学出版社，2014年版，第556—576页；后收入《瘠土耕耘：史金波论文选集》，中国社会科学出版社，2016年版，第416—429页。

史金波：《黑水城出土西夏文雇工契约》，《中国经济史研究》，2016年第4期。

史金波：《西夏文社会文书对中国史学的贡献》，《民族研究》，2017年第5期。

史金波：《俄藏No.6990a西夏书仪考》，《中华文史论丛》，2018年第1期。

孙宏开：《从"绝学"到"显学"——读史金波先生〈西夏文教程〉有感》，《宁夏社会科学》，2014年第4期。

孙颖新、宋璐璐：《西夏〈天盛律令·节亲门〉辨正》，《民族语文》，1999年第5期。

王玫：《〈天盛律令〉卷九补缀数则》，宁夏大学西夏学研究院编：《第五届西夏学国际学术论坛暨黑水城历史文化研讨会论文集》（下），阿拉善，2017年

8 月，第 347—352 页。

王天顺：《〈天盛律令〉与西夏社会形态》，《中国史研究》，1999 年第 4 期。

文智勇：《〈天盛律令〉卷一及西夏法律中的十恶罪》，《宁夏师范学院学报》，2010 年第 5 期。

魏淑霞：《〈天盛改旧新定律令〉卷一一"使来往门"译证》，《中华文史论丛》，2018 年第 1 期。

许鹏：《俄藏 Инв.No.8084ё 和 8084ж 号〈天盛律令〉残片考释》，《宁夏社会科学》，2016 年第 6 期。

许鹏：《俄藏 6239 号〈天盛律令〉中的两则残叶考释》，《西北民族论丛》第 18 辑，社会科学文献出版社，2018 年版，第 8—20 页。

许生根：《英藏〈天盛律令〉残卷西夏制船条款考》，《宁夏社会科学》，2016 年第 2 期。

许伟伟：《〈天盛律令·节亲门〉对译与考释》，杜建录主编：《西夏学》(第四辑)，宁夏人民出版社，2009 年版，第 78—83 页。

许伟伟：《〈天盛改旧新定律令·内宫待命等头项门〉研究》，宁夏大学博士学位论文，2013 年。

许伟伟：《〈内宫待命等头项门〉校勘考释》，杜建录、波波娃主编：《〈天盛律令〉研究》，上海古籍出版社，2014 年版，第 228—331 页。

尤桦《〈季校门〉校勘考释》，杜建录、波波娃主编：《〈天盛律令〉研究》，上海古籍出版社，2014 年版，第 32—125 页。

尤桦：《〈天盛改旧新定律令〉武器装备条文整理研究》，宁夏大学博士学位论文，2015 年。

于光建：《〈天盛改旧新定律令〉典当借贷条文整理研究》，宁夏大学博士学位论文，2014 年。

翟丽萍：《西夏职官制度研究——以〈天盛革故鼎新律令〉卷十为中心》，陕西师范大学博士学位论文，2013 年。

翟丽萍：《〈司序行文门〉校勘考释》，杜建录、波波娃主编：《〈天盛律令〉研究》，上海古籍出版社，2014 年版，第 126—227 页。

张笑峰：《〈天盛改旧新定律令·执符铁箭显贵言等失门〉整理研究》，宁夏大学博士学位论文，2015 年。

张笑峰：《西夏〈天盛律令〉中的头子考》，《宁夏师范学院学报》，2016 年第 1 期。

邹仁迪：《〈天盛律令〉畜利限门》考释，宁夏大学硕士学位论文，2013年。

（日）佐藤贵宝（SATO Takayasu）：《未刊俄藏西夏文〈天盛律令〉印本残片》，原载新潟大学主编：《西北出土文献研究》第6期，新潟西北出土文献研究会，2008年，第55—62页；后由刘宏梅译，载《西夏研究》，2011年第3期。

佐藤贵宝：《在考察原件基础上的西夏法典研究》（Study of the Tangut(Xixia) Code Based on Inspection of Actual Texts），辽夏金元历史文献国际研讨会，北京，2010年；收入聂鸿音、孙伯君主编：《中国多文字时代的历史文献研究》，社会科学出版社，2010年版，第280–288页。

后　记

我与西夏的缘分始于硕士导师林超民先生。记得恩师林超民先生在一次博士生课上提到西夏，说史金波先生曾请他推荐学生，但云南学者至今没有人从事西夏研究。课后，我开始研读吴天墀先生的《西夏史稿》，并引用其中一条史料作为《元代云南政区名词"察罕章"与"哈刺章"考辨》一文的立论依据。

在恩师史金波先生、林超民先生的推荐下，我于2015年9月破格考入中国社科院研究生院。当年5月，得知已被录取时，史先生即命我研读《西夏文教程》，每两个星期汇报一次学习心得并提出问题。入学后，史先生曾闭卷考试三次，主要是考察常用字词的夏汉互译及西夏语法的记忆程度。之后，我校勘了西夏文《圣立义海》，并就原译存在的问题，撰写了《西夏文〈圣立义海〉翻译中的若干语法问题》、《〈圣立义海研究〉校译补正》、《西夏语两种重要语法现象拾得——以西夏文〈圣立义海〉为中心》三篇论文。导师看到我校勘《圣立义海》还不错，建议我校勘他们翻译的西夏法典《天盛律令》。根据史先生意见，2016年10月开始对导师等人所翻译西夏法典《天盛律令》进行校译补正。通过校勘，发现史金波、聂鸿音、白滨翻译的《天盛改旧新定律令》存在误译、漏译的情况。每校勘完一卷，就发现的问题撰写成文，交导师审阅，就困惑的问题向导师请教。从第一卷到第三卷，史先生就我所交的文章认真做了批改，我也及时做了修改。2017年12月，校勘完《天盛改旧新定律令》。2018年1月，完成博士论文初稿，计二十多万字。

回忆校勘《天盛改旧新定律令》，就像爬陌生的山，有时速度很快，有时速度很慢，有时充满困惑，有时不想再爬。史先生就像一盏明灯，照亮我前进的步伐。没有史先生，要完成博士论文是难以想象的。史先生在我校勘博士论文的开始阶段，即无私地将他手里的《天盛律令》译文的电子版和梁继红老师录的西夏文交给我，又回忆他们当年翻译《天盛律令》的情况，指出原译的成绩与问题，要我实事求是地写出。他还指出校补的原则是只挑有毛病并且有把握的，不挑两可的，强调引文要完整，论证要清楚。校勘完前三卷后，史先生又给我转来彭向前研究员的《〈天盛律令〉译文勘误数则》一文，要我参考其格式和论述方法。我博士论文中的格式和论述方法即得益于此。当博士论文完成一半时，史先生提醒我要关注近些年的语法，要关注宁夏大学西夏学研究院涉及《天盛律令》的成果，应参考李华瑞教授关于《天盛律令》与《庆元条法事类》的比较，要我抓紧时间完成剩下的一半。博士论文初稿完成后，史先生又将尚未发表的论文《俄藏 No.6990a 西夏书仪考》发给我，指出文中已将《天盛律令》职官中的"经判、习判"改译为"签判"。答辩前，史先生又帮我看论文，将论文摘要、目录、绪论和每一条款中存在的问题一一指出，论文从头到尾一片红。答辩后，史先生又给我看了一遍论文，帮我修改俄文文献和后记。如果说我的博士论文有可取之处，那么与导师史金波先生的辛勤指导是分不开的。论文中的不足和错误，则是我不够勤奋，学识不足造成的。

读博期间，在导师带领下一方面通过参加与专业有关的重要学术会议向与会专家学习、交流，报告自己的学术论文，搜集与博士论文相关资料；一方面到甘肃、宁夏等西夏故地实地考察，搜集与西夏相关资料，到国家图书馆观摩西夏文文献。特别是 2016 年 11 月到敦煌莫高窟、瓜州榆林窟、东千佛洞、锁阳城，重点考察了与西夏有关的洞窟和遗迹；2017 年 5 月参加"国家图书馆藏西夏文文献展示讲座"，在先生讲解下一口气看了 11 件国图所藏西夏文珍品。通过这些实践，不但丰富了知识，也对西夏有了更多的感性认识。

史先生不仅从学业上指导我，还在各种场合激励我，在生活中关心我。在去敦煌开会、考察的 2016 年 11 月 28 日下午 5 点，史金波先生做完报告。樊锦诗先生要赠送史老师《敦煌莫高窟第 266–275 窟考古报告》第一卷第一、二分册，让人去取。老师招呼我过来，让我和樊锦诗先生、彭金章先生一起拍照留念。老师一边招呼，一边介绍我，说我是纳西族，招我是想让我做西夏语和纳西语比较，又说我现在学得还不错，我受宠若惊。国图赵亮老师准备拍照片，站在一旁的李东晔老师说我怎么站在中间，我顿时感觉不妥，急忙想走开。老师笑着说"这就是我们培养年轻人、重视年轻人的方式"，并用手把我拦住。这让我十分感动。现在想想还有些惭愧，没有能够做西夏语和纳西语的比较研究。吃完晚饭，老师让我和他一起出去散步。到老师房间，老师把他带的羽绒服拿给我，要我穿上，说我穿得太少。我说不冷，但老师坚持要我穿上，我只好穿上。这羽绒服是师母让老师带的，怕老师冷。老师叮嘱我说：

"你也是结婚的人了，不能像小孩子。所谓'饱食带干粮，天热带暖衣。'天这么冷，以后出门要多带衣服。"那时的敦煌很冷，我穿的衣服有点少，我很感激老师，感觉老师就像我的爷爷。

2018年7月开始边做博士后出站报告，重新校勘西夏文《天盛律令》，边修改博士论文。经过一年半的打磨，博士论文又有不少新收获。增补的内容主要分三种：一种是新资料。《天盛律令》卷九《越司曲断有罪担保门》"以无理担保有罪亡失"条第二小条第三小款残佚过半。无论是克恰诺夫俄译本，还是《俄藏黑水城文献》，均不能补其缺。2018年9月，杜建录、波波娃、潘洁、于光建整理的《天盛改旧新定律令》由甘肃文化出版社出版。依据该本《天盛改旧新定律令》，可补30字，使卷九《越司曲断有罪担保门》"以无理担保有罪亡失"条第二小条第三小款款文完整。一种是对笔者原校补的新补充。笔者此前曾校补克恰诺夫俄译本与史金波等译注本所未译的十条款文。但未指出其中所补为卷二《戴铁枷门》"当置中间"条（《俄藏黑水城文献》第8册第77页上左）、卷九《贪奏无回文门》"无理行文字"条（《俄藏黑水城文献》第8册第208页上右第1–4行）、卷十三《执符铁箭显贵言等失门》"转领符牌告导送"条（《俄藏黑水城文献》第8册第296页下左第4行–297页上右）及卷十七《物离库门》"库人禄食谷物有法"条（《俄藏黑水城文献》第8册第344页上右）中间部分。一种是对原译的新校补。如此者最多。史金波等译注本《天盛改旧新定律令》翻译后没有校勘全书，西夏文《天盛律令》又无校勘本，故每重新校勘一次都会有新发现。另外，张笑峰和尤桦的博士论文，在我完成博士论文后才在知网上线。他们的论文与我的论文有重复处，因此我又对博士论文作了修改。

书稿没有提供西夏文《天盛律令》校勘本，没有做全书词条索引。限于体例，本书几乎没有校补《名略》与《颁律表》。基于篇幅考虑，有些原译有问题的地方，因修改的仅是个别字，书稿没有收入。西夏文《天盛律令》现主要有克恰诺夫俄译本所载图版、《俄藏黑水城文献》第8、9册所载图版、杜建录等整理本三个版本。博士论文认为《俄藏黑水城文献》第8、9册是《天盛律令》最完整本，因此以该本为依据校补史金波等译注本《天盛改旧新定律令》。书稿中没有专门讨论《天盛律令》的版本，但经过系统比较三个版本，发现这个判断是没有问题的。上述存留的问题大都已在博士后出站报告中解决。

孙宏开先生、黄润华老师、周润年老师、朱崇先老师、张铁山老师、沈卫荣老师、杜建录老师、彭向前老师、蓝庆元老师、周峰师兄、木仕华老师、苏航老师、吴贵飚老师、萨仁高娃老师、赵天英师姐、朱旭东师兄等，或对开题报告，或对博士论文，或对书稿提出很多有益的意见，一并致谢！

没有家人的理解，就不可能一直做自己喜欢的事。本科毕业后，我本已获得还算安逸的一份工作，成为一名小学教师。家人为此高兴许久。但由于工作与预期不符，我选择考研。之后，为履行协议，硕士毕业后我仍回山区小学教书。但因专业与兴趣，我最终辞职来读博士。博士毕业后，没有找到满意工作，于是接着做第一站博士后、第二站博士后。很幸运，家人始终支持我做自己喜欢的事。

找别人的错误和不足，是吃力不讨好的事。尤其是找翻译中的问题更是如此。即使是不懂西夏文的专家，也能对比原译和新译提出自己的意见。很幸运，史先生却支持我给他们找错误和不足。

本书是在我博士论文基础上修改而成的，是我研习西夏语文五年多以来的一个小结。书中还有诸多不足，恳请大家不吝赐教。

2020 年 10 月 18 日

作者谨记